战略人力资源管理

理论与实践

第二版

徐明 著

21世纪高等院校人力资源管理精品教材

Elaborate Textbooks on HRM for Higher Education

Strategic Human Resource Management

Theory and Practice

2nd edition

东北财经大学出版社 大连
Dongbei University of Finance & Economics Press

图书在版编目（CIP）数据

战略人力资源管理：理论与实践 / 徐明著. —2版. —大连 ：东北财经大学出版社，2020.8
（21世纪高等院校人力资源管理精品教材）
ISBN 978-7-5654-3859-2

Ⅰ. 战… Ⅱ. 徐… Ⅲ. 人力资源管理-高等学校-教材 Ⅳ. F243

中国版本图书馆CIP数据核字（2020）第069892号

东北财经大学出版社出版
（大连市黑石礁尖山街217号 邮政编码 116025）
网 址：http：//www.dufep.cn
读者信箱：dufep@dufe.edu.cn
大连图腾彩色印刷有限公司印刷 东北财经大学出版社发行

幅面尺寸：185mm×260mm 字数：634千字 印张：28.75 插页：1
2020年8月第2版 2020年8月第1次印刷

责任编辑：石真珍 王 斌 责任校对：行 者
封面设计：冀贵收 版式设计：钟福建

定价：59.00元

教学支持 售后服务 联系电话：（0411）84710309

如有印装质量问题，请联系营销部：（0411）84710711

总　序

改革开放以来，我国经济和社会发展取得了举世瞩目的巨大成就。从人力资源开发的角度来看，我国改革开放的一切成就无不得益于人性解放所爆发出的社会与经济能量。正是在市场经济条件下，人力资源向人力资本转化并不断积聚和集中，从而形成巨大的物质力量，推动了中国经济社会的强劲发展。确立建设人力资源强国战略和持续投入人力资本，是进一步推动国家发展、社会进步、人民生活水平提高的不竭动力。纵观历史，劳动力转化为商品、人力资源转化为人力资本的当代，是人类历史上最为辉煌的时代。从世界范围来看，所有发达国家都高度重视人力资本的投入，发展最快的发展中国家都处在人力资源利用效率最高的历史时期。展望未来30年，世界经济的竞争将是人力资本的较量，支撑中国和平崛起的根本动力是人力资源开发所释放出来的巨大能量。

新中国成立70多年尤其是改革开放40多年的历史，是一部转变人的分工角色、社会身份的历史，是不断解放人的思想、调整分配关系、提高人力资源利用效率的历史。因此，无论是短期设计还是从长计议，都必须深入贯彻以人为本的发展观，大幅度提高社会保障度，大幅度提高劳动者的工资，积极转变人们的社会身份，把世界上最丰富的人力资源转化为人力资本，迅速增加人力资本的存量和总量，大力推进人力资源管理向人力资本经营转化。显然，人力资源开发与管理的理论研究和实际应用，是一项充满挑战和希望的伟大事业；建立具有中国特色、与国际接轨的人力资源开发与管理体系，是我们追求的宏大目标。

目前，我国高水平的人力资源管理专业人才与经济社会发展的需求之间存在很大缺口，编撰一套好的教材是推进人力资源管理专业发展和提升我国人力资源开发与管理水平的需要。为此，东北财经大学出版社组织多所知名高校人力资源管理专业的资深教师，联合打造了“21世纪高等院校人力资源管理精品教材”。本系列中各书的主编均为学有成就的教授和研究生导师，他们丰硕的科研成果和教学经验，足以保证这套教材达到精品水平。

有优秀作者的大力支持，有策划者的努力付出，有良好的财经教育出版平台，相信本套教材的出版能创造很好的社会价值，对我国人力资源管理实践的发展、人力资源管理学科的发展和人力资源管理专业人才的培养产生积极的作用。

刘福垣

（中国人力资源开发研究会前任会长）

推荐序

随着以信息技术为主导的高新技术的发展、互联网和电子商务的应用，人类正在步入“互联网+”时代，知识在造就组织竞争优势方面的决定性作用日渐显著。全球竞争时代的来临使竞争进入了新的阶段。由于人的需求与价值观趋向多元化，对人的管理变得更复杂了。人们越来越重视人力资源管理的战略性要求在组织实践中的地位和作用。这种趋势源于社会环境的变化和对组织竞争优势的重新定义。

1981年，戴瓦纳（Devanna）在《人力资源管理：一个战略观》一文中首次提出了“战略人力资源管理”的概念，这可谓战略人力资源管理研究诞生的标志。该文发表之后的几十年来，有关人力资源管理的战略作用的研究引起了众多学者的强烈关注，关于战略人力资源管理的研究呈现爆炸式增长。对这一思想的研究与讨论日趋深入，并被欧美发达国家和日本企业的管理实践证明了是获得长期可持续竞争优势的战略途径。

战略人力资源管理（Strategic Human Resources Management）是相对于传统事务性人力资源管理而言的一种新的人力资源管理形态。相对于传统人力资源管理而言，战略人力资源管理的方法涉及对“战略”和“战略人力资源”的界定以及二者的联系。

战略就是组织为了追求使命、实现目标，基于外部和内部因素，从宏观、长远和发展的立场出发，制定并实施的组织未来一定时期内的工作原则、目标、计划和方式。人力资源管理则是为了实现组织的发展目标而采取的规划、获取、配置、使用与建设员工生产能力的政策措施和实践活动。

在互联网时代，几乎所有的组织都要在激烈的竞争环境中生存和发展，有竞争，就要有战略。有战略者胜，无战略者败。凡是组织活动，特别是战略的活动，不仅需要使用人力资源，而且活动的成败取决于人力资源。因此，对于人力资源管理的研究和实践已经升级到战略人力资源管理的高度。这样就自然地引出了战略人力资源管理的含义：为了完成组织战略使命，实现组织战略目标，落实组织战略计划，规划、获取、配置、使用与建设组织中员工生产能力的一系列政策措施和实践活动，是企业为实现其长期目标所进行和采取的一系列有计划的、具有战略性意义的人力资源部署和管理行为。也就是说，人力资源管理不再是传统意义上的被动地发挥支撑和保障的功能，而是上升到高端引领的层面。

战略人力资源管理注重对价值链的管理，即人力资源管理各职能之间在有机整合的基础上所形成的效率和效能。它强调人力资源管理各职能之间的相互协调和配合，形成了完善的人力资源管理各职能的价值链体系，能够最大限度地发挥组织人力资源政策、制度的功能和作用。

徐明教授有多年在企业从事人力资源管理工作、在高校讲授人力资源管理课程以及为企业界提供管理咨询的经验，他撰写的《战略人力资源管理》从理论和实务的角度界定了现代战略人力资源管理的内涵，即为了实现组织长期目标，以战略为导向，对人力资源进行有效开发、合理配置、充分利用和科学管理的制度、程序和方法的总和，它贯穿于人力资源的整个运动过程，包括战略人力资源规划、战略招聘与配置、战略培训与开发、战略绩效管理、战略薪酬福利管理、战略劳动关系管理等环节，以保证组织获得竞争优势并实现最优绩效。

本书以案例开篇，提出问题，进而引发读者的思考，通过对理论知识点的充分讲解，将战略人力资源管理的框架和实务贯穿始终。读者在学完各章的理论和技能知识点之后，再对章末的案例分析进行讨论，将学到的知识点充分运用于实际，从而达到掌握知识、提升能力的目的。教师在进行案例教学时可使用情景模拟、角色扮演、公文筐演练等方法，使学生加强对知识点的理解和掌握。

本书中很多案例均来自徐明教授在多年的管理咨询中的亲身实践，并且这些案例的解决方案均经历了实践和相关企事业单位发展的双重考验。这些案例对本科生、研究生和MBA学员的教育来说，都具有非常显著的实务指导作用和实践意义，对人力资源管理学科建设尤其是人力资源研究方向具有极大的推动作用。

本书可作为人力资源管理、劳动和社会保障等工商管理类相关专业的本科生教材，也可作为MBA学员以及劳动经济学、企业管理等专业的研究生教材，亦可供相关研究人员和实务界从业人员参考。

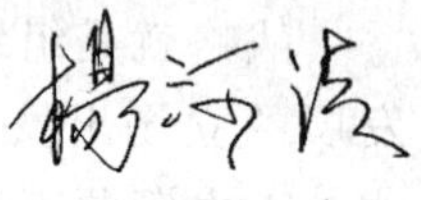

2020年6月

第二版前言

随着人力资源管理研究的不断深入和发展以及经济管理发展的需要，人力资源管理进入战略人力资源管理阶段。战略人力资源管理立足于组织的战略层面，试图从一种战略高度来为组织的管理活动提供人力资源方面的建议，它区别于传统的业务性的人力资源管理，但又不完全脱离后者，而是理性地将人力资源管理业务实践活动与组织的战略活动相融合，达到人力资源管理的另一个新的高度。

一、战略人力资源管理基础理论

早期战略人力资源管理的理论研究侧重于外部环境对人力资源管理实践绩效的影响。20世纪50年代，潘罗斯（Penrose）在其著作《企业增长理论》中提出资源基础理论，80年代经过沃纳菲尔特（Wernerfelt）和巴尔奈（Barney）等人不断完善，逐渐成为企业战略管理研究领域的一种理论。之后相继出现角色行为理论和人力资本理论。这三者共同构成了战略人力资源管理的基础理论。

（一）资源基础理论

资源基础理论认为：那些具有价值的、稀缺的、不可替代的且没有战略性的替代物的组织内部资源是组织保持持续竞争优势的资源。这些资源和能力可以被视为包括一个企业的管理技能、组织运作及日常事务、组织控制的信息及知识等在内的有形和无形资源的集合。企业的这些有形和无形的资源，可转变成独特的能力；资源在企业间是不可流动且难以复制的；这些独特的资源与能力是企业获得持久竞争优势的源泉。资源基础理论的基本思想是把企业看成资源的集合体，将目标集中在资源的特性和战略要素市场上，并以此来解释企业的可持续的优势和相互间的差异。

（二）角色行为理论

角色行为理论是关于人的态度与行为怎样被其在社会中的角色地位及社会角色期望所影响的社会心理学理论，是试图按照人们所处的地位或身份去解释人的行为并揭示其中规律的研究领域。角色行为理论认为，为追求创新的竞争战略，员工角色行为包括八种类型：高度创新行为、长期的专注、高度的合作互助行为、适度关注质量、适度关注数量、对过程和结果的关注行为、高度的风险应对意识以及对未知和不确定性的高度承受行为。管理人员为追求创新竞争战略需要选拔高技能的员工，并给予员工充分的指导和最少的限制，加大对人力资源的投资，为研发提供更多的资源，并允许偶尔的失败甚至是对这种失败进行奖励，对长期的执行过程进行绩效评估。

（三）人力资本理论

人力资本理论起源于经济学研究，是美国经济学家舒尔茨和贝克尔在20世纪60年代提出来的。贝克尔将人力资本定义为，蕴含于人身上的各种生产知识、劳动和管理技能以及健康素质的综合。他认为对于人类生产能力的研究不应该仅仅局限于物质资本——厂房、机器、设备等，还应该认识到体现在人身上的资本——人力资本。人力资本是对生产者进行教育、职业培训等支出及生产者在接受教育时的机会成本等的总和。企业的人力资本经常被视为战略资产，当组织能从对人力智能的优越管理中获取竞争优势的时候，组织就拥有了人力资源优势。该理论兼顾了动态人力资源管理体系和相对静态的人力资本存量的两种优势的获取，并强调两者间的互动，是分析和说明战略人力资源管理理论的较为完善的理论框架。

二、战略人力资源管理实践

战略人力资源管理的实践活动表现在对于人力资源的选、用、育、留的各个方面，包括战略人力资源规划、战略招聘与配置、战略培训与开发、战略绩效管理、战略薪酬福利管理、战略员工关系管理等环节。

（一）战略人力资源规划和企业实践

战略人力资源规划要求在企业战略的指引下针对人力资源活动的特点，战略性地把握人力资源的需求与供给，站在战略的高度动态地对人力资源进行统筹规划，找到人力资源需求与供给的平衡点，从而促进组织目标的实现。

战略人力资源管理对企业的价值，是通过提升员工能力和组织绩效来实现的，而提升员工能力与组织绩效要结合企业战略与人力资源战略规划，因此需要重点思考如何提炼和塑造优秀的企业文化、制订个性化的员工职业生涯规划等，特别关注对企业人力资源的深入开发。战略人力资源管理强调其在企业整体经营中的重要地位，侧重变革管理和人才管理，属于超前预警式管理模式，即采取前瞻态度，防患于未然。只有建立完善的信息系统，才能使人力资源管理人员从繁重的事务性工作中解脱出来，从事具有战略性、前瞻性和以实现组织战略为目标的重要工作，才能凝聚各部门的力量，向共同的组织目标前进。

（二）战略招聘与配置和企业实践

人员招聘与配置，即招募求职者和选拔未来员工的过程，是人力资源管理的一个关键战略领域。如果说企业的业绩直接来源于其所雇用的员工的话，那么在人员配置过程中采取的战略和做出的决定会直接影响企业目标的成败。企业在内外部环境的共同作用下，必须不断进行变革，以适应变化，这使得企业的工作范围和工作职责扩大化、人员配置精简化，以及组织结构扁平化。所有这些变化势必影响企业所寻找的人员及技能，影响企业寻找和筛选候选人的方式。因此，人员招聘与配置的过程必须更专注于企业战略需求。

传统的人员配置主要强调的是与明确定义的具体工作要求最相匹配的员工，很少考虑工作职位归属的企业特征，并且忽视了与直接工作不相关的人性特征。战略人力资源管理除关注员工与职位匹配外，更加关注员工的价值观念是否符合企业的核心价值观、员工的发展期望企业是否可以满足等因素，确保员工能长期为企业服务。

（三）战略培训与开发和企业实践

在影响企业发展的各种因素中，人的因素是最重要的。企业的竞争优势主要来自能有效吸引、激励和管理人力资源的组织系统。战略人力资源管理的观点将员工视为组织中最宝贵的资产，通过制定有效的政策和计划对这些资产进行投资，以便提高其对企业的价值。而培训和开发代表着对这些资产的持续投资，这也是企业能做到的最有效的投资之一。

组织积极地进行培训与开发，不断增强员工的知识和技能，才能更好地迎接来自企业变革的挑战。战略人力资源管理根据企业目标和战略发展需要，结合员工的个人发展计划提供系统、完善的人力资源培训开发体系，确保为企业源源不断地输送所需的各种类型人才，同时实现企业迅猛发展与员工职业生涯发展的双赢。

（四）战略绩效管理和企业实践

企业在实现战略目标方面的长久成功取决于员工的绩效管理能力，以及确保绩效标准与企业的需要相一致的能力。绩效管理的目的在于促进员工发展、提高员工的积极性，从而有利于企业目标的顺利实现。变革管理是企业永续发展的主题，而绩效管理是企业变革管理的核心，只有进行高质量的绩效管理再造，才能打造出企业新的、高品质的管理模式与运作机制，从而使企业在一个全新的平台上获得超强的竞争优势和长足的发展。企业的发展过程不是一成不变的，随着组织战略的调整、不同阶段的发展和工作重点的调整，企业必须不断考核绩效、持续改造。

战略人力资源管理根据企业的战略需要、结合员工能力建立全面的绩效管理体系，关注企业绩效管理的全过程，包括绩效计划、绩效考核、绩效评估、绩效反馈与绩效激励等，确保员工绩效得到不断的提高，从而实现企业绩效的螺旋式上升。绩效管理不仅仅是一个衡量系统，还要利用这个衡量系统来传播企业变革的新战略并使企业与新战略相联结。

（五）战略薪酬福利管理和企业实践

战略薪酬福利管理通过有效的激励最大限度地发挥员工的能力。战略人力资源管理注重内在激励与外在激励的平衡。一方面，它强调通过工作设计和员工的合理配置以及组织文化的建设让员工通过工作本身获得激励，通过作为组织的一员获得满足；另一方面，它也重视物质激励对员工行为的重要影响，在薪酬战略中充分注意其员工行为导向功能。而且，战略人力资源管理特别关注内外部激励在一定条件下的转化，并努力创造条件促使其向有利于企业战略的方向发展。

战略薪酬管理包括薪酬战略、薪酬体系、薪酬结构、薪酬水平、薪酬关系及相应的薪酬管理制度和动态管理机制。战略薪酬管理是现代人力资源开发管理体系的重要组成部分，必须与其他人力资源工作紧密联系，形成一个有机体。从企业战略层面研究并实施薪酬管理，有利于正确把握建立健全人力资源开发管理体系的方向，充实体系的内容，提升体系的效能。与此同时，人力资源开发管理体系的健全，也有利于薪酬管理制度的改进、完善，更好地发挥薪酬管理的作用。

（六）战略员工关系管理和企业实践

员工关系管理是指在企业人力资源管理体系中，各级管理人员和人力资源职能管理人员，通过各项人力资源政策和管理行为，调节企业和员工、员工与员工之间的相互联系和影响，从而实现组织的目标并确保为员工、社会增值。它涉及企业整个企业文化和人力资源管理体系的构建，包括企业愿景和价值观体系的确立、内部沟通渠道的建设和应用、组织的设计和调整、人力资源政策的制定和实施等。所有涉及企业与员工、员工与员工之间的联系和影响的方面，都是员工关系管理体系的内容。可以说，员工关系管理是企业内最琐碎且不易呈现出价值的人力资源管理部分，却也是各种职能中最实在的部分。这一工作能够而且确实对员工满意度、生产率、管理绩效以及人才挽留做出卓越的贡献。尤其当遇到组织动荡、裁员或其他难以应付的问题时，员工关系管理更承担着不可替代的作用，甚至成为挽救企业的最后防线。

战略员工关系管理是指由组织各级人力资源管理者通过拟定和实施各项战略人力资源政策和管理行为，以及其他诸多管理手段（如沟通、激励、关怀、发展等），来调节组织与员工、员工与员工之间的相互联系和影响，建立积极向上的工作环境，提升员工满意度和组织的竞争力，进而保障组织稳定发展并实现其战略目标的管理行为。

战略员工关系管理有五个目标：提高员工满意度；改善员工凝聚力和归属感；加强与员工的沟通；加强企业文化的贯彻和渗透；提高人才保留率。每个目标都直接影响企业的生产效率和稳定性，可见其担负使命的重要性。这些目标的实际成效则往往可通过员工主动流动率及员工满意度调查得以反映。战略员工关系管理，不仅能降低企业成本，提升企业品牌，还能增强企业对新人的吸引力，帮助企业赢得人才、留住人才。更为重要的是，做好员工关系管理工作，还能使企业管理和业务运作效率大幅提升，从而让企业保持持续的竞争优势。和谐的员工关系，是企业文化的一个方面，也是企业形象的重要一面；和谐的员工关系是润滑剂，它能激励员工提升工作热情、减轻工作压力，有利于员工之间的沟通，也有利于培养员工的团队意识。

总之，要想通过战略人力资源管理来推动企业目标的顺利实现，人力资源管理必须在纵向上与企业战略相匹配，在横向上实现各人力资源管理模块之间的匹配。这意味着人力资源管理必须结合企业目标和战略，做好人力资源规划、人员配置、员工培训与开发、绩效管理、薪酬福利管理和员工关系管理等各项工作，通过这些具体的人力资源管理活动影响企业的变革，最终实现企业的预期目标。

三、战略人力资源管理在中国的实践和应用

随着国际化发展的进一步深入，中国的企业面临着更加激烈的竞争。但是，我国企业的人力资源管理大多数还停留在人事管理阶段，远远没有达到战略人力资源管理的要求。所以，要使企业在竞争中不遭淘汰，使企业能够有实力参与国际竞争，就必须进行战略人力资源管理的变革。但是，在实施战略人力资源管理的过程中，如果企业不了解自身的需要，战略人力资源管理不但会被看作与企业业务无关，而且会阻碍企业生产率的提高。另外，在单独追求某种创新活动，而又不考虑人力资源实践在不同领域的应用性的时候，战略人力资源管理的实施也会遇到一些阻碍。因此，为了应对日益激烈的国际竞争，中国企业必须做到以下几点：

（一）关注企业内外部环境，进行严格的初期分析

战略人力资源管理是使企业能够实现目标的人力资源活动模式。企业在进行战略人力资源管理之前，首先要了解企业的需要，进行严格的初期分析。中国现在还处于经济转型期，其外部环境的不确定性很强，企业一定要把握其外部环境，注意内外部环境的有效结合。企业可以采用SWOT分析方法来分析其优缺点、所面临的机遇与挑战，或采用PEST分析法来分析其所面临的政治、经济、社会、技术、法律等环境。

只有这样，才能使战略人力资源管理更好地发挥作用。

（二）评估潜在阻碍，准备行动计划

在实施战略人力资源管理的时候，对潜在的阻碍进行评估是很有必要的。这些阻碍关系到冷漠、敌意（拒绝改革），缺乏对程序或资源的支持。企业应该搞清楚要做什么、谁来做、什么时候完成。一项好的行动计划要指出具体的实施步骤、每一阶段所需要的资源以及最后完成的日期，还应当指明所需的咨询、参与、交流和培训计划，说明怎样对进程进行监控以及针对目标进行衡量的标准。

（三）对员工进行可持续开发

员工是企业的主体，只有不断提高员工的自身素质，才能使他们更好地完成工作任务，提高企业的绩效。所以，企业要注重对员工进行可持续开发，培养员工的知识、技能、经营管理水平和价值观念，采用不同的管理方法，使员工得到锻炼，充分发挥其主动性和创造性，确保组织能够获得具有良好技能和较高激励水平的员工，进而使组织获得持续的竞争优势，形成组织的战略能力。

战略人力资源管理将成为21世纪人力资源管理的主流。在激烈动荡的市场环境中，企业竞争呈现出动态化特征，竞争能否成功，取决于对市场趋势的预测和对变化中的顾客需求能否快速响应。在这种竞争态势下，企业必须进行战略人力资源管理，增强企业人力资源竞争力，进而培育和发展动态核心能力。我国企业迫切需要提高人力资源管理能力和人力资源竞争力。因此，进行战略人力资源管理是我国企业的当务之急、必然趋势和要求。

这本《战略人力资源管理：理论与实践》中的很多章节都来自笔者多年来在本科生和研究生课堂上的讲义，所选取的大量案例均来自多年来笔者担任企事业单位的管理咨询顾问以及主持、承担企事业单位委托的管理咨询项目以及相关课题时所积累的真实案例。本书由笔者拟定大纲、确定框架结构、编排章节、组织大家讨论并写作，参与第一版资料收集和校对工作的有李颖、楚洁、陈雪倩、王静、李森林，参与第二版资料收集工作的有董春雨、骆则宇、陈斯洁。

本教材可作为工商管理、人力资源管理、劳动和社会保障等专业高年级本科生、研究生以及MBA学员的专业教材，也可用于企事业单位的工会、人力资源部（室），企业协会，行业协会等相关部门及经济组织的教学、培训用书。

本教材得到了中国社会科学院大学拔尖研究项目“国有金融机构人才队伍建设与发展问题研究”（项目编号：000719085）的资助。

感谢韬睿明仕管理咨询集团、北京厚德人力资源开发有限公司、北京金鹏天润置业投资管理公司、北京天创伟业投资管理有限公司等企事业单位给予的案例帮助，感谢笔者的恩师杨河清教授、中国人民大学的石伟教授、东北财经大学出版社的编辑对本书所提的意见和建议，使本书在体例和编写上更趋完善。

徐明

2020年6月于北京

目　录

第7章 战略绩效管理 / 247

第8章 战略薪酬福利管理 / 292

第9章 战略员工关系管理 / 356

第1章 战略人力资源管理概论

学习目标

- 了解什么是战略人力资源管理
- 重点掌握人力资源管理体系的内容
- 掌握人力资源管理工作的难点
- 了解新时期人力资源部门的定位
- 重点掌握人力资源在新时期的发展特点

引例

中国电建的成功管理之路

中国电力建设集团有限公司（以下简称“中国电建”）是国务院国有资产监督管理委员会直接管理的中央企业，是全球清洁低碳能源、水资源与环境建设领域的引领者，全球基础设施互联互通的骨干力量，服务“一带一路”建设的龙头企业，是为海内外客户提供投资融资、规划设计、施工承包、装备制造、管理运营全产业链一体化集成服务、一揽子整体解决方案的工程建设投资发展商。中国电建业务遍及全球110多个国家和地区，多年来为世界各地的客户交付了一系列代表行业领先水平、令世人瞩目的精品工程。

作为全球规模最大、产业链最完整的电力建设设计商和承包商，中国电建的成功得益于其完善的战略人力资源管理体系。

（1）企业使命：建设清洁能源，营造绿色环境，服务智慧城市

从能源电力、水资源与环境、基础设施三大核心主业出发，以清洁能源、环境保护、基础设施与城市建设的智慧化、便捷化为目标，积极为社会承担持续发展责任，引领行业的绿色发展和技术革命。

（2）企业愿景：建世界一流企业，创全球卓越品牌

致力于建设成为世界一流企业，塑造具有全球影响力和卓越价值的品牌。坚持全球化经营、质量效益型运营和可持续发展目标，为海内外客户提供创新型工程建设整体解决方案，以奉献清洁能源、绿色环境和精品建筑为己任，努力推动人类的可持续发展，实现世界的互联互通。

（3）企业核心价值观：责任，创新，诚信，共赢

责任是兴业之基。坚持依法经营，提高产品质量和服务水平，承担社会责任，为企业创造效益，为员工谋求幸福，实现企业科学发展。

创新是发展之路。坚持解放思想、转变观念，实现体制机制创新、技术创新、管

理创新以及人才创新，不断提升企业核心竞争力。

诚信是立企之本。坚持在生产经营及服务活动中认真履约，立诚守信，有诺必践，言真行实，树立企业良好形象。

共赢是经营之道。自觉维护国家、社会、客户、股东、员工等相关方利益，实现互利互惠、和谐发展、共同繁荣。

（4）企业发展理念：创新，协调，绿色，开放，共享

深入学习党的十八届五中全会提出的“创新、协调、绿色、开放、共享”五大发展理念，并从理念、责任、能力和行动四个层面予以贯彻。坚持把创新发展作为各项事业的发展基点，把协调发展作为可持续发展的根本路径，把绿色发展作为集团产业的布局方向，把开放发展作为全球经营与国际合作的拓展方式，把共享发展作为回报股东、社会和员工的责任和使命。

（5）企业发展战略

①战略定位：服务“一带一路”建设的龙头企业，全球清洁低碳能源、水资源与环境建设领域的引领者，全球基础设施互联互通的骨干力量，为海内外客户提供全产业链集成、整体解决方案服务的工程建设投资发展商。

②战略目标：致力成为能源电力、水资源与环境、基础设施领域具有国际竞争力的质量效益型世界一流综合性建设企业。

③战略方针：发挥懂水熟电核心能力和产业链一体化优势，统筹国际国内两个市场，聚焦能源电力、水资源与环境、基础设施三大核心领域，贯彻落实“创新、协调、绿色、开放、共享”五大发展理念，深入实施“深化改革、全球发展、创新驱动、转型升级、人才强企”五大战略，协同推进“产融结合、优势多元、产业联动、规划先行、精益运营、风险平衡、产业培育、文化凝聚”八大举措。

（6）企业精神：自强不息，勇于超越

“天行健，君子以自强不息”。中国电建坚持与时俱进、开拓创新，以强烈的事业心和责任感，继承和发扬“五个特别”的优良传统，以刚毅坚韧的性格，永往直前的气魄，敢为人先、超越自我，不断向更高标准、更高目标迈进。

（7）经营理念：诚实守诺，变革创新，科技领先，合作共赢

诚实守诺：是企业处理内外部关系的道德要求。中国电建对国家、对社会、对客户、对员工信守承诺，言行一致，表里如一。

变革创新：是企业科学发展的动力源泉。中国电建努力转变发展方式，持续创新商业模式、服务模式、管控模式和激励模式，不断激发企业创造活力。

科技领先：是企业核心竞争力的本质内涵。中国电建坚持科技强企，追求技术进步，用领先技术引领发展、服务客户、创造效益、赢得市场。

合作共赢：是企业经营管理的价值标准。中国电建重视相关方利益，在战略协同与合作中创造价值，在互惠互利中追求共同发展与进步。

（8）人才理念：纳天下才、育神华人

树立科学的人才观，遵循企业发展规律和人才发展规律，以“服务发展、人才优先、以用为本、创新机制、高端引领、整体开发”为指导方针，以“创新人才发展机

制、优化人才队伍结构、提高人才队伍素质”为核心，以“职业化、专业化、市场化、国际化”为发展策略，重点打造企业领导人员、经营管理人员、专业技术人员、党群工作者和技能操作人员五支人才队伍，为建设具有较强国际竞争力的质量效益型世界一流综合型企业集团提供人才保证和智力保障。

同时，在公司总体战略的引导下，中国电建制订了详细的人力资源战略规划方案，着力于健全现代化、市场化、专业化人力资源管理机制。从明确职业化人才队伍需求、企业内外部及业务发展状况分析、人力资源SWOT分析、制定人力资源管理策略和流程四大方面入手对中国电建的人力资源进行规划整合，提高员工能力与组织绩效，从而使企业一直保持同行业的领先水平。

资料来源　中国电建网站. http://www.powerchina.cn/col/col7401/index.html.

人力资源管理在企业管理中占据重要的地位、发挥了重要的作用，引例中，中国电建不断总结和完善工作方法，形成了吸引人才、留住人才、用好人才的有益经验，保障了公司人力资源的质量和价值，为公司战略打下坚实基础，这就是人力资源在企业管理中的重要作用。本章将系统地对人力资源管理体系进行梳理，讲解人力资源管理体系的主要内容、工作难点以及未来发展定位。

1.1　人力资源管理体系的内容

1.1.1　人力资源管理的定义、作用与职能

1.人力资源管理的基本定义

人力资源管理在管理学中占据着重要的位置，并且是一个常变常新的领域，它是对人力资源的生产、开发、配置和利用等环节的总称。人力资源管理涉及管理和人力资源管理两个主要概念。

首先要明确管理这一概念的具体内容。不同管理学派从各自的观点和角度出发对管理的含义进行了不同的解读。为首的就是科学管理学派的创始人泰勒，他认为管理就是“确切地知道你要别人干什么，并注意用最好、最经济的方法去干”。管理过程学派的代表人物孔茨认为管理就是设计和维护一种良好的环境，能够让人们在集体内一起工作，共同追求既定的目标。决策理论学派的观点是，管理即决策，强调决策要贯穿于管理的全过程和每个方面。经验主义学派的代表认为，管理是对人进行管理的技巧，是努力把一个组织或是团队共同引向某个特定的目标。

归纳起来，我们可以对管理下一个简单的定义：管理就是某一组织中的管理者在特定环境下，通过对组织所拥有的各种资源进行计划、组织、领导、控制，共同实现组织既定目标的活动过程。

人力资源管理是指组织为了获取、开发、保持和有效利用在生产经营过程中所不可或缺的人力资源，通过运用科学、系统的技术和手段而进行的各种相关的计划、组

织、领导和控制活动，以实现组织既定目标的管理过程[①]。

对人力资源管理概念的界定，由于强调的侧重点不同，其定义的方法也会有所差异。其一是从人力资源管理的主要内容或者过程进行阐释，例如加里·德斯勒的定义，他认为“人力资源管理实际上是这样一种过程，他不仅要完成获取、培训、评价和支付员工报酬的工作，同时还要处理劳资关系、员工健康与安全问题以及与公平有关的其他一些问题”[②]。其二是从人力资源管理的目的、作用及其影响来阐述，例如我国的知名民营高科技企业华为公司在《华为基本法》中这样阐述人力资源管理：“人力资源管理的基本目的是建立一支宏大的高素质、高境界和高度团结的队伍，以及创造一种自我激励、自我约束和促进人才脱颖而出的机制，为公司的快速成长和高效运作提供保障。”

根据以上对人力资源管理两个不同角度的概念阐释，此处对人力资源管理进行如下定义：人力资源管理是一个组织根据自己的战略或经营目标，展开的一系列包括人力资源战略规划和人力资源吸引、使用、保持、开发、评价、激励的政策、制度以及管理活动。

2.人力资源管理的主要作用

人力资源管理在当今的企业竞争中占据重要的地位，国内外的企业管理者把人力资源管理看作在市场竞争中取得胜利的重要手段，它汇聚了企业内的几乎所有知识的精粹，包括员工的知识和技能、管理系统、技术系统和价值规范等方面。通过价值链分析法[③]我们可以知道，人力资源管理作为一种支持性活动出现在整个组织的运作流程中，其主要作用是为组织的核心价值创造提供支持，确保组织的价值创造活动得以实现。企业只有实现人力资源的价值，让人力资源经过充分发掘、利用、发挥自身的智慧提升企业的实力，企业才会拥有持续的竞争力，才能在市场竞争中占据有利地位。

具体而言，人力资源管理对组织的作用主要体现在以下几个方面：

（1）提升企业绩效

企业绩效是指一定经营期间的企业经营效益和经营者业绩，而人力资源管理的一个重要目标就是提高企业的绩效，为企业的成功提供战略上的帮助。人力资源管理在企业制订战略计划时是作为战略的一部分而存在的，因而对人力资源的管理就如同对技术、资金和其他资源的管理一样，要做到宏观把控、精准细致。

人力资源管理对企业的绩效贡献主要体现在两个方面：一是企业的兼并和重组活动。企业在兼并和重组活动中会遇到很多人力资源管理的问题，这些问题同兼并重组之后的企业运作息息相关。人力资源管理人员是企业战略的主要负责者，拥有企业管理的高层决策权，在兼并其他公司或者是进行企业重组时，人力资源总监要考虑到企业间的文化是否兼容，员工是否会受到影响而离开公司。因此，在考虑企业兼并和重组时单从资金的角度是远远不够的，人力资源的控制是更重要的一方面。二是企业财

① 邹艳春．人力资源管理理论与实务［M］．北京：中国人民大学出版社，2014.
② 德斯勒．人力资源管理［M］．吴雯芳，刘昕，译．9版．北京：中国人民大学出版社，2005.
③ 哈佛大学商学院战略学教授迈克尔·波特于1985年提出。

务状况。人力资源管理者必须把人力资源管理活动的产出作为企业的成果，这不同于过去人力资源管理的宗旨。过去人力资源管理注重的是活动，主要考虑在做什么，而忽视了成本和人力资源开发所产生的利益，而如今人力资源管理活动的产出与企业财务直接挂钩，作为人力资源的回报。如果人力资源培训提升了员工的能力，那么员工的能力提升也必然会给企业带来更大的价值。

（2）实现企业战略目标

企业雇用员工的根本目的就是实现既定目标，达到预期经营标准。在雇用人员方面，企业需要支付大量的人工成本费用，当所雇用的人员未能按预期帮助企业达成目标，那么这些人力就会成为企业的负担。在协助企业实现战略目标方面，人力资源管理发挥了两大主要作用：其一是帮助企业招揽适用的人才，确保所聘人员具备企业所需要的知识水平、技术能力、工作经验以及正确的价值观；其二是确保所招聘的员工在准确完成工作任务的同时可以将工作高效进行，按照组织的战略目标高效地展开工作。总之，人力资源管理能够发挥的最为重要的作用就是为组织实现战略目标而提供专业的人力资源管理方面的支持和帮助。

（3）充分利用员工的技能

员工的能力能否充分得到发挥以为组织创造价值，更多地取决于整个组织对人力资源的管理效果。人力资源管理应当使组织中的人的力量得到充分有效的利用，满足客户、股东和员工的福利需求，避免因岗位的不匹配或激励不当导致人才的浪费。在通过人力资源管理激发员工技能的过程中，依靠组织的岗位配置、技术配置、人员组合、工作流程设计、组织文化、员工培训、绩效管理、薪酬制度这一完整体系，从而保证组织有效地利用员工的各种生产力因素，充分发挥员工的价值创造潜力。

（4）保证有效成本系统

人力资源管理在企业战略中的作用十分重要，人力资源管理必须用合法和有效的成本系统来提供人力资源服务和活动。然而，目前的情况是人力资源管理投入分配在企业的行政管理上，忽视了可以产生最大价值的战略管理。

（5）维护组织的伦理道德政策与履行社会责任

人力资源管理在公平对待员工、反对性别和种族歧视、保护劳动者合法权益、保持自己的道德标准、履行社会公民责任等方面扮演着十分重要的角色。总体上说，一个企业的人力资源管理实践要符合道德伦理的要求，必须满足三个条件：一是人力资源管理必须能为绝大多数人带来最大的利益；二是必须保障员工的隐私权、言论自由权、自由同意权、正当程序权等基本人权；三是管理者必须平等、公正地对待每一位客户和员工。我国现阶段应向西方企业学习相关的经验，重视人力资源管理中的伦理道德问题。培养一支在道德实践方面受到良好训练的工作团队，可以理解道德问题、做出正确的抉择。同时企业要为员工提供便利且安全的渠道，以便员工能及时向组织汇报自己的工作失误，并能向组织提出自己对道德准则、政策、规章制度方面的个人意见。

3.人力资源管理的职能

人力资源管理要充分发挥上面所阐述的五大作用必须拥有一个完善的职能体系，

这个职能体系包括人力资源管理的战略基础、组织结构设计和工作岗位分析、人力资源规划、人员招聘与配置、培训与开发、绩效管理、薪酬管理、员工关系管理等八大方面。各个职能之间相互作用、相互影响，充分发挥人力资源管理的作用。

（1）人力资源管理的战略基础

组织的使命、价值观、目标、战略是人力资源管理活动展开的基础。组织使命提供了一个组织存在的最基本的理由，阐释了一个组织存在的目的及其活动范围等信息，此外还包括对组织服务的客户以及所提供的产品的描述。组织价值观是一个组织的灵魂，是组织在履行使命、实现目标、追求成功的过程中所秉持和贯彻的行为准则和伦理道德，是组织文化的核心所在。组织目标则是组织在确定了使命、价值观的基础上，为保证使命的完成而制订的一个中长期的实践计划，为期望达成的具体目标所进行的具体描述。组织目标是企业的中长期承诺，是员工前进的动力源，可以为企业提供具体的行动方向，同时可以成为衡量组织绩效的关键手段。组织战略是组织根据其内外部面临的威胁、机遇、优势、劣势所做出的分析，由此制定一个完整的战略体系。

人力资源管理战略是在组织战略制定之后，组织对于自身将怎样获取、保持、激励、开发员工，从而确保组织战略的实现所做的整体性的人力资源战略规划。人力资源管理战略确定了一个组织需要的人力资源的性质和水平，包括这个团队的知识储备能力、技能、文化特征，所有的人力资源管理活动都将围绕这种人力资源战略展开。

（2）组织结构设计和工作岗位分析

在组织明确了战略要素之后，就要根据战略需要来设计科学合理的组织结构。组织结构分为传统组织结构和新型组织结构两大类，传统组织结构包括直线职能制、事业部制和矩阵制等，新型组织结构包括网络制和工作任务小组等。在选择组织结构时要充分考虑每种结构的优缺点，并根据组织自身的特征加以设计。在完成组织结构的设计后，就要确定每一部门中应当设置的职位数量和相应职位的任务责任以及承担该职位的人员素质要求。这一部分的工作就是工作岗位分析，具体包括职位描述和职位规范。职位描述是对职位所承担的工作职责以及绩效标准等进行的描述，职位规范是对就职者的任职条件规范进行的描述。

（3）人力资源规划

人力资源规划是指为了实现企业的发展战略，完成企业的生产经营任务，根据企业内外环境和条件的变化，运用科学的方法对企业人力资源需求和供给进行预测，制定相应的政策和措施，从而使企业人力资源供给和需求达到平衡，实现人力资源的合理配置，有效激励员工的过程①。人力资源规划包括战略规划、组织规划、制度规划、人员规划以及费用规划。其中战略规划是根据企业总体发展战略目标来制定的，是人力资源具体规划的核心部分；组织规划是对企业整体框架的设计，包括组织信息采集、处理和应用，组织结构图的绘制，组织调查、诊断、评价，组织设计与调整，组织机构设置等；制度规划是保障企业人力资源规划总目标实现的重要方面，包括人力

① 中国就业培训技术指导中心．企业人力资源管理管理师［M］．3版．北京：中国劳动社会保障出版社，2014.

资源制度体系建设的程序、制度化管理内容；人员规划是对企业人员的总量、构成、流动的整体规划，包括人力资源现状分析、企业定员定额、人员需求与供给预测、人员供需平衡等；费用规划是对企业人工成本、人力资源管理费用的整体规划，包括费用预算、核算、审核、结算和控制。

（4）人员招聘与配置

人力资源规划为企业进行人员招聘与配置提供了重要的依据。企业人员的招聘分为内部招聘和外部招聘两种，组织通常倾向于首先采用内部招聘的方法填补空缺职位，当组织内部没有合适人选再考虑从组织外部进行外部招聘。招聘的同时需要甄选，招聘是先获得足够数量的应聘者，而甄选是在这些应聘者中挑选合格的人才，甄选要求通过笔试、面试、心理测试、评价等各种手段详细了解应聘者的素质，对应聘者进行考核。在选拔到了合格的员工后就要进行人力资源配置活动，这是指通过对人员的规划、招聘、选拔、录用、考评、调配和培训等手段，将符合企业发展要求的员工安排到各自适用的岗位上，做到人尽其才、人事相宜。在企业生产经营的实践活动中，人力资源合理配置不仅是人力资源管理的出发点，也是人力资源管理的终极目标。

（5）培训与开发

培训与开发是指企业为了使员工具备胜任当前或未来工作所需要的知识、技术、能力而开展的一系列有计划连续性的活动，以有效改变员工的工作态度，充分发挥员工的潜能，提升员工当前或未来的工作绩效，最终提升企业的整体绩效。在员工培训开发方面，组织一方面要重视培训开发的作用，加大投入培训开发的力度；另一方面需要慎重选择培训内容，做好培训需求分析，有针对性地设计培训课程和开发手段。此外，员工的职业生涯规划也是组织进行培训开发不可忽视的一个重要课题，这是从组织和员工双重需要的角度出发制定和实施的，帮助员工在组织中更加适应地发展和成长。

（6）绩效管理

绩效管理是人力资源管理以及整个组织管理和运营的中心环节，该体系是确保员工个人和员工团队的生产活动对企业战略目标产生积极作用的重要机制。通过绩效管理将组织的经营目标或经营战略加以细化，然后将细化后的目标层层落实，从而确保组织战略得到真正的落实和执行。绩效管理是一个系统化的流程，它是从制订绩效计划、形成绩效目标开始，通过绩效考评和评价工作，最终达到目标实现的目的，同时也通过各级管理人员将考评结果反馈给员工，完成对员工工作的指导、辅导和激励。通过绩效管理会形成个人绩效支持部门绩效、部门绩效支持组织绩效的局面。

（7）薪酬管理

薪酬是指员工获得的一切形式的报酬，包括薪金、福利、保险等各种直接或间接的报酬。薪酬管理是指根据企业总体发展战略的要求，通过管理制度的设计与完善，薪酬激励计划的编制和实施，最大限度地发挥各种薪酬形式如工资、奖金和福利等的激励作用，为企业创造更大的价值。薪酬管理通俗来讲就是帮助组织解决“人”做了“事”之后应当得到何种报酬的问题，良好的薪酬管理是提高员工的工作积极性、保持良好的工作绩效以及忠于一个组织的重要因素。薪酬管理的重要前提是岗位评价，岗位评价是将岗位价值、岗位承担者的贡献与工资报酬有机结合，对岗位价值进行量化的比较，确定薪酬等级结构。薪酬管理不仅仅是一个分配问题，更重要的是它会影响员工能否朝着组织的战略目标努力，也会影响组织能否贯彻其价值观和文化。

（8）员工关系管理

人力资源管理最终的目标是通过企业和员工之间的需求匹配，在满足员工的各种正当需求的前提下，通过吸引、保持、激励和开发员工来帮助组织实现自己的战略目标，赢得企业的发展。换言之，人力资源管理职能的形式是从企业的角度出发，代表企业处理同员工之间的关系，而这里所提到的这种关系就叫作劳动关系。实际上劳动关系管理就是指组织和员工之间的关系管理，它涉及的主要内容包括员工参与管理、员工满意度测量、流动管理、组织文化建设、争议处理机制、员工援助计划等。这里要同劳资关系有所区别，劳资关系是超越组织范围的集体协商关系，而员工关系只是一个组织和其所雇用的员工之间的内部关系。

知识链接1-1

数字化转型是中国企业人力资源管理的未来

未来是什么样的？是人工智能还是大数据？2019年4月18日至20日，于上海世博展览馆举行的第七届中国（上海）国际技术进出口交易会（简称上交会）可能会给你很多答案。对正在数字化大潮中沉浮的中国企业来说，数字化人力资源管理算得上是头等大事。

2019年4月19日，人力家CEO马西亚在上交会论坛上发表专题演讲，同样描绘了人力资源管理与数字化结合、向智能化发展，以及企业搭上数字化升级“顺风车”，实现企业组织结构优化、“减本提效”的未来趋势。

“未来的东西可能真的很疯狂，你以为不可能的，很可能已经来临了，”马西亚强调，“现在有些企业的人力资源管理已经初现未来的样子：一是组织扁平化；二是智能化，这个智能化也代表数字化、信息化；三是灵活用工的就业形势，现在成为劳动力中流砥柱的千禧一代很在乎发展，但对于工作有着更多的诉求，在意感觉、回报和自由，这些都会助推灵活用工的推广，雇主和雇员的关系将不再是简单的雇佣关系，而是一种联盟；四是普惠人力，人力资源管理不会再是阳春白雪，而是中小企业、小微企业、甚至个体户都用得起的服务。”

马西亚认为，最先享受数字化福利、接触未来工作方式的将是HR，因为他们的工作将被科技重新定义：数字化带来互联互通，打破了办公孤岛，人力资源管理可以用量化的数据指标促进决策，从纯执行角色升级为企业战略布局者。“互联网科技帮助HR实现自证价值，盘活业务与组织，让天下没有难做的HR。”

人力资源管理数字化通过实现人力资源管理从凭直觉、感觉、经验向量化、精准、细化的过渡，可以完成基于平台化的专项赋能，既是企业内部流程再造、减本提效的必由之路，也是企业提升外部竞争力的有效手段。

资料来源 佚名. 未来已来：人力资源管理数字化，让天下没有难做的HR［EB/OL］.［2020-01-19］. https：//baijiahao.baidu.com/s?id=1631479719178653502&wfr=spider&for=pc.

1.1.2 人力资源管理理论渊源

人力资源管理的对象是人，因而人力资源管理的发展历史就是对人的认识——关于人的理论的演变史。在整个人力资源管理理论的发展中，著名的理论有X理论、行为科学理论、Y理论、Z理论。

1.X理论

X理论活跃在18世纪末到19世纪末，其核心观点就是要证明人是“经济人”，该理论的主要代表人物是泰勒（Taylor）。麦格雷戈（McGregor）则正式提出了“经济人”这一概念，他把以“经济人”人性假设为理论依据的管理理论概括为“X理论”。

“经济人”的人性假设关于人的基本观点包括六个方面：第一，人天性好逸恶劳，因而要强迫人进行劳动；第二，人天生带有惰性，缺乏进取心、责任心，所以必须有人指挥、管理他们；第三，人具有欺软怕硬、畏惧强者的特点，所以必须要对人实施惩罚迫使他们听从命令；第四，多数人工作是为了满足自身的物质和安全需求，所以以物质为诱因，利用金钱和地位吸引他们努力工作；第五，大多数人缺乏理智，易受他人影响；第六，人分为两大类，一类为上述人群，另一类是可以控制自己的人，这一类人应为管理者。

在X理论的指导下的管理方式具有鲜明的特征，包括任务管理、进行强制劳动、物质刺激和严肃纪律。X理论在一定程度上揭示了人的劳动行为的经济需求动机，但忽视了人的创造性、自主性，将人的尊严、自信、自治、自律、自我发展置之不顾，因此人性假设存在着明显的片面性。虽然在西方发达国家，“经济人”时代已成过去式，但是其思想影响依旧存在，在我国的组织管理中，仍具有一定借鉴意义。

2.行为科学理论

20世纪50年代，行为科学理论诞生。行为科学理论是由霍桑实验提出的人际关系理论发展而来的，行为科学包括心理学、社会学、人类学三大基础学科。其中，人性假设是梅奥（Mayo）在霍桑实验基础上提出的“社会人”，他把重视社会性需要、轻视物质性需要的人称为“社会人”。

关于“社会人”的人性假设中关于人的观点包括：首先，社会需要激发人的工作积极性，虽然物质鼓励有一定的影响，但是更重要的是责任、成就、尊重等对人的激励作用；其次，影响员工工作效率的最主要的因素是人际关系，这取决于员工在各种社会组织中的人际关系协调程度；最后，重视非正式组织对员工的潜在影响力，在组织中由于共同的社会需求和情感形成的非正式组织，潜在地影响着组织成员的工作积极性。

在行为科学理论指导下管理方式要做到不能单单依靠规章制度和组织形式，要充分调动组织对成员的吸引力，保持成员的责任感、事业心、集体精神和高涨的工作热情，在组织内部形成融洽的人际关系，满足成员的社会性需要。

3.Y理论

以马斯洛（Maslow）为代表的理论流派提出了Y理论，该理论认为人的需求是有序的组织系统，由低到高分别为生理需求、安全需求、社会性需求、尊重需求、自我实现需求五大层次。人类为了满足需求而参加工作，当一个层次的需求被满足后，随即会产生对下一层次的需求。

在需求层次分析的基础上，马斯洛提出了“自动人”的人性假设。“自动人”的人性假设包括四个方面：第一，人是勤劳的，人们愿意工作，因此需要引导人们自主工作；第二，人具有自我指导和自我控制的愿望，我们需要尊重个人意愿；第三，人们并非天生不负责，而是因为受到外界因素的干扰，所以应当消除或减少影响责任心的因素，更多地让员工了解组织的目标，使他们愿意为工作负责，实现组织目标；第四，人具有创造力，有丰富的想象力和解决问题的能力，在现实条件下，人们只是利用了一小部分的能力。

在Y理论的指导下，管理方式更倾向于创造适宜的工作环境，营造良好的工作氛围，充分发挥人们的潜力，同时充分运用内在的激励，注重员工更高层次的需求，最终让员工自我实现的需求得到满足。

4.Z理论

该理论是在第二次世界大战之后，针对日本经济迅速发展尤其是日本的汽车产业严重冲击欧美市场这一现象，专家学者对日本管理模式展开研究后提出的。

Z理论的基本观点是人能够互相信任、人与人之间具有亲密性、人与人之间的关系具有两面性。在Z理论的指导下管理方式更注重组织内成员之间的沟通，并力求对组织整体进行评价，同时组织内更关注人际关系的协调。

随着人力资源管理的不断完善和发展，新的人力资源管理从以上各个理论中汲取有效的部分作为理论支持。从人力资源发展的趋势来看，人的需要和内在动力，组织的吸引力，个人责任感、成就感、事业心的激励，越来越成为新的人力资源管理的主要内容。

1.2 人力资源管理工作的问题与挑战

人力资源管理理论与实务体系从20世纪50年代至今，经历了60多年的发展。这期间全球社会经济环境发生了巨大变化，特别是以计算机技术和现代通信技术为代表的信息科学技术正主导着我们的经济与社会的发展，这就是以知识为基础的经济。随着知识经济的到来，组织赖以生存的外部环境和组织内在管理方式也正进行着悄无声息但影响深远的变革，传统的以事为中心的人力资源管理存在着一定的问题，同时也面临着许多挑战。

1.2.1 与中国传统主流思想的对抗

人力资源管理以“人本主义”为核心，然而在我国，人本管理思想的最大对手不是“资本”，而是“官本”。“官本位”这种从中国几千年的历史和文化传统中积淀形成的思想意识，在我们每个人的骨子里或深或浅地留下一个烙印，选择人力资源管理，即意味着选择与传统主流文化对抗，难度可想而知。

由于中国的企业起步晚，各种管理基础不尽完善，社会管理和支撑体系滞后，人力资源管理部门将大量的时间投入基础性工作和行政性事务上，而放在战略性规划、管理技术咨询和人力资源发展上的精力少之又少。

这种做法不仅背离了人力资源管理的根本目的，而且削弱了人力资源管理部门在企业管理中的地位。传统业务部门对人力资源部这一新兴部门通常持怀疑的态度，通常会认为这是一个协助其他部门进行一些日常性事务的协调和处理的部门，感觉不到人力资源部门在支持业务发展上的作用。有人说“懂技术的去做技术，懂业务的去跑业务，那些既不懂技术又不懂业务的就去做人事吧”。长期以来这种对人事部门的定位模式使得人力资源部门难以在企业中获得应有的地位和重视，因此，身份与地位的改革成为人力资源部门转型历程中首先要做的一件事。

1.2.2 经济一体化与多元化文化的冲击与挑战

全球经济正日益成为一个不可分割的整体，形成你中有我、我中有你、相互依赖、相互促进、相互制约的荣衰与共的态势。其具体表现在生产要素在全球范围内加速流动，国家之间的经济关联性和依存性不断增强；人力资源管理的内容和方法在全球经济一体化进程中面对着不同的政治体制、法律规范和风俗习惯的冲击；负责组织类似国籍、文化背景、语言都不相同的员工共同完成组织任务的使命；面对着管理制度与价值观迥然不同的组织如何沟通等问题；各子公司之间的相互协调、组织结构的变革、管理制度的创新、人力资源架构和内容的变革等问题，都必须置身于全球经济一体化和文化多元化的大背景下进行思考。

为获得成功，许多公司在全球市场寻找商业机会，因此同外国的合作尤为重要。自20世纪80年代开始，将近17%的美国公司在海外展开投资。随着我国加入世界贸易组织和经济实力的增强，我国的许多大企业也步入国际商圈。合资公司和跨国公司在世界各地发展远程商业分部，提出了为顾客提供“任何地方、任何时候、任何东西”的新的营销理念。虽然国际化经营给企业带来了巨大的商机，但在进行企业管理时仍需要为了协调文化习俗、宗教事务、法律法规和薪酬制度而进行一番衡量思考。为了应对这些差异，人力资源管理部门需要创建新的模式和流程，减少由于这些差异引起的低效率和人力资源的浪费。

1.2.3 组织的变化

在21世纪知识经济的时代背景下，组织的变化更为频繁，理解并且管理组织的变化是人力资源管理者的重要责任。根据相关学者的调查，在人力资源管理者有效完成任务所需具备的重要能力中，理解和管理组织变化的能力约占41.2%。此外，人力资源管理专业知识能力约占23%，行业知识能力约占18.8%。随着企业的组织结构呈现扁平化、网络化、柔性化的发展趋势，组织中的中高层管理者就对人力资源管理者提出了相应的要求，要求他们提供相关帮助与支持。

在现代企业中，信息与科技贯穿整个企业经营活动，扁平化的团队组织将逐步替代纵向的控制组织成为现代企业分工的主要形式。组织结构提高了员工的通用性和灵活性，组织根据各自员工的专长组成各种工作小组，以完成特定的任务，而不再是对员工的具体任务有明确规定的传统的金字塔式的结构，这使得主要承担上下之间信息沟通桥梁的中间管理层失去应有的作用而遭到大幅精简，员工的晋升路线也不再局限于垂直晋升，而是转变为广泛的水平轮换，例如角色互换。组织结构的变革将是今后一段时间内企业面临的重要问题。团队更倾向于自我指导，员工之间的依赖性也更强，他们一道合作共同达成目标。在这样的组织变化中，人力资源管理者必须协助企业中的中高层管理者组建高效团队，调整人力资源战略和计划，指导员工改变行为以适应组织变化。

1.2.4 员工个性化发展、员工关系和员工培训中遇到的问题

人力资源管理的核心是人的管理，因此员工在整个实践活动中占据十分重要的地位。在对员工的培训管理中，主要面临着以下三个方面的挑战：

1. 员工个性化发展

员工日益跨文化、多样性、差异化、个性化，员工不再仅仅只是追求工资、福利等物质性需求的满足，而是期望企业能在更多的方面满足自己的其他各种需求，并且对各种需求的要求程度也越来越高、越来越全面。因此，人力资源管理者就必须提供个性化、定制化、更加全面周到的人力资源管理产品和服务，以满足员工的需求，进而激发员工的工作积极性，促进企业的长远发展。

2. 员工关系

近年来由于企业大多实行期权制，改变了原本属于劳资关系的员工关系。实行期权制、员工持股和进行员工职业设计等措施有效地解决了组织和员工关系原有的冲突，把员工利益前途和组织的命运紧密地联系起来。在这种条件下，员工关系成为组织主动倡导的关系，也成为人力资源管理的一个热点和难点。有效地把员工的利益和组织的利益相结合，是人力资源管理的最终目标。在这种理念下，原来的那种被动的劳资关系将改变为新形势下的组织主动倡导的员工关系。

3. 员工培训

社会上变化最为迅速、最为剧烈的领域莫过于技术领域，而且技术变化的速率正在不断加快。新技术的出现导致更多技能需求减少或被淘汰，这种状况下迫切需要对现有人员进行继续教育和培训。据估计，21世纪有50%的工作将发生变化，30%的工作将因技术变化而消失。所有这些都说明，人力资源管理要面临不断培训员工以适应快速变化的技术要求。

1.2.5 人力资源管理模式创新的挑战

以知识管理为中心的企业管理模式等几种管理模式的交融与创新，它要求管理要以人为中心，人处于一种主动的地位，要尽可能地开发人的潜力，知识管理和企业文化在人力资源管理中被提到新的高度。组织既要做好适应全球经济竞争加剧的准备，又要真正认识到人才是企业最重要的战略资源，利用企业文化来感染员工、凝聚员工，塑造新的、更具竞争能力的员工队伍。发挥团队工作方式的柔性优势，以知识管理为中心，来适应知识经济时代人力资源管理模式创新的挑战。

总之，人力资源管理面临着的挑战远远不止这些，新的挑战要求人力资源管理无论在理论方面还是在实践方面都必须做出相应的变化，同时人力资源管理的内容也要相应地进行调整和改变。

1.3 战略人力资源管理的内容

1.3.1 战略人力资源管理的概念

战略人力资源管理又称为“战略性人力资源管理”，是指按照组织的战略要求，实现组织的战略目标，落实组织的战略计划，对人力资源进行合理分析、规划、获取、配置、开发、使用和激励的一系列将会对组织绩效以及战略产生积极的、重要影响的政策措施和实践活动。

不同的学者对战略人力资源管理也给出了自己的见解，有的学者称战略人力资源是“为了提高企业的绩效水平，培育富有创新性和灵活性的组织文化，而将企业的人力资源管理活动同战略目标和目的联系在一起的做法”[①]或是“为了实现一个组织的目标而实施的有计划的人力资源运用模式以及各种人力资源管理活动”[②]。杰克·韦尔奇认为“战略和员工的技能能够匹配起来，那可是一件大好事”，战略就是制定规划，确立发展方向，然后要“把合适的人放在合适的位置上”，不屈不挠地执行到底。

战略人力资源管理的核心理念是人力资源管理必须能够帮助组织实现战略以及赢得竞争优势，并且只有当人力资源管理战略同整个组织的战略和运行融合为一体的时候，人力资源管理的职能才能较好地发挥，以帮助组织认识到人力资源的问题，进而找到相应的解决方案。现代的人力资源管理已经由“成本中心”逐渐被看成“利润中心”。

有专家学者指出，人力资源是组织战略不可或缺的有机组成部分。组织战略与组织人力资源具有高度的相关性。对于企业来说，制定战略的关键在于明确和经营好自

---

① TRUSS C，GRATTON L.Strategic human resource management：A conceptual approach［J］. International Journal of Human Resource Management，1994，5（3）：663.

② 韦尔奇 J，韦尔奇 S.赢［M］. 余江，玉书，译. 北京：中信出版社，2005：153.

己的客户，提高客户的满意度和忠诚度，进而利于企业的可持续发展。在这一过程中，要做到令客户满意，需要企业提供优质的产品和高水平的服务为客户创造价值，带来利益；高质量的产品和服务需要企业员工的努力和不懈工作。此外，企业的战略成功，还取决于研发能力、营销能力、生产能力、财务管理能力等多种因素，最终落实到人力资源管理能力上。由此可见，企业绩效的提高，企业战略目标的实现，都离不开企业人力资源管理。

战略人力资源管理要求一个组织的人力资源管理活动必须具有两个方面的一致性，即战略匹配或战略契合。一方面是内部契合或水平一致性，又称为人力资源管理职能的内部一致性，它着眼于组织内部的各种人力资源管理政策和实践之间的关系，强调政策和实践之间必须保持高度的内部一致性，相互之间形成一种良性的匹配和互动；另一方面是外部契合或垂直一致，又称为人力资源管理战略与外部环境和组织战略之间的一致性，它着眼于组织人力资源管理同组织战略之间的关系，强调两者之间的一致性。

可以看出，战略人力资源管理已经成为企业战略不可或缺的有机组成部分，它包括企业通过人这一中介达到组织目标的各个方面的内容。由于人力资本是获取竞争优势的重要资源，并且战略的实施也需要人来执行，所以在开发战略时，企业的高层管理者必须认真考虑人的因素。组织在战略人力资源管理方面主要将注意力集中在改变结构和文化、提升组织业绩和效率、开发特殊技术和管理改革等方面，从而可以使组织获取良好技能并拥有充分激励的员工，使组织获得可持续性的竞争优势，形成组织的战略能力，依靠人来实现战略目标，也依靠核心人力资源来确定竞争优势。

企业在实施战略人力资源管理时，需要明确管理思想上的不同点，这些管理思想是战略人力资源管理必须贯彻的基本点①。第一，放弃单纯以服务为导向的出发点，要求结合以利润为导向的观点，进而来分析和解决各种人力资源问题。第二，采用包括可行性、挑战性、具体性、有意义的目标在内的一些人力资源管理模型，针对组织遇到的问题，提供人力资源管理方面的建议性解决报告。第三，对生产率、薪资福利、招聘甄选、培训开发、绩效反馈、缺勤和临时解雇以及员工态度调查等这样一些人力资源管理问题的成本和收益进行分析、解释和评估。第四，为履行人力资源管理职能的人员提供培训，并且强调人力资源管理的战略重要性以及它对企业的利润实现所做出的重要贡献。

1.3.2 战略人力资源管理的模型

在详细介绍战略人力资源管理模型之前，先要对和战略人力资源管理息息相关的战略管理与人力资源管理的基本模型进行一个简要的介绍，三者之间存在着一定的区别与联系，只有对战略管理和人力资源管理有了初步的了解，才能对后面展开的战略人力资源管理模型有更为透彻的理解。

---

① 刘昕．人力资源管理［M］．北京：中国人民大学出版社，2012：38.

1. 战略管理模型

一个组织在面临外部的机遇和挑战的情况下，为了平衡内部优势和劣势以及维持竞争优势而制定的长期规划，就叫作战略。因此，战略管理就是指一个制定战略、实施战略以及评价战略的完整过程，它的最终目的是使组织内部优势和劣势同外部的机会和威胁相协调、相适应，帮助组织赢得竞争优势。战略管理过程的基本模型见图1-1。

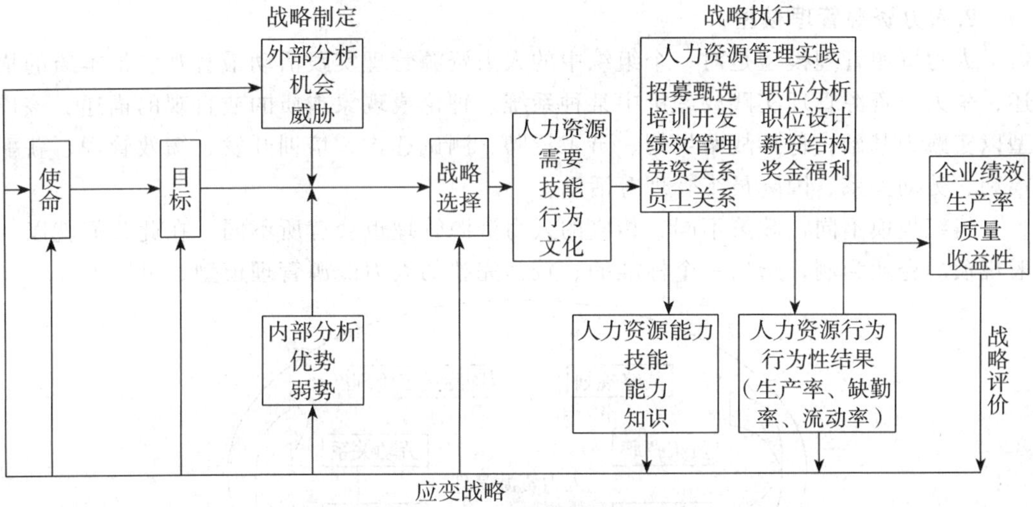

图1-1 战略管理过程的基本模型

资料来源 诺伊，等. 人力资源管理：赢得竞争优势［M］. 刘昕，译. 5版. 北京：中国人民大学出版社，2005：59.

在图1-1中，该过程包括两大部分：第一部分，组织的战略管理过程主要包括战略制定和战略执行两个阶段。战略制定的过程又称为战略规划过程，主要的作用是界定组织的使命、战略目标、外部机遇与威胁、内部优势和劣势，确定组织战略方向，进行战略评估，最终根据这些战略实现组织目标能力的强弱决定组织采取哪种战略。战略执行又称战略实施，它的主要作用是帮助组织确定如何有效执行已经确定的战略，主要是确定如何设计组织结构、如何分配资源以及如何确保组织获得高素质员工等。第二部分，在组织战略的管理过程中，战略执行阶段并不是一个固定位置不变的阶段，它可以根据具体情况有选择地执行预定的战略，并非只是被动地处于战略制定阶段之后。在整个战略管理的过程中，信息和决策之间是不断循环的，如果在战略实施的过程中发现当初制定的战略本身存在严重的问题，或者根本无法实现，则可能会导致组织产生应变策略，即对当时制定的战略进行调整或更改。另外，战略评价的结果也同样可能会导致原来制定的战略发生调整或改变。

根据上述两个部分，我们可以根据图1-1找出与之相对应的人力资源管理在战略管理中扮演的两个角色。首先，人力资源管理是组织战略执行的最为关键的因素。一旦组织战略明确，那么相应地对于组织的人力资源数量、质量、能力、行为、文化的要求也就比较明确地显现出来，此时组织中人力资源管理最为重要的任务就是确保组织所需要的这支人力资源队伍能够在合适的时间准确到位。为此，人力资源管理职位的人员就需要通过工作岗位分析与设计、员工招聘和甄选、培训开发、绩效管理、薪酬福利、员工关系等各种人力资源管理手段来获得组织所需要的人力资源。其次，人力资源管理可能会导致战略的调整。一旦组织在对自己当前以及未来的人力资源状况进行评估之后发现，自身不可能获得组织战略发展要求提出的人力资源队伍，那么就需要对战略进行修改调整，这就说明战略再好也需要联系实际，不能实现的战略就需要进行调整。

2. 人力资源管理模型

人力资源管理模型是对一个组织中的人力资源管理实践活动最直观、最本质的描述，是人力资源管理实践或理论中某种系统、理论或现象本质的或直观的描述。该模型以实践为基础，包括战略规划、员工招聘、测试选拔、培训开发、绩效管理、薪酬福利、劳动关系、国际员工管理等活动。

组织规模不同，政策不同，相应的人力资源管理也会有所不同。在此我们就以一般规模的企业为例，给出一个标准的、较为完整的人力资源管理模型，见图 1–2。

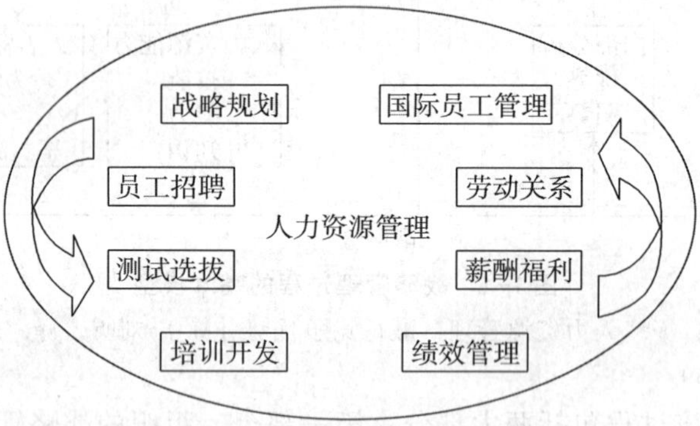

图 1–2　人力资源管理基本模型

3. 战略人力资源管理模型

战略人力资源管理模型是对战略人力资源管理实践或理论中某种系统、理论或现象本质的或直观的描述。战略人力资源管理模型分为两大模块，其一是模型的内在联系，其二是模型的外在表现形式。

内在联系主要包括人力资源与组织战略制定的相关性、人力资源与组织战略实施的相关性。首先，人力资源管理与组织管理密切相关，组织为了达成组织目标而进行分阶段、分层次、分部门的战略目标计划，制定恰当的战略，是实现目标的重要保证，战略的制定要以分析环境中的机会和威胁、系统内的优势和劣势为基础。环境分析和系统分析，必须重点考察人力资源因素，并且分析、选择本身的质量取决于人力资源质量。其次，战略的实施，对组织资源，特别是人力资源的需求往往会发生变化。此时人力资源管理部门就需要开展一系列工作促使人力资源能力得到提高，需求得到满足，进而使员工的行动更加积极高效。积极高效的人力资源是提升绩效水平的保证，是实现组织战略目标的必要条件。

内在联系决定外在形式，根据人力资源与组织战略制定和战略实施的关系，描绘出战略人力资源管理的逻辑结构模型，见图 1–3。

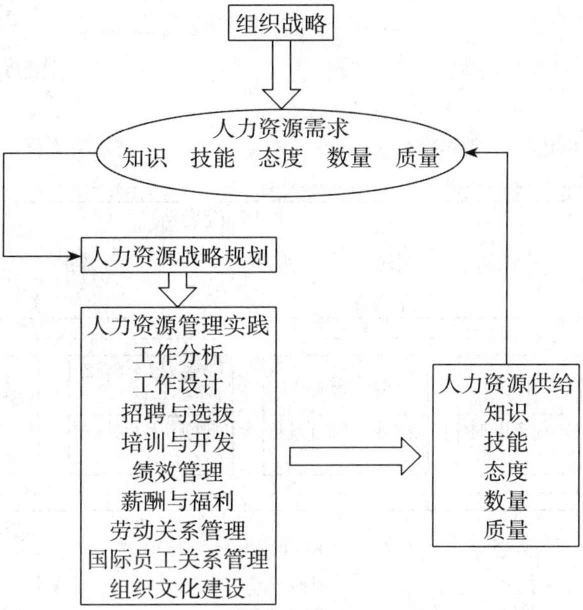

图1-3 战略人力资源管理的逻辑结构模型

1.3.3 战略人力资源管理的工具

在管理实践中，组织的管理者使用一定的辅助手段来帮助他们将组织的整体战略目标逐步分解为具体的人力资源管理政策和实践，而这些辅助性手段就叫作战略人力资源管理工具。战略人力资源管理中的三大工具分别是战略地图、人力资源管理计分卡、数字仪表盘。

1.战略地图

战略地图用来描述“企业如何创造价值”，是对组织战略实现过程进行分解的一种图形工具，是描述组织如何通过达成企业战略目标而创造价值的。[①]它形象地展示了为确保公司战略得以达成必须要完成的各种关键活动及其相互之间的驱动关系。战略地图在企业的战略与企业的实际工作之间及其对应的绩效指标之间建立联系。

战略地图有助于组织中各部门以及全体员工理解组织的战略实现过程，也有助于组织中各部门以及全体员工了解自己的绩效是如何影响整个企业的战略实现的。战略地图可以根据本企业的具体情况量身定做，图1-4提供的是其中的一种战略地图示例，主要包括四个层面：财务层面、客户层面、内部流程层面、学习和成长层面。在制订战略计划时，要具体兼顾到每个层面，根据组织要达成的目标来详细规划每个层面的细节。

2.人力资源管理计分卡

通过绘制战略地图，找到了实现战略所需要的各种重要活动以及彼此之间的重要联系，接下来就需要对这些活动进行量化处理。在对实现组织战略所需要的各种人力资源管理活动进行量化处理时，一般就会用到人力资源管理计分卡。

---

① 卡普兰，诺顿．战略地图——化无形资产为有形成果［M］．刘俊勇，孙薇，译．广州：广东经济出版社，2005：25-26.

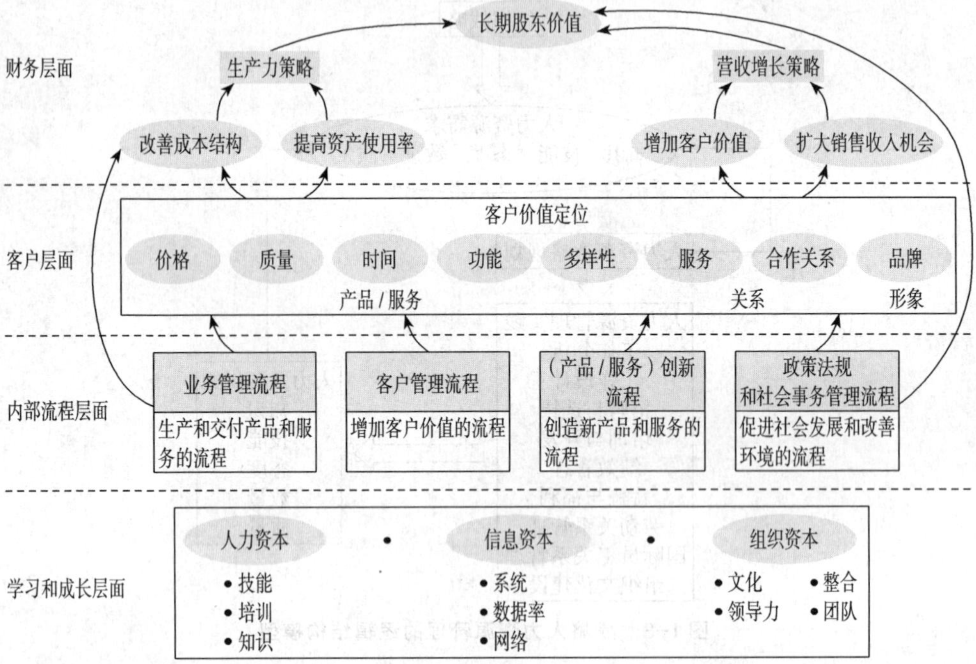

图 1-4　战略地图

人力资源管理计分卡来源于卡普兰和诺顿的平衡计分卡①，这不是一张简单的用来计分的卡片，它实际上是针对为实现组织战略目标所需完成的一系列人力资源管理活动链而设计的各种财务类和非财务类目标或衡量指标②。例如，美国西南航空公司的人力资源计分卡中的绩效评估指标就包括飞机转场时间、准点航班所占百分比、地勤人员劳动生产率等。组织利用人力资源管理计分卡来管理员工绩效，将员工与组织目标紧密联系起来，也能及时衡量和评价员工绩效，并且迅速采取行动来对存在的绩效问题进行修订。此外，组织可以利用人力资源管理计分卡对自己在战略人力资源管理方面所完成的工作以及所取得的结果进行考查和评估。

通常人力资源计分卡在使用的过程中需要进行三个要素的量化处理，主要包括各种人力资源管理实践、人力资源管理实践影响下的员工行为、员工行为所产生的公司战略成果和绩效。

3. 数字仪表盘

企业的高层管理者需要运用数字仪表盘来随时掌握组织的各项战略任务完成情况以及重要工作的进展情况，结合前两种工具更加全面地监控组织战略目标的实现状况。

数字仪表盘是一种可以在电脑显示器上显示各种图表的非常直观的管理工具，它以桌面图形、表格以及计算机图片的形式向管理者和领导者形象地显示公司在战略地图上进展到了哪个阶段、正在向哪个方向有所进展，也可以说是在人力资源管

① 卡普兰，诺顿．平衡计分卡——化战略为行动［M］．刘俊勇，孙薇，译．广州：广东经济出版社，2004：19-22.

② 贝克，休斯理德，乌里奇．人力资源计分卡［M］．郑晓明，译．北京：机械工业出版社，2003.

理计分卡中的各项指标上公司进展到什么程度，进而判断组织当前的工作是否合理。这个数字仪表盘为组织的领导者和管理者提供了一个可以及时采取整改措施的机会。

目前国外三大工具的使用一般采用三位一体的计算机软件模式，将三者设计成计算机化处理的应用软件，并将相关的数据和任务完成情况以数字仪表盘的形式展现在管理者的计算机中，以方便随时进行管理和监控。

1.3.4 战略人力资源管理的主要流程

战略人力资源管理背后有一个支撑理念，即在制定人力资源管理政策和措施时，管理者的出发点必须是帮助公司获得实现战略所需要的员工技能和行为。图1–5简要地描绘了战略人力资源管理的主要流程。

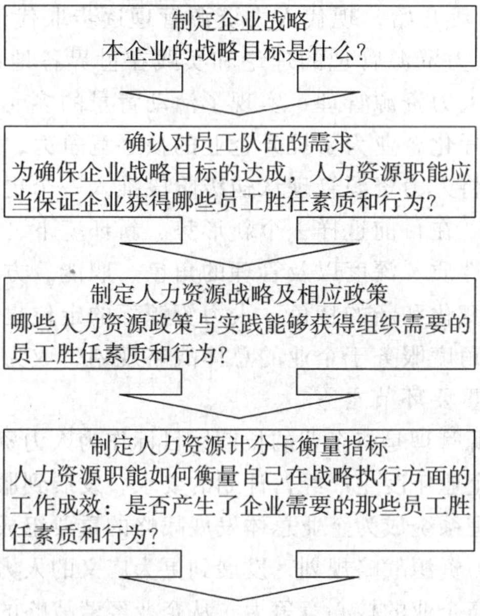

图1–5 战略人力资源管理流程图

资料来源 WALKER G，MACDONALD J R.Designing and implementing an HR scorecard［J］. Human Resources Management，2001，40（4）：370.

如图1–5所示，首先需要公司高层管理人员制定一项战略规划，这项规划要包含对某种特点的员工团队的要求，在对员工团队的这种要求确定之后，人力资源管理者需要制定相应的人力资源战略来设法获取所需要的员工。然后，人力资源管理者需要具体确认应采取何种衡量指标来评估这些新的人力资源管理政策和实践，得到其究竟在多大程度产生了组织所需的员工行为和技能，衡量的指标包括培训数量、员工人均生产率、顾客满意度等。

1.4 现代人力资源管理的定位与发展方向

20世纪以来，整个世界面临着经济全球化、技术的创新发展的新局面，也改变着人力资源管理的模式。在经济全球化与人才国际化的开发中，现代人力资源管理的定位和发展方向将面临一个前所未有的新局面。特别是在原有系统理论——系统论、控制论和信息论的研究成果的基础上，一系列新的应用技术诞生了，在这样的大背景下，人力资源管理的定位和发展方向都有了新的趋势。

1.4.1 现代人力资源管理的定位

自20世纪六七十年代开始，现代人力资源管理逐步取代传统人事管理；自20世纪80年代以来，现代人力资源管理的理论和实践在世界各地都有长足的发展。传统的人事管理转变成现代人力资源管理，实现了活动背景的多元化，同时也实现了理论上的巨大飞跃。大型国际化企业为了提升企业的核心竞争力，占领市场、技术、资本和人才的优先权，同时将人力资源管理从初级阶段推入一个更高的发展阶段，这就是战略人力资源管理阶段。在目前这样一个新形势、新环境下，企业人力资源部在管理的理念、目标，管理的性质、深度以及管理的角色、职能、方式等诸多方面都发生了转变，也凸显出了新的变化和新的特色，人力资源部的定位也发生了转变，它们开始从战略人力资源管理的角度服务于企业的总体战略规划，成为企业中最重要的决策部门，是企业战略规划的重要环节之一。

战略性企业人力资源管理是将企业的长期性目标作为人力资源管理的战略目标，由过去仅限于满足和实现企业年度生产经营计划的要求，发展到服从于企业的经营战略层面，使企业人力资源管理系统成为企业总体发展战略的重要组成部分。在人力资源规划方面，从过去狭义的人力资源战略规划，发展到更为广义的人力资源规划，即为了增强企业总体竞争优势，提高企业的核心竞争力，从企业经营战略的角度出发，制订总体的人力资源战略规划。企业战略人力资源规划是一个多方面、多层次的规划，具体可以划分为企业人力资源总体战略规划和与之配套的组织发展变革、人力资源管理制度、人力资源培训开发、薪酬福利保险和员工激励、人才选拔和调配、员工关系和职业发展。

1.4.2 现代人力资源管理的发展方向

现代人力资源管理部门的性质和功能发生了重大转变，企业人力资源部由单一的行政性事务管理转变为整体的专业性职能管理，再转变为综合的系统性战略管理，反映了几十年来现代企业人力资源管理实践和理论的转变过程，即从人事管理到人力资源管理，再到战略人力资源管理几个不同发展阶段的转变过程。

现代人力资源管理的发展方向主要有以下几个特点：

1. 组织性质的转变

我们从图1-6、图1-7、图1-8三个不同时期的组织结构图来看，可以清晰地看出人力资源部门性质和功能的转换。图1-6显示了早期管理阶段人力资源部门的地位和作用，在企业组织中各层级都设立了人事部门，直接在各支线部门的集中领导和指挥下运转，是承担着人事管理的服务性和咨询性的参谋部门。图1-7显示了人力资源初级阶段人事部门的地位和作用，此时，部门的性质发生了一些变化，每个层级的人事部门除了受到执行部门的指挥和监督之外，还直接隶属于上一层级的领导，人事部门具有半独立性的地位，既具有一定的参谋性，又具有一定的决策性。这种组织制度上的安排，更加强调了人力资源管理的控制性，保障各层级直线主管人事管理活动的政策性和公平性。图1-8体现了战略人力资源部门在新时代的最新变化，人事部门不再是服务性、咨询性和控制性的参谋部门，完全转变为足以直接影响企业业绩和整体表现的重要决策部门，成为企业提升核心竞争力的动力源和直线主管部门的重要支撑系统。

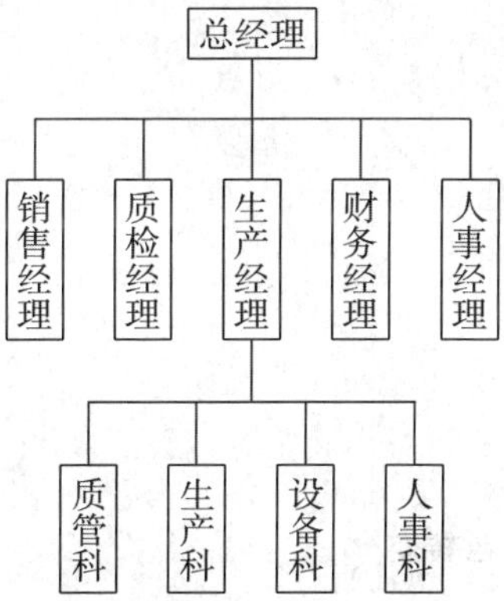

图1-6 早期人事部门结构图

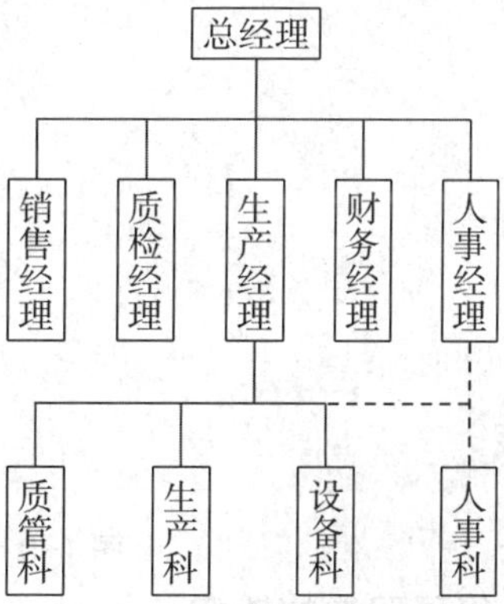

图1-7 初期人力资源部门结构图

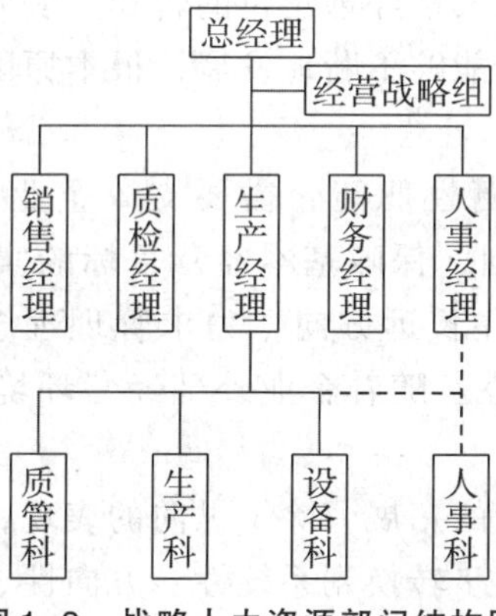

图1-8 战略人力资源部门结构图

2.管理角色的转变

随着企业人力资源管理目标、部门性质和地位的转变，人力资源管理人员的角色也随之发生重大转变。近年来，国外的人力资源管理专家，从管理程序、管理对象、管理期限和管理性质四个方面[①]，剖析了战略人力资源管理在企业经营管理中的角色转变和新定位。

① 尤里奇，雅戈尔，布罗克班克，等. 高绩效的HR［M］. 钱峰，译. 北京：中国电力出版社，2014：35-36.

第一，从作业程序和短期战术性操作维度看，人事经理是构建人力资源各项管理的基础性工作、组织绩效评估、进行薪酬制度设计、实施员工管理的行政管理专家。第二，从短期的战术性操作与管理对象员工的角度出发，人事经理是了解并尽可能满足员工的要求，使员工为企业做贡献的领跑者、带头人，即领导者。第三，从员工与企业长期发展战略的维度看，人事经理是企业员工培训和技能开发的推动者、组织发展和组织变革的设计者、企业改革的代理人。第四，从长期的发展战略和管理作业运作的方面出发，人事经理是企业经营战略的合作者，他既要把人力资源管理和企业发展战略有机结合，又要做出适应企业内外环境和条件的战略规划，同时能够运用各种工具和手段，对规划进行有效的实施、监督、控制和反馈，最终保障战略规划目标的实现，如图1-9所示。

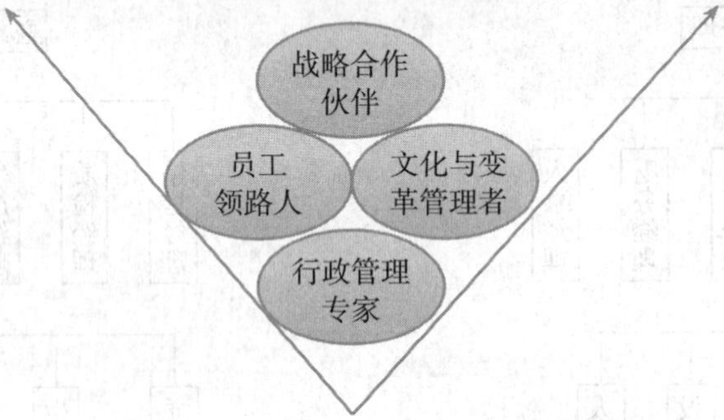

图1-9　战略人力资源管理的角色转变

3.管理职能的转变

人力资源管理部门性质和人事经理角色的转变，实质上是人力资源管理职能的转变。现代人力资源管理之所以能够不断地发展，根本原因在于人力资源管理具有经营性和战略性的双重职能。

其中，基础和起点是经营性职能，需要支撑企业日常的生产经营活动正常运行，实施企业短期的年度计划，保障基本经营目标的实现。战略性只能是从企业的总体出发，从全局着眼，关注长远方向，力求管理理念、组织制度和方法的创新，不断提升人力资源竞争的优势。随着企业外部经营环境的变化，战略职能的重要性日益凸显。

战略性人力资源管理职能的拓展，除了纵向的表现，还有横向的表现。纵向的拓展是以经营性职能为起点，逐步转换到系统性、方向性、全局性和长期性职能；横向的拓展是由强调“提升员工职业生活质量”，注重员工的劳动安全卫生和身体健康，发展到注重企业社会性职能，即企业的社会责任。企业除了要秉公办事，保证公平公正，还要贡献社会，回报社会，有益于社会的发展，提倡企业与劳动者的共同进步，实现与社会的双赢。

4.管理模式的转变

战略人力资源管理是从交易性的事务管理到方向性的战略管理的转变。交易性的事务管理只强调“用正确的方式方法做好事情”，方向性的战略管理强调“运用正确的方式方法做正确的事情”。从这点可以看出，战略人力资源管理在管理思想上和管理模式上有了质的飞跃，更加突出了管理的开放性、适应性、系统性、动态性、针对性和灵活性，使人力资源管理更加全方位地面对市场，不仅考虑企业内部的条件，更加重视企业所处的国内和国际环境。此外，人力资源管理成为企业总体系统中重要的支持分系统，企业的人力资源也是处在一个不断变化发展的系统中，人力资源管理需要随机应变，不断变化管理方式和方法。最后，人力资源管理对象的特殊性以及人力资源管理目标和要求的多样性，决定了人力资源管理要有针对性和多样性，要求其管理采用系统的、权变的管理方式，因人、因事、因时、因地制宜达到理想的境界。

1.4.3 人力资源管理的新领域

1. 知识管理

彼得·德鲁克在《21世纪的管理挑战》一书中指出，人力资源管理的重点将由"手工工作者"转向"知识工作者"，"20世纪最重要也是最独特的对管理的贡献是制造业中手工工作者生产力提高了50倍。21世纪对管理最重要的贡献就是提高了知识工作者的生产力"。可以看出，知识管理对人力资源管理的重要性所在。

人力资源管理和知识管理密切联系，人力资源管理是知识管理过程中不可或缺的一部分，知识管理的要素包括人、技术和组织，人力资源管理的要素包括人、组织，可以看出知识管理的要素中包含人力资源管理。此外在依附关系上，知识由人来创造和掌控，并且隐性地依附于人身上，因此，人力资源管理在知识管理中处于核心地位。

那么知识管理对人力资源管理起到了怎样的推动作用呢？首先可以从日本著名的知识管理专家野中郁次郎口中得到一个初步的回答："没有科学的人力资源管理，蕴含在企业员工中的巨大知识潜能就不可能被开发利用，企业创新就失去了原动力。"在知识经济时代，企业的劳动方式由劳力型向智力型转变，知识型员工正逐步成为企业的核心资源，因此对知识型员工的管理也就成为人力资源管理的重心。知识管理突破了传统人力资源管理的思想，倡导以人为本的管理理念，将人看成企业发展的根本和核心竞争力，并重视企业经营目标同员工个人价值相结合，关注员工个人发展和职业生涯规划。同时，知识管理对企业的人力资源管理职能产生较大改变，人力资源管理开始参与或主导企业战略的决策，其政策和制度的设计可以帮助企业赢得竞争优势，使传统的人力资源管理上升为战略人力资源管理。

知识管理的主体是人，这就决定了人力资源在知识管理中扮演着非常重要的角色。信息技术是用来进行储存知识、传播知识、组织知识、管理知识的重要手段，但是不能解决员工对于与他人分享知识的排斥问题。这时就需要人力资源管理部门发挥职能作用，运用知识管理，帮助建立知识管理促进机制，通过选才、用才、育才、留才、晋才五个方面来促进知识管理的功能发挥。

2. 文化管理

文化管理是知识经济时代的产物，是人力资源管理的最高境界，它以一种柔性管理方式，利用文化包含的人的心理、生理、现状、历史的特征，有效地促进人力资源管理的顺利开展。

文化管理是指企业运用其管理方法从人的心理和行为特征入手，培养企业的共同情感、共同价值，形成自身的文化。从组织整体的存在和发展角度吸纳各种管理方法，逐渐形成统一的管理风格，同时把企业管理的软要素作为企业管理的中心环节，以文化引导为主要手段，通过企业文化培育、管理文化模式的推进，来激发员工的自觉行为。文化管理还要求充分发挥文化涵盖人的心理和生理、人的现状与过去的作用，全面展现以人为中心的管理思想，在充分运用文化的启动和开发力量的基础上，激励员工意志、塑造员工心灵、启发员工智慧、凝聚员工力量。

文化管理以“文化人”的假设为前提，以知识经济为背景，提出了与以往不同的管理理念和管理框架，具有三个主要特征：第一，文化管理以文化为基础，强调人的能动性，是以人为本的更高层次的人性化。人力资源的文化管理充分尊重人的品格、价值和贡献，将员工当作组织的核心，为员工提供从事创造性工作以及发展自己的机会和条件，在这种氛围下，管理者与员工由管理和被管理关系变成伙伴关系。第二，文化管理强调团队精神和情感管理，更具有伦理化特征。伦理化是指文化管理始终把管理对象看作伦理实体，从道德层面去规范和激发人的潜能，实现组织目标。在人力资源管理中体现为重视员工技能和伦理行为的关系，重视员工个性化发展，将员工的入职培训和企业文化相结合，形成企业的凝聚力以及核心竞争力。第三，组织结构呈现扁平化，具有高度的灵活性、柔性和速变性的特点，更注重民主化。在文化管理的价值观影响下，企业员工将更加主动、广泛地参与决策过程和管理过程，在民主决策的基础上让员工深入理解和认真遵守人力资源的权利、义务和行为规范。

愿景管理是组织文化管理中不可忽视的重要部分，愿景是由组织内部的成员制定、通过团队讨论并获得一致共识而形成的全体员工共同努力的方向，它包括组织的发展方向、价值取向、文化、管理以及组织的优良传统。愿景管理需要一整套完整的愿景构架，主要包括组织领导层、组织文化、组织结构和人员管理。组织领导层是实施愿景的责任人，他们时刻监督企业的发展是否与愿景保持一致，监督的同时处理产生的问题，没有组织领导层的监督和努力，愿景就只是“水中月”“镜中花”。组织文化是用来引导员工对愿景的赞同，共同的愿景是建立在个人愿景的基础上的，愿景需要被广大员工认同，如果有相当数量的人对愿景抱有怀疑态度，那么他们就不会为此而努力。组织文化的愿景引导图如图1-10所示。组织结构是对组织内各要素的科学合理的整合与编排，需要确保各个要素之间相匹配，降低失败的概率。人员管理是所有管理层的重要责任，并不仅仅是某个部门的事务性工作，例如迪士尼公司在推广其文化时强调其并不是从事主题公园的旅游业务，而是从事如何使人们快乐的业务，迪士尼的愿景使员工团结一致，顾客也从迪士尼的服务中得到了满足，从而保证了迪士尼公司的长期发展。

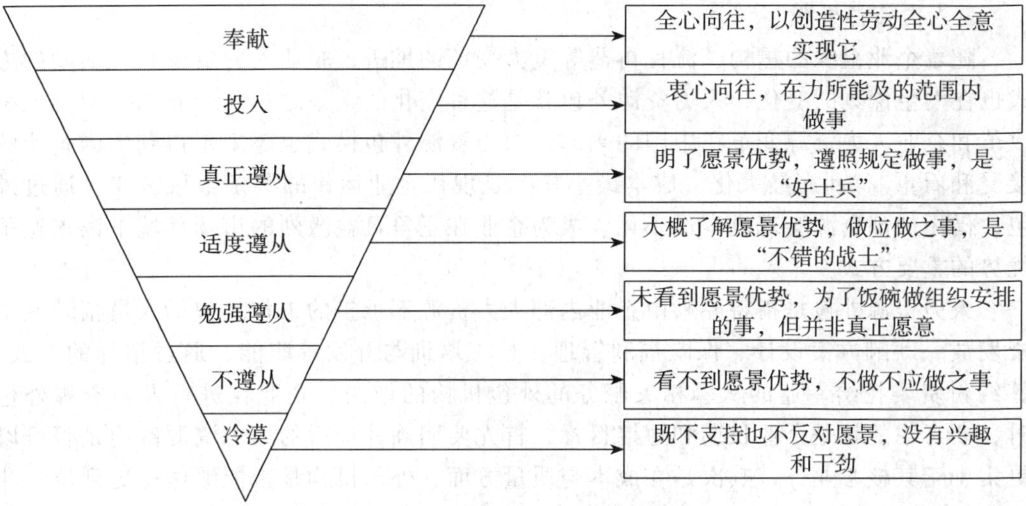

图1-10 组织文化的愿景引导图

案例链接1-1

20年，蒙牛何以是蒙牛？

蒙牛乳业（集团）股份有限公司（简称蒙牛）成立于1999年8月，是国家农业产业化重点龙头企业、乳制品行业龙头企业。诞生于内蒙古大草原的蒙牛，用了20年时间从“草原牛”成长为“世界牛”，成功跻身全球乳业十强，创造了中国企业史上的“商业神话”。

董事会主席陈朗表示，蒙牛之所以成为蒙牛，在20年间历经风雨、越挫越勇，是因为蒙牛在创业之初就立下了“百年蒙牛 强乳兴农”的高尚志愿，描绘了“草原牛-中国牛-世界牛”的宏大愿景。在20年的发展历程中，蒙牛人一直坚定地向着这个愿景步步为营，砥砺前行。

20世纪90年代末，蒙牛乘着改革开放的春风，靠着“天生要强”的闯劲儿，用内蒙古的资源盘活了全国的市场，在中国乳业打拼出了一片属于自己的天地。此后，在快速发展的过程中，蒙牛成功赴港上市，迎来了中粮集团入股，又相继获得法国达能（Danone）、丹麦阿拉福兹（Arla Foods）等战略股东的支持。这一时期，通过掌控国内外优质资源以及先进的技术与管理体系，用全球资源做强国内市场，蒙牛成长为一头挺立世界乳业之林的“中国牛”。本着“以消费者为中心，成为创新引领的百年营养健康食品公司”的愿景，蒙牛以“更高的品质”为目标，通过质量安全、新品研发与创新、多元渠道拓展等策略，在食品安全、应用升级、服务创新、健康福祉四个层面持续着力，成为消费者的首选品牌。

资料来源 佚名. 蒙牛“成长神话”：源于愿景与使命［EB/OL］.［2020-01-19］. http://www.7ai.net/mnzt/20190815/1141.html.

3.人力资源外包

随着企业组织的重构、流程再造等重大变革的推进，企业人力资源管理活动的方式也在发生深刻的变化，人力资源外包就是这种变化的结果之一。随着国家劳动人事改革和企业人力资源变革在中国的兴起，人力资源外包模式也越来越得到中国企业的接受和看重。“利润最大化，成本最小化”是现代企业运作的一条金科玉律，通过外包，借用外部资源实现成本最小化，成为企业在竞争日益激烈的市场环境下谋求竞争优势的重要方式。

人力资源外包是指将原来由企业内部人力资源部承担的工作，包括人员招聘、工资发放、薪酬方案设计、保险福利管理、员工培训与开发等职能，通过招标的方式，签约付费委托给专业的从事相关服务的外包机构的做法。企业在进行人力资源外包时，要考虑的就是企业长期和短期目标，首先要明确外包后的人力资源部门是否可以更集中于其核心业务，其次是在成本与质量方面，外部机构是否能够做得更到位、花费更低。采用人力资源外包模式可以节约时间和资源、降低管理成本、提高人力资源管理者的工作效率，外包的主要形式包括部分外包、整体外包、小包干、大包干和综合外包。

在现有的人力资源管理内容的框架下，人力资源外包分为三个主要模块，包括人力资源派遣、人事事务外包和人力资源管理职能外包。

（1）人力资源派遣

人力资源派遣起源于美国，发展于欧洲、日本和中国台湾地区，是指派遣机构根据用人单位的用人需求，将自己符合用人单位要求的员工派遣至用人单位工作，向员工和用人单位提供相关服务，并向用人单位收取一定的费用[①]。人力资源派遣活动的内容主要包括人员招聘、入职手续、日常服务、离职手续四个部分。按照对人力资源派遣的性质分类，可以分为全程派遣、转接派遣、减员派遣、试用派遣和项目派遣。

（2）人事事务外包

人事事务外包主要涉及员工入职手续办理、员工日常服务提供、员工离职手续办理三大部分。就目前我国企业的发展状况来看，人事事务外包主要的采购商是一些外资大企业，这些跨国企业在中国的分支机构和人员很多，薪酬相对较高，自身运作成本高并且效率低，所以适宜采用人事事务外包。而我国本土的中小型企业由于人事档案和户籍管理制度以及全国不统一的社会保险政策，使其在国内的企业内无法使用。

（3）人力资源管理职能外包

在人力资源管理所包含的六大基本模块中并不是所有的部分都可以外包，其中涉及企业文化和企业战略的工作或者具有企业个性的工作仍然由企业内部独立完成，通常情况下是招聘管理、培训开发、绩效管理、薪酬管理这几大模块寻求外包。

4.人本管理

在人力资源外包量增加的同时，人力资源工作者以及人力资源部门的角色定位随之发生改变。人力资源部从“权力中心”调整为“服务中心”，在创建学习型组织中

① 葛秋萍. 现代人力资源管理与发展［M］. 北京：北京大学出版社，2012：315.

发挥更大的作用，引导组织尝试学习外部的专业技术，并重新塑造企业文化。

在人力资源管理外包后，人力资源管理部门重新定位自己的角色，扮演着管理者、业务伙伴、战略伙伴三种角色。对三种角色的详细解读，如表1-1所示。

表1-1 人力资源外包环境下人力资源管理部门扮演的新角色

角色	目标	内容	策略
管理者	人力资源治理模式变革 外包供应商协作 员工代言人	进行岗位能力匹配 关注员工职业发展 增强绩效管理能力 增强组织变革能力 突破传统人力资源管理部门设置，建立一个更大的人力资源管理网络 对人力资源管理运作效力进行测量	人力资源管理的因素可作为业务计划的输入参数
业务伙伴	直线经理将人力资源管理视为自身角色的一部分 人力资源是管理团队的重要成员 推动跟企业战略与愿景相适应的企业文化	围绕业务目标灵活组织人力资源(如项目团队) 关注员工与组织的开发 能力素质设计与开发 领导力开发 对人力资本能力与人力资源实践对业务的影响力进行测量	人力资源管理是管理团队的关键组成部分
战略伙伴	人力资源管理是业务战略的主要影响要素 人力资源管理运作系统驱动业务绩效	事务性工作通过自助服务实现 知识管理 专注于组织开发 变革管理 人力资源管理流程与业务战略紧密衔接 对战略实施效果以及组织的核心能力进行测量	人力资源管理是战略规划、战略实施与变革管理的关键因素

随着人力资源管理的进一步发展，其战略地位也越来越重要。未来的管理者面对的是人的管理，不能像以往仅限于对事物或资本进行管理，即以后的实际任务和工作就是要做好人的工作。随着科学的发展，情报信息越来越快捷便利、经济的发展速度越来越迅猛，管理本身要运用的就是智慧，管理者权利运用也就是智慧的运用，通过不懈努力，为组织创造机会和财富，同下属沟通，向组织不断注入新的思想、新的思维、新的策略，实现新的目标。

本章小结

本章重点介绍了新时期的战略人力资源管理，包括什么是战略人力资源，战略人力资源管理包含的内容，人力资源管理体系的内容模块以及人力资源管理工作的重点难点，最后还要知道现代人力资源管理在企业中新的发展趋势以及人力资源部门对自身的定位。

复习思考题

1.什么是人力资源管理？

2.人力资源管理工作的难点是什么？

3.什么是战略人力资源管理？

4.简要比较人力资源管理和战略人力资源管理。

5.简要说明现代人力资源管理的定位和发展方向。

案例分析题

人力资源双翼合力，助微软战略成功转型

经过10多年的沉沦之后，微软这位昔日王者在第三任CEO纳德拉带领下成功实现战略转型，荣耀回归。在变革过程中，微软着力于人力资源管理与新战略的高度匹配，其人力资源管理系统中的文化与绩效管理，直接引导和塑造员工的行为，有效推动了战略变革的落地和执行。

灵魂的搜索，重寻使命

2014年，鲍尔默的卸任，也意味着微软的第三任CEO——萨提亚·纳德拉（Satya Nadella）正式成为微软的掌舵者。纳德拉意识到，微软作为一家高科技公司，其使命和义不容辞的责任，是通过科技赋能他人，让他人更自由、更高效。从这个意义上说，微软的工作是超越商业的，是社会的一部分。

微软早期的愿景是让每一个家庭、每一张桌子上都有一台个人电脑。到纳德拉上任时，这个目标已经基本在发达国家中实现。个人计算机市场在经历了几十年的发展后，现在已经日趋饱和。个人计算机的销量增长缓慢，在移动与搜索业务上远不如近年兴起的智能手机和平板电脑。

在发给员工的第一封邮件里，纳德拉提到："我们是唯一的能够利用软件的力量，并通过可以真正赋能每一个个体与组织的设备与服务将这种力量传递出去的公司。我们是唯一的有着悠久历史，并将持续搭建能够创造广泛机会的平台与生态系统的公司。"

在接下来的几个月里，他和公司数百名来自不同层级和部门的员工进行了直接交谈，还设立了焦点小组，让员工得以匿名分享自己对于微软究竟为什么而存在的意见。员工的回答与纳德拉的看法不谋而合：是为了打造可以赋能他人的产品。

在当年7月，纳德拉再次给全体员工发送了类似宣言的邮件，正式提出了微软的使命与存在的意义："我们将重塑生产力，赋能全球每一个个体与组织以成就不凡。"全球员工深受鼓舞，热烈回应。

新的征程——"移动为先，云为先"的战略

作为互联网科技巨擘的第三任掌舵者，纳德拉为微软规划的新战略为："移动为先，云为先。"在给员工的一封邮件中，他说："我们的工作就是保证微软在移动与云为先的世界发展、兴旺……我相信在接下来的10年里，电脑运算将更加无所不在，

而智能也将与我们如影随形。软件与新的硬件的共同演化会终结我们在商业、生活甚至整个世界中做的许多事情，并将它们数字化。在眼下，不断增长的互联设备的网络，云给我们带来的难以置信的电脑运算能力，大数据给予我们的洞察力以及机器学习的智能正在将这个未来变得可能……这是驱动公司中每一个人的机会。”

在走马上任后的第52天，纳德拉召开了一场名为“移动为先，云为先”的新闻发布会，正式将微软的新战略公诸于众。他补充说：“云与移动是同为一体的。如果云不与设备相连接的话，它仅仅只是一种潜在的可能性——云自身怎么能和现实世界互动呢？只有通过设备，一切才有可能。”

实施战略的关键——人力资源系统

国际知名商学院欧洲工商管理学院（INSEAD）战略管理系的荣誉讲座教授阮辉贵（Quy Huy）曾这样描述战略、执行与人的关系：“战略是5%的思考和95%的执行。战略的执行5%靠技术而95%靠人。”

在一场重要的战略变革中，“人”往往是起决定性作用的关键因素——人才造就伟大的公司。战略无法落地成功，往往是因为执行不力，人心不齐。要想成功利用“人”这个关键因素撬动成功的战略落地，支点就是一个高效的战略人力资源管理系统。

人力资源管理改革——双翼合力

(1) 文化重塑：成长型思维

在纳德拉上任以前，微软以冷酷无情的氛围、经理的辱虐以及员工的过度劳累而闻名，这样的组织氛围恰恰是学习的桎梏。早期的微软员工曾在离职后接受《智族GQ》杂志的访谈回忆到：“盖茨标准的行事方式是不断问你一个比一个困难的问题，直到你承认你并不知道答案。然后他就可以顺理成章地向你大吼，指责你准备不充分。”

就是这样的文化给微软的员工造成了非常大的伤害。员工害怕失败，担心任何纰漏都会表明自己能力的不足，降低自己的价值；他们视挑战为恐惧的源泉，因而很快进入瓶颈期；他们视别人的成功为对自己的威胁，因而拒绝团队合作。

作为为微软服务了20多年的老员工，纳德拉深知这样的文化所带来的危害。为了帮助微软摆脱这种文化，他将目光投向了科学——由斯坦福大学的心理学教授卡罗尔·德伟克提出的成长型思维，就是他为微软选择的新的企业文化的核心内涵。

与以往的“全知全能”（Know it all）的固定型思维不同，成长型思维强调的是学习与成长（Learn it all）：人们可以通过自己的努力学习，从自己的失败中学习，通过他人的经验学习，从而发现正确的发展路径并获得快速的成长。

纳德拉说：“卡罗尔·德伟克的观点简单来说，就好比有两个人，一个人认为他可以通过不断的学习加深对世界的认识，另一个人认为他必须已经知道所有的知识。前者在长期的发展中一定会超越后者，即使在最开始的时候他的天资更差……我希望微软的员工每天傍晚走出办公室时，都在想：‘今天我在什么地方太固定型思维了？我有没有展现出正确的成长型思维？’这样就证明我们正走在成长型思维道路上。”

(2) 绩效重塑：促进合作、帮助成长、奖励价值

在以往，除了令人窒息的“全知全能”的文化，微软另一个广受诟病的就是它“强制分级排名”的员工绩效考核体系。员工分级排名指的是每个商业单元的管理团队对自己管理的所有员工进行绩效考核，并按照固定的比例，将员工放入高绩效员工、平均绩效员工以及低绩效员工等不同的等级中。员工们总是在和自己同一个团队的同事竞争，同事之间相互提防，互相猜疑，与新的战略所需要的开放与合作背道而驰。

这样的强制分级排名体系还有失公平，因为所有的排名都只是一个相对值而不是一个绝对值。例如，在一个高绩效团队中，绩效最差的员工可能也会比一些低绩效团队的高绩效员工表现更好。但是，因为这名员工处在高绩效的团队中，他/她就会被打上“低绩效”的标签，影响升职加薪甚至被劝退。

微软新的绩效体系有三大特征与目标：促进合作、帮助成长、奖励价值。

①促进合作

首先，新的绩效体系的根本是要打造所有微软员工通力合作的“一个微软”(One Microsoft)。所有的绩效考核，都以“影响力”为原则，围绕三个维度展开：

- 你是否整合、利用了前人的工作成果？
- 你是否为他人的成功做出了贡献？
- 你自己的贡献是什么？

所以，新的绩效体系将通过合作所产生的影响正式纳入了考核中，而不是光看个人产生的影响。如果有人凭借一己之力完成了任务，却没有在这个过程中有效地借力他人和助力他人，这代表着错过了本可以产生更大价值的机会。因而，要想在影响方面获得好的评价，三个方面都需发力。

这样的指导思想极大地促进了微软员工的通力合作，并获得了显著的成效。现在，微软的产品是不同团队的聪明人之间全面合作的结果。员工们也开始意识到并接受：群体智慧比个人智慧能创造更高的价值。

这种开放的心态，甚至逐渐地渗透到了微软的业务上，造成了一个崭新的局面：从封闭到开源。比如说，以往在微软的员工餐厅里，电子支付手段只支持Windows Phone自带的支付软件。但是在纳德拉上任后，突然有一天，员工意外地发现：居然也可以用苹果手表上的Apple Pay进行支付了。

在技术上，微软也开始放下身段，从过去只使用微软的技术与平台进行开发，变成了在微软的平台上用其他技术也可以进行开发。这种对开源技术的支持，帮助吸引更广泛的开发商与开发者加入他们的阵营。这种改变，在过去自成一体的微软是难以想象的。

②帮助成长

新的绩效系统取消了评分，关注点不再是给员工贴上一个又一个标签，而是帮助他们成长——在分数被抛弃后，取而代之的是频繁的有关员工学习、发展和创造价值的指导性对话。

微软的指导性对话，相比于有固定频率（例如，一年一次/两次）和固定时间的领导-员工绩效考评对话更加灵活。这样，领导就能够根据工作自然的周期和进度更为及时地提供反馈，以帮助员工进行反思，促进员工进步。一般来说，对话主要围绕以下四个话题：

- 你产生了多大的影响力？
- 有哪些方面你可以做得更好？
- 你优先考虑的事情是什么？
- 你想要学习什么？

在与团队领导讨论之前，员工需要书面写下对于这些问题简明扼要的回答。这本身就是一个反思与展望的过程，不仅有助于阶段性地记录和梳理工作心得与计划，也有助于系统地培养员工的成长型思维。

③奖励价值

最终，在这个新的绩效体系下，员工只要为业务真正创造了价值就能够得到奖励。至于如何衡量价值，利兹·弗里德曼（Liz Friedman）说："这不是关于你有多忙，参加了多少次会议，而是关于你对业务产生什么样的影响。我们希望让业务向前发展，所以提供价值就是做与提升我们的业务相一致的事情。" 同时，如前所述，价值是如何产生的，即这个过程中除了个人贡献外，是否有效地整合和促进了他人的贡献，也会被考虑在内。

在根据价值论功行赏时，经理们在拿到奖金预算后有很大的自由度对奖金池在团队成员中进行划分。但是，为了增强团队内部的区分度以及团队之间的可比性，微软会组织"校准会"，经理们各自推荐和描述自己认为具有高影响力、产生了高价值的员工，进而通过讨论与比较来确定相对一致的衡量标准。

总体而言，新的绩效管理体系下，员工看到了助力他人并借力他人能产生更大的影响，因此对帮助团队成功产生了更大的动力，而管理者也更容易将员工贡献的价值与他们获得的奖励相挂钩。

总结

对于绝大多数普通人而言，Windows也是带领他们走进互联网时代的"一扇窗"。即使现在人们已经在电子产品上"历尽千帆"，但是在90年代，第一次打开电脑屏幕时出现的那一扇四色的、窗型的微软标志，还是令人难以忘怀。

可是正是这样一家曾经无限荣耀的公司，在2000年至2014年间却似乎失去了以往长风破浪的势头，发展也陷入了停滞。让人们不禁感慨：这个年逾40的互联网巨头公司，是否真的已经走向暮年？

而在过去短短的4年里，微软的第三任CEO纳德拉带领微软荣耀回归互联网科技巨头行列，微软又变得酷起来了！

资料来源 廖卉. 昔日王者，荣耀回归——人力资源双翼合力，助微软战略成功转型［J］. 清华管理评论，2018（10）：28-37.

讨论题：

1.案例中，微软如何实现战略转型，荣耀回归？

2. 微软战略变革中起决定性作用的关键因素是什么？

3. 纳德拉为需要进行变革的公司的高管提供了哪些启发？

第 1 章案例分析提示

第2章 战略人力资源规划

学习目标

- ✓ 掌握战略管理的概念
- ✓ 明确人力资源战略的内涵
- ✓ 掌握人力资源规划的内涵
- ✓ 掌握人力资源规划和战略人力资源规划的联系与区别
- ✓ 掌握人力资源战略和战略规划的联系和区别

引例 **腾讯公司：微创新战略目标与人力资源管理变革**

近年来，创新作为推动企业发展的关键驱动力被放到了重要的战略地位，创新是以新思维、新发明以及新描述为特征的概念化过程，包含了创造新的事物、改变和更新三个层次，第三个层次即为"微创新"，微创新不是颠覆式的创新，而是在模仿同类型产品的基础上进行升级和改变，聚焦点在"微"，强调从小处着眼，通过细微的改变打动用户。微创新作为一种紧跟客户需求的创新方式，是以用户体验为灵魂的创新2.0模式在互联网领域的生动诠释。

但是，微创新的能力并不能一招制敌，需要持续不断地满足客户需求，在企业内部营造适合微创新的土壤，而土壤的形成归根到底要靠对人的管理，人力资源管理模式作为人们在长期实践过程中形成的得到认可和遵循的管理活动，对企业战略目标的实现起到至关重要的作用。因此，企业微创新战略目标的最终实现需要依靠人力资源管理模式的支撑。

腾讯公司探索出一个基于组织内部整体环境因素和人力资源四大功能的整合模型，并将该模式与腾讯公司微创新的战略目标相结合，构建出基于微创新的人力资源管理模式。

(1) 积极的激励过程

人力资源管理模式中积极的激励过程主要是通过人力资源管理四大功能来实现的，腾讯公司在一切以用户为依归的经营理念下，在人力资源的管理方面形成了用户导向的激励模式，具体表现为为用户反馈服务的选人制度、全面认可微创新的用人制度、聚焦用户关注点的育人制度以及业绩导向的留人制度。

①为用户反馈服务的选人制度

互联网行业是数据驱动下的产物，掌握数据就代表着掌握了客户需求，腾讯公司在很大程度上依赖数据来获取客户的反馈。因此，数据分析能力是腾讯公司招聘新员工考虑的重要因素之一。从腾讯公司公布的招聘信息中可以看到，腾讯公司在招聘岗位的岗位职责和岗位要求中，均要求熟悉系统和编程。为了更好地挖掘用户信息，腾讯公司还招聘专门的数据挖掘工程师和数据分析工程师，要求员工持续挖掘海量用户数据的价值，分析用户特征。通过建立为用户反馈服务的选人制度，腾讯公司掌握了海量用户信息的一手数据，为进一步了解用户潜在需求奠定了基础。

②全面认可微创新的用人制度

腾讯公司的业绩考核采用360度考核方法，考核维度包括两个方面：一方面是个人业绩和团队业绩，另一方面是个人对公司文化和价值观的认可度。在对员工进行业绩评估时，会对员工出现的一些问题进行持续的追踪和调查。如果某个员工不能给周围的人员和团队带来积极的影响，即使业绩再高也不能通过考核。持续的价值观和影响力的考核确保了腾讯员工对微创新制度的认可和执行。腾讯公司内部还设置了一项微创新奖项，自开设以来，平均每1.5天就有1个创新项目提交，极大地激励了员工的微创新意识。

③聚焦用户关注点的育人制度

腾讯公司的培训哲学是为长期战略目标服务，结合企业文化执行，响应工作任务的需求。腾讯公司于2007年成立企业大学——腾讯学院，通过一系列课程体系，形成了完善的培训制度，培训课程的开设聚焦于用户。课程的执行结合企业文化，而腾讯公司的企业文化围绕用户需求设置，要求不断倾听用户声音，满足并超越用户需求，企业文化的内容属性决定了育人制度的核心在于聚焦用户关注点。

④业绩导向的留人制度

腾讯公司实行淘汰制的业绩考核制度，末位淘汰。业绩导向的考核制度使得腾讯员工必须远离职业惰性，努力提高个体和团队业绩，“适者生存”的淘汰制度使得腾讯公司优秀人才得以保留，而留在腾讯公司的员工每年可以享受很高的工资和福利待遇。工资待遇根据所在级别各不相同，通过考核得以升级，一线普通员工如果技术不错，也可以升级。福利待遇方面，腾讯公司准备在3年内投入10亿元为员工建设安居工程和15层的员工餐厅，股权激励近年来也在不断扩大容量。这种业绩导向的留人制度使得腾讯公司聚集了大量的行业人才，也使得在互联网行业拥有一技之长的普通员工得以施展才华。

（2）维护激励的环境

人力资源管理模式中维护激励的环境主要是通过文化环境和竞争环境实现的，腾讯公司推崇的以用户需求为导向的企业文化以及内部赛马的团队竞争机制促使不同团队之间在挖掘用户信息和满足用户需求的过程中不断竞争，最终使得腾讯公司成为互联网行业微创新领域的典范。

①以用户需求为导向的企业文化

腾讯公司在企业文化中将用户需求和用户价值放到了首位。从小处着眼，快速更迭，聚焦用户需求是腾讯公司微创新的典型特征，坚持“用户第一”的经营理念，以用户价值的最大化创造企业价值的最大化是腾讯公司微创新得以成功的根基。从某种程度上说，腾讯公司重视对员工进行企业文化和价值观的培训使得聚焦用户需求成为腾讯人的经营理念和产品初衷，一切产品的更迭都是为了更好地满足用户需求，在不断满足用户需求的过程中促进了微创新的实现。

②内部赛马的团队竞争机制

腾讯公司主张虎性文化，鼓励内部赛马机制，放任公司内部各团队之间抢占资源，抢夺项目。“谁提出，谁负责”成为团队竞争的默认规则，在腾讯公司的发展历程中，对其命运具有决定意义的几次重大创新都是来自中基层的自主突破。微信由内部项目小组产生，三个团队同时进行类似项目的开发，互相竞争。可以说，赛马机制促成了微信的成功。腾讯公司的这种虎性文化增强了企业活力，使企业避免陷入故步自封的境地，而这种竞争机制也是腾讯微创新成果显著的关键因素。

通过腾讯公司的成功案例可以得出以下三个结论：第一，微创新战略目标的实现离不开对人力资源的管理，有效的人力资源管理模式对企业战略目标的实现具有推动作用。第二，在人力资源管理模式中，通过积极的激励过程和维护激励过程的环境两大因素可以促进微创新战略目标的实现。一方面，通过人力资源管理选人、用人、育人、留人的四大功能来实现对员工的激励；另一方面，通过以用户为中心的企业文化氛围和内部赛马的竞争机制形成富有活力的内部环境氛围。第三，人力资源管理模式必须与企业的战略目标相结合，只有人力资源管理模式为企业战略目标服务时，企业的战略目标才可能最终实现。

微创新战略目标的实现需要人力资源管理模式的支撑，企业应当从制度和环境两大因素入手，建立有效的竞争机制和维护激励的文化氛围，使得企业的人力资源管理模式和微创新的战略目标结合，发挥人力资源的最大效用，为同类型微创新企业的人力资源管理模式提供了借鉴作用。

资料来源　杨金风，杨霞. 微创新战略目标下的人力资源管理模式研究——以腾讯公司为例［J］. 人力资源管理，2018（4）：376-378.

2.1 战略管理概述

战略一词来源于古希腊语，其含义是“将军的艺术”。企业战略管理是企业产权所有者所关注的重点内容，因为企业产权所有者最关心的问题就是企业的利润获得情况，而利润与产量、价格、成本、税率直接相关，如何确定企业的合理规模，搞好市场营销工作和企业内部管理工作，充分运用国家政策，就是企业战略管理要解决的重大问题。

2.1.1 企业战略管理的定义

战略一词是企业战略管理的核心，是指企业为了实现其使命和长远目标而做出的长期规划，企业要想在复杂多变的环境中谋求生存和发展就必须对自己的经营管理行为进行长期、全面的规划。

从20世纪50年代开始，在西方国家企业战略研究就成为管理学课程中的一部分，到60年代，以美国著名战略学家安索夫的《企业战略论》的出版为标志，企业战略开始作为一个科学性的概念在企业管理学中使用。

对战略管理概念的描述主要以安索夫、安德鲁斯、哈默尔与普拉哈拉德为代表。

安索夫认为企业在制定战略时最基本的任务就是确定自己的经营性质，通过产品的性质或者构成产品的技术来确定自身的经营，企业目前的产品和市场同企业未来的产品和市场之间存在内在的联系，这种内在联系被安索夫称为“共同的经营主线”，通过分析这种共同的经营主线来把握企业运行的方向，开拓企业发展新道路。

安德鲁斯是古典战略管理理论的代表人物，他强调企业战略管理要适应外部环境的发展，以扩大企业的市场份额，他指出企业总体战略是一个决策模式，提出了一个制定企业战略的过程模型——SWOT分析，决定和揭示企业的目的和目标，提出实现目标的重大方针与计划，确定企业应该从事的经营事务，明确企业的经济类型与人文类型，决定企业应当对员工、顾客和社会做出的经济和非经济性的贡献。

哈默尔与普拉哈拉德作为企业核心竞争能力学派的代表人物，认为企业要想获得竞争优势，必须具备独特的竞争能力。他们提出充分有效利用资源的方式有五种，即：更有效地将资源集中于战略目标，更有效地积累资源，整合互补资源以创造高层次的附加值，尽可能保存资源，缩短消耗与回收之间所需要的时间。

综合上述理论，我们可以看出战略实际上是一种计划、计策，它表现为一种模式，是一种由人们有意识地设计出来并且在行动前制定的谋划，也可以表现为人们行为结果的一种模式。同时战略也是一种定位和观念，它体现了企业在当前环境下的行为选择，同时也体现了当前企业中的人对客观世界的认识方式。

我们将企业战略管理定义为：在面对急剧变化且充满严峻挑战的企业内外部环境条件下，企业为了保证生存和发展而制定的一个总体性谋划，是现代企业高层领导人最主要的职能，在现代企业管理中处于核心地位，是决定企业经营成败的关键。

2.1.2　企业战略管理的特征

1.全局性

企业战略以企业全局为研究对象，根据企业的总体发展需要而制定，它规定了企业的总体目标与行为。从全局实现对局部的指导，使局部达到最优的结果，使全局目标得以实现。

2.长远性

企业的战略立足于未来，对较长时期内企业的生存和发展问题进行通盘策划，从而决定企业当前的行为，凡是为适应环境变化所制定的、长期基本不变的目标和实现目标的行动方案，都是企业战略；而那种针对当前形势，灵活适应短期变化、解决基本问题的方法叫作企业战术。因而，企业要实现战略和战术的有机统一。

3. 风险性

战略的风险性是与企业的改革并存的，改革的正确与否关系到企业生存，而改革的成功与否往往是难以预测的，这就是风险。若改革的措施存在高风险，那么在制定企业战略的时候就必须采取全面的防范措施。同时，企业战略既是关于企业在激烈的竞争中如何与竞争对手进行竞争的行动方案，也是针对企业外部各个方面的压力，应对各种变化的方案，具有明显的抗击风险的特征。

4. 整体最优性

企业战略研究立足于企业的整体功能，按照企业各个部分之间的有机联系，把整体作为研究对象，从企业总体与局部之间的相互依存、相互结合、相互制约的关系中，揭示企业的总体特征与运动规律，发挥企业战略的整体优化效应，达到预期的战略目标。

5. 社会性

企业战略不只是立足于企业的盈利目标，还要兼顾国家、民族和社会的利益，对于社会文化和环境保护等方面的利益也不能忽视。企业战略要特别注意自己所应承担的社会和法律责任，注意树立良好的社会形象，维护企业品牌。

案例链接 2-1

日本资生堂集团在中国的成功之道

1. 优良的企业文化

资生堂努力发展自身的企业文化，融合东西方共性，同时提倡创新精神。资生堂的第一任社长福原信具有独特的前卫眼光，他将资生堂从最初的一家药店发展成一个全球性的美容品公司。早在1921年，“五大主义”已然成为资生堂的发展理念，即“质量本位、互惠互利、消费者、坚持和德义尊重”。具体而言，资生堂努力追求高标准、高品质和高质量；视人力为一种重要的资源，坚持为员工利益考虑，确保企业与员工共荣，使企业内部成员之间有一种共同的纽带；奉行消费者导向主义，为消费者提供最为完善的服务；在化妆品行业中不断完善自己，奉行理性的科学化精细管理，并永远尊重协力厂商，奉行良好的服务理念，重信守约。资生堂之所以成功，“五大主义”功不可没，而且资生堂有其强大的目标和野心，并不仅仅满足于打造自身企业文化，而是要引导整个时代的文化。在21世纪初，它推出了新的主题“一瞬之美、一生之美”。这句话通过文化向世人倡导美的理念，给人以对美的追求。为了贯彻落实新的主题，资生堂更加追求化妆品的高标准和高质量，为顾客提供更好的服务。

2. 合适的营销战略

(1) 经营理念

资生堂的成功很大程度上在于它对于市场的整体把握，而对市场的把握来源于充分的市场调查。资生堂在进军中国洗护用品市场时，花了很长时间进行市场调查。这项工作成本十分巨大，但是其结果也更加准确，为产品的成功推广奠定了坚实的基础。另外，资生堂在世界范围内开展“全球消费者研究”，研究消费者的肌肤特征、对化妆品的偏好性、生活环境等，并从中找到中国消费者的独特之处，开发最适合于中国消费者的产品，积极拓展中国市场。也正是因为资生堂对目标市场的透彻调查，使得其制定出了符合中国的本土化经营策略。

（2）个性塑造

一个品牌如果拥有好的视觉形象，它的成功已经完成了一半。比如在包装创新方面，资生堂银座系列的红妍肌活精华液的形状给人耳目一新的感觉，不规则不对称的外观就如人体器官中的肾，因此得名“红腰子”。90后是追求个性的一代，这种独特而又个性的包装很大程度上提升了产品的销量，也使得产品的定价有提高的空间。此外，包装的高级感和独特性令消费者获得较大效用，提升了消费者的满足感。

（3）科研创新能力

资生堂的壮大离不开强大的科研创新能力，以及将技术转化为生产力的能力，这使得其产品获得了较大成功。资生堂作为世界上科研实力最强的化妆品企业之一，有着完备先进的科研设施，在除皱、淡斑、美白、保湿等方面拥有众多专利，在法国、日本和美国设立了三大科研中心。科研中心会对消费者的偏好、行为、肌肤特性等进行研究，开发出适合不同国家和地方的产品。

3.有利的销售环境

目前在中国市场，资生堂集团在产品专利的总量和研发速度上一直处于领先位置。根据智研咨询《2017—2022年中国化妆品行业市场分析预测及发展趋势报告》，消费的持续升级，市场的扩大，人们消费理念的改变，使得资生堂拥有更多的发展潜能。

资料来源　王路瑶．日本资生堂集团成功发展的原因探究［J］．现代经济信息，2018（24）：110.

2.1.3　企业战略管理方案的制订

企业战略管理方案的制订过程可以说是一个重大的决策过程，一般包括以下四个方面：战略目标的确定、方案评价标准的制定、备选战略方案的选择、战略方案的风险评估。

1.战略目标的确定

战略目标的确定在企业战略的制定中有着特殊作用，它将企业的使命与企业的日常经营联系在一起，使企业的使命具体化。战略目标规定了企业执行其使命时所预期达到的成果，战略目标的描述需要准确，尽可能地量化和指标化，以作为事后可评价、可考核业绩的标准。这一阶段决策者应该明确地对以下三个问题进行回答：

第一，我打算做出怎样的选择？

第二，为什么这个方案是必要的？

第三，最后采用的应是什么样的方案？

2.方案评价标准的制定

方案评价标准是指判断方案可能产生的效果的标准，事前确定这些标准有助于在决策时理智地分析和选择。方案评价标准的确定可以从影响方案可能产生的效果的各种因素出发，通过一一列举影响可能产生的各种因素，包括政府的政策、资源、商业、交通、投资风险等各个方面，制定出方案评价标准。

方案评价标准可以分为限定性标准和合格标准，限定性标准是指一个方案能够成为可行方案的最低标准，而合格标准是判定一个方案最后是否能够作为最终判定标准。在选择标准时应明确以下几点：什么样的方案可以达到这些标准？什么样的方案可以达到预期目标？什么样的情况下这个方案会失败？发生什么样的情况会使这个方案产生负面影响小？对企业会产生怎样的负面影响？在方案的限定性标准和合格标准确定之后，就要对这些标准进行筛选，按其重要性程度进行排列，为决策者提供帮助，避免决策失误。

3.备选战略方案的选择

确立备选战略方案的限定性标准，然后根据限定性标准的规定制订备选战略方案。这一阶段的决策者需要详细地调查了解各种可以选择的战略方案，并将它们一一列举出来，然后通过与限定性标准的比较从中找出可行性方案，再通过对多个可行性方案的相互比较，对每个方案的各项限定性标准给出评分，综合限定性标准的得分，做出最终战略选择。

4.战略方案的风险评估

风险评估的主要目的是在决策的时候将方案可能产生的副作用都考量到，在这一阶段决策者需要回答的问题有：选择了该方案会产生怎样的影响？项目不能按时完成会产生怎样的结果？方案实施后，如果原材料涨价（或地产涨价或政府相关政策发生变化）会产生怎样的结果？方案实施后银行汇率的变动对基本投资和经营成本产生怎样的影响？方案实施以后，什么情况发生对方案的影响最大，一旦发生这种情况有何补救措施？方案实施以后，对社会产生怎样的影响？方案如果失败，对社会产生怎样的影响，对企业的形象会产生怎样的影响？

2.1.4 企业战略管理的意义

企业战略管理的意义在于：

1.提高企业的预见性

谋划未来是企业发展战略的基本功能。因此，企业的管理者必须树立战略观念，善于预测未来，思考未来各种可能出现的情况以及对企业发展的影响，制订企业的远景发展计划，使企业在市场变化多端的情况下不打无准备之仗。制定企业发展战略可较好地克服短期行为，“没有远虑，必有近忧”，远近结合才能掌握企业发展的主动权。

2.明确企业的发展方向

企业发展战略的核心是明确一定历史时期企业发展的基本目标，以及实现这一目标的根本途径。这一目标就是企业的理想，是企业全体职工的奋斗方向。企业发展战略不仅为企业经营管理活动提供了科学依据，更重要的是绘制了一张宏观的蓝图，使职工明确了企业未来的发展战略，激发他们的雄心壮志，克服一切困难，同心协力为企业的未来而努力工作。

3.企业发展战略是企业经营管理成败的关键

企业发展战略的核心就是确定正确的目的，即企业的发展方向。方向明确，企业的经济效益才能提高。

2.2 人力资源战略

人力资源是同市场营销、财务会计、生产制造、研究创新并列的子系统，对企业的总体战略实施具有重要的意义。但是企业战略同人力资源战略之间存在着较大的区别：企业战略是针对整个企业的一个全局性的目标规划，是企业制定和实施战略的一系列管理决策与行动；而人力资源战略主要是针对人力资源这一工作所进行的，是对人力资源规划、培训招聘配置、绩效薪酬等方面的方向性、目标性、计划性、全局性、整体性的工作。

2.2.1 人力资源战略的定义

组织战略确定之后，就必须实施相应的人力资源战略，来确定自己需要何种人力资源以及如何吸引、保留、激励和开发这些人力资源。

根据加里·德斯勒的定义，人力资源战略就是人力资源管理部门及其管理者用来帮助公司实现战略目标的行动指南。约翰·M.伊万切维奇（John M. Ivancevich）认为人力资源战略是一个组织将其人力资源管理的主要目标、政策以及程序整合为一个有机整体的某种模式或规划的产物。良好的人力资源管理战略有助于企业积累资源，同时有助于企业明确自身的优势和劣势，并根据外部环境的变化以及竞争对手的动态，将资源合理分配到每个部门。综合来看，人力资源战略是企业根据内部和外部环境分析，确定企业目标，进而制定企业的人力资源管理目标，再通过各种人力资源管理职能实现企业目标和人力目标的过程。

联邦快递公司的战略目标，是通过组织承诺度较高的员工来达到高水平的客户服务质量以及较高的利润率。由此，该公司制定的基本人力资源管理战略的目标就是努力培养一支具有较高组织承诺度的员工队伍，并要求通过各种管理机制来进行良好的双向沟通，把不具备以人为本价值观的潜在管理者剔除出去，提供具有高度竞争性的薪资以及绩效奖励，对所有员工采取公平的态度，为员工提供内部晋升机会，同时为员工提供施展才能和发挥技能的平台。

2.2.2 人力资源战略的特征

人力资源战略属于职能战略，用以支持企业总体战略和业务战略，因而必须与企业经营战略相配合，才能发挥最大功效。据此，要特别注意人力资源战略的两大特征——适应性和柔性，在组织面临复杂而变幻的环境时，就要求企业人力资源管理充分发挥这两大特性，采取适当措施，达成企业目标。

1.适应性

适应性是组织有效的一个重要前提，那么从个人、群体和组织层次上去理解适应性，可以认为，适应性是某个组织单位的需要、任务、目标、结构同另一个组织单位的需要、任务、目标、结构的匹配程度。

适应性可以分为两种类型：垂直方向和水平方向。垂直方向的适应是指人力资源战略措施和组织战略管理的调适过程，它的作用是引导人力资源发挥优势性；水平方向的适应是指众多人力资源战略之间的一致性，它能有效地配置人力资源。

2.柔性

当组织面临复杂、变幻的环境时，就要求其采取灵活的措施，朝这一点出发，就要求人力资源战略从根本上具有启动和引导组织变革以谋求与环境一致的能力。桑切斯（Sanchez）将柔性定义为“组织对动态的竞争环境中不同需求的反应能力”。组织依靠人力资源战略的柔性来调整现有政策中对环境不适应的部分，以适应不断的变动。高度的柔性可以使企业随时扫描环境，评估市场和竞争对手，在竞争之前完成转型和调整。

3.适应性、柔性与人力资源战略

人力资源战略的根本功能在于对企业人力资源的开发、利用和调配，从而推动组织去适应竞争性的环境。在稳定的、可预测的环境下，一旦拥有了适应性，则柔性就相对不那么重要了。但如今市场风云变幻莫测，我们面临的环境是要求组织必须具有柔性才能获得适应性的。此时，人力资源战略管理就是推动组织向柔性方向发展从而达到动态适应的一系列政策和措施。因此，人力资源战略具有的适应性和柔性也将同时提高组织的适应性和柔性。

企业中存在着很多人力资源管理措施，有的支持组织提高适应性，有的支持组织发展柔性，有的兼顾两者。例如，某企业追求的是客户服务质量的提高，那么该企业就可以开发选拔程序，采用角色扮演或面谈的形式来充分观察和评价员工在提供客户服务方面的个人能力。同时，通过开展培训计划也可以提高员工的客户服务能力，也可以通过建立评估和激励模式，对客户服务行为进行评价和奖惩。

2.2.3 人力资源战略的分类

1.根据关注重点不同的分类

根据关注的重点不同，可以将人力资源战略分为四类：利用战略、聚集战略、促进战略、投资战略，如表2-1所示。

表2-1 四类人力资源战略

人力资源战略	重点关注
利用战略	怎样利用好每一个人，更多的是从挖掘现有人才的角度去思考问题
聚集战略	通过现有人员进行人才的积累
促进战略	企业对个人投资，促进其成长
投资战略	企业在员工身上大量投入，同时对员工的期望和要求也非常高，即相互投资

资料来源 孙健敏. 人力资源管理［M］. 北京：北京大学出版社，2003.

2.根据企业变革程度不同的分类

根据企业变革程度的不同，史戴斯和顿菲提出可将人力资源战略分为家长式战略、发展式战略、任务式战略、转型式战略，如表2-2所示。

表2-2 史戴斯和顿菲的人力资源战略分类

变革程度	管理方式	人力资源战略
基本稳定，微小调整	指令式管理为主	家长式战略
循序渐进，不断变革	咨询式管理为主，指令式管理为辅	发展式战略
局部改革	指令式管理为主，咨询式管理为辅	任务式战略
总体改革	指令式管理与高压式管理并用	转型式战略

资料来源 葛玉辉. 人力资源管理［M］. 北京：清华大学出版社，2012：87.

3.根据实施条件不同的分类

根据人力资源战略的实施条件不同，西方的人力资源战略模式大致可分为三类：以美国为代表的劳动契约型、以日本为代表的资源开发型和权变模式，如表2-3所示。

表2-3 西方的人力资源战略模式分类

名称	定义	特点	实施条件
以美国为代表的劳动契约型	人力资源管理体系建立在以雇佣关系为基础的契约之上，企业与员工的关系完全是一种契约关系（或合同关系），一切制度都以契约为前提	强调个人能力，只强调签约合作的一段时间，晋升快	整个社会的雇佣劳动体系是自由的
以日本为代表的资源开发型（资历主义）	通过个人能力的积累达到提升整体实力的目标	晋升平稳，终身雇佣制	劳动力市场十分发达，雇主有充分的选择余地，劳动力供大于求
权变模式	把能力和资历结合	综合以上两种类型	文化必须是个人主义的，合同是针对个人签订的

2.2.4 企业不同生命周期的人力资源战略

企业是一个生命有机体，其发展经历了一个由诞生、成长、壮大、衰退到死亡的过程，在生命周期的不同阶段，企业的生产经营和人才使用有着不同的特点，企业生命周期被划分为创业期、成长期、成熟期和衰退期，在各个阶段企业的矛盾和特点不同，则人力资源战略也不同。

1.创业期的人力资源战略

创业期是新企业诞生的过程，此时企业不利因素有很多，包括产品品种单一、产品质量差、市场占有率低、管理水平低、企业知名度不够高、人才匮乏等诸多问题。这一时期人力资源战略的核心就是要充分发挥创办者的人格魅力和影响力，不断向外界借鉴优秀经验，在工作中挖掘优秀员工，为以后企业的深入发展打下基础，同时促进人才的组织化，为员工提供良好的职业生涯规划。

2.成长期的人力资源战略

成长期企业的典型特征就是发展加速，主要表现为产量增加、市场份额扩大、企业人员的数量和产品销售量迅速增加。企业的规章开始建立，企业的组织机构也逐渐明确，企业进入规范化管理阶段。但同样存在一些问题，如结构脆弱、优秀人才短缺，表现为低级人才的高级化使用。此时人力资源战略的核心就是完善组织结构，加强组织建设和人才培养，足量地吸收高级人才，鼓励员工从事富有挑战性且内容丰富的工作，承担更多的责任；根据市场法则确定员工与企业双方的权利、义务和利益关系，企业要与员工建立共同愿景，在共同愿景的基础上就核心价值观达成一致，在企业同员工之间建立信任和承诺，实现员工的自我发展和管理。

3.成熟期的人力资源战略

成熟期是企业的黄金时期，不论规模、销量、利润、员工、市场占有率还是竞争能力、研发能力、生产能力以及社会认可度都达到最佳状态，此时企业也必须正视“大企业病”，即易骄傲自满、沟通不畅、滋生官僚主义等。这一阶段战略人力资源的核心是激励企业的灵活性，包括建立学习型组织，提供企业发展的愿景规划，建立人才资源储备库，采取比竞争对手更优秀的人才垄断战略；组织职位设计分析，明确人员职责，加强针对性培训，解决老员工知识更新不足的问题，采用多种手段吸引、保留企业所需人才。

4.衰退期的人力资源战略

这个时期的企业会面临管理不善、销量和利润额大幅下降、设备工艺更新慢、市场占有率下降、员工士气低落、人才浪费等问题，此时人力资源战略的核心是人才转型，对员工的开发与转型给予科学指导，在新领域对人才进行招聘和培训，实现企业的二次创业。

企业在不同的生命周期有着不同的特征，相应地，人力资源管理也要采取不同的策略，所应用的措施也要有所区别。此外，企业也要学会根据自身的条件，不断地解决各种矛盾和困境，采取不同的人力资源战略，实现企业的永续发展。

案例链接2-2

“东风”淘宝村的人力资源管理之路

表2-4列出了“东风”淘宝村在不同发展阶段的人力资源管理模式特征。

表2-4 “东风”淘宝村的人力资源管理之路

发展阶段	商户数量	发展特征	人力资源管理模式特征
萌芽阶段（2006—2007年）	1～100家，逐步增长	首创者开始板式家具设计生产和网络销售，主要采取家庭作坊式生产方式，成功后周围关系较为亲密的亲朋积极模仿学习，全盘照搬，努力尝试进入行业	1.网店参与经营者为家庭闲置劳力 2.一般家庭成员未全部参与网店经营 3.网店收入尚未成为家庭收入的主要来源 4.通过自我管理约束或者家庭成员内部简单分工完成日常经营
简单复制阶段（2008—2009年）	100～1 200家，爆发式增长	在验证开网店的可行性以后，越来越多的人主动学习开网店的经验，网店销售品种单一，网店数量急剧增加。上下游及周边产业链不断完善，开始出现公司制商户，但仍以作坊式生产、家族式管理为主要模式	1.网店家庭将全部家庭成员投入网店经营 2.召唤村外家庭成员回归参与经营 3.本村外流劳动力主动回归 4.大量雇佣人员出现 5.核心技术工人（经验丰富的木匠）供不应求 6.劳动力缺口仍不断加大 7.网店之间相互挖人，员工跳槽现象频发
快速增长阶段（2010—2012年）	1 200～3 000家，持续增长	同质化竞争负面影响开始显现，利润率明显下降，一部分商户开始尝试扩大规模并提升工艺，由板式家具向实木家具转型；受专利风波的影响，商户品牌和知识产权意识逐步唤醒	1.家庭成员掌握生产经营销售的核心环节，内部分工相对稳定 2.随着生产经营规模的扩大，劳务外移现象出现 3.外地专业人才前来创业落户 4.行业协会及当地政府不定期提供学习及培训机会 5.高端设计人才需求凸显
规范化阶段（2013至今）	3 000家以上，稳定增长	来自淘宝村内外部的竞争日趋激烈，商户数量趋于稳定，促进商品不断改良创新，品种多样化，利润率逐渐平稳	1.家族式管理局限性逐渐显现 2.行业协会和当地政府的行业管理指导作用日渐突出 3.技术、管理、经营等高层次人才需求日渐迫切 4.尚未构建规范的现代人力资源管理模式

资料来源　王秋莲．“东风”淘宝村人力资源管理模式分析［D］．成都：西南交通大学，2016.

2.3 人力资源规划

中国有句古话“凡事预则立，不预则废”，是指在任何时候做任何事情，若想要获得成功，提前做计划是必需的。人力资源管理也蕴含着同样的道理，要想保证整个系统正常运转，发挥其应有的功能，那么规划是必不可少的。人力资源规划换句话说是人力资源战略的具体化和操作化，是对人力资源未来发展的一个详细计划。

2.3.1 人力资源规划的定义

人力资源规划，是指在企业发展战略和经营规划的指导下进行人员的供需分配，用来满足企业在不同发展时期对人员的需求，为企业的发展提供符合质量和数量要求的人力资源保证。换句话说，人力资源规划就是预测未来的组织任务并考察环境对组织的要求，据此对组织任务和环境要求制定详细的人力资源管理行动方针的过程。

根据这个定义，我们可以看出：

第一，人力资源规划的基本前提是企业发展战略和经营规划。人力资源管理是企业经营管理系统的子系统，起着为企业的经营管理提供人力资源支持的作用，因此人力资源规划要求以企业的战略规划为根本，从而开展其他活动。

第二，人力资源规划包括两大组成部分：一是企业要对一定时期内的人员供给和需求进行预测；二是以预测结果为基础采取相应措施以达成供求平衡。两者之间密切联系，缺一不可。

第三，组织需要通过人力资源规划来确定行动方案，制定新的政策和方针，进而指导人力资源管理的实施，使人力资源管理在变化的条件下保持有效性。

第四，人力资源规划要从数量和质量两方面对企业人力资源供给和需求进行预测，这说明企业对人力资源的需求，数量是前提，质量是保证，二者都十分重要。

2.3.2 人力资源规划的主要内容

人力资源规划的内容包括两大部分：人力资源总体规划和人力资源业务规划。

1.人力资源总体规划

人力资源总体规划是指在规划期内组织对人力资源开发利用的总体目标、总体政策的描述，具体包括人力资源总体需求预测、人力资源总体供给预测、人力资源过剩或短缺预测、制定并实施人力资源规划以及定期评价人力资源规划，是连接人力资源战略和人力资源具体实践的链条。

2.人力资源业务规划

人力资源业务规划的最终目标是保证人力资源总体规划目标的实现，是总体规划的具体化。人力资源业务规划主要包括人员增补计划、人员配置计划、人员接替与晋升计划、人员培训开发计划、员工绩效薪酬激励计划、员工关系计划、退休解聘计划，详细内容见表2-5。

表2-5 人力资源业务规划表

规划项目	规划目标	规划政策	规划预算
人员增补计划	对人力资源素质、类型、层次、数量及绩效的改善	人员的标准、人员的来源范围、人员的起薪待遇	招聘选拔经费
人员配置计划	人力资源结构优化、部门编制、人员职位匹配、职位轮换幅度	任职条件、职位轮换范围、职位轮换时间	按使用规模、类型以及人员状况决定薪酬预算
人员接替与晋升计划	后备人员适量保持、人员结构改善、提高人员绩效目标	选拔标准、晋升比例、晋升人员安置	职务变动引起的工资调整
人员培训开发计划	培训的数量和质量、培训类型、提高员工素质和技能、转变员工不良态度和作风、提高工作效率	培训的计划安排、培训效果评估	培训开发的投入以及脱产造成的成本损失
员工绩效薪酬激励计划	减少人才流失、提高工作效率、提高士气、改进绩效	薪酬政策、激励政策、激励方式	增加的工资奖金的数额
员工关系计划	降低离职率、改善劳资关系、提升员工参与度、改善员工关系	鼓励员工参与管理、民主管理、加强沟通	法律诉讼费用
退休解聘计划	合理编制、降低劳动成本、提高劳动生产率	退休政策、解聘程序	退休人员安置费用以及人员重置费用

2.3.3 人力资源规划的分类

人力资源规划的种类很多，不同的企业可以根据自身情况选择不同类型的人力资源规划方式，以下列举出三种最常见的人力资源规划分类方式。

1.按照规划的范围划分

按照规划的范围，可以将人力资源规划分为整体人力资源规划、部门人力资源规划和某项任务的具体人力资源规划。整体人力资源规划是指在整个企业的范围内进行的规划，它是涵盖企业所有部门的规划；部门人力资源规划是指在某个或某几个部门范围内进行的规划；某项任务的具体人力资源规划是具体到某一项工作任务上的规划。

2.按照规划的时间划分

按人力资源规划的时间长短划分，可以将人力资源规划分为短期人力资源规划、中期人力资源规划和长期人力资源规划。短期人力资源规划是指6个月到1年的规划，也可称为人力资源计划，其时间较短、目标明确、内容具体、操作性更强；长期人力资源规划是指3年或5年以上的规划，其指导性、概括性、预测性差，可操作性弱；中期人力资源规划介于短期和长期规划之间，相对于短期规划更具有指导性，相对于长期规划更容易具体落实，是属于长期规划中的阶段性目标，更具有战术性。

3.按照规划的性质划分

按人力资源规划的性质划分，可以将人力资源规划分为战略性人力资源规划和战术性人力资源规划。战略性人力资源规划具有全局性和长远性的特征，是人力资源战略的表现形式，是为了实现人力资源战略而展开的整体性、全局性和长期性的行动规划；战术性人力资源规划是具体的、短期的、有针对性的业务规划。

2.3.4 人力资源规划的具体流程

为了达到预期的目的，在进行人力资源规划时需要按照一定的程序来进行，其过程具体包括四个步骤：准备阶段、预测阶段、实施阶段、评估阶段，这一程序的操作流程如图2-1所示。

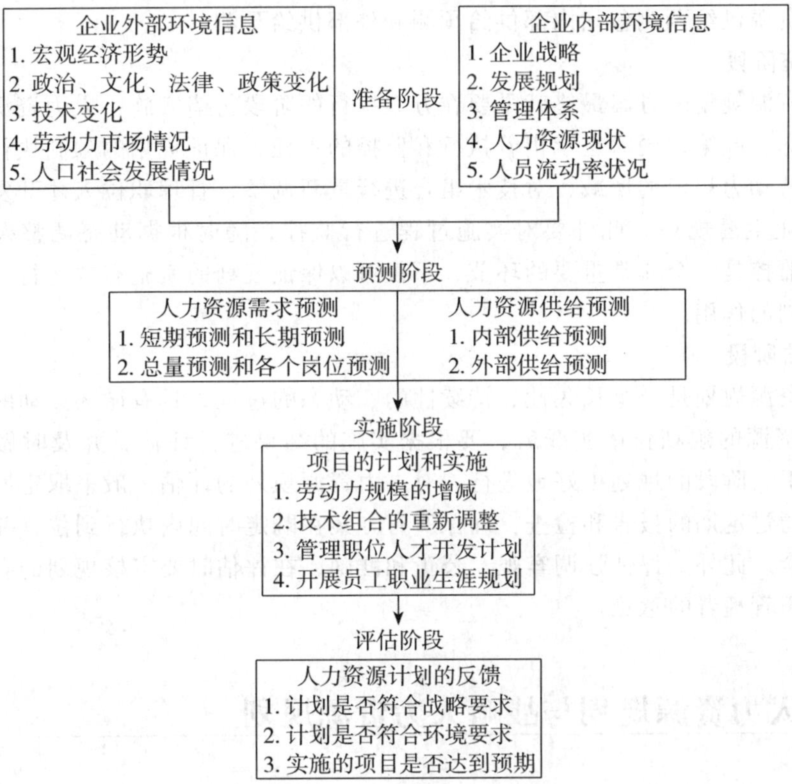

图2-1 人力资源规划流程图

1.准备阶段

俗话说“不打无准备之仗”，在人力资源规划的实施中，首先需要进行的就是充分获取相关信息，做好准备工作。这些信息的收集包括两大部分：其一是企业外部环境信息；其二是企业内部环境信息。外部环境信息包括经营环境信息，如宏观经济形势，政治、文化、法律、政策变化等，还有直接影响人力资源供给和需求的信息，如劳动力市场情况、技术变化、人口社会发展情况等；企业内部环境信息主要包括企业战略、发展规划、管理体系、人力资源现状和人员流动率状况。其二是根据企业现有的人员档案资料来对目前人力资源的数量、质量、结构、潜力等进行盘点，及时准确掌握企业现有人力资源的状况。其中对人力资源信息进行盘点，包括以下几个要点：个人基本信息、受教育情况、录用资料、工资资料、工作水平评价、工作经历、安全和事故资料、工作环境情况等。最后利用计算机数据库对这些资料进行整理和储存，以便日后使用。

2. 预测阶段

在充分掌握了信息的基础上，就要选择有效的预测方法对企业在未来某一时间段内的人力资源供给和需求情况进行预测。这是整个人力资源规划最为重要的部分，决定着最终的成败。在预测的过程中包括两大方面：人力资源需求预测和人力资源供给预测。其中人力资源需求预测主要是根据企业的发展战略和企业的内外部条件选择预测技术，针对人力需求的数量、质量和结构进行预测；人力资源供给预测又称为人员拥有量预测，是经过人员拥有量预测同人员需求量之间对比之后，制定各种具体规划，人力资源供给预测包括内部供给预测和外部供给预测。

3. 实施阶段

人力资源规划的方案最终就是要在方案执行的阶段付诸实施，人力资源规划包括预算、目标、政策，同时也承担着执行和监控的责任，保证规划的顺利执行。这里主要包括对劳动力规模的增减，对技术组合进行重新调整，管理职位人才开发计划和开展员工职业生涯规划。此外要对实施过程进行监控，随时根据动态调整人力资源规划。实施监控是一个非常重要的环节，不仅可以保证规划的实施有效运行，还可以加强执行控制的作用。

4. 评估阶段

人力资源规划是一个长久性、持续性的、动态的过程，具有循环滚动的特征。组织将人力资源的规划付诸实践后，要根据实施的结果进行评估，并及时做修正和调整，保证下一阶段的规划更好地进行。对人力资源规划的评估一般采取定期报告的形式开展，通过定期的报告和检查，确保所有方案在既定时间内执行到位，并且同最初预测相吻合。此外，评估强调客观、公正和准确，在评估时要审核规划的有效性，也要征求组织管理者的意见。

2.4 人力资源规划与战略人力资源规划

2.4.1 战略人力资源规划的定义

战略人力资源规划是人力资源规划在现代企业中新的发展和突破，是一种具有全局性和长远性的人力资源规划，它属于人力资源规划的一种形式。战略人力资源规划要求规划主体在组织愿景、组织目标和战略规划的指导下，针对人力资源活动的特点，从组织全局和长远的角度对组织发展的方向及其实现途径进行设计，战略性地把握人力资源需求和供给，动态地对人力资源进行统筹规划，努力平衡人力资源的需求与供给，从而促进并保证组织的目标实现。[①]

从根本上讲，战略人力资源规划是一种系统性的思维方法和工具，它既是一个过程，也是一套科学的方法论系统。总而言之，战略人力资源规划是立足于企业发展战略、目标与愿景，预测未来的任务与环境对企业人力资源的要求，从全局的角度和组织发展的方向出发，为完成这些任务和满足这些要求而提供人力资源的总体要求，对可能的人力资源需求、供给情况做出预测，并据此对人力资源的数量、能力与结构进行系统规划，以及为实现这些目标而对人力资源管理的策略与相应职能进行系统安排。

2.4.2 战略人力资源规划的内容和实施流程

1.战略人力资源规划的内容

战略人力资源规划的内容包括两个方面：总体规划和业务规划。总体规划是指在计划期内的人力资源管理的总目标、总政策、实施步骤和总预算安排；业务规划是指人员补充规划、分配规划、晋升规划、教育培训规划、薪酬规划、福利保险规划和员工关系以及退休规划。

2.战略人力资源规划的实施流程

战略人力资源规划主要包括三个阶段：信息收集处理阶段，即对企业发展战略、企业内外部环境、人力资源状况及其相关影响因素进行分析；总体规划分析阶段，即根据收集处理后的信息来制定人力资源规划的总体设计方案及目标；制订实施计划阶段，即制订与业务战略直接相关的详细计划。企业战略人力资源规划流程如图2-2所示。

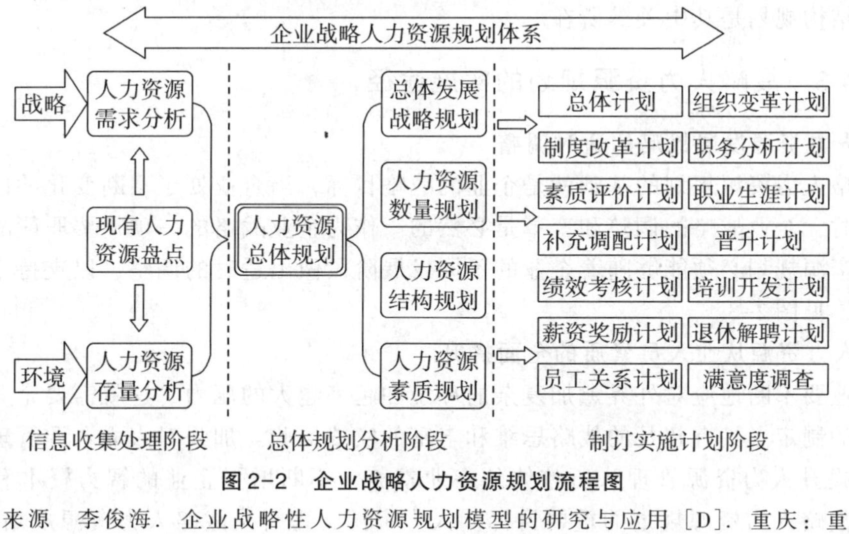

图2-2 企业战略人力资源规划流程图

资料来源 李俊海. 企业战略性人力资源规划模型的研究与应用［D］. 重庆：重庆大学，2006.

在战略人力资源规划流程中，人力资源数量规划、人力资源素质规划、人力资源结构规划是其核心阶段，并且人力资源规划的其他计划的制订与执行都要以其为基础进行。

（1）人力资源数量规划

人力资源数量规划是依据企业业务模式、业务流程和组织结构等因素，确定未来

---

① 葛玉辉. 人力资源管理［M］. 北京：清华大学出版社，2012：99.

企业各级组织人力资源数量及各职类、职种、职层人员配比关系和比例，并在此基础上制订企业未来人力资源需求计划。人力资源数量规划主要解决人力资源配置标准的问题，它为企业未来的人力资源配置乃至整个人力资源的发展提供了依据、指明了方向。但是，在具体操作时，企业人力资源现状与人力资源数量规划所提供的标准会有一定的甚至很大的差距，因为理论和现实总是会有差距的，而如何缩小差距正是企业人力资源部门下一步要解决的问题。

（2）人力资源素质规划

人力资源素质规划是依据企业战略、业务模式、业务流程和组织对员工的行为要求，设计各职类、职种、职层人员的任职资格要求，包括素质模式、行为能力及行为标准等。人力资源素质规划是企业开展选人、用人、育人和留人活动的基础与前提条件。

（3）人力资源结构规划

人力资源结构规划是依据行业特点、企业规模、未来战略重点发展的业务及业务模式，对企业人力资源进行分层分类，同时设计和定义企业的职类、职种、职层功能、职责及权限等，从而理顺各职类、职种、职层人员在企业发展中的地位、作用和相互关系。人力资源结构规划的目的是要打破组织的壁垒（如部门对人力资源管理造成的障碍），按业务系统要求为相关人员进行人力资源开发与管理提供条件；同时，人力资源结构规划也为建立或修订企业人力资源管理系统（如任职资格体系、素质模式、薪酬体系和培训体系等）打下基础。人力资源数量规划、素质规划以及结构规划是同时进行的，数量规划和素质规划都是依据结构规划所确定的结构进行的，因此人力资源结构规划是其中关键所在。

2.4.3 战略人力资源规划的实施途径

1.人力资源发展战略的适时调整

战略人力资源规划的基础就是企业的战略目标，当企业处于不断变化的内外部环境当中时，企业战略的调整和变革是必然的。作为企业战略的一项重要职能战略，战略人力资源规划必须能够随着企业的不同发展阶段做出适时的调整，以支持企业战略的变动，见图2-3。

2.人力资源从业人员素质的全面提升

企业要不断地应对外界愈加复杂的环境和越来越大的压力，这就需要企业人力资源规划的制定者具有超凡的战略思维和丰富的实战经验。加强对人力资源管理队伍的培养，提升人力资源管理队伍整体的专业素养，不断增强企业的智力资本和竞争优势，是战略人力资源规划的重要目标。人力资源管理者是战略人力资源规划的灵魂，没有一个高层次、高素质的管理团队，那么战略人力资源也就无从谈起。人力资源管理者应当了解企业的经营目标、各业务部门的需求，以及企业职能、产品、生产、销售、企业使命、价值观、企业文化等多个方面，并围绕目标实现这一高度对员工的基本技能和知识进行设计，深入企业各个环节，调动和开发人的潜能，更好地为各业务部门提供增值服务。

创业阶段	企业战略	人力资源规划重点
	凝聚人心 业务导向	高层领导和专业性业务人才选拔、培养、使用和激励

↓

成长阶段	企业战略	人力资源规划重点
	组织扩张 有序管理	基层领导和职业经理人实现规范化、职业化管理

↓

成熟阶段	企业战略	人力资源规划重点
	塑造企业核心竞争力、预测未来战略发展变化	人力资源管理的专业型人才能够审时度势、随机应变，基于企业长远发展战略的人才培养

↓

衰退阶段	企业战略	人力资源规划重点
	战略方向的调整	组织结构、业务流程、岗位职能和人员更选、职位评估、绩效考评和薪酬激励等人力资源管理工作

图2-3 企业不同发展阶段战略人力资源规划的调整

3.人力资源管理部门定位的提升

要科学全面地认识战略人力资源规划，就必须明确现代企业的战略人力资源规划不同于一般意义上的人力资源规划，其主要目标和任务是获取和保持企业在未来一个相当长的时间内的市场竞争优势，分层的依据是企业未来的发展战略所需要的组织和流程，规划的核心内容是未来的组织需要什么样的人力资源来实现企业最高层管理者确定的最初目标。因此，企业经营决策层要高度重视、全面提升人力资源规划的战略地位，并将其纳入企业整体发展战略。在此基础上把握整个公司的大致走向以及各个行业的方向，做出前瞻性的预测，确保人力资源规划的制定和实施符合企业的实际，实现人力资源规划与企业发展战略的融合，达到企业人力资源规划和发展的最高境界。

2.4.4 战略人力资源规划是人力资源规划在新时期的发展

战略人力资源规划不同于传统意义上的人力资源规划，它是站在战略高度来审视企业的人力资源规划，因此，在制定规划的过程中要充分考虑企业的战略管理。规划企业的人力资源应遵循以下原则：

1.更加充分关注企业内外部环境变化

相比于传统人力资源规划，战略人力资源规划受到来自企业内部和外部环境变化的影响更大。因此，在制订战略人力资源规划时必须对可能影响企业运作的内部和外部力量加以衡量、评估并做出反应。企业的内部环境变化主要是指企业的管理、组织、经营状况的变化和经营目标的变化，外部环境变化主要指经济、人口、科技环境的变化以及国家政策、法律、法规的变化。

2.与企业战略联系更为紧密

战略人力资源规划是企业整体发展规划的重要组成部分，相比于传统的人力资源规划，其与企业战略的联系更为紧密。其首要前提是服从企业整体发展的需要。在制定战略人力资源规划时，必须与企业战略目标相适应。只有这样，才能保证企业的目标与资源的协调，保证战略人力资源规划的准确性和有效性。

3.更关注企业与员工共同成长的原则

企业人力资源的核心就是人，不论是传统的人力资源规划还是战略人力资源规划都离不开这一核心。但相比于过去，新兴的战略人力资源规划更加关注企业和员工共同成长这一要素，更加关注企业同员工的共同进步。

企业成长原则是指企业资本积累增加，销售额增加，企业规模和市场扩大，企业人力资源的基本内容和目标是为了企业的壮大和发展。同时，战略人力资源规划不仅是面向企业的计划，也是面向员工的计划。企业的发展与员工的发展是互相依托、互相促进的关系。如果只考虑企业的发展而忽视员工的发展，就会有损于企业发展目标的实现。有效的战略人力资源规划，一定是能够使企业与员工得到长期利益的计划，也是能够使企业与员工共同发展的计划。

4.与人力资源管理各模块系统整合更加紧密

战略人力资源规划同样需要招聘、培训、绩效、薪酬等人力资源管理模块的支持，但相比于传统的人力资源规划，两者之间的联系更为密切。招聘模块的完善不仅能满足企业对员工数量的要求，还能够达到规划对所聘人员的素质要求；健全的培训模块能够在短时间内提升员工的职业技能，对战略人力资源规划的实施具有推动作用；绩效考评不仅能够直观地反映员工的业绩，而且能够反映出员工在工作中的一些优势和不足，在做战略人力资源规划时，人力资源部门可以根据它判断该员工适合什么样的职位，从而为战略人力资源规划提供依据；薪酬既可以成为员工发展的见证，也可以反映企业人力资源规划的成果，对战略人力资源规划具有检验作用。

5.关注持续发展的动态调整原则

人力资源规划应该以企业的生命力和可持续增长及保持企业的发展能力为目的，战略人力资源规划则需要协同企业更加致力于劳资协调、人才培养与后继者培养的工作。所以，企业的战略人力资源规划要一次规划、分期滚动实施，并根据实际状况进行动态调整和评估，必要时建立高级或稀缺专业人才后备系统。

6.更加注重对企业文化的整合

在战略人力资源规划过程中，必须充分注意企业文化的融合与渗透，保持企业的经营特色，以及确保企业经营战略的实现和组织行为的约束力。企业文化的核心就是培育企业的价值观，培育一种创新向上、符合实际的企业文化。企业的人力资源规划必须充分注意与企业文化的融合与渗透，保障企业经营的特色，以及企业经营战略的实现和组织行为的约束力。只有这样，才能使企业的人力资源具有延续性，并体现出本企业的人力资源特色。

总之，在新时期的企业发展阶段，传统人力资源正逐步被战略人力资源所取代，企业也更加重视人力资源在企业战略中的地位和作用，不断地增加人力资源部门的职权，赋予人力资源管理者更多的权限。人才是企业的核心竞争力，相应地，人力资源就是企业发展的重头戏，重视人力资源在企业中的地位和作用，充分发挥人力资源管理所具有的优势将对企业战略目标实现具有极大的现实意义。

案例链接2-3

华为迈入5G时代的战略选择

现在“5G”一词在我们的生活中被不断地提及，5G未来城、5G云课堂、5G梦生活、千百行业+5G等一系列新名词被我们所熟知，5G的商用也在慢慢地普及，它将大大提升网络速度，改善移动互联网用户体验，丰富应用场景，催生网络直播、新媒体等业务，改进电商运营环境。我国知名民营企业华为公司（以下简称“华为”）在迈入5G时代将如何进行战略布局、做出抉择，以引领科技的新一轮发展，是一个值得关注的问题。

1.基于SWOT模型对华为公司发展5G通信技术的分析

（1）优势分析

①研发优势

华为公司高度重视技术创新与研究，坚持将每年收入的10%以上投入到研发。2018年，华为在研发方面投入了1 000多亿元人民币，在《2018年欧盟工业研发投资排名》中位列全球第五。持续的投入转化为华为公司向客户持续提供创新产品、高效服务的能力。数据显示，2018年华为公司占全球移动通信基础设施的市场份额是26%，实现营收1 072亿美元，这为华为公司的研发投入提供了坚实的经济保障，较大的研发投入也推动着华为公司一系列产品的创新，加之技术的创新可以应用于多系列产品，催生规模经济效应，使得华为公司保持着领先的研发优势。

②产品优势

华为对于5G技术的研究时间早，投入精力多，利用5G技术的实际应用更是数不胜数。从2009年早期的战略布局到2019年的今天，华为的5G技术在不断地发展，并与多个国家开展了战略合作，建立了5G移动基站、5G研究中心，推动着5G全球生态圈的不断扩大。截至2019年2月底，华为已经和全球领先运营商签订了30多个5G商用合同，40 000多个5G基站已发往世界各地。

华为一直对自身产品生产定下极高要求，不做粗制滥造的产品，以安全实用为核心，精益求精，满足人们对高品质的需求。在消费者业务领域，华为公司年销售收入增长超70%，市场份额稳居全球前三。华为重视网络安全和用户隐私保护，提倡追求创新、合作共赢，建立安全可信的网络数字世界，过去30年，华为与运营商共建1 500多张网络，为众多国家和地区提供了网络服务，其设备长期保持安全运行记录。迈入5G时代，能源消耗速度日益增长，面对能源过度消耗的问题，华为立志坚持节能减排的技术创新，将创新、绿色、开放、协调、共享的发展理念贯彻产品研发应用。研发5G技术过程中不忘绿色环保初心，用行动提倡节能降排，华为5G Power解决方案作为解决5G建设和运维问题而制定的5G站点综合供电解决策略，能帮助站点降低改造成本并减少碳排放和电力损耗。

（2）劣势分析（融资方式）

华为作为一家民营企业，采取坚持不上市的经营方式，使得企业在融资方面具有一定的劣势，员工持股计划的推行，导致股权也较为分散。就我国目前的现状而言，国有企业由于有政府的背书，在市场上能够较为容易地筹资，而民营企业融资相对困难。由于不上市，华为无法在全球市场上融资，这使得融资的渠道较为单一，不能充分利用外部融资、资金杠杆，促使企业进一步发展壮大。

（3）机遇分析（互联网时代）

庞大的国内移动用户群体，更高的生活质量要求，人工智能、智能家居、智能通信工具的发展为华为公司5G技术的应用和需求创造了广阔的空间。网络直播、新媒体等新业务的不断涌现，对网络技术也提出了更高的要求。投资市场对5G的热情持续升温，5G网络的普及会提高市场对5G设备的采购热情，推动新的生产方式和经营方式，华为抓住5G时代来临前的众多机遇，借助互联网时代东风，可创造更大的利益，为公司发展做出贡献，更推动了我国5G通信技术相关产业链的未来发展。

（4）威胁分析

①国际抵制

华为的5G技术研发取得的重大进展，在国内以及国际社会都引起了众多关注，然而，以美国为首的一些资本主义国家，却实行了一系列抵制华为5G技术的措施，其根本原因是国家利益的冲突。在美国的带领下，一些资本主义国家也对华为进行了抵制，世界经济发展放缓，使得华为在现实经济环境的发展中也面临一些挑战。

②技术壁垒

以美国为首的几个资本主义国家近几年对华为的抵制，使华为遭受了技术发展屏障。华为旗下产品一些重要的芯片及相关技术设备还依赖于从国外进口，中美贸易摩擦的升级，使得部分关键部件的进口受到极大管制，华为自主开发的"鸿蒙"系统正式投入使用，中间还有很长的路要走。技术壁垒的限制，对华为在5G战略的发展上不得不说是一个威胁。

2. 华为未来发展战略

（1）迎难而上，坚持自主创新战略

近期华为受到以美国为核心的国际社会抵制，其5G设备被美国以存在安全漏洞为由拒之门外，在这种情况下，华为更需要冷静应对，以开放的心态去面对复杂的国际经济现状，寻求多方面合作，赢得共赢局面，同时要脚踏实地，重视技术，坚持创新，争取突破技术壁垒，充分发挥5G技术领先优势，推动5G产业链企业协同发展，为构建开放和谐的5G生态圈贡献自己的力量。

（2）拓宽融资渠道，充分把握互联网发展的时代机遇

华为公司要探寻更多融资途径，开拓融资渠道，充分运用资金杠杆实现长足发展。抓住发展的机遇，提升产品质量，提高产品性价比，充分利用自身优势，把握用户的核心需求，改善用户体验，不断地进行产品创新。加速5G的商用步伐，抢占市场先机，推出新的产品。

(3) 健全产品生态体系，强化品牌优势

华为作为国产品牌，要利用5G时代先驱者的进入优势，推进“中国制造”发展为“中国智造”，推动传统与创新相结合。华为在技术创新中聚焦数字包容、安全可信、绿色环保、和谐生态四大可持续发展战略，营造绿色生态生产体系，过去的一年它积极将自身行动与联合国可持续发展目标对标，与行业伙伴一起构建更具包容性的可持续发展产业生态圈，持续推进可持续发展战略目标的落地，进一步强化自我品牌优势。

资料来源　林小茜．迈入5G时代的战略选择——以华为投资控股公司为例［J］．价值工程，2020（2）：84-85.

本章小结

本章主要提出了战略管理、人力资源战略、人力资源战略和战略人力资源规划这几大概念模型，比较容易混淆，需要分清它们之间的区别和联系。首先要掌握统领全局的企业战略管理，然后对人力资源战略、人力资源战略以及战略人力资源规划的定义、特征、分类进行清晰的掌握和梳理。

复习思考题

1. 什么是企业战略管理？
2. 企业人力资源战略的主要特征是什么？
3. 企业人力资源规划和企业人力资源战略的区别与联系是什么？
4. 什么是战略人力资源规划？其主要特征和程序是什么？

案例分析题

风神集团的人力资源战略规划方案[①]

风神集团有限责任公司（简称风神集团）是于1995年10月经国务院批准设立的国有独资公司，中央直管国有重要骨干企业，是以煤为基础，融电力、铁路、港口、航运、煤制油与煤化工为一体，产运销一条龙经营的特大型能源企业，是我国规模最大、现代化程度最高的煤炭企业和世界上最大的煤炭经销商。

风神集团为保证企业的长足发展，对企业进行具有针对性的全面人力资源规划，集团委托人力资源管理专业咨询机构——韬睿明仕管理咨询集团为其开展人力资源规划提供解决方案。

韬睿明仕管理咨询集团的专家进驻企业后，开展了卓有成效的工作，具体来说，包括四大方面：

一、时间进度计划安排

韬睿明仕管理咨询集团的专家在收集内外部资料的基础上，运用定量与定性的方

① 本案例来源于韬睿明仕管理咨询集团的真实咨询案例，案例企业名称使用化名。

法对公司人力资源内外部环境、人力资源的内部需求与内外部供给进行了分析，制定出公司人力资源战略，并对各个步骤进行时间上的计划安排，如图2-4所示。

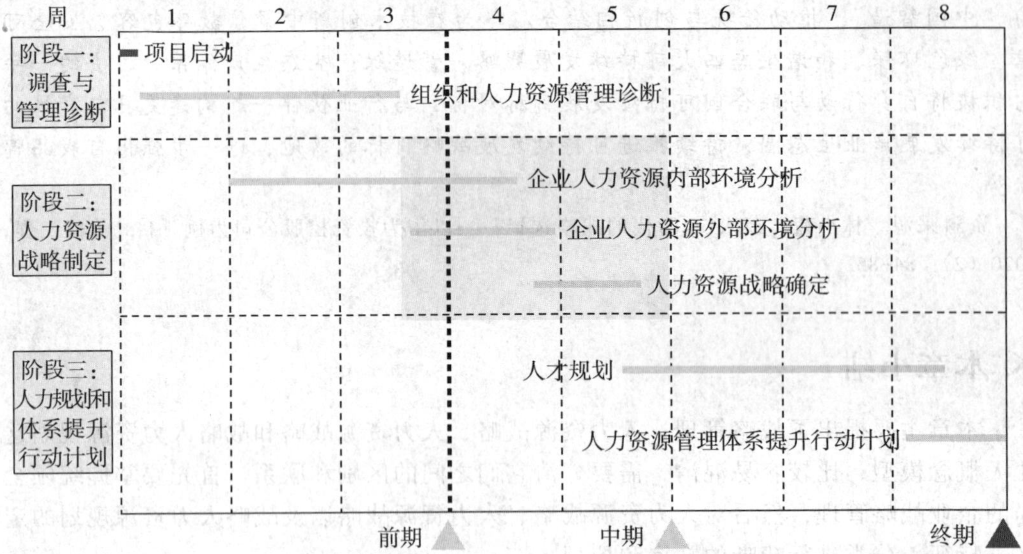

图2-4　人力资源规划时间进度安排

二、对风神集团的人力资源内、外部环境进行分析

（一）对人力资源外部环境进行分析

韬睿明仕管理咨询集团的专家分别从政治法律、经济、社会、技术四个方面对企业人力资源外部环境进行PEST分析，通过分析找到煤炭行业发展趋势对人力资源的影响。第一，煤炭行业发展长期向好，但短期内将会出现周期性调整；针对这一点可以得知企业内人才需求长期增加，但短期内可能出现人才较大的流动。第二，针对煤制烯烃未来2年出现增速下降的可能性较大，可以得知这将利于提高行业集中度，人才流动增加相关人才的供给。第三，市场以煤为原料的乙烷乙烯需求继续增加，则对相关企业锁定相关人才有利，同时也带来人才争夺。第四，针对煤制油化工开始进入快速增长阶段这一现象，可以看到煤制油化工的快速发展使得相关人才的需求快速增加。第五，部分国内煤化工公司凭借价格优势开始进入国际市场，则产品国际化会带来对相关人才需求的影响，对这类人才需求会迅速增加。

（二）对人力资源内部环境进行分析

韬睿明仕管理咨询集团的专家对企业人力资源内部环境分析的内容主要包括员工数量与结构、员工费用、员工技能。其中员工数量与结构包括职能结构、中基层管理人员年龄结构、中基层管理人员专业结构、大专及以上学历员工比例；员工费用包括薪酬收入比、薪酬支出比；员工技能包括人均主营业务收入、人均主营业务利润、人力资本回报率。通过这三方面的内部环境分析，可以为人力资源战略规划提供内部的具体情况，有利于下一步的操作。

（三）进行人力资源的SWOT矩阵分析（见图2-5）

优势（S）	劣势（W）
S1.工资福利支出有经济性 S2.成本费用控制远远领先于同业 S3.人力资本投资回报率高 S4.辞职率低 S5.公司领导极其重视人力资源管理工作 S6.通过薪点工资及管理人员年薪，初步打破了“大锅饭”制度 S7.初步建立人员淘汰机制，并进行了有益尝试 S8.对于特殊群体采取了相应的特殊激励方式，初步建立了薪酬体系 S9.员工对公司发展前途充满信心 S10.大部分接受调查的员工对于公司的变革持理解和支持的态度	W1.行政人员有进一步精简的空间 W2.技术人员比例处在行业中等水平 W3.员工队伍整体素质不具优势 W4.员工生产率还有继续提升的空间 W5.淘汰率过低且逐年下降 W6.中基层管理人员年龄结构不合理 W7.中基层管理人员知识结构不合理 W8.员工满意度不高 W9.职位描述不清晰、不准确 W10.有绩效考核，无绩效管理 W11.薪酬结构和水平不合理 W12.招聘和培养不力，在高校中知名度低，缺乏人才储备 W13.缺乏员工职业发展规划 W14.缺乏有效的淘汰机制 W15.人力资源部资源配置不足 W16.国企人际关系复杂 W17.员工对个人在公司的发展缺乏信心
机会（O）	威胁（T）
O1.劳动力供给过剩 O2.技术进步会带来对员工需求量的减少 O3.煤炭行业周期性调整会带来业内相应人才的流动 O4.国外企业培养了很多熟悉中外情况的国际化人才 05.中国的人才更看重发展前途	T1.我国专门从事研发的专家缺乏，争夺激烈 T2.物价水平居高不下和北京平均工资不断增长都导致了工资不能向下的刚性 T3.技术进步会提高对员工能力的要求 T4.煤炭行业增长长期看好，人才需求长期看是增长的 T5.国外煤炭化工企业对业内人才的竞争 T6.煤炭化工增长看好，有利于相关企业锁定人才，同时也增加了人才需求 T7.对煤炭化工行业传统的观念和意识 T8.煤炭化工类毕业生供不应求 T9.目前化工类专业招生困难

图2-5 人力资源的SWOT矩阵分析

三、进行人力资源战略选择

韬睿明仕管理咨询集团的专家通过人力资源SWOT矩阵分析，根据企业所处内外部环境，得出SO、WO 、ST、 WT四种战略选择。

（一）SO战略

1.引入薪酬市场观念，有进一步降低人力成本的空间。

2.建立有效淘汰机制，淘汰富余人员，提高人均劳效。

3.提供有竞争力的薪酬及研发条件争夺业内人才，尤其是国际化人才。

（二）WO战略

1.吸引业内人才，优化人员结构，提高员工生产率。

2.建立清晰的岗位描述体系、绩效管理体系和有效淘汰机制，提高淘汰率，适应技术改造需要。

3.建立有竞争力的薪酬体系和职业发展规划，吸引所需的技术（专业）人才。

4.在建立有吸引力的薪酬和职业发展体系的同时充分利用政府资源，有效克服地域劣势，争夺人才。

（三）ST战略

1.建立有竞争力的薪酬体系以争夺所需专业人才，同时留住需要的人才，抵御竞争对手的争夺。

2.建立有效甄选和淘汰机制，促进人才合理流动。

3.提供有竞争力的薪酬待遇及工作研究条件，招聘足够的专本硕博毕业生，做好人才储备。

4.工资福利支出有较大空间。

（四）WT战略

1.建立具有竞争力的薪酬体系、明确的职业发展规划和良好的人际关系及工作氛围以争夺人才和留住人才。

2.加强公司在高校的宣传，提高公司在高校的知名度，提供合理的学生薪酬待遇、明确的职业发展规划、良好的工作氛围，建立有效的内部培养机制，每年吸引足够的相关专业学生并培养企业所需的各类人才。

四、形成人力资源总体战略体系

韬睿明仕管理咨询集团的专家根据SWOT分析结论及人力资源三步走目标确定人力资源管理任务（见图2-6），形成人力资源战略体系（见图2-7）。

	第一步（2007年）	第二步（2008年）	第三步（2009年以后）
人力资源管理任务	• 加强人力资源部资源配置 • 系统全面编写职位说明书 • 进行岗位价值评估（也可使用已有的结论） • 建立绩效管理体系 • 系统科学地建立和完善薪酬体系 • 建立职业发展规划 • 初步建立内部培养体系，有计划地实施人才培养 • 设置人才储备职位，建立人才储备 • 建立系统的培训体系，有计划地提升各类人员的能力	• 完善并实施绩效管理体系 • 建立并实施有效的淘汰机制 • 加强校园招聘能力 • 组织企业形象宣传，提高公司在业内和高校的知名度 • 宣传正确的员工和企业关系，引入劳动力市场观念，引导员工树立正确的岗位价值观 • 促进逐步建立良好的工作氛围和人际关系	• 参与战略规划的制订 • 打造人力资源战略管理和规划能力，为公司决策层进行人力资源的战略配置提供相应的资源和信息 • 根据人力资源战略规划实施人力资源的获取、配置和管理

图2-6　人力资源管理任务

人力资源战略体系	主要内容
公司人力资源战略	首先分析公司人力资源的内外部环境，然后进行同行业上市公司的人力资源对比分析，并进一步研究公司人力资源的供求情况，最终确定了公司2007—2009年的人力资源战略目标——“一个提高、一个促进、一个控制和四个优化”。在此基础上，考虑公司实际，制定了“三步走”的人力资源管理提升目标和措施
公司人力资源管理提升行动规划	分别对工作描述、绩效管理、薪酬激励、职业发展、招聘和培训等各项人力资源管理职能进行了分析，确定了2007—2009年中需要采取的一系列行动，以逐步提升公司人力资源管理能力，实现人力资源管理从事务型到专业服务型，最后到战略导向型的转变，从人力资源的高效使用上保障公司2007—2009年公司战略目标的达成
公司人力资源规划	根据价值创造各环节的不同重要程度和公司人力资源战略中确定的人力资源战略目标及人力资源配置的原则，分别对高层人才、技术人才和职能人才这三类核心人力资源进行规划，包括高层管理人才储备计划和紧急继任计划，中层管理人才储备计划和继任计划，与技术人才和职能人才相关的技术研发部、制造技术部、生产制造部等11个关键部门2007—2009年的人力资源规划

图2-7 人力资源战略体系

通过上述四个步骤的完整规划，在公司总体战略的引导下，韬睿明仕管理咨询集团为风神集团制订了详细的人力资源战略规划方案，包括时间进度计划、核心观点综述、人力资源外部环境分析、人力资源内部环境分析、人力资源SWOT分析、人力资源战略规划。从这几大方面入手对人力资源进行规划整合，使风神集团的员工配置更加合理，从而使企业一直保持同行业的领先水平。

讨论题：

1.风神集团人力资源规划体系的主要模块有哪几个？

2.人力资源规划是企业的一个重要组成部分，结合案例谈谈人力资源规划对企业起到了怎样的作用。

3.就你所熟悉的一个企业，根据风神集团的人力资源规划体系提出一个系统的人力资源规划方案。

第2章案例分析提示

第3章　组织结构管理

学习目标

- ✓ 掌握组织与组织结构的含义
- ✓ 了解组织与组织结构的异同
- ✓ 了解组织结构的特征及各种结构形式的优、缺点
- ✓ 重点掌握组织结构的发展趋势
- ✓ 了解什么是职位体系，掌握组织职位体系的概念
- ✓ 掌握职位体系的内容及各部分的具体内容
- ✓ 理解并掌握组织职位体系在人力资源管理方面的作用
- ✓ 了解职位体系的科学划分方法及各种划分的优、缺点

引例　**国内六大著名互联网科技公司组织结构体系**

2011年6月27日，Web设计师Manu Cornet在自己的博客上画了一组美国科技公司的组织结构图（如图3-1所示）。在他笔下，亚马逊等级森严且有序；谷歌结构清晰，产品和部门之间却相互交错且混乱；Facebook架构分散，就像一张散开的网络；微软内部各自占山为王，军阀作风深入骨髓；苹果一个人说了算，而那个人路人皆知；甲骨文，庞大而又臃肿的法务部显然要比工程部门更加重要。

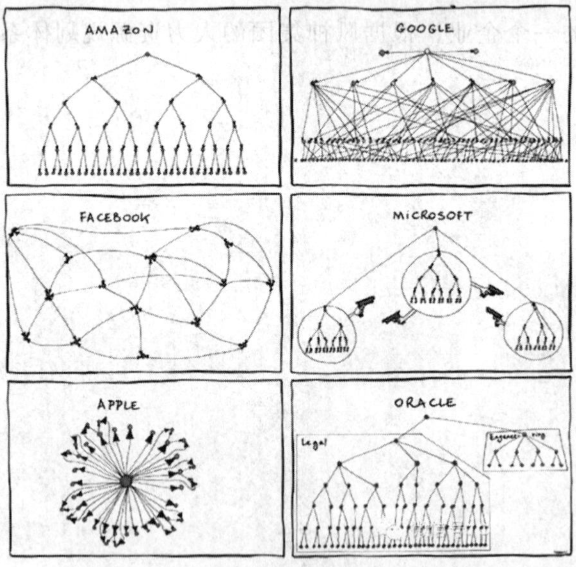

图3-1　一组美国科技公司的组织结构图

真是一组有趣的图，它很快风靡网络。6月29日，它传入中国，在新浪微博上被转发了10 000多次。据此，《第一财经周刊》也尝试着炮制了一份中国主要的科技公司的结构图——华为（如图3-2所示）、阿里巴巴（如图3-3所示）、新浪（如图3-4所示）、百度（如图3-5所示）、联想（如图3-6所示）、腾讯（如图3-7所示）。结果发现，它们也是彼此风格迥异。不同的公司有不同的成长历史、不同的业务架构和不同的管理风格，因而它们的架构图也呈现出明显的差异。

华为

与很多强调组织结构稳定的企业不同，华为建立的是一种可以有所变化的矩阵结构。换句话说，华为每次的产品创新都肯定伴随组织架构的变化，而在华为每3个月就会发生一次大的技术创新。这更类似于某种进退自如的创业管理机制。一旦出现机遇，相应的部门便迅速出击、抓住机遇。在这个部门的牵动下，公司的组织结构发生一定的变形——流程没有变化，只是部门与部门之间联系的次数和内容发生了变化。但这种变形是暂时的，当阶段性的任务完成后，整个组织结构又会恢复到常态。

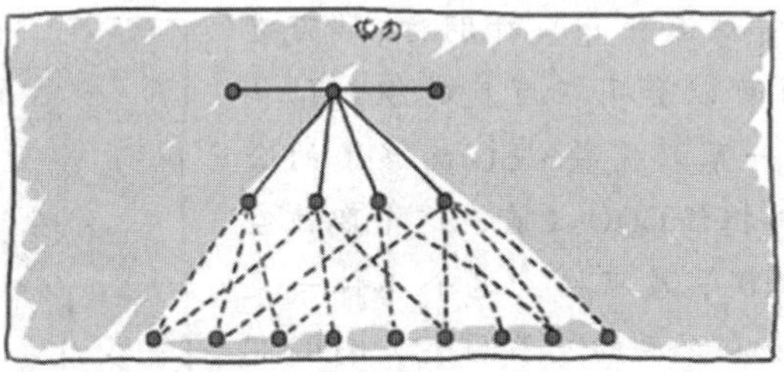

图3-2 华为，技术创新引发矩阵结构变化

阿里巴巴

你能想象没有马云的阿里巴巴吗？尽管2007年阿里巴巴B2B业务上市后，马云开始练太极、习道学、悟阴阳，但是，在阿里巴巴马云的影子似乎无时无处不在。现在，他又向公众展示了一条完美的产业链：万网提供域名，并量身定制出两套网站——B2B和B2C，再通过阿里巴巴网站、淘宝商城和淘宝集市三大平台，精确对接细分用户；分散在全国的7个百万平方米以上的阿里大仓、若干个小仓，由物流宝打通的从供应商到阿里大小仓直至用户之间的物流和数据流，囊括大阿里战略中所有的业务。而马云，正如他自己所说，“已经融化在这家公司里”。

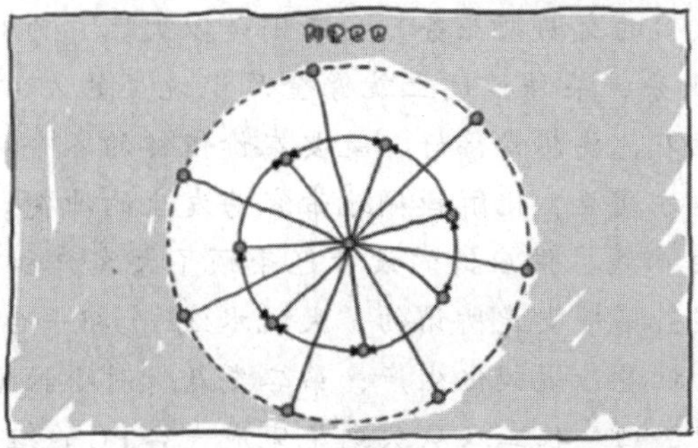

图3-3 阿里巴巴，马云的影子无时无处不在

新浪

2009年新浪收入下滑了3%，但这一年新浪推出了微博。不到两年，这个产品就成为新浪最重要的增长引擎，活跃用户过亿，股价翻了两倍。分析机构上海睿析科技估计，新浪拥有中国57%的微博用户和中国87%的微博活动。都说华尔街喜欢听故事，这一次新浪CEO曹国伟用微博讲了一个诱人的故事。与过往新浪推出的产品不同，微博既有媒体的属性也有互动的属性，可以发布内容，同时又是很好的传播平台。如果说此前新浪的用户大多数以浏览为主，看完就走，那么从微博开始，用户开始沉淀下来了。图3-4中虚线所圈部分即表示新浪依托微博画了一张大饼，只是现在还没有实现。而且，它还要面对腾讯和搜狐的竞争。

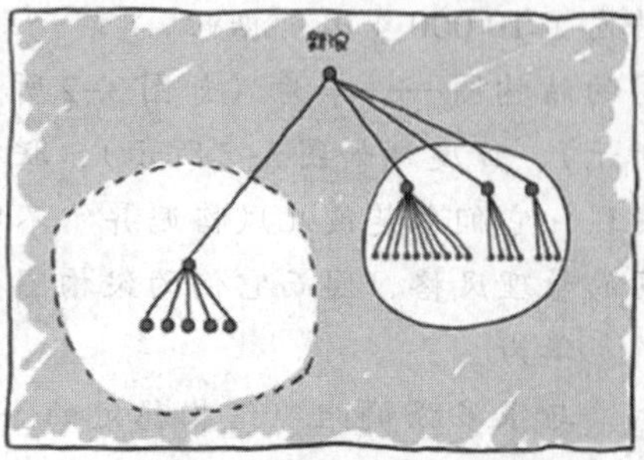

图3-4　新浪，依托微博画了一张大饼

百度

百度前任COO（首席运营官）叶朋称，“百度崇尚简单”。这话同样可以套用在百度的组织结构上——百度看上去是一家只需要CEO就够了的公司。在叶朋2008年4月担任COO之前，这个职位空了一年之久。当他2010年离职后，这个职位一直空缺至今。而回过头去看百度的发展历史，COO职位已经出现三次为期不短的真空期了。同样的遭遇也发生在CTO（首席技术官）职位上。而在2008年，这家公司竟然同时缺失COO、CFO（首席财务官）和CTO。一些分析师认为，出现这种情况，是因为内部清洗和股票禁售到期两股力量同时夹击。但是互联网观察家谢文认为，百度在找高管方面“判断有些失误”，他认为百度应该下决心把管理班子弄好，它还是需要一个5到7人、各有专长的核心高管团队。

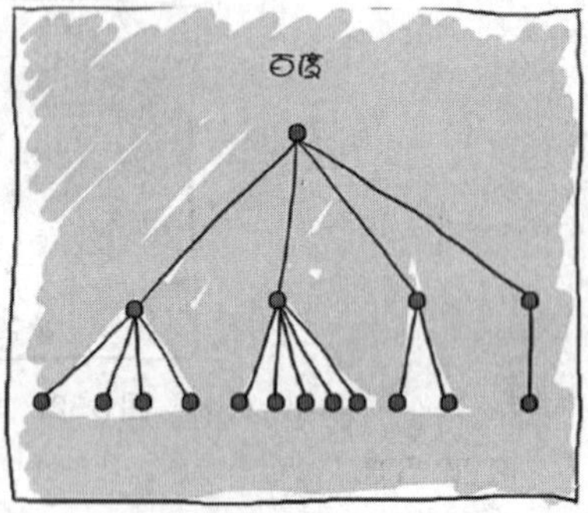

图3-5　百度，崇尚简单

联想

与很多公司一样，联想希望能够大小通吃，既做好消费者市场，又出击商用市场。前者是以渠道为核心的交易型业务，后者则是以大客户为对象的关系型业务。一家公司同时做这两块业务，某种程度上就像金庸小说里的左右互搏。联想COO刘军则将此比喻成长枪与短刀，要想舞得好，就要在价值链的各个环节做到合理的区分与整合，并细致地平衡各方利益，化解模糊地带容易发生的冲突。举例而言，与双模式相对应，联想国内的生产线、供应链的设计也兼顾了大客户和中小客户的采购特点。联想中国有两类生产线：第一类是所谓的“大流水线”，即一台PC通过不同工序多人组装，这种模式适合大批量、规模化生产；第二类是针对小批量、多品种的订单，联想采用单元式的生产线，由一位工人从头到尾完成一台PC的组装。

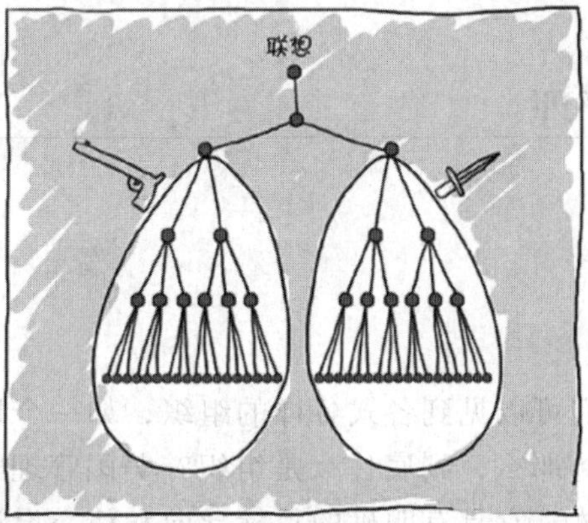

图3-6 联想，大小通吃但又左右互搏

腾讯

腾讯是个令人费解的内外两重世界，就像一堵围墙，墙内的人觉得公司简单欢快如大学校园，墙外的人却觉得企鹅彪悍且来势汹汹，若反映在腾讯的业务和组织架构上，这种矛盾性也处处存在。经过几次大大小小的架构调整，腾讯将不断增设的新部门重新归类后细分为八大单元。其中，根据业务体系划分出四个业务系统——无线业务、互联网业务、互娱业务、网络媒体业务；另外，根据公司日常运转划分出四个支持系统——运营支持、平台研发、行政等职能系统及企业发展系统。看起来很清爽吧！可是当找出腾讯的产品与服务结构图来比较就会发现，腾讯产品与部门之间有着千丝万缕的关系。而此中的原因便是，作为腾讯盈利的法宝，QQ不仅是即时通信平台的核心，也搭载或捆绑着腾讯诸多产品与服务。想了解这一点，打开任何一个QQ互联网端界面就知道了。

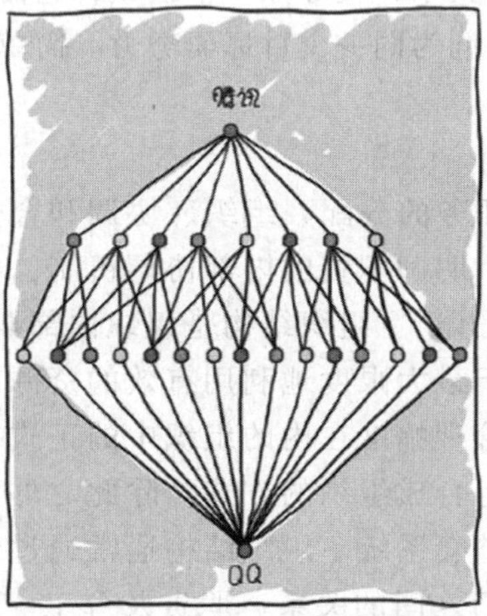

图3-7 腾讯，产品与部门关系千丝万缕，QQ是所有产品与服务的基石

资料来源 兰红. 疯狂的架构［J］. 第一财经周刊，2011（27）.

3.1 组织结构管理

3.1.1 组织概述

1. 组织

在日常生活中，我们可以见到各式各样的组织，如一个班级、一栋大楼，甚至一个人体，都是一个组织。那么，到底什么是组织？美国管理学家理查德·L.达夫特认为组织是指一个社会实体，它具有明确的目标导向和精心设计的结构与意识协调的活动系统，同时又同外部环境保持密切的联系。组织的关键要素并不是一幢建筑或者一套政策和程序。组织是由人及其相互之间的关系构成的。当人们之间的相互作用已完成实现目标的基本活动的时候，组织就存在了。[①]切斯特·巴纳德（Chester Barnard）是美国著名管理学家，近代管理理论奠基人之一，他认为组织是有意识地协调两个或多个人活动或力量的协作系统，即组织作为一个整体或协作系统是由人的活动或力量相互协调而成的，不是个人的简单结合。[②]

本书对组织做出以下定义：组织有广义和狭义之分，广义的组织是指各部分相互合作、相互协调的系统；狭义的组织则只针对人，是指人们为了达到某一目标而与他人配合、调整与合作的结构系统，它被广泛应用于社会的各个方面，如党团组织、军事组织、企业等。所以，组织是现代企业管理不可或缺的一部分。

管理学中的组织是指由人构成的组织，即狭义的组织。众多的个体结合在一起，必然会形成某种错综复杂的关系，就好像一个蚁族，它需要内部的成员分工明确，工作井然有序，各司其职，共同为同一个目标而努力。简单来说，完成这种设计并维持其秩序就是结构体系要做的。

2. 组织结构

组织结构就是对工作任务的分配、组织、协调和合作。它是表明一个组织内各部分集散状态、信息流动、明确职责的内部协调机制，是各要素之间相互联系的一种模式，是管理系统的“骨骼”。组织结构是组织内部职（责）、权、利的动态分工结构体系，其根本目的在于最大限度地利用有效的资源。组织结构决定了包括权力层级的数目和主管人员的管理幅度在内的组织中的正式报告关系，它也确定了如何将个体组合成部门，进而组合成组织的方式。除此之外，组织结构还包含了确保跨部门合作与力量整合的一整套系统。组织结构通常通过组织结构图反映，从中可以更直观地看出组织中各部门之间的关系、职责及分工。图3-8是一个简单的组织结构图。

---

① 达夫特．组织理论与设计［M］．王凤彬，等，译．9版．北京：清华大学出版社，2011：10.

② 林山，黄培伦，蓝海林．组织结构特性与组织知识创新的关系研究［M］．北京：经济科学出版社，2005.

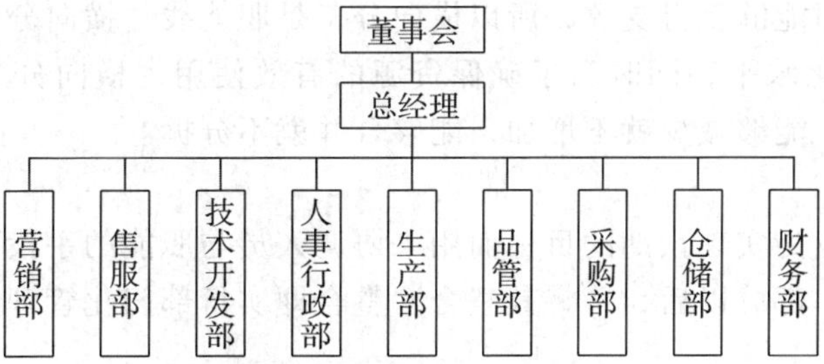

图3-8 组织结构图

组织结构发展到今天，已经不再是职能结构框架，它是一个复杂的组织体系。组织结构不仅由多个个体或群体组成，还有其内在的各种联系。设计理想的组织结构应该明白需要一个什么样的组织，谁去干什么，谁对结果负责，要在组织内部形成完整的分工体系，做到人力资源利用最大化。

3.组织设计

组织设计是一个动态的工作过程，指组织为了适应环境的需要，进行组织结构的建立与调整，以达成目标。所以，组织设计必须先了解组织所面对的外部环境和组织内部的情况，然后对组织结构及运作方式进行规划与设计，使其能有效回应内外部环境的需求，并达成成员的共同目标。组织设计有以下几个特点：

第一，组织设计应当被看作一个过程。

第二，组织设计是随机制宜和因地、因时、因人而异的。

第三，组织设计建立的组织结构不是一成不变的，所以组织设计也不是一次性就可以完成的，而是一种连续的或至少是周期性的活动。

3.1.2 组织结构的构成要素

组织结构是组织为实现共同目标而进行的各种分工和协调的系统。它可以平衡企业组织内专业化与整合两个方面的要求，运用集权和分权的手段对企业生产经营活动进行组织和控制。不同产业、不同生产模式的企业组织结构是不同的。因此，组织结构的基本构成要素是分工和整合。

1.分工

分工是指企业为创造价值而对其人员和资源的分配方式。将组织中的任务切割成较小的部分以完成组织工作，此过程即为专业化分工。组织工作经过专业化分工以后，工作通过片段的组合完成，每位员工不需要完成整个工作的全部步骤，只需要从事专精的一小部分，不必每样工作都精通，如此每位成员均从事其最专业的部分，有助于提升工作效率。一般来讲，专业化程度越高，企业的分工程度就越高。

（1）纵向分工

纵向分工即管理层次的构成及管理者所管理的人数。纵向分工是企业的经营分工，在这条线上决定绩效的分配、权力的分配，所以常常称为职权线。

（2）横向分工

横向分工是企业资源的分工，也就是说公司所有的资源都在这条线上进行专业分配，保障业务部门能够获得支撑，所以横向分工是职能线。横向分工最重要的是专业化分工以及专业化水平，同时为了确保资源的有效使用，横向分工一定要尽可能简单，尽可能精简，能够减少就不增加，能够合并就不分拆。

2.整合

整合是指企业为实现预期的目标而用来协调人员与职能的手段。将工作专业化分工，切割成许多小部分以后，再将其整合，整合即实行部门化管理。

3.1.3 纵向分工结构的基本类型及特点

1.纵向分工结构的基本类型

纵向分工是指企业高层管理人员为了有效地贯彻执行企业的战略，选择适当的管理层次和正确的管理幅度，并说明连接企业各层管理人员、工作以及各项职能的关系。

在纵向分工中，有两种基本形式：一是层级型组织结构；二是扁平型组织结构。

（1）层级型组织结构

层级型组织结构是指具有一定规模的企业内部有很多管理层次。在每个层次上，管理人员的控制幅度较窄。这种结构有利于企业内部的控制，但对市场变化的反应较慢。

（2）扁平型组织结构

扁平型组织结构是指具有一定规模的企业内部管理层次较少。在每个层次上，管理人员控制幅度较宽。这种结构可以及时地反映市场的变化，并做出相应的反应，但容易造成管理失控。

企业的管理层次过多会导致企业的战略难以实施，而且管理费用会大幅度地增加。

2.纵向分工结构的特点

（1）管理层次与管理幅度

管理幅度在很大程度上决定着组织要设置多少层次，配备多少管理人员。在其他条件相同时，管理幅度越宽，管理层次越少，组织效率越高。在成本方面，管理幅度宽的组织效率更高。但是，在某些情况下宽幅度可能会降低组织的有效性，也就是说，如果管理幅度过宽，由于主管人员没有足够的时间为下属提供必要的领导和支持，员工的绩效会受到不良影响。管理幅度窄也有其好处，把管理幅度保持在5~6人，管理者就可以对员工实行严密的控制。

（2）集权与分权

集权型企业一般拥有多级管理层，并将决策权分配给顶部管理层，其管理幅度比较窄，从而呈现层级式结构。分权型结构一般包含更少的管理层次，并将决策权分配到较低的层级，从而具有较宽的管理幅度并呈现扁平型结构。

（3）中层管理人员人数

企业选择层级型组织结构时，要注意这种结构需要较多的中层管理人员，会增加行政管理费用。企业为了降低成本，使其结构更有效率，应尽量减少管理层次。

（4）信息传递

企业内部管理层次越多，信息在传递的过程中越容易发生扭曲，不可能完整地到达信息传递的目的地。这样，也会增加管理的费用。因此，企业在选择层级型组织结构时，应比较慎重。

（5）协调与激励

企业的管理层次过多时，会妨碍内部员工与职能部门间的沟通，增加管理费用。指挥链越长，沟通越困难，会使管理没有弹性。特别是在新技术企业里，如果采用层级型组织结构，企业通常会遇到各种障碍，无法有效地实现企业的目标。在这种情况下，企业应当采用扁平型组织结构。

在激励方面，层级型组织中的管理人员在行使权力时往往会受到各种限制，容易产生推诿现象，不愿意承担责任。高层管理人员就需要花费大量的时间从事协调工作。而在扁平型组织中，一般管理人员拥有较大的职权，并可对自己的职责负责，效益也可以清楚地看出，并有较好的报酬。因此，扁平型组织结构比层级型组织结构更能调动管理人员的积极性。

3.1.4 横向分工结构的基本类型及特点

从横向分工结构划分，企业组织结构有8种基本类型：创业型组织结构、职能制组织结构、事业部制组织结构、M型企业组织结构（多部门结构）、战略业务单位（SBU）组织结构、矩阵制组织结构和H型组织结构（控股企业/控股集团结构）和多国企业组织结构。

1.创业型组织结构

创业型组织结构是多数小型企业的标准组织结构模式。创业型组织结构是一种最早的、最简单的组织结构。这种组织结构没有职能机构，从最高管理层到最低层实现直线垂直领导。企业的所有者或管理者对若干下属实施直接控制，并由其下属执行一系列工作任务。这一结构类型的弹性较小并缺乏专业分工，其成功主要依赖于该中心人员的个人能力。

优点：结构比较简单，责任分明，命令统一。

缺点：它要求负责人通晓多种知识技能，亲自处理各种业务。在业务比较复杂、企业规模比较大的情况下，把所有管理职能都集中到最高管理者一人身上，显然是难以胜任的。

适用范围：只适用于规模较小、生产技术比较简单的小型企业，对生产技术和经营管理比较复杂的企业并不适用。

2.职能制组织结构

职能制组织结构是一种按照职能划分部门的纵向职能结构，即U型结构，如图3-9所示。企业内部按职能（如生产、销售、开发等）划分成若干部门，各部门独立性很小，均由企业高层领导直接进行管理，即企业实行集中控制和统一指挥。如在厂长下面设立职能机构和人员，协助厂长从事职能管理工作。这种结构要求行政主管把相应的管理职责和权力交给相关的职能机构，各职能机构有权在自己业务范围内向下级行政单位发号施令。因此，下级行政负责人除了接受上级行政主管指挥外，还必须接受上级各职能机构的领导。

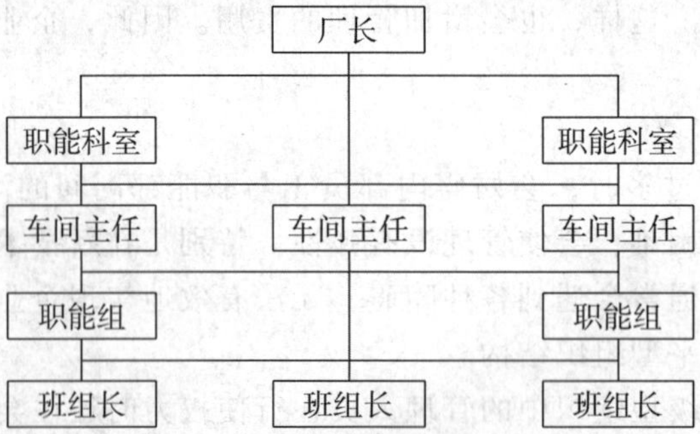

图3-9 职能制组织结构

优点：能够通过集中单一职能部门内所有某一类型的活动来实现规模经济；组织结构可以通过将关键活动指定为职能部门，从而提升较深层次的职能和技能；由于任务为常规和重复性任务，因而工作效率得以提高；便于董事会监控各个部门。

缺点：由于对具有战略重要性的流程进行了过度细分，在协调不同职能时可能出现问题，协调困难；难以确定各项产品产生的盈亏，核算困难；导致职能间发生冲突、各自为政，而不是出于企业整体利益进行相互合作，本位主义盛行；等级层次以及集权化的决策制定机制会使反应速度放慢。

适用范围：职能制组织结构主要适用于中小型、产品品种比较单一、生产技术发展变化较慢、外部环境比较稳定的企业。职能制组织结构主要适用于简单/静态环境。在这种环境中，很少有意外事件发生，管理部门的主要作用在于确保已建立起来的一套常规工作和规章制度能执行下去。

3.事业部制组织结构

事业部制最早是由美国通用汽车公司总裁斯隆于1924年提出的，故有“斯隆模型”之称，也叫“联邦分权化”，是一种高度（层）集权下的分权管理体制。它适用于规模庞大、产品种类繁多、技术复杂的大型企业，是国外较大的联合公司所采用的一种组织形式，近几年我国一些大型企业集团或公司也引进了这种组织结构形式。

事业部制是分级管理、分级核算、自负盈亏的一种形式，即一个公司按地区或按产品类别分成若干个事业部，从产品的设计、原料采购、成本核算、产品制造，一直到产品销售，均由事业部及所属工厂负责，实行单独核算、独立经营，公司总部只保留人事决策、预算控制和监督大权，并通过利润等指标对事业部进行控制。也有的事业部只负责指挥和组织生产，不负责采购和销售，实行生产和供销分立，但这种事业部正在被产品事业部所取代。还有的事业部则按区域来划分，这里就产品事业部制和区域事业部做简单介绍。

（1）产品事业部制（又称产品部门化）

按照产品或产品系列组织业务活动，在经营多种产品的大型企业中早已显得日益重要。产品部门化主要是以企业所生产的产品为基础，将与生产某一产品有关的活动完全置于同一产品部门内，再在产品部门内细分职能部门，进行生产该产品的工作。这种结构形态，在设计中往往将一些共用的职能集中，由上级委派以辅导各产品部门，可以做到资源共享。产品事业部制组织结构如图3-10所示。

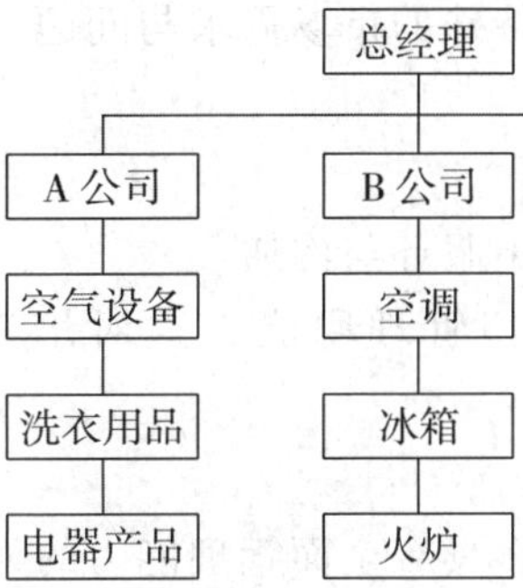

图3-10 产品事业部制组织结构

产品事业部制的优点是：

①有利于采用专业化设备，并能使个人的技术和专业化知识得到最大限度的发挥。

②每一个产品分部都是一个利润中心，部门经理承担利润责任，这有利于总经理评价各部门的业绩。

③在同一产品部门内有关的职能活动协调比较容易，比完全采用职能部门管理更有弹性。

④容易适应企业的扩展与业务多元化要求。

产品事业部制的缺点是：

①需要更多的具有全面管理才能的人才，而这类人才往往不易得到。

②每一个产品分部都有一定的独立权力，高层管理人员有时会难以控制。

③对总部的各职能部门，例如人事、财务等部门，产品分部往往不会善加利用，以至于不能充分地利用总部的一些服务。

(2) 区域事业部制（又称区域部门化）

对于在地理上分散的企业来说，按地区划分部门是一种比较普遍的方法。其原则是把某个地区或区域内的业务工作集中起来，委派一位经理来主管其工作。按地区划分部门，特别适用于规模大的公司，尤其是跨国公司。这种组织结构形态，在设计上往往设有中央服务部门，如采购、人事、财务、广告等部门，向各区域提供专业性的服务，这种组织结构如图3-11所示。

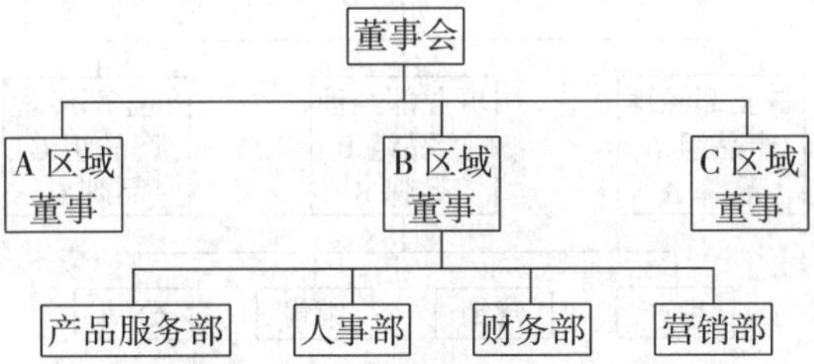

图3-11 区域事业部制组织结构

区域事业部制的优点是：

①责任落实到区域，每一个区域都是一个利润中心，每一区域部门的主管都要负责该地区的业务盈亏。

②放权到区域，每一个区域有其特殊的市场需求与问题，总部放手让区域人员处理，会比较妥善、实际。

③有利于地区内部协调。

④对区域内顾客比较了解，有利于服务与沟通。

⑤每一个区域主管都要担负一切管理职能，这对培养通才型管理人员大有好处。

区域事业部制的缺点是：

①随着区域数量的增加，需要更多具有全面管理能力的人员，而这类人员往往不易得到。

②每一个区域都是一个相对独立的单位，加上时间、空间上的限制，往往是"天高皇帝远"，总部难以控制。

③由于总部与各区域天各一方，因此难以维持集中的经济服务工作。

总体来说，事业部必须具有三个基本要素：相对独立的市场、相对独立的利益、相对独立的自主权。

事业部制的优点是：总公司领导可以摆脱日常事务，集中精力考虑全局问题；事业部实行独立核算，更能发挥经营管理的积极性，更利于组织专业化生产和实现企业的内部协作；各事业部之间有比较、有竞争，这种比较和竞争有利于企业的发展；事业部内部的供、产、销之间容易协调，不像在直线职能制下需要高层管理部门过问；事业部经理要从事业部整体来考虑问题，这有利于培养和训练管理人才。

事业部制的缺点是：公司与事业部的职能机构重叠，造成管理人员浪费；事业部实行独立核算，各事业部只考虑自身的利益，影响事业部之间的协作，一些业务联系与沟通往往也被经济关系所替代。甚至连总部的职能机构为事业部提供决策咨询服务时，也要事业部支付咨询服务费。

4.M型企业组织结构（多部门结构）

该企业划分成若干事业部，每一个事业部负责一条或多条产品线，如图3-12所示。

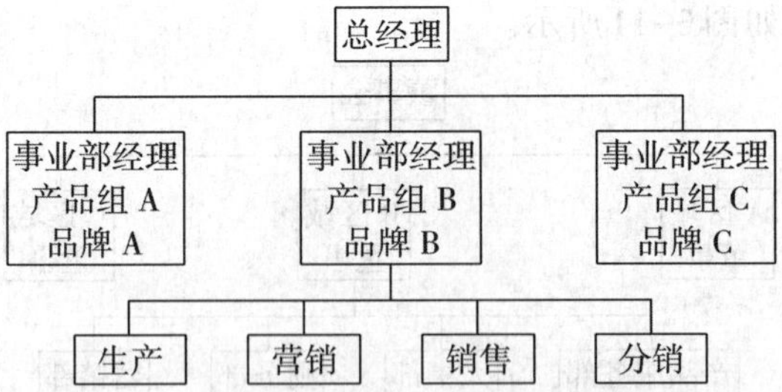

图3-12 M型企业组织结构（多部门结构）

M型企业组织结构的优点是：便于企业的持续成长；首席执行官所在总部员工的工作量会有所减轻；职权被分派到总部下面的每个事业部；能够对事业部的绩效进行财务评价。

M型企业组织结构的缺点是：为事业部分配企业的管理成本比较困难并略带主观性；经常会在事业部之间滋生功能失调性的竞争和摩擦；当一个事业部生产另一个事业部所需要的部件或产品时，确定转移价格也会产生冲突。

M型企业组织结构的适用范围是：在M型企业组织结构中，重要决策可以在较低的组织层次做出，因此，与职能制组织结构相比，它有利于以一种分权的方案开展管理工作。M型企业组织结构一般适用于在具有较复杂的产品类别或较广泛的地区分布的企业中采用。

5.战略业务单位（SBU）组织结构

按照战略业务单位建立组织结构，相关产品归类到事业部，再将事业部归类到战略业务单位。每一个SBU都是独立经营、独立核算的单位。在企业中，每一个SBU之间的关系只存在买卖关系，如图3-13所示。

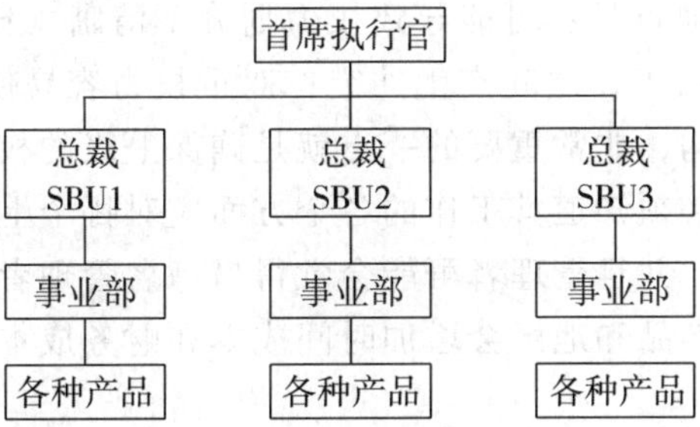

图3-13 战略业务单位（SBU）组织结构

战略业务单位（SBU）组织结构的优点是：降低了企业总部的控制跨度（管理幅度）；由于不同的企业单元都向总部报告其经营情况，因此控制幅度的降低也缓解了总部的信息过度问题；这种结构使得具有类似使命、产品、市场或技术的事业部之间能够更好地协调；由于几乎无须在事业部之间分摊成本，因此易于监控每个战略业务单位的绩效。

战略业务单位（SBU）组织结构的缺点是：由于采用这种结构多了一个垂直管理层，因此总部与事业部和产品层的关系变得疏远；战略业务单位彼此之间争夺企业有限的资源。

战略业务单位（SBU）组织结构的适用范围是：战略业务单位组织结构适用于规模较大的多元化经营企业。

6.矩阵制组织结构

矩阵制组织结构是一种具有两个或多个命令通道的结构，在职能和产品或项目之间起到了联系作用，有两个上级，包含两条预算权利线以及两个绩效和奖励来源，如图3-14所示。

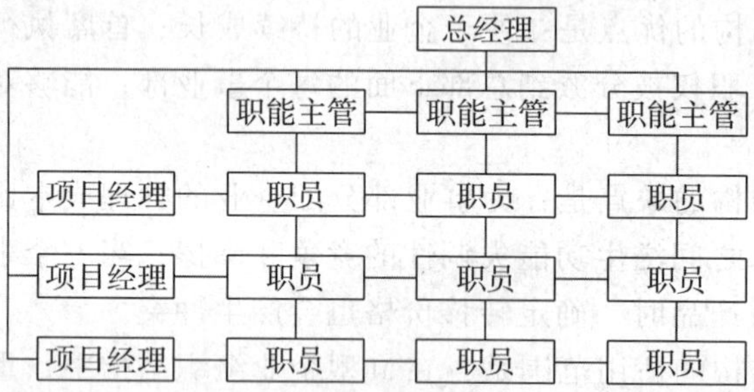

图 3-14　矩阵制组织结构

矩阵制组织结构的优点是：由于项目经理与项目的关系更紧密，因而他们能更直接地参与到与其产品相关的战略中来，从而激发其成功的动力；能更加有效地优先考虑关键项目，加强对产品和市场的关注，从而避免职能型结构对产品和市场的关注不足；与产品主管和区域主管之间的联系更加直接，能够做出更有质量的决策；实现了各个部门之间的协作以及各项技能和专门技术的相互交融；双重权力使得企业具有多重定位，这样职能专家就不会只关注自身业务范围。

矩阵制组织结构的缺点是：可能导致权力划分不清晰（比如谁来负责预算），并有可能在职能工作和项目工作之间产生冲突；双重权力容易使管理者之间产生冲突。如果采用矩阵制组织结构，非常重要的一点就是确保上级的权力不相互重叠，并清晰地划分权力范围；下属必须知道其工作的各个方面应对哪个上级负责；管理层可能难以接受矩阵制组织结构，并且管理者可能会觉得另一名管理者将争夺其权力，从而产生危机感；协调所有的产品和地区会增加时间成本和财务成本，从而导致制定决策的时间过长。

矩阵制组织结构的适用范围：矩阵制组织结构主要适用于复杂/动态环境。在复杂/动态环境中工作的管理人员，在进行决策时往往面临很多不确定因素，常常需要迅速处理一些新的、变化的问题。这些问题需要多种类型的专业判断和技术知识，而矩阵制组织结构显然是帮助管理人员应对这类问题的有效手段之一。矩阵制组织结构适用于因技术发展迅速和产品品种较多而具有创新性强、管理复杂的特点的企业。

7.H 型组织结构（控股企业/控股集团结构）

H 型组织结构是指成立控股企业，其下属子企业具有独立的法人资格。

控股企业的类型包括：纯粹控股公司，不直接从事某种实际的生产经营活动，其目的只是掌握子公司的股份，控制其股权；混合控股公司，除了利用控股权支配子公司的生产经营活动，还从事自身的生产经营。企业集团不具有法人地位。

H 型组织结构的优点：控股企业与其他企业类型相区别的一个关键特点就是其业务单元的自主性强；企业无须负担高额的中央管理费，因为母公司的职员数量很可能非常少；业务单元能够自负盈亏并从母公司取得成本较低的投资；在某些国家如果将这些企业看成一个整体，业务单元还能够获得一定的节税收益。

H 型组织结构的缺点：控股企业可以将风险分散到多个企业中，但是有时也很容易撤销对个别企业的投资。

H 型组织结构的适用范围：业务领域涉及多个方面，甚至上升到全球化竞争层面的企业。

8.多国企业组织结构

多国企业的基本结构形态就是保持“本土”结构，并通过子企业管理者与母公司首席执行官之间的直接联系管理境外子企业。单一产品企业或者境外利益相对较小的企业，普遍采用这种结构。

企业采用这一简单结构的主要原因就是本土的独立性和反应能力相对全球协作而言具有优先性。依据这两个维度，可以把多国企业组织结构分为四种类型，如图3-15所示。

		本土独立性和反应能力：低	本土独立性和反应能力：高
全球协作	低	国际事业部	国际子企业
全球协作	高	全球产品企业	跨国企业

图3-15 多国企业组织结构

①国际事业部。无论职能部还是事业部，都会首先保留本土结构，境外利益通过专门的国际事业部来管理。

②国际子企业。国际子企业以地理位置为基础并在各国家内独立经营。在这些企业中，基本上所有的管理职能都以国家为基础，从而实现高度的本土反应能力。

③全球产品企业。多国企业被划分为多个产品事业部，并以国际企业为基础进行管理。这一结构的理念就是提高国际成本效益。

④跨国企业。跨国企业型结构旨在将国际子企业的本土反应能力与全球产品市场的协作优势结合起来，其关键在于为相互依赖的资源和能力创建一个整合网络并从中取得收益。

案例链接3-1

美的的组织结构演变

美的在小工厂时期，处于起步阶段，组织结构较为简单，企业内部尚未出现职能分工和进行分工合作的职能部门，因此采用直线结构进行垂直、灵活的管理。企业领导者处于直线职能结构的顶端，此时企业内部决策往往由领导者直接做出，领导者的能力决定了企业的发展前景。在直线结构下，美的领导者高度集权，能够对企业“一竿子管到底”，对市场的反应非常灵敏，但企业对外扩张的速度和规模受到了限制，同时领导者的权力和责任太大，非常容易造成决策失误。

随着美的的进一步发展，原有的直线结构演变成了直线职能结构，在对企业进行垂直管理的同时，加入了职能部门、职位等级及其相互之间的分工协作，权力被逐渐下放给了职能机构，美的建立了初步的企业职能体系和管理制度。随着美的不断发展壮大，横向的职能部门和纵向的职位不断增加，原有的直线职能结构已经不能适应企业的多元化产品、庞大的员工队伍和日益增长的企业规模了。为了提高企业对市场的反应速度，增强企业的运行和管理效率，此时的美的将直线职能结构又调整为事业部制结构，在组织内部设立能够独立核算、自负盈亏的事业部，领导者管理事业部，事业部运营着企业的一个或几个产品领域，领导者权力进一步下放。

在实行事业部制职能结构之后，美的依靠这种高效的组织架构快速扩张。然而，过去中国的家电行业处于大规模、低成本的模式中，做到一定的规模才对上下游拥有话语权，才可以获得较大的市场份额。过去中国市场也提供了这种大规模、低成本模式的基础。但从2010年开始，美的集团规模过千亿元之后面临突如其来的行业寒冬，尤其旗下主要的企业——美的电器的业绩出现了大幅度下滑。一直采取高速扩张战略的美的发现，未来不可能再依靠这种模式了，习惯于根据外部环境变化和企业战略规划改变组织结构的美的，在组织结构上做出了事业部分拆、集团整体上市和削减集团规模等变革举措，对事业部制职能结构进行进一步的改造，使得其更适合于美的的管理情境。

资料来源　李奕轩．基于权变视角的企业组织结构演变研究——以美的集团为例［J］．中国人力资源开发，2016（6）：78-83.

3.2 组织设计

3.2.1 组织设计的内涵

1.组织设计的含义

概括国内外学者的基本观点，组织设计就是对组织的结构和活动进行创造、变革和再构造。

所谓组织设计，是指在组织理论的指导下，以组织结构的构造和运行为主要内容的组织系统的整体设计工作，它是一项操作性和应用性都很强的工作。具体来说，组织设计是通过对组织的资源进行整合和优化，确立组织某一阶段的最合理的管控模式，实现组织资源价值最大化和组织绩效最大化。通俗地说，也就是在人员有限的状况下通过组织结构设计提高组织的执行力。

组织理论按其具体研究对象的不同，有广义和狭义之分。广义的组织理论的研究对象包括一个组织在运行过程中的全部问题，如组织运行的环境、目标、结构、技术、规模、权力、信息沟通等；狭义的组织理论则主要研究企业组织结构设计和运行，它把组织环境、战略、技术、规模和人员等问题作为组织设计中的影响因素来加以研究，而不将其作为研究对象本身。因此，从某种意义上说，狭义的组织理论可以称作组织设计理论。

组织设计理论又可以分为静态的组织设计理论和动态的组织设计理论：静态的组织设计理论主要研究组织的结构安排（包括部门结构、职权结构等）和规章制度等。

动态的组织设计理论在静态的组织设计理论的基础上，注重研究组织结构设计完成以后组织运行过程中存在的各种问题，包括职权划分、流程设计（协调、控制和信息沟通方式）、人的因素（人员配备、培训、绩效评估和激励）等。

现代的企业组织设计理念是动态的，它不仅包括设计组织结构本身，而且还包括设计组织结构运行过程中所出现的各种问题的解决方案，例如组织结构运行过程中的职权划分、流程设计、人员配备和培训、绩效评估及激励制度等。因此，现代企业组织设计理论包括了企业组织结构设计和运行的全过程及其全部内容。组织结构设计就是这样一种工作，将构成组织的各种要素进行排列组合，明确管理层次，分清各部门、各岗位之间的职责和相互协作关系，并使其在战略目标实现过程中获得最佳的工作业绩。

组织结构设计实质上是一个组织变革的过程，它是把组织的任务、流程、权力和责任重新进行有效组合和协调的一种活动。根据时代和环境的变化，进行组织结构设计或组织结构变革（再设计）的结果是大幅度地提高组织的运行效率和经济效益。

2.组织设计的内容

（1）职能与职务的分析与设计

职能设计是指组织的经营职能和管理职能的设计。根据组织的战略任务设计经营职能和管理职能。如果组织的有些职能不合理，就需要进行调整，以适应组织的需要。

组织首先需要将总的任务目标进行层层分解，分析并确定完成组织任务所需要的职能和职务，然后设计和确定组织内从事具体管理工作所需的各类职能部门，以及各项管理职务的类别和数量，分析每位职务人员应具备的资格条件、所具有的权力范围和应负的职责。

在创建新组织时，可以根据组织的宗旨、任务目标及组织内部环境的变化，自上而下地确定组织运行需要的部门、职位及相应的权责。另外，组织设计也可以根据组织内部的资源条件，在组织目标层层分解的基础上从基层开始自下而上地进行。

（2）部门设计

根据每位职务人员所从事的工作性质及职务间的区别和联系，按照组织职能相似、活动相似或关系紧密的原则，将各职务人员聚集在部门这一基本管理单位内。由于组织活动的特点、环境和条件不同，划分部门所依据的标准也是不一样的。对同一组织来说，在不同时期不同的战略目标指导下，划分部门的标准可以根据需要进行动态调整。

（3）层级设计

在职能与职务设计及部门划分的基础上，必须根据组织内外能够获取的现有人力资源情况，对初步设计的职能和职务进行调整和平衡。同时要根据每项工作的性质和内容确定管理层级并规定相应的职责、权限，通过规范化的制度安排使各个职能部门和各项职务形成一个严密、有序的活动网络。

(4) 协调设计

协调设计是指协调方式的设计。框架设计主要研究分工，有分工就必须要有协作。协调方式的设计就是研究分工的各个层次、各个部门之间如何进行合理的协调、联系及配合，以保证部门之间配合效率高，发挥管理系统的整体效应。

(5) 规范设计

规范设计是指管理规范的设计。管理规范即企业的规章制度，它是管理的规范和准则。结构本身设计最后要落实、体现为规章制度。管理规范保证了各个层次、部门和岗位按照统一的要求和标准配合和行动。

(6) 人员设计

人员设计是指管理人员的设计。企业结构本身设计和规范设计都要以管理者为依托，并由管理者来执行。因此，应按照组织设计的要求，进行人员设计，配备相应数量和质量的人员。

(7) 激励设计

激励设计是指设计激励制度，对管理人员进行激励，其中包括正激励和负激励。正激励包括工资、福利等，负激励包括各种约束机制，也就是所谓的奖惩制度。激励制度既有利于调动管理人员的积极性，也有利于防止一些不正当和不规范的行为。

3.组织设计的目的

设计适宜的组织结构，有助于组织清楚地界定每个部门及组织成员的权重角色，在此基础上进行恰当的协调和控制；有助于提高部门及个人的工作效率，提高组织的整体表现。相反，如果组织结构与组织需要不相适应，将会导致一系列问题，包括决策延误、发生冲突、应变能力差、行政管理成本高及士气低。

(1) 增强创新能力

组织创新是企业永续经营和发展的基础，是企业一切创新活动的源泉和根本。只有不断创新的组织，其经营才会是持久的、有效的。企业的组织及其结构正是通过影响企业生产经营的主要因素——信息流、物流、灵活性和组织效率等来影响企业经营和创新活动的。企业创新活动是贯穿企业经营活动全过程的一项系统工程，它要求企业具备行之有效的信息传递网络、高效的物资流通网络、适应市场的灵活性和经营运作组织效率高等条件，而这些条件的取得恰恰需要企业符合实际运行情况的科学组织及其结构的不断创新，也就是说，进行组织设计的主要目的之一就是为组织创新服务。

(2) 提高组织效率

想方设法提高企业组织的运行效率和效益是进行组织设计的另一个目的。它可以使每个组织成员都对组织有归属感，并能发挥最大的潜能，同时保证组织能够以最小的投入取得最大的产出。

3.2.2 组织设计原则

企业组织设计纷繁复杂，组织结构的形式多种多样，每个企业都有各不相同、适合本企业特殊情况和要求的企业组织结构形式及企业组织运行机制。随着经济和社会的不断发展，将会产生许多新的企业组织设计理论和企业组织结构形式。然而，无论企业组织结构有多少不同的种类，它们都是根据实际的需要经过设计产生的。组织工作者要想使自己的组织能够有效运行，必须以一定的组织设计理论作为指导，而且必须遵循组织设计的基本原则。

1.任务目标原则

组织结构设计要服从每一项工作的任务和目标，尤其是价值链上的目标，体现一切设计为目标服务的宗旨。任何一个组织，都有其特定的任务和目标，每个组织及组织中的每一个小部分，都应当与其特定的任务目标相关联。组织的调整成功与否以是否有利于目标实现作为衡量的标准，没有任务目标的组织是没有存在价值的。根据这一原则，应明确组织的任务目标，根据这一目标设立机构、职能。

2.分工协作原则

一家现代企业无论设置多少个部门，每一个部门都不可能承担企业所有的工作。企业部门之间应该是分工协作的关系，也就是说企业应有财务部门、人力资源管理部门、后勤保障部门，还有主导业务流程中各个环节的部门。因此，把握好分工协作原则对于现代企业来说至关重要。根据这一原则，首先要做好分工，解决做什么的问题，同时，应注意分工的粗细要适当。

3.统一指挥原则

无论公司怎么设计，都要服从统一指挥的原则，要在公司的总体发展战略指导下工作。公司所有部门要按照董事会的方针工作，在总经理和总裁的统一指挥下工作。根据统一指挥原则，在进行组织设计时要做到：①在确定管理层次时，要使上下级之间形成一条等级链，从最高层到最底层的等级链必须是连续的。②任何一级组织都只能由一个人负责。③下级组织只接受一个上级组织的命令和指挥，防止出现多头领导的现象。④下级只能向直接上级请示工作，不能越级请示工作；下级必须服从上级的命令和指挥，不能各自为政、各行其是，如有不同意见，可以越级上诉。⑤上级不能越级指挥下级，以维护下级组织的领导权威，但可以越级检查工作。

4.合理管理幅度原则

每一个部门、每一位领导人都要有合理的管理幅度。管理幅度与管理层次成反比，管理幅度太大，无暇顾及；管理幅度太小，可能没有完全发挥作用。所以在组织结构设计的时候，要制定合理恰当的管理幅度。从理论上说，当直接指挥的下级人数呈算数级数增长时，主管领导人需要协调的关系呈几何级数增长。

5.责、权、利相对应原则

设置的部门或单位有责任，就应该使其拥有相应的权力。如果没有对等的权力，根本无法完成相应的职责。所以责和权应该对等。根据这一原则，在设置职务时，做到有职就有责、有责就有权。理论研究和实践经验都表明，权责不明确容易产生官僚主义、无政府状态，以及组织中出现摩擦及不必要的会议、对话。在组织结构中，除了责权要协调外，还应当避免尽责无利的现象发生。

6.集权和分权原则

在整个组织结构设计的过程中，权力的集中与分散应该适度。集权和分权要控制在合适的水平上，既不影响工作效率，又不影响积极性。集权就是把权力相对集中于组织最高管理层，使其统管所属单位和人员的活动。集权的主要优点是：有利于加强组织的集中统一领导，提高管理工作的效率；有利于协调组织的各项活动；有利于充分发挥领导的聪明才智，还可以减少管理开支。集权的主要缺点是：使领导者的直接控制面缩小，增加了管理层次，延长了纵向下达指令和信息沟通的渠道，不利于调动基层的积极性和创造性，难以培养出熟悉全面业务的管理领导人员。分权是指将权力分配给事业部、职能部门以及较低层次的管理人员。分权的优点是：其更具有灵活性和适应性，下属可以在自己的管辖范围内独立自主地工作，能够充分发挥下属的主观能动性，做到从实际出发，具体问题具体分析，从而因时、因地制宜，制定具有自身特色的方针与政策等，同时也有利于培养员工的民主精神、主体意识，激发员工的工作热情。对整个组织而言，则不易产生独断专行等现象。分权的缺点在于可能破坏统一的指挥，难以坚持统一的目标、一致的标准，容易出现各自为政的失控现象，使组织中各个层级的矛盾与冲突难以协调，也容易造成分散主义与本位主义等现象，从而损害组织的整体目标和功能。

7.执行部门与监督部门分设原则

例如，财务部负责日常财务管理、成本核算，审计部专门监督财务部。执行部门和监督部门分设，也就是通常所说的不能既当裁判员又当运动员。如企业中的质量监督、财务监督、安全监督等部门应当同生产执行部门分开设置，只有分开设置才能使监督机构起到应有的监督作用。必要的监督和制约，有利于暴露矛盾。只有暴露矛盾，才能有针对性地解决。当然，监督机构分开设置后，又必须强调在监督的同时，加强对执行部门的服务，做到既监督又服务。

8.协调有效原则

组织方案的设计应遵循协调有效的原则，而不应在执行组织设计方案之后，部门之间无法相互监督控制，或者一旦出现这一现象，运营机制效率低，这些都说明组织方案设计没有遵循协调有效原则。

9.稳定性与适应性相结合原则

企业的管理组织是保证企业各方面工作正常运行的重要机制，应当保持相对的稳定性。因为管理组织的变动涉及人员、分工、职责、协调等各方面的调整，对人员的情绪、工作方法、工作习惯带来各种影响，所以任何组织的运行都要有一个适应过程。管理组织应当与经营战略保持协调一致的适应性。企业领导的责任就是把企业组织稳定性与适应性结合起来，以适合企业发展的需要。

10.正确对待非正式组织的原则

非正式组织是指未经官方规定而自然形成的一种无形组织，是一种非正式的联合体。企业领导应该正确地对待企业中的非正式组织，具体应做到以下几点：合理利用非正式组织为实现企业目标服务；区别对待不同类型的非正式组织；注重非正式组织中的核心人物；合理组织正式组织是削弱非正式组织的重要途径。

在设计企业管理组织时，除了必须遵循上面所讲的各项原则外，还需要充分注意影响企业管理组织效率的各种因素。这些因素，从企业内部看，包括企业所有制性质、企业的独立自主程度、企业的规模大小、企业的领导体制和企业的人员构成情况、企业的多重经营情况、企业的专业化和联合化程度、企业产品的标准化程度、企业的民主管理和目标管理开展的情况。从企业外部看，包括国家经济管理体制的有关规定或办法，国民经济的方针和政策将对企业产生的影响，企业所在地区的特点，企业供、销环节的组织等情况也会对企业起制约作用。对于这些因素，都应当从企业实际情况出发，根据实际需要灵活处理。

案例链接3-2

阿里巴巴架构再迎大调整：人工智能成最大看点

2018年11月26日消息，阿里巴巴集团CEO张勇发布全员公开信，宣布阿里进行最新一次组织架构调整，具体调整如下：阿里云事业群升级为阿里云智能事业群，成立新零售技术事业群，新零售技术事业群将整合B2B、淘宝、天猫等的技术力量。

天猫升级为“大天猫”，形成天猫事业群、天猫超市事业群和天猫进出口事业部三大板块。菜鸟网络将相应调整阵型，成立超市物流团队和天猫进出口物流团队。

阿里这一次调整，是为了应对“数字经济时代”发展的需要。具体来说，一个是互联网已进入下一阶段——“人工智能”，另一个则是阿里新零售和全球化战略发展的需求。阿里巴巴这次六大调整内容，有三个与智能技术有关，包括阿里云事业群升级为阿里云智能事业群，成立新零售技术事业群，以及打造天猫精灵的阿里人工智能实验室进入集团创新业务事业群。

可以看到，智能技术的重要性与日俱增，阿里巴巴已经实现从商业公司向智能技术驱动的商业公司的升级。阿里云事业群升级为阿里云智能事业群，由集团的首席技术官张建锋兼任总裁，这表明AI技术对阿里会更加重要，接下来阿里云会加速推动AI在各行各业落地。阿里云现在有三驾马车：云计算、AI和物联网。名字里面带智能，表明阿里云不只是云计算平台，阿里云此前已经发布了各种ET大脑，推动AI在医疗、交通、零售、工业等行业落地，就在前几天的广东云栖大会上，阿里云还发布了“飞龙工业互联网平台”。

阿里巴巴在前几年实现从“应用驱动”向“基础技术+应用技术”两条腿走路的技术路线转型，启动了NASA计划，成立了达摩院和罗汉堂，投资或者收购了芯片公司，都表明其更重视基础技术，现在CTO操刀阿里云，其基础技术会进一步发力。

打造天猫精灵的阿里AI实验室不再隶属于阿里云，进入集团创新业务事业群。这意味着阿里巴巴认可智能音箱的成绩，而且会强化布局，智能音箱是AI落地的核心产品，也是IoT特别是智能家居的入口，阿里巴巴志在必得。

天猫调整也是一大看点，从一枝独秀到三驾马车，天猫超市事业群和天猫进出口事业部与原来的天猫并列，表明天猫在超市业务和国际化上发力，一个是本地，另一个是全球。超市是阿里布局本地新零售的重要落子，主要提供本地快速送货服务，结合阿里收购的饿了么的同城物流服务，以及B2B2C的独特模式，将具有更强的竞争力。

国际化则是阿里巴巴上市后的重要战略，金融、物流和电商都在出海，前面菜鸟和蚂蚁构建了海外基础设施，天猫应该会加大步伐出海，天猫国际进口这块做得已经很好，未来的看点是出口，特别是与阿里巴巴在海外投资的电商平台如 Lazada 的协作。

资料来源 罗超. 阿里巴巴架构再迎大调整：左手接招腾讯 右手瞄准百度［J］. 营销界，2019（13）：4-8.

3.2.3 企业组织设计的工作步骤

一个完整的企业组织设计的工作步骤有如下五个方面：

1. 工作岗位设计

工作岗位是根据专业化分工原则，按工作职能划分而成的工作职位。工作岗位是构成企业组织结构的基本单位。专业化分工有利于提高员工的技术水平，可以缩短作业时间，能降低培训费用，有利于提高机械化程度。进行工作岗位设计时，既要进行合理分工，又要适当扩展工作内容，使工作人员感到内容丰富充实，富有挑战性。

2. 部门划分

所谓部门，是指企业组织结构中一个管理人员有权执行所规定的活动的一个明确区分的范围。划分部门就是确定这些范围，这些部门实际是承担某些工作职能的组织机构，所以部门划分也可以称作组织机构的设置。一个部门通常是由若干个工作岗位组成的。

在遵循组织设计原则、考虑各种影响因素的前提下，部门划分要注意：一是使部门与部门之间相对具有较大的独立性，即部门之间的相关性应该小；二是部门内部应相对具有较高的凝聚度，即部门内部的相关性要大。这是符合组织设计原则的，因为这样便于明确责权关系，减少协调工作量。

3. 管理层次及管理幅度设计

管理层次和管理幅度是决定组织结构的两个重要参数，而且，管理层次与管理幅度是密切相关的。

任何企业的组织结构都应是一种梯形结构，即上级指挥机构少，下级指挥机构多。从上到下，根据管理的需要，通常设有若干指挥和管理层次。这些层次之间是一种隶属关系，从而形成职权上的等级链。管理层次设计就是确定等级链的级数。管理幅度确定后，就可以组成一个由一定层次构成的组织机构。

4. 领导职位规定与授权

所谓领导职位，是指组织中各层次上各部门领导者的工作职位或岗位。工作岗位设计时只是确定了一般工作人员的工作职位，领导者的职位必须在部门和层次结构设计出来以后才能规定。规定领导职位就是明确领导者在组织中的等级地位，并以一定的职位名称来表示。这些职位或职位名称是一种权力的象征，它们构成一个组织中的等级链。

处于这些职位的领导者的真正职权要待授权以后才能获得。企业组织中的领导职位，要根据企业法律形式、领导制度、规模大小和组织结构的形式来设置，通常的领导职位有董事长、总经理、副总经理、经理、副经理、部长、副部长、主任、副主任等。

授权要处理好职能职权与直线职权之间的关系。职能职权是上级授予所属职能部门或职能人员的职权，与之相对应，授予直线部门或直线管理者的职权称为直线职权。直线职权是上级授予所属职能部门或职能人员的职权。

5.规章制度制定与关系协调

企业组织设计的最后一项工作，就是解决组织中各个部门、各个环节和各项活动之间的协调问题。协调的有效办法是通过制定各种规章制度来进行。规章制度包括两方面内容：一是工作时必须遵循的原则、法则；二是工作的准则，即应该达到的标准。规定规章制度，实际是将各部门或岗位上工作人员的责任和权力更加具体地予以规定或说明，以便于操作执行和监督检查。

3.3 组织设计的关键因素与权变因素

3.3.1 组织结构的关键因素

组织结构是指组织为实现目标，使组织各部分能够在组织的活动中有序分工、有机协作，从而确定关于组织各部分的职能、部门划分、层次、权力、组合方式以及制度设计等的一系列结构体系。合适的组织结构对于一个组织而言非常重要，规范的组织结构降低了组织成员行动由于个体差异而引起的不确定性，通过规章制度和职能设计规范了组织成员行为，保证了组织的正常运转。

组织结构的三个关键因素是：

①组织中的正式报告关系；

②组织中个体组合成部门、部门再组合成整个组织的制度设计；

③用以确保跨部门沟通、协作与职权层级的数目和主管人员的管理幅度。

其中，前两个因素在纵向层级上决定了组织的结构框架，第三个因素在横向层级上决定了组织成员之间的相互作用关系。

1.报告关系

报告关系即指挥链，在组织图中由垂直线来表示。指挥链是存在于上下级间的连续权力线，将组织中所有的成员连接起来。因为指挥链可以分为不同管理层，所以又称层级链。员工在处理问题中遇到不确定的情况时，信息可以顺着层级链自下而上传递，同样，反馈结果与方案也会沿着层级链自上而下地传递，这样的垂直权力线在沟通中发挥着重要作用。作为指明谁向谁报告工作的指挥链要遵循以下两方面的原则：

（1）统一指挥原则

从以法约尔为代表的古典组织理论学家就开始重视统一指挥的原则，提倡任何一级只能由一个人负责，下级只接受一个上级的命令和指挥，下级只向唯一上级直接负责，不能出现向多个上级汇报的情况。一个下级对应多个上级的一对多关系很容易产生命令执行的冲突和误解，造成资源滥用，降低工作效率。

（2）阶梯原则

阶梯原则即组织中的成员因工作内容的差异，其所拥有的权力和承担的责任也有所不同。组织中的权力从顶端开始，不间断地授给组织的最下端。依照阶梯原则，组织成员应明确不同级的管理层次和报告关系，明确自己以及其他成员的责权内容。

2.部门化

部门确定了特定的工作职责与范围，部门化就是将部门所承担的工作与员工的报告关系结合起来，形成由相互配合、协调的不同岗位员工所组成的工作集合。这样就可以通过合理的分工安排和清晰的责权划分来对工作任务进行分配，以高效实现组织的目标。

部门化要遵循分工和协作的总原则，包括：

（1）目标原则

所有部门化都应以实现组织目标为前提，工作所需要的职能都应该涉及，并进行详细规范。

（2）精简原则

在能够确保实现组织目标的基础上，部门化注重结构的简约，以尽量少的部门数量完成工作，降低组织的冗余程度。

（3）弹性原则

由于组织所面临的环境处于不断变化当中，其部门划分也应当适时调整改变，以更好地服务组织目标。

（4）均衡原则

需要考虑到不同部门因职能差异的任务分配问题，在确保实现工作目标的前提下，应注意均衡分配部门间的工作任务，以充分调动员工的积极性。

（5）监督与业务分离原则

监督工作是为了保证组织目标更加有效地达成，为了保持其独立性以更好地发挥作用，需要将监督工作与业务工作进行分离，形成专门的监督部门。

3.协调机制

协调机制是为了消除部门间的隔阂而存在的，为员工之间的沟通协作提供保障。由于组织对部门进行了分配，在遇到需要多部门通力合作的问题时就可能会出现分歧，而且因不同部门的任务分工差异和利益追求不同，还可能会出现与总的组织目标偏离的问题。因此，组织需要对不同部门进行集中与协调，以推动各部门的合作与目标统一，如图3-16所示。

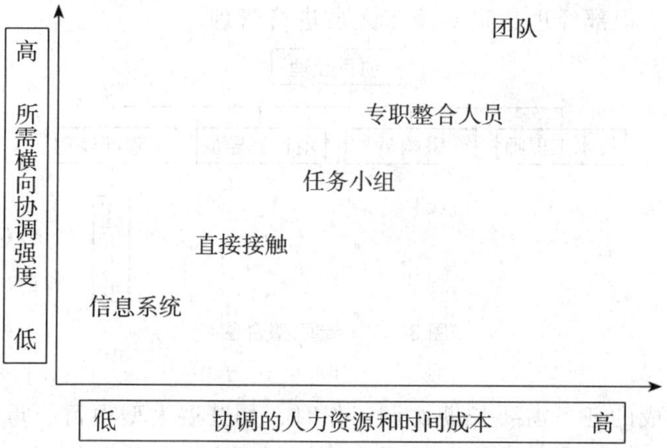

图3-16　协调机制

（1）信息系统

信息系统通过计算机程序构造精密的工具，能够很便捷地将整个组织联系起来。管理者和员工能够就各种问题、机会、活动和决策例行地交换信息，从而将跨越组织边界的员工思维与信息整合分享。比如随着信息技术的快速发展，现在很多政府部门及企事业单位都已经根据组织的需求配备了办公自动化系统。这为组织的信息搜集与处理搭建了高效的平台，从而帮助成员进行科学的管理与决策。

（2）直接接触

通过直接接触可以在面临共同问题的管理者之间或者员工之间建立面对面的联系。一般可以在需要的部门间设计联络员或者直接使相关部门的办公位置尽量靠近。直接接触往往是两个部门之间的协调手段。为了加强研发部门与市场部门之间的联系，组织通常会采用委员会或设立专职联系人员的方式，增加两个部门之间的直接接触的机会，提高它们的协调水平，还可以将两个部门的办公室设置在邻近的位置，增加直接接触的机会。

（3）任务小组

在任务比较复杂时会涉及多个部门，这样就可以将与解决问题相关的各部门的代表共同组成一个临时性委员会，即任务小组，将多部门协调起来。

（4）专职整合人员

当组织面临的问题更需要协商解决时，就出现了如产品经理、项目经理、规划经理或品牌经理等职位，他们都是独立于各部门之外的专门以协调为任务的整合人员。例如，在海外收购后，由于不同国家之间的文化差异很大，整合过程中的双方容易产生摩擦和冲突，因此，可以引入专职的整合人员来负责并购后的整合业务，专职人员需要对被并购企业的员工进行培训，促进并购双方员工的交流，构建整合机构，推动整合的进程。

如图3-17所示，项目经理在项目中充当了专业整合人员的角色，对整个项目负责，协调、整合所有项目组成员，以实现项目目标。在图3-17的项目中，技术工程师负责项目的设计和工程进度安排，采购员主要负责材料的采购，项目督导员主要负责现场的监督，工程部经理负责对施工人员进行管理。

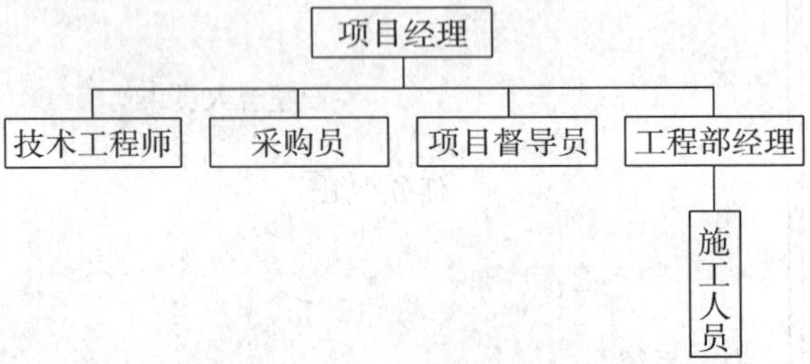

图 3-17　专职整合图

（5）团队

在组织要完成的任务需要长期协调工作时，如开展大型项目、重大创新或开发新产品线等，就需要更为密切的协调机制。组织可以成立如跨职能团队的长久性任务小组，以更好地实现组织目标。团队也可以通过信息技术突破组织或地理限制，形成可以通过网络和软件进行合作的虚拟团队。

3.3.2　组织设计应考虑的影响因素

企业的组织结构应与企业所处的环境相适应，因为企业最终是要到环境中去实践的。设计什么样的组织结构，要根据企业本身的条件，因为，一方面，设计出来的组织结构要靠这些条件来支撑；另一方面，组织结构的存在也是为企业的经营管理活动服务的。企业组织设计一般应考虑如下影响因素：

1.经营业务的性质和内容

为企业经营服务是企业组织设计的出发点和归宿。设计组织机构的根本目的是为经营业务创建良好的组织环境。经营业务活动的内容是设置工作岗位的依据，经营业务活动的运行方式决定着部门划分和组织结构框架。

2.企业经营规模

经营规模的大小是影响组织结构中管理跨度和层次结构的重要因素。规模越大，其内部工作的专业化程度就应越高，标准化操作程序就越容易建立。这样管理者用于处理日常业务的时间就越少，因而管理跨度就可以大一些。规模大的企业，经营范围宽，业务量大，有些管理职能就可能需要独立出来，这就会增加机构、增加层次。而且规模太大，受管理者能力的限制，分权的程度就会高，有可能需要建立分权式的组织结构。

3.技术复杂程度

技术复杂程度是影响组织内部协调关系的重要因素。一般来说，技术越复杂，部门或个人之间的交往越多，信息量越大，传输频次越大，因而相互之间的协调关系越复杂。为了有效协调，可增加协调机构，或者调整组织机构。技术复杂程度高的企业，其自动化程度也高，操作人员和工作岗位少，基层管理的跨度可能变小。但对上层管理人员来说，由于专业化程度和标准化程度高，管理幅度可能增大，管理人员的比重一般会增大。

4.人员素质

企业的组织结构实际是人的职位结构。组织结构设计出来后，都是由人来执行的。各个职位上的责任和权力，以及相互之间的各种关系，都要通过人的活动才能体现出来。所以，组织中人的素质对组织结构起着决定性的作用。高素质的管理者可以承担更多的责任，因而可以赋予他更多的责任、更多的权力；一专多能的人才，可以身兼多职，这样可以减少人员和机构。

5.地理分布

地理分布是指企业经营活动在地理位置上的分布。一般来说，地理分布越分散，内部的信息沟通就越困难，集中控制的难度就越大。因此，地理分布会影响企业管理跨度，影响集权分权的程度。

6.外部环境的变化程度

外部环境的经常变化要求企业的组织结构应具有较强的适应性。机械式的组织结构只适用于稳定的外部环境。变化频繁的环境则要求组织结构具有灵活的动态性。环境越是复杂和动荡不定，组织内部就越要协调合作，形成统一整体。

3.3.3 组织设计的变量

系统观关注组织内动态的、持续进行的活动。了解组织的下一步工作，就是要考察描述组织设计具体特征的变量。通过这些变量对组织进行描述与通过个性和体形特点对人进行描述非常类似。

组织变量可分为结构变量和情景变量。结构变量提供了描述组织内部特征的标尺，从而为测量和比较组织奠定了基础。情景变量则反映了整个组织的特征，包括组织规模、技术、环境和目标等，它们描述了影响和决定结构变量的组织背景。情景变量由于同时反映组织和环境两个方面，因而容易与结构变量混淆。可以将情景变量理解为隐藏在组织结构和工作过程之下的一系列互相重叠的因素。这些组织设计的变量之间彼此相互作用、相互调节。

1.结构变量

（1）正规化

正规化是指组织中书面文件的数量。这些文件包括工作程序、职务说明、规章条例和政策手册等。这些书面文件规定组织中的行为和活动。正规化通常可通过对组织内的文件页码数目的简单清点来衡量。

（2）专业化

专业化指将组织的任务分解为各项独立工作的程度。如果专业化程度高，每个员工就只执行范围小的工作。如果专业化程度低，员工职责内的工作范围也就比较宽。专业化有时也称作劳动分工。

（3）职权层级

职权层级描述了组织中的报告关系和每个管理者的管理幅度。层级是与管理幅度（即向某位主管报告工作的直接下属人数）相关联的。管理幅度较窄时，层级就倾向于增多。如果管理幅度较宽，职权的层级链缩短。

(4) 集权化

集权化是指有权做出决策者的层级高低。如果决策权保持在高层，那么组织就是集权化的。当决策权授予较低的组织层级时，就是分权化的。组织中运用集权或分权制定的决策包括购买设备、确定目标、选择供应商、设定价格、雇用员工以及划分营销区域等。

(5) 职业化

职业化是指员工接受正规教育和培训的程度。当员工需要较长时间的训练才能掌握工作技能时，该组织被认为具有较高的职业化程度。职业化一般通过员工的平均受教育年限来衡量。

(6) 人员比率

人员比率是指人员在各职能、各部门中的配置，包括管理人员比率、事务人员比率、专业职能人员比率以及间接与直接劳动人员比率等。人员比率的测算就是将各类人员的数量除以组织的员工总数。

2.情景变量

任何一个组织的生存都离不开某种具体的环境，组织赖以生存的环境越复杂，影响组织结构的因素就越多，无论何时也无法一一列举。对组织结构能够产生重要影响的因素有很多，重要的有以下几类：

(1) 战略

组织战略是组织为了实现其使命和组织目标而制订的综合性的长期行动计划，决定了一个组织区别于其他组织的组织目标，战略和目标共同决定组织的行动。迈尔斯和斯诺把组织战略分为以下四种类型：

①防御性战略——保持稳定。对于企业而言，当其市场定位狭窄且稳定时，需要通过对当前市场进行深层次渗透来实现组织的成长。此时组织设计的目标是管理层能够集中控制组织的运行，组织的正规化程度很高，组织内部采用标准化的协调机制。

②探索型战略——创新、冒险。当企业的市场定位宽泛且流动性高时，组织通过对潜在机遇的发现和环境监督来实现组织的成长。此时组织的大部分核心技术应用于产品的生产，使用多重技术。组织的目标是如何促进组织的运作，组织的计划以问题为导向，非常广泛，组织机构的正规化程度低，采用以结果为导向的控制系统。

③分析型战略——中心稳定、周边创新。企业组织的定位领域是市场和产品的结合，一部分产品市场非常稳定，而另一部分产品则不断变化。组织的成长既来自对市场的渗透，也来自产品和市场的开发活动。此时组织目标是区分组织的结构和过程以便适应组织的稳定业务和动态业务，组织没有统一的计划过程，组织中的职能部门采用集中化控制，而产品小组采用分权化控制。组织内部采用复杂、成本高昂的协调机制，稳定的业务协调通过组织的职能结构，产品的业务协调依靠项目协调人。

④反应型战略——被动、随机。组织以随机的方式对环境的威胁和机会做出被动的反应，缺乏统一的、可行的反应机制。此时组织管理层没有可行的组织战略，组织的技术、结构和过程也不能很好地配合战略。

不同的结构设计应用于不同的战略。钱德勒发现，简单的战略只要求简单的、松散的结构形式来执行这一战略。而随着组织的发展，组织战略会更宏大、更复杂，组织结构也会变得更为复杂。

（2）技术

所谓技术，是指用以将组织的投入（原材料、信息、思想）转换为产品（产品和服务）的各种业务流程、技术、机器和方法。技术是组织的生产过程，是组织实现组织目标的重要手段。

一般地，可以对技术进行以下区分：

①核心技术，即直接影响组织是否能够实现组织目标的关键工作方法和流程。

②非核心技术，即对组织而言比较重要的工作方法和过程，但并不能对组织是否能够实现其使命产生决定性影响。

不同的技术对于组织结构的设计要求不同，程序化的、常规化的技术一般要求高度机械化的组织，而非程序化的、非常规技术则要求组织采用有机式的结构。

（3）规模

对于企业组织而言，企业规模可以从三个方面衡量。

①组织的成员数量。由于组织是一个社会系统，其规模通常以成员数目的多少来衡量。组织的成员数量代表了组织的人力资源，组织拥有的成员数量越多，组织的人力规模越大。

②组织的资源涵盖力。组织的资源涵盖力既包括组织能够消化多少资源，也包括组织能够获得多少资源。组织的资源涵盖力越大，组织所占有的资源越多。

③组织的投入产出能力。组织的投入产出能力可以通过组织的业务量和运行状态来衡量。此外，投入与产出的比值也可以用来衡量组织的效率。

组织的规模对于组织结构也具有重要影响。一般而言，大型组织往往比小型组织工作专业化程度更高、部门更多、集中化程度更高、规则条例更多。然而，这一影响随着规模的增大有递减趋势。

（4）环境

环境包括组织边界之外的所有因子。组织所赖以生存的环境可以分为任务环境、一般环境和国际环境三类。

①任务环境是指与组织直接相互作用，并对实现组织目标具有直接影响的环境要素，主要包括行业、原材料、市场、人力资源等。

②一般环境是指与组织之间不发生直接作用，但会对组织产生间接影响的各种环境要素，主要包括政府、社会文化、经济形势、社会技术发展水平、金融资源等。

③国际环境。随着全球一体化进程的推进，越来越多的组织开始受到国际环境的影响，这也意味着组织的生存环境越来越复杂并具有挑战性。

一般来说，机械式组织在稳定的环境中运作最为有效，而有机组织适用于动态的、不确定的环境。随着环境的不断变化，企业组织结构也需要做出相应的调整。

（5）文化

组织文化是指组织成员所共有的一套价值体系，它包括价值观、信念和思维方式等。组织文化既在组织中形成、发展和传承，又反过来对组织产生影响。

3.4 组织结构的发展趋势

3.4.1 企业组织结构面临的挑战

1.市场经济的发展使我国的市场由卖方市场为主导转化为买方市场为主导

一方面，过去那种生产决定消费的模式受到极大的冲击，顾客成为企业竞争的焦点，要求企业从产品开发、生产、销售及售后服务等方面始终把握顾客需求的脉络。企业的产品只有满足顾客需求多样化、个性化的发展和要求，才能占有市场，企业才能生存和发展。另一方面，市场经济的发展，使市场细分化日益加深，个性化越来越明显的市场正在形成，企业只有快速地对市场做出反应，实行经营的多样化战略，由过去刚性的大批量生产转为弹性的多品种小批量生产，才能适应市场需求的多样化、个性化，才能降低企业经营风险。企业由过去单一经营发展到多样化经营，使企业内部生产经营管理的难度加大，如各种产品生产技术要求不同、工艺流程不同、面对的市场不同、生产决策也不同。因此，企业过去集权的组织结构必须向组织分权化转变。

2.信息已成为企业管理决策的重要依据之一

在缺乏信息的情况下，任何高明的企业决策者都难以做出正确的决策。企业决策信息主要来自企业内部信息和企业外部信息。现在，企业外部是极为复杂、不断变化和难以确定的，如消费者的偏好、政府的政策法令、科学技术的突破等，如果企业不能及时从外部环境获得准确、全面的最新信息，企业内部就不能协调运转，也就不能适应环境，势必失去生存的能力。反之，如果企业面对大量的来自各个方面的信息，不能正确地搜集、储存、整理、处理和传递，也有可能会使企业在决策过程中无所适从。随着企业对信息依赖度的提高，企业必须能随时掌握动态信息，有效地运用各种有价值信息，及时做出经营决策，降低运行风险。这就要求减少企业组织管理层次、扩大组织管理幅度，形成一种精简高效的组织结构。

另外，计算机已经从过去的管理单台设备扩展到管理单独的生产线或整个车间，甚至运用到整个企业。在企业中，计算机的应用逐渐从生产操作、监控到仓库和在制品管理，从订货合同的签订到生产作业的编排，从市场需求的预测到不同方案的优化和决策，从进行产品设计和制定工艺规程到工资发放，在企业的各个角落几乎到处都可以看到使用计算机带来的变化，这种变化促进企业原有体制、制度变革、创新，同时，也不可避免地会要求企业组织结构变革来适应这场技术革命。

3.企业面临的环境日益复杂且变化迅速，市场竞争日益激烈

我们知道任何一种产品的寿命都是有限的，而且越来越短。企业要想立足市场，只有依靠不断地创造新产品推向市场，引导消费市场，满足顾客各种各样的需求，否则，就只能退出竞争。大多数企业已经充分认识到创新是企业开发未来市场的最强有力的武器。企业创新的主要目标是使企业在不断的市场竞争中获取优势地位，提高自身的竞争力，降低企业未来的不确定性，为企业发展创造条件。对每一个企业组织而言，组织中的每个成员都蕴含着创造力，要想充分地把这些潜在的创造力发挥出来，转化为现实的创造力，就要求企业组织结构和行为进行相应的变革。目前，企业的集权制等级组织是建立在纵向和横向分工的基础上的，要求分工协作、规范工作程序，要求员工服从命令、听从指挥。这种结构对组织成员的行为有一种约束限制，会制约创造力的发挥。企业只有在内部提供给员工更大的自由空间，如增加自主选择创新项目，减少监督、干涉，允许自主选择合作伙伴和工作环境，给员工更多的机会参与企业决策，才能更大地发挥员工的创造力。而分权化组织结构比较适合发挥员工的创造力，分权化组织结构将一定的决策权授予较低层级和较多的组织成员，可以增强员工的参与感和自主性，有利于在企业中营造创造潜力发挥的氛围。

3.4.2 组织结构的发展趋势

人们历来认为直线式的等级制度最有效，“命令可以畅行无阻地层层下达”，是工业时代典型的企业管理形式，不过这种管理系统依赖的条件是现场要有大量精确的反馈且决策的性质大致相同。如果决策者面临的问题是重复性的，种类又不多，管理人员就能够搜集到与它们有关的大量信息，而且能从以往的成败中积累有用的经验。今天，森严的垂直等级制度正逐渐失效，因为它所依靠的两大根本条件已难以为继。摆在决策者面前的问题种类日见繁多，除了复杂的技术、经济决策外，政治、文化、社会责任也是企业面对的变数，而现场反馈的信息却越来越多。就绝对数量而言，领导部门从来没有掌握过这么多来自下层的信息，其数量之大绝非一个经理能够吸收和处理的。可是，与当前问题的规模和多样性相比，与越来越快的节奏相比，反馈的信息又少得可怜，信息时代大大分化了企业所处的经济、技术和社会环境，要求它更迅速地做出多种多样的反应。由于要求、机会和压力日益变化，从时间上讲，有关的信息更难逐级向上传递，或者说，最上层的领导更难以在任何一类问题上积累大量的经验，上下之间的距离不单纯是层次过大或过多，还在于需要处理的数据种类越来越多了。

这样一来，就企业内部而言，决策的层次应该越来越低才能见效。因此，基层参与势在必行。也就是说，企业管理权应从集中走向分散。企业的组织结构是从金字塔型走向大森林型（也有人称之为扁平型或网络结构）。大森林型组织结构减少了管理层次，同一层次的管理组织之间相互平等，横向联系密切，像一棵棵大树组成森林那样形成横向体系。

结合世界各大企业组织结构不断变化的趋势，未来的企业组织可能有以下几个特点：

①组织将在一种动荡的环境中经营，组织必须经受不断的变化和调整，从管理结构到管理方法都将是柔性的；

②组织规模日益扩大，经营环境日益复杂，组织将需要采取主动适应型战略，以期通过动态自动调节过程寻找新的状态；

③科学家和专业人员的数量将增多，职工队伍素质不断提高，他们对组织的影响将不断扩大；

④企业管理将重点放在说服而不是强迫职工参与组织的职能工作。

综观企业组织结构的变化，结合未来信息化时代的到来，我们可以预见组织结构将发生重大变革，其发展趋势有如下几个特点：

1.组织结构的扁平化

结构的扁平化是指管理层次的减少和管理幅度的扩大，组织结构形态由标准的金字塔型向圆筒型转化。这是对层级制组织类型的进一步发展，使得管理能够适应信息技术发展的冲击，交流方式由之前的单一化转变为现在的多样化，减少了管理层次，缩短了上下级之间的距离，适当扩大了同级之间的管理幅度，从而加强了团队意识。扁平化组织结构一方面增强了组织的灵活度，缩短了执行与决策之间的时间，快速的决策意味着更高的员工满意度，这样更能激励员工，让员工热衷参与，发挥他们的创新积极性；另一方面，体现顾客和市场导向，围绕顾客和市场的需求，组织工作流程。组织从纵向到横向的发展，表明组织开始注重流程，注重横向的合作与协调。组织结构的扁平化，在提高管理效率的同时，也是符合人性特征的，因此，扁平化结构拥有着无限生命力。

2.组织弹性的无边界化

无边界化是指企业各部门间的界限模糊化，目的在于使各种边界更易于渗透，打破企业的内部和外部边界，有利于信息的传送。在企业内部形成多功能团队，代替原本割裂开来的传统的职能部门；打破企业外部边界，就是打破原有的部门边界，绕开各级管理阶层，组合为团队来直接面对顾客和对公司总体目标负责，建立合作联盟，以群体和协作优势赢得竞争优势。这种组织成为组织结构创新的典型模式。团队一般可以分为两类：一类是专业团队，成员主要来自公司各单位的专业人员，他们的目的是解决某一特定问题，问题解决后即宣告解散；另一类是工作团队，可以进一步把它分为高效团队和自我管理团队，工作团队一般是长期性的，常从事日常性的公司业务工作。因此，无边界思想是一种非常具有新意的企业组织结构创新思想，它完全是超国界、超制度、超阶级、超阶层的。组织作为一个整体的功能得以提高，已经远远超过各个组成部门的功能。

3.组织结构的网络化

21世纪的组织结构为了满足竞争的需要将采取网络的形式，即动态网络结构。这种结构的创新通过新的方式开发利用人力资源，以给企业带来竞争优势。动态网络结构以自由市场模式组合代替传统的纵向层级组织，是一种类似市场的组织形式，即对公司、企业而言，它们只从事各自擅长的活动，而将剩余部分，如销售、会计、制造等交由外部专家处理，由一个小的总部来协调。一方面，在这样的结构中，几乎没有上层行政领导，可以帮助企业家迅速将产品投放市场，无须投入大量的启动成本；另一方面，网络模式具有处理事务灵活迅速的特点，有为顾客提供最佳服务的能力，管理和技术精华可以集中到为公司带来竞争优势的关键活动上来，其他职能则实施资源外取。网络结构的缺点在于缺乏可控性，因为经营和运作不在一起进行，管理者必须调整自己以适应变化。

4.组织结构的虚拟化

一般来说，虚拟是指把不同地区的资产迅速组合成一种没有围墙、超越空间约束的企业组织模式。它依靠电子网络手段形成统一指挥的经营实体，并能以最快的速度推出高质量、低成本的新产品。虚拟企业有两种形式：第一种是形式虚拟，即在信息技术条件下，原有的实体企业改变了形式，员工可以通过信息网络，在任何地方以及任何时间商讨工作；第二种是内容虚拟，不同企业之间、供应商及顾客之间的许多职能（如研发、产、供、销）的界限变得模糊不定。

5.组织结构的柔性化

为了真正体现为顾客创造价值，满足利益相关者（债权人、供应商、雇员、所有者和社区）要求，适应社会经济、技术的发展，一方面组织结构灵活，另一方面需要控制。具体来说，既要对环境、技术和顾客需求具有敏感性和灵活性，又要通过高层次控制实现总体目标，实现对组织活动和人员的高层次调节。

6.组织结构的个性化

个性是一个组织区别于另一个组织的基本因素，一个没有个性的组织结构将直接导致一个没有个性的企业，它的生命轨迹只能是亦步亦趋，不可能在经营过程中创造奇迹。每一次组织结构模式的变革，都以鲜明的个性出现，可以说没有组织结构的个性张扬，就不会有组织结构的革新，更不会有组织结构的进步，所以说有个性的组织结构不但是企业管理实践的需要，也是管理理论发展的必然。

3.4.3 组织结构的动态发展

1.组织结构的柔性化

（1）柔性组织的内涵

柔性的概念最早源于柔性制造系统，曼德尔鲍姆曾将柔性解释为生产系统适应变化的环境或环境带来的不稳定的能力。而柔性组织是指具有不断学习、开拓创新、系统地持续整合内外资源，以应对环境变化和因果模糊性挑战能力的组织。柔性化组织所隐含的管理理念主要表现为组织边界网络化、管理层级扁平化、组织结构柔性化和组织环境全球化。

组织结构柔性化是以创新能力为宗旨，通过分工合作、共担风险，以及适当的权限结构调整，向基层员工授权，并满足员工的高层次需要，增强员工的主人翁责任感，使其自觉提高各自的工作标准，从而把组织意志变为个人自觉行动。组织结构柔性化的特点就在于结构简洁，反应灵敏、迅速，灵活多变，以便快速适应现代市场需求。

（2）柔性组织的特征

①适应性。当今企业面临的环境变化莫测，企业必须根据外部环境的变化，适时调整自己的战略。而组织服务于企业战略，必须与企业战略相匹配、相适应，因此，柔性组织的出现，对于企业适应环境的变化有着重要的意义。

②敏锐性。柔性组织具有敏锐的市场感受力，即具有对市场灵敏的监测、控制、

反应的能力。一旦市场条件发生变化，柔性组织会及时发现，并迅速做出组织战略调整，以适应市场变化的需要。

③创新性。创新已成为21世纪企业发展的主题，是保持企业竞争优势，使企业立于不败之地的关键因素。事实上，柔性组织扁平化、网络化的结构形态，有利于企业成员迅速进行信息传递和知识共享，也有利于成员相互间模仿与学习。另外，柔性组织采用的民主化决策方式更有利于调动职工创新积极性。

④学习性。21世纪是信息社会与知识经济的时代，企业组织要想发展就必须拥有不断学习的能力，并以更快的速度吸收新知识。柔性组织要求成员善于不断学习，自主管理，使组织能对瞬息万变的市场随时做出反应，并自行调整。

2.组织结构的扁平化

（1）扁平化组织的内涵

组织结构的扁平化是指通过减少企业的管理层级、压缩职能部门和机构、裁减冗员，使企业的决策层和操作层之间的中间层减少，建立一种紧凑的横向组织，以便使企业快速将决策权延至企业生产、营销的最前线，从而为提高企业效率建立富有弹性的新型管理模式。组织扁平化摒弃了传统金字塔状的组织结构，为提高企业效率而建立起富有弹性的新型管理模式，达到使组织变得灵活、敏捷，富有柔性、创造性的目的。它强调系统、管理层次的简化、管理幅度的增加和分权。

（2）扁平化组织的特点

传统的科层制组织与扁平化组织有许多不同之处。科层制组织模式是建立在以专业分工、经济规模为假设的基础之上的，各种功能部门之间界限分明。这样建立起来的组织必然难以适应环境的快速变化。而扁平化组织，需要员工打破原有的部门界限，绕过原来的中间管理层次，直接面对顾客和向公司总体目标负责，从而以群体和协作的优势赢得市场主导地位。扁平化组织的特点如下：

①以工作流程为中心来构建组织结构。公司的结构是围绕有明确目标的几项“核心流程”建立起来的，而不再是围绕职能部门；职能部门的职责也随之逐渐淡化。

②纵向管理层次简化，削减中层管理者。扁平化组织要求增加企业的管理幅度，简化烦琐的管理层次，取消一些中层管理者的岗位，使企业指挥链条最短。

③企业资源和权力下放到基层，由顾客需求驱动。基层的员工与顾客直接接触，使他们拥有部分决策权能够避免顾客反馈信息向上级传达过程中的失真与滞后，大大提高了服务质量，快速响应市场的变化，真正做到让顾客满意。

④利用现代网络通信手段。企业内部与企业之间通过使用E-mail、办公自动化系统、管理信息系统等网络信息化工具进行沟通，大大增加了管理幅度、提高了管理效率。

⑤实行目标管理。在下放决策权给员工的同时实行目标管理，以团队作为基本的工作单位，员工自主做出自己工作中的决策，并为之负责。这样就把每一个员工都变成了企业的主人。

科层制组织与扁平化组织的比较见表3-1。

表3-1 **科层制组织与扁平化组织的比较**

比较项目	科层制组织	扁平化组织
层次与幅度	层次多、幅度窄	层次少、幅度宽
权力机构	权力较集中	权力分散、多样化
等级差异（权力、待遇）	不同等级差异大	不同等级差异比较大
沟通方式	上下级之间，沟通距离长	上下级之间，平级斜向沟通
职责	附加于具体的职能部门	很多成员分担
通信方式	传统通信方式	现代网络化通信方式
协调	通过等级机构明确规定管理程序	手段多样，注重人员间的直接沟通
持久性	倾向于固定不变	持续性高速适应最新情况
使用环境	较稳定	迅速变化
企业驱动力	高层管理者驱动	市场需求驱动

3.网络型组织结构

（1）网络型组织结构的内涵

网络型组织结构是利用现代信息技术手段发展起来的一种新型的组织结构。图3-18是企业最高决策层将其经营的主要职能都外包出去的一种网络组织结构。该网络组织结构的核心是一个小规模的经理小组，他们的工作是直接监督公司内部开展的各项活动，并协调同制造、分销等其他机构之间的关系。从本质上讲，网络型组织结构的管理者将大部分时间都花在协调和控制这些外部关系上。

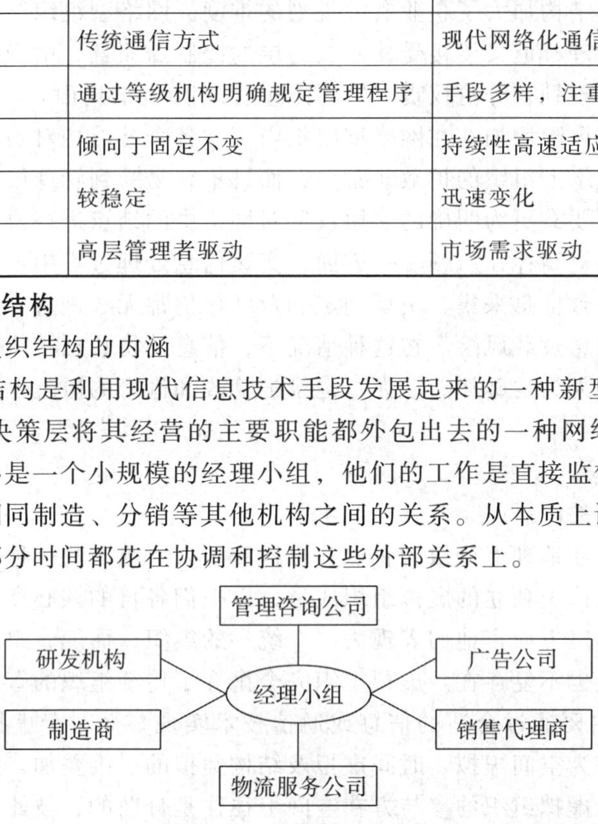

图3-18 网络型组织结构

（2）网络型组织结构的优缺点

网络型组织结构应用于企业内部的运作，称为内部网络结构。内部网络结构的形成是传统的科层结构向以信息为基础的组织的重大转变。传统的等级制，以及与它相关的计划、控制和人力资源系统适合于对事物进行预测和管理。相反，新的网络型组织的人员、决策权限、角色和领导关系可以根据需要随时改变。建立网络型组织结构的企业具有柔性特点，不再固定不变，而是逐步走向分布化、扁平化的网络来反映市场动态。

优点：

①有利于构建学习型组织。组织结构是实现知识管理的杠杆力量，网络型组织结构能够在组织内部与外部环境发生变化时，持续地适应环境并不断地自我改进。

②网络型组织结构通过减少行政层次来减少信息传递过程中的失真情况，增加上下级的直接联系。在信息技术发达的今天，减少了企业的中层领导，缩短了上下级之间的距离，所以减少了信息传递过程中的失真情况。

③网络型组织结构通过“无边界”地整合资源，充分发挥员工的合作和自主意识，激发员工的积极性和能动性，通过信任和开诚布公来促进员工的合作。

④网络型组织结构中的各组织单元建立在现代信息网络技术平台上，彼此之间有着紧密合作，使信息的处理速度大大加快。

缺点：

①网络型组织结构加大了企业资源规划的难度。网络型组织结构中的每一个组织单元都可以自主管理，但又要接受核心权力层的控制。而且，由于组织单元的自主经营，如果不能正确规划，分清权责，容易发生管理混 乱的局面。

②企业的管理风险增加。在网络型组织内部，各个结点相对独立，如果某些结点发生问题，这种网络型组织的扩散非常快，而且不容易受到管理层的控制。因此，在网络型组织结构中要有更为明确的“协议”对网络中的结点进行协调、控制。

③工作效率的提高存在瓶颈。一方面，高速信息处理过程中可能无法对全过程进行检测和控制，导致信息采集、决策制定和业绩评价都无法进行。另一方面，信息源汇集到一起导致信息过载风险。在这种情况下，信息及将数据转化成信息的工具也可能会失效；另外，人为的破坏、欺诈，记录被篡改和偷窃的风险也较传统组织结构大大增加。

4.虚拟组织结构

（1）虚拟组织的内涵

虚拟组织是由在地理上分散的企业、机构和个人所组成的一种基于共同目标的协作形式。这些在法律上独立的虚拟组织成员，以他们各自的核心竞争力参与横向和纵向的协作，对于第三方而言他们表现为一个统一的组织，而随着组织目标的完成或中断，整个虚拟组织也不复存在。虚拟组织完全抛弃了传统组织的管理功能集中化，其所需的协调过程主要通过合适的信息或通信技术实现，而对于虚拟组织中虚拟的含义，我们可以理解为空间虚拟、时间虚拟及结构虚拟的三维叠加。

①空间虚拟。虚拟组织的参与方在空间上往往是分散的，彼此可能距离遥远，并且其地理位置也可以不断移动。

②时间虚拟。参与方之间的组合是临时的，他们的协作在时间上可以灵活安排，可以同步也可以异步，而对于全球性的虚拟组织而言甚至可以是全天候。

③结构虚拟。虚拟组织没有固定的组织结构，其组合不存在正式的合同关系，参与方之间的边界是模糊的，其协作是基于信任和资源的共享。

虚拟组织指两个以上的独立实体，为迅速向市场提供产品和服务，在一定时间内结成的动态联盟。它不具有法人资格，也没有固定的组织层次和内部命令系统，而是一种开放的组织结构，因此可以在拥有充分信息的条件下，从众多的组织中通过竞争招标或自由选择等方式精选出合作伙伴，迅速形成专业领域中的独特优势，实现对外部资源的整合利用，从而以强大的结构成本优势和机动性，完成单个企业难以承担的市场功能，如产品开发、生产和销售。

（2）虚拟组织的特点

①空间上的分布性和时间上的有限性。虚拟组织的项目参与方通常在地理上分散，也就是说可以来自不同区域或国家。虚拟组织的存在以确定的工程项目为前提，其参与方的组合具备动态性和临时性。在项目结束之后，虚拟组织也随之暂时解散，但组织成员之间的关系网络仍然可以存在。而一旦有新的市场机会，所有的项目参与方能在关系网络的基础上迅速并且是自发地重新组合。

②法律上的独立性和经济上的相关性。虚拟组织的参与方可以是单独的个人（如经验丰富的项目咨询专家）或大型企业的一部分，但绝大多数是诸多的中小型企业。一方面，所有参与方在法律上独立并且在虚拟组织中是平等的；另一方面，这些项目参与方完成他们自身的确定任务，并且共同促进项目建设的成功。

③模糊的组织界限和灵活的组织结构。虚拟组织的边界是模糊的、不确定的。在不同的项目阶段，参与方可以不断变动。但对于外部的最终用户来说，虚拟组织表现为一个类似于传统企业的完整组织。在虚拟组织的组织结构中没有层级或纵向的集中，其参与方只是松散地彼此联合。虚拟组织的协作十分广泛，抛弃在传统组织中占绝对优势的、固定的、正式的合同关系，而是采用所谓的“关系合同”，这种形式的合同一般只提供一个行动和关系的框架，可以给予合同双方对真实关系一定的、必要的解释空间。当然，这种合同形式的有效应用，在很大程度上依赖于合同的信任、自觉性和较高的忠诚度。对于为了自身利益而对这种解释空间进行恶意利用的行为，可以通过社会的制裁机制予以限制。虚拟组织结构的灵活性保证了虚拟组织能够按照外界的动态要求和项目的进展情况予以迅速反应。

④核心竞争力的互补和资源的共享。对于核心竞争力，我们可以理解为一个企业所具备的、持久的、可以转化的因素（如特定的资源、技能和知识），而这些因素能够为企业带来竞争优势。

⑤具有决定意义的信息或通信技术支持。几乎以上所有特征的实现都强烈依赖于信息或通信技术的支持。事实上，信息技术是虚拟组织赖以存在的技术基础。当然，仅仅具备先进的信息技术并不能构建一个有效的虚拟组织，还应该将信息技术与业务战略和组织目标紧密结合，并且适当考虑组织中人的因素。

3.5 组织职位体系

3.5.1 职位体系概述

1.职位体系的相关概念

要进行职位体系的规划与设计，首先要弄清楚职位体系是什么。简单地说，职位体系就是把职位进行分类、分层，形成一个组合系统。这就引出了一系列职位体系的概念：职位族、职位序列、职级、职衔等。

职位族是依据价值链、业务流程、公司行业特点和公司岗位情况等划分的不同岗位族群，如管理、专业技术、生产操作三大职位族。

职位序列是把组织内一系列工作性质类似，需要类似知识、经验、技能要求的岗位，不分部门进行组合形成的岗位集合，比如人力资源管理序列、财务序列等。

职级是在某一序列内对岗位进行层级划分，如人力资源序列分为专员、主管、高级主管等。

职衔是组织对其内部某个类别等级职位的称谓，比如同样是专业序列的最高层级职位，不同的组织可能会称其为总工程师、技术总监或首席专家等。

2.职位体系规划与设计需考虑的因素

职位体系的规划与设计包括从横向上划分职位族、职位序列和从纵向上划分层级两个方面的基本内容。在对职位体系进行规划设计时，必须充分地考虑到每一部分的影响因素，才能够充分发挥其作用。

（1）横向分类设计需考虑的因素

进行横向分类首先要考虑部门的职能，明确为实现目标需要什么性质的部门提供什么类型的职能，需要什么样的职位履行怎样的职责，这个职位在履行职责的过程中需要完成什么任务等。其次，职位体系的设计要与业务流程相衔接，以组织结构为基础。这里要注意设计职位序列时需要考虑业务流程，但是最终形成的职位序列并不一定与组织的业务流程完全吻合。再次，要考虑职位工作内容的相似程度。这是划分职位序列的主要依据，包括职位性质相同或相似，职责内容的专业属性相似以及工作内容或者职责的范围属于同一方面等。另外，要考虑组织的职位数量与人数规模，一般如果组织的职位数量和人员较少，就没有必要将职位序列划分得太细。最后，对于形成一定规模的行业来说，经营活动类似的一些企业在实践的基础上形成了职位序列划分的方法，这些具有普遍的适用性，可以作为参照，对构造合理的职位序列有较大的帮助。

（2）纵向分层设计需考虑的因素

在进行纵向分层设计时，主要需要考虑的因素有职责的重要性、职责的范围与难度，以及需要的知识、技能、素质的多寡和高低。按照这些主要因素，我们一般将一类职位序列的职位划分成4～6个等级，但是具体设为几个层级还要考虑组织的实际需要，另外，有时为了对员工的能力做更细致的划分，还需要在层级范围下进一步划分职等。

除了以上主要的考虑因素外，在进行职业通道设计时还需要考虑组织人员数量的多少、职责分工的粗细以及完成职业生涯所需的时间等因素。一般来说，比较合理的职位通道结构应该是橄榄形，即两头小、中间大，要根据组织实际的人数多少和每一职位等级的人数占总人数的大致比例来确定合理的职位等级数量。职位等级数量的设计也要考虑组织职能的划分程度，如果职能较多，分工较细，要对多个职位序列进行划分；如果职能较少，分工不细，可以对承担主要职能或职责的职位划分较多层级。设计职位通道时还应仔细考虑完成这一职业生涯需要的总时间，如果时间较长或者较短，就要考虑增加或减少职位等级。

3.5.2 职位体系的主要内容

职位体系是企业内部所有岗位依据其所属关系和等级关系而形成的职位组合，它是企业实现各种战略目标的客观需要。人力资源管理的实施载体是职位体系，它按照能力、职业生涯的自身规划等重要因素，将员工配置到组织中合适的位置上，以员工为原动力，以组织架构为运转载体，支撑着企业的发展。职位体系的建立不是一蹴而就的：一个企业成立，那就必然存在职位体系，但这个职位体系如果没有进行科学合理的设计和规划，就只能够在短期内满足企业内部人力资源管理的需要；而在中长期中，一定会阻碍其发展。对于职位体系的设计和规划，包括了对企业内部具有类似工作性质组合的分析，即工作岗位分析，还包括对组织内所有岗位的工作职责和内容的梳理，在此基础上统一设计人力资源管理工作的其他方面。职位体系主要包括以下几个方面：

1.工作岗位分析

工作岗位分析也叫职位分析，是通过系统地收集、整理、分析与综合组织内与某种职位相关的信息，并将其描述出来，使其他人了解这种职位的过程。工作岗位分析囊括了企业关键职位或全部岗位的分析，如设立岗位的目的、岗位的组织架构、岗位职责和工作内容、胜任该岗位角色的资格标准、岗位的权责利分配、各部门或机构间的汇报关系、员工的职业发展路径等内容。

工作岗位分析的主要作用有两点：一是明确岗位职责，减少职责交叉、空白、扯皮等问题；明确努力方向和改善方向，提高工作绩效，全面审视整个职位体系设置的合理性。二是为招聘、培训、绩效管理、薪酬等工作提供基础信息或工作依据。简言之，就是要通过工作岗位分析，编写出各个职位的职位说明书。

工作岗位分析是人力资源管理的基础性工作，是人员录用、定编和调配的依据，是目标管理、绩效考核以及员工教育和培训的指南。通过工作岗位分析，可以使员工和主管加深对职位职责的系统性思考、总结及提炼，最终使企业和员工对岗位的认知达成一致，并用权责明确、节能高效的科学管理模式防范复杂无绪、推诿扯皮的问题。要想准确界定各岗位的工作职责和范围，并提供完备的任职资格标准和人员级别（职级），就必须对职位进行科学的分析。

岗位分析要从以下八个要素着手进行分析，即（7W1H）：

Who：谁从事此项工作，责任人是谁，对人员的学历及文化程度、专业知识与技能、经验以及职业化素质等资格要求。

What：在雇员要完成的工作任务中，哪些属于体力劳动的范畴，哪些属于智力劳动的范畴？

Whom：为谁做，即顾客是谁？这里的顾客不仅指外部的客户，也指企业内部的员工，包括与从事该工作的人有直接关系的人，如直接上级、下级、同事、客户等。

Why：为什么做，即对从事该岗位工作者而言，工作的意义所在。

When：工作任务被要求在什么时候完成？

Where：工作的地点、环境等。

What qualifications：从事这项工作的雇员应该具备哪些资质条件？

How：如何从事或者要求如何从事此项工作，即工作程序、规范以及为从事该工作所需要的权利。

岗位工作分析是一项复杂的系统工程，企业进行岗位工作分析，必须统筹规划，分阶段、按步骤地进行。进行岗位工作分析通常使用的方法有：问卷调查、总结分析、员工记录、直接面谈、观察法等方法。有了岗位工作分析的结果以后，我们就可以着手制定部门职责说明书和工作岗位说明书了。

2.部门职责说明书

工作岗位分析工作庞杂，需要成立专门的工作组，对全体员工进行工作岗位分析的培训、宣讲。第一步：梳理部门职责，这要以企业战略目标为基础，并为工作岗位分析奠定基础，本步骤将输出部门职责说明书；第二步：对岗位进行梳理，明确具体岗位编制；第三步：编写部门岗位说明书，这是部门主管和员工双向沟通的过程；第四步：工作岗位分析，工作组评审岗位说明书并做适当的调整，最终形成新职位体系下的岗位设置及岗位说明书。

工作岗位分析的第一个成果是部门职责说明书。部门职责说明书是人力资源管理的基础之一。部门职责说明书既要按照重要性的先后顺序，列明每项部门职责的主要内容，又要说明该职责是全责，还是部分责任，抑或是辅助支持性的工作；同时，也要列明相应的考核方法。考核指标可以是反映质量的，也可以是反映数量的。例如，在成本方面，可以使用预算与实际之比、人工成本与销售额之比、单位成本等指标；在时限方面，可以用交货时间、投放市场时间、客户响应时间等指标；在数量方面，可以用利润率、产量、增长率、市场占有率、顾客保有率、新顾客数、新产品比例、投资回报率、每股收益等指标；在质量方面，可以用准确率（错误率、次品率）、预算差异、可靠性、客户满意度、员工满意度、员工流失率等指标。表3-2是某电网公司蓄能水电厂生产技术部的职责说明书。

表3-2 **生产技术部职责说明书**

一、部门基本信息			
部门名称与代码	生产技术部	分管领导	生产副厂长
本部门定编人数	13人	部门负责人	部门主任
二、部门定位与所辖岗位			
部门定位：负责组织电厂的生产计划及生产任务的完成，确保电厂的安全稳定运行；坚持依法经营、规范经营，确保招标采购与合同管理合规合法；负责物资储备和备品备件管理，为电厂生产提供后备支持；贯彻标准化规范，并组织在电厂内的落地实施工作 所辖岗位：生产技术部（生技部）主任、生产技术部（生技部）副主任、物资主管、招标主管、计划主管、科技主管、标准化主管、物资专责、招标专责、计划（兼节能减排）专责、可靠性管理专责、电气专责、自动化专责、机械专责、通信专责、水工专责、标准化专责、合同管理专责、物资专职1、物资专职2、招标专职1、招标专职2、计划专职、可靠性管理专职			

续表

三、部门主要职责

编号	工作内容	客户（内部）	客户（外部）	成果（工作输出）	占用时间
1	招标管理				22%
1.1	组织编制工程、物资等招标计划，及时进行招标	全厂各部门	物流中心	招标采购计划	4%
1.2	编制招标文件、发布招标公告，接收招标文件，组织评标、编制评标报告，组织定标	全厂各部门	物流中心	招标文件，招标公告，评标报告，定标审批表	4%
1.3	进行合同谈判，拟定合同，组织签订合同及进行合同登记	全厂各部门	物流中心	合同，合同登记表	4%
1.4	组织进行合同履约与品控管理，负责供应商与承包商的评价管理，建立合格供应商、承包商名录	全厂各部门	物流中心	设备监造计划，设备监造报告，供应商评价记录，承包商评价记录，合格供应商名录，合格承包商名录	3%
1.5	负责备品备件、普材、耗材等物资采购的付款、报账等	全厂各部门	物流中心	出料单，报账单	3%
1.6	负责招标采购有关的文件办理、物流综合信息管理以及其他领导临时交办的工作	全厂各部门	物流中心	文件阅办报告，物资简报，物资信息流程记录等	4%
2	物资管理				20%
2.1	组织完善物资仓储管理工作，建立健全物资仓储的有关制度和流程	检修中心、运行中心、水工水情中心	物流中心	物资管理制度	4%
2.2	组织物资的到货验收、接收入库、出库、发料管理等工作	检修中心、运行中心、水工水情中心	物流中心	验收单，入库单，出库单，发料单	2%
2.3	组织进行仓库的达标管理、检查，进行物资的综合统计，编制物资报表等	检修中心、运行中心、水工水情中心	物流中心	仓库安全检查记录，物资综合统计报表，物资简报	2%

续表

编号	工作内容	客户（内部）	客户（外部）	成果（工作输出）	占用时间
2.4	组织完善全厂固定资产的管理，进行固定资产造册使用；组织推行物流方面的安全风险管理体系	检修中心、运行中心、水工水情中心	物流中心	固定资产清册，安风体系执行计划	4%
2.5	负责进行逆向物流管理，及时清理闲置物资，有效处理报废物资	检修中心、运行中心、水工水情中心	物流中心	闲置物资清单，报废物资清单	4%
2.6	负责物资有关的文件办理、物流综合信息管理以及其他领导临时交办的工作	检修中心、运行中心、水工水情中心	物流中心	文件阅办报告，物资简报，物资信息流程记录	4%
3	计划管理				20%
3.1	组织编制检修、技改、科技、节能、反措和技术监督等生产计划，敦促执行	检修中心、运行中心、水工水情中心	计划发展部	设备检修计划，大修、技改、科技、信息化计划，节能计划，反措计划，技术监督计划	4%
3.2	组织落实大修、技改和科技等预算项目的跟踪管理，进行资本性投资统计和成本核算	检修中心、运行中心、水工水情中心	计划发展部	固定资产投资统计表，大修、技改、信息化执行计划表	4%
3.3	负责备品备件的定额及平衡管理工作	检修中心、运行中心、水工水情中心	计划发展部	备品备件储备方案，备品备件定额表	2%
3.4	组织与电力生产可靠性有关数据的统计及报表的编制等	检修中心、运行中心、水工水情中心	计划发展部	可靠性统计表，各类报表	4%
3.5	负责电气一次专业RCM-ABC及厂级方案的审核，以及与计划统计有关的文件阅处工作	检修中心、运行中心、水工水情中心	计划发展部	RCM-ABC文档，工作方案，文件阅办报告	4%
3.6	负责组织编写电气一次和节能监督专业总结以及其他领导临时交办的工作	检修中心、运行中心、水工水情中心	计划发展部	专业总结，技术监督工作总结	2%

续表

编号	工作内容	客户（内部）	客户（外部）	成果（工作输出）	占用时间
4	技术管理				22%
4.1	负责组织设备检修厂级验收项目的质检管理，负责外委项目验收管理，负责项目后评估管理	全厂各部门	生产技术部	质检表，竣工报告，后评估报告，安全生产月报	5%
4.2	负责设备管理工作，组织重大设备改造、重大缺陷处理，做好设备缺陷的闭环管理	全厂各部门	生产技术部	重大设备缺陷跟踪报告，缺陷管理月报	5%
4.3	负责电气、机械、自动化、信息、水工等专业管理工作	全厂各部门	生产技术部	专业总结	2%
4.4	负责组织大修准备及各项综合方案的编制审核工作，如迎峰度夏、保供电及其他专项工作方案等	全厂各部门	生产技术部	大修方案，综合方案，专项工作方案	4%
4.5	负责组织技改、合理化建议和科技项目的审查、评奖，促进科技成果转化	全厂各部门	生产技术部	技改、科技及合理化建议评奖报告	2%
4.6	负责检修、技改后评估，生产技术有关文件阅办和其他领导临时交办的工作	全厂各部门	生产技术部	后评估报告，文件阅办报告	4%
5	标准化管理				10%
5.1	组织标准编制，组织实施标准化、一体化，检查EAM数据录入的效果和评估一体化实施效果	全厂各部门	企管部	标准化工作方案，EAM检查报告	2%
5.2	负责上级发展战略和相关技术标准的宣贯，组织编制电厂发展子战略	全厂各部门	企管部	发展子战略，生产制度	2%

续表

编号	工作内容	客户（内部）	客户（外部）	成果（工作输出）	占用时间
5.3	负责对标管理和创先管理，编制创先方案并实施	全厂各部门	企管部	创先方案	2%
5.4	负责合同管理工作，编制合同范本，拟定合同及进行合同登记等	全厂各部门	企管部	合同，合同登记	1%
5.5	负责自动化和信通专业RCM-ABC及厂级方案的审核，以及有关文件的阅处工作	全厂各部门	企管部	RCM-ABC文档工作方案，文件阅办报告	2%
5.6	负责行业协会的联络以及其他领导临时交办的工作	全厂各部门	企管部	行协管理文件	1%
6	其他工作				6%
6.1	外部交流与接待	全厂各部门		相关表单、表格、文字资料	3%
6.2	上级临时性安排工作	全厂各部门		相关表单、表格、文字资料	3%

四、部门组织结构图（如图3-19所示）

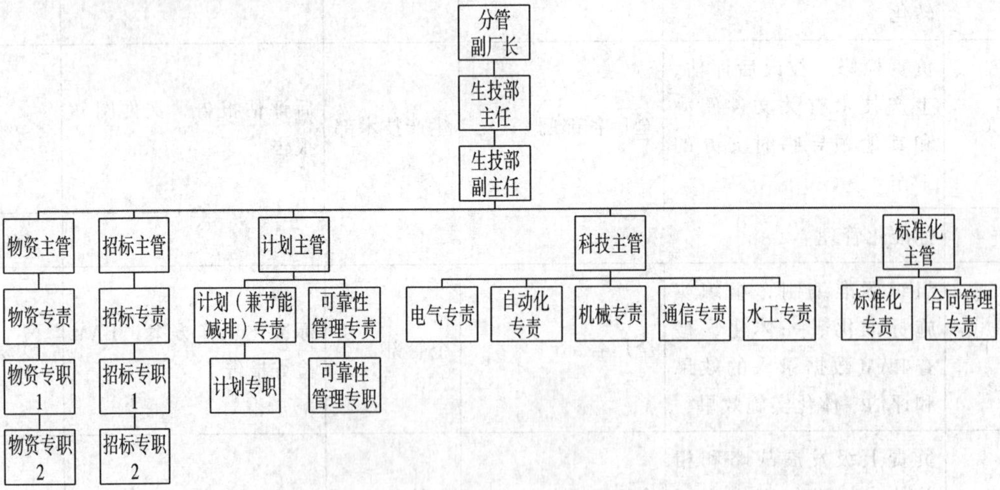

图3-19 部门组织结构图

3.工作岗位说明书

工作岗位说明书是表明企业期望员工做些什么、员工应该做些什么、应该怎么做和在什么样的情况下履行职责的总汇，主要包括岗位基本资料、岗位分析日期、岗位工作概述、岗位工作责任、岗位工作资格、岗位发展方向等内容。企业通过岗位说明书明确某岗位的工作内容、任职资格、责权利等内容，并根据企业组织内部职务的增加、撤销等情况进行岗位的设置与调整。工作岗位说明书最好是根据公司的具体情况制定，而且在编制时，要注意文字简单明了，并使用浅显易懂的文字填写；内容越具体越好，避免形式化、书面化。另外，在实际工作当中，随着公司规模的不断扩大，岗位说明书在制定之后，还要在一定的时间内给予一定程度的修正和补充，以便与公司的实际发展状况保持同步。而且，工作岗位说明书的基本格式也要因不同的情况而异，但是大多数情况下，工作岗位说明书应该包括以下主要内容：

（1）岗位基本资料

岗位基本资料包括岗位名称、岗位工作编号、汇报关系、直属主管、所属部门、工资等级、工资标准、所辖人数、工作性质、工作地点、岗位分析日期、岗位分析人等。

（2）岗位分析日期

目的是避免使用过期的工作岗位说明书。

（3）岗位工作概述

简要说明岗位工作的内容，并逐项加以说明岗位工作活动的内容，以及各活动内容所占时间百分比，活动内容的权限，执行的依据等。

（4）岗位工作责任

岗位工作责任包括直接责任与领导责任（非管理岗位则没有此项内容），要逐项列出任职者工作职责。

（5）岗位工作资格

从事该项岗位工作所必须具备的基本资格条件主要有学历、个性特点、体力要求以及其他方面的要求。

工作岗位说明书的外在形式是根据一项工作编制一份书面材料，可用表格显示，也可用文字叙述。编制工作岗位说明书的目的是为企业的招聘录用、工作分派、签订劳动合同以及职业指导等现代企业管理业务提供原始资料和科学依据。

工作岗位说明书一般由人力资源部门统一归档管理。工作岗位说明书的编写也并不是一劳永逸的。实际中，在企业组织系统内经常出现职位增加、撤销的情况，更常见的情形便是岗位的某项工作职责和内容的变动，每一次工作信息的变动，都应该要求及时记录在案，并迅速反映到工作岗位说明书的调整之中。遇到工作岗位说明书要进行调整的情况，一般由岗位所在部门的负责人向人力资源部提出申请，并填写标准的岗位说明书修改表，由人力资源部门进行信息搜集，并对工作岗位说明书做出相应的修改。

4.职位的任职资格

企业目标的实现离不开职位的任职资格标准。对任职资格标准的管理就是根据组织内在发展规律，提炼出同类人员能力特征和成功行为特征，形成该类员工任职标准，并以此标准规范、培训员工，提升员工个人业绩，实现企业目标。各行业对类似岗位的任职资格标准具有不同的要求。任职资格在狭义上包括学习经历、年龄、专业技术、执行力、领导力、相关工作年限、下一级岗位工作年限、创新能力、形象谈吐、表达能力、学习能力、工作经验、人脉以及系统设备操作能力等。一个组织没有具体和严格的任职资格标准，会间接或直接地导致员工晋升“走后门”、内部一致性差、关键岗位人员流失、人力成本上升、人员结构不合理等一系列问题出现。

3.5.3 职位体系设计

一个完整的职位体系设计一般包括工作岗位分析和岗位梳理、职位序列的设计和专业序列下的岗位设置、职级体系设计等环节。在职位体系设计过程中，形成工作岗位说明书、专业序列和职级体系、任职资格要求等具体内容，这些内容既是职业体系设计的产物，是构成职位体系以及未来职位管理的零件，同时又是职位体系设计中必不可少的重要组成部分。这些内容不但直接影响职位体系设计的科学性、有效性、合理性，还制约着人力资源管理工作的其他环节。

1. 工作岗位分析的方法

（1）员工参与法

在此方法实施之前，工作岗位分析工作小组需要事先设计好所分析职位的日常工作调查表，在和员工进行沟通后，将此表交给员工，员工根据沟通约定的内容，自主地在工作中将工作内容等信息填入此表。这样可以从第一人称视角了解该职位的信息，但缺点是，日常工作调查表的信息不够客观。

（2）分析人员参与法

顾名思义，即在对某工作岗位分析前，工作岗位分析人员要接受一定的培训，或通过某种形式提前了解该职位，然后参与到该职位的实际工作中。在实践过程中，可以搜集与该职位相关的所有工作信息。因为对于某职位工作的深度参与较难，所以此方法只能用于专业性低的职位。此方法所获得的调查信息有客观性，也相对较准确，但这样的分析工作费时费力，不适用于对大批量的职位进行分析。

（3）观察法

观察法是所分析职位的工作人员在事先已知或不知分析工作的情况下，分析人员对该职位工作人员日常工作进行观察，并获取职位信息，最终进行分析。这种方法相对于上述两种方法，其可操作性强，但只适合对事务性的工作进行观察。

（4）问卷调查法

问卷调查法是一种比较常用的方法。这种方法是在设计调查问卷后，与被分析职位的工作人员合作，通过工作人员对问卷的客观填写，掌握该职位的信息。相对于观察法，问卷调查法更侧重于定性的分析，适合工作情况复杂、内容多变的职位。问卷调查法的调查问卷和调查结果有最直接的联系，所以工作岗位分析小组须在分析工作开展初期设计一份内容丰富全面、客观公正的问卷，这是工作岗位分析人员需要着重注意的。

2.工作岗位说明书与岗位设置

工作岗位说明书是一份包括某岗位工作的责权利、工作内容和性质的书面报告。在工作岗位说明书形成报告前，要进行一定的工作岗位分析调查。工作岗位说明书要求明确该岗位的工作职责，即该岗位工作人员需要承担的所有工作内容；要求明确该岗位的工作目标，即此项工作在组织中的定位、贡献以及需要达到的程度；工作岗位说明书还要求有任职该岗位的资格标准、该岗位工作人员需要的核心能力等。

不合格的工作岗位说明书分为两种情况：一种是过于详尽地描述各个岗位的工作内容、职责、权力和任务等，岗位工作职责边界过于清晰，造成了组织部分工作的真空状态，即员工只做职责内明确的内容，而与之相关但没有明确地写在职责内的内容则选择不作为。另一种情况是对岗位工作信息描述得过于模糊，这样的状况会导致不同岗位重复做同一项工作，浪费组织资源，且使重叠部分工作得不到实际的处理。除此之外，模糊的职责边界也会导致工作责任出现分散现象。

科学的工作岗位说明书应该根据具体岗位情况选择最佳的描述方式、繁简结合、轻重分明。对于与组织内其他部门协作较少的独立性工作，适合将该工作岗位说明书进行清晰描述，这有利于该项工作按部就班地实施；而对于岗位工作内容复杂、与其他岗位协作较多、发散性强的工作，如银行职员，则无法对其工作进行充分且完整的描述，所以对该类工作的描述可以有一定程度的模糊，这亦需要员工有很强的责任心，模糊的职责边界会利于该岗位工作的推进。

对于工作岗位说明书中的多类信息，不仅应包括对工作本身的简单描述，还要包括诸如岗位名称、岗位所在部门、部门负责人、岗位概述（主要工作目的）、主要联络关系（内部和外部）、主要职责及各项职责的衡量标准、对于该岗位不同级别的任职资历等信息。其中，对于岗位职责的描述，需要按照重要程度依次描述（需要编写序号）。对于任职资格的描述，编写顺序也体现了该岗位对员工能力不同层次的要求。总之，工作岗位说明书是工作岗位分析的结果，它不但要体现工作岗位分析的初衷，更要完整准确、简明扼要地将岗位的所有信息描述清楚。

岗位设置，简单地说，是把企业战略目标科学合理地分解到组织各工作单元中。所以，岗位设置承接了组织的战略目标，它需要根据组织架构、各部门的职能进行设置。对岗位的设置，无论是从岗位数量还是从工作岗位说明书上，都应做到尽量简化。从宏观上看，要掌握各岗位之间协作关系是否和谐，不同岗位之间是否能够形成有机的统一体，岗位体系内所有职责是否能够完全覆盖组织工作内容，岗位编制是否符合组织发展情况等。

通过对工作岗位说明书的设计以及岗位的科学设置，从员工角度来说，可以使其明确肩负的工作职责、工作中的重点和核心问题，并充分发挥体系的内在激励作用，使员工高效地完成岗位工作。从组织的角度来说，组织的运营得到了保障。在实际操作过程中，组织应充分考虑员工的权益，采纳其合理化建议，并要求员工详细阐述原因，做到有理有据，如对实现组织的整体目标有哪些益处、如何操作、权益分配和利弊等。岗位设计务必追求组织战略与员工利益最大化。

3.建立职位体系的重要意义

一个企业的建立，必然伴随着职位体系的建立，尽管其职位体系的科学性不一定值得肯定。一个组织内没有完善的职位管理体系，将如同一盘散沙，无法考核员工工作，无法确定具体岗位的培训内容，无法提出人力资源需求，进而无法招聘，无法确定员工的薪酬水平等，那么这个企业也不会走得太远。反之，一个完善的职位体系有利于统一企业各项人力资源管理理念，能够有力地支撑员工考核评价体系、薪酬福利体系、员工职业发展管理，提高各项人力资源管理工作的效果。

总而言之，如果职位体系与组织不相适应，人力资源管理只能是纸上谈兵、海市蜃楼。职位体系的建立需要组织管理者的重视和支持，同时需要各分支机构负责人和全体员工的积极参与和配合，建立科学完整的职位体系具有十分重要的现实意义。

第一，在职级体系框架内，通过竞聘等方式调整员工职级，很好地保证了企业内部的一致性，使得员工在公平公正公开的职业管理体系内发展。

第二，通过对职位的分析，能够根据具体岗位的工作职责来制定激励方式，这对于员工的正确导向起到了指引作用。

第三，打通了员工的晋升路径，推动制定上下贯通、横向流动顺畅的晋升通道。业务人员不必再向管理序列靠拢而谋求个人发展，前中后台各类员工都有与其相匹配的职业发展路径。不仅如此，对于组织来说，还保证了员工结构的平衡。

第四，以企业战略目标为前提设置岗位，在此基础上建立体现发展方向的职位等级体系，为统一考核评价体系、薪酬福利体系、人事服务体系等人力资源管理模块确定发展方向。

3.5.4 职位体系规划与设计的步骤

职位体系的规划与设计需要经历以下几个步骤：

1.进行工作岗位分析

工作岗位分析是一个系统地搜集与分析岗位的过程，可以从探讨公司的核心流程入手，了解企业正常开展工作需要设立的职位数量、关键职位和在职员工的工作负荷等。

在实际操作过程中，由于企业的职位数量较多，可以先采取访谈法与问卷调查法选取20%～30%的特征性岗位进行分析，再在此基础上展开对所有岗位的分析。工作岗位分析的所有工作成果最终都汇总在工作岗位说明书上。一套完善的工作岗位说明书将是后续的职位体系规划与设计工作的基础，同时也为人力资源管理各项工作奠定了基础。

2.划分职位族、职位序列，形成横向职业发展通道

职位族、职位序列的划分要建立在工作岗位分析的基础之上。职位族、职位序列的划分目前有两种通行的办法：一是工作流程划分，即通过分析公司的业务流程和管理流程，确定职位族群，在此基础之上，划分职位序列；二是职能模块划分，即部分族群难以界定工作流程时，可以按照族群的工作内容进行区分，依据不同性质的工作内容划分职位序列。

3.划分职级，形成纵向职业发展通道

职级的划分有利于形成职业发展通道。依据市场的发展变化与企业的价值取向，按照不同职位在职责的重要性、职责范围及难度以及所需知识、技能、素质等方面的差异性，参考行业的标杆实践，在管理、技术、专业、行政四大类职位下设计职位发展通道，并为每个层级建立标准。

4.职位归类、设计职衔，形成职位体系框架

在完成以上的划分之后，要将公司所有的职位纳入职位体系中，还需要为不同职位序列和不同层级设定名称，即职衔的设计。职衔设计应遵循以下几个原则：一是对内统一规范，职位名称在组织内部要统一、规范、简明，让人一看到名称就大致能够了解其职责内容，不同部门相同职位的名称应一致。二是内外可比较，对职位名称确认时应该尽量与社会通用的名称一致，比如在很多组织中的销售人员，有的公司叫业务员，有的叫业务代表，有的叫销售代表，不统一可能会对内部的管理造成混乱。三是激励性，同样的岗位取一个恰如其分的名字可能会给人很大的激励，比如把业务代表的职衔改为“客户经理”就会更具激励性，不过也要注意避免职位膨胀的危险。职位、职位序列、职位通道及职衔设计完成后，职位体系的基本框架就建成了。

5.完善职位体系

如果将组织的职位体系和员工发展通道比喻成一栋大楼的通道的话，那么职位发展的等级就是楼层，而楼层的高度就是任职资格等级标准了。任职资格等级标准描述了每个职位族、职位序列的不同等级的员工该知道什么、能做什么、应该如何做、做到什么程度等。通过建立任职资格等级标准，能够明晰不同类别、不同层级的职位对任职者不同层次的要求，它体现了职位体系划分的依据，是界定不同类别和层级职位的标尺。任职资格标准一般由基本资格标准、行为标准和能力标准三个部分构成，其构建也是一项系统而庞大的工程。任职资格标准建立之后，一个系统、完整的职位体系就形成了。

本章小结

组织是指导企业向长远发展的战略体系，组织结构体系相当于它的“骨骼”，组织结构体系的制定将对企业的长远发展有着举足轻重的意义。本章首先对组织及组织结构做了详细介绍，又通过近年社会经济和信息技术的发展对组织结构的发展趋势做出说明。职位是组织结构中不可或缺的部分，本章对职位组织体系做了较为详细的介绍，并且对划分职位体系的方法进行了阐释。

复习思考题

1.什么是组织结构?
2.简述组织结构的不同类型。
3.影响组织结构设计的因素有哪些?
4.简述职位体系的规划。
5.简述组织结构的发展趋势。

案例分析题

北京A置业投资管理公司的组织结构变革与人力资源规划

北京A置业投资管理公司成立于2005年，当时公司的总体战略定位为根据公司经济发展定位的需要，初步确定了“以房地产为核心，带动相关产业发展”的战略目标。历经8年的实践形成了以房地产发展为依托，园林绿化、酒店管理、金融多元化辐射性发展的格局。但是在快速发展进程中内部出现问题，具体包括：集团总部与各分子公司之间内控体系不完整，责权不统一；没有建立有效的内部管控机制；部门和岗位职责不清，出现职能重叠和空白，存在责任推诿或扯皮现象；部门协同差，组织效率低。因此，北京A置业投资管理公司决定委托韬睿明仕管理咨询集团进行组织机构的改革，并且对各部门进行重新规划，以求公司的可持续稳健发展。

改革前的组织结构图如图3-20所示。

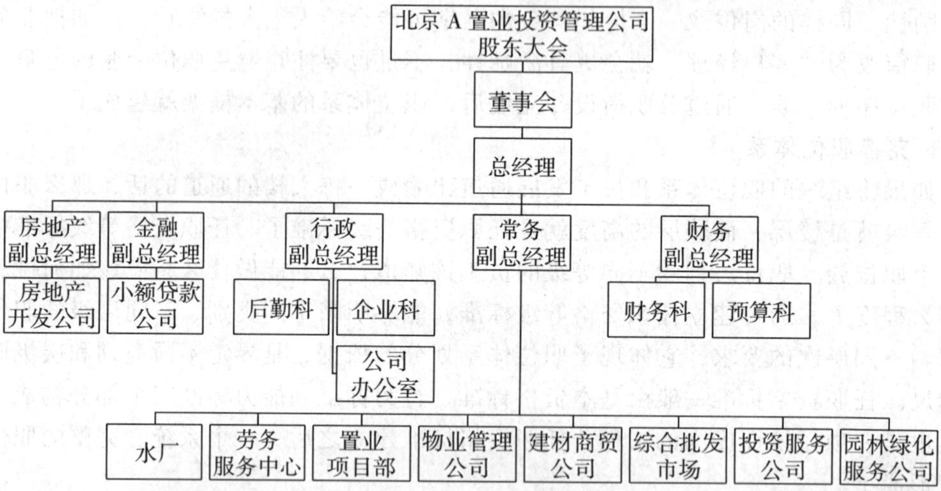

图3-20 改革前的组织结构图

公司现有在岗员工281人，其中副科级及以上干部29人，副科级以下员工252人。根据人力资源规划的要求，韬睿明仕管理咨询集团的专家对公司当前的人力资源现状按以下要素进行分析：

（1）各岗位人员分布情况；

（2）各岗位系列分布情况；

（3）年龄结构；

（4）学历结构；

（5）职业资格；

（6）职称情况；

（7）岗位定级情况；

（8）未来5年企业退休人员动态分析。

为支撑公司未来五年经营与管理目标的实现，必须为企业提供有效的智力支持，首先进行组织结构的变革，并对人力资源进行有效规划。

一、组织结构的变革

为适应未来五年的公司发展，北京A置业投资管理公司作为集团化公司的总部，应承担起集团公司各大板块下属企业的管理职能，建立集团化的管控体系，建立下属公司之间的竞争或合作规则，根据管控关系的差异，明确总部和下属公司的管理权限，设立授权体系，实现集团对下属公司的有效管理，促进集团内部的资源共享和效益最大化。此次改革从基层到高层都有相应的调整，新组织结构图如图3-21所示。

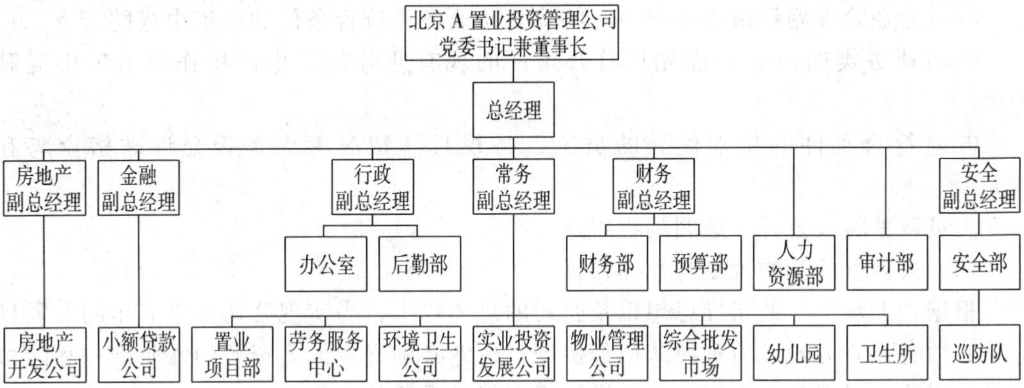

图3-21 新组织结构图

二、人力资源总量规划（包括需求预测）

人力资源需求预测分析主要依据以下两点：

1.岗位定编

岗位定编与实际人数确定将根据未来五年销量增长的比率来分析，主要考虑随着销量的增长，业户的数量与经营区域可能会随之增长，从而需要适量增加业务人员与客户经理、物流配送人员等，但增加的人数很少，基本上不会从外部招聘，而可能会从现有人员中调配。

2.内部人员变动

内部人员变动主要是在未来五年内由于符合条件的人员退休而导致的自然调整，由此会出现岗位补进机会。由于发生以上岗位的变动，在未来五年内，相应的岗位等级数量也将减少，在部分岗位上可能会发生薪资总额的下降（因有些岗位新上岗者的起薪级档可能低于原在岗者）。

三、人力资源总量规划与结构规划目标的供给分析

从外部市场供给来看，目前行业总体发展形势良好，而外部劳动力市场就业形势不容乐观，外部人力资源供给充足。从行业内部来看，经过近几年来的新老更替，年轻员工的知识结构良好，此外，目前依然存在人、事匹配不合理以及人员冗余现象，因此，本规划中所阐述的人力资源总量需求均将在公司内部员工中选拔产生。

在人员调整补给上，将采取以下措施：

（1）通过制定岗位任职资格、岗位晋升与调整办法、岗位能力考核与测评办法、员工职业规划相关办法等来明确空缺岗位的资格标准以及晋升条件等。

（2）对空缺岗位进行公开招聘、选拔与考核，建立公开、公平、透明的选拔机制。

（3）在空缺岗位的补给来源与方向上，确定如下原则：

①对综合管理岗位，将优先从现有副科级以上人员中竞聘产生。

②对专业管理岗位中的副科、正科级，将优先从符合条件的现有专业管理中的全部岗位，以及业务类中符合条件的部长级（含）以上员工中竞聘产生。

③对专业管理副科级以下岗位，将优先从业务类符合条件的员工中竞聘产生。

④对业务类岗位，将优先从符合条件的现有业务类、生产操作类员工中竞聘产生。

⑤对符合条件的特别优秀的员工，将视具体情况考虑是否允许破格竞聘和晋升。

人员调整将按公开、透明的程序进行。

四、人力资源结构规划与总体目标

根据“上水平”的指导思想以及公司的总体要求，为实现公司未来五年的发展目标，必须有强有力的人力资源队伍作保证，也即必须提高人力资源的素质结构和能力水平。因此，对现有人力资源结构进行规划将是重要的工作之一。

1.人力资源素质结构

（1）学历结构调整与目标。

（2）高技能人才结构调整与目标。

2.人力资源的素质能力调整与目标

建立各岗位系列的能力素质模型，并将其作为岗位资格条件之一。根据制定的各岗位系列能力素质模型，在对现有员工进行能力素质等级初步评定后，计划在未来的五年内，通过内部教育培训和培养等方式，将现有员工中70%人员的能力素质提高一个等级。

3.岗位等级的结构调整与目标

未来五年公司在保持人员数量基本不变的情况下，逐步调整各类别岗位等级的结构比例，逐渐将“哑铃形”的人才结构发展成为阶梯式的人才结构。从年龄结构来看，公司正式员工结构在未来三年不会发生大的变化，高等级结构的员工变化不会太明显，因此，能够改变岗位等级结构实质上就是建立健全聘用制员工的加速成长途径，提升聘用制员工的等级结构，充实中间层级结构留下的真空。但是，由于聘用制员工当前岗位等级集中度较高，能够在三年内实现两个等级跨越的可能性较小，太快的加速成长方式也不符合人才培养的规律和公司的实际情况。鉴于此，公司未来三年的目标是：实现聘用制员工在现有等级上按照20%的比例实现岗位等级跨越一级。

讨论题：

1.试讨论北京A置业投资管理公司组织结构有怎样的改变，思考其在组织变革中会遇到什么阻力。

2职业分析的方法有哪些？根据北京A置业投资管理公司的人力资源规划，讨论该公司的职位体系设计。

3.结合案例简述职位体系规划与设计的步骤与方法。

第3章案例分析提示

第4章 胜任特征与任职资格管理

学习目标

- 了解胜任特征的含义
- 了解什么是胜任特征词典
- 掌握胜任特征对绩效管理的作用
- 了解胜任特征在绩效管理中的应用
- 掌握胜任特征模型的构建过程
- 了解胜任特征的识别方法
- 掌握胜任特征模型的构建方法
- 了解任职资格和任职资格管理的含义
- 掌握任职资格管理运行的机制
- 掌握建立任职资格管理体系的意义与方法
- 了解任职资格认证的含义
- 了解任职资格认证的流程

引例

松下幸之助的人才胜任观

主管在用人的时候，常常有所顾虑，因为不清楚这个人是不是能够胜任这项工作。松下幸之助认为，对员工是否能够胜任一项工作的判断，最多只能把握到70%，剩下的30%就只能在他做这项工作的时候才能发现。如果知道这位员工有70%的可能性胜任这项工作，那已经很不错了，就应该让他去做这项工作，在做的过程中再去考查剩下的30%。

松下幸之助对70分左右的中上等人才较为偏好。松下电器创业之初，名气还不大，它只能吸收三井、住友、三菱等大企业所不要的人成为职员。松下幸之助认为，他的事业迅速成长，是这些被视为次级人才的人一手建造出来的成果。

以下从10个方面总结了松下幸之助的人才胜任标准：

（一）不忘初衷而虚心好学的人

所谓初衷，即创造出优质的产品以满足社会、造福于社会。松下幸之助在任何时候都非常强调这种初衷。他说，经常不忘初衷，又能够向别人学习的人，才是企业所需要的第一要件。

（二）不墨守成规而经常出新的人

松下幸之助允许每一个人在坚持基本方针的基础之上，充分发挥自己的聪明才智，使每一个人都能够展现其自身特有的才华。同时，也要求上司能够给予部下一定的自由，使每一个人的才能发挥到极致。

（三）爱护公司，和公司成为一体的人

当问及一个欧美人他所从事的工作时，他的回答总是先说职业，后说公司；而日本人则相反，总是先说公司，后说职业。松下幸之助要求自己的员工保持这种观念，要有公司意识，与公司甘苦与共。

（四）不自私而能为团队着想的人

不仅要培养个人的实力，而且要把这种实力充分应用到团队上，形成合力，这样才能给公司带来朝气蓬勃的景象。

（五）做出正确价值判断的人

松下幸之助认为，价值判断是包括多方面的。大而言之，有对人类的看法，小而言之，有对日常工作的看法。不能做出判断的人，实际上是一群乌合之众。这样的人，永远不会有多大的成就和作为。

（六）有自主经营能力的人

一个员工只是照着上面交代的去做事，以换取一月的薪水，是不行的。每一个人都必须以预备成为社长的心态去做事。如果这样做了，在工作上肯定会有种种新发现，也会逐渐成长起来。

（七）随时随地都是一个热忱的人

热忱是做一切事情的前提，事情的成功与否，往往是由做事情的决心和热忱的强弱决定的。碰到问题，如果有非要做成功的决心和热情，困难就会迎刃而解。

（八）能够得体地支使上司的人

所谓支使上司，也就是提出自己所负责工作的建议，促使上司首肯；或者对上司的指令等能够提出自己独到的见解和看法，促使上司修正。松下幸之助说："如果公司里连一个支使上司的人也没有，那这个公司就糟了；如果有10个能够支使上司的人，那么公司就会有无穷的发展；如果有100个人能够支使上司，那就更不得了了。"

（九）有责任意识的人

松下幸之助认为，不论在什么职位和什么岗位上的人，都必须自觉地意识到自己所担负的责任和义务。任何岗位上的员工，只有自觉地意识到自己的责任之后，才会激发出积极的自觉探索精神，产生圆满的工作效果。

（十）有气概担当公司经营重任的人

有能力、有气概担当公司重任的人，不仅需要有足够的经营常识，而且需要具备管理和经营一个公司的品质，这种品质则是以上各种能力的有机结合，不仅需要勇气、自信，而且还需要具备一种仁爱和献身的精神。

资料来源　佚名．松下幸之助：选人的十大标准和70%的用人智慧［J］．北方牧业，2019（19）：30-31．

4.1　胜任特征概述

胜任特征的概念起源于20世纪60年代后期，那时的人们迫切地希望了解影响人们工作绩效的原因和因素，但是一直找不到满意的答案。这时，哈佛大学的教授戴维·麦克利兰组织的研究小组经过大量的研究发现，从根本上影响人们工作绩效的为“成就动机”“团队影响力”“人际理解”等一些胜任特征的东西。而在1973年，麦克利兰发表的《测量胜任特征而非智力》的文章，也为胜任特征理论奠定了一定的基础。

4.1.1　胜任特征的含义

在英文文献中，描述胜任特征的词汇有“competence”“competency”。这两个词汇是有一定的区别的：competence的含义是一个个体想要达到一种职位的绩效要求的状态、品质，它是一个笼统的、抽象的概念，直译的含义为能力、胜任，具体到特定的某一任务和工作上；而competency的概念为对于某一个具体的工作任务或职位而言的特质，其直译的含义是胜任特征，从competence里面可以提炼出competency的含义。中外学者对于胜任特征的定义众说纷纭，现在就列举一些著名的学者对于胜任特征定义的阐述，为了方便读者阅读，本章将胜任特征的定义用表格的形式呈现出来，见表4-1。

表4-1　**胜任特征的定义**

学者	时间	胜任特征的含义
McClelland	1973	与工作或工作绩效或生活中其他重要成果直接相似或相联系的知识、技能、能力、特质或动机
McLagan	1980	所谓才能，是指一个人在某个角色或职务上有优越绩效的能力。它可能是知识、技能、智慧策略或综合以上三者的结果；它可以应用在一个或多个工作单位中，胜任特征的涵盖范围视其希望的用途而定
Boyatzis	1983	它可能是动机、特质、技能、自我形象或社会角色或它所使用的知识实体等
Spencer	1993	能将某一工作（或组织、文化）中有卓越成就者与表现平平者区分开来的个人潜在的深层次特征，它可以是动机、特质、自我形象、态度或价值观、某领域的知识、认知或行为技能等任何可以被可靠测量或计数的，并且能显著区分优秀绩效者和普通绩效者的个体特征
McClelland	1994	它可以是动机、特质、自我概念、态度和价值观、具体的知识、认知或行为技能，也就是可以被准确测量或计算的某些特征，这些特征能够很明确地区别出高效率的绩效执行者和低效率的绩效执行者
王重鸣	2000	它是指导高管理绩效的知识、技能、能力以及价值观、个性、动机等特征
仲理峰和时勘	2003	胜任特征是把某职位中表现优异者和表现平平者区别开来的个体潜在的、较为持久的行为特征。这些特征可以是认知的、意识的、态度的、情感的、动力的或倾向性的

通过上述不同的中外学者对于胜任特征含义的阐述，我们可以总结出胜任特征的定义：个体为了能够胜任其在企业或岗位上担任的角色而必须具备的个人品质、内在的技能、专业的能力和相应的文化知识。同时，这些因素也是判断个体是否优秀以及其能否有卓越表现的关键点。胜任特征作为人力资源的基础，使得企业更加重视建立个人态度和行为以及企业竞争之间的有效关系。此外，还可以得知胜任特征具有三个重要的特征：胜任特征能够区分谁是绩效优秀者，谁是绩效平平者；胜任特征与员工的绩效是密切相关的，通过对胜任特征的分析，可以预测员工未来的绩效；胜任特征不是静态的，其具有动态性，员工的胜任特征与其工作任务息息相关。

胜任特征模型的有效运用需要遵循一定的步骤：

首先，要确定胜任特征的原则，因为不同类型的职位对胜任特征的要求也是不一样的，所以要依据岗位的性质和需求建立和使用胜任特征。胜任特征的基本原则主要有两种：

①客观性。必须客观地判断胜任特征是否符合岗位的特征和需求，能否区分工作的绩效。

②有效性。有效性是判断员工素质能否胜任岗位的需求和能否区分工作的业绩的关键，这就是区别一般员工和优秀员工的标准和衡量方法。

其次，在确定胜任特征之后，企业要依据一定的标准制定能够测评员工胜任特征的体系，这样就能够客观地测评员工的胜任特征，也可以经过客观数据的检验，最终区别员工的工作业绩。

最后，在对员工胜任特征进行准确的测评之后，企业要设计出胜任特征测评结果在各种人力资源管理工作中的具体应用办法。

4.1.2 胜任特征词典

麦克利兰对全球各类组织的200多项工作所涉及的胜任特征进行了详细的观察。通过深入的调查研究，麦克利兰从200多项胜任特征中提炼出了21项通用的胜任特征要素。这21项胜任特征要素主要包括人们在生活和工作中所表现出来的社会角色、动机、知识、自我概念、特质和技能等特征。这些特征和胜任特征要素共同构成了适用于管理人员的胜任特征模型。在此基础上，麦克利兰出版了名为《分级素质词典》的胜任特征词典。这部词典主要包括了6项基本胜任特征群和21项胜任特征要素，并对每项素质都有详细的描述。麦克利兰对胜任特征概念的提出对人力资源的影响是很大的，涉及人力资源的员工培训、考核、招聘、工作分析、人员激励等各个方面的内容。胜任特征是从企业的战略目标出发，实现企业长远目标和增强企业实力的一种管理工具。

胜任特征词典可以解释胜任特征对于同类工作但不同绩效结果之间，无论地域、文化、环境、条件的差异，其影响作用的相似性。或者可以说，从事同类工作的所有人员具备的胜任特征及其内涵，在全世界范围内并没有太多本质上的差异。当然，在实际运用过程中，这21项胜任特征要素的具体含义与相应级别定义都要经过严格的专业标准测试与企业中不同层级、类别人员的行为实践与评估，根据企业所处行业特点及其自身特征（包括所处阶段、掌握资源的成熟度、外部条件的完善程度等），通过胜任特征要素（主要指专业素质与通用素质，这两类素质的内容与分级会随行业不同而有较大的差异）的不断修订、增删与重新组合，才能形成符合行业所有企业个性需要的胜任特征词典。[①]

4.1.3 胜任特征对绩效管理的作用

对于胜任特征的分析，需要确定能够导致成功的一些特定的变量，判断胜任特征要根据员工的绩效水平的高低以及其工作时的行为导向，因为管理者对于员工的考核和观察都是与绩效相关的一些工作的态度和工作行为，行为能够反映胜任特征，也可以被详细地记录和描述。所以说，胜任特征对于绩效管理的作用是多方面的，其具体作用如下：

1.胜任特征的应用有利于完善绩效管理与沟通

绩效管理的目的就是不断进行改进，而绩效考核只是绩效管理中的一个很小的部分，其中最重要的是绩效沟通。前面已经提到，胜任特征模型能够区分一般绩效者和高绩效者，以及一般绩效和高绩效的指标，并以此为基础确定绩效考核的指标，通过这种科学的、系统化的体系和理论论证，可以使得考核者和被考核者进行良好的沟通，二者可以通过完成这些目标以及提高绩效来完善自我，实现与企业共同发展的目标。企业通过对员工胜任特征的评估，可以充分地了解员工的胜任特征状态、提高员工绩效的相关因素，以及阻碍员工正常发挥的障碍因素，实现对员工的充分了解和企业的良好发展。根据以上这些信息，在公司高层管理者的支持和拥护下，制定符合员工胜任能力和绩效的相关步骤和发展目标，从而依据这些目标不断地调整自身的状态，改善自身的劣势和不足，为今后的发展奠定基础。

2.员工胜任特征有利于提升组织绩效

胜任特征指的是使企业具备能够与外界环境相互竞争和自身发展的能力的集合。现如今，企业很难独占资源，也很难形成差异化，传统获得优势的方法已经过时了。企业在竞争中创造出更好的产品和服务，并且可以通过竞争使企业更好地适应市场的变化，再加以学习，及时调整企业的结构。这一切的实现，都有赖于企业中的人力资源，人力资源是企业的核心资源。企业若想得到良好发展，就要充分地利用人力资源的专长和技能，而这些专长和技能就是员工的胜任特征，以及组织中从事不同工作的员工所具备的动机、社会角色、品质和个性、价值观等。一般来说，企业员工的技能、专长、企业的核心竞争力以及员工的胜任特征能够彼此之间建立一种关系，这种关系建立的依据就是企业的战略目标和企业的胜任特征与员工的胜任特征的结合，这就要求员工的胜任特征能够与企业的胜任特征和战略目标有很好的结合。

①从员工的角度看，胜任特征的模型为企业的员工制定和指明了方向，并鼓励和激励员工更好地进行工作，提高工作的热情，使他们在明白自身的工作定位和做事方法的同时，提高工作效率和工作的主动性，这样才能够促进提高员工的绩效水平，也

① 颜世富．绩效管理［M］．北京：机械工业出版社，2014．

有助于实践与企业相一致的人力资源计划和人力资源体系。

②从企业的角度看，胜任特征模型能够推动企业的良好发展和企业结构的变革，其有益于企业人力资源的发展，并能够看清企业未来的发展趋势，并与实际情况相互比较得出一定的结果。胜任特征模型帮助企业制定一个参照系统，这有益于员工的选拔、激励以及提升，促使高绩效的员工为企业做出更多的贡献，实现企业的目标，促进企业的发展。此外，胜任特征模型还便于企业内部人员的调动和发展，有利于实现员工的职业生涯规划。

3.胜任特征能够影响绩效

在定义胜任特征的时候，首先需要定义绩效。绩效主要包含两个层次的含义：一层含义指的是影响员工工作结果和效果的表现和行为；另一层含义仅指员工的工作结果。关键的行为绩效能够反映员工的胜任特征，所以胜任特征能够预测结果和产出。企业最重视其结果和产出，所以说，企业需要利用胜任特征模型来管理行为绩效。任何的行为绩效都是人做出的行动产生的结果，而人产生行动是依靠人们的思维思考的结果，思维决定着人们的动机，一个有动机的人会不断思考做好工作的方法。除动机之外，人们的价值观、社会角色、知识与技能、性格、自我形象、态度都决定和影响着人们的思维和做事方式，这也无形当中推动着人们绩效的提高。胜任特征的构成要素推进了人们提高绩效的行为，影响了人们行为和其结果的全过程。

4.1.4 胜任特征在绩效管理中的应用

胜任特征在绩效管理中主要是衡量员工个人的绩效，方法有360度评估与行为锚等级评级法。下面主要介绍胜任特征在绩效管理中的实际应用。

1.差异化的考核结果

不同的胜任要求依据不同的岗位需求，这就是胜任特征模型的构建思路。在建立胜任特征模型时，要深入了解岗位的特点，挖掘岗位内绩效高的员工的个人品质。此外，还要对胜任特征模型中的指标进行层次划分，以区别不同岗位和不同层次的差异化特征。

2.胜任特征模型考核注重的不是结果，而是行为

大部分的考核都是以量化为主，都只关注结果，但忽视了对行为的监管。胜任特征模型的主要工作内容就是描述高绩效的员工的行为。胜任特征模型主要适用于工作产出无法量化以及工作内容较为复杂的特殊职位和高层管理人员的职位。而目前的应用范围是对企业或政府机构的员工的日常行为进行监控和观察，并及时、准确地记录下来。

3.从“以考核对象为核心”转变为“以考核目的为核心”

企业对员工的考核重点在于指导行为，并非是对结果的关注，这样有助于员工改善工作的方式，这也符合绩效管理改进职业行为的目的。在评定胜任特征模型之后，需要有明确的胜任特征考核表。考核表要表明员工的实际绩效和胜任特征需求之间的差距，通过差距的分析，可以帮助员工认识到自身素质的情况和能力的不足，并激励他们提高自身的素质，改善工作的方式。此外，胜任特征模型中的行为描述也是各个岗位高绩效员工工作的心得体会和先进事迹的综合，这样易于他人理解，可以作为激励其他员工的活教材。

4.对考核要点的层次划分比较清晰，这便于应用与理解

胜任特征模型中的各个素质要素都要有详细的维度划分，各个维度又有不同的素质项目，这就为考核者提供了比较系统而清晰的思路，也有助于考核者更加全面地考核被考核者的素质和能力。

4.2 胜任特征模型的建立

4.2.1 胜任特征模型概述

胜任特征模型指的是对企业内的某一种特定的职业，根据职业的特殊要求而提出的，以完成任务为目的的能力需求的支持因素的综合。胜任特征模型使用行为的方式来描述员工完成任务所需要具备的技巧、工作技能、人格品质、专业知识等，其确定的员工完成工作的熟练程度是依据定义不同层次和描述相同层次的行为表现的。因为胜任特征能够为企业带来收益，也可以在日常生活中得以体现，所以胜任特征模型能够作为判断胜任特征的关键。胜任特征模型有一般性胜任特征模型和针对性胜任特征模型。一般性胜任特征模型指的是归纳普通的个人特点的模型，这种模型的特点是样本多、调研范围大，且具有一定的通用性。针对性胜任特征模型指的是针对某种职位或某种行业、职能的胜任特征模型，这种模型是根据高绩效的管理者的行为制定的。

企业或组织在选择胜任特征模型时，会受到很多因素的影响，其主要包括企业如何利用资源、怎样使用胜任特征等。但无论企业选择哪种胜任特征模型，其都要节省成本和开支，对选择的胜任特征模型都会只用5~10个最重要的胜任特征以求精简。

4.2.2 胜任特征模型的建立

1.建立过程

（1）确认企业战略

企业在构建胜任特征模型之前不能凭借主观的喜好随意构建，而是要根据企业的文化、战略部署以及经营情况来构建。在构建的过程中，要明确构建的胜任特征模型的用处，还要使其有利于培训、绩效的考核、职业的发展以及人员的甄选和选拔。若想让企业和员工同时得到发展，能够同时获取利益，那么就要了解企业的战略和企业文化，依据这个背景构建出能够让员工接受和符合企业长远发展的胜任特征模型。

（2）搜集数据

搜集数据的方法有很多，在构建胜任特征模型时要根据具体的情况搜集需要的信息。下面主要介绍五种搜集数据的方法：

①焦点小组法。焦点小组法指的是分析和整理具有较高绩效的员工都具备的胜任特征项目和成功的案例。焦点小组法的优点是能够获取范围较广的信息，其也能更加

有效地集中于未来导向的成功因素。

②行为事件访谈法。建构胜任特征模型最常见的方法就是行为事件访谈法。行为事件访谈法的主要形式是找一些绩效一般的员工作为参考对象或直接与绩效高的员工进行面谈，使他们说出自身的故事。通过与一些绩效高的成员进行面谈，将他们诉说的自身成功故事进行对比和分析，总结出高绩效的行为，并找出绩效差距的原因所在和关键的支持高绩效的行为。

③专家数据库法。专家数据库法指的是从现有的胜任特征模型中整理出专家的意见，然后识别类似情境中的较为重要的胜任特征信息。

④其他个人数据采集方法。随着企业的不断发展，企业的成功只能代表某一时段的肯定，但并不能代表将来也会成功，加之企业对于高绩效行为事件很难进行归纳，所以此时需要采集与关键岗位相关的数据，来了解企业成功的原因。

⑤问卷调查法。问卷调查法是以书面问题的形式为主，进而描述和体现高绩效人员成功的因素，对于调整和修改胜任特征模型最有效的是让被调查者指出高绩效人员的特定行为。

（3）集成数据

搜集数据之后，我们需要对数据进行归纳和总结，一般集成数据的方法是一些统计方法，利用这些方法构建胜任特征模型。但有些人的信息搜集得不全面也不可靠，缺乏一定的可信度和有效度。

（4）效度的分析

初步构建胜任特征模型时，在模型初见成形时，不要终止构建，因为这个构建的过程还没有结束，最终还要通过考核和评估。通过一段时间的考核和评估，员工的工作绩效能够满足和符合胜任特征模型的预测，才能够证明构建的胜任特征模型是有效的。但效度的分析过程往往是企业容易忽略的过程，也是造成其盈利和亏损的重要因素，所以，企业在构建胜任特征模型之后，一定要对这个模型进行效度评估，判断其是否符合企业和员工的发展。

2.胜任特征的识别方法

（1）工作分析——过程驱动法

过程驱动法更多地强调员工的工作过程，是评估胜任特征的最原始的方法，研究人员将注意力放到高绩效的员工身上，观察他们的行为和工作的态度，并及时进行记录，记录的内容包括高绩效者完成工作的所有行为以及其成效。

过程驱动法的应用需要通过以下几个步骤：

①调查职位的义务、专业、责任、工作环境、任务、团队和角色；

②整理出高绩效的员工的性格特征和个性行为；

③调整和修改胜任特征模型。

在企业进行调查的时候，企业内的工作小组需要表述作为工作输出、工作责任和能与高绩效行为者相关联和相联系的个性行为，其主要的任务就是依据这些工作形成有经验的和有示范作用的例子。然后抽取一个或一组示例，总结其个性特征，以某一种标准判别出一般绩效者和高绩效者。若在不同的示例中，胜任特征都出现了最弱的特征，那么这只能作为形成和完善胜任特征模型的条件，最终要利用模型测试的方法调整和修正。

（2）专家调查法

专家调查法适用于研究的成本和时间不允许、不可能实现直接跟踪研究人员的情况，专家调查法也是人力资源管理研究中最经常使用的研究方法之一。被调查的专家们都是从事某一领域或在某一些领域具有丰富的工作经验的研究专家。调查人员可以通过试验筛选出一些胜任特征，将这些筛选出的胜任特征呈现给被调查的专家，然后主观地选择与高绩效相关的一些因素。这些调查可以通过访谈、电话或者问卷进行。有效且更加精准的调查结果需要有很大的调查样本量，这些样本需要具有很强的代表性，只有这样，调查的结果才会更加接近，也会更加符合实际情况。专家调查法是一种节省时间的调查方法，其可以在短时间内对胜任特征进行识别，且这种方法也有一定的缺点，在进行调查的过程中会掺杂调查者的主观性。

（3）行为事件访谈法

行为事件访谈法是由麦克利兰通过不断地寻找和发现胜任特征而总结的方法，其目的就是为了测评和识别胜任特征。行为事件访谈法所应用的技术为回顾式的开放式行为，通过被访者所描述的其最成功和最不成功的三件事来详尽地了解这个行为的原因以及发生了什么。然后，要对这些访谈内容进行详细分析，整理和确定被访者在访谈过程中体现出的其角色的胜任特征模型①。

（4）趋势驱动法

由于现如今社会发展的不断加快，人们从过去行为中进行经验总结的做法不再能够很好地利于企业的发展，甚至由于过去方式的弊端而做出有碍于企业发展的决定，这就导致了趋势驱动法的产生。趋势驱动法就是将注意力放在团队、职位、专业等的未来发展趋势上面，这种方法需要人们及时了解环境的变化，了解企业和人员需要什么胜任特征。实现趋势驱动方法很简单，其首先要分离能够影响团队、职位、专业等的未来发展趋势的相关因素，然后根据实际的情况和工作等方面的变化制定相适宜的胜任特征。

（5）输出驱动方法

输出驱动方法主要集中在工作的目标、专业、团队小组，输出的是高绩效者产生的工作结果，胜任特征则主要通过检查高绩效者的输出结果来获得。

通过应用输出驱动方法来获得胜任特征需要经过一系列的步骤，具体如下：

①搜集可以利用的信息，具体包括：职位的工作环境、任务、小组可以利用的信息、角色、职责、专业。

②为管理企业人员和企业的既定目标，建立专门的专家顾问。

③在企业建立胜任特征模型的研究中，要描述出与工作相关的一些信息，主要包括影响专业和职位变化的因素等。

④遵循工作输出的菜单，发展与工作输出相联系的工作品质需求的菜单，并以此为基础，设计一系列的能够联系胜任特征模型和胜任特征的指标。

---

① 胡蓓，张文辉．职业胜任特征测评［M］．武汉：华中科技大学出版社，2012.

⑤依据分析工作输出来确定一系列工作品质的重要性。

⑥画出和实施胜任特征草图。

3.胜任特征模型的构建方法

（1）量身打造的概括性模型方法

①方法。量身打造的概括性模型方法主要是依靠研究人员辨别所有可能的概括性胜任特征，这些概括性的胜任特征都充分说明了一般绩效员工和高绩效员工的普遍特质，研究人员要深入概括这些胜任特征，并依据企业的文化和岗位的性质对这些胜任力加以诠释，然后找出绩效高的员工的个性特质。此外，胜任特征模型的建立不能仅依靠这些要素，还要与其他有关的属性相结合，共同建立胜任特征模型。

②步骤。

第一，取得顾客的信任，然后制订相应的计划；

第二，搜集并检查所有与岗位有关的信息，并开始准备职务信息报告；

第三，研究初步拟定的胜任特征；

第四，组建一支团队，专门监管和负责有关胜任特征的工作；

第五，通过成员会议选出或草拟一份胜任特征模型的最佳方案；

第六，企业或高层管理人员对选出的最佳胜任特征模型的草稿进行研究，并通过讨论确定最终的胜任特征模型。

（2）工作胜任特征评价法

①方法。工作胜任特征评价法注重严密的实证研究，其可以使得企业了解和明白什么样的胜任特征能够产生高的绩效水平。这种方法的操作主要是访问普通绩效的员工和优秀绩效的员工，通过比较，确定优秀绩效的影响因素和行为表现，再加上其他职务的相关工作，建立胜任特征模型。胜任特征评估是以达到最大效益为目的的训练和雇用人员的新方法，它的出发点需要一个前提，那就是要了解担任某种职务需要什么条件，其最佳方式是分析这个岗位的高绩效员工，并研究促使其具有高绩效的原因是什么。所以说，胜任特征评估主要评估的不是岗位本身，而是担任这个岗位的员工。

②步骤。

第一，研究岗位的构成要素以及成为高绩效员工的条件。岗位的构成要素主要包括与岗位有关的项目、角色、任务、企业的环境和活动等。研究这些内容的第一步是确定和记录岗位构成的要素，需要专业的团队以及杰出的知识人才和研究专家，团队主要负责制定岗位的绩效条件和标准，测量员工的绩效水平，同时也要描述成员的每个职务的成果和必须完成的任务，等等；第二步就是这个团队要草拟一份团队需要的员工胜任特征的清单，员工要为自身的行为做出重要的评定，并制成目录以供参考，团队此时还需要制定优秀绩效者和普通绩效者的标准，并完善这两类人的基本信息和个人的基本特质；第三步是团队应该评定出优秀绩效者，评定的标准就是其销售的水平、生产力的指标，还有不满意的水平等。

第二，研究员工的特性，构建胜任特征模型。获取胜任特征数据的方法有很多，其中包括焦点小组法、观察法、个人访谈技术法、专家系统数据库法、问卷调查法等，但一般主要采用访谈法。

第三，使得胜任特征模型生效。这主要有三种重要的方法：第一种是重复使用之前方法，反复验证结果的一致性；第二种方法是应用其他的研究流程，测试员工的胜任特征；第三种方法是通过专家和优秀的研究人员组成的团队或小组的评价完成胜任特征的生效。

③工作胜任特征评价法的优点。

第一，工作胜任特征评价法对于职责的调查不是依据职务绩效的需求，而是依据其实际职务绩效。

第二，工作胜任特征评价法很实用，特别是在职务绩效的需求和不很全面的能力相匹配时，或职务的特性定义很难确定时。

第三，工作胜任特征评价法的信息来源广，内容简单易懂，适用于员工的训练和教育。

第四，工作胜任特征评价法关注的并非职务本身，而是有关职务的实际行为，这就使得工作胜任特征评价法能很好地辨识真正对绩效有促进作用的胜任特征。

第五，工作胜任特征评价法对于优秀绩效的员工的个性和行为具有精准的把握和了解。

第六，工作胜任特征评价法适用于多种职务，且能挑选出十分完整的胜任特征。

（3）修正的工作胜任特征评价法

修正的工作胜任特征评价法对于优秀绩效的员工的访谈方式是将问题罗列，然后发邮件给被访者，希望被访者将这些问题以故事的形式写出来。这种方法有一定的缺陷：被访者没有整块时间或者不愿意花费很长的时间详细地回答问题。这样，无效的访问率就会提升，且由于这种方法不是采用一对一的面谈，所以访问者无法得知被访问者的真实态度，但这种方法可以帮我们搜集一些相关信息。

（4）灵活的工作胜任特征模型方法

①方法。灵活的工作胜任特征模型方法是基于未来的模型，其基础是全面和广泛的信息。其是在不断变化的环境中，在不同层次、不同岗位、不同角色和绩效之间建立一种概括的、系统的流程体系，并从中找出可以构建胜任特征模型的职务要素。

②步骤。

第一，依据搜集的相关信息，制定并完成一份相关信息的报告。

第二，企业高层管理者、专家等组成一个审查小组。

第三，基于不断变化的组织环境提出未来有关职务的假设。

第四，拟定包括每项成果品质标准的清单。

第五，拟定胜任特征指标和胜任特征清单。

第六，通过对上述步骤的分析和信息的综合，拟定一份职务角色的清单。

第七，建立一个或多个胜任特征模型。

（5）概括性模型覆盖方法

①方法。采取概括性模型覆盖方法建立胜任特征模型，并不需要完成工作胜任特征评价法中的许多步骤，这一方法主要是沿用或移植组织中的现有胜任特征模型。

②步骤。

第一，分析策略系统模型中的需求、规划和评价，并完成策略等级的分析。

第二，草拟胜任特征模型。这个模型的背景条件是策略性的组织环境，这就需要构建一个由专家和优秀的研究人员组成的团队，由这个团队草拟胜任特征模型。制定三个层次的胜任特征用来区分普通绩效人员和优秀绩效人员，并指出这两类人员需要具备的专业知识和基本技能。

第三，让优秀绩效人员对草拟的胜任特征模型进行评价和检验，并提出自己的意见，附上自己的理由，然后让专家团队进行胜任特征模型的改进和完善。

第四，完成最终胜任特征模型，并找出符合胜任特征模型的人员。

案例链接 4-1

我国新媒体编辑胜任力模型构建

5G 时代的到来使得出版业在内容表现形式、到达能力及生产方式上发生天翻地覆的变化，对编辑的能力与素质提出新的挑战。我国出版业的新媒体编辑大多从传统编辑转型而来，或是无工作经验的相关专业大学毕业生，他们缺乏对从事新媒体编辑工作需要何种职业素质和能力的认知，企业对于新媒体编辑岗位胜任力也缺少统一的衡量标准，需要构建一个国内新媒体编辑胜任力特征模型，为出版业新媒体编辑人员相关人力资源管理的具体实践提供理论基础和实用工具框架。

第一步，通过文献查阅，对既有文献资料进行分析与整理，形成文献综述。与此同时，对出版企业相关高层领导进行战略高端访谈，结合 O*NET 工作分析法、行为事件访谈法和网络数据挖掘法，获取相当数量的相关数据后，对内容进行归纳提炼，形成新媒体编辑的胜任力特征要素。

第二步，基于已经形成的新媒体胜任力特征要素，邀请由16名业界专家组成的专家小组进行评估修正，初步制定出“新媒体编辑胜任力模型（预试版）”。

第三步，依据“新媒体编辑胜任力模型（预试版）”，采用标准化心理测验编制程序设计出新媒体编辑胜任力评价问卷并发放预试。对预试的问卷调查结果进行分析和验证，发现问题，提出修改，编制正式版问卷并发放。

第四步，根据正式版的调查问卷的结果进行验证分析，确定“新媒体编辑胜任力模型（正式版）”，并对所确立的模型相关因素进行深入探讨。

第五步，将新媒体编辑胜任力模型和分析结果运用于出版企业人力资源管理实践，对出版单位的人员招聘与选拔、员工培训、绩效考核、职业生涯规划以及编辑出版专业教育等提出有建设性的建议。

预试研究通过“新媒体编辑胜任力特征模型（预试版）”的构建和问卷调查对所提出的模型进行验证，在构建和验证的过程中得到两个结论：第一，重要度和差异检验的结果在一定程度上验证了构成预试模型的胜任力特征指标具有较大的区分性，能够很好地区分优秀编辑和一般编辑；第二，问卷调查结果与预试模型的框架假设具有相似性，如模型划分的维度数量、胜任力特征的重要性指标等。这说明预试模型对新媒体编辑胜任力特征的整体结构和关系具有一定的解释力。虽然预试研究的因素分析结果较为粗略，但是预试研究中问卷调查反映的实际情况与构建的预试模型仍然有一定差异，具有一定的启示性。

针对预试研究结果反映出来的问题，再次请专家小组对新媒体编辑胜任力特征模型进行构建研究和讨论。为保持研究的一致性，专家小组成员与预试研究人员的构成保持了一致。专家小组将预试研究的问卷调查结果与预试模型进行了比较分析，经过多轮次反复讨论，对预试问卷和模型进行了调整和修订：（1）拆分具有多重含义的胜任力特征和部分特殊因子，合并部分意义接近的胜任力特征；（2）对调查问卷中的工作年限、职称、工作类别等数据进行了适当的增加调整；（3）重新划分胜任力特征模型的内容维度。由此生成“新媒体编辑胜任力评测问卷（正式版）”。

正式研究采用目的性抽样方法。取样时间从2019年1月到2019年4月，为期3个月。考虑到样本选择的范围、地域、性别、企业类型等因素，选取的出版企业兼顾地域差异和所有制差异，参加问卷调查的出版单位人数规模各异、体制机制不尽相同，地域包括广东、北京、上海等十几个省市。主要通过微信问卷星方式发放问卷进行填写和提交，共收到有效问卷500多份。其中男女比例为1∶1.32，年龄范围22～60岁，本科以上学历占88%，具有中级职称及以上人数占55%。

经过正式问卷调查分析，可以看出正式模型在信度、效度等方面的水平较高且具有较好的稳定性，因此可以确定新媒体编辑胜任力模型由3个维度18个胜任力特征组成，见表4-2。

表4-2 新媒体编辑胜任力模型的维度、特征、含义

维度	胜任力特征	含义
人格特质与职业素养	坚持	坚持不懈地做某件事且耐力十足
	抗压性	能够接受批评并沉着有效应对高压场景
	成就感	以高标准要求自己力求取得成功为目的的动机
	注重细节	在工作过程中始终保持耐心，认真对待每一个细节以及全面地完成任务
	自控	在工作中控制不满情绪、保持冷静
	灵活性	自如应对工作环境中的变化和多样性
	诚实可靠	人品正直，具有强烈道德感
	积极倾听	对他人所说的内容足够重视并理解吸收
	主动学习	主动学习掌握最新知识技术并应用于工作中
专业能力	口头理解	用口语方式传递信息、表达观点并让他人理解
	思维创造能力	思维灵活，能够打破常规提出具有创造性的想法
	书面表达	用书面形式传递信息、表达观点并让他人理解
	制作与推广	参与产品制作并成功推向试产
	广泛涉猎	具备与工作相关的多方面知识，博学，兴趣广泛
	领导力	具备领导团队、承担责任、提供意见和决策的意愿
新媒体素养	新媒体的技术手段	开展新媒体编辑工作所需软件、系统、程序等技术工作
	新媒体质量把控能力	对新媒体产品质量进行把关，将质量控制在一定范围和标准内
	新媒体内容加工制作能力	跨媒介集合内容生产要素，整合制作成完整产品

资料来源 周畅．我国新媒体编辑胜任力模型构建研究［J］．出版科学，2019（5）：39-44.

4.3 任职资格体系的核心内容

4.3.1 任职资格概述

1. 任职资格及其相关含义

(1) 含义

任职资格是指从事某一种任职角色的人所必须具备的知识、经验、技能、素质与行为的总和，它与职类、职种、职层、职等、职级、职位密切相关。从胜任、称职角度出发，对员工能力进行分级，以任职资格标准体系规范员工的培养和选拔，建立员工职业发展通道，激励员工不断学习，同时为晋升、薪酬等人力资源工作提供重要的依据。

(2) 任职资格广义与狭义的认识

传统的任职资格指企业中的某个特定岗位对任职者的要求，即任职者承担该岗位所必须具备的资格。传统的任职资格是基于岗位的，与具体的岗位挂钩，不同的岗位对应不同的任职资格。这种任职资格的定义相对狭隘，因为它只反映了当前某个特定岗位的要求。以此为基础建立起来的任职资格体系，从员工角度讲，不利于员工能力的发挥和职业生涯的发展；从企业角度讲，不利于人力资源管理效益的增长和核心竞争力的提高。

广义的任职资格概念是指企业某一岗位类别中某一角色对任职者的要求，包括知识、技能、受教育情况、经验、素质等。广义的任职资格是基于任职角色，与具体的任职角色挂钩，不同的任职角色对应不同的任职资格。建立在广义任职资格基础上的任职资格管理体系，一方面，与企业战略相结合，有利于同类别所有岗位的管理和发展；另一方面，考虑到同一岗位中的岗位性质的相似性和层次性，有利于员工个人进行职业生涯规划。

(3) 任职资格与职业资格

职业资格是企业对从事某一行业的工作人员基本条件的客观规定。职业资格分为两种类型：一种属于从业资格范围，是各种协会向公众提供的服务性资格认定，是单纯技能型资格认定，不具有强制性。另一种属于职业资格范围，主要是政府根据相应的法律、法规，针对某些关系人民生命财产安全的职业建立的准入资格认定制度，有严格的法律规定和完善的管理措施。

对个体来说，职业资格是一张进入社会，以专业知识和技能服务于社会并取得报酬的准入证，是任职者技能水平的主客观反映。对企业来说，职业资格是岗位工作要求的合格形式，也是对从事该工作人员的要求和考核标准。对社会来说，职业资格是允许个体进入特定劳动力市场的一种法律许可或社会承诺。

综上所述，任职资格是与企业中某岗位序列、岗位类别中的任职角色对应的，从任职角色的角度反映企业的要求。而职业资格是有关企业对从事某一行业工作人员基本条件的客观规定，反映了行业的需求。任职资格是企业结合自身的具体情况开发的，职业资格则是由国家相关部门结合行业的整体情况决定的。

2.任职资格的特点

根据上文的界定，任职资格具有以下特点：

(1) 战略性

要实现企业战略，必须依靠企业的核心竞争力，而企业核心竞争力的关键在于员工的任职资格。所以，任职资格是企业战略的基础，任职资格必须体现企业战略的发展需求。

(2) 客观性

任职资格与任职角色对应，反映相应的任职角色所需要的条件。任职资格的内容由工作的性质、工作内容和应负责任等实际的工作要素决定，同时，它会随着企业战略的发展而改变。因此，任职资格能够反映企业和工作内容的根本要求，具有客观性。

(3) 类别性

不同岗位类别的任职角色对应的任职资格存在明显的差异性，这种差异性体现在内容的性质上面。但是，相同岗位序列岗位类别的任职角色对应的任职资格的内容具有相似性，它们具有相近的知识、技能、受教育程度与经验、素质，只是在范围和程度上有所差别。

(4) 层次性

由于任职资格反映相应任职角色所需要的条件，而同一岗位类别内的任职角色依次由低到高体现出所需条件的逐层发展。因此，同一岗位类别内任职角色对应的任职资格体现出层次性。

3.任职资格的构成要素

根据本书对任职资格的界定，其构成要素包括知识、技能、受教育情况与经验、素质四个部分。

(1) 知识

知识指胜任某任职角色所必须掌握的知识结构和知识水平，包括基础知识和专业知识两部分。基础知识包括本岗位类别所在专业的相关法律法规、政策、国家规定；本企业所在行业的相关政策、条例；本企业的企业文化、企业结构、业务流程和规章制度；基础的外语和计算机知识。专业知识指本岗位类别所在专业的相关知识。

(2) 技能

技能指胜任某任职角色所必须掌握的具体操作活动。对于管理类岗位倾向于强调一些管理技能，而对于技术类岗位或操作类岗位，更多地强调应知应会能力。

(3) 受教育情况与经验

受教育情况指胜任某任职角色所必须达到的教育水平。经验指胜任某任职角色所必须达到的相关专业工作的时间或参与过的专业项目。

(4) 素质

素质是人的行为的内在本源，指那些直接影响活动的效率，使任务得以顺利完成的心理条件和心理特征的总和，如思维能力、成就导向等。在人的活动和团队合作中，知识、技能、受教育情况与经验属于显性要素，相对易于改进和发展，评价方法一般运用笔试、工作样本测试等。素质属于隐性要素，对其进行改进和发展需要较长的时间，并且具有一定的难度，评价方法一般需要行为事件面试、评价中心、工作样本测试、心理测验等评价手段的组合。任职资格管理就是对任职资格的管理，这种管理是一个体系，即从企业战略出发，根据企业的要求，提炼出某一岗位类别某一任职角色需要的知识、技能、受教育情况与经验、素质要求，形成任职资格标准，在此基础上，对员工进行任职资格评价，保持员工能力与任职资格标准的匹配，从而提升企业绩效、提高员工能力的管理系统。

知识链接4-1

人社部拟不认定水平评价类技能人员职业资格

2020年1月14日，人力资源和社会保障部（下文简称人社部）举行第四季度例行发布会。人社部职业能力建设司司长张立新表示，今年1月起，除与公共安全、人身健康等密切相关的职业（工种）依法调整为准入类职业资格外，用一年时间分步有序地将其他水平评价类技能人员职业资格全部退出国家职业资格目录，不再由政府认定发证。

张立新指出，人社部还将全面推行职业技能等级制度，制定发布国家职业标准或评价规范，由用人单位或相关社会组织按标准依规范开展职业技能等级认定并颁发职业技能等级证书。

张立新强调，取消水平评价类技能人员资格，不是取消职业和职业标准，更不是取消技能人才评价，而是由过去的职业资格评价改为社会化的职业技能等级认定。这是技能人才评价制度的改革，是放权给用人主体和社会，改变了评价发证主体和管理服务方式，将为技能人才评价工作拓展更大空间，为广大技能人才提供更多的评价机会。

张立新表示，下一步，人社部将按照“谁用人、谁评价、谁发证、谁负责”的原则，建立职业技能等级制度。由企业等用人单位和社会培训评价组织两类评价主体，按照有关规定开展职业技能等级认定。

此外，人社部还将面向社会公开遴选社会培训评价组织，为社会人员、不具备自主评价条件的中小微企业职工提供技能评价服务。政府部门主要做好职业和职业标准开发、对评价主体进行监管和服务等工作。政府与市场共同推行职业技能等级认定，切实发挥评价指挥棒作用，为技能人才就业创业、成长成才提供广阔天地。

资料来源 任妍，孙阳. 人社部：取消水平评价类技能人员资格不是取消职业标准［EB/OL］.［2020-01-16］. http：//finance.people.com.cn/n1/2020/0114/c1004-31547893.html.

4.3.2 任职资格管理体系概述

1.任职资格管理体系的含义

任职资格管理体系是从企业战略出发，根据企业的要求，提炼出某一岗位类别、某一任职角色的知识、技能、受教育情况与经验、素质的要求，形成任职资格标准，在此基础上，对员工进行任职资格评价，保持员工能力与任职资格标准的匹配，从而提升企业绩效，提高员工能力的管理系统。

任职资格管理体系横跨战略、企业、员工三个层次。战略是企业面对竞争激烈的环境，根据市场现状及远景预测，结合自身资源基础，规划的企业发展轨迹和确立的企业奋斗目标。企业战略决定了组织结构、组织职能、组织流程、组织决策、组织关系和岗位关系的相关内容，从而决定了企业对所需员工知识、技能、受教育水平与素质的要求，即通过任职资格标准对员工能力进行评价，从而明确员工能力与任职资格标准之间的差距，通过各种人力资源管理手段不断提高员工的能力，满足企业的要求，有利于企业战略的实现。[①]

2.任职资格管理体系的构成要素

从任职资格管理体系的概念可以看出，任职资格管理体系包括岗位类别、任职资格标准、员工能力三个要素和员工评价一个手段。

（1）岗位类别

岗位类别是基础要素。任职资格标准建立在岗位类别的基础上，与任职角色对应，如果没有岗位类别这个基础，企业要求无法以任职资格标准的形式简单明了地表现出来，也就不可能实现企业要求与员工能力的动态统一。

（2）任职资格标准

任职资格标准是基准要素。任职资格管理体系是保持企业要求和员工能力动态平衡的体系。其中企业要求通过任职资格标准反映出来，它是员工能力提高、发展的基准。只有员工能力满足任职资格标准的要求，才能有利于企业战略的实现。值得强调的是，任职资格标准虽然是基准要素，并不意味着它是一成不变的，随着员工能力与企业要求的平衡、企业战略的实现，企业会制定新的战略，新的战略决定了相应的企业要求，任职资格标准也就随之改变。

（3）员工能力

员工能力是核心要素。员工能力具有能动性的特点，它不是一成不变的，能够通过培训、职业生涯管理等人力资源管理的手段有意识地加以改变，从而满足企业的要求。正是基于员工能力的特点，使得保持企业要求和员工能力动态平衡成为可能。这也是任职资格管理体系研究的前提条件和必要条件。评价是实现企业要求与员工能力动态平衡的手段。通过评价，可以将员工的能力评价结果与任职资格标准相比较，使员工认识自身能力与企业需要之间的差距，使企业有目的、有计划地引导员工能力的发展，并对员工实施有效激励，维持任职资格管理体系的运行。

---

① 谢芳. 企业任职资格管理体系研究［D］. 南京：河海大学，2007.

在任职资格管理体系中，这三个要素相互影响、相互作用，对体系展开研究就是要有效运用员工评价这一手段，使要素之间产生积极的作用，提升员工能力，提升企业绩效，增强企业的核心竞争力。

4.3.3 任职资格体系的运行机制

1.牵引机制

通过明确对所需员工的要求，员工能够正确认识自身能力与企业要求之间的差距，通过有效的学习，提高自身能力，满足企业的要求。最终企业能够将员工的努力和贡献纳入到提升其核心竞争力，实现企业的战略的轨道上来。牵引机制的关键在于向员工清晰地表达企业对员工能力的期望。牵引机制主要依靠以下人力资源管理模块来实现：企业文化、企业分析、员工培训、绩效管理。企业文化是企业成员的共同价值体系，它强化企业成员对企业的认同感，引导和塑造员工的态度和能力。通过岗位类别的划分和任职资格标准的开发，为企业中的每一位员工规划明确的发展方向和阶段，促进员工发展。

2.激励机制

依靠以下人力资源模块来实现：职业生涯管理和薪酬管理。为了使员工积极主动地进行自我提升，满足企业要求，就必须对员工实施有效激励。任职资格管理体系建立分类分级的任职资格标准，这个标准为员工提供了清晰明确的职业发展通道，使员工发展与企业发展相协调，增强员工的个人成就感和动力。另外，任职资格管理体系有效地将任职资格与薪酬体系挂钩，实现薪酬水平的不断提高。

3.约束机制

依靠以下人力资源管理模块来实现：员工测评和绩效管理。员工测评运用科学的测评方式，对员工实施评价，反映员工知识、技能和受教育水平。员工测评与绩效管理，把目标、责任、义务、工作规范与约束办法，细化到每个任职角色，约束员工能力，要求员工能力按照企业规划的方向与水平发展，把员工需求纳入企业需求，实现企业的战略。

4.竞争淘汰机制

任职资格管理体系运用正向的牵引机制和激励机制，不断推动员工在本岗位类别的发展道路上提高自己的能力。同时，体系运用反向的竞争淘汰机制，将不适合企业成长和发展的员工淘汰，将外部市场的压力传递到企业内部。

4.3.4 任职资格管理体系的内容

任职资格体管理系由任职资格的标准体系、运作体系和制度体系三个子体系共同构成。

1.标准体系

标准体系是任职资格标准的设计和优化，包括职种分类与职级划分、任职资格标准的结构与标准开发。任职资格标准包括能力标准和行为标准。

能力标准界定的是每个级别的员工应该能做什么，能够做到什么程度。能力的考查通过知识、专业技能和专业经验与成果三方面进行。其中，知识是员工完成工作所必须掌握的知识，是掌握专业技能的先决保证，如员工从事本职工作所需要具备的专业技术知识、与本职工作相关的国家法规政策、竞争对手基本情况、行业管理等环境知识；企业文化、企业制度与政策、相关流程等企业知识。专业技能是员工行为的内在支持，是获得任职资格的主要衡量尺度，如业务运作能力、业务变革能力和人际关系能力。专业经验与成果是结果性标准，如专业经验、从事本专业工作取得的工作成绩。在能力标准中，知识是前提，专业技能是主要衡量尺度，专业经验与成果是获得相应的任职资格的基本要求。

行为标准界定的是员工以什么样的行为规范来开展工作，是通过对已有任职者的成功经验的归纳、提炼，或加以动作研究，最终开发出规范性行为。

2. 运作体系

运作体系是保证任职资格实施的体系，规定具备任职资格的企业员工应该如何通过企业的程序来获得任职资格。

设定的程序一般有申请、审核、评审、定义和颁证五环节。

（1）申请：凡符合条件的企业员工，在认为自己能达到某一任职资格级别时随时按固定程序申请。

（2）审核：由任职资格管理员进行。审核从形式上主要审查填写表格是否正确，应该提交的材料是否齐全等；从内容上则要审查提交材料的真实性，一是审查申请人自己提交的材料是否真实，二是审查推荐人提交的材料是否真实。

（3）评审：主要是针对必备知识、专业经验与成果、专业技能的评价与审查。

（4）定义：针对企业任职资格标准对比员工实际评价结果，对员工给出级别等级。

（5）颁证：对于通过评审的申请者，由企业颁发资格证书。

3. 制度体系

制度体系是任职资格管理工作得以正常运行的保障，涵盖一切与任职资格管理有关的规章、制度，包括企业的任职资格管理制度，也包括对任职资格管理制度起辅助作用的一系列相关规章制度，如培训制度、薪酬制度、绩效制度、招聘制度等。

4.3.5 建立任职资格管理体系的意义

1. 任职资格管理体系既是人力资源管理的基础工作，又是人力资源管理的核心工作

人力资源管理的基础工作是工作岗位分析，而工作岗位分析由职位管理和任职资格管理两个核心环节构成。职位管理研究的是根据企业目标和战略，如何合理设计组织机构和职位设置。任职资格管理研究的是为实现企业目标和战略，各职位应该配置什么样能力的任职者。只有通过职位管理和任职资格管理才能实现企业一人一岗的能位匹配，实现企业目标。

2. 任职资格管理是人才战略与规划的依据

人才战略与规划是为一个企业实现其发展战略提供人才保证的，人才战略与规划可以概括为“人才有多少，人才缺多少，人才缺什么，人才何处来”。要知道人才有多少，就必须对现有人员的素质与能力进行现状分析，摸清家底；要知道人才缺多少、缺什么，需要对企业机构的发展战略进行分析，分析实现战略需要所缺少的人和需要什么样的人，需要以任职资格为依据；要知道人才何处来，需要制订人才的甄选、培养、开发等具体方案与措施。这些措施借助任职资格管理工具，就可以有效地调配人才，有针对性地培养和开发企业战略所需要的人才，可以大大提高人才培养和开发的经济效益，并缩短其开发时间。

3.企业核心能力的培养有赖于任职资格体系的运行

企业的核心能力来自独特的经营运作方式和员工所必须具备的核心技能与专长、规范的业务运作模式、业务流程和企业结构。按业务规范制定的员工行为标准以及在此基础上派生的员工任职资格标准是企业核心能力的保证。企业要提升自身的核心能力以适应企业战略的要求，就必须及时规范企业模式，即业务运作模式、业务流程、企业结构及员工行为标准，并按照员工任职资格要求选人、用人、育人、留人。

4.实施任职资格管理可以促进企业管理由功能型向过程型转变

传统的企业组织结构是以功能界定部门的，在管理实践中已经表现出明显的局限性。企业外部环境变化迅速，企业经营强调以客户为导向，功能型管理模式应该转变为体现跨部门运作、快速响应市场的过程型管理模式。首先，过程型管理模式以客户作为进程的输出接受者，使得每个结果的执行过程都能够得到评价，过程透明；其次，过程型管理模式目标导向明显，防止了部门间的扯皮，实现以流程为主线的跨部门运作；最后，过程型管理模式是以关键流程来配置组织机构，以流程为核心，缩短了信息的传递时间，提高了市场响应力。

任职资格管理中的行为管理从行为模块、行为要项和行为标准等方面入手，关注工作过程，以规范行为来保证结果的正确，实现过程管理。

5.适合企业自身的任职资格标准能使企业员工资格认证有利于企业发展

目前，我国实行了一系列任职资格考试与认证，部分职位实行了资格上岗制度，大部分企业只是借用了国家部分职业资格标准，如专业技术资格。企业类别不同，规模不同，目标不同，决定了职位要求不同，例如民航公司对行政人员的任职资格要求不同于电力生产企业对行政人员的任职资格要求。所以，企业应该立足本企业的行业特点、规模和企业使命，因地制宜，开发既符合自身要求又切合企业内部职工实际的任职资格标准和便于自身操作的认证程序。这样的任职资格标准才能保证促使员工的知识、技能、行为规范沿着企业要求的方向发展。

案例链接4-2

STABILUS公司任职资格管理体系

STABILUS公司（以下简称“S公司”）高层与其他公司的高层一样，对管理类岗位的选拔任用非常慎重，在干部选拔任用过程中，强调以任职资格管理为依托。

首先，对于该企业而言，什么样的人或者说什么样的人员特质能够担任带团队的角色。按照S公司与咨询公司的研究，业绩和领导力是非常重要的两个测评方向，与任职资格的绩效和岗位胜任力模型基本一致，并且高度统一。

其次，企业要回答后备干部培养的总体思路是什么，通过什么样的路线引导有潜质的员工达到企业所需要的基线的问题。以价值观为引导，推动高潜员工理解自我，提升能力，导向作战，易岗易薪。

S公司按照三个部分依次组织后备干部培养的活动。

①课堂培训：这一部分的设计要符合后备干部培养的总体导向，针对知识、技能、素质，特别是软技能方面进行持续拓展。这些基础的输入与强化，将为后备干部的在岗锻炼提供足够的理论、方法论、实操技巧的支撑。从课程内容上来看，一般包含项目管理、项目集（群）管理、公司核心价值观、财务政策与实践、领导力理论与案例分析、软技能互动、团队赋能的开发。这一环节的安排聚焦于帮助后备干部尽快正确把握公司的期望和要求，认清形势，并且做好管理自我，管理他人，管理相关方，促进协作，达成目标的理念与工具。

②在岗锻炼是培养过程中最耗时也是最重要的一个环节。这个过程将决定后备干部能否将学习到的知识、领悟到的经验融会贯通，也是在考查其领导力，以及在组织环境下强化政治意识，协同解决问题能力的水平。在岗锻炼一般持续半年至一年。

第一，强化导师辅导：根据经验，S公司发现后备干部在培养和实践过程中将会遇见不少心理和情绪方面的问题。因为进入一个新的领域后，原有的优势可能成为劣势，而跳出舒适区并不是那么简单，如果没有一个有威信、有经验的领路人，有潜力的后备干部成长的速度有可能无法满足预期。S公司一般都会要求此后备干部的直接主管或者更高岗位的业务领导作为导师，结合具体反馈进行针对性的辅导，使得被辅导的人员快速满足战略目标的需要。

第二，抓好团队管理能力的提升：后备干部应该能够在带领团队方面有深刻的理解，能够掌握冲突管理、谈判，掌握内部团队文化建立和引导的实战技巧。这类理论与实战紧密融合的培养方式，要求后备干部在考查周期内完成具体情境任务，组织将安排观察员去审查这些任务的完成效果。S公司结合不同管理梯队的需要，专门设计了实践工作包，确保能够按照标准化的方式进行指导，及时纠偏，确保团队管理能力的持续提升。

第三，抓好特殊情况或关键事件的评价：坚持用特别情况（困难、急难险重的情境）和关键事件评价后备干部梯队当中的成员是有益的。S公司采取发布任务包（Extra Package）的方式，由上一级主管结合战略任务、当前薄弱环节下达任务。这种方式不但可以将考核与战略需要结合起来，并且可以考查这些员工对于承诺事项的坚守程度，增强了员工的全局意识，使其在这个过程中得到了及时的指点，有助于其进行深入思考，并结合关键事件总结经验。在具体安排上，可以分阶段组织，但是不能少于2个关键事件的考查。

③结业答辩是一个标志性事件，在后备干部选拔中非常重要，这是对前期培训、演练的总结性检验。这一过程要求管理层充分参与，从多个角度对其掌握岗位知识、技能情况进行考核，也是确认其是否能够有意识、有能力在后续工作岗位进行有效应

用。考虑到结业答辩是一个团队活动，其他后备干部可以观摩这一活动，以确保后备团队内部每个人都能从别人的答辩分析、实践思考中得到启发，并且为进入下一阶段做好心理建设。这一方法也为更大范围将经验应用于组织其他方面提供了可能。

资料来源 吕瑜，马晓玺. 对STABILUS公司任职资格管理良好实践的探究［J］. 中小企业管理与科技，2019（24）：11-12.

4.4 如何构建任职资格体系

4.4.1 构建任职资格体系的方法

1.职位梳理

企业的组织设计不够全面或需要更多的调整时，就需要企业将所有职位的职责、划分和名称进行统一的梳理，使其明确职位职责划分和职位设置规则的基本原则，为职责按业务流程分类奠定基础。很多企业组织设计不够全面或不到位，造成了企业在设立职位时有很强的随意性，从而使得职位职责的划分很混乱，加大了建立任职资格体系的困难。所以，企业构建任职资格体系就必须先分析企业的职位管理现状。根据企业目前现有的组织架构，以部门为单位，将每个部门、每一个职位的上下级汇报关系、主要职责和任职要求进行系统的分析和梳理。工作岗位分析是一个对职位相关信息的搜集、加工和处理的过程，要确保职位信息与任职者的实际工作情况相符合。

2.职位分类

按照企业战略目标对于企业未来核心竞争力的要求，要确定职类、职种、职层划分的原则，还要明确企业所需求的业务能力具体有什么，并且将其落实到职类、职种、职层划分中去。具体划分的数量要根据行业的发展规模、业务模式、发展阶段和发展规模的不同而有所改变。职类的划分原则是相似性原则，具体做法就是将相同的工作模块，从业者需要具备的专业技能、知识、素质、行为等标准相似的职业，相似的管理范围和职责归为一类，形成职类。职种指的是对同一种职类的合并，这些职位在同一业务系统内承担相同业务板块功能和责任，它们在工作中投入的知识、技能具有相似性，它们的业务活动性质与过程具有相似性，产出结果具有一致性。职层指的是对同一个职种的从业人员按照现有知识的广度和深度以及其对技能的掌握程度、承担工作职责的大小和工作人员的行为和素质的高低进行划分，强调的是同一职种中从业人员的胜任能力的差异性。在完成职位的分析之后，要将主要职责、任职要求相同和工作性质相似的部门全部归并在一起，形成若干个职位集合并对其进行命名，就可以基本确定企业现有的职类。确定职类之后，就要在职类划分的基础上，根据相似性的原则，将职类按照一定的方法合并为职种。

由于员工在能力方面的提升不是一次性的，而是阶段性的，所以，必须通过划分职层来区分员工发展的不同阶段。职层划分的依据是能力和行为标准的高低、所需知识和技能的掌握程度，同一职类的从业人员承担职责大小相似。此外，职层划分主要强调的是同一职类中从业人员任职能力的差异性。职层的划分应根据企业的实际情况确定，通常可以分为五个层级：第一级是初学者，第二级是经验者，第三级是骨干，第四级是专家，第五级是资深专家。为了对员工能力进行更细致的区分，还可以将每一等级划分为四等：预备等、基础等、普通等、职业等。

3.任职资格等级与角色定义

根据职类、职层的定义和划分的标准，确定各个职类在职层上的对应跨度，为确立相应的薪酬体系和为明确从业者的职业化行为标准奠定了基础，也为其解决了一个职种的员工在职层上对应多种发展渠道的问题。根据各职种在企业未来发展上的功能和价值定位，并结合各职种的任职者的知识和技能水平，确定其级别，最终规划各类人员职业发展的空间和渠道。员工的职业发展渠道的确定依据是职种、职类的划分，因为一个职类对应一条职业发展的渠道。普遍的职业发展渠道有四种：横向职业发展渠道，指的是员工可以在不同的职能部门中进行横向的调换；纵向职业发展渠道，指的是一种单一的、传统的晋升过程；双重职业发展渠道，指的是企业同时具有专业类和管理类两种路径的职业发展渠道；多重类职业发展渠道，就是除了同时拥有专业类和管理类发展渠道之外，还同时具有其他不同种类的职业发展渠道，这就为员工提供了更为广阔的发展空间。

4.任职资格管理制度

在完成任职资格的分类分层之后，就要建立任职资格管理制度来解决任职资格晋升、转换问题和员工如何进入退出任职资格体系等问题。

4.4.2 基于战略导向的任职资格体系构建程序

1.操作框架

（1）战略导向任职资格体系的制定需要依据充足的条件，这样才能够更好地建立有效的任职资格体系。其主要包括以下几个方面：

①将企业战略目标分解为人力资源战略目标，然后再将人力资源目标进行分解。策划任职资格管理体系需要依据人力资源战略，然后围绕企业战略和经营的具体目标再制定分系统的战略。

②随着企业在市场竞争中的不断发展和变化，企业的内部组织环境也发生着变革，为了更好地迎合企业内部人力资源的发展要求，就要及时制定任职资格管理系统这样一个目标战略，以时刻支持组织结构的变化。

③内部人力资源素质能力的变化趋势。

④组织的人力资源、资金、管理、技术等方面的变化与发展要求。

（2）最高管理者主持有关会议分析信息，对任职资格管理战略进行论证，做出决策。

（3）根据企业的内部氛围和外部环境的变化，对企业的战略目标进行及时的调整和修改。

（4）战略导向的任职资格管理体系应体现组织的经营理念，并能够不断满足顾客和员工的需求、期望和利益。

（5）任职资格体系的战略部署。

（6）根据经营战略制订组织架构的发展规划，包括各职种的职位等级、薪酬，对企业战略计划的实施过程提供支持的方法、计划、原理等。

（7）组织应以年度方针、目标来贯彻发展规划，目标应展开到相关的职能和层次上。

2.具体分析

任职资格体系的战略目的是满足和实现企业的经营战略，是企业人力资源战略中的重要政策。依据企业战略目标制定的任职资格体系是建立任职资格的发展方向、宗旨和目标等重大角色的重要保障，能够提升企业的核心竞争力，并能够提升企业内员工的素质水平、专业知识、岗位技能，是企业战略目标得以实现、企业能够良好发展的重要条件。

制定和策划企业的战略导向任职资格体系是企业人力资源战略的重要组成，企业若想确保战略决策的正确性，就必须建立战略决策的科学程序，企业的高级管理层需要有准确的决策能力，这样才能够确保决策的正确性。决策依据的信息的充分性也是影响任职资格体系的战略策划和决策的正确性的重要因素，策划和决策所需的信息应包括以下几个方面：

①行业竞争环境的现状和变化趋势：职类、职层、职种等级划分不合理或者员工的素质不高都会使得人力资源管理工作产生滞后的现象，从而影响企业的核心竞争力的提升，这就要求企业要对同行业竞争环境的现状以及变化趋势进行详细而准确的分析。

②任职资格体系是建立在员工胜任特征模型的基础上的，且员工的胜任特征模型在很大程度上受到企业内部软件和硬件环境的影响。组织的内部软件，包括技术、管理、资金、人力资源等方面的优势和劣势，外部软件包括市场供求关系的变化、市场中的竞争情况、同行业的发展情况等。

③顾客与市场的需要是企业内部能力的有效约束，它是任职资格管理系统的最基本要求。同时任职资格管理体系随顾客与市场需要的变化而调整，使提升的职层、职类、职种能满足市场的发展要求。

④本行业或相似行业的职种、职类、职层的科学分布，职层的等级排序，本行业发展的关键职种与职类，本行业职务的标准，有针对性地策划任职资格管理体系的战略。

要想使经营战略策划和决策正确，公司总经理还必须组织人员对搜集的信息进行分析，提供决策的方案；并组织人员对“方案”进行可行性分析和论证。只有在分析和论证基础上做出的决策，才能保证所制定的战略的正确性。

公司制定的任职资格管理体系的战略，应达到以下三方面的要求：战略考虑了相关方的利益，主要相关方包括员工、股东、供方等；体现经营理念；具有不断满足顾客和市场需求和期望的能力。

为确保公司的任职资格管理体系的战略得到贯彻实施，应做到以下两方面的战略部署：

①进行年度目标管理，每年将企业经营战略及人力资源战略发展规划的内容和要求分解为实现任职资格系统的年度方针目标；目标要进行展开；横向展开，应展开到相关的职能；纵向展开，应展开到相关层次。

②根据经营战略的分解，编制公司的任职资格管理系统的发展规划，规划应包括核心竞争力提高目标、内部管理科学目标、人力资源管理提升等。

4.4.3 构建任职资格体系的注意事项

1.在任职资格标准的建立过程中各部门的统一协调

在任职资格管理的建立过程中，资格标准的建立需要人力资源部门和其他部门的相互配合和协调，使得确立的资格标准一致。有的公司不同部门之间岗位的资格标准在行为标准的定义上出入很大，还有就是各分公司之间也容易出现标准不一的问题，同一个岗位这个分公司这样规定资格标准，那个分公司那样规定资格标准，如此一来就出现了资格标准混乱的状况。

2.任职资格标准缺乏有效的应用

任职资格管理能盘活整个企业的管理，具有重大的作用和意义。但大部分公司只将任职资格体系作为员工招聘的工具，这就降低了任职资格体系的作用。因为任职资格体系不仅能够应用于企业的人员招聘上，还可以应用于企业的培训、薪酬、考核和职业生涯规划等领域。任职资格体系能够反映各种类别和各种层次的工作能力，其具有很多的特点，即任职资格体系是基于工作的形式和内容，以完成工作内容的成功行为为规范和标准。也就是说，要获得一定的任职资格，必须按照所要求的行为规范完成其工作内容。任职资格体系建立的目的就是保证工作的质量和效率，这有助于明确员工需要掌握的相关知识和专门的技能，而且有利于员工的培训和激励。

3.胜任特征模型与任职资格管理的关系

有关胜任特征的模型是冰山模型，有人将冰山模型分为两个部分：水面以下的部分为胜任特征，而露出水面的部分为任职资格。这种观点是错误的。任职资格与胜任特征是包含与被包含的关系，即任职资格包括知识、技能、素质、行为、贡献等内容，胜任特征是其中非常重要的一部分。

4.5 任职资格体系的认证

4.5.1 任职资格认证管理流程

任职资格认证是企业员工以任职资格标准为依据，搜集、整理个人行为、素质、能力、贡献等相关证明材料，提交任职资格管理委员会，通过企业的程序对自己进行评审认证的一种任职能力考核方法。任职资格认证管理体系是保证任职资格实施的体系，是为了客观地对专业技术岗位层级进行评定，指导技术人员逐步提升个人综合能力，从而提供更多职业发展的机会。

1.任职资格认证的评定原则

第一，尊重员工个人发展，要按照员工本人的技能和发展方向，选择认证晋级的岗位。

第二，员工每次晋级一个级别。对于特殊情况需要跨级申报的，由部门负责人和公司分管副总裁联名推荐，且需要提前经过公司任职资格认证评定委员会评审。

第三，员工每次报考的级别需满足该级别岗位层级资格标准中规定的条件才能申报。

第四，未通过岗位任职资格认证的人员可在下一次的任职资格认证中继续申请同一级别。

第五，员工岗位任职资格认证后，如果出现降级条件满足的情况，按照规定进行降级。

2.成立任职资格认证评定委员会

由人力资源部发起，由人力资源部、企管部、应用技术管理委员会代表和各部门经理组成任职资格认证评定委员会。任职资格认证评定委员会制定每年度任职资格认证的组织实施细则和评定标准。任职资格认证评定委员会为常设虚拟组织，负责人是公司总裁，人力资源部负责组织所有研发类岗位员工任职资格认证的评审工作。任职资格认证评定委员会依据管理程序，对资格申请人员进行评审，以判定其是否达到所申请级别要求，这是任职资格最终确定的主要环节，是认证质量保证的关键环节。

3.任职资格认证流程

（1）发布任职资格认证评定的通知

由任职资格认证评定委员会制定每年度岗位晋级的组织实施细则和评定标准，人力资源部负责发布通知。

（2）主管推荐及资格初审

任职资格评定报名采用推荐制，人力资源部不接受员工本人的直接报名。部门经理（或者总监、直接上级）按报名通知要求和各岗位层级申报资格说明，与员工沟通可申报的级别，由员工填写岗位晋级申请表和技术评级申请表，提交相应的工作成果记录（工作业绩）和技术等级评定材料（技术人员在申请晋级前，必须通过相应级别的研发技术技能水平考评）。员工准备完整材料后将申请材料提交给部门经理，部门经理对申报材料的真实性进行审核，对申报资格进行初审，并填写推荐晋级评价。推荐晋级评价内容包括员工的岗位胜任能力（研发技能水平、业务知识、工作经验）、工作态度、职业品德、团队合作精神等。[①]

（3）事业部审核

部门经理将员工的申报材料提交给事业部领导（包括事业部总监和总经理）进行审核。事业部领导审核通过后，以事业部为单位统一提交给人力资源部。

---

① 叶丹．T公司任职资格管理体系设计与应用研究［D］．北京：北京邮电大学，2012．

（4）评定委员会进行资格审核

人力资源部组织任职资格认证评定委员会成员对各事业部推荐的员工岗位晋级申请材料进行如下审核：

①企管部对上报的与项目相关的材料和业绩成果、客户满意度指标进行鉴定和评价；

②培训部对上报的相关技能考评结果进行审核；

③人力资源部根据岗位层级说明书要求的资格标准、相关证书、获奖情况等，对员工提交的材料的真实性进行鉴定和审核。

（5）综合评审

经岗位晋级评定委员会审核合格，由人力资源部通知各事业部和任职资格认证评定委员会，组织员工参加对应级别的综合评审。评审流程如下：

①员工述职：员工按公司统一模板制作课件并讲解，主要包括业绩成果、研发技能和业务知识、成长与收获等，每人述职时间在60分钟以内。

②评定成员提问，员工答疑。

③申请者的事业部代表介绍申请者的情况并回答评委提问。

④评定成员进行讨论和评议，首先评议员工所申请的技术等级是否符合晋级目标岗位所需达到的标准。如果技能评定不合格，则员工晋级申请无效；如果技能评定合格，评审成员填写综合评审评分表并签名。以所有评审成员打分的平均值作为该员工的综合评审成绩。

⑤根据评议结果确定是否通过晋级评审。

⑥提交给公司总裁终审。

（6）审批备案

通过综合评审的员工，由任职资格认证评定委员会确定推荐通过任职资格认证的员工名单，上报总经理审批。公司总经理审批通过则岗位任职资格认证生效，名单交人力资源部备案。人力资源部根据任职资格认证结果执行工资级调整。

4.5.2 任职级别配置管理要求

一方面，任职资格管理为企业的员工开辟了职业发展通道，设计了职业发展里程，明确了职业发展规则，能够引导所有员工由低级别任职资格向高级别任职资格迈进，实现自身技能的提升。另一方面，任职资格作为一种分层分级的人力资源管理模式，与社会上的职称评定不一样，是为公司业务运作服务的，任职资格的结果必须有效应用，如果认证后配套的应用跟不上，也就不能够起到激励作用，因而在各级别配置方面应实现金字塔式的管理，即对各级别配置比例进行管理。各岗位各级别的配置基线及任职资格认证计划由以下方面决定：

第一，通过对KPI人均效益和战略需求的分析，形成对各岗位各级别人员配置数量的总体控制。

第二，通过对组织结构和业务流程活动进行分析，制定适合于各业务部门的岗位配置结构和比例，即配置模型。配置模型中低级别人员配置多，高级别人员配置少，形成一种金字塔结构，以符合员工培养和成长的一般规律。

第三，按照现有岗位分布和配置模型的差距，制订岗位配置比例调整计划，并在此基础上形成任职资格认证计划。

第四，通过预算管理，对各部门职位/资格调整进行约束，促进各业务部门建立自我约束、自我激励的分层总量控制机制。岗位各级别任职资格评定要考虑在配置基线基础上的适当放量，放量主要是考虑构建各级别人员的资源池，以免在计划外业务扩充和任职人员发生例外情况时影响业务的运作。放量比例主要考虑公司业务未来发生较大变化（特别是扩充）的可能性、公司业务的波动性、公司人员的稳定性等。

在考虑岗位配置基线的基础上，任职资格对各级任职晋级晋等的比例要求不作明确的限制，但如果符合条件晋级晋等的人员比例非常高，超出级别配置要求时，只能择优晋级，同时通过人员的跨岗位调配进行疏导。任职资格各级别配置管理要求的主要作用有①：

第一，对任职资格认证需求计划进行管理。在任职资格认证需求管理过程中，人力资源部和业务部门根据职位现状、职位调整计划及人员现状制订年度认证需求计划，根据人员现状与岗位配置结构的差距，明确任职资格认证的节奏。

第二，对各业务部门人员使用的情况进行量化和目视管理，为公司人员利用率、人均效益等指标监控提供参考，为人员配置合理性评估、人员招聘等工作提供参考。

4.5.3 任职资格申诉（或投诉）

在任职资格结果公示、沟通反馈或资格认证过程中，如员工对任职资格结果或认证复核过程有异议，可向人力资源部提起申诉（或投诉）。人力资源部接到员工申诉或投诉三个工作日之内受理，组织申诉（或投诉）意见的处理。涉及任职资格结果变动，须经相关任职资格认证委员会重新评定并报人力资源部、公司相关领导审批。在接到申诉（或投诉）后一个月内，申述（或投诉）受理部门必须向员工答复明确的处理意见。②

4.5.4 任职资格认证结果应用

1.在人才发展上的应用

在评审和认证的复核过程中评委们提出的改进点或者改进措施，一般可以在员工的培训计划及相关锻炼项目中得到有效应用，还可以指导员工制订改进计划。

2.在职位管理中的应用

任职资格认证结果可用于职位序列管理制度，进行职位管理应用。职位管理应用包括两方面：一是职位的晋升和人员的选拔，当有职位空缺出来时，如果员工已经获得了空缺职位要求的任职资格，则有权利获得优先从中选拔、聘用、职位调配。在对组织中的职位需要进行调配时，如果员工已经获得了与拟聘职位要求相关的任职资格，则同样具有优先被聘用的权利。二是任命管理，在符合职位要求的人员被任命

---

① 吴义林. H公司任职资格管理设计与应用研究［D］. 成都：西南交通大学，2007.

② 李志远. T集团科研人员职位序列与任职资格标准优化设计研究［D］. 天津：河北工业大学，2014.

前，需对拟任命职位的拟任职者进行任职资格审核，审核未通过者将被淘汰，不得上报审批。

3.在薪酬管理中的应用

员工任职资格通过与其职位的匹配，间接影响员工报酬等级。是否达到任职资格的要求将在员工职级薪酬进行调整的时候作为重要标准，原则上当员工在未获得相应级别的任职资格时，职级薪酬部分是不能获准上调的。

案例链接4-3

华为公司的任职资格——管好员工的大脑，看好员工的手脚

1.管好员工的大脑

很多公司认为公司的目标是高层的事情，员工只需要接受目标分解下来的工作分派即可，结果就是公司目标、政策不稳定，在员工眼中一变再变，员工看不到方向和希望，缺乏对公司的认同和信任感。这实际上漠视了员工的需求，而事实上，要使员工的工作卓有成效，他们必须首先知道自己要往哪里去，要做什么，没有任何员工可以不带着自己的大脑和信念工作。

因此，管理员工首先要管好员工的大脑，要明确公司的使命、愿景和发展目标，并共同制定实施策略。要做到这一点，就需要进一步把目标的实现与员工的利益联系起来，确保价值创造、价值评价、价值分配规则的清晰、稳定。华为的任职资格体系较好地回答了这个问题。

2.看好员工的手脚

员工在遇到事情时不能有效分析、解决问题，其实有一个重要原因：员工不知道怎么做，以及怎么做才能做得最好。在这种情况下公司高层介入对事情的处理，很可能就弄错了方向，越管越乱是理所当然的。多数企业在绩效方面表现不佳的原因之一恰恰就在此，即员工想做好，但是没有办法做好。反观餐饮业巨头麦当劳，光就如何制作一个汉堡，操作手册就有一本书厚，而正是职业化的操作手册，成就了一个西方快餐巨无霸。

因此，在具体到如何把工作做好的问题上，管理员工还需要管好员工的手脚，即需要把如何做、如何做好整理成规范的操作指导书。这样，员工才能在成功经验的基础上，把事情做对、做好，最后，通过检查、检查、再检查，公司的管理水平、职业化水平就会节节提高。

资料来源　佚名．华为的任职资格体系［EB/OL］．［2020-01-18］．http：//mini.eastday.com/mobile/191109120151958.html.

本章小结

本章首先介绍了胜任特征的相关概述，主要包括胜任特征的含义、胜任特征对于绩效管理的作用以及其在绩效管理中的应用，然后介绍了胜任特征辞典的相关内容。着重介绍了胜任特征模型的构建过程，主要包括构建的过程、对于胜任特征的识别方法，重点介绍了构建胜任特征模型的主要方法。接下来主要介绍了任职资格，包括它的含义、体系架构的意义和构建的方法，最后阐述了任职资格的认证。

复习思考题

1. 胜任特征的含义是什么？
2. 胜任特征词典的内容有哪些？
3. 简述胜任特征模型构建的过程和方法。
4. 简述胜任特征对绩效管理的作用。
5. 胜任特征的识别方法有哪些？
6. 什么是任职资格？什么是任职资格管理？
7. 任职资格管理的运行机制有哪些？
8. 简述任职资格体系的内容。
9. 建立任职资格体系的意义是什么？
10. 阐述任职资格管理体系的构建方法。
11. 在构建任职资格体系的过程中应该注意哪些问题？它们的对策又有哪些？
12. 简述任职资格的认证。

案例分析题

北京某动力能源公司的员工胜任特征模型构建

某能源有限公司位于北京市顺义区，公司依托集团公司煤、电、路、航等的一体化资源优势，按照“点、线、面”相结合的方针策略，致力于打造“低碳环保、技术领先、世界一流的数字电站”。随着企业的迅猛发展，员工人数大增，人浮于事的问题日益明显，同时，为响应能源电力企业减编的号召，该公司也将人员减编提上议程，但是，应该“减”哪些人、如何有效评价员工各方面的能力成了管理者的难题，因此，该公司力邀韬睿明仕管理咨询集团的人力资源专家进驻企业，帮助企业设计一套能落地的员工胜任特征模型。

该能源公司面临着员工数量过剩、大量人员闲置的问题，严重影响了企业前进的步伐。公司的发展虽然蒸蒸日上，效益和产量也连获佳绩，但公司过多的员工分流了一大部分收益，导致公司的利润停滞不前，甚至出现滑坡。同时，在国家精简人员政策的号召下，公司也将人员减编和优化人力资源配置提上了管理日程。基于此，韬睿明仕管理咨询集团的专家进驻公司后，针对公司存在的问题，为其引入了外部相对较为科学规范的胜任特征模型。

通过深入的沟通和访谈，韬睿明仕的顾问团队深入挖掘该公司的管理咨询需求，并进行了梳理和总结。该能源公司的咨询需求主要有以下三个方面：

第一，应该从哪几个方面对员工进行评价？即评价什么的问题，有的管理者认为“能力导向”最重要，只要能把岗位工作做好就行，而有的管理者则认为还必须考虑综合素质，有的员工能力是不弱，但是不遵守纪律，领导交办的工作也不认真做，这一类型的员工不能委以重任。

第二，应该如何评价员工？目前，该公司对员工的评价主要依赖领导主观打分，这样就存在两个方面的问题：一是受领导主观因素的影响过大，二是由于部门人数过多，部门领导很难熟知每一个员工的工作表现，最终导致对员工的评价缺乏公平性、公正性。但是，外部的胜任特征模型过于抽象，掺杂了太多定性描述，对能力的优劣判定多以“很差”“较差”“较好”“很好”等标准进行划分，无法为评价员工提供依据。这也是公司管理者头疼的问题之一，到底该如何公平、公正地评价员工呢？公司领导也提出，评价方式不能过于复杂，用起来要简单、易操作。

第三，如何引导员工？该公司的基层员工多为操作工人，文化水平不高，且原有的员工评价标准欠缺科学性，难以为基层员工提供正确的行为引导。另外，基层管理者大多是由基层员工晋升而来，他们在对基层员工的评价方面也存在一定的困难，不知道什么样的员工是“好员工”，也不清楚哪些工作行为是值得鼓励的。基于此，该公司管理者提到，希望能通过定制式的、科学的胜任特征模型为这些基层员工提供一定的行为引导，让他们知道公司鼓励哪些工作行为，不鼓励哪些工作行为，从而修正一些“不好的”工作行为。同时，也为基层管理者对基层员工进行评价提供一定的依据，确保人员评价的公平、公正。此外，公司老总文化程度也不是很高，掌握的管理理论不多，但是在实际管理中积累了丰富的经验，对工作的要求也以“务实”著称。在深入了解该公司的行业、工作特点以及人员特点的基础上，针对管理者提出的咨询需求，韬睿明仕顾问团队经过深入的探讨、分析和数月的工作，为该公司定制了一整套完善的、能落地的胜任特征模型。

1.从职业能力、职业意识、职业品德三个维度对员工进行综合评价

针对“评价什么”的问题，韬睿明仕顾问团队提出，从职业能力、职业意识、职业品德三个维度对员工进行综合评价。其中，职业能力包括解决问题能力、执行力、谈判力等；职业意识包括成本意识、安全意识、自律等；职业品德包括处事公道、廉洁奉公、遵章守纪等。三个评价维度涵盖了员工工作能力、工作态度和职业素养等多个方面，既能保证人才的专业性，也能将员工的工作态度、职业素养考虑在内，保证了对员工评价的全面性，避免出现单方面有优势而又无法胜任岗位的现象。其中，对职业能力的评价有助于深入了解员工的实际工作能力，有效评价员工的岗位胜任能力；职业意识侧重对员工职业思维的评价，以加深对员工职业发展及职业行为的深入评价；职业品德是指员工在工作中必须遵循的行为准则，也是企业在选人、用人过程中必须考虑的评价维度。

2.界定关键点——工作情景引导下的科学评价

如何评价是该公司面临的第二个难题。虽然对各个评价指标的概念和要点进行了详细描述，但是，在具体实施过程中管理者对区分什么样的行为是“好的”，什么样的行为是“不好的”仍然存在疑惑，另外，管理者也难以做到熟知每个员工的工作行为表现。基于此，韬睿明仕顾问团队经过多年的总结和咨询实践经验，创新性地提炼出最能判断员工能力表现好坏的差别点，即在具体情景下员工的关键行为点，能做到

就是“好”的，做不到就是“不好”的。通过员工具体工作情景下的行为表现，即可对员工的具体职业能力、意识、品德进行一定的判断和区分，以帮助管理者更加直观、科学、合理地对一些核心骨干人才进行评价。

3.关键行为点——明确、科学、可落地实施的等级划分标准

外部通用胜任特征模型对不同能力或意识的等级描述多为定性描述，也即对同一行为点的不同程度的区分、对不同等级的划分集中在“比较”“一定”“很”“非常”等形容词的区分上，在落地过程中主观因素的影响过大，难以保证公平、公正地对人员进行评价。与外部素质模型不同，韬睿明仕顾问团队在胜任特征模型等级标准的制定上十分注重直观性、可行性和具体性，在顾问团队专家设计的胜任特征模型中，不同职业能力、意识、品德的等级以各个等级的关键行为点为区分标准。处于不同等级的员工，其行为表现必然存在差异，找到每个等级的关键行为点，并加以准确描述，使得评判标准也更直观化，这样管理者在对员工进行评价时依据各自的行为特征即可对应到相应的等级描述中。同时，为员工提供了有效的行为引导和提升的方向。以各个等级的关键行为点为区分标准，处于不同等级的员工，其行为表现必然存在差异，找到每个等级的关键行为点，并加以准确描述，使得评判标准也更直观化，这样管理者在对员工进行评价时依据各自的行为特征即可对应到相应的等级描述中。

4.独创模式、合理引导——为基层人员量身定制“好人/坏人”行为导向模式

基层人员从事的是基础性的维修设备、管道运输等工作，他们的工作机械简单，与上层管理人员交流沟通也较少，而且基层人员的文化程度较低，如何有效评价基层员工，并向他们传输良好的行为导向，提高他们在工作中的积极性和道德自觉，保证基层工作高效、安全、有序地开展，也是此次咨询项目的需求之一。韬睿明仕的顾问团队针对基层员工的工作特点及人员特点，创新性地提出了“好人/坏人模型”的设计思路。“好人/坏人模型”即对公司具体的倡导行为和禁止行为进行明确描述，通过对一些工作行为的具体描述，形成“好行为”与“坏行为”的强烈反差，更简单、直观地让员工明白什么样的行为是公司倡导的，什么样的行为是公司禁止的，从而为基层员工提供行为引导，引导他们积极工作，自觉杜绝错误的工作行为，也为基层管理者对基层员工的评价提供了一定的判断依据。

讨论题：

1.简述北京某动力能源公司的胜任特征模型。

2.结合本案例，谈谈如何为企业设计胜任特征模型。

第4章案例分析提示

第5章 战略招聘与甄选管理

学习目标

- ✓ 了解招聘的含义及影响因素
- ✓ 掌握招聘的渠道和方法
- ✓ 了解招聘的原则
- ✓ 了解招聘的作用
- ✓ 了解甄选的含义和发展
- ✓ 掌握甄选的程序
- ✓ 掌握员工测试的两个基本特征
- ✓ 掌握员工招聘和甄选的测试方法
- ✓ 了解员工笔试的优缺点
- ✓ 掌握面试的流程和提问的方式
- ✓ 掌握心理测试的方法
- ✓ 掌握招聘甄选的体系

引例

《鲁国多儒士》的招聘启发

有一次庄子去鲁国拜见鲁哀公，席间，鲁哀公深有感慨地说："我们鲁国儒士很多，可谓人才济济，唯独缺少像先生这样学习道家思想的人才。"庄子听了鲁哀公的话，却不以为然："我看不见得，别说学习道家思想的人，就是真正的儒士，鲁国也很少。"鲁哀公反问庄子："你看全鲁国的臣民几乎都穿戴儒服，能说鲁国少儒士吗?"庄子毫不留情地指出他在鲁国的所见所闻："非也。我听说在儒士中，头戴圆形礼帽的通晓天文；穿方形鞋的精通地理；系五彩丝带佩戴玉的，遇事清醒果断，善于谋略。"庄子见鲁哀公认真听着，接着表达自己的见解，"其实那些造诣很深的儒士平日不一定穿戴儒服，而经常穿儒服的人未必就有真才实学。"鲁哀公不信，庄子向鲁哀公建议："您如果认为我判断得不正确，可以检验一下鲁国到底有多少儒士。您只需要在全国范围发布命令，宣布旨意，凡没有真才实学的冒牌儒士穿儒服一律问斩，凡有真才实学的人才可以到宫廷来应召做官。"

鲁哀公采纳了庄子的谏言，在全国张贴命令。仅仅五天之后，鲁国上上下下再也看不见穿儒服的"儒士"了，唯独有一男子，穿戴儒服立于宫廷门前来应召，鲁哀公闻讯立即传旨召见。鲁哀公见来者仪态不俗，很有儒士风度，便用国家大事考问他，还提出种种治国理民的问题来考他，他都对答如流，思维敏捷。这果然是位饱学之士，立即被召进宫，但除此人外没有第二人来应召。

庄子了解到这种情况，于是发表自己的看法："以鲁国之大，举国上下仅一名儒士，能说人才济济吗?"鲁哀公再也不敢说鲁国多儒士了……

从《鲁国多儒士》这个故事我们可以获得两点启发。第一，在招聘面试过程中，不能被候选人的外表衣着所迷惑，我们要能透过现象看到事物的本质，要能真正了解和识别出候选人的能力。正所谓"为其服者，未必知其道也""有其道者，未必为其服也"，不能只从一个人的衣着打扮来判断他的学识、才能。第二，我们在不断的招聘面试过程之中，要能练就出非凡的"眼力"，能快速有效地甄别出候选人，就像鲁哀公的旨意那样有效，将滥竽充数之人直接"问斩"!

资料来源 佚名.《鲁国多儒士》折射出招聘面试中要注意的问题［EB/OL］.［2020-01-18］. http：//www.dianyue8.com/news/3238.html.

随着知识经济和经济全球化进程的加快，劳动力市场逐渐由买方市场转变为卖方市场，且劳动力的结构和性质也发生了很大的变化，制约企业发展的因素是人才不足，真正有才华的人才就显得越来越重要，所以说，人员的招聘工作就面临着巨大的挑战。这就是说，企业成败的关键就是如何招聘优秀的人才为自身服务，如何将优秀的人才合理地安排到合适的岗位上。

5.1 员工招聘概述

5.1.1 招聘概述

1.员工招聘的含义

员工招聘是指企业为了适应新的经营环境的变化，提升自身的业务能力和经营水平，在人力资源方面采取一些科学的方法寻找、吸引具备资格的个人到本企业来，从而选出适宜人员予以录用的管理过程。企业招聘员工的原因一般来讲有以下几种情况：

①新组建一个企业，为了满足企业的目标、技术、生产、经营需要招聘合适的员工；

②原有企业由于业务发展而人手不够；

③员工队伍结构不合理，在裁减多余人员的同时，需要及时补充短缺的专业人才；

④企业内部由于原有员工调任、离职、退休或升迁等原因而产生空缺。

2.招聘的特点

第一，应聘者往往注重的是应聘单位的文化氛围、组织环境、企业未来的发展趋势、企业是否符合和满足自身职业生涯规划的需求等方面，而没有将工资和福利放在首要位置上。如今的应聘者更加注重自我价值的实现。

第二，用人单位起到关键作用。如今的招聘工作起关键和决定作用的是用人单位，而不是人事部门。以前的用人单位是被动的，其仅负责接受人事部门的招聘人员安排，如今的用人单位直接参与到企业人员的招聘和录用工作中，具有主动权，招聘的组织、监督则由人力资源部门负责。

第三，如今在招聘工作中，用人单位不仅注重应聘者的专业技能和学历层次方面，还重视和关心应聘者的兴趣爱好以及日常活动等方面是否适合企业的发展方向和组织文化氛围。

第四，现代的招聘方式注重内外部途径，在从外部吸引和招聘优秀人员的同时，也注重内部人员的提拔和开发。内外相结合的招聘方式，使得企业招聘效率更高、效果更好。

第五，招聘具有双向选择性。招聘是一个双向选择的过程，既是用人单位选择和招聘应聘者的过程，同时也是应聘人员选择用人单位的过程。而成功的招聘工作则是用人单位与应聘者达成了共识。

3.招聘的原则

（1）公平公正原则

公平公正是招聘的首要原则，该原则可以促使企业招聘到更加优秀的员工，也可以为企业树立良好的形象。企业内部的管理者要想实现其在招聘和甄选过程中的公平公正，就要做好以下几个方面：

①将招聘岗位的名称、数量、条件、时间、选拔方法、录用的资格用布告的方式发布给社会，使得企业的招聘公开进行。

②对招聘各岗位的应聘者来说，竞争是一定存在的，但是这种竞争要公平，对所有的应聘者一视同仁，并在招聘过程中按照严格的程序挑选，按照一定的标准确定人员的优劣和人选的取舍。

③对于招聘结果，企业也要保证公平。如果企业不能对招聘过程和招聘结果予以公平的对待，应聘者会觉得企业暗箱操作，是在借助“公平的外衣”实现不公平的目的。这无疑会损害企业的良好形象，难以吸引优秀人才。

（2）双向选择原则

双向选择的意思就是企业在招聘应聘者的同时，应聘者也在考量企业的综合实力等一系列指标。所以说，招聘就是一个企业和应聘者之间的双向选择过程，而招聘的有效性则是通过企业和应聘者相互了解和平等选择来实现的。

（3）依法招聘原则

用人单位要以《中华人民共和国劳动法》《中华人民共和国劳动合同法》《中华人民共和国劳动争议调解仲裁法》等法律为依据，遵守有关招聘、录用的一切法律、法规、条例和规定。对于违反相关法律、法规者，要按照法律、法规规定的内容进行惩罚。企业在制订招聘计划时也要遵循相关法规，防止出现违背相关政策、法规的行为。

（4）注重效率原则

注重效率原则是市场经济下一切经济活动的内在准则。注重效率要求企业在招聘过程中降低招聘成本、缩短招聘时间、提高招聘效率，以最短的时间、最有效的方法招聘合适的人员。

(5) 因事择人原则

企业的招聘活动是在特定的时期、特定的地点、为某一空缺的岗位招聘合适的人员的过程，所以招聘不能随心所欲地进行，而是必须按照先前的规定行事。

①因为不同岗位、不同岗级对人员的能力和专业知识的要求是有差异的，不同岗位的员工胜任特征不同、工作难易程度不同，人员的工作能力和专业水平也不同，所以在招聘过程中，要选择适合空缺岗位的人员而不是选择综合能力优秀的人员，要做到人尽其才、才尽其用、人事相宜，这样才能更好地发挥人力资源的作用。

②按照预先设定的规则，确定招聘的程序和方法。在招聘过程中，要仔细分析组织的战略、文化、经济实力、岗位特征等因素，选择合适的招聘策略和方法，以招聘到合适的人员。

4.影响招聘的因素

招聘会受到很多综合因素的影响，企业招聘工作的成败不但受到组织内部环境的制约，也同样受到企业外部环境的制约。只有掌握和了解各个方面的情况，企业的招聘工作才能顺利进行。

(1) 组织的内部因素

①企业福利待遇。福利待遇对企业的招聘工作影响很大，企业的福利和工资越高，其内部的制度越合理，各方面的待遇越好，就越容易吸引优秀的人才，招聘工作越容易顺利进行。在我国，企业招聘面对的一个重要问题是招聘者的户籍，随着社会的不断进步，招聘者的户籍问题对招聘工作的影响虽然越来越小，但用人单位不能忽视这一因素的存在。

②招聘的成本和时间。招聘目标包括成本和效益两部分，由于招聘的各种方法实施与生效的时间不同，所以，成本和时间的限制也影响着招聘结果。企业对招聘活动投入资金的数额大小对招聘的结果和效果影响很大。充足的招聘资金可以使企业灵活地运用招聘方法，或是有更多的招聘方法可以选择，企业可以将充足的招聘费用用于做广告，将企业的招聘信息发布到报纸、杂志和电视上等。较少的招聘费用，则缩小了企业在招聘过程中的选择面，在招聘方法的选择上，企业只能选择费用较低的招聘方法，而有时费用较低的招聘方法会对企业的招聘活动产生不利影响。

除了招聘成本之外，时间也同样制约着招聘方法的选择。按照成本最小化原则，企业的招聘时段应选择在人才供应的高峰时期，应该尽量避免人才的供应紧张时段，这样就会大大提高企业的招聘效率。

③企业形象和号召力。企业的形象越好，号召力越强，其招聘活动越有效。这是因为较强的号召力和良好的企业形象会对招聘者产生积极的影响，也会使应聘者感受到对在该企业工作的兴趣，这就有利于企业招聘工作的开展。例如，企业形象较好、号召力也较强的美国思科公司在2009年《财富》美国500强中排名第57位，并第8次当选《财富》全球最受尊敬的企业。思科公司还获得了“2008年全球品牌百强”第17名的殊荣。

(2) 组织的外部因素

①政策、法规。国家的政策和法规在客观上限制了企业的招聘活动。例如，西方国家的人权法规定，在招聘信息中不能有优先招聘哪类种族、性别、宗教信仰、年龄的人员表示，除非这些人员是工作岗位的真实需要。

②劳动力市场。劳动力市场指的是实现人力资源有效配置的场所，而达成人力资源配置的目的则是通过劳动力的供给和需求相互选择来实现的。劳动力市场对招聘活动有两个重要作用：

一是市场的供求关系。在劳动力过剩的情况下，企业较容易开展招聘活动，或者说招聘活动能够更顺利地进行；相反，如果短缺的人才所引起的招聘费用和价格上升，就会迫使企业扩大招聘范围，这就使得招聘工作变得更加复杂，企业往往要花费巨大的代价来招聘一些高级的理想型人才。

二是市场的地理位置。从某一特定类型的劳动力供给和需求情况来看，劳动力市场可以是国际性的、国家性的、区域性的、局部性的。对于那些像文职人员、一般的生产工人等不需要很高技能的人员，可以在局部性劳动力市场上进行招聘；而像计算机程序员等需要具有更高技能的人员，则需要通过区域性市场来进行招聘。此外，专业管理人员由于需要了解和熟悉企业的环境、文化，因此，应该在国家和区域性劳动力市场上招聘。最后，对于一些如跨国公司的领导者、科学家等特殊人员，除了在国内招聘外，还需要在国际市场上进行招聘。

5.招聘的作用

(1) 有助于提高企业的知名度

企业在进行招聘的过程中会运用多种渠道，如广告、校园招聘、猎头公司、熟人介绍等。在这个过程中，用人单位将自身的信息和概况通过相关渠道公布到社会中，使得外界更加了解企业，企业的知名度也因此得到提升。

(2) 有利于企业内人力资源结构的调整和质量的提高

员工招聘以组织战略目标和战略计划为基础，企业要根据人力资源的具体情况和空缺岗位的状况以及企业内岗位的结构来确定对应聘人员的具体要求，在规定的、合适的地点和时间招聘合适岗位的员工，从而按照预先的计划招聘和录用人员。企业可以通过自身的经营情况控制和调节岗位的人员数量和类型，按照企业的需求调整人力资源的结构，提高企业人力资源的总体质量和水平。

(3) 有助于提高企业的管理效率

企业的招聘活动是需要一定的成本和费用的，这些成本、费用主要用于组织招聘活动、招聘宣传、录用等程序（环节）。用于这些程序的成本、费用都有助于企业招聘到高效率的优秀人才；反过来说，效率高的人才能够确保企业落实人力资源计划，提高企业的经营效率和整体实力。

(4) 有利于员工自身能力的发挥

企业的招聘工作能够为应聘者提供一个竞争工作的机会，应聘者在竞争过程中会发挥自己的主动性和能动性，力争在竞争中脱颖而出，从而有利于企业招聘的顺利完成。企业可以通过招聘活动招聘和吸引更多的人才和合适的人员，这样可以大大降低员工离职的概率。此外，应聘者通过应聘能更加全面地了解用人单位，并结合自身的职业生涯规划确定用人单位能否满足自身未来发展的要求。

6.招聘的程序

招聘的程序包括制订招聘计划、发布招聘信息、应聘者提出申请、接待和甄别应聘者、发出录用通知书、对招聘活动进行评估。

（1）制订招聘计划

制订招聘计划的工作应该由人力资源部门负责。计划的具体内容为：确定招聘计划的目的，规定并描述应聘岗位及应聘人员的条件、标准，明确招聘对象的来源和基本情况，计划并确定招聘信息的宣传方式，明确本次招聘工作的招聘人员和参与面试的人员，确定招聘的时间、地点以及招聘和录用的新员工进入公司的时间等。除此之外，还要确定招聘的成本和经费。

（2）发布招聘信息

发布招聘信息指的是运用各种宣传和传播工具发布有关招聘岗位的相关信息，以此来吸引和鼓励优秀的人员参加应聘。在发布招聘信息时，有以下几点注意事项：

①信息发布的时间。为了节约招聘时间，用人单位应该及早发布招聘信息，使更多的人获取有关应聘的信息，从而增加应聘者数量。

②招聘对象的层次性。用人单位需要招聘的人员几乎都集中于某个特定的地区或层次，这就需要用人单位根据应聘岗位的基本情况和特定的要求向某一特定层次的人员发布招聘信息。例如，若招聘土木工程方面的专业人才，可以在有关建筑专业的杂志上发布招聘信息。

③信息发布的范围。招聘对象的范围往往决定用人单位招聘信息的发布范围，若想接收招聘信息的人员增多，用人单位就需要将招聘信息广泛地发布。用人单位招聘信息发布范围的广泛能够使前来应聘的人员增多，录用人员的比例增大。但是，大范围发布招聘信息也会增加一定的招聘费用。

（3）应聘者提出申请

应聘者提出申请的这个阶段是从应聘者角度来谈的。应聘者提出申请的方式有两种：一是直接在网上或者是到用人单位直接填写应聘申请表；二是应聘者获取招聘信息之后，再向招聘单位提出应聘申请。无论应聘者采用哪种应聘方式，都需要提交以下几种材料：

①身份证原件及复印件；

②个人简历，着重说明技能、工作经验、个人品格、成果、学历等信息；

③各种证明原件或复印件，如曾获得过的奖励及各种学历的证明；

④应聘申请表，其中需要说明的是应聘者申请的职位。

（4）接待和甄别应聘者

这个阶段是对招聘选出来的应聘人员的选拔。此阶段具体包括的环节有：

①审查应聘申请表；

②根据应聘者的基本信息初步筛选出部分应聘者；

③与初步筛选出的人员进行面谈，并进行相应的测验；

④进行第二次筛选；

⑤安排第二次筛选出来的人员与用人单位的主管或高级管理人员进行谈话；

⑥最终确定合格的人员；

⑦通知录用人员做体检。

值得注意的是，在员工的选拔过程中，一定要客观与公正，尽量减少面谈中各种主观因素的干扰。

（5）发出录用通知书

应聘者在通过上述阶段之后，用人单位与录用者签订正式合同，并正式通知录用者上班。通知的内容具体包括录用者开始上班的具体时间和地点，以及上班后应该向谁报告。

（6）对招聘活动进行评估

评估招聘活动是招聘工作的最后阶段。这个阶段主要的工作内容包括对本次招聘活动的总结和评价，并对本次活动中收到的所有资料进行整理和分类。评价的指标主要包括对录用人员的评估以及对招聘成本的核算，这两类指标的衡量标准就是招聘的质量和成本。例如，在一次招聘工作中，在招聘成本和费用较低的情况下，招聘到质量高的人员，就说明这次招聘具有很好的效果。

案例链接5-1

某石化企业的招聘

某石化企业成立于1983年9月，主要从事石油炼制及烃类衍生物的生产、加工和销售，是大型石油石化企业的全资子公司，目前国内最大的纯苯、对二甲苯、邻二甲苯、PTA、乙二醇、丁二烯和环氧乙烷生产供应商之一。经过30多年的持续高效健康发展，成功收购多家企业，投资建立7家合资企业，已成为我国重要的石化生产基地。

该公司的人力资源部针对空缺岗位，面向公司内外开展招聘活动，以下是公司的招聘活动流程：

（1）做好招聘计划

公司的人力资源部首先对岗位进行调查，了解公司的空缺岗位和所需人员，并基于此做好招聘计划，本着符合企业长期发展的原则来招聘合适的人员。

（2）为了吸引更多的招聘者，做好招聘的宣传工作

公司通过别出心裁、内容新颖的广告吸引大量的优秀人员前来招聘。广告的内容为：公司要求应聘者“充满爱心，乐于助人，工作勤奋，有敬业精神”，而广告抬头为“招聘：人力”。这个新颖的广告，吸引了1 500多人前来应聘。

（3）注重公司的内部招聘和选拔

公司行政管理人员的空缺岗位，主要以内部招聘为主。在公司招聘主管的安排下，分配给公司内部选拔出来的人员去招聘相应人员的任务。这些内部选拔出来的人

员具有丰富的工作经验，非常熟悉和了解公司内部的运作、经营，加之自身在公司分配的任务中取得了一定的成就和成绩，安排他们做招聘工作能够取得很好的效果。

（4）以智商和情商为招聘的拟定标准

智商是做好工作以及有效沟通的前提条件，在招聘过程中，该公司非常注重对应聘者智商的测定。智商的测定方法有很多种，既可以通过考试也可以通过智力测验等方式测定。情商则是处理人际关系的重要因素，测定应聘者的情商主要是为了了解其情绪稳定性，这也是其能够有效工作的重要前提。测定情商的方式主要有面谈、性向测试等。除此之外，在招聘的过程中该公司还通过角色扮演法、个案模拟法来了解应聘者的道德感和道德记录，以防患于未然。

（5）招聘结束后的管理

在招聘结束后，公司的主管或者是负责招聘工作的员工会给没有被录用的应聘者回电，电话的内容主要是对他们抽出时间来公司面试表示感谢。此外，还要通知已经被录用的人员在体检符合标准后参加新员工的培训工作。

5.1.2 有关甄选的概述

1.甄选的含义

人员甄选是指运用各种科学的方法和手段，系统客观地测量、评价和判断应聘者与工作相关的知识和技能、能力水平及倾向、个性特点和行为特征、职业发展取向及工作经验等，根据既定的标准对应聘者进行选择，从而做出录用决策的过程。人员甄选活动涉及社会学、管理学、心理学及统计学等多门学科知识，必须综合利用各学科的理论、方法和技术对众多应聘者进行系统、客观的测评，判断应聘者的任职资格和对工作的胜任程度，才能够做出最终的录用决策。

人员的招募和甄选是两个不同的、相互独立又密切相关的过程。招募是甄选的前提和基础，而甄选则是招募的目的。招募工作直接影响着甄选的结果和效率，招募主要是利用宣传手段扩大其影响，并吸引大量的应聘者前来应聘，为之后的甄选提供对象。

2.甄选的内容

传统的甄选是对应聘者进行测试，而战略性的甄选则与员工的未来发展相结合，体现在对应聘者潜能的测试上。人员的甄选依据并不单单指应聘者的工作经历和学历，更加关心的是应聘者是否具有岗位胜任能力，是否具备处理事务的实际能力，且是否可以适应企业的长远发展。所以，企业对员工进行甄选的内容包括：

（1）知识

知识分为普通知识和专业知识。普通知识指的是与对事物的常识性的基本认识有关的知识，专业知识则指的是与职位和岗位相关的特殊知识。在进行招聘和甄选的过程中，招聘者更加注重的是应聘者的专业知识。对应聘者知识的把握应该分为三个层次，即记忆、理解和应用。而对应聘者的甄选，不应单单依靠知识的把握程度，还要运用一些别的方法对其进行测试，这样会更加全面。

（2）能力

能力指的是能够引起员工绩效差异的个人的心理特征，一般分为一般能力和特殊能力。对一般能力的测量主要运用的是专门设计的量表；而对专业能力的测量通常采用实操方法，具体包括起草一些公文、速记等。

（3）性格

性格是每个人为人处世的一种独特的风格。性格具有稳定的特征，这些特征也决定着这个人在处理事务等方面所展现出的一些特定的行为。测量一个人的性格的主要方法是投射测量或自陈式量表。

（4）动力因素

员工能否取得很好的成绩，不仅仅取决于其能力水平、专业知识水平，还取决于员工对他的工作是否满意，是否有一定的动力将其做好。员工的动力主要来自企业高层管理人员的激励，激励若正好符合员工的需求，那么员工的动力就会大大增加，对工作的热情也会有很大的提升。而最具动力的因素是价值观，拥有不同价值观的员工对待事物的态度是不一样的，且对企业文化的营造效果也是不同的，所以企业在进行招聘的过程中，有必要对员工价值观的动力因素进行测试。

3.甄选的意义

（1）降低人员招聘的风险

企业在进行招聘的过程中，可能会出现一系列录用决策的错误，主要的形式有错误的选择和错误的拒绝。而对企业而言，做出错误的选择和错误的拒绝都会给自身带来一定的损失。错误的选择指的是企业聘任了实际素质很低、能力很弱的应聘者，这就会使企业面临损失，其安排的工作员工也可能完不成。错误的拒绝指的是用人单位拒绝了综合素质较高的人员，这给企业带来的风险更大，也会造成经济等方面的损失。

（2）增强企业核心竞争力

市场中的竞争是各个企业之间竞争的综合表现，但归根结底，无论是宏观上市场的竞争还是中观层次的企业之间的竞争，都是人才的竞争。企业若想在市场竞争中脱颖而出，就需要拥有具备核心竞争力的人员，这样企业才会有一定的优势，才会在市场中屹立不倒。

（3）有助于人员的安置和管理

企业在对应聘者进行招聘的过程中，通过对应聘者的认识和了解，可以知晓应聘者在各个方面的素质，并了解他们的优势和劣势，这样在安排人员或进行人员分布的时候就会有所依据。企业要根据应聘者的特点，将其安置在符合其特点的相应岗位上，这样有助于在今后的管理过程中，根据员工的特点实施管理。

（4）为员工的职业生涯规划提供依据

现如今，企业的发展不仅仅是企业本身的发展，还包括员工的发展。所以，企业在进行招聘的时候，要将眼光放远，不要光看员工的眼前实力，还要看他的潜力以及与应聘岗位的契合程度，预测员工未来发展的可能性。

4.甄选的程序

（1）接见申请人

根据企业空缺岗位的基本条件和需求，对应聘者的条件进行筛选，若符合应聘的资格，那么就可以办理登记，企业也应该给应聘者发放岗位申请表。

（2）填写岗位申请表

为了获得应聘者的基本资料，企业要为应聘者发放申请表由其填写，申请表的具体内容有：

①申请的岗位名称。

②个人基本情况。其包括姓名、性别、住址、电话、出生年月、籍贯、婚姻情况、人口、住房情况等。

③学历及专业培训情况。其包括读书和专业培训的学校校名、毕业时间、主修专业、证书或学位等。

④就业记录。其包括就业单位名称、住址、就业岗位、工资待遇、任期、职责摘要、离职原因等。

⑤证明人。其包括证明人姓名、工作单位、电话等。

在设计申请表的时候，值得注意的是，申请表中的内容要能够体现应聘者的有关工作表现，见表5-1。

表5-1 **岗位申请表**

申请职位： 填表日期： 年 月 日

姓　名		性　别		年　龄		出生日期	
籍　贯		民　族		身　高		体　重	
学　历		职　称		健康状况		婚姻状况	
毕业院校				所学专业			
第一外语		级 别		第二外语		级 别	
联系方式				身份证号			
期望工资		上岗时间			其他要求		
所受教育	起止时间	学校名称		专　业		学　历	
工作经验	起止时间	公司名称		所担任职务		相关证明人	
参加的培训	培训机构	培训时间		培训内容		所获得的相关证书	
所受过的奖励及处分							
兴趣和爱好							
个人特长及自我评价							

（3）初步面试

初步面试是面试的第一个阶段，即面试官与应聘者进行简单的面对面的交谈，以了解应聘者的基本信息，主要包括应聘者的言谈举止、教育水平、专业技能和文化知识、工作经验和自身的兴趣爱好。

（4）测试

对应聘者的测试方法有很多，早期的测试主要有笔试、面试，而如今的测试主要有认知能力测试、情景模拟测试、人格测试、兴趣测试等几种。考查者通过对应聘者的相关表现，判断应聘者的综合素质和能力。

（5）诊断面试

对初步面试成功的人员来说，之后可以进入诊断面试阶段。诊断面试也可以说是深入面试，通过考查者与应聘者深入的交谈，了解应聘者的进取心、适应能力、人际关系能力、对待工作和生活的态度、处理事务的能力和应变能力等。

（6）审查背景和资格

通过上述五个阶段的人员，基本上就算是筛选出来的合格的应聘者。对于这些筛选出来的应聘者，人力资源部门要对其背景和资格进行审查，审查的内容主要包括应聘者的工作经验证明、学历证明、各种证书的证明等，可通过查阅人事档案或向应聘者过去的学习、工作单位调查其各方面的情况。

（7）有关主管决定是否录用

对于上述合格的应聘者，人力资源部门会将这些人员的名单直接交给公司的主管，由主管决定录用谁。也就是说，主管是最后的录用者，具有决定权。

（8）体格检查

被录用的人员不能直接进入公司工作，而是要先进行体检。通过体检结果，判定应聘者在体能等方面是否符合应聘岗位的要求。如果不符合，企业将不会录用这些人员；如果体检结果符合应聘岗位的要求，那么企业将直接给应聘者发放录取通知书。

体检程序之所以放在最后，是因为在大批不合格者被淘汰之后，只对拟录用者进行体检，可以大大节约费用。

（9）安置、试用和正式任用

通过上述程序后的应聘人员就是最终的被录用人员，被录用人员到公司报到后，企业应将其安置在应聘的岗位上，让其进行工作。工作初期，公司的管理人员应该观察新入职的员工的工作表现和工作热情，判断其是否适合或能否胜任这个岗位。这个入职初期也就是现在公司所谓的试用期，试用期没有固定的期限，可根据国家法律法规、公司的制度、工作的难易程度和性质来确定试用期的长短。在试用期结束后，若应聘者合格，那么则转为正式员工。

上述程序不是绝对的。由于企业规模不同、工作要求不同，因此采用的甄选程序也会不同。企业规模小、空缺岗位简单的员工甄选，就不一定有笔试程序，而主要采用填写岗位申请表和面试等程序。

5.人员甄选的发展

（1）更加重视人与组织匹配度的考核

企业内员工的绩效水平不仅仅取决于员工的工作能力和文化知识，还取决于人员与岗位的契合程度。所以说，企业在进行人员招聘和甄选的过程中，要注重应聘者的个人素质与企业文化的契合程度，如应聘者的价值观与企业文化的一致性，而不应仅关注应聘者的能力与工作要求的一致性。

（2）选拔方法的有效性开始受到重视

在对应聘者进行测试的所有方法中，只有人格测试和心理测试有信度和效度指标，其他方法都没有严格的指标程序，也没有对方法的信度和效度的严格测定，致使有的测试方法缺乏一定的可信性，也没有很高的效率。而如今，考查者已注意到这个问题，对测试方法的信度和效度越来越重视，人员甄选也有了一定的发展。

（3）重视测评方法的本土化

对应聘者的测试需要一定的方法，而方法的使用和结果的评定都需要科学的检测和验证工具，这些工具不能出现误差和偏差。科学的、进步的工具目前都来自西方的发达国家，我国及其他一些发展中国家在这些方面还需要进步。此外，引进的西方的科学工具对中国环境的适应性还需要进一步检验。

（4）更加注重应聘者的综合素质及学习能力

企业在进行人员招聘的过程中，如果只是为了填补空缺的岗位，那么这种眼光是短浅的；如果仅仅从填补空缺岗位的角度来招聘员工，那么对企业和应聘者未来的发展都是不利的。这不仅不能够满足企业长期的良好发展的需要，而且不符合员工长期的职业生涯规划。所以，企业应该根据自身的文化、经营状况、环境氛围以及未来的发展方向和趋势，招聘符合本企业文化、能够更好地融入企业环境中、能够适应企业未来发展的有潜力的员工。所以在招聘员工的过程中，更多的是重视应聘者的个人品质和潜在的能力等。此外，更要关注具有特殊技能和知识的人才，这些人往往具有非凡的创造力和工作激情。

案例链接5-2

金融供给侧结构性改革背景下的人才需求

随着新时代下金融供给侧结构性改革的不断深入以及互联网金融的大力发展，新金融业态下拥有专业金融知识的专门人才与拥有丰富行业知识的通用人才是否会影响青年人才的发展？这种需求对于金融企业的招聘会带来什么影响？带着这些问题，研究者们以某国有金融公司为研究对象展开研究。

案例企业是某国有大型金融公司，属于中央直管金融企业，也是世界500强企业。2017年，集团公司合并营业收入达8 125.48亿元，合并总资产达到3.6万亿元。该公司目前拥有银行、投资、保险三大金融业态，共有职工189 610人。

研究者们对相关的研究对象进行了问卷调查，问卷填写对象以基层管理者与普通员工居多，平均工作年限在7年左右。由于青年人才发展主要体现在工作能力等方面，研究者们通过操作化为绩效考核成绩进行测量，并将其划分为三个等级："您的绩效考核成绩为（1=绩效差；2=绩效良；3=绩效高）。"

最后，运用SPSS 22.0进行数据分析，建立Logistic回归模型，得到具体的回归结果见表5-2。

表5-2 Logistic回归分析结果

变量	B	S.E.	Wald	显著性
绩效差	-2.570	1.383	3.452	0.063
绩效良	1.012	1.379	0.539	0.463
是否金融相关专业	-0.849***	0.137	38.274	0.000

注：①绩效考核成绩的参照组为"绩效高"。

②***表示 $p<0.001$ 时差异显著。

由表5-2可知，"是否金融相关专业"通过检验，与logit P之间的线性关系显著，说明采用该模型是合理的。

通过实证研究，研究者发现：非金融专业对青年人才发展有显著的正向影响。在其他变量不变的情况下，所学专业为金融的人员相比所学专业不是金融的人员，考核结果为低档次的发生比为高于该档次的发生比（或发生比之和）的0.428［exp（-0.849）］倍。这意味着非金融专业的人员绩效考核成绩更高。

随着新时代下金融供给侧结构性改革的不断深入、金融一体化的要求以及互联网金融的大力发展，新金融业态下金融人才的需求已经由传统的专门人才向通用人才转变，对金融人才的要求已经不再局限于仅仅拥有专业的金融知识，更应按照宽口径、厚基础的方式拓宽金融人才的知识面，这些知识包括大数据+金融、互联网+金融、人工智能等。这种通才化的人才需求，恰恰反映了金融业在供给侧改革中对人才的要求。因为经济新常态下，金融业的技术变革和革新首当其冲，如果不能将大数据、人工智能、互联网等新技术与金融技术有机结合，金融企业将在竞争中落伍，市场如战场！那些能将金融知识技能与新技术有机结合的人才能够较快地回应客户对金融行业的产品和服务的新要求，解决新问题，这些人才在绩效考核中将得到更高的成绩，因而在未来获得更好的发展。

资料来源 徐明，等. 国有金融机构青年人才稳定与发展的影响因素实证研究［J］. 中国青年社会科学，2019（5）.

5.2 招聘的途径与方法

企业招聘甄选的途径有两个，即内部途径和外部途径。企业可以依据人力资源计划中一定时期内企业所需的人员数量以及对应的空缺岗位，决定采用哪种途径甄选人员来填补空缺岗位。与此同时，企业内的招聘人员可以对内外部的招聘途径进行对比，采取最有效的方法加以利用，争取在保障人员质量的前提下，以最低的成本进行招聘。

5.2.1 内部招聘

1. 内部招聘的途径

（1）内部调用

内部调用指的是在相近或相同的级别间进行人员的调动以保障对企业空缺职位的及时补充。内部调用的优点是员工可以有更多的发展和实习机会，也能够加强员工在不同部门的适应能力，同时降低了企业招募的风险，也降低了企业招募的成本。员工可以培养更多的兴趣且掌握更多的技能，这也在无形中增强了企业的竞争能力。

（2）岗位（工作）轮换

岗位轮换指的是多次的内部调用，具体是指人员每隔一段时间更换一个工作或岗位类型，通过在不同岗位的轮换，学习多种技能。

（3）内部晋升

通过调查可以发现，90%以上的企业都是通过内部晋升的方法来解决职位空缺的填补问题的。所以说，在企业中的职位有空缺的情况下，企业通常优先考虑通过内部晋升来填补空缺。这不但解决了企业的困难，也有利于充分调动企业内部员工的积极性、形成对企业的认同感，实现企业与员工的共同发展。由于企业与其内部员工双方互相都有较深的了解，所以采用内部晋升的方法可以大大降低招聘带来的危机感。但这种方法也是有一定弊端的，采用这种方法虽然可以鼓舞员工士气，但是没有获得晋升的员工容易出现士气低落的现象，而最大的弊端则是企业的“近亲提升和繁殖”。

2. 内部招聘的方法

（1）推荐法

推荐法是指由熟悉的人介绍合适的人员，并经过人力资源部及用人部门进行考查和选择的方法。运用这种方法更容易成功，原因在于被推荐者与企业之间彼此都熟悉。推荐法的优点在于推荐人比较了解候选人的能力，其推荐具有一定的可靠性，企业对被推荐者的认同度也很高。推荐法的缺点在于推荐容易受到主观因素的影响，也可能会存在“近亲繁殖”的问题，有的时候推荐人不愿意将本部门的优秀人才调到其他部门，这样会影响部门和企业的实力。

（2）布告法

采用布告法的目的是让员工了解企业空缺的职位情况，让员工感受到企业招聘的公正性与透明性，这有利于鼓舞员工的士气。布告法是在明确了企业的空缺岗位及其基本信息、职责等之后，以布告的形式将这些信息展现在海报、内部报刊上，使员工了解企业空缺岗位的相关信息。布告法通常用于对普通职员的招募。其优点是鼓舞员工的士气，使得企业招聘透明化和公正化，为员工提供更多的选择，也防止了部门内优秀员工的流失。其缺点是花费的时间太长，会影响企业的正常运营。

（3）档案法

企业可以通过查阅员工的档案，了解员工的基本信息和专业能力，找到和空缺岗位相匹配的员工。由于档案对员工的职业生涯有重要作用，所以在记录档案时，要注意全面详细地记录员工的能力信息。

3.内部招聘的优点

（1）适应较快

企业内现有的员工更加了解企业的运营模式和基本现状，所以内部招聘比外部招聘来的员工能够更好地适应新工作的环境和内容。

（2）费用较低

内部招聘可以从广告费用、应聘人员的差旅费用等多方面节约开支，同时也省去了企业对应聘者的培训费用。由于内部招聘可以增强员工的组织认同感和归属感，所以避免了企业招聘不当而造成的间接损失。

（3）激励性强

企业的内部招聘可以为企业内的员工提供更多的发展机会，这就大大激励了员工的工作动机，也增强了员工的组织归属感和认同感，鼓舞了企业内员工的士气，有助于营造企业良好和积极的工作环境和氛围。

（4）准确性高

由于企业对其内部员工的性格、专业能力、工作绩效有充分的了解和比较客观、准确的认识，因此内部招聘也提高了企业招聘的可信性和有效性。

4.内部招聘的不足

（1）容易造成“近亲繁殖”

由于同一组织有相同的文化背景，所以处于同一组织中的员工在长期的工作中，可能会抑制个人的创新，而趋同于组织，尤其在组织内，一些管理人员是由基层员工不断地晋升上来的，所以组织缺少一些新的思维和新的观念，这使得组织内的文化思维僵化，有碍于组织的长远发展。

（2）内部招聘可能会出现任职者不能胜任岗位的现象

（3）内部招聘有时也不经济

企业内部招聘用以填补空缺岗位的员工以及被提拔的员工需要进行一定的培训，所以会产生一定的培训费用，从这个角度来说，内部招聘不一定会节省企业的费用，反而会更加不经济。

（4）可能会出现裙带关系

裙带关系的危害如下：容易滋生组织内的“小群体主义”，容易引发组织内的争斗，从而导致削减企业实力和员工动力的现象发生。

（5）对组织产生不利的影响

企业的内部招聘需要经过内部员工的竞争，被录用的人肯定是竞争中的一小部分，竞争失败的员工会士气低落、心灰意冷，这不利于企业内的团结；各个部门为了争抢优秀的人才，会出现挖人才的现象，这并不利于各部门的协调工作。同时，内部招聘更加注重资历而非实力，所以会导致人才的流失和埋没，也会使得普通员工的职业生涯规划出现一定的障碍，这都在无形当中削弱了企业的实力。

5.2.2 外部招聘

1.外部招聘的途径

企业对人员的聘用主要利用报纸、广告、网络或电视等途径。在媒体上发布有关招聘的信息，就会吸引需要应聘的人员。而广告的选择则与企业所处的地理位置和所涉及的行业有关，且招聘的层次也是依据招聘的专业和招聘者的管理能力。通过广告发布招聘信息需要注意两个问题：第一个是需要精心策划广告的内容，使其新颖，达到能够广泛吸引人员前来应聘的水平；第二个是怎样对媒体进行选择。一般来说，报纸发行的频率高，适合招聘大量的人员，但报纸是分地区的，所以说，在选择报纸时要注意发行地的问题。利用电视、广播等发布招聘信息的方法很能吸引人们的注意，但是成本很高，也缺乏一定的持久性。近些年逐渐兴起的网络招聘使得招聘信息的宣传更加快捷，也能够取得一定的效果。

2.外部招聘的方法

（1）人才中心和人才招聘会

如今我国很多城市都有专门设立的人才中心，人才中心的作用就是为企事业单位提供相应的服务。应聘者将自己的信息和简历储存在人才中心，这样用人单位有岗位空缺时，就可以通过人才中心的资料库查询能够胜任相应岗位的人才。同样，人才中心会举办招聘会，通过招聘会将应聘者集中起来，可以实现用人单位和应聘者面对面的交流与洽谈。通过人才中心和人才招聘会这种方法可以节省招聘成本，用人单位在招聘时针对性强，有更大的选择余地；同时，还可以通过这种方法宣传企业，树立良好的企业形象。

参加招聘会的主要程序包括：

①准备展位。用人单位应选择一个好的位置，并设计一个新颖、能够吸引人的展台吸引应聘者前来应聘。在制作展台时，要请专门的设计公司帮忙设计。用人单位可在展台播放企业的宣传片，还可在展台旁安排专门的企业咨询人员，这样能够更好地与应聘者交谈，帮助其更加充分地了解企业。

②准备设备和资料。在进行招聘时，需要电视机、投影仪、照相机等设备，也需要应聘申请表和有关企业的宣传资料。这些都应该事先准备好，以防到时候手忙脚乱。

③招聘人员的准备。招聘人员最好是用人部门或人力资源部门的员工，招聘会上的所有人员都应该事先做好充分的准备，包括事先想好应聘者可能会问的问题等。此外，参与招聘工作的所有招聘人员都要着正装，做到仪表大方。

④联系沟通方。关于与沟通方的联系工作，应在招聘会之前就完成，这些沟通方包括各高校的招生就业处、后勤集团等。在与沟通方联系和沟通时，应提出需要沟通方帮助的事宜，还要了解沟通方的一些需求，使双方都做好准备工作。

⑤招聘会的宣传工作。招聘会的宣传工作可以通过媒体广告、网络等方式开展。若在校园进行招聘，可通过在校园内张贴布告等方式进行宣传。

⑥招聘会后的工作。招聘会后的工作主要包括整理应聘者的简历、与被录用者和未被录用者联系、通知相关事宜等。

用人单位和应聘者可以直接进行交流，这样会节省很多时间。随着人才市场的日益完善，洽谈会呈现出向专业方向发展的趋势。例如，有应届生双向选择会、高级人才洽谈会、信息技术人才交流会等。通过招聘洽谈会，用人单位可以了解人力资源的走向，也可以了解同行业人力资源的需求。值得注意的是，用人单位想要招聘高级人才还是有一定困难的。参加招聘洽谈会要注意以下三个方面：①选择合适的招聘会；②参加招聘会时要提前做好准备；③对招聘人员的要求。

此外，参加招聘洽谈会应该关注的问题还有：

①收集相关信息。这些信息主要包括哪些单位参加招聘洽谈会、招聘洽谈会在哪里召开、招聘洽谈会的档次、招聘洽谈会的规模。

②了解招聘洽谈会的对象是否符合本企业的要求。举例说明的话，就是如果招聘单位招聘计算机专业的相关人才，而招聘洽谈会的对象是社会学专业人才，则招聘洽谈会的对象就不符合公司的用人要求。

③注意和了解招聘洽谈会的组织者。招聘洽谈会组织者的社会地位、社会影响力以及处理事务的能力都会影响招聘洽谈会的效果和参加招聘洽谈会的人员情况。

④招聘洽谈会的宣传。招聘会上，可以了解参加招聘洽谈会的企业，如果本企业和参加招聘洽谈会的其他企业相比，实力等各个方面都很逊色，那么则不要与其他企业竞争，因为成功的概率很小。与此同时，本企业可以设计特色的招聘洽谈会吸引其他应聘者前来应聘。

（2）媒体广告

媒体广告的方法就是用人单位将本单位空缺岗位的招聘信息发布在杂志、电视、报纸、网络等媒体上进行宣传。招聘信息应该包括招聘的范围，组织的基本情况，薪资与待遇，招聘的职位、数量和基本条件，报名的时间、地点、方式以及所需的材料等。广告的内容不仅要设计新颖，还要告诉应聘者招聘单位的用人要求及能为应聘者带来什么。媒体广告的招聘方法有很多优点，如应聘人员数量多、层次丰富，信息传播覆盖面广、速度快，组织的选择余地大，容易鲜明地体现组织形象，且用人单位较容易招聘到素质较高的、合适的员工。媒体广告的招聘方法的缺点为：广告费用较高、招聘时间相对较长、对应聘者的筛选更加耗时。发布广告有两个关键性的问题：一是广告内容如何设计；二是怎样选择广告媒体。

（3）员工推荐

企业内的员工和熟人推荐也是企业招聘人员的有效方法之一。这种方式的优点在于熟人和企业内的员工对被推荐者更为了解，被推荐者鉴于推荐人的关系会更加努力地工作。此外，员工推荐的方式可以节约公司招聘的成本。但员工推荐的方式也有一定的缺陷：由于推荐者与被推荐者互为熟人，可能被推荐者被录用后，与推荐者形成组织中的裙带关系，不利于公司内规章制度的实施。员工推荐的方式适用于企业一般员工以及专业员工的招聘，保障了应聘人员的可信任度。

(4) 校园招聘

校园招聘是大专、本科及以上学历的应届毕业生在学校举办的招聘会上应聘的一种方式。因为学校是人才的集中地，也是用人单位获取优秀的人力资源的重要基地。校园招聘的形式有很多，主要包括：在校园内举办的招聘讲座、毕业生招聘会、招聘张榜公示等。校园招聘的优点在于：大学生利用其活跃的思维能够为企业带来新的想法和技术，还可以为企业提出新的管理理念和企业运行方式的建议，这有利于企业创新能力的提升，也有助于企业的长远发展。此外，校园招聘可以招聘到高质量的优秀人才，有些大学生虽然缺乏一定的社会经验，但具有很大的潜力。虽然校园招聘的方法很多，但其也有一些缺点：由于大学生长期在校园内学习理论知识，缺乏一定的社会经验，实操部分的技能欠缺，所以组织需要花费较长的时间为应聘大学生组织入职培训。这无形当中就提升了招聘的成本，也耗费了大量的时间；对刚刚步入社会的大学生来说，由于实操技能不强、专业技能不够熟练、社会经验不足等，需要一段时间的适应和调整，无法及时满足用人单位的用人需求；由于大学生没有明确的职业生涯规划，对社会上的工作举棋不定，调查显示，大学生首份工作的离职率是很高的，这就给企业带来了人才流失的风险。采用校园招聘方式时，要注意以下几个问题：

①部分大学生就业时会出现脚踏两条船的现象。有的大学生由于刚刚步入社会，对自身的职业规划还没有清楚的认识，或者是有几个或多个有意向的工作；有些大学生还有意向考研或者是出国，一旦决定出国或考上研究生，这些大学生就会放弃工作。所以在进行校园招聘之前，要先说明情况，了解应聘大学生的求职意向和方向，并制定相应的制度和规定，尤其是违约的规定。另外，用人单位要做好两手准备，以免大学生跳槽放弃工作后给本企业造成一定的损失。

②大学生缺乏对自身的正确评价。用人单位在进行校园招聘时，要及时纠正大学生错误的就业认识和想法。

③要了解有关大学生就业的政策。国家在大学生就业方面有一定的政策，每个院校也有大学生毕业的相关规定。所以用人单位一定要先了解这些政策和规定，以免大学生由于受政策的制约不能按时到公司报到，给用人单位造成损失。

(5) 猎头公司

猎头公司是“Head Hunter”的直译，是近年来为满足高级应聘者的应聘需求和适应企业对高级人才的需求而发展起来的。高级人才对企业的贡献非常大，但是用人单位很难通过传统的招聘方式招聘到高级人才。猎头公司会建立自己的人才信息库，能为企业提供素质高的人才。企业通过猎头公司招聘到优秀的人才，是要付一定的费用的。猎头公司收取的费用一般是其所推荐的高级人才年薪的25%~35%。猎头公司对用人单位和求职者的了解非常细致，对人才的有效信息掌握得也很全面。所以，通过猎头公司招聘高级人才的成功率是很高的。

(6) 网络招聘

网络招聘是一种新兴的招聘方式，用人单位将本单位的招聘信息发布到网络上，通过网络公告将招聘信息公之于众，让应聘者及时、方便地了解招聘信息。网络招聘由于具有覆盖面广，传播速度快，费用低，不受时间、空间的限制，联系快捷方便，供需双方选择余地大，时间周期长等优点被用人单位广泛采用。但网络招聘也有一定的缺陷，如对应聘者信息的筛选较为烦琐，容易鱼龙混杂，难以招聘到高级人才等。

表5-3是外部招聘方法的比较。

表5-3 外部招聘方法的比较

招聘方法	工作类型	速度	地理区域	成本
熟人推荐	所有	快	所有	低
求职者毛遂自荐	所有	快	所有	低
广告	所有	快/适度	所有	适度
公共就业代理机构	蓝领工人	快	所有	低
	白领职员	适度	当地	低
私人就业代理机构	销售职员	适度	所有	适度
	技术人员	快	所有	高
	低层管理人员	快	所有	高
	白领职员	适度	所有	高
猎头公司	经理	慢	全国性/地区性	高
校园招聘	大学毕业生	慢	全国性/地区性	高/适度

3.外部招聘的优点

（1）由于应聘者来源较广，所以用人单位挑选人才的余地很大，较容易招聘到优秀人才，特别是综合性较强的人才。同时，外部招聘还可以节省一些业务培训费用，降低招聘成本。

（2）产生“鲶鱼效应”。用人单位通过外部招聘挑选合适员工的做法在无形当中会使现有员工产生危机感，给他们带来压力；同时，也可以激发他们的潜能和斗志，激励他们更加热爱本职工作。

（3）企业选择外部招聘方式的时候，会利用媒体广告等发布招聘信息，这就为企业提供了与外部交流的机会，能为企业树立良好形象提供条件。

（4）有时候会缓解企业内部人员竞争的紧张关系。企业进行招聘的原因是有空缺岗位，急需能够胜任空缺岗位的人来工作。由于用人单位的空缺岗位有限，而前来应聘的人却很多，这就形成了强烈的竞争关系。但是不良的竞争关系会导致竞争者之间的钩心斗角，甚至相互拆台。若某个人被提升或被提拔，其他人就会出现不满情绪。而通过外部招聘的方式招聘员工可以使内部竞争的员工达到一种心理平衡，消除企业内不团结的局面。

（5）避免企业内部的员工形成派系。由于内部人员的晋升和提拔是通过企业的高管直接选拔实现的，所以在选拔的过程中，高管可能会选择自己亲近的人员或是亲属，这样就会形成一种派系。而通过外部招聘的方式招聘人员，则避免了企业内部员工形成派系的现象。

（6）企业通过外部招聘的方式招聘人员可以为自身补充新鲜的血液，更加有利于创新精神的注入，且能够为企业带来多元化的局面。因为通过外部招聘进来的员工对企业文化具有一个崭新的视角，内部的员工由于受到惯性思维的影响，长期待在企业，已经被企业文化所同化，不太容易看出企业需要改进的地方。

4.外部招聘的缺点

（1）用人单位利用外部招聘的方式招聘人员会影响企业内部员工的士气。如果企业内部有能够胜任空缺岗位的员工但并未被选中，企业反而从外部招聘人员，会使企业内的员工有不公平感，容易出现不配合企业工作的现象。

（2）用人单位很可能会成为外聘人员的中转站，有的外聘人员在应聘成功后，参加企业的培训，提高做事的能力，并以此为跳板，为今后进入和从事更加有发展前途的企业和工作奠定基础。

（3）竞争对手为了了解该公司运营的方式和经营情况，有时也派员来应聘。所以说，外部招聘的方法有可能会为竞争对手提供了解其商业机密的机会。

（4）外聘人员由于对公司的运营方式不熟悉，需要比内部员工花费更多的时间和精力来适应企业文化，但即便如此有的人员还是无法适应；同时，外聘人员也要参加企业组织的培训，这样可能会影响企业的整体绩效。

（5）由于应聘者人数较多，招聘单位的筛选难度较大；也由于信息的准确度很难把握，成本也很高，招聘单位无法清楚地了解应聘者真正的实力，可能会被应聘者的学历、工作经验等表面现象所蒙蔽。

案例链接5-3

中化集团的校招秘籍

走近中化

中化集团是中国四大国有石油公司之一，拥有能源、化工、农业、地产和金融五大事业部，对境内外300多家经营机构进行专业化运营，全球员工约5万人。中化又被称为央企中的外企、国企中的民企，因为它务实、高效、制度明确、注重员工的能力和发展。中化视员工为公司的宝贵财富，愿意吸纳全世界优秀且具有潜力的人才。

中化校招概况

主要流程

宣讲会→网申→筛选→笔试→面试→测评→体检→录用

校招成果

仅一次秋季校招，中化就收取简历近10万份，测评通知近2万人，面试安排近万人，取得了喜人的成绩。中化集团作为一家位列世界500强的骨干央企，规模庞大，各事业部地域不同、数据分散，集团之间存在大量个性化之处。它是如何来做校招的呢？这里就为你揭秘细节！

①细分招聘官网，让子品牌出彩。中化集团的主营业务十分广泛，一个标准化的招聘官网哪能hold住各事业部的招聘特色？一企多制才是对策！中化为各事业部搭建了独立的子品牌招聘官网，让它们各自保有不同的风格、功能和内容，同时又能与招聘管理后台数据互通。这样一来，各事业部都能开展各具特色的招聘活动，候选人也能按不同机构便捷地查找职位。既统一又独立的招聘管理，充分彰显出中化多元、包容、开放的雇主品牌形象，给候选人留下了好印象。

②开启宣讲会报名，多少人来早知道。中化集团的宣讲会常常会被慕名而来的学生们围得水泄不通。HR必须准备足以容纳所有参会学生的场地和充足的物料，也就需要提前掌握参加宣讲会的人数。

中化通过企业招聘公众号，向学生们发布宣讲会信息，同时开启预约报名功能。学生们通过移动端报名宣讲会。提前确认学生意向，就可以根据报名人数早一步预估宣讲会要预订多大的场地，准备多少物料。如此未雨绸缪，才能临阵不乱。一场井井有条的宣讲会就能体现出中化的大企业范儿。

③开放多个志愿，测评精准到人。中化校招有个规定：允许每位候选人投递三个职位。也就是说同一个候选人将会有三份简历进入系统。简历可以按不同职位进行筛选，但没必要让同一个候选人做多次测评。如何才能精准地避免重复测评呢？通过技术手段，中化实现了相同招聘项目下的测评及笔试成绩可以共享。候选人只要完成一次测评，相应成绩就会自动复制到投递的其他职位下的简历里，无须多次参加测评，让校招有条不紊地推进下去，同时也为HR减轻了工作量。

④灵活安排面试，时间自主预约。中化校招面试形式多样，包括群面、小组面等多种方式。企业在面试候选人的同时，其实也在接受候选人的评估，尤其对于特立独行的95后来说，许多细节都会影响感受。在这方面，中化非常注重人性化的应聘体验，比如开放了候选人面试预约的功能，为候选人提供多个面试时段，让他们可以根据自身情况进行选择，从而提升到面率。

⑤快乐Open Day，拉近心距离。“携手中化，予你未来！”除了线上高效的流程之外，中化在线下举办了丰富多彩的Open Day等活动，与学生拉近距离，深化雇主品牌建设。

2018年6月，中化集团面向全球正式启动“菁化计划”首届暑期实习训练营，召开清华专场校企见面会，为参会学生介绍了企业情况及各事业部前沿业务，邀请校友现身说法分享在中化的成长经历，并进行了开放性课题研讨、模拟面试等实战演练，帮助学生在实践中快速成长，也为校招打下了基础。

这家实干型的央企在保有各分支机构特色下进行步调一致的统一管理。中化集团将全面、灵活、高效的集团共享式招聘管理演绎得淋漓尽致，展现出兼具大气与细腻的雇主品牌形象。

资料来源 佚名. 大型央企如何做校招？中化案例告诉你！[EB/OL]. [2020-01-16]. https: //mp.weixin.qq.com/s/iQdbqEe8kWCbLNA0eXFaTQ.

5.3 员工甄选测试

5.3.1 测试中的两个特征

在测试的过程中存在着两个关键问题：这次测试的内容到底是什么？测试出的结果能否真正反映测试的内容，其结果是否可信？测试的内容是测试结果的前提，也是关键问题中的重点。第一个问题显现出的内容我们称为测试的效度，反映了测试内容本身与工作的相关程度。第二个问题显现出的内容我们称为测试的信度，反映了测试结果的一致程度。而效度与信度则是测试的两个特征。

1.效度

效度，又称为精确性、有效性，指的是实际测试到的有关应聘者的相关特征与想要得到的测试结果的符合程度。测试的效度是对测试的基本需求，如果测试高分者在实际工作中没有获得好的成绩的话，那么测试的效度就是很低的。一个测试必须能够达到其想要测定的结果和功能才算有效。效度的表现方式是相关系数，相关系数在-1～1之间，0表示不相关。相关系数在0.3～0.6之间[①]说明测试的效度较好。效度的类别主要有三种：内容效度、同测效度、预测效度。

（1）内容效度

内容效度指的是测试方法能够真正测试出想要测定的内容的程度。这是建立在实际完成的工作的基础之上的。在考虑内容效度时，主要应该考虑的是所用的方法是否符合想要测试的特性，其关键就在于翔实的工作说明书和准确科学的工作分析。如果企业想要招聘一个打字员，那么要测试应聘者的打字速度、手指的灵活程度以及眼睛和手的协调程度。内容效度并不适用于潜力和能力的测试，而只适用于实际操作和知识测试。

（2）同测效度

同测效度是指对现有的员工实施测试，然后将测试结果与员工实际的工作绩效进行对比，如果测试结果和员工实际的工作绩效相关系数较大，就说明同测效度高。同测效度的特点是节省时间，可以很快检验某种测试方法的效度。但这种效度也是有缺陷的，往往会因为应聘者没有得到高分而被误认为其没有工作的潜力和能力，而有时对于应聘者没有工作经验等问题，是可以通过企业的培训和锻炼来实现其能力提升的。

（3）预测效度

预测效度指的是通过测试可以预见到将来行为的有效性的程度。它是人员招聘和甄选的重要评价指标。若测试结果与录取后的成绩相比相关性不大，说明预测效度的方式在预测员工潜力方面的效果不大；若测试结果与录取后的成绩相比相关性较大，

---

① 杨清，刘再恒．人力资源战略［M］．北京：对外经济贸易大学出版社，2003.

那么说明预测效度的方式运用是有效的，能够利用这种方式预测员工的工作潜力。

2. 信度

信度是测试的另外一个重要特征，指的是测试结果的一致性和可靠性。可靠性指的是一次又一次的测试得到的结果是一样的，这里的结果不一定是正确的，它要么就是全错，要么就是不产生错误。信度低的测试，测试的效果也低，但是信度高的测试效度不一定是高的。所以说为了提升和保证测试的效度，就必须提升测试的信度。而有保障的信度主要有两个重要来源：第一个是用同一个面试人员对同一测试者进行不同时间的测试，得出的结果的一致性；第二个是用不同的面试人员对相同的测试者在相同的时间进行测试，得出的结果的一致性。信度的类型有三种，分别是等值系数、内在一致性系数、稳定系数。

（1）等值系数

等值系数指的是对同一应聘者使用两种内容相当的、对等的测试，得出的结果之间的一致性。举例来说，就是说对同一应聘者进行个性测试时，选择的测试内容应该是大体相当的，得出的结果在大体上应该是一致的。

（2）内在一致性系数

内在一致性系数指的是对同一应聘者进行同一测试，并把这些测试分为若干个部分加以考查，然后观察各部分结果的一致性程度。而评判标准则是看各个部分结果之间的相关系数。

（3）稳定系数

稳定系数指的是采用同一种测试方法对一组应聘者进行不同时点的测试，然后分析其结果的一致性。测定标准为不同测试结果之间的相关系数。影响相关系数的因素为测试因素，而非测试方法。稳定系数的测试方法不适用于受熟练程度影响较大的测试，因为应聘者之前进行过训练或培训，对测试结果知晓一二，再进行测试的话会影响客观成绩。

除了以上三种类型的信度之外，还有评分者信度。评分者信度指的是不同的评定者对同一对象进行评定的一致性。举例来说就是在招聘或甄选员工时，评定者使用一个标准和工具为应聘者打分，若得出相近或相同的分数，那么这种工具就具有较高的评分者信度。

5.3.2 员工甄选的测试方法与技术

1. 笔试

（1）笔试的适用范围

笔试是评定者对测试者进行测试的最基本、最古老的方法。其基本程序是在卷子上列出一系列考核测试者的题目，在规定的时间内让测试者进行回答，然后根据测试者做出的答案的正确程度而给出相应的分数。笔试适用于通过测试应聘者的基础知识和素质能力来判断该应聘者是否适合相应岗位。对基础知识和素质能力的测试主要分为两个基本层次：一般知识和能力、专业知识和能力。一般知识和能力的内容主要包括应聘者的推理能力、记忆能力、文化知识、计算能力、智商、理解速度、语言理解能力。而专业知识和能力主要是指与应聘岗位相关的知识和能力，包括人际关系能力、会计知识、观察能力、管理能力等。此外，现代企业也将笔试作为测试应聘者兴趣和性格的方法，但其结果只供参考，因为通过笔试测试应聘者的兴趣和性格得出的结果不一定准确。若想得出准确的结果，则需综合运用心理测试的专门技术来测试。

（2）笔试的优缺点

①笔试的优点。试卷较容易保存，通过笔试得出的成绩也比较客观；笔试可以同时对大规模的应聘者进行筛选，这样就节省了人员甄选的时间，提高了招聘的效率；笔试没有固定的题目数量的限制，一张试卷可以出几十道题也可以出几百道题，这就提高了对应聘者知识、能力和素质测试的效度与信度；笔试只是答一张试卷，不与管理者或招聘者进行面对面的交流，这使得应聘者心理压力小，更容易发挥自身的正常水平，甚至会超常发挥。

②笔试的缺点。由于笔试往往作为第一轮考核，所以，笔试不能通过的应聘者就不能进入下一轮的考核；笔试对应聘者的管理能力、工作态度、语言表达能力、品德修养等的考查都不全面。若要全面地考查应聘者的这些能力、品质，还需要综合运用其他的考核方式。

（3）笔试应注意的问题

①确定评分标准和计分规则。笔试中的题目应该按照难易程度和重要性来分配分值，若分值的分配不合理、计分的规则不准确，那么笔试得出的结果的效度和信度也就不高，其总分数也不能作为评定测试者真正能力的标准。

②阅卷工作与复核成绩。在进行阅卷工作和复核成绩的过程中，要公平、客观，不能掺杂私情，最好不要让阅卷者看到应聘者的名字。此外，阅卷者应该共同讨论制定一个评分的尺度，采取两人或多人阅一张试卷的方式；对于成绩的复核也要制定相应的制度，如考试的违纪违规处理制度等。

③命题的契合度。笔试中的命题应该契合考查应聘岗位的相关知识和能力，所以说，命题的契合度以及是否恰当都决定了考试的效度。无论是招聘技能人员还是科技或管理人员，试卷的题目都应该能够考查应聘者的文化知识。此外，命题也应该符合应聘岗位的特点和相关要求，命题的难易程度也要拿捏好，否则会影响测试的效度。

2.面试

（1）面试的概念

面试是招聘单位对应聘者进行测试的必不可少的方法。在面试的过程中，招聘人员与应聘者进行交谈或向其提问，根据应聘者的回答考查其知识、能力和素质等，还根据应聘者的言行举止、衣着礼仪以及现场的应变能力判断其是否能够胜任应聘岗位。为了防止应聘者的欺骗、说谎行为，招聘者应该采用不同形式多次提问应聘者相同的问题，从而提高答案的清晰度和正确性。招聘者通过与应聘者的直接交流和接触，可以全面地了解应聘者的文化知识、反应能力、逻辑思维能力、语言表达能力、个人修养等综合素质；相反，应聘者也可以通过面试了解招聘企业和应聘岗位的基本情况，并结合自身的特点，判断招聘企业是否能够使自身获得发展或自身是否能够胜任应聘岗位。

（2）面试的内容

现代的面试不仅仅局限于应聘者与招聘者简单的面对面的交谈，还引入了更加新颖灵活、精心设计的（面试）形式，具体包括讨论式、答辩式、模拟操作、演讲式、案例分析等。这里精心设计的面试形式与一般性的面试有一定的差别，具体表现在精心设计的面试形式更加融合了“问”“察”“觉”“听”“析”等综合特色，在特定的情境中，进行符合应聘岗位的模拟，由表及里地评价应聘者的综合素质，以及岗位胜任能力，更加全面地对应聘者进行测试。

（3）面试的目标

面试不是单向的过程，而是招聘者与应聘者双向交流的过程，所以说，面试的目标也是双向性的。

①应聘者的目标。应聘者在面试过程中虽然处于被动地位，但是也有选择招聘单位的权利，通过对招聘单位和应聘岗位的了解，并结合自身的特点最终做出决定。应聘者在面试过程中的目标是：决定是否来招聘单位工作；可以利用充分的时间向面试官说明自身的特长；在面试的过程中，要充分地了解自身所关心的问题，如企业的发展趋势、薪酬、福利或晋升空间等；活跃气氛，营造一个融洽的交谈氛围，并展现自身的水平；希望自身能够得到公平的对待，受到尊重和理解。

②招聘者的目标。招聘者在面试中是处于主动地位的，具有对应聘者进行考评和甄选的权力。招聘者在面试中的目标具体包括以下几方面：使得应聘者能够清楚和全面地了解招聘单位的发展情况以及应聘岗位的基本情况和要求；决定应聘者能否通过面试；营造融洽的交谈氛围，使得应聘者能够正常或超常发挥自身的实力；通过面试了解应聘者的专业知识、非智力素质以及岗位技能。

③应聘者与招聘者目标的比较。通过对应聘者和招聘者在面试中的目标的比较，可以看出二者的目标虽然在内容上是一致的，但都是从自身利益出发的，尤其体现在面试的目的方面。二者面试目的的不同主要取决于其所处地位的不同，在面试的过程中，招聘者处于主动地位，而应聘者则处于被动地位，所以说招聘者在完成招聘目标的同时还要帮助应聘者完成有效的面试程序，招聘者和应聘者在面试的过程中都可以依照自身的判断进行选择。值得一提的是，这种选择是双向的，双方都可以做出自己的决定。

（4）面试的阶段

面试的特点是随意性较大、操作难度较高，所以说面试的节奏很难把握，若没有面试的程序和技巧，面试很难做到有效。下面就介绍一下面试的主要阶段。

①准备阶段。面试准备阶段的主要内容是确定面试的目的，设计面试的题目和面试类型，确定面试的人员、时间、地点等。此外，招聘者也要根据面试的问题制定提问的提纲，并事先了解应聘者的基本信息，以发现其性格、兴趣、专业能力、发展倾向。

②开始阶段。面试的开始阶段是面试发生的起始阶段，招聘者应该第一个发言并对应聘者进行提问。在提问的过程中，应该先问应聘者能够预料到的问题，这样做的目的一是了解应聘者的文化知识和工作经历；二是消除应聘者的紧张情绪和压力，也

有利于营造一个融洽的交谈氛围，从而全面并客观地观察应聘者的表现。

③正式阶段。在面试的正式阶段，招聘者的提问应该更加灵活，通过灵活的提问进一步判断应聘者的逻辑思维能力和反应能力；通过反复提问，防止应聘者的欺骗行为，保证面试的有效性。

④结束阶段。在结束阶段，招聘者的提问都应该完成或将要完成。在提问完成之后，招聘者应该询问应聘者是否有问题或者是否对前面的回答加以补充。在此阶段，要整理好面试的记录表，并在融洽的氛围中结束这场面试。

⑤评价阶段。在面试结束之后，招聘者要根据面试记录表对应聘人员进行评估。评估的方式有两种：一种是评分式的评估，是对应聘者在相同方面的比较，得出每个应聘者的分数；另一种是评语式的评估，特点是对每个应聘者的不同方面给出评语，并进行评价，这样能够反映应聘者的特征，但却不能进行每个应聘者之间的对比。

（5）面试的方法

①诊断面试和初步面试。诊断面试和初步面试的划分依据是面试效果。

诊断面试指的是对初步面试成功的应聘者再进行筛选，测试其潜力和实践能力的面试。诊断面试主要是测试应聘者的兴趣、爱好、应变能力、逻辑思维能力等，可以为招聘企业补充一定的信息。它就像一个正规的考试，需要人力资源部门的参与。对高级管理者的面试，则需要高层领导的参加[①]。

初步面试指的是应聘者在与招聘企业的初次接触中，讲述和补充自身的工作经历、专业技能、岗位的胜任特征等，使得招聘企业能够更加深入地了解自己。此外，招聘企业也应该向应聘者介绍企业的基本情况。初步面试的形式和内容比较简单，应聘者的压力较小，但是初步面试不合格的人员则要被淘汰，不能进入下一轮的面试。

②非结构化面试、结构化面试、半结构化面试。

非结构化面试也称为非定向测试，在非结构化面试中，面试官会关心应聘者的优点、缺点、职业目标和工作经历，但是在选择用什么问题向每个应聘者提问方面有很大的自主权。不同的应聘者可能会被问及不同的问题[②]。非结构化面试没有固定的格式，所以事先无须做太多的准备，因为非结构化面试是漫谈式的，没有固定的题目，可以无拘无束地进行交谈，其主要的目的就是给应聘者充分发挥的机会。但非结构化面试需要面试官有丰富的经验和知识。这种方式的优点在于提出的问题可以因人而异、形式灵活而自由；其缺点是缺乏统一的评判标准，对应聘者的要求很高。

结构化面试也称为定向面试，指的是对同一类型或同一岗位的应聘者安排相同的顺序，用同样的语气提出相同的问题，在提问之后，按照统一的评分标准对应聘者进行评分。结构化面试是在面试之前就拟定好问题，在正式面试的时候将问题逐一地提出来，观察应聘者的反应。结构化面试的效度和信度都比较高，能够降低主观性，但结构化面试容易使面试官感到乏味。

半结构化面试指的是在面试之前准备一些结构化式的题目，然后在面试中给应聘者充足的时间进行能力的发挥。半结构化面试结合了结构化和非结构化面试的优点，

---

① 郝忠胜，刘海英．人力资源管理与绩效评估［M］．北京：中国经济出版社，2005.

② 何筠，陈宏玮．人力资源管理理论、方法与案例分析［M］．北京：科学出版社，2014.

所以被广泛应用。

（6）面试的提问方式

面试官对应聘者的提问方式直接决定了可以从应聘者那里得到什么样的信息。以下是面试的几种提问方式：

①清单式提问。清单式提问就是列举众多的选项，让应聘者进行优先选择，从而评价应聘者的决策能力、分析能力和判断能力。

②确认式提问。确认式提问就是面试官鼓励应聘者继续与面试官进行交流，表达对面试以及信息的理解。

③封闭式提问。封闭式提问就是让应聘者对特定的问题给出明确的答复。

④重复式提问。重复式提问的目的就是面试官想要获得准确的信息，这也给应聘者传递了面试官接收到信息的讯号。

⑤举例式提问。举例式提问又称为行为描述提问，目的是防止应聘者的欺骗行为，面试官可针对应聘者的工作经验和之前特定的工作行为进行询问。

⑥假设式提问。假设式提问旨在发挥应聘者的想象力，激励其思考问题时要基于不同的角度。通过假设性提问，也可以观察应聘者的态度。

⑦开放式提问。开放式提问就是让应聘者自由地发表看法。这种提问方式能够减轻应聘者的心理压力，并缓解面试的紧张气氛。

3.心理测试

心理测试指的是在一定的情境下，向应试者提供一组标准化的刺激，以应试者的反应作为代表行为的样本，从而对应试者进行评价。心理测试虽然难度很大，但是其测试的结果更加规范。一般来说，测试共分为以下几种类型：

（1）人格测试

人格测试也称为个性测试或性格测试，主要测试应试者的行为倾向和相对稳定的心理特征，目的是了解应试者的人格特质。测试人格的方法主要有以下两种：

①投射型测验法。投射型测验法给被测者一个模糊的情景，让被测者能够自由地发挥，然后观察其表现出来的情感、内在需要、解决问题的能力等。投射型测验法又可分为两种，即主题统觉测试和罗夏墨迹测试。

②自陈量表法。自陈量表法也可称为人格量表法，是被测者为自身特质进行评价的一种方法。它由一系列陈述形式的问题组成，被测者要根据自身的实际情况如实评价。常用的自陈量表包括性格分析测试、明尼苏达多相人格测试、卡特尔16种人格因素测试。

（2）能力测试

能力测试是指对从事特殊工作的某一个人或某一个团体所具备的能力或潜力进行的一种测试。其测试内容可以是被测者未来可能发挥的潜能，也可以是被测者现有的实际能力。由于能力测试可以测出应试者的潜能，测试的结果显示出应试者是否符合这一岗位的要求，所以测试结果可以为应试者提供一种参考。能力测试的内容一般分为三个方面：

①心理运动技能测试。心理运动技能测试主要分为两个类别：一是身体的能力，

这主要包括动态的灵活性、动态的强度、身体的协调性和平衡性、爆发力等；二是心理运动的能力，主要包括手指灵活性、肢体运动速度、手臂稳定性、选择反应的时间、速度的控制等。

②普通能力倾向测试。普通能力倾向测试的主要内容有想象能力、语言能力、思维能力、空间关系判断能力、分析能力、记忆能力等。

③特殊职业能力测试。特殊职业能力测试的目的在于选拔具备从事某种特殊职业的特殊技能和潜能的人才；测评从事特殊职业的人员的工作熟练程度等。

（3）兴趣测试

兴趣测试的目的在于了解应聘者的兴趣爱好，揭示他们喜欢做什么及想做什么，从而探析出其倾向或适合做什么类型的工作。如果应聘者的兴趣爱好能够与其所在岗位相匹配的话，那么就会迸发出无限的潜能，工作的效率也会更高。由于不同心理学家对兴趣的划分是不同的，所以心理测试的类型也不尽相同，根据美国职业心理学家霍兰德的研究成果，心理测试的主要类型有：智慧型、艺术型、现实型、企业型、常规型、社交型。

（4）态度测试

态度测试主要是测试被测者对生活和工作的态度。企业中工作态度良好的员工，一般都具有一定的事业心，在工作时，会投入更多的精力。态度测试的主要工具是李克特量表。它是由一组与测试内容相关的陈述组成的，每个陈述都有五个评定维度，即“非常同意”、“同意”、“不一定”、“不同意”和“非常不同意”，这五种回答对应的分数分别为1，2，3，4，5分，通过对每个陈述分值的最后汇总得出的结果，可以测试出应试者对生活和工作的态度。

（5）情景模拟测试

情景模拟测试是根据工作岗位的性质、要求和特点，设计与工作环境和氛围相同或相近的情景，让应试者身临其中，解决一些棘手问题，从而考查其处理事务的能力。情景模拟主要测试的重点是应聘者的创造能力、工作效率、对岗位工作的熟悉程度、处理事务的能力等。情景模拟主要适用于对事务性工作人员、销售人员、服务性人员和管理人员的招聘和测试，可以多角度地评价应聘者，也能节省企业的培训成本。根据内容的不同，情景模拟测试可以分为不同的类别：组织能力测试、语言表达能力测试、事务处理能力测试等。组织能力测试主要侧重于应试者的协调能力，以及与各个部门、组织的各个团队之间的建设能力；语言表达能力测试主要包括演讲能力的测试、与人沟通能力的测试、介绍能力的测试等；事务处理能力测试的主要内容包括处理矛盾和冲突能力的测试、行政工作处理能力的测试、公文处理能力的测试等。

情景模拟测试的方法有很多，具体如下：

①角色扮演法。角色扮演法要求应聘者扮演指定的某种角色，模拟实际工作情景中的一些活动，处理一些矛盾、公文、冲突事件等。角色扮演法主要是测试应聘者处理人际关系等的能力，面试官为应聘者选定一个角色，让其模拟处理实际发生的事件，尤其是一些棘手问题，通过应聘者的表现，分析应聘者的潜在能力和心理素质。

②无领导小组讨论。无领导小组讨论也可称为无会议主持人测试法，指的是将应聘者分为每组8人的若干小组，让其进行集体讨论，发现企业运营中的问题或需要改善的方面，要求得出一致的结论并以书面形式提交。无领导小组讨论的目的在于考查应聘者与他人的协作能力和处理事务的能力。虽说无领导小组讨论没有特别多的约束，但其要求有一个很好的讨论主题，而好的讨论主题的标准有三个：第一，问题应为开放性的；第二，问题的内容应该是普遍性的；第三，问题应保持中立和客观的立场。主题的形式也有三种，分别为选择式主题、判断式主题、疑问式主题。在最后的测评过程中，考查者应该对应聘者进行评分，而评定的标准和评定内容是应聘者在无领导小组讨论过程中各方面的综合表现。

案例链接5-4

交通银行的无领导小组测试方法

在交通银行的校园招聘中，面试是重要环节，下面是交通银行某省分行的无领导小组测试题：

背景

在高峰时段，银行里时常会发生排队时间长的问题，由此而引发的顾客投诉频发，甚至出现了许多报复行为。为有效缓解这一问题，A市某银行采取了以下5种举措，即：

1.弹性设置窗口；

2.大厅进行功能分区；

3.实行预约；

4.配备大堂经理和叫号机；

5.ATM和网上银行。

任务

请从5个解决措施中选出3个最有效的，并说明理由。基本要求：

1.准备发言阶段：请考生认真读题，并准备发言提纲，准备时间为3分钟。

2.个人陈述阶段：请考生就问题依次进行个人陈述，陈述时间为1分钟。

3.自由讨论阶段：请考生就问题进行自由讨论并达成一致意见，讨论时间为12分钟。

4.总结陈述阶段：讨论结束后，请考生推选一名代表进行总结发言，发言时间为1分钟。

参考思路

本题提供了5个选项，要想从中选出恰当的选项，考生应先对题干及选项进行深入的分析，并根据一定标准和规律进行选择。题干中主要解决的是银行客户排队人数较多的问题。根据选项归类，不难发现选项分为拓宽办理业务渠道、减少顾客流量以及缓解顾客情绪的服务类手段。接下来，考试可以根据“优势-劣势”逐一分析每一个选项：

1.弹性设置窗口。银行的窗口大致分为三类：第一类办理对公业务；第二类办理私人业务；第三类办理VIP业务。开放弹性制窗口即将这三类窗口根据客流量进行开放，当排队客户较多且对公窗口及VIP窗口闲置时便可穿插使用。(1) 优势：通过开通多个办理业务通道的方式解决了顾客较多的问题。(2) 劣势：当VIP及对公业务窗口客户较多时，此方法很难利用，而且也会影响VIP客户及对公业务客户办理业务。(3) 总结：属于拓宽办理渠道的方法，建议与其他选项对比再做决定。

2.大厅进行功能分区。此种做法是把大厅区域分为等候区、排队区、办理业务区，有效区分人流。(1) 优势：有效防止人员混乱的局面，让等候的顾客在等候区安心休息、看看报纸等，也可以防止排队顾客过多引发的秩序混乱、插队等问题。(2) 劣势：仅仅是从秩序安排上解决了问题，但排队人员众多的问题还是没有解决。(3) 总结：既不属于拓宽渠道方法，也不能减少客户流量，而是一个缓解现状的手段，因此，与其他几个选项对比效果并不好，应该排在最后。

3.实行预约。预约制是银行开通预约服务，客户提前预约办理业务，并由银行针对预约客户办理业务的时间进行适当调节。(1) 优势：减少了客户量，从源上进行了控制，对客户业务也进行了分类筛选，更加有针对性。(2) 劣势：预约的客户量不可预测，而且占比并不大。(3) 总结：与选项2相比具有一定优势，可排在前面。

4.配备大堂经理和叫号机。此种做法的目的是维护大厅秩序，处理突发问题，安抚客户情绪，引导客户按顺序排队。(1) 优势：大厅秩序更加规范，可以根据客户所办理业务及时进行分类处理，防止插队等。(2) 劣势：没有解决客户量大的问题。

5.ATM和网上银行。此种方式是通过开通多种办理业务渠道的方式防范银行顾客人流量较多的局面。(1) 优势：减少大厅客户量，减轻了柜员的工作压力，提高窗口业务办理效率。(2) 劣势：对于老人或上网不便的客户很难开展，具有一定难度。(3) 总结：结合当下"互联网+金融"的大环境，此举是未来银行业发展的趋势，也是较好的手段之一。

综上所述，通过对比分析不难看出，选项2和4效果较差，因此可以选择1、3、5三项。

资料来源 佚名．交通银行面试无领导小组讨论题目及答案［EB/OL］．［2020-01-19］．http：//www.bankksw.com/article/75737.html.

5.4 高级人才甄选技术

5.4.1 高级人才甄选技术概述

1.评价中心与公文筐测试

人才评价在整体性人才资源开发工作中尤为重要，只有建立和完善人才评价机制，才能驱动人才的培养、能力的提高和人才的合理配置，促进人才的最佳使用。然而，我国在人才测评方面起步较晚，以往对管理人员的选拔测评主要考查受测者的工作经历、工作业绩，有的也尝试使用一般能力测试和个性测试等方法，但对管理能力的评价则一直缺乏有效的工具。本节给大家介绍在员工招聘、甄选中较为常用的人才甄选技术，因其测评目的明确、测评设计较复杂，最重要的是这种测评方法主要是针对中高级管理、技术人才的，所以称为高级人才甄选技术。①

在目前的管理人员评价中，测试管理能力的最有效方法是评价中心技术，尤其在选用管理人员时，评价其是否具备较好的管理能力，这种方法最为常用。有研究表明，评价中心技术的预测效度在现有各种方法中是最高的。而公文筐测试是评价中心技术的主要工具之一。

评价中心技术的主要评价手段包括：诊断性面谈、投射测试、纸笔测试、小组问题解决、无领导小组讨论、角色扮演法以及公文筐测试。其中，每一个测试都为总体能力评估提供了唯一的、重要的信息。评价中心技术中最常用、最具特色的是情景模拟测试。

公文筐测试是情景模拟测试的一种，是对实际工作中管理人员掌握和分析资料、处理各种信息，以及做出决策的工作活动的一种抽象和集中。测试在假定情景下实施。该情景模拟一家公司所发生的实际业务、管理环境，提供给受测人员的涉及财务、人事备忘录、市场信息、政府的法令公文、客户关系等十几份甚至更多的材料。这些材料通常是放在公文筐中的，公文筐测试因此而得名。测试要求受测人员以管理者的身份，模拟真实生活中的想法，在规定条件下（通常是较紧迫、困难的条件，如时间与信息有限、孤立无援、初履新任等）对各类公文材料进行处理，形成公文处理报告。通过观察受测人员在规定条件下处理过程中的行为表现和书面作答，评估其计划、组织、预测、决策和沟通能力。

公文筐测试是评价中心技术中最主要的活动之一（它在评价中心技术中使用频率最高，达95%），也是对管理人员潜在能力最主要的测定方法，在国外曾成功地选拔和提升了一大批优秀的管理人员，有着相当高的预测效度和实证效度。

2.公文筐测试的特点

针对不同岗位、不同层级的候选人，评价内容和参照点自然也不相同。对较低层级人员的评价，不管是用面试还是一般的心理测验，都比较容易解决。但当评价中、高层管理人员时，由于他们在日常工作中面对大量复杂的经营管理问题，使用单纯的面谈、案例分析和个性测验法，都不足以反映其岗位要求的复杂性和重要性，而公文筐测试通过选择带有“高仿真度”的典型工作场景，使测评对象置身于接近真实的工作事务中，在有限时间内形成处理意见，从而能较好地综合评价其管理能力。

具体来说，公文筐测试的优势主要表现在以下三个方面：一是评价内容和情景具有很强的针对性。公文筐测试汇总了涵盖多个经营管理问题的任务情景，而且这些任

---

① 徐明. 企业人力资源管理师公文筐测试通过必备（一级）[M]. 2版.北京：机械工业出版社，2013：2-12.

务情景是测评对象在今后的工作中必然要面对的，它比单纯的情景面试、案例分析和角色扮演更加丰富，更具有逼真性。二是全方位、立体地勾画出了测评对象的能力素质状况。由于是多个文件组合，当对某个能力指标的评价有异议时，可以参考其他文件进行佐证评价。三是公文筐测试所采用的文件取材于实际管理活动，是测评对象拟任职位需要处理的文件。大量案例证明，层级比较高的测评对象比较容易接受这种测试形式和测试结果，特别是在晋升评价时。

公文筐测试把被试置于模拟的工作情景中去完成一系列工作，与通常的纸笔测试相比，显得生动而不呆板，较能反映被试的真实能力、水平。与其他情景模拟测试如小组讨论相比，它提供给被试的背景信息、测试材料（文件材料及问题）和作业（答题）都是以书面形式出现的，一方面出于应试者在日常工作中要接触和处理大量文件的需要，另一方面也使测试便于操作和控制。

公文筐测试可以有效地衡量被评价者是否明确拟任角色的职权范围，是否能有效地判断各种公文的轻重缓急，是否能提出科学、高效、可操作的处理意见，以及是否具有言简意赅地表述自己意见的文字写作能力等。因此，其评价维度一般包括：信息敏感性、组织能力、计划能力、分析决策能力以及文字写作能力。

（1）情景性强、效度高

公文筐测试完全模拟现实中真实的管理工作情景，其采用的文件接近拟聘职位中真正接触的公文，甚至有些就是实际工作中需要处理的公文。如果被评价者能够正确妥善地处理相关工作，可以认为其具备岗位所需要的一些基本素质。从这一角度而言，公文筐测试具有较高的效度。

（2）范围广

虽然公文筐测试在传统纸笔测试的基础上，突破了原有的局限，增加了模拟的工作情景，使测评结果更加接近拟任岗位的工作要求，但其表现形式依然为笔试。因此，它继承了笔试测验的一个无可替代的优势，即不局限于仅适用于几个人的测试，可以大范围地施测，使其具有更为广泛的应用性。

（3）具有灵活性

公文筐测试可以依据不同的工作特性和所要评估的能力而设计题目。作为一种情景模拟测试，它可以对个体的行为做直接的观察。由于把人置于模拟的工作情景中去完成一系列工作，为每一个被试都提供了条件和机会相等的情景。

（4）预测并训练潜能

这种潜能可使人在管理上获得成功。由于公文筐测试能从多个维度评定一个人的管理能力，它不仅能挑选出有潜力的管理人才，还能训练他们的管理与合作能力，使选拔成为培训过程的开始。在实践中，公文筐测试除用于评价、选拔管理人员外，还可用于培训，提高管理人员的管理技巧，解决人际冲突和组织内各部门间的摩擦，以及为人力资源计划和组织设计提供信息。

3.公文筐测试的取材

在测试材料的设计上，公文筐测试主要围绕管理者的能力取材。管理者（这里特指组织领导者）的管理能力主要来自三个方面：自身素质基础、社会实践体验、所掌握的有关知识。管理能力的发展取决于以上三个方面的交互作用和整合的结果，故管理能力是复合性能力。如以偏重知识性的或经验性的或智力性的具体能力为主要测评内容，则难以保证较好的评价效果。

管理者的有关知识，特别是有关的管理技术知识和业务性知识，虽然对现实管理能力有较大影响，但不作为公文筐测试的主要测评内容。其主要理由是：管理者的知识水平可以通过其他简便有效的办法评价；知识水平在一定程度上易于通过培训、锻炼等形式提高；知识欠缺的弊端一般可以通过其有效的管理活动弥补。

5.4.2 公文筐测试题目的编制

1.公文筐测试题目编制的原则

公文筐测试是一种较为复杂的测评方法，测评效果受到使用者、使用环境、使用程序等多方面的影响，而公文筐测试题目的编制则是所有研究和实践的基础，因此应遵循以下原则：

（1）系统性原则

公文筐测试中一般包括10～20份公文，各个公文并不是孤立存在的，而是作为一个系统来综合测评被考查者的各种能力。公文筐测试可以考查的能力一般包括逻辑分析能力、统筹能力、组织能力、决策能力、协调能力、书面表达能力、应变能力等。其中，一些能力必须根据被试对所有公文的处理来进行评价。例如，在评价统筹能力时，需要考查被试是否能够根据轻重缓急有所区别地处理每份公文。而有些能力则需要根据几个公文的处理来进行判断，如综合分析能力。在公文筐测试中，一般有1～2个相互联系、情景复杂的公文组合，以构成公文筐测试的骨架。这一类组合公文互相牵制，必须考虑到各相关公文的内部联系，才能发现有效、合理的解决方案。而有的能力只需要一个公文就可以测量，如决策能力，但这一公文同时也具有考查书面表达能力的功能。

由此可见，一种能力可能涉及多个公文，一个公文也对应着多个能力，各份公文在公文筐测试中扮演着不同的角色、承担着不同的功能，互相牵制，从而构成了一个有机的系统，作为一个整体来测量被考查者的各种能力。因此，系统性原则是公文筐测试题目编制过程中非常重要的一个原则。

（2）模拟性原则

公文筐测试与传统的一般能力测试相比，其主要优势在于能够在逼真的情景下考查与管理工作直接相关的综合能力，因此模拟性原则是公文筐测试的首要原则。公文筐测试只有在适合的模拟情景下才能激发被考查者的管理行为，才能准确有效地测查出被考查者的综合能力，对其做出评价，诊断不足，并有针对性地提出培训建议。

公文筐测试题目编制的模拟性原则主要在以下三方面得到体现：首先是背景模拟。在正式测试公文出现之前，先加入一段说明，告知被试者所处的工作环境、在组织中所处的地位、扮演的角色、上级管理者的管理方式和行为风格、情景中各种角色的相互需求等信息，以使被试者尽快地进入所扮演的角色。其次是公文处理模拟。公文筐中有三类要处理的公文：第一类是已有正确结论、处理完毕可以归入档案的材料，以检验被试者处理得是否有效、恰当、合乎规范；第二类是公文的处理条件已具备，要求被试者在综合分析的基础上做出决策；第三类是公文尚缺少某些条件或信息，看看被试者是否能够提出问题和表达进一步获得信息的诉求。最后是处理过程模拟。其要求被试者以某一管理者的身份参与公文处理，并努力使自己的行为符合角色规范，从而考查被试者对应聘职位的责任和权利的理解。

（3）全面性原则

编制公文筐测试题目必须尽力保证选取公文的全面性，不但要求内容上的全面性，还要求保证形式上的全面性。形式上的全面性主要是指，在编制公文筐测试题目时要做到电话记录、请示报告、上级主管的指示、待审批的文件、各种函件、建议等多种文件形式都要占到一定的比例，从而保证情景的真实性。

内容上的全面性是指公文筐测试题目的搜集和编制过程中要考虑到法规性公文、指挥性公文、知照性公文、报请性公文、记录性公文各自的比重。在公文筐测试题目的编制中，内容的全面性显得尤为重要，因为不同内容的公文会有针对性地考查被试者的一种或几种关键能力。例如，指挥性公文是向所属机关传达、贯彻领导机关的方针政策，体现领导意图，实施行政指挥的公文。其主要包括命令、指示、决定、批复等。如果是受文，一般无须决策，仅需组织执行，主要考查组织、内部协调能力。如果是发文，则主要考查决策能力。而法规性公文是由权力机关、行政机关依据规定的权限，制定的法令、行为准则和规章，具有明显的强制性，一般以指令、议案、通知的形式发布施行。受文单位无须决策，只需发送相关部门传阅并组织学习，主要用来考查组织能力。

（4）重要性原则

根据“二八”原则，在工作中20%的关键工作产生了80%的绩效，而80%的其他工作仅产生了20%的绩效。因此，在编制公文筐测试题目时必须注意重要性原则。在公文筐测试中，为了保证情景的模拟性，保证对统筹能力和综合分析能力的考查，测试题目的编制者会在编制过程中采用形式不同、性质各异的公文，包括电话记录、请示报告、上级主管的指示、待审批的文件、各种函件、建议，有的涉及日常琐事，有的则涉及要事。这样可能会使人们在设计时忽视了重要性原则，从而降低公文筐测试使用的有效性。

（5）针对性原则

公文筐测试与传统的能力测试的主要区别在于两者的对象不同，前者的对象是综合管理能力，而后者针对的是一般能力。应用公文筐测试的一个前提假设就是：在管理工作中直接影响管理绩效的是综合管理能力，而不是一般能力，两者是有差异的。综合管理能力不但受到一般能力的影响，同时还在很大程度上受到经验和情景的影响。因此在编制公文筐测试题目时，必须考虑到被测查者的经验背景差异，根据不同的行业和职位来编制具有针对性的公文筐，否则公文筐测试使用的效果会受到影响。

(6) 随机性原则

公文筐测试题目编制的随机性原则有两层含义：一是公文的呈现顺序要具有随机性；二是公文的取样要具有一定的随机性。我们在编制公文筐测试题目时，一般是先选定1~2个文件组，文件组中的文件是相互关联、相互牵制的，这些文件组就构成了公文筐的骨架。然后以这一公文组合为参照，补充其他的公文，以测查到所要测查的所有维度，并保证公文筐中公文结构合理、具有代表性。在完成这一程序之后，我们必须先对公文的呈现顺序进行随机安排，然后再根据实际情况，对公文顺序中与现实情况相悖的部分进行适当的调整。这样就使公文处理的线索隐藏起来，公文筐情景与实际工作情景更为相似，从而有利于准确测查各种综合管理能力。

在公文的取样中，我们必须尽可能地搜集最为全面的公文形式。但在公文筐测试题目编制过程中，由于测试的时间有限，不可能穷尽所有公文，因此必须对公文进行选择。选择的一般方法是，首先确定公文筐的基本结构，然后在已编制好的公文库中进行分层随机抽样。这是随机性原则的又一体现。

(7) 标准化原则

影响公文筐测试使用效果的另一个原因在于编制和实施公文筐测试时缺乏一个标准化程序。由于公文筐测试有别于传统的能力测试，并没有完全客观化的答案，评分会受到评分者主观判断的影响，为了减少主观因素的影响，就必须在编制时尽力做到标准化。

要贯彻标准化原则，首先，必须做到编制程序的规范、编制方法的科学，这是公文筐测试有效性最为基本的保证。其次，计分要尽可能地做到详细，这样就可以在一定程度上避免由于主观评定标准的差异所带来的误差。最后，必须对评分者进行科学的培训，以提高其观察时的准确性。

2.公文筐测试题目编制的程序

(1) 访谈阶段

作为一项测试综合能力的工具，公文筐测试应该以工作中的关键事件来构架公文测试的核心部分。毕竟作为一名合格的管理者应该在处理工作中的关键事件上表现出良好的素质，才能预期其在接任管理职位之后能够有较好的工作业绩。

如果仅从一些非关键事件上来推论被考查者的能力，就可能会与实际情景中表现的能力有所偏差，从而削弱了公文筐测试情景模拟的优势。因此在编制公文筐测试之前，必须做好关键事件访谈这一重要工作。

行为事件访谈（Behavioral Event Interview，BEI）是一种开放的行为回顾式探索技术，是关键事件访谈的一种有效手段。在这一技术中，要求被访谈者列出他们在管理工作中遇到的关键情景，包括正面结果和负面结果各3项，然后让他们具体描述情景引起的原因、涉及的个人、影响的范围、被访谈者当时的感想、采取的措施和最终的结果。

①准备。在访谈前必须充分做好各方面的准备工作。第一，必须先了解被访谈者的基本情况，包括被访谈者的姓名、职务、工作内容和所在机构的性质。第二，必须

找到一个私密的环境，最好能够远离电话和来访者，并确保有2小时不被打扰的时间。第三，为了避免在访谈过程中遗漏重要信息，必须准备好采访机或录音机，以备访谈结束后能够仔细分析访谈内容。第四，在所有准备工作都完成之后，再把访谈的步骤和注意事项复习一遍。

②介绍和解释。在见到被访谈者之后，首先应该进行自我介绍，同时解释访谈的目的，然后可以询问被访谈者的教育背景和以前的工作经历。这一步骤的主要目的是营造与被访谈者相互信任、轻松、开放的氛围，以便于交流。最后，请被访谈者阅读访谈提纲，为进行深入的关键事件访谈做好准备。在介绍和解释阶段，必须注意以下两个要点：第一，透露访谈信息，确保不探问访谈过程中涉及的组织和个人的名称；第二，必须在征得被访谈者的同意之后，才能使用采访机或录音机，否则必须放弃使用，而采用笔录来记录信息。

③了解工作背景。让被访谈者描述他的工作任务和职责，以明确被访谈者的工作性质和内容；同时，了解被访谈者在后一阶段将要提及的关键事件的基本背景。了解工作背景的另一个目的是了解公文筐测试所针对职位的组织背景。为了贯彻公文筐测试模拟性原则，事先必须详细了解被试者所在单位的组织构架、各部门之间的权利和责任，以及各部门之间的关系，这是保证公文筐测试情景模拟特征的关键。在访谈过程中，被访谈者可能罗列了太多的任务和职责，此时要及时打断，让他选择重要的任务和职责。

④访谈关键事件。这是访谈阶段最关键的步骤，要求被访谈者详细描述工作过程中经历过或是见到过的最为成功的三件事和最为失败的三件事。这一步骤一般从成功事件开始，这样有利于被访谈者打开思路。在访谈过程中要注意避免被访谈者泛泛而谈，应适当引导其描述具体的细节和实例，如人物、时间、原因、结果、情景、感受、地点等。由于访谈过程较长，应注意及时对被访谈者的有效反应进行强化。这一过程收集的关键事件将用于管理者胜任力模型的分析和公文的编制。

(2) 指标体系建立阶段

指标体系的建立是测评活动的中心和枢纽。它把测评客体、测评对象、测评主题、测评方法和测评结果联为一体，同时也是整个测评工作指向的中心，在测评工作中具有重要的作用和意义。情景模拟指标体系的建立可分为三个阶段：测评指标的确定、指标权重的确立和应用胜任力模型进行检验。

①测评指标的确定。在确定测评指标时，我们可以借鉴现有的较为权威的指标体系。如果没有较为权威的指标体系可以借鉴，就必须进行调查研究，以确立一个科学的指标体系。运用因素分析法来确定评价体系主要分为以下几个过程：通过访谈和文献检索，了解管理工作需要的所有素质；对所涉及的每一项素质，都尽可能地进行详细的描述；编制针对具体行业、岗位的管理者素质调查问卷，要求被调查者对每一项的重要性进行打分；对数据进行因素分析，探索出管理者所需要的关键素质。

②指标权重的确立。由于不同系统、不同岗位对管理者的能力要求是不同的，因

此，在编制管理者素质调查问卷时必须考虑到行业和岗位的针对性，这也是公文筐测试针对性原则的要求。问卷编制的针对性也为确定具体行业、岗位的指标权重打下了基础。我们可以依据因素分析之后每一个维度的因素负荷来确定其权重。但在确定权重时，我们必须注意，各维度的因素负荷值必须在除以二级指标数之后才能作为其权重值。当然，权重的分配也可以根据以往的经验进行，这要从对行业的访谈调查中获得。

③应用胜任力模型进行检验。由于测评指标体系是各种测评工具编制的基础，因此必须对其进行检验。我们可以通过对胜任力模型的研究来验证测评指标体系中的权重设置，具体步骤如下：第一，以获得的评价体系为基础，对关键事件访谈的结果进行语义编码。要特别注意编码过程中一个事件、一个行为和一句话可以编码成几种胜任力特征的情况。第二，对获得的编码数据进行汇总、统计，对优秀组和普通组在每一胜任力特征上出现的频次和等级的差别进行比较、检验，以建立胜任力模型。第三，对照建立的胜任力模型和测评指标体系的权重，检测两者是否能够相互验证，对不能相互验证的地方要进一步研究。

（3）测试的编制阶段

测试能否达到预期的功能取决于公文筐编制的好坏。由于公文筐测试是一种较为复杂的测试工具，因此测试的编制必须遵循科学的原则，同时必须经过一个较为复杂的标准化程序。在编制过程中，应该遵循模拟性原则、系统性原则、全面性原则、重要性原则、针对性原则、随机性原则、标准化原则。同时，要经过以下七个步骤：

①前期预测。公文筐测试针对的对象是管理者，用的材料是工作中需要处理的公文，研究资源的获取较为困难。因此，在进行测试之前必须经过一个前测，以提高收集公文和进行测试的效率。一般情况下，我们可以在参考相关资料的基础上试着编制一个公文筐，并制定出相应的评分标准，在小群体（20人左右）中进行测试。此阶段对测试对象的职位和行业背景的要求不需要很严格，只需要有一定的管理经验。这一步骤的主要目的是熟悉公文筐测试的整个过程及可能出现的问题，使后期的工作更能有的放矢地进行。

②公文收集。公文筐测试的优势在于其情景模拟的特性，因此必须进入一线管理部门收集管理者日常公文，以确定其遇到的典型公文、在工作中出现的典型事件，以及公文筐中公文最终的形式与结构。公文的收集必须注意其全面性。首先，必须要做到内容上的全面，公文收集过程中要考虑到法规性公文、指挥性公文、知照性公文、报请性公文、记录性公文各自的比重。其次，必须考虑到公文形式上的全面性，在公文收集、编制时电话记录、请示报告、上级主管的指示、待审批的文件、各种函件、建议等多种文件形式都要占到一定的比例。

③确定测评要素。公文筐测试是情景模拟技术中的一种方法，与其他测评方法相比有其优势，也有不足之处。因此，不可能测评到所有的管理素质。但在最初确定测评要素时，要争取把有可能测评到的要素都列入其中，到底是否合适还要看正式施测结果。一般来说，公文筐测试能够测评处理实际问题的能力、应变能力、规划能力、

决策能力、组织能力、协调能力、表达能力以及应付压力的能力。

④制定多项细目表。在公文筐测试中，公文与能力的对应关系较为复杂，一种能力可能涉及多个公文，一个公文也可能对应着多个能力，各份公文在公文筐测试中扮演着不同的角色、承担着各自的功能，互相牵制，从而构成了一个有机的系统，作为一个整体来测评被考查者的各种素质。因此，在进行设计之前必须建立一个多项细目表，在整体上勾画出公文筐测试的设计思路。一般来说，在多项细目表中，必须考虑到公文的重要性、紧迫性，公文的形式、内容，公文所涉及的维度等多项指标。这些指标值的确定必须依据深入的调研与访谈。

⑤编制公文筐测试题目。依据多项细目表，我们就可以逐项来编制公文筐测试题目。公文筐测试的主干部分是1～2组组合公文，每个组合包括5～8份相关公文。这些公文互相关联，必须考虑到各相关公文的内部联系才能发现有效合理的解决方案。这一组合公文在收集时很难直接找到，需要结合访谈得到的复杂关键事件，参照各种公文的形式来编制。在完成组合公文的编制之后，我们可以依次针对各种需要考查的能力来编制相关公文。在编制过程中，多项细目表中各指标不可能一步到位，其有一定的先后顺序，一般首先考虑公文涉及的维度，然后是公文的重要性和紧迫性的比例，再次是考虑公文形式和内容的比例，最后还必须设计好测验的复本、指导语和答题纸。

⑥制定评分标准及评分表格。公文筐测试有别于传统的能力测试，并没有完全客观化的答案，评分会受到评分者主观判断的影响，因此为了降低主观因素的影响，就必须在编制时尽力使评分标准做到客观、详细。首先，必须收集（观察）被试者在前测阶段中在二级指标上表现出来的各种行为，从而制定以行为锚定为基础的等级评定量表。其次，根据二级指标的行为锚定评定量表来制定一级指标等级评定量表。最后，制定评分表格。初步制定的评分标准在试测之后要进行一定的修正。

⑦试测。在正式施测之前，必须针对行业和岗位选择约20位管理人员，进行一次小范围的试测。试测有两项主要目的：一是进一步修正公文筐中的项目及评价标准；二是对主试和评价人员进行培训。对评价人员进行培训时，主要是让其掌握评价内容和标准、了解需要观察的行为、了解如何减少评分中的偏差以及树立评价人员胜任评价工作的自信心。评价人员一般由两位人事测评方面的专家、两位具有丰富工作经验的管理专家和两位公文筐测试题目的编制人员组成。

5.4.3 公文筐测试的实施

1.测试的目的、功能、适用对象

（1）目的

考查高层管理者的综合管理技能，尤其是考查总经理一级管理者的胜任能力。

（2）功能

针对高层管理者的胜任要求，考查计划、授权、预测、决策、沟通等方面的管理能力，特别是考查综合各类业务信息、审时度势、全面把握、处变不惊、运筹自如的素质。

（3）适用对象

测试考查的能力定位于管理者从事管理工作时正确处理普遍性的管理问题、有效地履行主要管理职能（包括计划、组织、预测、决策、沟通等）所具备的能力。它需要被试者具有对多方面管理业务进行整体运作的能力，包括对人、财、物、时间、信息等多方面的控制和把握。

基于此，公文筐测试的适用对象为具有较高学历的人（大专以上）或企业的中、高层管理者（部门经理以上）。公文筐测试可以为企业有针对性地选拔中、高层管理人员或考核现有管理人员。

2.测试的构成与维度

（1）测试的构成

测试由两部分（测试材料和答题册）构成，以纸笔方式作答。

①测试材料，即提供给被试者的资料、信息，是以各种形式出现的，包括信函、备忘录、投诉信、财务报表、市场动态分析报告、政府公函、账单等。测试中所用的材料共有十几份，每份材料上均标有编号；材料是随机排放在公文筐中的，被试者在测试的各个阶段都要用到这些材料。

②答题册。它供被试者针对材料书写处理意见或回答指定问题，是被试者唯一能在其上写答案的地方，评分时只对答题册上的内容进行评分。答题册包含总指导语和各分测试的指导语。它提供了完成测试所需的全部指导信息，完成各部分测试所需的指导语在各部分开始时给出。

（2）测试的维度

具体来说，公文筐测试要考查五个维度：工作条理性、计划能力、预测能力、决策能力、沟通能力。

3.测试结果评价

公文筐测试不但给出应试人员在每一项能力上的得分，还给出应试人员在总体中得分的百分位等级（见表5-4），做出剖面图（见图5-1所示），以便更好地观察与理解。

表5-4 **百分位等级**

百分位	对应等级
0～4%	很低
5%～40%	低
41%～60%	中
61%～96%	高
97%～100%	很高

注：百分位等级的含义是一个人的能力在总体中的排列名次。0意味着能力排名处在总体水平的低端，而不是说该应试人员“交白卷”了或没有能力。

考号：101　　姓名：张晓春　　性别：男　　年龄：42

1	2	3	4	5
工作条理性	计划能力	预测能力	决策能力	沟通能力
64.8	86.4	40.4	96.6	70.5

附图

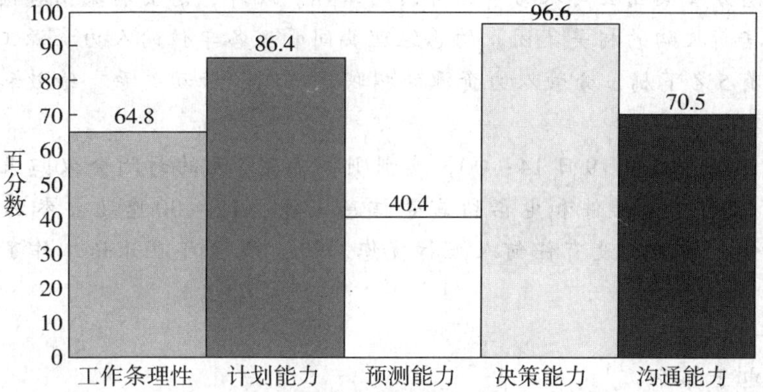

图5-1　应试人员公文筐测试结果评价

案例链接5-5

汇联商业集团股份有限公司的公文筐测试

汇联商业集团股份有限公司（以下简称"汇联"）成立于1997年，是华北地区知名连锁超市集团，目前有54家大型超市，133家社区便利店，在华北地区市场占有率达17%。汇联集团以物美价廉著称，在顾客中的口碑也一直很好。2004年，汇联成立汇联商品中心自有品牌部，统一管理整个集团自有品牌的规划、设计、开发、质量控制和销售工作，分别推出了纺织品、零食、电子等多个自有品牌的产品。但自有品牌的市场表现并不一致，有的品牌持续热销，有的品牌的市场表现则令人失望，尤其是电子类产品，到目前为止，给集团带来的亏损已超过2 400万元。集团面临对自有品牌的重新调整。2012年，国内著名的信息系统供应商信驰集团成为汇联的第二大股东，持有汇联12.5%的股份。为了降低日益增长的人工成本，汇联与信驰计划在2013年构建国内第一家大型无人售货超市。顾客购物时领取条码读取仪，该仪器扫描条码后可以对产品进行语音介绍，并准确提供商品信息，商品挑选完毕后，顾客可以把条形码放在机器上一扫，然后用触摸屏选择付款方式即可，整个购买过程无须任何人帮忙。这是汇联2013年的重点工作之一，对汇联未来的战略发展也具有非常重要的意义。2013年初，汇联全资收购了华北地区的柯美商业集团股份有限公司（以下简称"柯美"），柯美成为汇联的全资子公司。柯美是一家中高端百货集团公司，在华北地区的中心城市拥有13家商场，在高收入消费者人群中有较高的认知度。汇联希望通过此次收购能进入全新的高端百货消费的细分市场。原柯美集团的董事长和总经理赵方名继续担任这个子公司的总经理，并担任集团的副董事长。柯美的经营方向、管理模式、进货渠道、目标客户和汇联都有很大区别，虽然并购已经完成，但柯美的经营管理依然维持着过去的状态。

【情景】

您（曹建明）是汇联集团的人力资源总监，您的直接上级是公司的董事长兼执行总裁潘丽。您分管集团公司人力资源部门的工作。此外，您会和集团各门店经理以及子公司（包括新收购的柯美集团）的总经理共同管理各单位的人力资源工作。在集团公司，您还有5名下属，分管人力资源的招聘、培训、劳动关系、绩效和薪酬等业务模块。

现在是2013年5月19日14：00，您刚刚参加完3天的封闭会议归来，到办公室处理累积下来的电子邮件和电话留言等信息文件，17：00您还要参加一个重要活动。在这3个小时里，没有任何人来打扰您。好，现在可以开始工作了，祝您一切顺利！

【文件一】

类别：电子邮件

来件人：冯　辉　自有品牌部总经理

接收人：曹建明　人力资源总监

日期：5月16日

曹总：

关于我们部门产品研发人员的薪酬激励问题，我想和您约个时间细谈一下。目前我们部门有7个研发团队，分别为7个品牌进行产品研发工作。其中包括零食品牌“乐嘴”、清洁品牌“洁霸王”、家纺品牌“和雅”、厨具品牌“大厨梦”、家用电脑品牌“黑马”等，其中“乐嘴”是我们所有品牌中做得最为成功的，每年销量增幅在35%以上，已经是市场上知名度很高的品牌，集团的投入也很大，是集团唯一投放过电视广告的品牌。其他品牌大都还可以，但也有品牌不尽如人意，特别是家用电脑品牌“黑马”，尽管集团过去对“黑马”的投资最大，但该项目仍然持续亏损。我们部门研发人员的薪酬结构基本上都是采取高比例底薪加低比例项目奖金的方式，项目奖金不仅比例低，主要发放的依据也主要是和工作态度等主观性考评指标挂钩，因此各项目组人员之间的差距不大。那些产品效益好的项目组觉得很不公平，自己给公司带来了很高的利润，但获得的报酬和那些亏损项目组差不多。我也觉得目前这种现状不是很合理，希望能和人力资源部共同设计更有激励作用的薪酬模式。您什么时候有空请与我联系？我们详谈一下。

【文件二】

类别：电话留言

来电人：张兰兰　招聘经理

接收人：曹建明　人力资源总监

日期：5月16日

曹总：

柯美公司的人力资源经理最近提交了一份招聘计划，这是柯美第一次将公司的招聘计划上报给我们。关于柯美的招聘管理，我们并不是很熟悉，在招聘中哪些事情需要我们管理，哪些事情要授权给他们做，集团公司没有明确的规定，我自己也不是很清楚，此事需要您给出具体的指导意见。

【文件三】

类别：电话录音

来电人：车桂明　集团“无人售货超市项目”主任

接收人：曹建明　人力资源总监

日期：5月16日

曹总：

下周二要召开“无人售货超市项目”中期研讨会。我们想邀请集团人力资源、财务、物流管理、信息等部门参加，集团公司的部分领导和信驰的技术专家也会到会，希望得到您的支持。虽然项目叫作“无人售货超市项目”，实际上这个门店依然会有很多岗位，包括保安、理货等。开始运营时，可能还需要一些人工收银柜台来帮助顾客逐渐接受这种模式。在客户服务方面，也要比传统门店的要求更高。另外还有一些其他门店没有的新职位，如信息咨询员等，也有人员需求。希望人力资源部根据这个新门店的特点拿出一套人力资源规划的草案来参与下周的讨论。

【文件四】

类别：电子邮件

来件人：艾克威　劳动关系主管

接收人：曹建明　人力资源总监

日期：5月17日

曹总：

集团公司在年初的战略规划中，强调要在未来五年控制公司的长期人力成本。潘总提出要在未来几年通过两种途径控制人力成本，一是公司正在试点的“无人售货超市项目”，二是要用五年时间将50%的超市员工替换为劳务派遣用工的形式。目前，超市中各厂家的直销人员采用的基本都是劳务派遣模式，他们的经验值得我们学习。公司未来的工作重点是将理货和收银等岗位逐渐派遣化。目前，劳务派遣的员工占总员工的比例不到8%，我认为这个任务非常艰巨，会遇到各种难以预料的困境，也会涉及人力资源管理的各个方面，我想听听您的看法，以便开展下一步工作。

【文件五】

类别：电话邮件

来电人：张家来　某超市门店经理

接收人：曹建明　人力资源总监

日期：5月17日

曹总：

我们门店预计在3个月后开业，届时将成为本市最大的门店之一。经过业务核算，招聘计划我们已经做好，预计要招聘340名基层岗位员工和28名管理人员，请您看看人数和配置上是否可行。如果没什么问题，您批准后我们就着手准备招聘。由于时间比较紧迫，请您尽快回复我。

【参考答案】

【文件一】

1.自有品牌部的工作方向和重点与集团的战略方向和重点是一致的。所有工作是非常有意义的、必要的，提出问题是有效而切实的。

2.自有品牌部所提出的薪酬激励问题不仅仅是薪酬的问题，也涉及绩效考核指标体系。

3.授权绩效主管牵头对自有品牌部研发人员的考核指标重新进行梳理和设计，减少主观性考评指标，设置可量化的KPI指标，指标设计需要主管和员工共同参与，指标设计须遵循SMART原则，即明确性、可测性、可达成、相关性与时限性原则。

4.授权薪酬主管对自有品牌部研发人员的薪酬结构进行调整，针对研发人员项目投入大的特点，调整原有高比例底薪+低比例项目奖金的方式，改变原来的贡献与收入倒挂的情况，提高项目奖金的比例。

5.考虑到自有品牌部的实际情况，设计部门总体绩效奖金，奖金来源是7个自有品牌项目的净利润根据一定比例提取，这样做，是为了增强项目人员在部门中的向心力。

6.自有品牌部项目研发人员的薪酬着眼于对外具有竞争性，薪酬取决于市场的供求情况。

7.在激励措施上，在产品开发成功时，可酌情给予产品开发奖金，或者根据贡献的效益增幅给予一定的利润分享，以期鼓励其自身价值的体现，又能形成团队效应，激发其潜能智慧在企业中的充分发挥。

【文件二】

1.明确指出，这个问题是关于集团公司向子公司授权的问题，也就是招聘方面在集团与子公司之间的集权与分权的问题。

2.招聘体制问题的分析和把握，要从其连带关系追溯，即：产权-公司治理结构-管理体制-组织结构。注意管理体制与公司治理结构及其组织结构的关系。

3.授权调查柯美招聘管理情况的需求，与集团对比，在体制上与工作本身的关联，即：柯美招聘，需要什么样的指导机制；集团是否具有配备的能力和必要。

4.制定集团在招聘方面对子公司的总体分权体制，比如：抓住骨干员工、抓住创新人才，保持公司活力和企业文化特色，符合创新战略和投资策略的总体要求。

5.柯美公司属于高端百货集团公司，在高收入消费者人群中有较高的认知度，汇联集团希望通过此次收购能进入全新的高端百货消费细分市场，应该在发扬原优势而分权的基础上，集团把集权使用在对细分市场的开发指导力度上。

6.对该公司的招聘结构进行细致分析，借此把握集团对该公司的有效指导，即：分析该公司招聘工作中与战略直接影响关联的重点，并可以请咨询公司予以诊断或指导。

【文件三】

1.“无人售货超市项目”对于集团公司提升技术含量和服务质量，降低人工成本有着重要意义。

2.“无人售货超市项目”对于人力资源来说，属于“技术开发型”策略。“技术开发型”策略是依据规模经济原则，力求以最小成本取得最大产量，通过技术创新来大幅度提高生产率，并且它是自上而下推动的，采用外延扩大再生产的发展模式。

3.“无人售货超市项目”虽然减少了一些工作岗位，诸如超市收银员、卖场管理员、超市售货员，但依然会有很多岗位，包括保安、理货、技术支持、中控等，这就需要对这些新增加岗位重新进行工作岗位分析。

4.工作岗位设计的依据是实际的工作内容及其责任，也包括业务流程和任务，即：流程分段的责任，任务轻重的分工。

5.深入工作岗位分析，落实到具体的定编、定岗和定责，即出具岗位三定报告。

6.在上述调查数据的基础上，分析需求、岗位特点及预测供给可能，制订“无人售货超市项目”的招聘计划。

7.制定与招聘计划相关的培训、绩效、薪酬、员工关系等多方面的配套制度。

【文件四】

1.以降低成本为核心目标，全面控制人力成本是集团公司的长期战略。

2.控制成本的方向是正确的，但不要走偏到无限制地降低人力成本的道路上，即：控制人力成本，是减少浪费，有效使用，而过低地降低成本，会适得其反。

3.在降低人工成本的同时，还要考虑和照顾到吸引人才和留住人才。控制人力成本，要与吸引人才配合，使得二者平衡发展。

4.通过“无人售货超市项目”和超市员工采用劳务派遣模式两种途径控制人力成本的方向是正确的，但应注意其局限性，有些岗位不能使用这些方法。

5.授权劳动关系主管对公司内用工的实际情况进行调研。调查用工形式、岗位需求、人员的发展变化、管理的难度等。

6.对于超市将要采用的劳务派遣用工形式，应严格按照《中华人民共和国劳动合同法》的相关法条，选择符合资质的劳务派遣公司，签订长期的合作协议。

7.劳务派遣用工是劳务派遣单位与接受单位签订劳务派遣协议，由劳务派遣单位招用雇员并派遣该劳动者到接受单位工作，劳动者和派遣单位从中获得收入的经济活动。劳务派遣是一种典型的非正规就业方式。

8.公司控制人工成本，除了“无人售货超市项目”和超市员工采用劳务派遣模式用工方式外，还要根据集团公司的实际情况，适应企业发展战略的要求，适应各类员工的特点。

9.还应制定此两类人员的职业发展配套制度和方案，如转为正式员工的途径，以及晋升、培养、考核办法等。

【文件五】

1.应对该门店的招聘计划进行审核。

2.预计招聘340名基层岗位员工和28名管理人员，基层员工与管理人员比例约为12：1，符合公司关于职数配置要求。

3.对基层员工的招聘方案，应以外部招聘为主，根据招聘岗位的工作说明书，联系各招聘网站、普通高校、高职院校，并按照外部招聘的流程开展招聘工作。

4.对管理人员的招聘方案，应以内部选拔竞聘为主，根据招聘职位的工作岗位说明书，结合管理人员胜任特征模型，按照内部竞聘的流程开展竞聘工作。

5.选择招聘的主要步骤：

（1）分析岗位的招聘要求。

（2）分析招聘人员的特点。

（3）确定适当的招聘来源。按照招聘计划中的岗位需求数量和资格要求，根据对成本收益的计算来选择一种效率最高的招聘来源：是内部招聘还是外部招聘，是学校招聘还是社会招聘等。

6.招聘管理中还涉及对质量的控制，包括招聘成本、招聘质量与招聘效果的评估。

招聘效果评估包括成本效益评估、数量与质量评估、信度与效度评估。

资料来源　徐明．企业人力资源管理师公文筐测试通过必备（一级）［M］．2版．北京：机械工业出版社，2013：324-336.

5.5 招聘甄选体系

5.5.1 招聘甄选测评标准体系

1.含义

评价及测量任何事物都需要依据测量对象、上级给出的任务以及测量的目的设计出测量规则和标准。招聘企业在对应聘者进行招聘的过程中，也应该依据应聘者的各方面及综合素质制定相应的测评标准体系。而这种体系的建构，是招聘者在招聘甄选时的重要组成部分。招聘甄选测评标准体系由一组彼此具有密切关系且特定的测评指标组成，体系中的每一项指标都代表了应聘者某一方面的表现（行为），所以指标是具有特定性和独立性的。测评标准体系是保障测评合理且标准的重要条件，整个体系都要反映每个岗位对应聘者能力、知识和素质的要求。招聘甄选测评标准体系是选拔应聘者的基础框架，体系建构情况将直接决定应聘者的测评结果及招聘甄选的顺利程度。在这个体系当中，应聘者的素质只有通过测评合格后，才可以表现素质水平的内在价值。

2.内容

招聘甄选测评标准体系主要有指标构成和内容结构两部分。指标构成指的是对素质测评的要素进行描述，描述的内容则是将素质测评用规范化的形式和行为表现出来。指标构成是对内容结构中各个素质的操作和分解。内容结构指的是将需要的测评要素进行分解，并按照要求给出相应的项目。它是素质测评标准体系的基础和前提。

（1）指标构成

指标构成一般分为三个部分，即测评要素、测评标志和测评标度。

①测评要素。测评要素是对测评内容的细化和分解，其确定了测评的具体内容，也是素质测评目标操作化的表现形式。

②测评标志。测评标志要求具有易操作、可辨别的特征，是对测评要素关键性特征的描述。通常，多个测评标志说明一个测评要素。

③测评标度。测评标度指的是对评测要素或者是测评标志的状态、水平及二者之间的差异的衡量和描述。描述不限于其是否精确，也不限于是使用语言还是数量。

表5-5是指标构成的例表。

表5-5 **指标构成的例表**

测评要素	测评标志	测评标度
感召力	1.擅长说服，善于赢得支持	精通 一般 很差
	2.能调整表情以吸引听众	精通 一般 很差
	3.能运用间接影响等复杂手段以造声势、兴舆论	精通 一般 很差
	4.能策划引人注目的事件，以说明问题的要点	精通 一般 很差

（2）内容结构

招聘甄选测评标准体系的内容结构是十分重要的，甄选测试的内容结构是在企业内外部环境、职位分析和发展前景的基础上，以招聘为具体目的而形成和确定的。内容结构是被招聘和录用人员能够满足企业需求的重要保障，也是实现人岗匹配的重要条件。

测评的内容主要通过工作分析、素质结构分析、个案分析、文献分析等方法来确定。在甄选员工的时候，尽管不同的组织、不同的岗位或不同的情况下对应聘者的要求不同，但是测评的内容一般都包括文化素质、智能素质、身体素质、心理素质等方面。对于特定的测评内容，要进行分层分解，得到测评目标和测评指标。测评内容是测评所指向的具体对象与范围，测评目标是对测评内容的明确规定，测评指标则是对测评目标的具体分解，它们是测评与选拔标准体系的不同层次[①]。

内容结构要符合以下几项原则：

① 徐世勇，陈伟娜. 人力资源的招聘与甄选［M］. 北京：清华大学出版社，2008.

①科学原则。科学原则指的是测评体系的内容选择要有科学的依据，不能主观随意地更改和取舍。

②相关原则。相关原则指的是测评体系要能够实现招聘甄选的目的，即测评内容要和应聘岗位及其需求相关。

③独立原则。独立原则指的是内容结构的各个部分和各个项目之间不能够相互交叉或包含，要彼此独立。

④实用原则。实用原则指的是测评体系选择的内容要经济实用，数量要适宜，操作起来要简单易行。

⑤明确性原则。明确性原则指的是能够准确清楚地表述测评体系的内容，能够准确地对应聘者进行评价。

3.设计原则

(1) 精炼性

精炼性原则指的是在保障测评质量的同时，测评要更加精准，其测评的数量要精炼。因为数量少而精准的测评要素可以避免重复，也可以节省测评的时间和成本，提高工作效率。但是，不一定数量越少其效果越好，一定要保证必要的数量和既定的质量。

(2) 完备性

完备性指的是使处于一个测评标准体系下的各个标准之间相互协调，能够综合地体现应聘者的素质。因为每个岗位对员工都是有一定要求的，应尽量用数量少的指标来充分和完备地反映被测者的素质等相关信息。

(3) 科学性

招聘甄选测评标准体系要依据管理学、经济学、人才学、心理学、领导科学等学科的原理，并运用科学的方法对应聘者进行测评。测评标准体系的内容要符合我国法律、政策，还要运用科学的方法来提高测评的准确性和可信度。此外，对招聘甄选测评标准体系的构建也要依据和参考各种科学的研究成果，使得体系更加科学。

(4) 可操作性

可操作性指的是好的招聘甄选测评标准体系对应聘者的客观评价是有益的，这也说明测评的内容和标准不能模糊，一定要精准。在设计和制定招聘甄选测评标准体系的同时，一定要考虑到这个体系的可操作性，也要使人们感觉通俗易懂，这样才能充分利用这个体系。

(5) 针对性

针对性指的是要根据岗位的具体要求和目标，以及招聘甄选的目的制定相应的招聘甄选体系。因为标准不同，体系的内容也不尽相同，测评的指标和方法也都不一样。所以，在对应聘者进行测评的时候，一定要具有针对性，使其能够充分体现出被测者的基本情况。

4.意义

设计招聘甄选测评标准体系是招聘员工中的重要工作，对整个甄选过程和甄选工作具有重要的意义。

（1）有利于统一观点，深化认识

制定招聘甄选测评标准体系是一个复杂的过程，测评主体通过这一过程能够形成统一的认识，因为体系中的每一个指标和每一项内容都有它的标准，即将各个主体的价值观客观化，将统一的观点注入招聘甄选测评标准体系中。

（2）有利于将人员和岗位连接起来

企业内的招聘甄选测评标准体系中的测评是不太容易操作的，因为甄选的对象是客观存在的有形体，但是甄选的标准和甄选的过程却是无形的、抽象的。通过建立测评标准体系把对象物化成测评内容、指标和目标，然后再将测评指标具体化为标准、标记和标度，最后将它们联系起来，这样就比较容易操作了。

（3）有利于测评主体对任职资格和岗位深入了解

在熟悉和使用招聘甄选测评标准体系的过程中，测评者要根据工作分析和岗位要求对应聘者进行深入的了解，具体包括应聘者的基本信息、应聘者的各项素质和岗位技能等，并依据一定的标准赋予权重，这就使得测评主体能够对应聘者和岗位有深入的认识。

（4）有利于提高甄选测评的客观性和科学性

企业的招聘甄选过程十分复杂，需要测评的因素数不胜数，测评的范围很广，内容也很繁杂，如果不建立客观的甄选体系，就会受到测评者主观因素的影响。由于测评者的价值观不尽相同，其看待事物的角度和态度也是不一样的，所以在对应聘者进行甄选的过程中会缺乏公正的评判标准，这会使得应聘者不信服。建立招聘甄选测评标准体系能够客观地评价应聘者各个方面的素质和能力，这样就能保证测评的全面和客观，有效地克服测评者的主观性问题。

5.流程

（1）明确测评的客体和目的

招聘甄选测评标准体系的建立需要明确测评对象。由于测评客体的不同，测评的标准和目的也是不同的。即使是同一个客体，其指定的测评标准体系也是不同的。招聘甄选测评标准体系需要依据测评客体的特点和岗位的特点来制定。

（2）确定测评项目

确定了测评的客体和目的之后，就要将测评内容依据客体的特点和测评的目的转换为测评项目。在标准化测评内容时，工作分析具有关键性的作用。对于测评项目的确定，一般通过以岗位分级为基础的工作目标因素分解法、工作行为特征法、工作内容因素分析法等来实现。

（3）筛选与表述测评指标

对测评的内容进行分解之后，就要分析测评中的每一个指标。对于测评中的指标，要明确其定义、内容以及外延，不能让别人对其产生歧义，也尽量不要使指标之间的内容交叉或者重复，要保证指标的独立性。对指标的筛选主要依据测评标准体系的可行性和实施的具体价值这两方面来进行。至此，测评指标的初步确定工作就完成了。

（4）确定测评指标的权重

权重的含义是测评指标在测评标准体系中的重要性或者是在总分中的比重。指标权重的测定主要有两种方法：一是层次分析法；二是德尔菲法。对测评指标的加权主要有综合加权、横向加权、纵向加权三种类型。指标权重的大小要用权数表示，权数有相对权数和绝对权数两种表现形式。

（5）确定测评指标的计量方法

确定了各个测评指标的权重之后，还要确定测评指标的计量方法。对测评指标的计量主要有分数的计量规则和计量等级两个方面。为了使测量结果简单明了，可以将测量结果规范化，这就需要对测评标准体系中的每一个指标都进行分等计分，这种方法简单规范，对结果的统计也很方便。对于不同的测评指标，我们可以用不同的分数将其表示出来，并加以区别。对于既不是量化也不是客观性的结果和数据，如果没有可以依据的标准的话，测评者可以依据自身的经验对其进行定性分析，并依据其表现情况给出分数。

（6）试测并完善测评标准体系

经过上述五个步骤后，招聘甄选测评标准体系的可行性、客观性和准确性以及可操作性还需要实践的检验。在真正实际操作的过程中，不要大范围地进行试验，刚开始的时候，要在小范围内进行试验，然后对试验结果进行分析，总结经验和不足，并针对不足进行改正，通过不断的试验和修改，使招聘甄选测评标准体系更加完善和有效。

5.5.2 人员的招聘和甄选体系

1.基于胜任特征模型的招聘体系的含义

基于胜任特征模型的招聘体系是以素质模型为核心，通过分析企业内人力资源的基本情况来找出企业内各个层次的员工之间在素质和能力、文化知识等方面的差距，然后通过合适的招聘途径和渠道，选择合适的招聘方法，招聘和甄选应聘人员，从而完善企业内的人力资源结构，并以此为背景和条件，规划新入职员工的培训工作，实现满足企业发展的胜任特征需求的目的。

2.招聘系统的基本内容

（1）进行工作分析，制定详细的工作说明书

企业在市场的不断竞争和自身成长的过程中，不断有新的工作岗位和新技术的出现，企业自身的发展也在不断地变化着。企业为了更好地发展，就要及时地进行工作分析。招聘者参与到招聘过程中，可以了解应聘者的基本信息和内在潜能，判断其能否胜任应聘的岗位，并及时地预测组织中潜在的人员过剩或人力不足。人力资源管理工作的重要依据是工作说明书和详尽的职位描述。工作说明书和详尽的职位描述可以避免盲目招聘，也可以避免招聘者的主观性和随意性。通过明确、详细的职位要求描述和工作说明书为组织招聘到的也许不是最优秀的人员，但却是最适合岗位要求的人员。所以，在招聘者进行招聘的过程中，不要只注重应聘者的优秀方面，或者是不要只关注优秀人才，还要关注适合相关岗位的人才，这样才更有利于企业和员工的共同发展。

（2）开发合理的人力资源需求的预测流程

人力资源的需求和企业的发展战略是一致的，而影响企业人力资源需求的因素有很多，包括人力的稳定性、组织结构的调整、组织发展的目标规模、产品和服务的升级换代、市场的供需关系、行业内其他组织的变化等。对人力资源需求的预测主要包括数量和质量两方面。为了取得精准的预测结果，就要广泛地收集有关影响人力资源需求变化的资料，并进行整理。这些资料既包括内部资料，也包括外部资料。组织内部资料的收集宜采用扁平化的工作模式，根据以上相关因素开发合理的预测工作流程，规范各部门的预警机制和定期报告（如市场部提供目标市场的变化、市场占有率的升降等定量指标的描述），加强招聘者和直线经理的经常性沟通，结合各相关部门定期提供的资料，可获得比较准确、及时、有效的内部人员需求信息。在此需要强调的是：将流程的操作程度作为组织内各部门绩效考核的一项内容是信息获得必不可少的保证，没有相关的绩效考核作保证很难想象可以获得及时、准确的内部信息资料。外部信息资料包括的内容有：国家经济发展趋势、本行业的发展水平和发展趋势、组织所在地区的经济发展水平和人力资源的供需数量、国家和地区颁布的相关法律法规等。外部信息资料的获取一般由人力资源部门负责，可采用询问调查、文献调查、委托专业机构调查、个人面谈等方法[①]。在收集到内外部的有效资料之后，就要依据科学的程序和标准对其进行整理和提炼，选出适合企业和岗位发展的有效资料，删除有碍企业和岗位发展的无效资料。负责整理资料的工作者必须具有长远的眼光。开发合理的需求预测流程可以提高招聘工作的效率和主动性，也能够帮助企业规避风险，增强企业的综合实力和市场竞争力，从而提高组织的相关利益。为此，还需要做好事前的评估和事后的反馈工作，使预测流程的操作性更强、更合理。

（3）创建多种招聘方法和丰富的招聘途径

招聘的途径分为内部和外部两种，内部招聘可以激励企业内部员工发挥其潜能，提高其工作热情，降低招聘成本。但在内部选拔的过程中，一定要保障选拔的公平性。内部招聘的方式多种多样，主要包括熟人介绍、档案法、毛遂自荐、部门举荐等。当内部招聘没有适宜的人选时，可采用外部招聘，尤其是在补充初级岗位和获取具有新技术、新思想的员工时更适宜采用。外部招聘不但可以刺激内部员工更加努力地工作，还可以为企业注入新鲜的血液。外部招聘的方式也有很多，主要包括熟人介绍、校园招聘、招聘洽谈会、猎头公司举荐、中介、媒体广告等。每种招聘途径都具有鲜明的特色，企业应根据自身的要求选择合适的招聘方式。在选择招聘方式时，要依据效用最大化和费用最小化的原则。

3.招聘体系的流程

招聘体系的流程主要包括四个过程，分别是人员的招聘、甄选、配置和招聘效果的评估。

（1）人员的招聘

招聘的目的不在于广泛地吸引应聘者前来应聘，而是寻找合适的人员与岗位匹

---

① 姚裕群，刘家珉，原喜泽. 招聘与配置［M］. 2版.大连：东北财经大学出版社，2012：37-45.

配。如果企业招聘了一些不能胜任岗位的员工，那么企业将面临很大的损失；同时，员工在自身无法胜任的岗位上工作也不能促进自身的发展和提升，所以，企业要依据招聘岗位的需求和企业文化选择合适的招聘途径和方法，以及合适的应聘人员。这样可以使得企业和员工实现双赢和共同发展。人员招聘的实施阶段也要弄清楚岗位的需求、内部和外部的招聘方法、招聘渠道的选择以及对招聘人员的培训。

（2）人员的甄选

甄选指的是对通过招聘环节的一些应聘者加以区分和评估，通过一定的标准和程序从中选择一部分合格的人选进入企业工作的一个过程。在对应聘者进行甄选的过程中，招聘者对应聘者未来绩效的预测可能是缺乏准确性的，因为很多招聘者都不会运用一些科学的甄选方式做出甄选决策，而只单单依靠主观的感受和看法对应聘者进行甄选。通过人员甄选过程的都是合格的应聘者。在甄选的过程中，需要对应聘者进行各种各样的测试，以了解应聘者的内在潜力和实际的岗位技能。测试方法主要包括笔试、面试、情景模拟测试、能力测试、兴趣测试、人格测试。

甄选评估是测评人才的一种重要的、综合性的方法。应聘者通过笔试、面试以及心理测试之后，招聘者通过对这些应聘者的行为的观察和记录，对其进行评价。评价有评语和评分两种方法。对应聘者进行测试最为有效的方法是情景模拟法，即将应聘者置于一个与实际相同或相似的模拟场景中，给他安排一些工作或让他解决一些棘手的问题，通过观察他的行为做出判断。

（3）人员的配置

企业的招聘过程也可以称为人员的配置过程，在招聘过程中会对应聘人员进行职业倾向测试和职业兴趣测试，测试的主要目的是为人员的配置提供科学的依据。人力资源部根据测试结果对应聘人员进行配置，并将配置情况以书面的形式交给用人部门。

（4）招聘效果的评估

很多企业都会忽略招聘效果的评估，这也是企业的损失和工作上的疏忽。对招聘效果进行评估可以总结经验，找出招聘工作中的不足，为今后的招聘工作提供基础和条件；对不好的环节进行改进，有利于企业的长远发展和优秀人才的引进。

案例链接5-6

丰田的全面招聘体系

丰田公司以全面质量管理体系和看板生产系统名扬天下，其在全面招聘体系建设上也取得了令人瞩目的成绩，依据公司战略和企业文化对每位员工“精挑细选”，确保了公司战略的有效落实和高素质人才队伍的建设。

丰田全面招聘体系大致分成六个阶段，下面具体介绍一下：

第一阶段：委托第三方专业机构，对候选人进行初步筛选，同时介绍丰田公司基本情况及招聘体系。

第二阶段：委托第三方专业机构，通过笔试、心理测评、现场实际机器和工具操作测试等手段，考查候选人的技术知识和工作潜能。

第三阶段：丰田公司接手招聘，通过小组和个人问题解决活动、生产线工作模拟等手段，重点考查候选人的人际管理能力和决策能力。

第四阶段：丰田公司通过小组面试的形式进一步了解候选人的兴趣、爱好，发现候选人自己感到最骄傲的成就。

第五阶段：候选人参加全面身体检查，确保候选人身体素质适应岗位要求。

第六阶段：候选人入职，成为丰田正式员工。新员工需要接受6个月关于工作表现和发展潜能的评估，并将接受监控、观察、督导等方面严密的关注和培训。

丰田公司的生产体系基于决策的一致性、工作轮换制、富有弹性的职业发展路线，这要求丰田公司员工必须是受过良好教育、适应能力强、拥有良好的人际关系的员工队伍，而不是因循守旧的教条主义者。丰田公司的全面招聘体系正是为此而设计的，基本能力、心理测试以及解决问题能力模拟测试都有助于良好的员工队伍形成。

传统的人员招聘模式已经无法满足企业可持续发展的需要，建立以为企业战略服务为目标的全面招聘体系得到越来越多企业家的认同。好的管理理念需要正确的路径去贯彻实施，才能真正发挥管理效能。基于企业文化和战略、以现代信息化技术为支撑、充分调动和整合企业内外资源的全面招聘管理体系目前尚处于起步阶段，任重道远。我们有理由相信，全面招聘体系可以成为企业管理的一大有力工具。

资料来源　李涛，刘思征，孟德明. 丰田全面招聘体系及启示 [J]. 中小企业管理与科技（上旬刊），2018（11）：18-19.

本章小结

本章首先介绍了招聘和甄选的概述，主要包括招聘的定义、原则、作用、流程，甄选的定义、流程和发展。接下来主要介绍了企业进行招聘的途径和方法，主要分为内部招聘和外部招聘，两种招聘方法各有优缺点，应依据企业的实际情况采用适宜的方法；两种类别的招聘途径又分为不同的招聘方式，本章详尽介绍了各种招聘方式。此外，本章还着重介绍了招聘人员所运用的一些测评方法和技术，并分析了这些方法的优缺点和测试内容。在本章的最后，着重介绍了招聘体系。

复习思考题

1.招聘和甄选的含义是什么？招聘的作用有哪些？

2.招聘的方法和途径有哪些？

3.招聘的测评方法有几类？尝试阐述一下。

4.阐述内部招聘和外部招聘方法的比较。

5.无领导小组讨论的含义是什么？其主要的内容是什么？

6.情景模拟法的主要类别有哪些？

7.公文筐测试的含义是什么？特点有哪些？编制题目的原则和程序是什么？

8.面试的程序和阶段有哪些？

案例分析题

北京某房地产开发公司的员工招聘和甄选

北京A置业投资管理公司成立于2005年，位于北京丽泽金融商务区，注册资本5 000万元，员工800人。旗下拥有8家分公司和7家直属企业，业务多元化，涉足房地产开发、置业投资、物业、园林绿化、小额贷款等多个行业。公司多年来一直贯彻本地化发展战略，随着丰台丽泽金融商务区的建立，北京A置业投资管理公司的管理层逐渐认识到公司人才培养的重要性。公司行政人事部特设立了针对校园招聘和管理培训生培养的品牌——“星火计划”（取“星火传承”和“星火燎原”之意）和针对进入公司3年以上，通过“星火计划”的遴选与考核，公司中高层后备人才培养的品牌——“飞鹰计划”（取“飞上九霄”和“鹰击长空”之意）。

（一）“星火计划”的招聘

“星火计划”旨在挖掘年轻人尤其是刚毕业的大学生的潜力，为有梦想、有理想、有激情、有斗志的“四有新人”提供平台，让其在广阔的舞台上施展才华。“星火计划”的集中培养期为2~3年，主要通过职业化培训、专业培训及企业文化等方面的培训，辅以导师带徒、轮岗培养等培养机制，帮助管理培训生快速进入角色，了解企业及相关业务；促进管理培训生快速成长，能够在工作中发挥积极性和创造性，独挑大梁；规划职业生涯，为企业发展多做贡献。当然，激励与淘汰并存，“星火计划”将执行严格的准入标准和严格的考核机制，不能达到公司培养要求的，必然会被淘汰。

随着新一届毕业生开始选择企业单位就业，为引进人才、为公司注入新鲜血液，北京A置业投资管理公司行政人事部从公司的实际人才需求出发，向应届毕业生发布岗位，包括运营专员、行政专员、前期专员和建筑设计师等岗位；在北京建筑大学、北方工业大学、北京工业大学等高校开展校园宣讲和校园招聘，共计收到简历498份。

“星火计划”的招聘、选拔办法是：所有管理培训生通过面试、笔试相结合的综合评价方式进行筛选。笔试成绩占40%，面试成绩占60%。

笔试：从数量管理、逻辑思维、语言理解等三个角度进行，以满足业务岗位的基本素质要求。

面试：从语言表达沟通、领悟反应能力、进取心及工作态度、学习接受能力、未来职业发展规划、求职的动机及态度、自知力和自控力、分析判断能力等八个维度对应聘人员进行测评，分析其是否能够适合公司的岗位要求以及能否在公司稳定发展。

招聘面试流程：

简历收集→简历筛选→初次面试（合格）→笔试→复试

外部招聘流程和内部招聘流程如图5-2、图5-3所示。

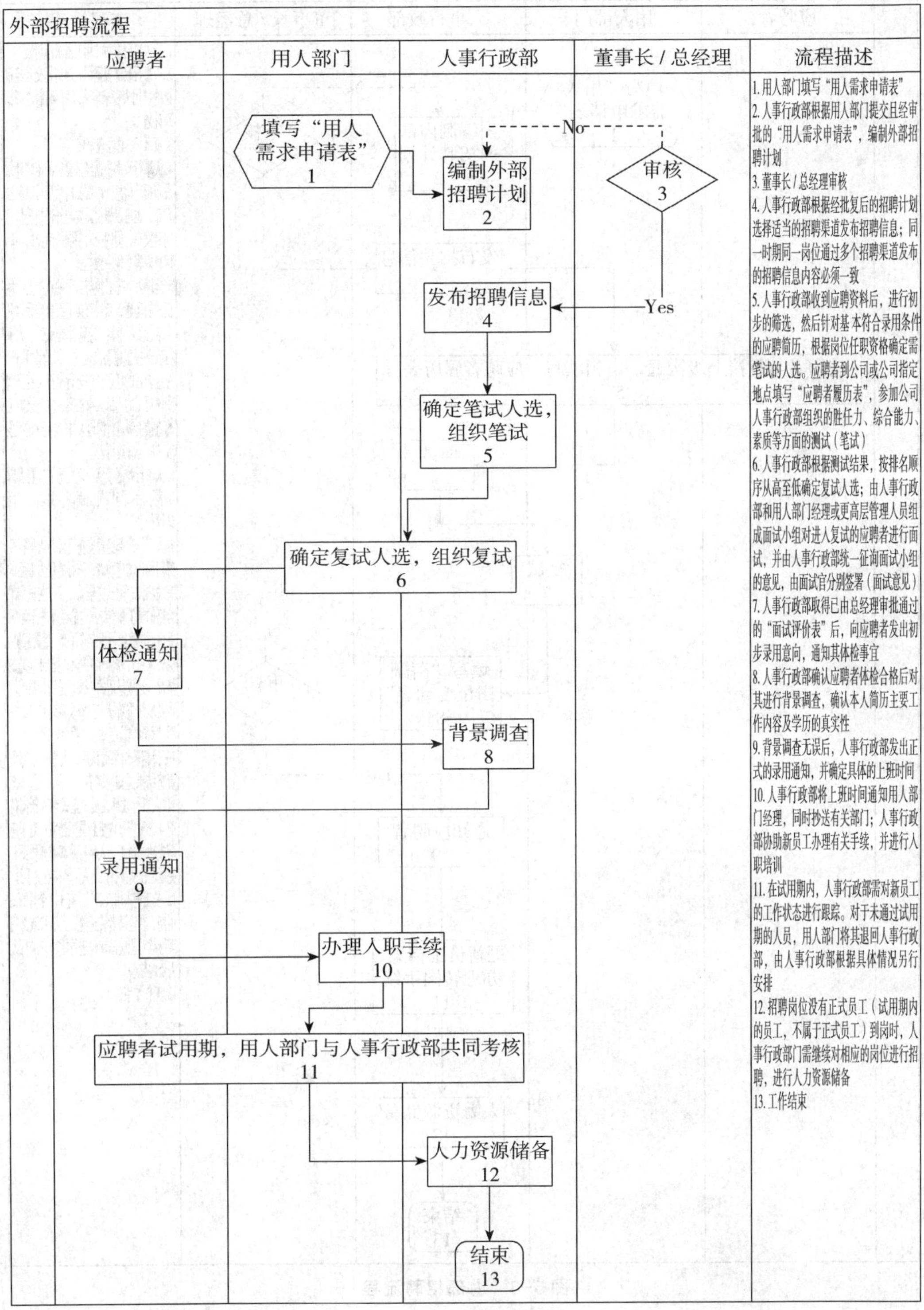

图5-2　外部招聘流程

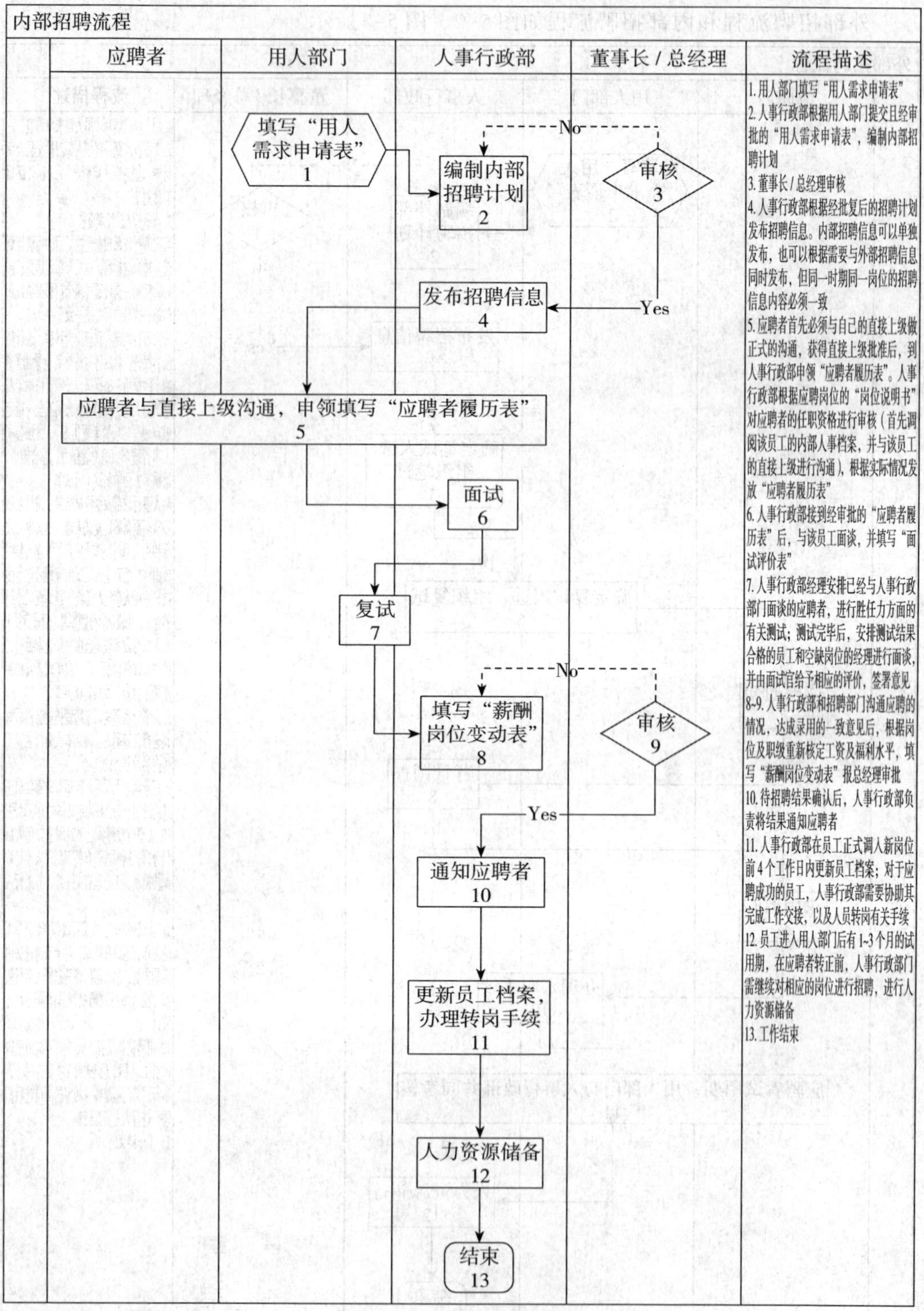
内部招聘流程
应聘者
用人部门
人事行政部
董事长 / 总经理
流程描述
填写“用人需求申请表” 1
编制内部招聘计划 2
审核 3
No
Yes
发布招聘信息 4
应聘者与直接上级沟通，申领填写“应聘者履历表” 5
面试 6
复试 7
填写“薪酬岗位变动表” 8
审核 9
No
Yes
通知应聘者 10
更新员工档案，办理转岗手续 11
人力资源储备 12
结束 13
1. 用人部门填写“用人需求申请表”
2. 人事行政部根据用人部门提交且经审批的“用人需求申请表”，编制内部招聘计划
3. 董事长 / 总经理审核
4. 人事行政部根据经批复后的招聘计划发布招聘信息。内部招聘信息可以单独发布，也可以根据需要与外部招聘信息同时发布，但同一时期同一岗位的招聘信息内容必须一致
5. 应聘者首先必须与自己的直接上级做正式的沟通，获得直接上级批准后，到人事行政部申领“应聘者履历表”。人事行政部根据应聘岗位的“岗位说明书”对应聘者的任职资格进行审核（首先调阅该员工的内部人事档案，并与该员工的直接上级进行沟通），根据实际情况发放“应聘者履历表”
6. 人事行政部接到经审批的“应聘者履历表”后，与该员工面谈，并填写“面试评价表”
7. 人事行政部经理安排已经与人事行政部门面谈的应聘者，进行胜任力方面的有关测试；测试完毕后，安排测试结果合格的员工和空缺岗位的经理进行面谈，并由面试官给予相应的评价，签署意见
8-9. 人事行政部和招聘部门沟通应聘的情况，达成录用的一致意见后，根据岗位及职级重新核定工资及福利水平，填写“薪酬岗位变动表”报总经理审批
10. 待招聘结果确认后，人事行政部负责将结果通知应聘者
11. 人事行政部在员工正式调入新岗位前 4 个工作日内更新员工档案；对于应聘成功的员工，人事行政部需要协助其完成工作交接，以及人员转岗有关手续
12. 员工进入用人部门后有 1-3 个月的试用期，在应聘者转正前，人事行政部门需继续对相应的岗位进行招聘，进行人力资源储备
13. 工作结束

图 5-3　内部招聘流程

（二）“飞鹰计划”的甄选

“飞鹰计划”是指在公司工作3年以上，且经过了“星火计划”的选拔和考核的员工，有机会参加一年一度的中层管理岗位竞聘。竞聘共分为四个阶段，分别为准备期、启动考核期、评审期和结果公示期。内部竞聘管理小组负责内部竞聘的所有事务，包括项目策划、落实、组织实施、信息统计和报告等，以确保竞聘活动按流程要求有计划、高效和有秩序地展开。

1.准备期

（1）编写北京A置业投资管理公司中层竞聘细则，明确本次中层竞聘的具体岗位、竞聘程序、竞聘考试类型及评审方法等内容，从多方面考查竞聘者的综合素质和能力。

（2）完善、细化北京A置业投资管理公司中层岗位竞聘题库，包括公文筐测试和岗位竞聘专业考试题目的编制。考试题目大多来源于实际工作中的案例，旨在对竞聘者的文件分析处理能力、解决问题能力、综合协调能力、工作计划性、主动性，以及专业知识的掌握和中层管理者所应具备的其他素质进行综合考查。

2.启动考核期

（1）组织召开岗位竞聘动员会，使竞聘者对岗位竞聘的方式、目的和意义都有深刻的了解。

（2）组织岗位竞聘的专业考试——公文筐测试。内部竞聘管理小组的评委将根据竞聘者的表现及考试成绩对其打分。

（3）行政人事部派员在现场进行监考。考试期间，严肃考场纪律。考试结束后，组织阅卷，并进行成绩汇总，最终得出竞聘者的笔试成绩。

（4）竞聘演讲和结构化面试。竞聘演讲和结构化面试是指由竞聘者根据拟聘岗位职责发表竞聘演讲并接受结构化面试，以考查竞聘者的形象气质、仪容仪表、语言表达能力、管理思路和沟通能力、计划能力及应变能力等。每位竞聘者时间不超过30分钟，其中演讲15分钟，结构化面试15分钟。

3.评审期

在对竞聘者进行笔试和面试的考查后，行政人事部按照相应权重及评委的打分对成绩汇总，确定竞聘者的最终成绩。

4.结果公示期

公布竞聘者的成绩，并对拟任用人员进行为期7天的结果公示。如无异议，由公司下文公布任免决定。

讨论题：

1.进行校园招聘时应该注意哪些问题？

2.简述笔试的优缺点。

3.简述面试的方法和面试提问的方法。

4.简述内部招聘的程序。

第5章案例分析提示

第6章 战略培训与开发管理

学习目标

- 明确培训与开发的内容
- 了解培训与开发体系建设的内容
- 掌握学习地图的定义
- 学会应用学习地图

引例 从“上好职场第一课”看格力的人才培养制度

2018年10月12日，格力电器举办了主题为“燃梦青春，多Young未来”的格力2018大学生训练营董总见面会。格力电器董事长董明珠结合企业发展和个人经历等进行了激情澎湃的演讲，通过回首发展路、摹画新蓝图，让格力的“新鲜血液”迅速对于“让世界爱上中国造”有了更深更多的理解并产生共鸣。

如今，很多企业都已经有了为职场新人上好“职场第一课”的意识，旨在帮助那些刚刚从校门迈入企业大门的职场新员工们熟悉企业文化、了解岗位特点、增强团队意识等，格力也是如此。不同的是，格力不仅将“‘逐梦格力’大学生训练营”等企业内训做成了品牌活动，帮助无数新员工系好了职场的“第一粒扣子”，还为他们打造了一个独具特色的成长摇篮。

在格力电器，新员工的“职场第一课”只是育才的“引子”，真正的重头戏还在后面。经过20多年的不断总结提炼，格力已经形成了一整套卓越的“选、育、用、留”人才培养机制，并在人才、平台、机制、经费四个方面推行人才“自主培养、全员培养”，经费“按需投入、上不封顶”等政策，将企业自身打造为中国制造业的人才高地，为员工的成长成才提供“孵化器”。

“格力不会直接给你高薪，但会直接给你创造高薪的平台”，这是董明珠经常说的话。格力的内部提升机制和公开有序的竞争机制为其在科研、技术、管理、生产、销售等各个领域培养了大批人才，其中不乏90后的员工成为团队领导、业务骨干的事例。同时，通过设立科技进步奖、管理创新奖等一系列奖项，格力在各个岗位上都全方位激发了员工的荣誉感和创新激情，孕育了“全员创新”的企业文化。

如今，“学习培训是最好的福利”已经成为不少企业经营者和员工的共识，这方面，多次获评“中国年度最佳雇主”的格力电器也不例外，它已经逐步树立起中国职业教育的新标杆。为了让员工接受最好的职业技术教育，格力专门成立了培训部，为员工设立公司级、部门级以及科室级、个人级四级培训体系。完善的培训机制犹如

“充电器”，让员工的自身素质和业务水平迅速提升。

“人才是第一的，没有人才，一切归零。”格力电器董事长董明珠曾经指出，一个企业在发展的过程当中，一定要重视人才的培养，建设有创新性的团队。“这是一种社会责任，到处挖人不是真本事，自主培养一批人才才是真正的本事。”也正是基于这种理念，格力电器营造了尊才、爱才，使人尽其才、才尽其用的育才用人氛围，让企业与员工在共同谋事创业中形成命运共同体、发展共同体。

“创新之道，唯在得人。得人之要，必广其途以储之”。2018年5月，习近平总书记在中国科学院第十九次院士大会、中国工程院第十四次院士大会上强调，要营造良好创新环境，加快形成有利于人才成长的培养机制、有利于人尽其才的使用机制、有利于竞相成长各展其能的激励机制、有利于各类人才脱颖而出的竞争机制，培植好人才成长的沃土，让人才根系更加发达，一茬接一茬茁壮成长。

显然，创新型人才的培养需要社会各个方面的广泛参与和深度推进，其中，企业作为人才聚集的一大平台责无旁贷，尤其是行业领军企业更得发挥引领带动作用。

从这个意义上看，格力电器在人才培养方面已经成为响应党和国家相关号召和指示精神的有力践行者，它不仅实现了企业自身的“蜕变”，还不断地为国家的制造业强国战略添砖加瓦，培育了大批产业工人、高技能人才，筑牢了产业发展的基石。

资料来源 佚名. 从“上好职场第一课”看格力的人才培养制度［EB/OL］.［2020-01-19］. https://www.hvacrhome.com/news/show.php?itemid=38872.

6.1 培训与开发管理概述

6.1.1 培训与开发管理理论演进

工业革命带来了工业经济的迅猛发展，机器大生产改变了最初的手工作坊式的生产模式，电力、内燃机、新交通工具的使用极大地改善了生产条件和环境，尤其是第二次世界大战后新技术革命带来了产业结构的大调整。在这个过程中，产生了一些管理思想和管理理论，典型代表人物是美国的弗雷德里克·泰勒，他在1911年出版的《科学管理原理》一书中提到企业提高生产效率要做到四个方面：①标准作业；②科学挑选、培训和教育工人；③密切协作，按原则作业；④合理分配工作和职权。泰勒认为培训和教育员工可以提高企业生产效率。20世纪20年代，在美国西方电气公司进行的长达九年的霍桑实验向我们证明，影响生产效率的根本原因不是工作条件，而是工人本身，从而说明影响和改变组织成员的思想行为模式十分重要。然而，组织成员的思想行为模式只有通过培训才能影响和改变。《科学管理原理》和霍桑实验的结果表明，企业培训理论开始处于萌芽阶段。

此外，德国社会学家马克斯·韦伯在20世纪早期描述了一种“官僚行政组织”的理想组织模式。这种理想组织模式有五个特征：①组织中的人员应有固定和正式的职责并依法行使职权；②组织的结构是层级控制的体系；③人与人之间的工作关系，成员的选用与保障；④专业分工与技术训练；⑤成员的工资及升迁。其中，第五个特征描述的是“所有的组织成员都是依据经过培训、教育或正式考试取得的技术资格选拔的”。马克斯·韦伯认为理想的企业组织中，员工必须经过正规培训才能取得良好的组织绩效。他的理论为现代许多企业新员工入职培训的需求分析提供了原始的理论依据，使新员工的技能培训有了新的发展。

在20世纪80年代至90年代中期，人们对培训的研究越来越深入，包括增强培训和开发向实际绩效转化和转移程度的研究、培训与竞争优势的研究、战略培训研究和跨文化培训研究。20世纪90年代以后，组织培训工作进入没有固定模式的独立发展阶段，主要呈现如下发展趋势：第一，员工培训的全员性；第二，员工培训的终身性；第三，员工培训的多样性；第四，员工培训的计划性；第五，员工培训的国家干预性。

从20世纪90年代中期到现在，关于培训的研究取得了更大的发展，主要是由于新技术和计算机技术的高速发展，特别是互联网的普及，使网络培训应声而起，成为一种新时尚。其中E-learning就是一种网络学习的全新模式，它使员工自由分配时间，制订属于自己的培训计划，甚至可以将课件下载下来，在烦闷的出差途中进行学习，形式非常灵活。

同时，培训也形成了许多新的视角，包括跨文化视角、战略视角、政治视角、伦理视角、性别视角和成本-收益视角等。这些研究视角的出现，使培训的理论更加深化，促进了培训学科的进一步发展。国外理论界针对培训主要有如下研究成果：

1.强化理论

强化理论也称操作性条件反射理论，由著名行为主义代表人物斯金纳（B. F. Skinner）创立并发展。1956年他在《科学与人类行为》一书中提出，学习是在反应与奖赏（或惩罚）之间建立联系的过程。所谓强化，从其最基本的形式来讲，指的是对一种行为肯定或否定的后果（报酬或惩罚）。根据强化的性质和目的，可把强化分为正强化和负强化。在管理上，正强化就是奖励那些组织上需要的行为，从而加强这种行为；负强化就是惩罚那些与组织不相容的行为，从而削弱这种行为。正强化的方法包括奖金、对成绩的认可、表扬、改善工作条件和人际关系、提升、安排具有挑战性的工作、给予学习和成长的机会等；负强化的方法包括批评、处分、降级等，有时不给予奖励或少给予奖励也是一种负强化。如果培训是员工自愿参加的，可以认为，所有的培训都可能以强化理论为依据。员工参加培训后学到的新知识、新技能都可以被看作一种奖赏，促使员工再次参加培训。

2.社会学习理论

美国心理学家阿尔伯特·班杜拉（Albert Bandura）在20世纪50年代提出了社会

学习理论。他认为，学习不一定是联结[①]的结果，个体可以通过观察、模仿别人的行为进行学习，当人类看到他人通过学习而获得报酬时，往往会兴起“有为者亦若是”的想法。这种观察作用，是会产生学习效果的。20世纪70年代的“行为塑造技术”（Behavior Modeling Technique）就是以此为理论基础的。克瓦特指出，社会学习理论与其他学习理论的最大区别是，它首先改变的是人的行为，行为的改变带来态度的改变；而传统的学习理论恰恰相反，它们首先改变的是人的态度，通过态度的变化促进行为的改变。

3.目标设定理论

目标设定理论源于美国管理心理学家德鲁克（Peter F. Drucker）创立的目标管理法。该理论强调，人的行为大多数是有目的的，目标可以作为一种刺激来诱发人的行为。组织行为学家波特和斯蒂尔斯提出，目标应具有以下特征：目标要具体；员工应参与目标的设置；目标完成过程中应有反馈；员工之间要为实现目标而相互竞争；目标要有一定的难度，同时也必须是可接受的。目标设定理论被用于培训项目的设计中，说明为受训者提供特定的富有挑战性的目标有助于培训效果的提高，所以课程计划以特定的目标开始，这些目标向学习者提供了应采取的行动、学习发生的条件、可被接受的绩效水平等信息。

4.学习过程理论

雷蒙德·A.诺伊教授在《雇员培训与开发》一书中揭示了学习过程。这一过程包括预期、知觉、加工存储、语义编码、恢复、推广、满足。学习过程理论说明，要做好企业员工培训工作，员工应知道他们为什么要学习，并能将自己的经验作为学习基础；员工应有实践的机会，并且通过对员工进行培训效果的反馈，指导员工通过观摩与交往来学习，倡导在工作中进行学习的理论，并合理安排及协调培训项目。

5.条件反射理论

条件反射理论也称经典性条件反射理论，由俄国生理学家巴甫洛夫（Pavlov）提出，该理论认为学习是在两种刺激之间建立联系的过程，学习者在学习的过程中更多地处于一种被动状态。其中，一种刺激是无条件的，这种刺激自身有能力产生反应；另一种是条件刺激，它本身是一种中性刺激，单独不会产生任何反应，但是，它多次与无条件刺激结合后，便会产生反应。在培训过程中，存在大量的有意识和无意识的经典条件反射，利用这种学习原理，培训者可以教会受训人员在某种情景下（学会）放松、自信甚至恐惧。

6.学习型组织理论

美国麻省理工学院斯隆商学院教授彼得·圣吉提出的学习型组织理论是当今最前沿的两大治理理论之一。他在1990年出版的《第五项修炼：学习型组织的艺术与实践》一书中提出：“未来真正出色的企业将是能够设法使各阶层人员投入并有能力不断学习的组织——学习型组织，这种组织具有持续学习的能力。”

---

① 学习的联结理论强调复杂行为是建立在条件联系上的复合反应，学习就是在刺激与反应之间建立联结的过程。联结理论又称为刺激（S）–反应（R）学习理论。

7. 培训迁移理论

培训迁移理论指个体在工作实践中对培训中所学到的知识和技能的应用程度。研究表明，培训的直接效果（培训后的考试成绩）往往是不错的，但是，当员工回到工作岗位后，很容易又恢复到培训前的状况，也就是没有按照培训所学的来工作。美国学者斯柯内德（Schneider，1996）认为，这是因为人员培训仅仅关注了知识和技能的培训，而忽视了培训结果的迁移。培训迁移的研究不仅关注学员在训练中是否掌握了学习内容，更关注如何将习得的知识更好地应用于实践中，且在一段时间后保持下来。一般观点认为，培训设计、受训者特征和工作环境是影响培训迁移的三个最主要因素。自我效能低的学员即使掌握了培训中所教的知识和技能，也不能有效地应用它们。成就动机也会影响受训者的培训迁移效果。支持性组织气氛是影响培训迁移的主要因素之一，其中又以领导反馈、同事支持、时间支持为主要的影响因素。

8. 职业生涯发展理论

职业生涯是一个人从首次参加工作开始的一生中所有的工作活动与工作经历，按编年的顺序串接组成的整个过程。将个人职业需求与组织目标和组织需要相联系而做出的有计划的努力，就是职业生涯管理。

职业生涯发展理论有如下几种：

（1）萨柏的职业生涯发展理论

萨柏把职业生涯分为5个阶段，即成长阶段（出生至14岁）、探索阶段（15~24岁）、确立阶段（25~44岁）、维持阶段（45~65岁）、职业衰退阶段（65岁以后）。

（2）格林豪斯职业生涯发展理论

格林豪斯从人不同年龄阶段职业生涯发展所面临的主要任务的角度对职业生涯发展进行研究，把职业生涯划分为五个阶段：第一阶段为职业准备阶段，年龄一般在0~18岁；第二阶段为组织进入阶段，年龄一般在18~25岁；第三阶段为职业生涯初期，年龄一般在25~40岁；第四阶段为职业生涯中期，年龄一般在40~55岁；第五阶段为职业生涯后期，年龄一般在55岁至退休。

（3）施恩的理论

施恩是美国著名的心理学家和职业管理学家，他立足于人生不同年龄段面临的问题和职业，把职业生涯发展划分为九个阶段：成长、幻想、探索阶段；进入工作阶段；基础培训；早期职业的正式成员资格；职业中期；职业中期危险阶段；职业后期；衰退和离职阶段；离开组织或职业——退休。

9. 职业选择理论

（1）人职匹配理论

美国波士顿大学教授帕森斯（Parsons，1909）的人职匹配理论，阐明了职业选择的3大要素和条件：了解自我的态度、能力、兴趣、智谋、局限和其他特征；清楚了解职业选择成功的条件；上述两个条件的平衡。

（2）霍兰德的人业互择理论

霍兰德将人划分为6种类型，即现实型、研究型、艺术型、社会型、管理型和常规型。人业互择理论的实质在于劳动者与职业互相适应。

（3）择业动机理论

美国心理学家弗罗姆（V. H. Vroom）在1964年出版的《工作与激励》一书中，提出了解释员工行为激发程度的期望理论，即择业动机理论：

择业动机（F）=职业效价（V）×职业获得概率（E）

（4）施恩的职业锚理论

职业锚指一个人不得不做出职业选择时，无论如何都不会放弃的、职业中至关重要的东西或价值观，即个人稳定的职业贡献区和成长区。职业锚可分为技术型、管理型、创造型、自主型、独立型、安全型6种。

6.1.2 培训与开发管理概述

培训是指一个企业出于自身的战略需要，组织新员工或现有老员工学习和掌握其完成本职工作所必备的相关知识、技能、价值观和行为规范，促使他们形成良好的行为习惯和工作态度而采取的一项有计划的培养活动。开发则是根据员工与组织的双向发展需求，对员工进行知识和技能的提升，以满足企业目前和将来的工作所需。培训更多的是着眼于短期、当前的工作需求，帮助员工更好地完成当前的工作；而开发更多的是一种长期的、前瞻性的行为，目标是帮助员工掌握更多未来所需要的知识和技能，更关注的是组织和员工未来的发展。

培训与开发是一对密切相关的概念，二者虽然在关注点上存在一定的区别，一个关注现在，另一个更关注未来，但是二者从本质上讲是一样的，都是力求通过改善员工的工作绩效来提高企业的整体业绩。因此，从这个角度上，我们可以将二者合并为一个概念：培训与开发是指企业为了使员工具备现在或将来工作所需的知识、技能，使他们改变现有工作态度以保证其在现在或将来的工作中具有良好的工作业绩，最终达到促进企业整体绩效水平提高、员工和企业共同发展而展开的一种有计划、连续性的活动。

对于培训与开发管理的概念，应具体掌握以下几点：①培训与开发的主体：企业；②培训与开发的客体：员工；③培训与开发的内容：与员工工作有关的技能、知识等；④培训与开发的目的：提高员工工作绩效，促进企业业绩提高。

1.培训与开发管理的作用和意义

培训与开发管理不论是对员工个人还是对企业整体都有十分重要的意义，是人力资源管理中的重要一环。其主要作用和意义包括四个方面：

（1）实现员工个人发展目标

员工服务于企业的同时也有自身的发展目标，希望学习新的知识和技能，在自己心仪的岗位任职，从而获得更高的薪酬待遇。这些都离不开组织的培训与开发，通过培训与开发可以直接或间接地满足员工个人的上述需求，实现员工个人的发展目标。

（2）实现组织整体发展目标

企业的发展受到来自内外各种因素的影响，尤其是现代科学技术的飞速发展、市场竞争的日益激烈，一方面，企业要充分利用外部环境的变化带来的各种机遇和条件，抓住机会，大力发展；另一方面，企业也要不断地自我变革，适应外部环境的变化。如果企业要开发新产品、运用新技术、扩大生产规模、拓宽市场范围，就需要与之素质相匹配的员工，从而需要通过对员工进行培训与开发提高其素质，将他们培养成符合企业要求的工作团队。这样，企业才能跟上时代的步伐，适应技术和经济发展的需要。

（3）提高企业绩效

通过培训与开发，员工的知识和技能将获得提升，在工作中的失误也将大大减少，从而降低工伤事故率，减少因失误而造成的损失。实践也证明了对企业教育的投资带来的收益率远远大于其他类型的投资。员工在经过培训与开发后，随着技能的提升，废品率、次品率、消耗和浪费都会随之降低，这就提高了企业的绩效、降低了企业的成本消耗。

（4）提高组织素质

培训与开发的另一个重要作用就是使具有不同价值观、信念、作风、习惯的人，按照统一的组织经营要求进行文化养成训练，逐渐理解并接受组织文化，进而理解组织的战略意图，形成统一的、和谐的工作集体，使组织与员工共同进步和发展。组织要特别重视教育培训和文化建设，充分发挥其重要作用。

2.培训与开发管理的原则

企业在实施培训与开发管理活动时要遵循一定的原则，这样才能确保活动的顺利开展，保证培训与开发效果的充分发挥。

（1）服从企业战略和规划的原则

企业的战略和规划作为企业的最高纲领，对企业各方面的工作具有很强的指导意义，而培训与开发作为企业人力资源管理系统中的重要环节，同样也要服从于企业的整体战略与规划。培训与开发活动的开展，应当从企业战略高度出发进行，不能只谈培训与开发，这一原则是很多企业容易忽视的重点。服从于企业的战略和规划，就对培训与开发提出了不能只着眼于眼前的要求，要立足于长远，从未来的发展着眼进行培训与开发，保证培训与开发工作的有效性。

（2）全面培训与重点培训相结合的原则

全面培训指有计划、有步骤地培训全体员工，全面提高员工的素质技能。重点培训是指对于技术骨干和企业急需的人才进行优先培训，在资源使用上，按照职位的高低排序，自上而下，将机会先留给管理骨干和专业技术人员，以加强领导者与核心员工的素质，之后再培训基层员工。

（3）知识、技能与企业文化并重的原则

培训与开发除了要涵盖知识、技能等提升员工实操技术的内容外，还要加强包括企业信念、价值观、道德观等在内的教育培训和文化建设，使员工在工作态度上也符合企业的要求。

（4）学以致用的原则

培训与开发要有明确的目的，在此前提下，有关计划的安排、设计要根据实际工作需要展开；同时，考虑到工作岗位的特点以及员工的年龄结构、知识结构、能力结构等因素，进而开展全面的计划安排，决定培训与开发的内容。

（5）效益优先的原则

企业是经济组织，任何活动的执行都要以效益为前提，追求的是以最小的投资获得最大的收益。同理，培训与开发同样需要坚持效益优先原则，在费用一定的情况下，使培训效果达到最大化。也可以说，在培训效果一定的前提下，使培训费用经济化。

知识链接6-1

员工培训的“1264”

“1”：一个核心

领导对员工进行培训的核心，就是培养自己的接班人。这种培养，是从上任第一天就开始的，不是单独对某个人，而是对基本合格的部下全部培养，培养出大批自己的接班人。如果部属感到培训可以使自己快速成长，还能马上实践，积极性自然就高。领导要切记，不要全部事情都自己做，而下级没事情做。要允许下级犯一些可控的错误，让下级在做事中成长。对于团队长的培养、选拔与考核，最核心的是两点：一是他个人及团队的业绩；二是他培养了多少人才。

“2”：两项内容

培训的内容可以分为固有专业能力培训和共通能力培训。固有专业能力是指业务技术方面，如典当业务指引、项目金融指引、面签制度等。共通能力包含企划力、改善力、管理力、表现力、写作力、说服力等。比如企划力的培训，就要求团队长和每个员工设定一个3~5年的目标，业绩实现多少、人才培养多少、有何经验总结、具体工作思路等。绝大多数领导在实施员工培训时，往往在培养固有专业能力方面着力过多，而在培养共通能力方面用劲太少，尽管花费许多精力，但效果并不理想。因此，在培训固有专业能力的同时，必须特别重视共通能力的培养，如此才能事半功倍。

“6”：六种形式

六种形式包括专题培训、会议培训、案例演示、现场示范、经验分享、日常言行。会议是对培训的补充，时间一般控制在半小时以内，对存在的问题立刻纠正，具有很强的及时性和实效性。案例分享时既要探讨固有专业能力方面的问题，更要探讨共通专业能力方面的问题。许多风险案例，换一个人就不是风险，这其中的最大区别，很可能就是员工共通能力的差别。现场示范则要求当场演示，自己亲自做一下，让部属现场观摩。经验分享则是把自身的思考、见闻等与大家交流，灌输正确的理念，共同提高和改善。日常言行要求主管身教重于言教，杜绝形式主义，少吃喝玩乐，多学习，多思考，不对的地方要及时反省。

“4”：四个误区

在培训工作中，在思想上要坚决避免四个误区：

一是教会徒弟、饿死师傅。带着这种思维当领导、做培训，自己终究只是一名个体户，成不了大器，最终会因为团队业绩差、人才少，被别人替换。

二是有了接班人、自己没位置。其实有了接班人，自己可以有时间做更多的事。可以不断提升自己，探索更加新奇的领域。让员工充分发挥，也提升自己，然后相辅相成，共同进步。

三是部属接替自己后，自己的经济收益减少了。实际上，成功培养人才的喜悦是无穷的，不能只算经济账。即使自己短期经济收益少了，但人才成长了，将来的收益不会少，自己绝不会吃亏。

四是为了“工作大局”，需要牺牲个人利益。工作大局和个人利益是一体两面，必须同时考虑，两面俱到，甚至要经常把部属的个人利益放在优先位置考虑。这样，他们进步的动力才会强大，学习的积极性才能提高。

资料来源　高茂林. 员工培训的“1264”[J]. 企业管理，2017（5）：47.

6.1.3　培训与开发管理的分类

在具体的培训与开发管理实践中，其并非只有一种类型，而是按照不同的标准分为多种类型。

1.按培训对象划分

按照培训对象的不同，可以将培训与开发管理分为两大类：新员工培训和在职员工培训。新员工是指刚刚进入企业的员工，在职员工是指已经进入企业工作了一段时间的老员工。根据不同的培训对象，培训内容也有较大的差别，新员工培训相对精简，因此一般意义上的员工培训主要针对的是在职员工的培训。

此外，在职员工培训根据不同工种，又可以分为决策人员培训、管理人员培训、技术人员培训、业务人员培训、操作人员培训等。他们的工作性质、内容、方式、时间不同，各自的培训内容也有所差异。

2.按培训性质划分

按照培训的性质不同，可以将培训与开发管理划分为传授型培训和改变型培训。传授型培训是指传授员工原本不具备的技能，如员工对某种机械不知道如何进行操作，就需要通过传授型培训教授他如何进行操作。改变型培训实质上是改变员工本来已经具备的知识技术，如员工已经知道如何操作某机械设备，但是操作方法有误，通过培训使他掌握正确的操作方法，这就是改变型培训。

3.按培训内容划分

按照培训内容的不同，可以将培训与开发管理划分为知识性培训、技能型培训、态度性培训三大类。知识性培训是指以业务知识为主要内容的培训，技能型培训是指以工作技术和工作能力为主要内容的培训，态度性培训是指以工作态度为主要内容的培训。三大类培训对员工个人业绩的提升和企业绩效的改善都具有十分重要的意义，在培训与开发管理中不能忽视任何一种培训，都应该给予高度重视。

4.按培训方式划分

按照培训的方式不同，可以将培训与开发管理划分为头脑风暴法培训、参观访问法培训、工作轮换法培训、事务处理法培训、情景模拟法培训、研讨会法培训、授课法培训。在实际操作中，企业要针对不同的员工进行不同方式的培训，在一些情况下，将几种培训方法结合起来使用会取得更好的效果。例如，对管理层的培训可以采取工作轮换、事务处理和情景模拟等方式。针对不同人群采取不同方式，将大大增强培训与开发的效果。

6.2 培训与开发管理体系建设

6.2.1 培训与开发管理体系的构成要素

企业培训与开发管理体系是指在企业内部成立的一个系统性的与企业发展以及人力资源管理相匹配的完整体系。其主要包括三大类：培训管理体系、培训课程体系和培训实施体系。

1.培训管理体系

培训管理体系包括企业培训制度，培训政策，管理人员培训职责，培训信息反馈、收集与管理，培训评估体系，培训管理费用，培训效果与职务升迁，培训与绩效考核，培训与薪资管理等。

2.培训课程体系

培训课程体系包括企业文化培训课程、岗前培训课程、岗位培训课程、营销培训课程、管理培训课程、财务培训课程、技术培训课程、知识类培训课程等。

3.培训实施体系

培训实施体系包括内培、外培、课堂培训、现场培训、拓展培训、网络培训、岗位轮训、培训实施办法。

以上三个主要方面将企业培训工作的输入、设计、实施、检验、输出等过程形成了一个严谨的有机整体，这就是员工培训与开发管理体系的主要构成要素。

6.2.2 战略导向型培训与开发管理体系

1.战略导向型培训与开发管理体系的总体框架流程

从企业整体战略发展需要出发的培训与开发管理体系就是战略导向型培训与开发管理体系，是对培训与开发活动进行设计和实施的一个完整的动态程序，同人力资源规划存在着密切的联系。

制订人力资源规划的目的是实现企业内各类人员的合理配置和有效利用，而人力资源规划是人力资源管理的基础，是直接落实人力资源战略的重要环节，也是建立员工培训与开发体系的纲领性环节。战略导向型培训与开发管理体系与人力资源战略规划的关系如图6–1所示。

战略导向型培训与开发系统，是企业人力资源管理的重要支持系统。它按照企业整体发展战略规划的要求，力求解决如何从数量和质量上保持企业人力资源供求平衡，如何最大限度地开发、利用企业现有人力资源的潜力，增强企业人力资源核心竞争力等问题。

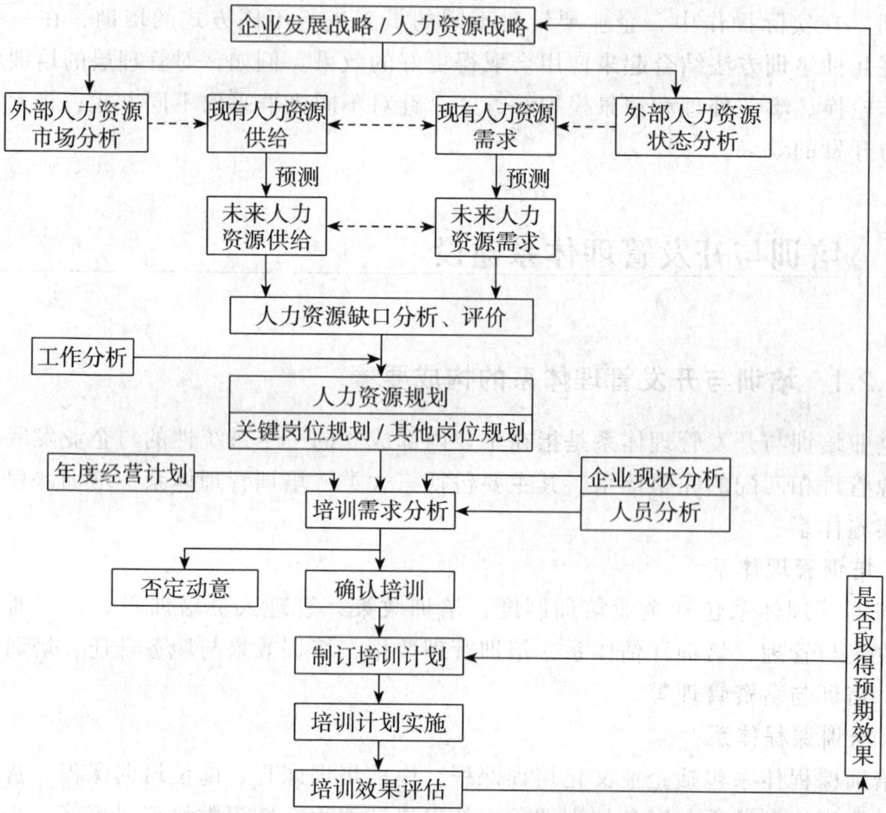

图6-1　战略导向型培训与开发管理体系与人力资源战略规划的关系

资料来源　中国就业培训技术指导中心. 企业人力资源师（一级）［M］. 3版. 北京：中国劳动社会保障出版社，2014：213.

2.战略导向型培训与开发管理体系的特征

（1）以企业总体战略目标为出发点，满足企业发展需求

经营战略是企业的行动指南，企业的一切管理活动都要围绕经营战略展开，如果仅从个体和企业的角度设计培训体系是不能满足企业需要的。战略导向型培训与开发管理体系从组织战略的高度出发，是通过与企业长期的战略目标、短期的年度经营目标有机结合而构建形成的，以此确保培训与开发同企业的总体目标紧密结合；通过科学化、具体化、操作化的需求分析，保证培训内容、方式、课程与企业总目标紧密联系，避免培训流于形式，始终以企业发展战略为导向。

（2）以人力资源规划为指导，应对企业面临的环境变化

员工培训与开发的目的是满足企业目前和未来的经营管理对员工的要求，只有清楚地认识到企业内部和外部环境的变化，才能解决面临的问题。人力资源规划就是对这些环境变化进行科学性的预测和分析，以此制定出正确、可靠、清晰、有效的人力资源策略，保证企业对人力资源的需求如期实现。同时，培训与开发也是为了使员工满足企业战略目标的需要，调整与组织目标所要达到的要求之间的差距。

人力资源规划作为组织的战略目标在资源保障和配置上，即在人力资源供需方面进行了详细的分解，是战略与详细计划之间的中间环节，也是应对企业内外部环境变化的有力举措。因此，培训与开发管理体系的建立将人力资源规划作为指导性纲领来确定需要培训的岗位、岗位所需要的人力资源，然后通过工作分析、人物分析明确岗位的职责所在，将现有人员的素质与企业规定的标准进行对比，找到差距所在，据此明确培训的需要。这也是以战略为导向的企业培训与开发管理体系不同于传统培训体系的关键所在。

(3) 注重关键岗位人员、稀缺人才的培训与开发

关键岗位人员、稀缺人才是企业可持续发展的主要原动力。根据企业的人力资源规划，企业要以培养自己的优势人才和提高自身的竞争力为目标，并确保培训系统的有效运行；在建构全员培训体系的基础上，建立以关键岗位人员、稀缺人才为核心的培训体系，避免在企业的发展过程中遇到人力资源瓶颈。

(4) 满足多样化、层次化的培训需求

通过人力资源规划对企业发展战略的直接支撑，对年度经营计划、短期目标和企业现阶段存在的问题进行分析，制订满足企业发展需求的各个阶段的培训计划，建立满足组织、岗位、人员各方面需求的培训体系，从而满足企业多样化、层次化的培训需求。

(5) 培训开发长远化

人力资源的长期规划通常是3年以上的规划，企业在制定规划的初期阶段，应该已经预见到其长期的发展方向，要提前根据欲达到的中长期目标及早进行培训，在其需要用人的时候能够顺利补充人力资源，保障企业的整体发展，从而避免“头痛医头，脚痛医脚”的短视行为。

(6) 培训效果的反馈

培训效果的反馈是培训工作承上启下的关键环节，也是不能缺失的一个环节。当培训取得预期效果时，培训效果会为下一年度的培训计划提供有价值的信息；如果培训没有取得预期效果，可以与企业的经营目标相比对，找出存在差距的原因。在这个环节中，根据收集到的不同层次的评估反馈，构建一个兼顾软硬双重指标的评估体系，作为培训体系是否实现了预期目标的检测方式。

6.2.3 培训与开发管理体系的建构方式

员工培训与开发管理体系的建构方式主要分为两大类：结构式培训体系的建构方式和过程式培训体系的建构方式。

1.结构式培训体系的建构

培训管理体系、培训课程体系、培训实施体系是企业培训体系的三个子体系。其中，培训管理体系又是由企业培训制度、培训政策、管理人员培训职责、培训信息反馈、培训评估体系、培训费用管理、培训效果与职务升迁、培训与绩效考评、培训与薪资等内容构成的一个有机整体。

结构式的培训体系建立在以员工职业化为目标的分层基础上。首先，要从岗位分

析着手，对所有岗位进行分类，分析这些职业化的行为模块和行为标准需要的专业知识和专业技能；其次，要分析企业的发展方向和竞争战略，考虑与此相关联的培训管理体系的思路、观念、工作重点；最后，要从科技进步的角度出发，分析组织流程改造所涉及的新的技术领域和工艺技术，由此确定培训课程。

2.过程式培训体系的建构

国际标准化组织（ISO）于1999年发布的ISO 10015是专门用于规范组织人力资源培训职能的国际标准。该标准强调培训过程的规范性、高效性，重视对组织持续改进的贡献，使组织的培训成为一项有效、高产的投资。这个国际标准的关注焦点是“人”，与其他国际标准关注的产品、过程等客观因素不同，其注重的是主观因素“人”的管理和提升。

该标准按照培训的四个过程设计培训体系，主要包括确定培训需求，即确定组织的需求，确定和分析个体的能力要求和差距，提出解决办法；设计和策划培训，即确定培训的约束条件，选择培训方式，制订培训计划，选择培训供应者；提供培训支持，即提供培训前中后三个不同阶段的支持；评价培训效果，收集资料准备评价报告。培训管理中的控制、评估和改进贯穿于培训的四个过程之中，保证其形成一个系统性整体。

关于培训体系的实施和管理过程的设计，首先，企业要进行培训需求分析，从企业、员工、环境三个方面考虑企业到底需要什么样的培训，解决培训内容的问题；其次，要根据企业的具体情况，包括培训战略和培训内容，进行培训规划，解决流程控制的问题；再次，要根据组织的能力、资源、外部培训市场情况并结合员工个体的特点和需求，选择适当的培训方法，保证培训规划的实施；最后，要对培训进行考核评估，找出流程中存在问题的地方，并进行及时反馈，不断地对企业培训体系进行改进。

案例链接6-1

万科的员工培训之路

万科新动力

1999年底，万科提出“新动力”计划，开启校园招聘，培养学生作为新生力量，以此补充万科因规模扩大而出现的人才需求。自2000年开始，从第一年的只有36人，到最新一期的313人。万科15年间总共招聘1 700多人，目前留在公司的有1 280多名“新动力”成员。

值得一提的是，万科一线地产公司的总经理中，“新动力”出身的接近30%，他们已经成长为万科最中坚、最核心的一股力量。

海盗行动

万科“海盗行动”从2000年开始，将以“中海外”为首的优秀房地产企业作为人才吸纳的对象。在两到三年的时间内，有50位中高管加入了万科。那样一个举动对于当时的万科，在工程质量管理、项目管理、成本管理等方面都给予了极大的提高。而“学习中海好榜样”也曾经是万科的一个口号。

007行动

007行动，对外更多的叫社会精英行动。2007年，万科成为千亿级企业似乎指日可待，但管理层只管理或见识过几十亿、几百亿的企业，当万科到达千亿级的时候，谁来管理这家企业，谁又能够有眼界、有能力把握这家企业的组织规模、组织架构、人才管理、竞争策略、战略等。

针对当时的情况，万科采取了“走出去”的策略，而且这次“走出去”不是在同行业内寻找，而是去寻找那些“既见过猪跑，又吃过猪肉”的人。那段时间，一些真正管理过千亿级企业，或者在千亿级企业工作过的人，成为万科的挖掘对象。所以在社会精英行动中，宝洁、百安居、麦肯锡等这样千亿级企业中的优秀人才陆陆续续加入万科。从那一刻开始，已经为未来万科达到千亿级做好了人才准备。

千亿计划

千亿计划设定的目标是三年选送1 000个人去日本学习，而花费大约是1亿元人民币。这个计划的初衷来自王石对提高中国的工程质量水平，提高房地产行业的工程质量管理水平，提升万科的工程管理和质量文化等的倡导。这代表了一个企业的决心和魄力，并非是急功近利可以完成的。现在陆续已有500多人先后在日本学习，长则一个月，短则半个月或者一周的时间，包括一线公司的总经理、集团高管，还包括工程、采购、设计、营销等这些专业人员以及客服人员。这个计划真正体现了一个企业的使命感。

跨界学习

跨界变革时代，万科也意识到房地产行业确实不能只在同行业内互相交流学习，更应该“走出去”。万科管理学院先后安排了由总裁郁亮亲自带队，每次几十到一百多人的团队，去华大基因、阿里巴巴、百度、腾讯、海尔、小米等企业，通过实地了解这些不同行业、不同类型、不同规模的公司，学习它们的经验。

珠峰行动

之所以叫“珠峰行动”，是因为这个班里的每个人都要给自己设定一个挑战性的任务。最开始的时候要求每个人都登珠峰，但这不够现实，现在修订为每个人都要跑马拉松，女性可以“半马”，男性则要求“全马”，现在这部分人有约三分之一已经跑完“全马”。在这里，你必须要给自己设定一个要跳好几跳才能够得着的目标，这也是一个对自我的挑战。

最初给这个人群设定的培养目标叫作“培养万科未来事业的接班人”。王石先生曾经说过，“世界上最难攀越的山其实就是自己”。其实每个人心里都有一座山，每个人都有自己的目标，但是要想达到这样的目标，最难克服和最难跨越的可能就是自己的那些困难、弱点、性格中的一些缺陷，或者其他的一些障碍等。

打开自己

第一门课叫NGO，塑造杰出领导人，这是一个很经典的王牌课程，三天半的时间，就是去打开自己。前期工作比较复杂，有大量的测评工作，其最重要的目的就是把自己打开，看一下自己究竟是什么样子，包括个人素质、个人的领导风格、对于组织氛围的影响力等。这些方面都会以一个报告的形式呈现。在这个报告出来以后，最重要的环节是每个人必须晒报告。班主任，也就是直接上司郁亮总裁，还有分管人事的执行部门领导都坐在后面，而学员要当着大家的面来晒自己的强项和弱项，这对于作为在各地是“一哥”的人，是有很大压力的。

第二门课叫“感知世界”，这与万科自己的战略有关，因为万科要成为城市配套服务商，所以对于管理者来说要学会了解这个世界，学会认识这个城市，感知这个城市。感知一个城市从这样几个维度来考虑：一是人口；二是城市化的进程；三是社区活动；四是心理学。做房地产的人如果不了解城市，不了解人，不了解社会，不了解社区，不了解每个个体的心理，在未来是很难做好的。

第三门课叫“领悟模式”，属于战略模块，万科尝试跨界学习，选择了阿里巴巴。阿里巴巴是一个可以把生意模式阐释清楚，而且把它变成现实的企业，所以万科在生意模式方面重点学习了杭州的阿里巴巴，同时邀请老师讲解战略课程。

资料来源　刘雄飞．万科是怎样培养人才的［J］．企业文化（上旬刊），2015（8）．

6.2.4　培训与开发方法的选择

培训与开发方法的选择要与培训内容密切相关，不同的培训内容适合选用不同的培训方法。不同的培训方法有不同的特点，在实际的操作中，要求企业根据培训目的、培训内容的不同以及培训对象的特点选择适宜的培训方法。以下是五类基本的培训方法。

1.适合传授知识的培训方法

（1）讲授法

讲授法是教师按照预先准备好的讲稿，系统性地、有计划地向受训者传授知识的方法，这是最基本的培训方法，适合各类学员学习知识、理论，主要包括启发式讲授、灌输式讲授、画龙点睛式讲授三种类型。

（2）专题讲座法

专题讲座法同课堂教学在形式上基本相同，主要是内容上存在差异。课堂教学一般是系统知识的传授，每节课程设计一个专题，分多次授课；专题讲座法是只针对一个专题，一般情况下只安排一次培训。这种培训方法适合管理人员或者技术人员了解当前技术发展方向或热点问题等方面的知识。

（3）研讨法

研讨法是在教师的指导下，所有学员围绕一个或者几个主题进行交流，相互进行启发的培训方法。研讨法主要分为两大类：以教师为中心的研讨和以学生为中心的研讨、任务取向的研讨和过程取向的研讨。

第一，以教师为中心的研讨从开始到结束都由教师组织，教师提出问题，引导学生做出回答，教师起着活跃气氛、引导讨论顺利开展的作用。以学生为中心的研讨常常采用分组讨论的形式：一是由教师提出问题，学生独立提出解决办法；二是不规定讨论任务，学生就某议题自由发挥，相互启发。

第二，任务取向的研讨着眼于达到某个特定目标（是事先确定的一个目标），然后通过讨论弄清某一个或某几个问题，或者得出一定的结论，需要事前进行周详的设计，能够通过议题引起讨论者的兴趣，题目还要有探索价值。过程取向的探讨着眼于讨论过程中学生之间的相互影响，重点是相互启发，进行信息交换，增进学生相互之间的了解，加深彼此的感情。

总的来讲，一个成功的研讨应当是既可以得出结论，又能达到可以相互影响的目的，这要求事先对讨论进行精心设计。

2.以掌握技能为目的的培训方法

以掌握技能为目的的培训方法统称为实践性培训方法，是通过让学员在实际工作岗位或真实的工作环境中亲身经历和体验，掌握工作所需要的知识和技能。这种方法在员工培训中应用最为普遍。该方法强调的是培训内容和实际工作相结合，具有实用性、应用性、技术性强的特点，适合从事具体岗位工作所应具备的能力、技能和管理实务类培训。

（1）工作指导法

工作指导法又称为教练法、实习法，是指由一名有经验的工人或直接主管人员在工作岗位上对受训者进行培训的方法。教练的任务是指导受训者如何做，提出如何做得更好的建议，并对受训者进行鼓励。应用这种方法不需要完善的教学计划，但是要注意关键工作环节的要求，注意做好工作的原则和技巧，同时要避免、防止问题和错误。

（2）特别任务法

特别任务法是企业通过为某些员工派发特别的任务对其进行培训的方法。这种方法经常用于管理培训，主要形式包括委员会或初级董事会、行动学习。

（3）个别指导法

个别指导法类似于学徒制，是一种帮带式的培训方法，主要是由资历较深的员工指导，使新员工迅速掌握岗位技能。

（4）工作轮换法

工作轮换法是指让受训者在一定时间范围内变换工作岗位，使其获得不同岗位的工作经验。例如，管理岗位的工作轮换培训，就是让受训者有计划地到各个部门学习，如生产、销售、财务等部门，在每个部门工作一段时间（一般是1~3个月）。受训者作为观察者或实际参与轮换部门的工作，目的是了解各个部门的业务和运营情况，使受训者加深对整个企业各个工作环节的了解。

3.参与式培训方法

参与式培训方法是调动培训对象的积极性，让其在与培训者的互动中学习的一种方法。这种方法的主要特点是让每个培训对象积极参与培训活动，从亲身参与的经历中获得知识、技能和正确的行为方式，进而可以拓展思维、转变观念。其主要形式有自学、案例研究法、头脑风暴法、模拟训练法、敏感性训练法、管理者训练法、行动学习法。

（1）自学

自学适用于知识、技能、观念、思维、心态等多方面的学习，既可以用于岗前培训，又可以用于在岗培训，并且新员工和老员工都可以通过自学掌握必备的知识和技能。

（2）案例研究法

案例研究法是一种信息双向性交流的培训方法。它将知识传授和能力提高相结合，是一种特色鲜明的培训方法，主要包括两种形式：案例分析法和事件处理法。

案例分析法又称为个案分析法，是围绕一定的培训目的，对实际中的场景进行典型化处理，形成让学员可以思考、分析和决断的案例，通过独立研究和相互讨论的形式，提高学员的分析能力和解决问题的能力。

事件处理法是让学员亲自收集亲身经历的案例，将这些案例作为个案进行分析讨论，并用讨论结果来处理日常工作中可能出现的问题。学员之间通过对这些亲身经历的案例进行相互交流、沟通，可以使企业内部的信息得到充分的利用和共享，共同形成一个和谐、共融的工作环境。

（3）头脑风暴法

头脑风暴法又称为研讨会法、讨论培训法或管理价值训练法，主要特点是培训对象在培训活动中相互启发思想，最大限度地激发每个培训对象的潜能，提供各种解决问题的方案。

该方法在操作过程中，只需要明确一个主题，清晰地提出要讨论的问题，保证讨论内容的集中性，然后将参与者组织到一起，无拘无束地提出各自的想法，组织者和参与者都不允许对他人的建议和方案做出评议。事后再收集各个参与者的意见，交给全体参与者，排除重复的、明显存在问题的方案，最后对各方案进行逐一评估，选出最优方案。头脑风暴法的关键在于排除思维障碍，消除心理压力，让参与者轻松、自由地参与讨论，表达自己的观点和想法。

（4）模拟训练法

模拟训练法是以工作中的实际情况为基础，将实际工作中可以利用的资源、条件和工作过程模型化，学员可以在假定的工作环境中参与活动，学习从事特定工作所需的技能，提高处理问题的能力。其基本形式包括人和机器共同参与模型、人与计算机共同参与模拟活动。

（5）敏感性训练法

敏感性训练法简称ST（Sensitivity Training）法，又称为T小组法，是要求学员在小组中就参与者的个人情感、态度和行为进行坦率、公正、公开的讨论，相互交流对各自行为的看法，并说明这些看法引起的自身的情绪反应。它的目的在于提高学员对自己和他人行为的洞察力，了解自己在他人心目中的形象，感受与周围同伴的相互关系和相互影响，学习与他人沟通的方式，掌握在各种情况下的应变能力，在群体活动中采取建设性的行为。

（6）管理者训练法

管理者训练法简称MTP（Manager Training Plan）法，是企业界最为普遍的管理人员培训方法。这种方法的目的在于使学员系统地学习、深入地理解管理的基本理论和知识，从而提高他们的管理能力。

管理者训练法针对的是中低层管理人员的培训，帮助他们掌握管理的基本原理、知识，提高其管理能力。管理者训练法一般采用专家授课、学员间研讨等方式进行培训，企业也可以进行大型集中培训，以脱产方式进行。在管理者训练法中，指导教师是其中的关键要素，一般由外聘专家或由企业内部曾经接受过该种培训方法的管理人员担任。

（7）行动学习法

行动学习法（Action Learning）是英国管理学思想家雷格·瑞文斯（Reg Revans）在1940年发明的，最初将其应用于英格兰和威尔士煤矿业的组织培训。雷格·瑞文斯因此被尊称为“行动学习之父”。行动学习法又称“干中学”，就是通过行动来学习，即通过让受训者参与一些实际工作项目，或解决一些实际问题，如领导企业扭亏为盈、参加业务拓展团队、参与项目攻关小组，或者在比自己高好几个等级的卓越领导者身边工作等，来发展自身的领导能力，从而协助组织对变化做出更有效的反应。

行动学习法建立在反思与行动相互联系的基础之上，是一个计划、实施、总结、反思进而制订下一步行动计划的循环学习过程。行动学习法之于商业管理方面的基本概念就是：经理们获得管理经验的最好方法是通过实际的团队项目操作而非通过传统的课堂教学。行动学习法的目的不仅是为了促进某一具体项目或个人的发展，更致力于推动组织变革，将组织全面转化成“一个学习系统”。

行动学习法作为一种培训的组织模式，包含如下四个层面：

①行动学习法是一小组人共同解决组织实际存在的问题的方法。行动学习法不仅关注问题的解决，也关注小组成员的发展以及整个组织的进步。

②行动学习法是一种从自己的行动中学习的方法。其关键原则是：每一个人都有潜能，在真正“做”的过程中，这个潜能会最大限度地发挥出来。

③行动学习法通过一个完善的框架，保证小组成员能够在高效地解决实际存在的问题的过程中实现学习和发展。行动学习的力量来源于小组成员对已有知识和经验的相互质疑，以及在行动基础上的深刻反思。因此，行动学习可以表述为以下公式：

$$AL=P+Q+R+I$$

其中：AL（Action Learning）指行动学习；P（Programmed Knowledge）指结构化的知识；Q（Questions）指质疑（问有洞察性的问题）；R（Reflection）指反思；I（Implementation）指执行。

④行动学习法是一种综合的学习模式，是学习知识、分享经验、创造性地研究解决问题和实际行动四位一体的方法。

4.调整行为和心理训练的培训方法

（1）角色扮演法

角色扮演法具体是指在一个模拟真实的工作场景的环境中，让参与者身处其中，按照他在实际工作中已有的权责来模拟他应担当的工作角色，模拟性地处理工作事务，从而提高其处理各种问题的能力。这种方法的关键在于以动作和行为作为练习内容，不是让学员针对某个问题来发言，而是针对问题采取行动，提高个人解决实际问题的能力。

角色扮演法中有一种特殊的方法叫作行为模拟法，是指向学员展示特定行为的标准范本，由学员在特定环境中扮演，并由指导者对其行为进行反馈。该方法适用于中层管理者、基层管理者、一般员工。它能让学员的行为符合其职业、岗位的行为要求，提高学员的行为能力，使学员更好地处理人际关系。

（2）拓展训练

拓展训练是指以模拟探险活动的方式进行情景式心理训练、人格训练、管理训练。它是将学员置于各种艰难的情景中，以体能训练的形式，让学员面对挑战、克服困难、解决问题，锻炼学员的心理素质。拓展训练主要包括场地拓展训练和野外拓展训练。

5.互联网时代的培训方法

随着时代的发展、信息技术的应用，企业也开始通过网络技术对员工进行培训与开发，包括网络在线培训和虚拟培训、移动学习。

（1）网络在线培训

网络在线培训是指企业通过内部网或互联网对员工进行培训，将现代网络技术应用于人力资源开发领域，其优越性受到越来越多的企业的青睐。在培训中，教师将培训课程制作成视频发布到网络上，学员可以随时随地地进行学习、观摩。

（2）虚拟培训

虚拟培训是指利用虚拟现实技术生成实时的、具有三维信息的人工虚拟工作环境，员工通过运用某些设备接受和响应该环境的各种感官刺激而进入其中，并根据需要通过多种交互设备来驾驭环境、操作工具、操作对象，从而达到提高培训对象各种技能和学习知识的目的。

（3）移动学习

亚历山大·戴（Alexander Dye）认为，移动学习（Mobile Learning）是一种在移动计算设备的帮助下能够在任何时间、任何地点发生的学习；移动学习所使用的移动计算设备必须能够有效地呈现学习内容，并且提供教师与学习者之间的双向交流。移动学习在数字化学习的基础上通过有效结合移动计算技术带给学习者随时随地学习的全新感受。它被认为是一种未来的学习模式，或者说是未来不可缺少的一种学习模式。

移动学习除具备数字化学习的所有特征之外，还有它独一无二的特性，即学习者不再被限制在电脑桌前，可以自由自在、随时随地地进行不同目的、不同方式的学习。学习环境是移动的，教师、研究人员、技术人员和学生都是移动的。从实现方式来看，移动学习实现的技术基础是移动计算技术和互联网技术，即移动互联技术，实现的工具是小型化的移动计算设备。实现移动学习的设备具有以下一些特征：可携带性（Portability），即设备体积小、重量轻，便于随身携带；无线性（Wireless），即设备无须连线；移动性（Mobility），指使用者在移动中也可以很好地使用。

以上几种方法并不是培训方法的全部，还有函授、开展读书活动、参观访问等多种方法。不同的方法针对的人群和要解决的问题不同，企业要有针对性地选择和利用。

案例链接 6-2

员工培训，沃尔玛交给VR

2018年10月，全球零售连锁巨头沃尔玛推出了基于VR技术的全新员工培训系统。届时沃尔玛将向每一家超级购物中心店发放四副Oculus Go VR头显，向美国本区每个社区商场和折扣店发送两套同样的设备。截至2018年底，沃尔玛美国境内所有4 700家购物中心中将有1.7万台VR设备可供使用，这意味着沃尔玛全部100多万名门店员工可以通过虚拟设备进行学习和培训的机会。

沃尔玛员工将通过360度全景视频走入虚拟世界，交互形式以对话框为主。培训视频从30秒到5分钟不等，培训项目将重点向员工传授应用于门店销售和服务的新技术、软技能（包括与顾客沟通的语言能力、社交能力、积极乐观的心态等），例如同理心（指站在顾客角度体察其需求，充分认知顾客的情绪、感受顾客的需要，最终形成以顾客为中心的终端模式销售）、顾客服务和投诉处理。其包括各种场景，从顾客服务、管理到特殊环境，比如在“黑色星期五”购物狂欢时应该如何应对现场状况。VR设备将为沃尔玛员工提供真实、可重复、可扩展的培训内容，帮助员工更快、更有效地提升技能。

资料来源　高弘杨. 员工培训，沃尔玛交给VR［J］. 中国药店，2018（11）：108-109.

6.2.5　培训与开发管理体系实施的保障措施

实施对员工的培训与开发战略不仅仅需要一个良好的运作系统，还需要健全和完善培训措施，以规范化、系统化的方式保障员工培训深入持久地开展。

企业员工培训与开发管理体系实施的保障措施包括以下六个方面：

1.文化保障

培训文化是企业文化的重要组成部分，对培训工作有着重要影响。文化建设的目标是结合企业管理者的理念和价值观，通过文化导向型的管理手段，塑造企业的学习文化，营造一种学习的氛围。良好的培训文化应具备组织多样性、文化持续性和行为表现独特性等特征；同时，良好的培训文化也应满足员工的需求。就培训文化而言，不同的企业具有不同的特征。企业应该强调的是不断创新和终身学习，营造整个企业的培训学习氛围，以及一种愿意学习、积极参与的学习氛围。

培训文化对企业培训与开发管理体系实施的保障主要体现在可以帮助企业营造积极向上的学习氛围这一点上，同时还有助于企业内部搭建交流学习的平台，能与外界建立良好的合作关系，充分调动企业的培训资源，保障培训的良好效果的实现。

2.制度保障

一套标准清晰的培训制度和政策是保障企业战略顺利实施的基础，是建立有效培训运作体系的前提。企业的培训政策主要包括员工培训时间、费用安排以及相关制度保障两大部分。培训是企业的一项长期且基本的工作，培训的性质决定了培训需要一套完整的制度体系给予保障。制度保障是企业落实培训政策的重要前提，也是保障培训顺利开展的重要基础，同时保证了培训的效率和效果。

3.组织保障

企业培训部门应独立于人力资源部之外，单独设立。专职培训部门的设立可以推动培训与开发工作向纵深发展，促使企业通过培训最大限度地开发人才资源、调动人才的积极性。此外，管理层的支持以及必要的培训资源的提供，能够使高层管理者从更高的立场、更全面的角度给予指导；同时，要重视培训和学习成果，将培训工作纳入企业的管理系统。专职培训部门应负责全公司的培训与开发规划、组织管理、专业培训和知识培训。企业高层领导、人力资源部和培训部门之间合理的分工与配合，是培训与开发工作顺利开展的保证。

4.人员保障

企业培训与开发工作要想顺利开展，除了要有培训部门的配合外，相应的师资力量提供适宜的培训课程也是必不可少的。因此，要加强培训组织管理人员的队伍建设，培养有素质、高水平的师资队伍，保证培训达到最佳的预期效果。

5.风险防范

培训风险是指在培训过程中，由于观念、组织、技术、环境等因素的影响给组织造成的直接或间接损失。风险主要包括两种：外在风险和内在风险。

外在风险是指由各种企业外在因素导致的，会给企业造成各种直接或间接损失的风险，包括人才流失的风险、核心技术泄露的风险、培训收益降低的风险等。内在风险是指由于企业自身未提前对培训进行合理、有效的规划、管理而造成培训效果不佳的风险。其主要包括培训观念的风险和培训技术的风险。培训观念的风险是指由于企业高级管理人员或受训员工对培训缺乏正确的认识和定位而造成的企业损失或负面效应；培训技术风险是指企业培训需求不明确，培训需求调查不够深入，未与企业发展目标相联系，培训缺乏针对性，培训内容、培训师、培训方式的选择与实际存在偏差。

6.效果保障

培训是企业的一种投资行为，强调的是投入和产出的比例。培训效果是指受训员工和企业从培训中获得的收益，以及培训产出和培训投入的差额。培训成本不仅仅包括直接投入的资金，还包括因员工参与培训而产生的脱产成本补贴和脱产工作时间，这部分费用与培训差旅费合计约占总成本的80%。培训的直接成本支出，包括课程费用、资料费用、培训师费用等，只占总成本的一小部分。因此，对培训需求分析的忽视，实际上是由对培训手段和培训效果缺乏明确的目标导致的。如果对培训需求分析不加以重视，只是把培训当成纯粹的消费而不是人力资源开发的有效投资，那么培训也不会达到企业预期的效果。所以，进行成本分析的目的是用最少的开销取得培训收益的最大化。

知识链接6-2

员工培训的七大发展趋势

一、培训目的演变为对企业人和现代人的塑造

企业培训目的已从主要使员工适应当前工作需要逐渐演变为对“企业人”和“现代人”的塑造，企业以往的员工培训主要是为了使人更好地适应机器，提高工作效率，而现代企业管理的发展使人们逐渐认识到人力资源是管理的核心，企业发展首先依赖于人的综合素质的提高，这不仅需要员工掌握现代知识技能，更要有现代人的意识与适应能力，并形成共同的价值观，即通过培训塑造“企业人”“公司人”“现代人”。

二、企业已逐渐成为学习型企业

成功的企业将培训和教育作为企业不断获得效益的源泉。“学习型企业”的最大特点是：崇尚知识和技能，倡导理性思维和合作精神，鼓励劳资双方通过素质的提高来确保企业的不断发展。

三、培训的方式越来越灵活多样

企业员工培训的方式越来越灵活多样，越来越呈现高科技和高投入的趋势。传统的培训方式主要是课堂教学及车间实习、师傅带徒弟，现代企业采用了更加灵活多样的方式，并引入了许多现代化的方法与手段，如视听教学、模拟演习、研修讨论、职务轮换、电脑化培训、互联网培训、情景模拟、行为模拟等，使培训更加吸引人，效果也更好。

四、逐渐走向社会化、合作化

培训由一个企业内部用来提高员工素质的单一部门职能逐步走出企业而跨向社会。这是因为现代企业的许多要素，如管理、经营、销售，乃至文化理念，有许多相通之处，这就为培训的社会化创造了基本条件；同时，现代社会的分工和信息交流的畅通，使得培训能以社会化的形式出现，通过培训产品的组合来满足各方面的需求。越来越多的企业通过与学校挂钩合作培训，如与技工学校、职业培训中心或高等学校签订培训承包协议，让员工进学校或学校派教师送教上门培训各类员工，也有为了培养某类专门人才，企业选派员工到高等学校作定向的正规学制深造的形式。

五、深层次、全员培训和资格证书培训盛行

一些企业除了员工知识和技能的培训，还通过一定的形式，向培育企业文化、团队精神、劳资关系等方向发展，使企业管理行为进入更深层次的领域。企业员工培训的对象已从以生产工人为主发展为全员培训，由企业员工培训发展到相关人员培训。在我国，企业员工培训逐步发展为资格证书培训。无论是企业的管理人员、专业技术人员还是操作人员，都存在着上岗资格问题。通过适当的培训项目或课程，使得他们获得相应的任职资格或技术等级，这已经成为一种发展趋势与新型的要求。

六、注重适应企业的发展和国际化趋势

近年来，为适应国际化的发展，大企业着重培养“经济型”、“未来型”和“国际型”人才，以迎接未来更加激烈的国际竞争。

七、注重科学化、程序化和经济效益

首先，培训者要认清员工培训的特点，从员工的需求和企业的需求之间寻找最佳结合点。其次，培训还要有一个科学和规范的组织程序和操作程序，在时间和空间上最大限度地贴近企业管理和业务的实际，用最佳的方法帮助员工获得知识和技能。最后，追求效果的最佳化和成本的合理化，讲求企业培训的效益。检验培训质量的高低，可以通过效果评估，追踪员工培训在工作岗位上的表现，特别是在产品质量或服务水平上最能反映培训效果。为此，要遵循需求调查—培训实施—效果评估的运作程序，来保证培训的效果。

资料来源　佚名. 企业员工培训的七大发展趋势［EB/OL］.［2020-01-18］. http: //www.sohu.com/a/318434573_120118807.

6.3 学习地图的开发利用

在企业管理中，无论是否开展员工培训与开发计划，是否存在正式的培训计划，“学习地图”一定是存在的，它就是员工实际的学习过程。这里所提及的“学习地图”，是指以认知心理学为主要理论基础，结合企业岗位特征和员工实际的学习、成长经验，组织专家编写并通过审核，在一段时间内相对稳定、有效的员工学习、发展的路径图[①]。“学习地图”的搭建基于岗位所对应的关键任务，它的主要功能在于缩短员工达到胜任标准的时间、提高员工的培训效率。具体来说，“学习地图”是员工在企业内阶梯式学习轨迹的动态记载，描绘了基于关键任务的专业技能发展轨迹，设计了从开始培训到达到工作胜任标准期间的一系列学习目标、学习先后次序、学习方法以及由此组成的员工发展方案。

6.3.1 学习地图的定义

学习地图也叫学习路径图，是指以目视化学习内容的展示形式，将专业岗位技能发展所需的一系列学习行为和实践活动及其所需周期列示出来的一种学习思路，是企业将岗位职业化要求和从业者个人发展结合起来的一种方式，通过对岗位工作人员开展的无记录学习过程的指导与跟踪，使其在规定的时间内顺利成长为能够真正独当一面的岗位能手。

学习地图最早在GE金融得到现实应用。当时GE要把公司可以外包的职能部门，包括财务、项目管理等外包到人力成本较低的印度。提供外包服务的员工有12 000多名，分布在400个岗位上，其中包括客户服务、呼叫中心、会计等。为了能够确保印度员工的工作质量和美国本部员工一样，在史蒂夫·罗森伯姆的建议下，双方开展了“学习地图”的合作项目。GE给每个岗位设计了学习地图，员工按照学习地图参与培

① 威廉姆斯，罗森伯姆. 学习路径图［M］. 朱春雷，译. 南京：南京大学出版社，2010.

训，最终职能部门的新员工培训周期缩短至少30%。这一方法被推广到GE公司的其他业务部门，缩短的时间甚至更多。随后不到几年的时间，学习地图被迅速推广到IBM、拜耳医药、汇丰银行、迪士尼、西门子等跨国公司。近几年，学习地图由国内一些咨询公司的培训人员引进，同时也被应用于很多中国企业，包括中国电信、中兴通讯、山东电力集团、中广核、中国银联、阿里巴巴、太平洋保险等。其既吸收了国外培训管理领域的精髓，同时又充分体现了本土化的设计思想。学习地图的基本定义如图6-2所示。

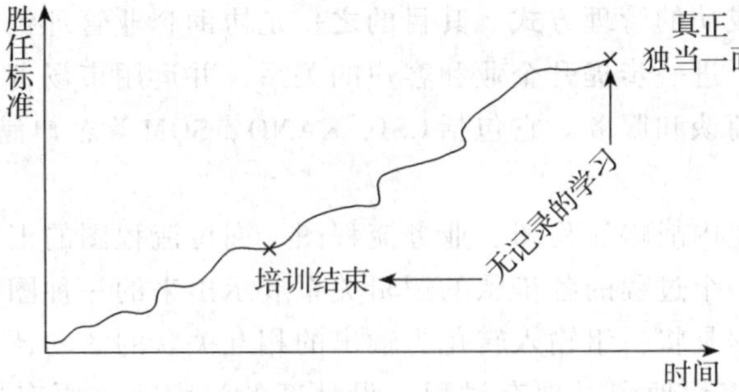

图6-2 学习地图的基本定义

1.学习地图的理论来源

战略地图由罗伯特·卡普兰（Robert S. Kaplan）和戴维·诺顿（David P. Norton）提出。他们是平衡计分卡的创始人，在对实行平衡计分卡的企业进行长期的指导和研究的过程中，两位大师发现，企业由于无法全面地描述战略，管理者之间及管理者与人才之间无法沟通，对战略无法达成共识。平衡计分卡只建立了一个战略框架，而缺乏对战略进行具体而系统、全面的描述。战略地图是在平衡计分卡的基础上发展而来的，因此可以进一步在平衡计分卡的基础上延伸出战略地图系列：战略地图、客户地图、流程地图和学习地图，如图6-3所示。

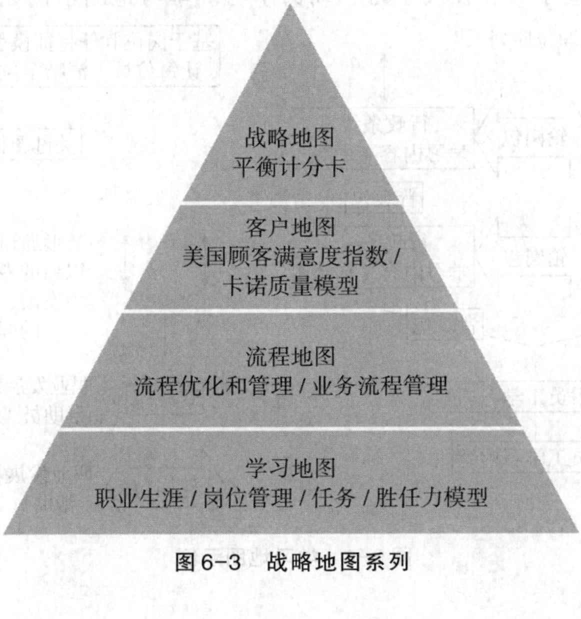

图6-3 战略地图系列

（1）战略地图

战略地图是以平衡计分卡的四个层面（财务层面、客户层面、内部层面、学习与成长层面）目标为核心，通过分析这四个层面目标的相互关系而绘制的企业战略因果关系图。

（2）客户地图

客户地图本质上就是客户关系管理，为企业提供全方位的管理视角；赋予企业更完善的客户交流能力，最大化客户的收益率。客户地图是企业活动面向长期的客户关系，以求提升企业成功的管理方式。其目的之一是协助企业管理销售循环：新客户的招徕、保留老客户、进一步提升企业和客户的关系，并运用市场营销工具，提供创新式的个性化的客户商谈和服务。它包括CSI、KANO、SQM等客户满意度评价工具。

（3）流程地图

流程地图是企业内战略流程图、业务流程图、岗位流程图的汇编与综合。流程地图是用几何图形将一个过程的各步骤的逻辑关系展示出来的一种图示技术。只要有过程，就有流程。过程是将一组输入转化为输出的相互关联的活动，流程地图就是描述这个活动的图解。流程地图对现有过程、设计新的过程改进原有过程具有积极的作用。在企业中，流程地图主要用来说明某一过程。这种过程既可以是生产线上的工艺流程，也可以是完成一项任务必需的管理过程。流程地图是揭示和掌握封闭系统运行状况的有效方式。作为诊断工具，它能够辅助决策制定，让管理者清楚地知道，问题可能出在什么地方，从而确定可供选择的行动方案。

（4）学习地图

学习地图是企业基于胜任特征而设计的人才快速胜任学习路径图，同时也是每一个人才实现其职业生涯发展的学习路径图和全员学习规划蓝图，是人才在企业内学习和发展路径的直接体现。这些学习活动既包括传统的课程培训，也包括其他的诸多新兴学习方式，如行动学习、在线学习、动力学习。学习地图示例如图6-4所示。

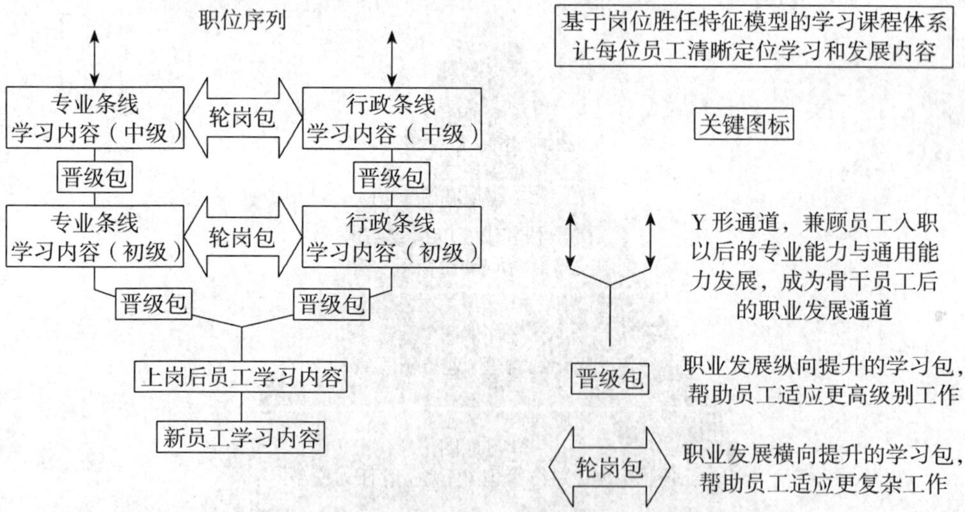

图6-4 学习地图示例

2.学习地图的应用价值

（1）将组织绩效与个人绩效相融合

为了有效提升组织绩效、团队绩效和个人绩效，实现组织愿景和组织战略，管理者会通过人力资源部或教育培训机构为被管理者分解并绘制出学习成长的知识内容和进阶路径。这个结果就是基于岗位的个人学习地图，整个组织所有岗位的个人学习地图有机地组织在一起，就构成了组织学习地图系统。以战略为导向的绩效金字塔模型理论说明了建设组织学习地图的目的，构成了建设组织学习地图的绩效理论基础。

具体到企业，就是按照岗位胜任力素质要求，结合人才职业发展规划，以实现企业发展战略和组织绩效目标为目的，而设计的一系列学习内容、学习方式和学习活动。这些学习内容既包括图书、文字，也包括课件和视频；学习方式既包括集中面授，也包括读书自学、远程在线学习和移动终端学习；学习活动既包括知识学习和技能演练，也包括教练辅导、现场实习、拓展训练、经验和心得分享及内部培训师授课等。

（2）使主动学习成为可能

被动的学习是盲目的。学习地图的设计致力于通过清晰地指出人才在职业生涯发展的每个阶段应该学习什么内容，努力的方向、奋斗的目标是什么，让人才理解学习行为与能力提升、职业发展之间的关联性，从而养成自主学习的习惯，激发人才学习潜能，提升人才学习的主动性。

传统的培训方案以授课为主，学员只是被动地接受而缺乏主动的参与，导致学习效果不佳。学习地图让人才成为自身能力、工作绩效提升的第一责任人，查缺补漏，积极地利用企业提供的平台和资源进行主动的、有计划的学习。[①]学习地图从方向、目标、动力三方面助力人才的学习与成长，帮助其提升自我学习管理能力，实现从“要我学”到“我要学”再到“我爱学”的转变，最终达到提高“出苗率”的目标。

（3）促进高效学习

即使没有培训，学习也在发生。从某种程度上来说，培训的存在是为了加速学习。因此，低效的学习不仅提高了人才自身学习的时间成本，同时也是对培训资源的浪费，既加重企业负担，又会对人才的学习积极性造成挫伤。与此同时，学习内容与学习强度安排得不合理也会影响到学习的有效性。学习地图运用教学设计原理，一是结合难易程度以及任务的执行流程等因素，排列学习的先后顺序；二是综合考虑学习目标和资源，增加了在岗练习、阅读自学、辅导他人等多种学习方法以保证学习的有效性；三是根据工作忙闲，合理安排学习强度，避免因工学矛盾影响学习效果。

6.3.2　学习地图的设计原则

为保证学习地图的设计结果能有效结合企业培训管理实践，符合各岗位业务工作的实际需求，并使之具有可操作性，企业应制定适用于自身实际情况的学习地图设计原则。

---

① 岑明媛. 企业大学——21世纪企业的关键战略［M］. 北京：清华大学出版社，2006.

学习地图的设计原则包括以下几方面：一是梳理部门组织机构及岗位设置，划分组织内部的岗位类别、人员级别；二是分别选取每类职能部门中的一个关键部门，开展全员的岗位培训内容调查问卷，得出特定职能部门不同等级作业人员的学习地图的主要枝干，即专业岗位全部学习内容类型的先后顺序和学习周期；三是分析“部门岗位能力矩阵”、关键岗位培训历史数据，结合企业培训管理规定得出岗位学习地图的主要组成部分，即通用性标准学习内容；四是绘制学习地图标准模板，体现岗位学习路径的标准学习内容和学习周期，提供一目了然的学习指导手册。学习地图标准模板的制定，为岗位作业人员提供了量身定制的学习内容，是完善培训管理体系、规范学习内容的重要形式。

6.3.3 学习地图在企业应用中的生态环境解析

针对企业经营过程中对学习地图运作产生牵引力、驱动力、逻辑力的三方面因素，对企业所处的生态环境中学习地图相关各要素的意义和协作机制做进一步剖析。

1.学习地图的牵引力——企业战略、企业文化

为《学习地图》一书作序的艾德·罗宾斯指出，学习地图将战略与战术有效地融合在一起[①]。在许多企业中，帮助员工提升绩效的战略都只停留在理念阶段，一到实施阶段就瓦解了。此外，一些战术上的工具也无法与全局相联系，而学习地图是一个能兼顾这两点的实用工具。它将企业战略以关键任务的形式一条条地列出来，作为检验员工绩效的标准，使战略有效落地；同时，也印证了企业战略对学习地图的引领作用。

企业文化对学习地图的影响是无处不在的，如时代光华大学结合移动互联网的时代特征，号召员工“在拜访客户的路上看微博，在回来的路上写微博”。这些随时随地的行为引导，包含了企业的价值观、处事方式等，是企业长期的积淀，进而逐渐形成企业文化。企业文化对学习地图中员工的知识汲取、技能演练具有强大的牵引作用。当然，一个不利于企业员工学习的企业文化环境，就算是编制了完善的学习地图体系，在运作过程中也会大打折扣。

2.学习地图的驱动力——绩效管理、教练辅导机制、知识管理

学习地图编制的起点是确定与岗位对应的关键任务，而关键任务的确定需要对岗位的职位说明书和考核指标进行流程化分析，最终经过直线经理、专家和本岗位绩优者的充分讨论确定。关键任务梳理完成后，需要进行明确的定义。关键任务的定义依据任务完成的流程，列出关键质量点和时间要求，要求描述SMART化，即描述具体、可衡量、任务可达到、与岗位目标关联、有时间要求。在具体描述时，可以采用任务描述和评分标准相结合的形式。关键任务描述和企业的绩效管理融为一体，员工需要用学习地图中关键任务的描述指标进行对比，找出差距，参加后续对应的成长和发展项目；当学习项目结束后检验其是否达到标准时，也是与关键任务中描述的具体指标进行对比后做出评估，所以绩效管理是学习地图实施的关键驱

① 威廉姆斯，罗森伯姆．学习路径图［M］．朱春雷，译．南京：南京大学出版社，2010.

动因素。关键任务是在工作实践中实现能力培养的有效载体，且可利用班组讨论和内部导师指导的行动式学习进行促进，驱动能力不断养成。在这一过程中，企业的知识管理体系和教练辅导机制至关重要。在具体的企业实践中，不少企业也摸索出了自己的经验，如中国电信浙江公司在IT人员培养中，针对各个岗位的关键任务安排教练，教练针对其对应的关键任务对员工开展辅导，进行过程跟踪、任务设定、定期面谈等。此外，还建立了“导学案”机制，即对于关键任务，教练会将核心能力对应的知识和技能点，编写成指导员工学习的方案，具体包括学习的目的、前置知识、精读书引导、练手实践和思考小结等部分。“导学案”是一种有效的知识管理手段，也是学习成长路径中的重要一环，体现了教练辅导机制、知识管理等举措在学习地图运作过程中的驱动作用。

3.学习地图的逻辑力——岗位胜任素质模型

岗位胜任素质模型也就是我们常说的能力素质模型，这些能力素质包括胜任某一岗位所要求的一系列不同能力要素的组合，包括不同的动机表现、个性与品质要求、自我形象与社会角色特征以及知识与技能水平等。如中国移动湖南公司客户经理的能力包括[①]：资讯收集能力/人际理解力/沟通能力，客户服务能力，影响力，关系建立能力，组织知觉力，专业知识技能，应变能力与问题处理能力等。企业根据能力要素建立课程培训体系，对客户经理开展相应的培训，以提升客户经理胜任本岗位的相关能力。如果每次以一个单独的能力为主题对员工进行培训，最后依赖员工自觉地整合学习内容，转化并运用到工作中是低效的。

综上所述，通过对学习地图方法论的含义、形成及其在企业应用中的生态环境的分析，可以发现这种基于“关键工作任务模型”的培养体系正是从实现“员工-企业”双赢这一目标出发建立的一个既能满足不同岗位序列、层级员工职业生涯发展需要又能促进公司核心竞争力保持和提升的培养体系。它最大限度地提升了人力资源管理中人才培养工作的价值，建立了企业内部人才发展的高效微循环体系。管理发展是无止境的，而人才的培养也是无止境的，员工的发展是为了满足公司战略发展的需要。学习地图方法论在融合企业战略和组织能力方面，具有独到的科学性，在未来必将为更多的企业所接受和使用。

6.4 以学习地图为基础的战略培训与开发管理

一个完整的培训管理体系，应该是纵向到底、横向到边的，既应该涵盖纵向的各层次员工，从最高管理层到一线员工，也应该包括横向的各管理职能部门和业务单位（的培训）；同时，应该在内容上进行一般文化基础知识教育、专业知识培训、操作技能培训、制度培训和职业道德培训、企业文化培训、管理技能提高培训，形式上应该采用灵活多样的培训方法；既应该建立完善的培训需求分析、培训评估机制，也应该

① 中国通信业企业大学教学研究会论文集编委会. 移动互联网时代的人才发展［M］. 北京：人民邮电出版社，2013：5.

建立完善的培训实施保障体系。只有形成一个严密的体系，才能源源不断地培养出组织所需要的各级、各类人才。

6.4.1 以学习地图为基础的战略培训与开发管理体系的构建程序

构建程序如下：职位地图，胜任力的分析与评价，学习地图内容设计，战略培训与开发管理体系构建。

1.职位地图

职位地图是组织架构的直观反映，是最常见的表现雇员、职位和群体关系的一种图表。它形象地反映了组织内各机构、岗位上下左右相互之间的关系。职位地图是从上至下、可自动增加垂直方向层次的组织单元、以图标列表形式展现的架构图。它以图形形式直观地表现了组织单元之间的相互关联，并可通过组织架构图直接查看组织单元的详细信息，还可查看与组织架构相关联的职位、人员信息。职位地图是通过工作岗位分析得到的。

工作岗位分析是建立战略培训与开发管理体系的基础，通过对企业工作岗位的分析，合并工作职责相近的岗位，划定岗位族，可大大降低课程库的冗余重复以及学习地图规划的复杂度。同时，结合公司员工的职业发展路径，明确各岗位族的职业发展通道，最终输出职位地图。工作分析路线图如图6-5所示。

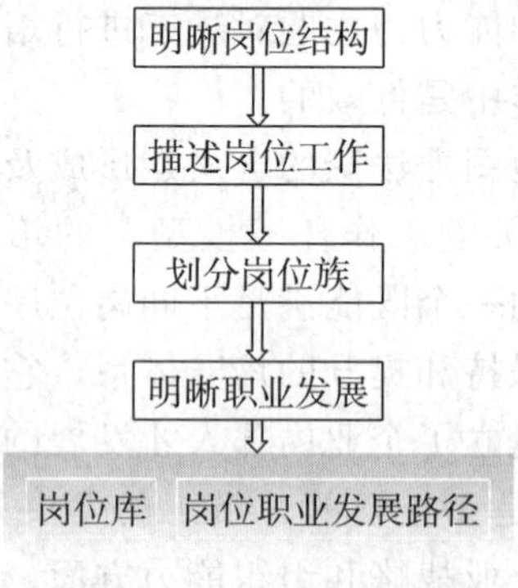

图6-5 工作分析路线图

2.胜任力的分析与评价

企业要针对核心工作岗位进行胜任力分析。胜任力分析包括胜任力识别、胜任力分类和胜任力分级三部分。首先，确定职位及绩效标准，选取分析、研究的样本，根据确定的岗位分别从绩效优秀和绩效普通的员工中随机抽取一定数量的员工进行调查。通过问卷调查、原始资料分析和专家评议组成员举行专题研讨等专业研究方法与工具进行数据收集。其次，对收集的数据进行分析、编码。编码是一种评级打分技巧。这个技巧主要是通过辨别、分析访谈记录中的行为叙述，参照素质手册，分辨并评定被访谈者的素质及所在级别。这个方法被专门用来分析行为数据。最后，根据编码后的信息资料，对确认为某岗位的胜任力分别进行定义和分级，编成胜任力词典，以支持胜任力模型的应用。开发胜任力模型的步骤如图6-6所示。

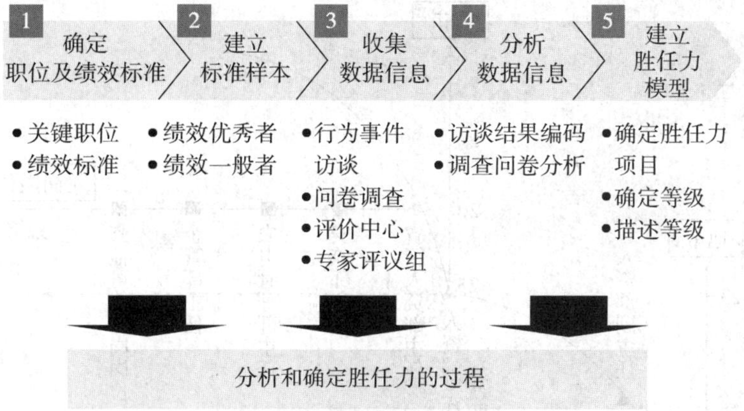

图6-6　胜任力模型开发步骤

胜任力模型是将冰山以上的专业知识、技能和冰山以下的心态、思维模型、个性动机等素质要素相结合的综合胜任力分析成果。基于胜任力模型的学习地图使得企业员工的学习与发展不再盲目，而是紧紧围绕企业战略所层层分解下来的能力要求。在胜任力模型的基础上，能够进一步挖掘、提炼出适合采用结构化导师制学习的员工重要培训需求点，并对工作胜任力要求设定具有针对性、阶段性的培养目标。

3.**学习地图内容设计**

内容设计是学习地图建立的核心阶段，其基本步骤包括学习内容获取、学习内容分类和学习内容分级。学习内容获取主要完成胜任力的学习内容映射。针对所建立的胜任力模型，确定对应的培训内容和培训方式，可以是传统的面授学习，也可以是在线学习，抑或是更广义概念上的学习，如内部研讨、行动学习等。

选定胜任力后，首先，分析胜任力描述信息，挖掘该胜任力的关键要点。其次，确定培训对象，不同培训对象所需求的学习内容差别很大，如面向管理层可提供一些抽象、深层次的理论阅读材料，而面对新入职的员工则应更多地借助于多媒体的培训形式。分析胜任力描述信息并确定培训对象后，可检索企业已有的培训资源，包括企业内部、合作伙伴以及市场供应。若已有成熟的学习内容，可直接购买；若没有，可考虑进行模块化的学习单元的开发或者设计。最后，形成学习地图所需的学习资源。学习内容获取后，应当依据前一阶段胜任力的分类与分级，相应地对学习内容进行分类与分级，形成各职位族的专业技能类学习内容和较通用的管理培训类学习内容。学习地图概貌示例如图6-7所示。

汇总所有的学习内容后，根据员工不同职业发展路径的要求，将其分为新员工学习内容、普通员工学习内容、管理路径学习内容、专业路径学习内容，并按照职业发展路径形成相应的晋级包，依据岗位核心工作要点形成轮岗包。至此，可形成清晰完整的企业学习地图。学习发展手册是学习地图在员工层面应用的最佳方式。基于学习地图，学习发展手册通过更为直观化、生动化的形式和更丰富的阅读内容，将员工在企业中的学习路径娓娓道来，帮助员工不断明晰自己所处的位置和未来发展方向，不断激发员工的学习兴趣。

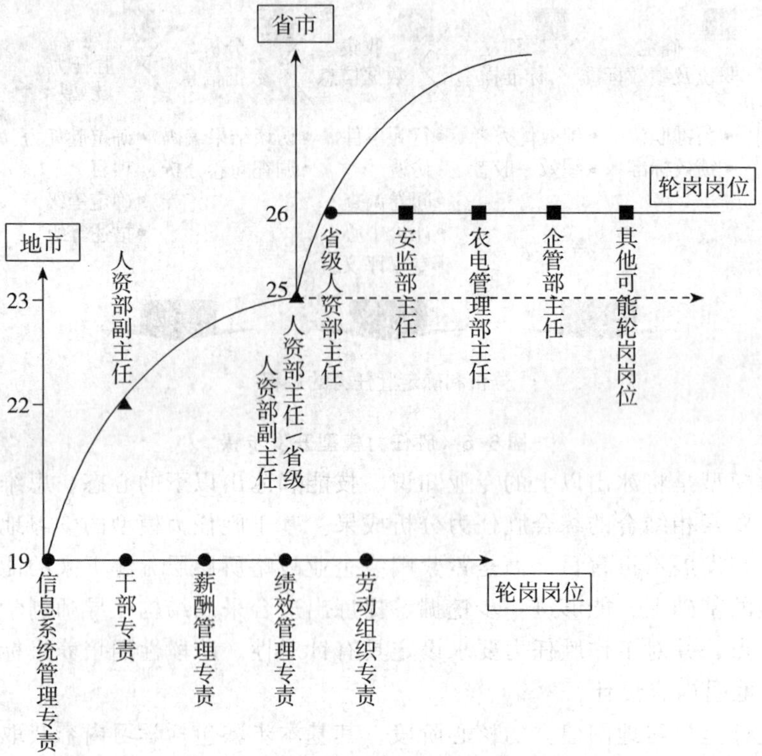

图6-7 学习地图概貌示例

说明：

1.横坐标是指轮岗的可能岗位，纵坐标是指可晋级岗位。

2.轮岗主要在同部门、同级别的岗位进行，轮岗不分先后，一般可以兼顾1~2个岗位轮换。

3.员工在工作中学习精力主要投入在本岗位知识、技能、能力所需内容的学习方面，所以曲线偏向晋级轴，远离轮岗轴。

目前，虽然大部分企业已经建立了自己的课程体系，却只是将其等同于课程库或是课程资源清单，将课程体系简单定义为“企业为满足培训需求而提供的一系列课程资源，包括课程架构、课程内容、课程形式和课程安排等”。应该说这个简单的定义满足了公司课程体系建设初级阶段的要求，概括了“课程”的内涵，但它忽略了“体系”的实质。这样的课程体系只是一些临时、零散课程的堆砌，导致课程缺乏岗位胜任力要求的针对性；课程与课程之间缺乏逻辑上的系统性；课程与员工职业发展通道没有连续性。所以，我们需要从传统的课程体系升级为现代的学习地图。

将岗位胜任力、学习资源和职业发展有机整合在一起的学习地图，对企业学习发展以及培训管理工作而言，不仅可以在运营层面上进阶提升，而且可以在战略层面上发挥卓越的功效。通过学习地图，可以将公司的战略地图转化为胜任力地图，再将胜任力地图转化为学习地图，从而把公司战略发展和员工胜任力提升紧密关联在一起。杰出的平衡计分卡管理方法告诉我们：推动公司财务卓越表现的因素，依次是顾客、运营流程、学习与成长。显然，学习与成长是最根本的驱动因素。和战略地图的核心理念一样，学习地图的长效价值是：企业通过在学习与成长等方面的核心投资，创新和建立战略优势，使公司把特定价值带给市场和客户，从而实现股东价值。

4.战略培训与开发管理体系构建

针对企业实际，结合培训与开发管理的理论与实务，我国学者提出了培训与开发管理的帐篷模型（Training Tent Model，TTM），如图6-8所示。

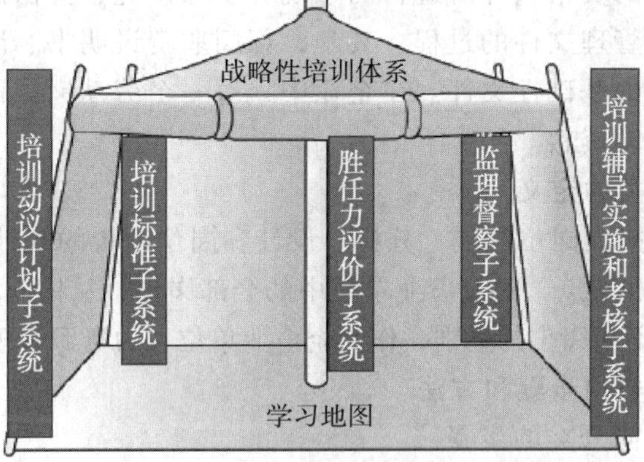

图6-8 帐篷模型

帐篷模型共有五根柱子，按照培训规律，依次搭建培训标准子系统、培训动议计划子系统、培训辅导实施和考核子系统、监理督察子系统、胜任力评价子系统。这五根柱子撑起了帐篷，帐篷的顶盖是战略性培训体系，帐篷的底板是学习地图。

第一根支柱：培训标准子系统，指与培训工作相关的标准、制度、流程与表单，以标准为基础和准则开展培训工作，包括工作岗位说明书、培训规范、培训管理制度等。

第二根支柱：培训动议计划子系统，指培训项目的来源。传统的培训项目来源于需求调查，但是当学习地图体系建立后，培训项目就有了明确的来源，企业可以根据学习地图所描述的岗位学习包，对应培训项目，制订培训计划。

第三根支柱：培训辅导实施和考核子系统，是根据培训动议计划子系统开展培训项目时具体实施的子系统，包括培训课程、培训教材、培训题库、培训讲师库的建立以及相关管理办法和制度。培训考核子系统是培训后培训的具体效果在员工绩效中的反映，包括培训反映评估、培训学习评估、培训行为评估、培训效果评估。

第四根支柱：监理督察子系统，是对培训与评价进行监督、监理的第三方机构，保证培训与评价能够公平运行。

第五根支柱：胜任力评价子系统，表明员工是否能胜任本岗位的工作，并对未来可能晋升、轮岗的岗位所需的能力在相应的培训学习后进行评价，是五根柱子中重要的支柱。

至于学习地图，因其为以上的子系统提供了基础，因此可作为帐篷的底板。而位于帐篷顶端的战略性培训体系是指企业组织培训或提供培训服务、提供学习机会的目的是企业战略目标的实现；而要实现战略目标，仅仅制定出战略是不够的，需要企业这个有机整体通过管理工具的应用和管理活动的开展来加以落实、落地。

6.4.2 职位地图

1.岗位分析

岗位分析是对企业各类岗位的性质、任务、职责、劳动条件和环境，以及员工承担本岗位任务应具备的资格条件所进行的系统分析与研究，并由此制定岗位规范、工作说明书等人力资源管理文件的过程。其中，部门职责说明书、岗位职责说明书都是企业进行规范化管理的基础性文件。在企业中，每一个劳动岗位都有它的名称、工作地点、劳动对象和劳动资料。

2.岗位、岗级分类的定义

岗位、岗级分类是在岗位调查、分析、设计和岗位评价的基础上采用科学的方法，根据岗位自身的性质和特点，对企事业单位中的全部岗位，从横向和纵向两个维度进行的划分，从而区别出不同岗位的类别，作为企事业单位人力资源管理的重要基础和依据。

3.岗位、岗级分类的步骤和方法

（1）工作岗位横向分类的步骤

第一，将企事业单位内部的全部岗位按照工作性质划分为若干大类，即职门。

第二，将各职门内的岗位根据工作性质的异同继续进行细分，把业务相同的工作岗位归入相同的职组，即将大类细分为中类。

第三，将同一职组内的岗位再一次按照工作性质进行划分，即将大类下的中类再细分为若干小类，把业务性质相同的岗位组成一个职系。

（2）工作岗位横向分类的方法

第一，按照岗位承担者的性质和特点对岗位进行横向区分。

第二，按照岗位在企业生产过程中的地位和作用进行分类。

（3）岗位纵向分级的步骤

第一，按照预定的标准进行岗位排序，并划分出岗级。

第二，统一岗等。

（4）技术性岗位纵向分级的方法

第一，选择岗位评价要素。

第二，建立岗位要素指标评价标准表。

第三，按照要素指标评价标准对各岗位打分，并根据结果划分岗级。

第四，将各个岗位的岗级统一归入相应的岗等。

（5）管理性岗位纵向分级的方法

第一，精简企业组织机构，加强定编、定岗、定员管理。

第二，对管理岗位进行科学的横向分类。

第三，评价要素的项目分档要多，岗级数目也应多于直接生产岗位的岗级数目。

第四，在对管理岗位划岗归级后，应对管理岗位岗级统一列等。

4.职位地图描述

（1）职位等级分类

职位等级分类，是按照专业性对同一性质、工种的岗位进行的等级划分，划分后按照专业深度的不一样，同一岗位会出现多个级别的工种。

（2）职位地图绘制

职位地图主要是依据上下级从属关系、企业的岗位分类、岗位等级绘制的，如图6-9所示。

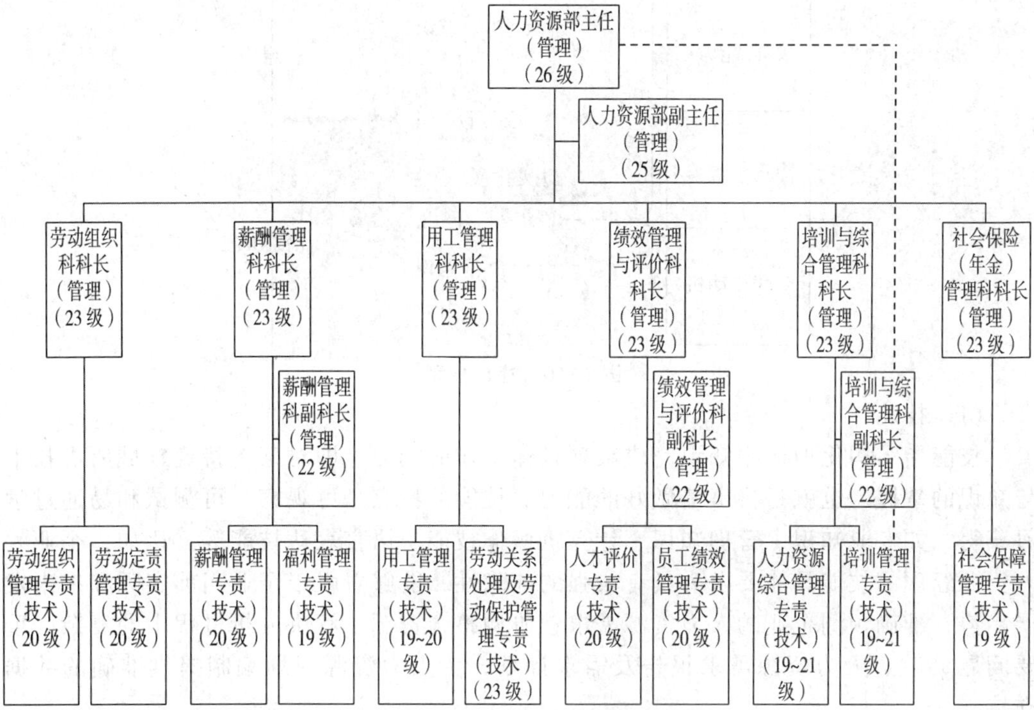

图6-9　职位地图示例

6.4.3　胜任力分析与评价

1.胜任力分析

胜任力是指人们能够胜任某种任务或活动的条件，尤其是掌握知识和技能的程度、速度方面所必备的个性心理特征。胜任力一般具有两种含义：其一是指实际能力，即现在已经具备的和表现出来的能力；其二是指潜在能力，即以后可能展现出来的能力（见第4章内容）。

胜任力通过特定的方法进行量化和测量，但它并不是一个抽象名词或集合体。若干数量的胜任力要素有机地组合在一起，针对某个既定职位的要求构成一个胜任力集合体，这个集合体就是胜任力模型。换句话说，胜任力模型是对某一职务类别、工作团队、科室、部门或组织的绩效达标者或成就卓越者所需的胜任力特征的书面描述。最著名的胜任力模型是麦克利兰博士提出的冰山模型，这个模型用冰山来比喻能力。能力的驱动因素是可以通过行为表现出的各种特征的集合，包括表象的和潜在的两个部分。冰山露出水面以上的部分是能力中的外显可见特质，而水面以下的部分则相当于内在隐含特质，如图6-10所示。水上部分是技能、知识和综合能力，水下部分是特质与素养、态度与动机。

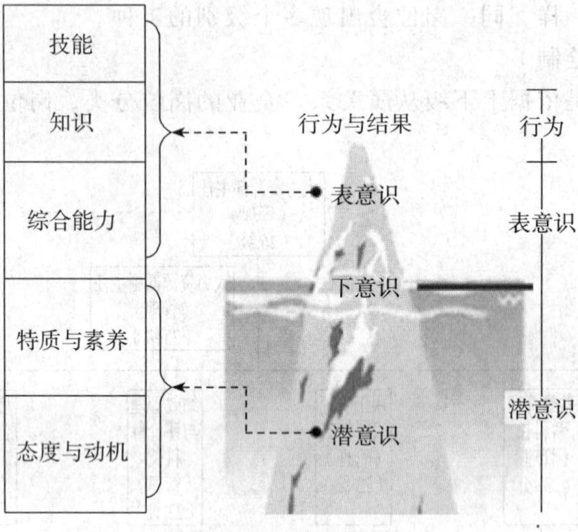

图6-10 冰山模型

（1）技能

技能指结构化地运用知识完成某项具体工作的能力，即对某一特定领域所需技术与知识的掌握，也就是将事情做好的能力。技能的特点是可观察、可测试和易通过学习获得，如专业知识、管理知识、计算机操作技能、语言表达技能等。比如，企业人力资源经理的技能具体要求为具有较强的前瞻性，能够着眼于企业当前实际和未来发展趋势，准确预测企业的人力资源需求；协调整合资源，解决分析过程中的复杂、重要问题；改进人力资源需求报告及需求计划，为人力资源规划编制提供准确的数据支持。

（2）知识

知识指一个人在某一特定领域拥有的事实型与经验型信息。

（3）综合能力

综合能力包括观察能力、实践能力、思维能力、整合能力和交流能力。比如，企业人力资源经理的综合能力就是指具有较强的系统思维和战略执行、政策领悟、开拓创新、推动执行、团队协作、应变管理、公共关系、语言文字、沟通表达能力等。

（4）特质与素养

特质与素养是指一个人的个性、身体特征对环境与各种信息所表现出来的一贯反应。它可以预测个人在长期无人监督下的工作状态。

（5）态度与动机

态度与动机是指个人为达到一定目标而采取行动的内驱力。动机会推动和指导个人行为朝着有利于目标实现的方向前进，并防止偏离。

2.胜任力评价

胜任力评价是在设定了胜任力的相关标准后，对员工进行评价的过程。其包括：

（1）岗位胜任力评价

岗位胜任力评价是指根据岗位评价标准，运用履历分析、笔试、面试和实操测试等多种测评手段，开展知识、技能、潜能的考核测评，对员工履行岗位职责所具备的能力素质水平进行评价。

（2）岗位胜任力评价标准

岗位胜任力评价标准是以满足企业对各类人员岗位胜任力的要求为出发点，根据各类人员的特点和岗位特征，由一系列特定组合、相互独立的评价指标组成，应用于评价对象的价值尺度和界限。

（3）评价试题库

评价试题库是围绕各类评价标准和评价方法，开发与设计的各类测评试题群组。

（4）岗位胜任力评价考评员

岗位胜任力评价考评员是熟练掌握岗位胜任力测评方法、具体开展岗位胜任力评价实施工作的测评专业人员。

（5）评价方法

评价方法是对人的知识、技能、潜能以及工作绩效进行评定和测量的工具、手段。

6.4.4 基于岗位胜任力的学习地图设计

1.岗位学习地图

岗位学习地图是每个岗位按照级别从低至高应该进行培训和学习的课程，即本岗位的适岗包和晋级包。适岗包是为帮助员工胜任本岗位工作而提供的培训和学习课程；晋级包是在员工胜任本岗位工作并且有优秀表现的基础上，走向更高层级时，为帮助员工更快、更好地适应新的工作而向其提供的晋级学习与发展课程。

2.岗位学习模块包

岗位学习模块包是在学习路径图的基础上进一步细化了学习方式和学习时间，针对每个岗位设计的综合学习方案。其中，学习方式包括课堂培训、在岗练习、阅读自学等多种。学习方案则是为快速达成学习目标而选择的一系列学习方式的集合。在制订学习方案时，应针对不同的学习内容、场景和条件，以追求最佳学习效果为原则选择学习方式，同时保持一定的灵活性和自由度。学习地图中常用的学习方式有课堂培训、在岗练习、阅读自学、接受辅导和辅导他人等五种。根据模块包所包含的学习类型和学习目标，结合专家自身经验和现有学习资源，可为每个模块包配置一组学习方式；还可对每个模块包的所有学习方式进行具体设置，包括课堂培训和阅读自学的内容及时长，在岗练习和仿真练习的内容、次数及周期，接受辅导和辅导他人的内容及次数。

3.学习卡

学习卡是对学习方案的图示化表达，为学习者和培训管理者提供了看板工具。在具体绘制时，应结合企业对员工成长周期的要求、岗位可承受的学习强度等进行整体设计。纵向上将Ⅰ、Ⅱ、Ⅲ级能力种类自下而上地列于左侧；横向上将时间轴及岗位级别从左至右置于顶部；主体部分放置学习方案，并为方案中的每一种学习方式设置一行空间；底部为相关标注。绘制学习地图主体部分时，对应能力类别放置学习方案，Ⅰ、Ⅱ、Ⅲ级职业能力对应人员分别学习相应级别的学习方案，将学习方案中的每一种学习方式放入对应的空间中，体现不同学习方式的串行和并行关系。在主体绘制工作完成后对学习地图进行适度微调，以同一时间内避免学习两个以上单元为原则铺设学习路径，使之符合公司对人才成长周期的要求，且满足岗位可承受的学习强度。

6.4.5 以学习地图为基础的战略培训与开发管理体系构建

一个培训体系主要包括三个部分：制度、课程和讲师。制度是基础，包括培训管理办法、培训计划、相关表单、工作流程、培训评估办法及内部讲师制度。课程是灵魂，包括课程设计、课件的制作、讲义编写、课程的审核评估。讲师是载体，也就是说他仅仅是培训体系中的一个执行者，扮演的只是课程演绎的角色。其中，培训制度的作用在于规范公司的培训活动，保证培训工作顺利进行。在培训制度中，培训管理办法应充分体现培训结果评估与员工绩效考核的结合；内部讲师制度应体现选拔和激励内部讲师的精神，起到管理内部讲师、规范内部讲师授课行为的作用。建立培训体系的首要工作就是建立培训制度，设计培训工作流程，制作相关的表单，制订培训计划。完成了制度建设，接下来的工作就是培训调研，即根据公司的发展规划及人力资源规划，针对培训体系建设提出问题；对公司的相关情况进行全方位了解，并编制调研报告；完成岗位核心胜任知识和技能的确定，提出培训目标，制订相应的培训计划，并根据培训计划进行课程设计。

课程是灵魂，培训的核心内容就是课程。培训的目的是提高员工的知识和技能水平，那么如何建立合理的课程体系呢？首先，根据岗位说明书和作业指导书对现有岗位进行有效的分析，提取岗位的核心胜任技能及关键技能；其次，对在岗员工的知识和技能进行测评，找出改进点；最后，根据改进点进行培训课程设计。这是以胜任岗位、改进工作为目标的课程设计方式。其中，课程设计、课件的内容、课程的审核评估会根据培训目标的不同而发生改变。讲师是课程的演绎者，主要职责是将课程的核心精髓传授给学员。一个好的讲师必须对课程涉及的内容有很深刻的了解，同时配合适当的授课技巧。例如，技术类培训课程的讲师首先必须是一个技术专家，对项目有充分的了解，培训部门能够帮助他完成的仅仅是改善授课技巧。

有了制度保证，完成了课程的编、导、演，接下来的任务就是培训评估。培训评估是目前最受企业关注的问题。没有评估的培训很容易就变成了“赔训”，无法达到预先设定的培训目标。一般而言，评估包括两个部分，即课程评估和培训效果评估。课程评估又可以分为课程内容评估和授课效果评估。课程内容评估主要是评估课程内容是否与培训目标相吻合、是否体现了培训目标，通常采用量化关键指标的评估方式。授课效果评估主要是评估讲师的授课技巧和演绎方式是否能被学员接受，通常采用问卷调查的方式。培训效果评估的关注点是员工知识和技能的提升，采用书面考核和培训前、培训后两次测评的数据差的形式来完成。

1.培训标准子系统

该子系统由与培训工作相关的标准、制度、流程与表单组成，以标准为基础、以规范为准则，开展培训工作。其物质载体主要包括工作岗位说明书、培训规范和培训管理制度等。

(1) 培训规范

培训规范把对各岗位人员的培训要求具体落实到岗位说明书中，实现了对岗位培训的系统化、标准化管理，有利于推动教育培训工作在良好的基础上再上新台阶，同时也为后续进行岗位培训资源建设和岗位考核规范建设打下了坚实基础。培训规范的编制以公司中长期发展战略为导向，以提升岗位胜任力为基本目的，按照“干什么，会什么，学什么”的思路，以岗位梳理为基础，从岗位职责和岗位核心能力要求出发，明确岗位胜任力要求，形成覆盖知识、技能和潜在素质要求的专业技术人员的岗位培训规范。其具体过程如下：

①以胜任力模型和知识分解元素为基础，形成培训课程。同时，以一体化管理为导向，明确各层级岗位胜任力，指引专业技术人员培训规范的编制；以具体的专业技术人员的岗位胜任力要求为核心，对应胜任力要素，形成与能力要求相对应的培训课程目录。

②细化胜任力，形成培训内容。按照胜任力模型框架，基于与岗位相关的课程内容、知识结构、专业技术特点以及涵盖专业技术人员的规章制度等，对课程目录进一步细化，形成专业技术人员培训课程的具体内容。

③补充扩展内容，形成培训规范。补充培训课程的各项扩展内容，包括学习要求、培训方式、考核方式、培训课时。其中，学习要求分为必修和选修，知识部分为选修，技能、潜能部分为必修；培训方式分为集中培训、在岗培训、网络培训、合作培训以及在职学历（学位）教育；考核方式分为半结构化面试、360度反馈评价、笔试、履历分析以及工作实例答辩；培训课时按照培训规范的颗粒度设计，每个培训内容设置2学时。

(2) 培训管理制度

一般而言，企业的培训管理制度主要包括以下几部分：培训服务制度、入职培训制度、培训激励制度、培训考核评估制度、培训奖惩制度和培训风险管理制度等。

2.培训动议计划子系统

学习地图的优点在于可以清晰地展示出轮岗和晋级需要培训的知识。对一个有着明确的职业发展规划的员工来说，首先，在学习地图的基础上，员工可以清晰地了解自己当下阶段是需要进行轮岗培训还是晋级培训，这样可以更有效地激发员工的培训需求。这样从员工层面来讲，培训需求的针对性就提高了。

其次，学习地图可以完整地展现出全公司各个岗位的培训学习包，这样以往企业培训中缺乏系统性的问题也就有效地解决了。

总体来说，基于学习地图建立的培训动议计划子系统在帐篷模型中是核心部分，它的应用可以很好地避免培训的盲目性，提高培训的实用性和针对性。

3.培训辅导实施和考核子系统

一般而言，比较完善的培训辅导实施和考核子系统的构建程序如下：

（1）计划编制

公司总部统一部署年度培训计划的编制工作，各单位按要求分层、分类、分专业开展培训计划的编制工作，加强对培训需求分析、计划拟订和计划审核的过程管理。公司年度培训计划由公司总部负责审定发布。

第一步：需求调查。各级人力资源部门在每年8月底前将公司统一部署、制订的培训需求调查方案，发至各专业部门和所属单位，组织开展培训需求调查工作。各专业部门（单位）根据培训需求调查方案，采用沟通访谈、问卷调查等多种形式，结合员工岗位胜任力评价结果、绩效评价结果、培训评估结果、组织需求和员工个性化培训需求，分层、分类、分专业开展培训需求调查。

第二步：计划拟订。各专业部门（单位）分析培训需求调查结果，填报“培训需求说明书”及下一年度的“培训计划表”，在每年11月底前报人力资源部门。各级人力资源部门汇总“培训需求说明书”及“培训计划表”，组织本单位培训中心和各专业部门进行审核，优化整合培训项目，初步拟订本单位年度培训计划（含经费预算），并逐级上报。各分（子）公司在每年12月底前将拟定的本单位年度“培训计划表”报公司总部。

第三步：计划审定。公司总部汇总各分（子）公司上报的培训计划，组织公司培训中心和各专业部门优化、整合并审定培训计划项目，编制公司分层、分类、分专业的年度培训计划，于次年一季度印发下达。公司年度培训计划下达后，各单位要严格执行，原则上不得随意变更。确实有变更需求的，须经本单位人力资源部门审批同意，并按季度逐级报上级人力资源部门审核备案。

（2）计划实施

各单位接到公司总部下达的年度培训计划后，按照分层、分类、分专业实施的原则，组织实施本单位培训计划项目。培训实施单位（部门）要加强对培训项目的策划、实施和评估环节的闭环管理，并对每个阶段进行有效管控。

第一步：项目策划。具体培训项目要按照计划的期次或班次开展项目策划。培训实施单位（部门）应对学员的培训需求、能力短板等进行深入调研及分析，明确培训目标，提升培训的针对性。培训实施单位（部门）要在培训需求深入分析的基础上，周密考虑影响培训项目实施的有关因素，包括培训课程、师资、经费、场地、设备、时间、评估方式、有关法律法规和规章制度要求以及其他后勤因素等，并编制培训项目策划书。培训实施单位（部门）应在培训实施前至少20个工作日内完成培训项目策划书的编制，报培训主办单位（部门）审核。委托外部单位参与培训的，应签订合作协议或合同。

第二步：项目实施。在项目策划审核通过的基础上，培训实施单位（部门）要进一步细化培训班实施方案，落实培训策划中的每一项要求。培训实施单位（部门）应在培训实施前至少15个工作日内完成培训班实施方案的编制，报培训主办单位（部门）审核。在培训班实施方案审核通过后，培训实施单位（部门）在培训实施前至少

10个工作日内拟定培训通知，交人力资源部门审核下发。培训实施时，培训实施单位（部门）要选派合格的人员担任培训班班主任，编制“学员手册”，组织学员报名，负责培训班日常管理。培训实施结束后，培训实施单位（部门）要完成培训总结的撰写，并按照培训归档要求收集和整理相关培训档案。

第三步：培训评估。培训评估分为四个级别：一级评估是组织学员对培训项目实施满意度和培训师满意度进行评价，主要采用问卷调查等方式，一般由培训实施单位（部门）负责。各培训项目必须开展一级评估，见表6-1。

表6-1 **培训评估表**

<table>
<tr><td>培训课程名称</td><td></td><td>培训教师</td><td></td></tr>
<tr><td>培训时间</td><td></td><td>培训地点</td><td></td></tr>
<tr><td rowspan="13">培训反馈信息</td><td>培训内容</td><td colspan="2">非常好 很好 好 一般 差</td></tr>
<tr><td>1.课程安排合理程度</td><td colspan="2">□5分 □4分 □3分 □2分 □1分</td></tr>
<tr><td>2.课程内容的深度和可理解性</td><td colspan="2">□5分 □4分 □3分 □2分 □1分</td></tr>
<tr><td>3.课程内容对个人发展的帮助程度</td><td colspan="2">□5分 □4分 □3分 □2分 □1分</td></tr>
<tr><td>4.课程内容对实际工作的帮助程度</td><td colspan="2">□5分 □4分 □3分 □2分 □1分</td></tr>
<tr><td>培训师</td><td colspan="2">非常好 很好 好 一般 差</td></tr>
<tr><td>1.培训师的仪容仪表</td><td colspan="2">□5分 □4分 □3分 □2分 □1分</td></tr>
<tr><td>2.培训师上课内容的准备程度</td><td colspan="2">□5分 □4分 □3分 □2分 □1分</td></tr>
<tr><td>3.培训师语言表达和讲课态度</td><td colspan="2">□5分 □4分 □3分 □2分 □1分</td></tr>
<tr><td>4.培训师对培训内容的见解</td><td colspan="2">□5分 □4分 □3分 □2分 □1分</td></tr>
<tr><td>5.培训师的课堂组织能力</td><td colspan="2">□5分 □4分 □3分 □2分 □1分</td></tr>
<tr><td>6.培训方式的多样性和培训氛围</td><td colspan="2">□5分 □4分 □3分 □2分 □1分</td></tr>
<tr><td>7.对本次培训课程的总体评价</td><td colspan="2">□5分 □4分 □3分 □2分 □1分</td></tr>
<tr><td rowspan="2">受训人员信息反馈</td><td colspan="3">参加此次培训的收获有（可多选）：
□获得了适用的新知识
□理顺了过去工作中的一些模糊概念
□获得了可以在工作中应用的一些有效的技术或技巧
□能够客观地观察自己以及自己的工作，能够对过去的工作进行总结与思考
其他（请填写）：</td></tr>
<tr><td colspan="3">对今后培训的建议和需求：</td></tr>
</table>

二级评估是指对学员培训前后进行考试、考核，评估学员对培训内容的理解和掌握程度，主要采用培训前测试、培训后考试等方式。培训前测试是为了了解学员的能力现状，进一步明确培训需求，及时调整培训内容及形式，为后期培训评估提供对比数据；培训后考试在培训课程结束时进行，评估学员的培训效果。原则上，培训项目必须开展二级评估。

三级评估是指建立培训效果跟踪、监查机制，对学员进行培训后的随访评价，衡量学员在培训后运用所学内容使其行为改善的程度，主要采用访谈、问卷、考核等方式。一般在培训结束3个月后进行，由培训实施单位（部门）和学员所在单位负责实施。三级评估可根据培训项目的重要性和特点有选择地开展。

四级评估是指项目后评估，主要评估由培训项目引起的绩效上的变化程度。培训结束6个月后，由培训实施单位（部门）采用后续跟踪、审阅业绩报告和电话访谈等方式进行。

培训项目严格按照“培训项目策划书”中确定的培训评估级别实施评估，一、二级培训评估在培训班培训过程中组织实施，三、四级培训评估在培训班培训结束后组织实施。一、二级培训评估结果应写进“培训总结”中，交培训主办单位（部门）审核。采用三、四级培训评估的，须制订明确的培训评估实施方案，依据方案组织有关单位（部门）和个人开展培训评估，在培训评估结束后撰写培训项目评估报告，报人力资源部门审核。评估结果反馈给培训主办单位（部门），其中学员个人的评估结果及改进意见反馈给学员所在单位及个人。

4.监理督查子系统

对于培训监督，大多数企业主要是采取检查与考核的方式，对培训过程及后续工作进行监督。一般是人力资源部门通过磋商、过程观察、资料收集等方式对培训全过程进行管控。对于发现的问题或可能发生的问题，人力资源部门应及时向培训实施单位（部门）提出改进意见和建议，限期纠正，并对改进情况进行跟踪验证。培训实施单位（部门）应将对问题的纠正、预防措施和结果写入培训总结。

（1）建立培训追责制度，对培训中出现的问题采取有责必究的办法，把相关责任落实到人。

培训中出现的问题主要包括两方面：其一是关于有人借培训敛财的问题，即培训中出现的腐败问题。2014年9月，教育部下发了《关于严格规范领导干部参加社会化培训有关事项的通知》，要求各级组织人事部门加强对领导干部参加社会化培训的监督管理，切实维护干部培训的良好秩序，从而从宏观层面杜绝培训腐败问题的出现。其二是对培训中出现的虚与委蛇行为进行有效监督。目前，很多单位进行培训只是为了应付上级检查，培训对于提高员工的知识和技能只是一纸空文。建立培训追责制度可以有效地增强培训效果和培训质量；同时，配备监督员，以提高培训的有效性。

（2）奖惩结合，对培训效果突出的培训团队和被培训团队进行奖励，反之则进行处罚。

具体结合培训后续评估，对在培训中取得实际效果的组织和个人进行积极表扬；对于培训团队，则可以视具体情况建立长期的培训合作关系。

5.胜任力评价子系统

胜任力评价子系统可以说是在学习地图和胜任力模型的基础上，针对员工能力的提升构建的，是专门为了测评一个人晋升学习或轮岗学习是否有效而设计的评价系统。

在员工进行培训之前可以根据胜任力模型做胜任力评价，在其根据学习地图培训完之后，可以再结合员工培训之前的需求（如是进行轮岗培训还是晋升培训）来确定其具体的学习包，然后再结合胜任力模型，做一次胜任力评价。这样通过胜任力评价子系统，员工借助学习地图获得的培训效果可以很快地凸显出来。胜任力评价可以根据胜任力评价量表进行，见表6-2。

表6-2 **某公司技能类岗位胜任力评价量表**

部门：××××× 姓名：××× 岗位：×××× 评价者：×××

一级指标	二级指标	指标序号	三级指标	评价等级要求（★）					评价方法	得分
				A	B	C	D	E		
内在品质（E1）（10%）	工作态度（e1）	1.1.1	诚实守信	2	4	6	8	10	直接上级评价、同事评价、职业心理测试（占比为5∶3∶2）	E1=10%（e1+e2）
		1.1.2	团队合作	4	8	12	16	20		
		1.1.3	原则性	4	8	12	16	20		
		1.1.4	敬业与奉献精神	4	8	12	16	20		
	职业素养（e2）	1.2.1	服务意识	2	4	6	8	10		
		1.2.2	安全意识	2	4	6	8	10		
		1.2.3	质量意识	2	4	6	8	10		
知识（E2）（30%）	基础知识（e3）	2.1.1	基本法律法规及规章制度	3	6	9	12	15	笔试	E2=30%（e3+e4）
		2.1.2	所在行业知识	3	6	9	12	15		
		2.1.3	消防及安全知识	3	6	9	12	15		
		2.1.4	某公司基础知识	3	6	9	12	15		
	专业知识（e4）	2.2.1	××专业知识	8	12	16	32	40		
		2.2.2	…							
能力（E3）（60%）	通用能力（e5）	3.1.1	组织协调	1	2	3	4	5	直接上级评价、同事评价、个人评价（占比为5∶3∶2）	E3=60%（e5+e6）
		3.1.2	沟通能力	1	2	3	4	5		
		3.1.3	说服影响力	1	2	3	4	5		
		3.1.4	人际关系能力	1	2	3	4	5		
		3.1.5	应变能力	1	2	3	4	5		
		3.1.6	判断分析能力	1	2	3	4	5		
		3.1.7	创新能力	1	2	3	4	5		
		3.1.8	学习发展	1	2	3	4	5		
		3.1.9	压力承受能力	1	2	3	4	5		
		3.1.10	监控指导能力	1	2	3	4	5		
		3.1.11	计算机应用	1	2	3	4	5	现场实操考试	
		3.1.12	文书写作	1	2	3	4	5		
	专业能力（e6）	3.2.1	××实操技能	8	12	16	32	40	现场实操考试	
总分	$\sum$(E1+E2+E3)=									

胜任力评价评语：

评价者签字：

日期：

被评价者签字：

日期：

本章小结

本章重点介绍了企业人力资源管理体系中的一个重要系统——培训与开发体系，主要讲解了培训与开发的定义及基本分类、针对不同情况的不同的培训与开发方式、实施的保障措施、培训与开发体系的建设等内容。此外，还介绍了学习地图这一重要概念，借助胜任力模型详细地讲解了什么是学习地图以及学习地图的具体应用。

复习思考题

1.什么是人力资源的培训与开发？

2.简述培训方式的分类。

3.简述培训开发体系的构建。

4.什么是学习地图？

5.结合电力企业的学习地图规划实例，分析学习地图如何应用。

案例分析题

北京市H公司中青年创新人才学习地图体系构建

北京市的H公司是海淀区属国有新技术企业，年产值达8 000万元，公司主要是通过交互互联网技术占领市场。公司现有员工926人，2013年的目标年产值是达到1.5亿元。公司从2012年开始施行创新战略，不断开发公司内部的青年人才，2012年公司的培训费是900万元。公司引入韬睿明仕管理咨询集团的专家为其构建基于学习地图的战略培训与开发管理体系。韬睿明仕专家团队通过认真诊断和深入访谈，为H公司量身定制了战略培训与开发管理体系。

一、岗位职责梳理

通过岗位职责梳理，合并工作职责相近的岗位，划定岗位族，大大降低了课程库的冗余重复以及学习地图规划的复杂度。同时，结合青年创新人才的职业发展路径，明确了各岗位族的职业发展通道。

二、构建胜任特征模型，设计学习内容

学习内容设计是学习地图建立的核心阶段，基本步骤有三个：学习内容获取、学习内容分类和学习内容分级。学习内容获取主要完成能力与学习内容的映射，针对所建立的胜任特征，建立对应的培训内容。胜任特征具体包含胜任岗位所应具备的知识、技能、素质等，是开展职业生涯规划、构建学习地图等一系列人力资源工作的重要依据。根据业务类型和流程，运用鱼骨图分析法，罗列岗位工作要项，进行能力分解，给出能力描述，并遵循能力相近的原则予以归类。经过分析和提炼，总结出了胜任特征的种类及其分属的能力项，形成了岗位胜任特征。将能力项细化到具体的知识、技能和素质，形成对应的培训模块，按模块的知识类别和属性进行归类，合并为模块包，最终生成培训模块列表。然后确定培训方式：可以是传统面授，也可以是在线学习，或者是更广义概念上的学习，如内部研讨、行动学习等。

分析能力描述信息并确定培训对象后，可检索企业已有的培训资源，包括企业内部、合作伙伴以及市场供应。若已有成熟的学习内容，可直接购买；若没有，可考虑进行模块化的学习单元的开发或者设计。最后，形成学习地图所需的学习资源。学习内容获取完后，应当依据前一阶段能力的分类与分级，相应地对学习内容进行分类与分级，形成各职位族的专业技能类学习内容以及较通用的管理培训类学习内容。

三、建立学习体系，设计学习方案

汇总所有的学习内容，根据青年创新人才不同职业发展路径的要求，将学习内容分为青年创新人才学习内容、管理路径学习内容、专业路径学习内容，并按照职业发展路径形成相应的晋级包，依据岗位核心工作要点形成轮岗包。至此，可形成清晰完整的企业学习地图。学习发展手册是学习地图在青年创新人才层面应用的最佳方式。基于学习地图，学习发展手册通过更为直观化、生动化的形式和更丰富的阅读内容，将青年创新人才在企业中的学习路径“娓娓道来”，帮助青年创新人才不断明晰自己所处的位置和未来发展方向，不断激发青年创新人才的学习兴趣。

学习方法包括课堂培训、在岗练习、阅读等多种形式。学习方案则是为快速达成学习目标而选择的一系列学习方法的集合。在制订学习方案时，应针对不同的学习内容、场景和条件，以追求最佳学习效果为原则选择学习方法，同时保持一定的灵活性和自由度。学习地图中常用的学习方法有课堂培训、在岗练习、阅读自学、接受辅导和辅导他人等五种。根据模块包所包含的模块的学习类型和学习目标，结合专家自身经验和现有学习资源，为每一个模块包配置一组学习方法。对每个模块包的所有学习方法进行具体设置，包括课堂培训和阅读自学的内容及时长，在岗练习和仿真练习的内容、器材、方法及周期，接受辅导和辅导他人的内容及次数。青年创新人才学习方案样例见表6-3。

表6-3 **青年创新人才学习方案样例**

模块包名称（12项）	课堂训练	在岗练习			阅读自学	仿真练习			接受辅导			辅导他人
	培训课时	练习次数	练习方案	练习周期	建议课时	练习次数	练习方案	练习周期	辅导情景	辅导次数	每次课时	练习次数
所在行业知识	1	1	2小时/次/月	1个月	2	1	1小时/次/月	1个月	在岗练习	1	1	1
管理基础知识	4	1	2小时/次/月	1个月	8	1	1小时/次/月	1个月	在岗练习	1	1	1
国家法律法规及政策	2	1	2小时/次/月	1个月	2	1	1小时/次/月	1个月	在岗练习	1	1	1

续表

模块包名称（12项）	课堂训练	在岗练习			阅读自学	仿真练习			接受辅导			辅导他人
	培训课时	练习次数	练习方案	练习周期	建议课时	练习次数	练习方案	练习周期	辅导情景	辅导次数	每次课时	练习次数
组织管理制度及标准	2	1	2小时/次/月	1个月	6	1	1小时/次/月	1个月	在岗练习	1	1	1
公文写作	2	1	2小时/次/月	1个月	4	1	1小时/次/月	1个月	在岗练习	1	1	1
项目管理	3	1	3小时/次/月	3个月	2	1	1小时/次/月	1个月	在岗练习	3	1.5	1
创新思维	2	1	6小时/次/月	3个月	4	1	1小时/次/月	1个月	在岗练习	3	2	1
沟通能力	2	1	2小时/次/月	3个月	2	1	1小时/次/月	1个月	在岗练习	3	1	1
判断能力	4	1	2小时/次/月	1个月	2	1	1小时/次/月	1个月	在岗练习	1	1	1
组织协调与团队合作	4	1	2小时/次/月	1个月	2	1	1小时/次/月	1个月	在岗练习	1	1	1
变革能力	4	1	2小时/次/月	1个月	4	1	1小时/次/月	1个月	在岗练习	1	1	1
纳税统筹能力	4	1	2小时/次/月	1个月	2	1	1小时/次/月	1个月	在岗练习	1	1	1

四、开发学习手册

学习手册是依据岗位的学习地图编制的，为青年创新人才提供了学习辅导和过程监控的工具。它由三个级别对应的模块包列表、学习与发展矩阵图和总结性评价表组成。模块包列表展现了每个能力单元所具体涵盖的模块包及其学习方式，可以帮助青年创新人才建立对该能力单元的总体认识；学习与发展矩阵图阐释了学习内容、学习目标、学习方案和评价方式，并提供了过程性记录和评价表，指导青年创新人才开展学习；总结性评价表用于记录青年创新人才每一模块包的最终学习成绩和相应评价，展示出青年创新人才对每个能力单元学习内容的掌握程度。青年创新人才学习与发展矩阵如图6-11所示。

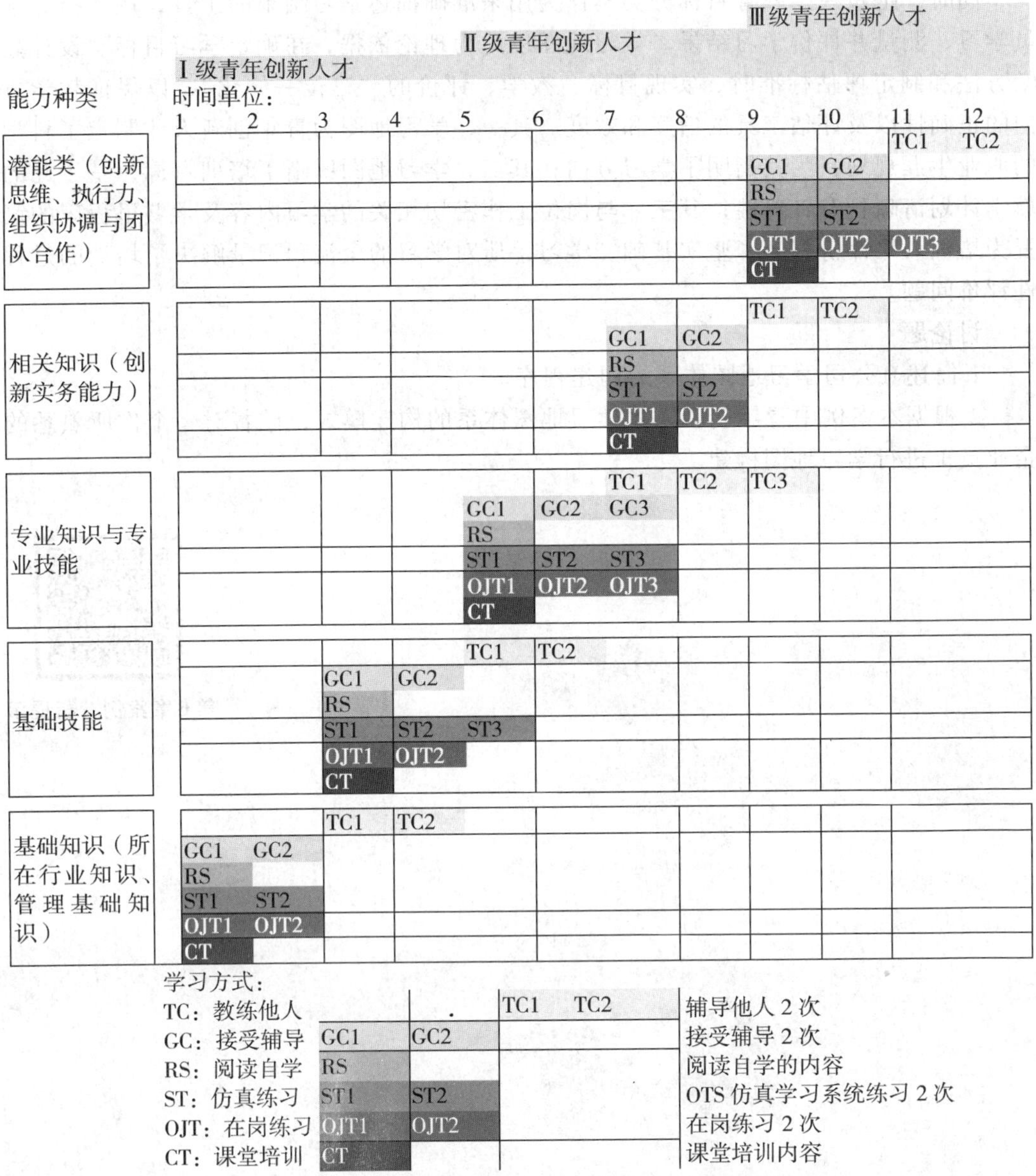

图6-11 青年创新人才学习与发展矩阵

通过这四个步骤的开发，H公司青年创新人才拥有职业成长的最优路径：其一，学习地图依据“用以致学”的原则甄选出岗位应该学习的内容及重点；其二，学习地图以青年创新人才为中心，采用正确的学习方式并增加青年创新人才主动学习的时间，从而提高其学习效率；其三，学习地图参照专家成长路径的最佳实践，运用教学设计原理规划青年创新人才学习成长的最优路径；其四，学习地图通过优化网络学习平台、配备教练队伍，为青年创新人才学习提供必要的支持。综上所述，青年创新人才参照最优学习路径，在教练的辅导下，采用合理的学习方法，学习正确的内容，达到了缩短成长时间、快速成才的目标。

同时，把布卢姆教育目标分类学作为用来准确描述学习结果的工具，用于指导学员学习、测量并评价学习结果。学习地图以此为理论依据，在确定学习目标、设计教学方法和制定评估标准时，实现目标、教学、评价的“三位一体化”，以保证教学方向的正确性以及评估工具的信度和效度。其一，学习地图为青年创新人才制定了科学的职业生涯规划，为其指明了学习方向；其二，学习地图明晰了培训目标，基于此的教学计划清晰且有针对性；其三，与岗位工作密切相关的学习内容及学习里程碑的设置为培训效果评价打下了坚实基础，学习手册对学习的全流程记录解决了培训的过程性评价问题。

讨论题：

1.简述H公司学习地图体系的构建程序。

2.根据本案例中青年创新人才学习地图体系的构建模式，试着对一个你所熟悉的企业员工进行学习地图构建。

第6章案例分析提示

第7章 战略绩效管理

学习目标

- 了解绩效的含义和特点
- 了解绩效的类别
- 重点掌握绩效管理的内涵、特点以及核心理念
- 掌握目标绩效管理的模式
- 掌握影响绩效管理体系的因素
- 掌握员工绩效考核的方法以及建立员工绩效评价鉴定系统的程序
- 了解影响战略绩效管理的九大因素
- 了解员工绩效考评的一般程序

引例 **失败的绩效考评**

陈平是昆仑电子公司的生产总监，他平时总是尽其所能帮助他的员工，如帮员工渡过“经济危机”，帮员工减少离职损失，为此，备受下属爱戴。

快到年底了，陈平的一个下属王霞却经常不上班。据了解，王霞的丈夫在去年得了重病，至今仍在家休养。前不久，她的儿子又得了肺炎住院。这对于债台高筑的王霞来说，无疑是雪上加霜。

终于到了年度绩效考评的时候了，陈平决定尽可能地帮助王霞。虽然王霞在各方面都不突出，但陈平在每一项考评上都给她评为“优秀”。由于公司的报酬制度与业绩评级紧密挂钩，所以，除正常生活补贴及福利提高之外，王霞有资格得到丰厚的绩效奖金，还有可能加薪。

对其他工人的考评则根据他们平时的表现来定。比如张明，由于他在工作中经常“突发奇想”，有“偷懒”现象，陈平劝说无效，于是陈平在张明的工作态度下填上了“较差”，但在表格的评价栏中没有具体记录原因，也没有任何说明。当填到赵杰的评价时，陈平升起一股负罪感。

他知道赵杰被调离现职与自己有关，因而，为了避免面临的尴尬，便给赵杰较高分数。由于陈平的车间在本年度已超额完成了分配的定额，陈平在表格中的工作数量和工作质量情况的位置记为“优秀”，而在合作态度上则填上了“良好”或“一般”。陈平把绩效评价表叠好时，脸上露出了轻松的微笑：一年一度的考评难关终于过去了。

这是典型的绩效考评案例，很多企业的绩效考评就是这样做的，但这样的绩效考

评存在诸多问题。

资料来源 刘晓红，田敏．案例剖析：企业绩效考评失效原因及策略［J］．内蒙古农业大学学报：社会科学版，2012（4）．

7.1 绩效与绩效管理

7.1.1 绩效概述

1.绩效的含义

绩效是企业为了实现既定的目标，在生产和经营过程中所完成的任务的质量和数量，以及工作完成的效率。所以说，绩效就是行为和产出的综合，就是指企业为了实现其既定的目标所进行的各种脑力和体力劳动所产生的客观过程的产物。绩效的含义简单地说就是员工的工作成果，而考核员工的一种有效的方法就是把绩效看成员工的工作成绩。绩效不单单受到外界环境因素的干扰，还受到员工自身的内在因素的影响。有关学者认为，员工在完成工作的过程中，其绩效表现出一系列的特征：合作的意识、工作的能力、工作的态度、对待工作的责任心等。企业员工的绩效要经过企业领导认可其工作行为、工作的结果和工作的成绩之后才算真正意义上的绩效。

2.绩效的特点

企业内员工的绩效是指企业内的绩效考评人员客观地评价员工的工作成绩。绩效一般具有以下几个特点：

（1）动态性

绩效的动态性是从时间的维度上说的，从时间上看，绩效不是一成不变的，而是处于不断的变化之中的。所以说，对于员工的绩效考核要基于长远的眼光，而不要只注重眼前。绩效的动态性涉及绩效考评的时效性问题，所以在评价员工的绩效时，企业要设置合理的绩效评价周期。

（2）多因性

绩效的多因性指的是影响和决定绩效的因素不止一个，而是有多个因素相互影响。归纳起来，影响绩效的因素主要有四个方面：环境（指工作环境，包括客观的环境以及文化的环境）、激励（指员工的工作积极性能够达到什么程度，还包括员工的感知、员工的需要结构、员工的价值观、员工工作的积极性）、技能（指员工个人的体质、教育水平、智力、天赋等个性特点）、机会（指承担某种工作任务的机会）。

在影响员工绩效的诸多因素中，环境与机会对员工来说都是客观的，但对企业来说是可以创造和争取的，技能是由员工的主观因素决定的，激励主要取决于主观因素，同时也与企业的政策有密切的关系，企业应当用科学有效的方法调动员工的积极性，以争取最大的绩效。[①]

（3）多维性

多维性指的是在考核员工的绩效时，需要从不同的维度和方面对其进行评价，不仅要看员工的工作行为，还要考核员工的工作结果。所以说，企业在考核员工时，要综合考核员工的工作绩效、工作能力、工作态度这三个方面的情况。在设计企业的绩效评价体系时要根据组织战略、组织文化以及职位特征等多方面的情况，结合评价的目的选择不同的评价指标，并赋予合理的权重。[②]

3.绩效的分类

（1）周边绩效

周边绩效又叫作关系绩效，指的是与员工工作的周边行为有关的绩效。周边绩效对于组织的技术核心虽然没有直接的贡献，但是它构成了企业的心理背景和社会背景，这样能够促进企业内的沟通，对于企业内部门之间和人与人之间的联系也有很好的润滑作用。周边绩效的内涵十分广泛，主要包括意志动机的因素和人际的因素，它能够使得员工很好地完成任务，还能为企业营造一个良好的工作氛围。周边绩效的作用主要有以下几个方面：

①有利于企业文化的建设。周边绩效是在组织的工作情景中产生的绩效行为，这种情景性使得个体的这种行为可以影响到企业的工作气氛与形象，如对工作的投入、严格遵守企业的规章制度、传播良好的意愿等都可以认为是企业文化的一部分。建设能够使员工都能自觉遵守和维护的企业文化，可以激发员工的工作热情，使其提高工作效率，不断创新，实现企业的效益最大化，促进企业和员工的共同发展。

②有助于团队的学习，提高竞争力。随着社会的不断进步、市场的不断变化以及同行业的竞争不断加剧，企业面临的问题也越来越严峻，以市场为核心的自我管理团队和学习型组织逐渐受到重视，因为建设这样的团队有利于应对市场中不断出现的问题，具有灵活的特点和优势。周边绩效不与工作的任务直接挂钩，所以对周边绩效进行评价具有很好的弹性。鼓励员工创新、提出建设性意见可以促进企业不断发展，同时员工的主动学习与发展使其不断提高适应能力与发展潜力，也有利于员工自身职业生涯的发展。

③有助于提高员工的自主性。单纯的任务绩效考核会使员工只重视自己的工作任务，而漠视他人与整个企业的利益，不利于企业的发展和进步。所以，要利用周边绩效对员工进行考核，使员工在“非自己职责”的工作上的付出在绩效考核中得到体现，激励员工关注企业其他方面的工作任务，实现企业和员工的共同发展。

（2）任务绩效

任务绩效指的是与工作和任务直接相关的、能够直接对工作的结果进行评价的绩效。任务绩效与员工个体的工作能力、熟练程度和专业知识有着密切的联系，同时与工作的内容也有着密切的关系。任务绩效是企业内的员工完成工作任务或者履行企业职务的结果。换言之，绩效就是组织成员对组织的贡献，或对组织所具有的价值。在

---

① 郝忠胜，刘海英．人力资源管理与绩效评估［M］．北京：中国经济出版社，2005.

② 葛玉辉．绩效管理［M］．北京：清华大学出版社，2014.

企业中，员工的任务绩效具体表现为完成工作的数量、质量、成本费用以及为企业做出的其他贡献等。任务绩效是企业绩效考评的最基本的组成部分。任务绩效的考评指标有时效、质量、成本、数量、他人的反映等。任务绩效也有三个要素：目标、度量、评价。

①目标。目标可以使得员工的岗位责任更加明确，还能为员工指明其努力的方向，所以说，确立目标是一种能够改善工作绩效的有效的策略。

②度量。仅仅确立目标是不够的，还必须遵循规定的原则，对目标的实现情况进行度量。度量是对任务绩效的考核标准起决定性作用的一个因素，因为这些标准详细地说明了"完全成功"的工作绩效所具有的含义，而类似于"使公司获得成功"这样的目标太不明确，不能使用。

③评价。系统地对完成目标的进展程度进行评价，可以促使员工不断提高工作绩效。如果不对完成目标的工作绩效进行评价，那么，这些目标就不能够激励员工去改善自己的工作绩效，还会对那些努力完成目标的员工产生消极的影响。模糊的、草率的工作绩效评价具有破坏性的影响，它反映了管理质量的低劣，同时也会产生关于个人工作绩效和组织工作绩效的错误信息。这种错误信息又会造成不能对工作绩效进行正确奖励的后果，这样就会削弱整个奖励系统对员工的激励作用。

7.1.2 绩效管理概述

1.绩效管理的含义

绩效管理指的是企业内的员工和各级管理者为了达到共同的既定目标而共同参与绩效计划的商讨和制订、绩效考核评价、绩效结果的应用、绩效辅导和沟通以及绩效目标的提升的持续循环的过程。绩效管理的目的就是提升企业、部门以及员工个人的绩效。这个定义包含了以下两种含义：

（1）绩效管理是一个闭合的循环系统

任何一个有发展能力和潜力的系统都是闭合的循环系统，因为只有单向的运动是不会获得发展的动力的。企业如果想要获得高绩效，就要从自身的绩效行为中创造出能够得到发展的方法。绩效管理是一种机制，它一方面能够从自身寻找不足、总结经验并及时改正错误的做法，另一方面还能够不断地激励自身行动起来，这样的循环（PDCA：Plan，Do，Check，Action）可以提高企业的绩效。

（2）要关注信息在环内的流动

前面说到，绩效管理是一个闭合的循环系统，也可以说成是一个循环，在这个循环中，我们可以发现循环的信息流。要做好绩效管理就要关注这些信息流，还要建立良好的绩效信息流的管理机制，主要内容包括相关信息的收集、传递、归类和处理，这些内容和做法对于绩效管理的实施是很重要的。关注信息在环内的流动主要包括以下两个方面：

①绩效管理的目标是实现企业的战略目标。绩效管理不仅能够提升员工的绩效，还能够实现企业的战略目标。所以说，企业的管理人员要熟悉企业的业务和经营状况，更主要的是要熟悉企业的战略目标，使员工的职业发展与企业的战略目标紧紧联

系在一起。

②绩效管理要关注员工素质的提高。绩效管理要遵循以人为本的原则实施，员工是绩效管理实施的对象和主体。若要提高企业的绩效，就要提高企业内的员工的素质。

2.绩效管理的目的

绩效管理的目的是一个不断变化的过程，不同的企业根据自身的特点及情况所运用的绩效管理也有不同的目的。通过归纳，一般绩效管理的目的有以下三种类型：

（1）为企业实施薪酬激励和员工晋升提供依据

绩效评价可以为企业内的奖惩制度提供一种依据，也可以为甄别员工工作绩效水平的高低提供一个标准，从而使得员工个人得到直接、合理的晋升机会和奖金分配。员工的绩效水平是企业在决定薪酬的依据中的一个重要的因素。不同岗位的员工能够在工作绩效上得到合理的比较，其重要基础和条件是企业要实施客观公正的绩效管理体系，只有这样才能真正地激励员工。在调转、晋升和下岗的决定中，一个重要的、有说服力的方面就是员工过去的工作表现，这也说明有效的绩效考核首先要公平合理。

（2）建立员工的业绩档案，以便于将来帮助企业进行人事决策

绩效评价是剔除不合格的员工、提升优秀的员工、为员工的调动确定方向并确定员工的培训内容，同时确定在进行员工的招聘时应该注意考查的能力、知识、技能以及其他品质的一些人事决策的标准。绩效评价能够使人们发现企业中现存的问题，促进企业和员工之间的沟通，也有利于改进员工和组织的效率。工作绩效的评价既是一个过程的结束也是一个新的阶段的开始。但需要注意的是，无论一个绩效评价系统多么完美，也只有最终被员工接受才能够发挥作用。

（3）为员工提供绩效评价反馈信息，帮助员工提高工作绩效

企业内的大部分员工都想要了解自己目前的工作状态，特别是工作的成绩，同时也想要了解自己未来的工作潜力，包括是否能够继续胜任这个职位，是否能将这项工作完成得更好。这不仅仅是员工个人寻求满足感的需要，同时也是员工希望通过提高自身的工作水平和工作绩效，进而提高自身的薪酬水平以及得到晋升的机会。员工可以通过绩效考核得到反馈信息，了解自身的不足以及优势，对于不足的地方认真改正，尽量在工作中发挥自身的优势，这样既有利于员工个人的发展，又能促进企业的发展。如果企业不为员工提供正式的工作绩效反馈渠道，那么员工就不能及时得到自身工作行为和结果的信息，就会利用非正式的渠道了解自己的绩效水平，这样会使得员工非常敏感，产生挫折感并且对部门的主管或负责人产生猜疑，进而降低工作的热情和效率。绩效管理能够发现和引导员工特别是主管人员所需要的培训方向，且可以为他们指出在管理技能、预测能力、人际冲突管理能力、计划能力、决策领导能力等方面的欠缺，为培训方案的实施和设计奠定基础。

3.绩效管理的作用

（1）绩效管理可以给予部门和员工清晰的行动导向

员工个人的工作绩效、相关部门的绩效、企业的绩效和企业的战略目标是一个连

贯的整体，绩效管理使得企业通过整体的绩效管理体系和关键性指标为员工提供比较清晰的方向。此外，各个部门也可以通过绩效考核指标调整自身的工作重点和行为。倘若没有绩效考核，企业的管理者就不能为员工制定未来的发展方向，也就不能得到员工的及时反馈，也无法知晓怎样认可员工。

（2）绩效管理可以帮助企业有效地沟通和实施战略

企业先要根据其战略目标制订战略计划，然后将具体的目标和计划分解到各个部门，通过沟通的手段和渠道，将企业的战略转化为各个部门应该完成的绩效目标。首先，通过绩效管理可以逐层分解企业高层管理人员关心的一些问题；其次，结合各个部门以及企业的实际情况制定部门的业绩目标；最后，根据企业部门的计划和目标制定部门内员工的工作绩效目标，使得企业最终能够实现既定的绩效目标以及所期望的结果。

（3）绩效管理是形成合理的激励机制的基础

员工或职能部门的奖金的分配依据之一就是绩效考核的结果。因此，对于考核的工作要制定一个可以量化的衡量标准来显示和计算分值，而且这个分值的衡量标准需要与企业奖金的发放相关联。在具体实施时，首先要进行测算，根据测算出来的结果确定出合理的对应等级、分数段和合格段，然后再结合之前制订的奖金发放计划，对奖金进行发放。部门的总体考核和员工的个人分配是联系在一起的，所以员工个人所得的奖金要根据部门的考核结果和发放比例决定，这就形成了比较完善和合理的激励机制。

（4）绩效管理可以使企业的工作流程对企业经营战略形成有效支持

企业的整体战略计划是由两个驱动因素组成的，即企业经营业绩和企业目标。企业的战略计划是企业的高层管理人员经过深思熟虑和全盘考虑而最终制订出来的。制订好战略计划之后，就要进行企业目标和计划的分解。企业的各个部门通过落实绩效考核的指标，使得员工和部门更加明确自身的工作责任和目标，进而使得工作的流程和业务活动得到优化。绩效管理强调的不只是企业行动计划的结果，它还非常重视在实现企业整体目标的过程中，员工的工作行为和工作结果是否满足绩效的要求，以及各个工作的流程是否合理。

7.1.3 绩效管理的核心理念

1.绩效管理非常关注绩效沟通

在绩效管理中，不论是在绩效实施过程中，还是在绩效目标建立中，沟通都是非常重要的环节。建立目标的时候，企业内的管理人员要和员工就目标和计划进行讨论，最终达成一致。在这个环节，如果管理人员和员工之间没有进行沟通，那么员工会没有参与感，甚至出现抵触和不认同管理人员看法的表现。所以说，在目标建立的阶段，沟通是必不可少的环节。在目标制定后的实施过程中，员工会受到不同部门或其他方面的问题和障碍的影响。在这个阶段，企业的管理者应该及时与遇到问题的员工进行沟通，帮助他们解决在资源利用、经验积累、权力使用和方法运用上的问题，积累相关的经验。在最后的绩效考评阶段，沟通就显得更加重要了。通过沟通，管理人员能告诉员工过去几个月来的成绩、失误、长处和不足，指导员工朝正确的方向发展，并就上一个工作周期的工作结果达成一致的意见。

对于企业内的员工来说，绩效沟通的作用有以下几点：

第一，沟通可以使员工充分表达自己的意见，是管理者与员工进行情感和工作交流的重要时机；

第二，通过沟通，员工可以发现自身的不足和缺陷，并及时修正和改进，更好地发展。

对于管理者来说，绩效管理的作用有以下几个方面：

第一，通过绩效管理，能够提高员工工作的热情和参与感，提升员工对待工作的满意度、主动性、积极性；

第二，通过对员工绩效的管理，可以帮助员工提升其工作能力和专业水平；

第三，通过绩效管理能够客观公正地评价员工的工作行为和工作结果；

第四，通过绩效管理能够更好地关注员工的工作态度和工作情况，及早发现员工出现的问题并及时帮助他们纠正错误，确保员工正确的工作态度和工作行为。

2.绩效管理是人力资源管理的中枢和关键

现代的人力资源理论将人力资源管理划分为企业的文化建设、员工的胜任能力管理、组织结构设计与管理、绩效管理、职业生涯规划、培训与开发管理、薪酬福利管理、员工招聘与甄选、员工关系管理等几个方面。其中，在人力资源管理中起到关键和中枢作用的就是绩效管理，而其他方面也是和绩效管理相互联系的。现在的一些企业将绩效管理的作用缩小到了只是给薪酬提供分配依据，将进行绩效考核或绩效管理的制度当成奖金分配的依据，这个做法和定位是错误的，它严重影响了人力资源管理职能的发挥。所以，若要发挥人力资源管理系统的应有作用，就必须重新定义和定位绩效管理，让绩效管理的制度与奖金的分配制度进行分离，然后以任职资格为基础，通过目标进行全员评价，再通过职业生涯规划、薪酬制度、培训教育制度、岗位轮换制度等对员工进行有效的激励，变单一考核为融合目标设定、绩效沟通、绩效改进的正面引导，不断改进员工绩效和组织绩效。

3.绩效管理强调各级管理者的参与

绩效管理是有助于企业战略目标实现的有效管理工具，企业的高层管理人员应该承担绩效管理的相关工作和责任，但是不同层次和不同职能的管理者在绩效管理中的责任是有所区别的。

在绩效管理中，中层管理者承担的责任主要包括：①以公司级KPI体系和企业发展的战略规划为依据，明确本部门年度及季度的经营管理重点和策略目标；②设计部门级KPI，响应企业战略和公司KPI体系；③部门绩效执行计划的设计和岗位级KPI的设计；④组织部门绩效考核；⑤通过与员工的沟通和商讨确定绩效改进目标与计划。

高层管理者在绩效管理体系中的主要职责包括：①明确自身的目标和工作的责任；②根据企业的发展情况和战略目标制定企业战略规划；③组织开发和设计战略财务评价标准和成功关键要素；④组织制定企业的年度经营目标以及所能利用的政策和

资源结构；⑤组织制定公司级KPI体系；⑥定期重点关注公司级KPI的变动状况，并及时发现问题，然后进行组织评估；⑦定期召开经营检讨会，对阶段性经营管理状况进行检讨，找出不足并制定相关的对策；⑧将指标分解到部门，审核部门级KPI，并确定绩效考核指标的权重；⑨定期评价部门和中层管理人员的绩效。

4.绩效管理的核心思想是绩效改进

绩效管理的核心思想就是改进和提升员工个人、部门和企业三个层面的绩效。奖励、惩罚和考核表面上是激励的一种形式，本质上就是要改进和提升绩效。完整的绩效考核由以下几个部分构成：绩效评价、绩效计划、绩效反馈、绩效诊断、绩效辅导。这几个部分形成一种全封闭的循环。从员工个人层面来说，这种循环表现为不断提升的绩效改进循环，通过员工和部门经理的共同参与以及对绩效的辅导、检查等几个环节，提升员工的绩效和技能；从部门和企业的角度来看，这种循环表现为绩效管理的循环，即通过计划、实施、辅导、检查、报酬来引导员工实现公司和部门的绩效目标并提升其绩效水平。

5.绩效管理既注重结果，也注重过程

绩效管理体系不仅重视结果，还重视过程，因为只强调一个方面而对其他方面不加以重视的话，看待事物和解决问题会出现片面化，也容易导致错误的发生。所以，要在实施绩效管理体系的时候加以注意。一些企业犯了这样的原则性错误，将绩效管理当成是绩效考核，忽略了绩效管理的其他重要环节，这种做法是极其危险的，也不利于企业的良好发展。

7.2 目标绩效管理

7.2.1 目标绩效管理概述

1.目标绩效管理的含义

目标管理（Management by Objectives，MBO）的概念最早由美国管理学大师德鲁克提出，他在1954年出版的《管理的实践》一书中，首先提出了“目标管理和自我控制的主张”，认为企业的目的和任务必须转化为目标[①]。目标绩效管理是以确定的绩效目标和实现绩效目标为中心和重点开展的一系列的管理活动，以企业的总体战略目标为中心，是一种科学的管理方法。目标绩效管理的核心是人，导向为绩效目标，标准为工作的成果。目标绩效管理是目前最为常用的一项绩效管理，企业的管理者和员工共同商讨和沟通而制定一套便于衡量的工作目标，随后定期检查目标是否完成。在员工进行工作之前，企业内的管理人员要和员工一同制定目标、明确工作的任务和责任以及制定考核指标等。在工作结束后考核者要根据之前制定的考核目标对被考核者的工作情况进行考查和评估。此外，目标绩效管理明确了员工的工作方向和内容，使

① 德鲁克. 管理的实践［M］. 齐若兰，译. 北京：机械工业出版社，2006：102-110.

他们知道这个工作怎么干或者怎么才能干好。目标绩效管理是一个企业、部门、员工个人相互联系的有机的体系，它明确了实现目标的责任界限和实施的范围，也为各个部门相互协调工作指明了方向。

2.目标绩效管理的主要内容

目标绩效管理是1980年以来世界各国都非常重视的一种管理制度，其基本内容如下：

（1）目标绩效管理要与企业的建设相互作用

目标是企业行动的纲领和导向，是由企业制定、考核和监督执行的。目标从制定到实施再到最后的考评阶段都能够反映一个企业的行为和态度，反映一个企业的权利和任务，也反映企业的一些职能，而目标绩效管理就是企业战略管理的一个部分或一个方面。目标绩效管理使得权力下放、责权利统一成为可能。所以说，目标绩效管理必须同企业的建设相互作用，这样才能够促进企业更好地发展。

（2）目标绩效管理要与有效的考核办法相互配合

目标绩效管理的关键环节为考核、评估以及验证目标实施的情况。如果缺少考核的阶段，目标绩效管理就会缺少反馈的过程，也就很难实现目标绩效管理的目的。

（3）目标绩效管理必须制订出完成目标的周详、严密的计划

周详、严密的目标绩效计划主要包括目标绩效的方针、程序、政策的选择，这是之后进行的所有工作的依据和支撑。计划是目标绩效管理的基础，也是各方面工作的指南，它规定了每个目标完成的期限。如果没有计划，目标绩效管理很难实现。

（4）目标绩效管理要有一定的目标

目标绩效管理的起点就是制定一个企业的总体目标，这是关键性的工作。然后将总体目标进行分解，并安排到企业的各个部门。总目标和分目标以及个人目标等构成了一个结构体系，并形成一个连锁的目标。目标绩效管理的核心就是对各个项目的目标进行整合，以目标绩效统合各个部门、单位和个人的不同的工作活动和贡献，从而实现企业的总体目标。

（5）目标绩效管理要培养员工参与管理的意识

目标绩效管理让员工认识到自己是既定目标下的一员，诱导员工为达成目标而积极行动，努力实现自己制定的个人目标，从而实现部门目标、组织的整体目标[①]。

3.目标绩效管理的特点

目标绩效管理在追求成果的过程中，关注的是其时效性。目标绩效管理要明确任务完成的时间和程度，然后基于上述条件评价工作的成果。下面主要介绍目标绩效管理的一些特点：

（1）重视人的因素

企业立足于长远发展的目标要做到以人为本[②]。目标管理是一种企业与个人均可参与的、民主的、自我控制的管理制度，也是一种把个人需求与组织目标结合起来的管理制度。在这一制度下，上级与下级的关系是平等、尊重、依赖、支持，下级在明

① 葛玉辉. 绩效管理［M］. 北京：清华大学出版社，2014.

② 佚名. 绩效目标管理［EB / OL］.［2015-08-18］. http//baike. baidu. com / link? url=cRF-kuMVurorAtpwy_gwnxksLwd8olNdTlU8cclbXcjpIcDX8_mR7Mlo92g77J1f5payzSF6-1arfpm0RPpC9_#3.

确目标和被授权之后是自觉、自主和自治的。

（2）建立目标锁链与目标体系

通过专门设计目标绩效管理的过程，将企业制定的总体目标逐级进行分解，并将分解后的目标分配到各个单位和部门以及员工个体层次上。在目标分解的过程中，明确权力、责任和利益，而且使得三者相互对称。各个分目标和总目标的方向一致、相互联系，成为统一、协调的目标体系。企业总目标的实现要依靠每一个分目标的实现。

（3）重视成果

目标绩效管理的起点为目标的制定，终结为目标的实现情况。人事考评和奖惩的标准以及评定目标实现程度的标准是工作的成果，其也成为评价工作绩效的唯一的标志。至于实现目标的具体过程、途径和方法，上级并不过多干预。所以，在目标绩效管理制度下，监督的成分很少，而促进目标实现的能力却很强。

正是因为目标绩效管理有上述这些特点，所以被企业广泛关注。实施目标绩效管理可以提升组织或部门的工作绩效，也可以提高员工的工作热情，使其工作态度更加端正。此外，目标绩效管理还可以促进企业管理人员和员工之间的沟通，这样有利于企业提升凝聚力和实现总体目标。

4.目标绩效管理的原则

目标绩效管理主要有以下几个原则：

（1）绩效目标的制定要科学合理

绩效目标的制定决定了目标绩效管理能否产生理想的效果、达到预期的成效。而目标绩效管理的基础和前提为科学合理的目标，如果既定的目标脱离了实际，则会影响工作的效率和进度，甚至会使得目标绩效管理失去实际的意义，影响和阻碍企业目标的实现。

（2）监督和检查的工作要贯彻始终

目标绩效管理的关键在于管理工作，作为管理者以及高层领导者，要时时刻刻关注工作的进度，及时发现问题，并纠正错误，采取正确的补救措施，确保绩效目标顺利实现。

（3）控制成本必须严肃认真

目标绩效管理的最终目的是实现绩效目标，而考核评估是一个轻过程而重结果的阶段，这也使得考核者和责任人较容易重视绩效考核的结果，而非过程，从而轻视成本节约，特别是当绩效目标运行有难度或者在遇到困难的时候，责任人会及时采取一些应急的手段来弥补过失，这样就会增加实现目标的成本。所以说，作为企业的管理者，在督促检查的过程中，一定要严格控制运行成本，在保证目标及时实现的前提下，把成本控制在合理的范围之内。

（4）考核评估要执行到位

任何目标和项目的完成都要经过严格的考核评估，这就需要综合能力很强的人员进行考核、评估和验收的工作，且要依据既定的战略目标和项目的管理目标，对各个项目进行逐项考评并得出一定的结论，奖励那些目标完成度高、有显著成绩的人员或团队，惩罚那些造成失误多、成本高和影响团队整体表现的员工。

5.目标绩效管理的优缺点

目标绩效管理作为绩效考核的重要工具被广泛应用。目标绩效管理不仅对于工作绩效有显著的提高作用，还能使得企业内的员工明确自身的工作任务和工作方向，激发其潜能，提升个人能力等。下面主要介绍目标绩效管理的优缺点。

（1）目标绩效管理的优点

①有助于消除集权的控制。目标绩效管理并不是要去追求各个部门的利益最大化，也不是要使各个部门各自为政，而是要求企业内的各个部门能够紧密地联系起来，围绕着企业的战略目标来开展工作。如果部门或员工个人的目标与企业的目标相互冲突，那么部门或者员工个人要无条件地服从于企业，甚至要做到为了企业的发展目标牺牲自身的目标，这样才更加有利于企业目标的实现以及各部门之间的合作。

②有助于绩效评估。目标绩效管理要求企业内的员工参与到目标的制定和成果的设定中来，所以目标绩效管理可以客观地对员工的工作能力及实现预期目标的情况进行比较，从而评价员工的绩效。这就为管理者考核和评价员工提供了有力的依据，从而也消除了由于管理者的主观性而产生的偏见和不公平，激励员工更好地完成工作。

③有助于激发员工的潜能。企业制定的目标往往具有对未来的预测性，所以员工实现目标的过程也是考验员工的工作能力的过程。对员工进行恰当的激励，能够使他们更加有动力去完成既定的目标，激发他们的潜能。

④有助于提高工作效率。在确定绩效目标之后，各个部门和员工个人就要按照规定去实现目标，所以目标就成为员工努力的方向。大家齐心协力去实现目标，想方设法地完成目标，会大大提升员工的工作效率。

⑤有助于促进企业内部的沟通。通过实施目标绩效管理，可以增进各个部门之间、部门与员工之间、员工与员工之间的联系和沟通，增强团队意识，减少猜疑和不信任，也有助于企业建立特色文化。

（2）目标绩效管理的缺点

目标绩效管理并不是万能的，也有一定的缺陷，具体如下：

①绩效的衡量标准是根据员工的实际情况制定的，这样就缺乏了一定的比较基准。

②目标绩效管理仅仅看重工作的结果，而不注重工作的行为，所以就缺乏实现目标的具体的行为标准和要求，导致员工不知道该怎么做，或者是该做什么。员工需要一定的工作引导，以便按照步骤完成既定的目标。

③使用者不能采纳目标绩效管理。企业的一些管理者担心下属的参与会削弱他们拥有的职权，而且大量的工作使得他们的工作效率降低，这样一来，一些管理者就不会真正按照目标绩效管理的程序来执行工作，从而导致目标绩效管理名不副实。而且除去目标绩效管理的激励效果，不适应高压环境的员工有可能也不会支持目标绩效管理程序的实施。

④目标绩效管理关注企业长远发展的作用有限。目标绩效管理中的目标一般是一年左右的短期目标和预期，这样会使得员工只关心短期目标，而忽视企业的长期

目标。

7.2.2 目标绩效管理模式

在通常意义上，目标绩效管理包括以下四个部分：①制定目标和绩效计划；②持续的绩效沟通；③实施考核；④绩效考核和绩效改进。制定目标是整个绩效管理过程的起点和基础。这个目标不仅仅是组织目标，还包括下属部门的目标、各个岗位的目标，最后具体分解到每个员工个体的目标。整个绩效管理的中心环节，就是科学合理地确定组织中每个层级和个体的目标，使整个目标体系保持高度一致、体现层级支撑，并获得各个层级对目标的承诺[①]。具体的目标绩效管理模式如图 7-1 所示。

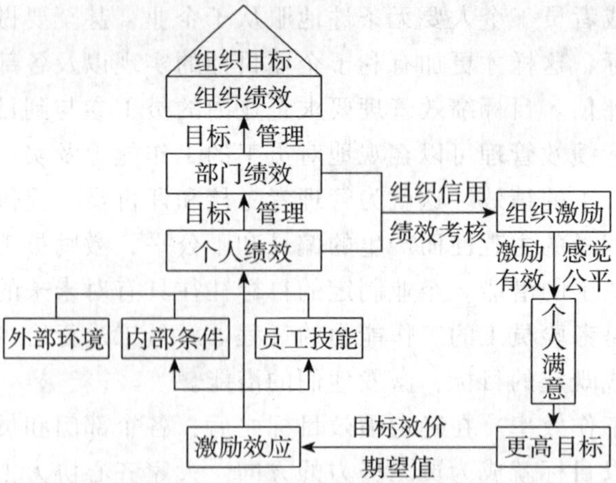

图 7-1 目标绩效管理模式

案例链接 7-1

四川烟草工业有限责任公司什邡分厂的目标绩效管理

什邡分厂一直采用以结果为导向的目标绩效管理方式，在制度层面、组织层面都建立了比较完备的目标绩效管理体系，建立完善了《目标管理与考核分配办法》，明确了目标管理与考核分配的细则，成立了“绩效管理工作领导小组”，为绩效考核结果的公平、公正提供了有效的组织保障。建立健全了三级目标责任体系，以四川烟草工业有限责任公司下达的经营目标为依据，采用签订目标责任书的形式，从工厂到部门，从部门到岗位，层层落实分解，为年度经营目标的实现提供了有力保障。但是，长期以来，工厂绩效考核模式一成不变，目标指标的设定与集团公司战略结合不紧密，职能部门和企业员工的积极性和创造性受到压制，工厂运营效率有待提高。

基本思路

聚焦战略，以川渝中烟娇子品牌“126”战略目标和四川公司“一流卷烟制造基地”建设以及工厂“什烟智造”品牌工厂目标统领各项工作，对企业战略目标由上而

① 刘铭. CD烟草公司目标绩效管理模式的探索与实践［D］. 成都：西南财经大学，2011.

下进行层层分解，最后转化为员工的关键绩效目标。优化、完善目标绩效管理体系包括：建立目标绩效管理平台，建立包含周边绩效指标在内的关键绩效指标体系，形成目标制定、目标执行、目标分析、目标改善的闭环管理。具体改进措施如下：

（一）聚焦战略，优化目标绩效管理体系

课题组采用平衡计分卡这种基于战略的绩效管理工具，战略地图是其核心组成部分之一，战略地图以最简练的方式对企业的战略重点进行方向性、可视化的描述，实现各层级对战略的共识。战略地图自上而下逐级分解，把企业的战略目标逐级分解到不同管理层级，一方面可以保证企业的战略意图能够落到实处，另一方面也会使不同管理层级感受到与企业战略的关联度，不仅知道自己的目标是什么，而且知道为什么要制定这样的目标，从而更为准确地把握工作重点。

（二）加强目标绩效管理理论知识培训

对目标绩效管理相关理论知识进行培训，同时对目标管理体系设计人员、各部门负责人和业务骨干进行相关知识普及及体系相关内容培训，使各部门能够很好地配合进行目标绩效管理体系方案的设计。

（三）设计部门关键绩效指标

关键绩效指标（KPI）是开展目标绩效管理的基础。什邡分厂的KPI指标体系以平衡计分卡和战略地图为思路框架，建立厂级、部门的关键业绩指标体系，并分解到岗位KPI指标。通过目标绩效管理体系，上一层可通过对下一层KPI的管控进行日常管理，实现从“绩效考核”向“绩效管理”的转变。

（四）设计部门周边绩效指标

周边绩效考核体现对相关部门服务的结果，在业务关系较为密切的部门之间相互进行。部门周边绩效考核主要分为两个层面：部门间周边绩效考核和分管厂级领导对部门评价考核。通过建立周边绩效考核指标，综合应用上级、周边、业绩三类评价方法，使部门的绩效考核指标更加全面、完善，提高各部门间的协作效率，增强各部门的服务意识。

（1）部门间周边绩效考核。主要是通过设计五类指标、划分四个档次对部门间进行周边绩效交叉考核。

五类指标：主动性（服务其他部门的积极主动性）
响应时间（协助其他部门工作的及时性）
解决问题实效性（处理、解决问题的能力）
信息反馈及时性（信息及时收集、处理、分析、反馈的能力）
服务质量（工作质量的满意度评价）

四个档次：A（100～120分），超出目标
B（80～99分），达到目标
C（60～79分），低于目标
D（60分以下），远低于目标

考核频率：按季度进行评价。

（2）分管厂级领导对部门评价考核。主要通过设计八类指标、划分四个档次，由

厂级领导对部门工作进行评价。

八类指标：准确性（按计划严格准确执行的能力）

效率（时间和资源利用效率）

计划和组织（根据上级要求，制订计划，有效组织实施的能力）

战略思考（大局意识，关注中长期目标）

解决问题的能力（发现问题、抓住关键进而解决问题的能力）

推断评估能力（对所做决策有良好的权衡和判断评估）

决策能力（在处理难点问题时，方案适当，处理果断，效果好）

创新能力（善于学习，善于思考，不断创新工作方式方法）

四个档次：A（100~120分），超出目标

B（80~99分），达到目标

C（60~79分），低于目标

D（60分以下），远低于目标

考核频率：按季度进行评价。

（五）建立持续改进的绩效管理机制

强化企业管理办公室对目标绩效管理的统筹功能，从计划目标确定、指标权重选择、绩效考核组织、绩效跟踪记录、绩效沟通指导、绩效结果反馈、绩效结果运用、绩效持续改进等环节入手，建立持续改进的绩效管理机制。加强考核结果反馈与跟踪改善，对达到考核要求的目标继续提升，未达到要求的目标下发改进计划，并对问题进行跟踪验证，形成闭环。各个部门要针对考核中薄弱指标制订月工作计划，企管办将工作计划纳入下月的考核。通过目标的持续改进，促进管理水平不断提升。

资料来源 王春丽. 烟草制造企业目标绩效管理现状及解决措施：以四川烟草工业有限责任公司什邡分厂为例 [J]. 商情，2013（16）.

7.3 关键绩效指标考核法

7.3.1 关键绩效指标考核法概述

企业关键绩效指标（Key Performance Indicator，KPI）是通过对组织内部流程的输入端、输出端的关键参数进行设置、取样、计算、分析，衡量流程绩效的一种目标式量化管理指标，是把企业的战略目标分解为可操作的工作目标的工具，是企业绩效管理的基础。

1.关键绩效考核法的特点

（1）来自对公司战略目标的分解

首先，作为衡量各职位工作绩效的指标，关键绩效指标所体现的衡量内容最终取决于公司的战略目标。当关键绩效指标构成公司战略目标的有效组成部分或支持体系

时，它所衡量的职位便以实现公司战略目标的相关部分作为自身的主要职责；如果KPI与公司战略目标脱离，则它所衡量的职位的努力方向也将与公司战略目标的实现产生分歧。其次，KPI是对公司战略目标的进一步细化和发展。公司战略目标是长期的、指导性的、概括性的，而各职位的关键绩效指标内容丰富，针对职位而设置，着眼于考核当年的工作绩效，具有可衡量性。因此，关键绩效指标是对真正驱动公司战略目标实现的具体因素的发掘，是公司战略对每个职位工作绩效要求的具体体现。最后，关键绩效指标随公司战略目标的发展演变而调整。当公司战略侧重点转移时，关键绩效指标必须予以修正，以反映公司战略新的内容。

（2）关键绩效指标是对绩效构成中可控部分的衡量

企业经营活动的效果是内因外因综合作用的结果，其中内因是各职位员工可控制和影响的部分，也是关键绩效指标所衡量的部分。关键绩效指标应尽量反映员工工作的直接可控效果，剔除他人或环境造成的其他方面的影响。例如，销售量与市场份额都是衡量销售部门市场开发能力的标准。销售量是市场总规模与市场份额相乘的结果，其中市场总规模是不可控变量。在这种情况下，两者相比，市场份额更体现了职位绩效的核心内容，更适于作为关键绩效指标。

（3）KPI是对重点经营活动的衡量，而不是对所有操作过程的反映

每个职位的工作内容都涉及不同的方面，高层管理人员的工作任务更复杂，但KPI只对其中对公司整体战略目标影响较大、对战略目标实现起到不可或缺作用的工作进行衡量。

（4）KPI是组织上下认同的

KPI不是由上级强行确定下发的，也不是由本职位员工自行制定的，它的制定过程由上级与员工共同参与完成，是双方所达成的一致意见的体现。它不是以上压下的工具，而是组织中相关人员对职位工作绩效要求的共同认识。

2.关键绩效考核法在组织中具有举足轻重的意义

第一，作为公司战略目标的分解，KPI的制定有力地推动公司战略在各单位各部门得以执行；第二，KPI使上下级对职位工作职责和关键绩效要求有了清晰的共识，确保各层各类人员努力方向的一致性；第三，KPI为绩效管理提供了透明、客观、可衡量的基础；第四，作为关键经营活动的绩效的反映，KPI帮助各职位员工集中精力处理对公司战略有最大驱动力的方面；第五，通过定期计算和回顾KPI执行结果，管理人员能清晰了解经营领域中的关键绩效参数，并及时诊断存在的问题，采取行动予以改进。

7.3.2 关键绩效指标的设计

1.战略地图

战略地图用来描述“企业如何创造价值”，确切地说是描述组织如何通过达到企业战略目标而创造价值。战略地图从平衡计分卡的角度揭示了企业战略是如何逐层制定、分解并实施的。企业从财务层面、客户层面、内部流程层面、学习与成长层面四个方面架构了自己的战略体系。

战略地图的作用，一是可以建立企业的关键绩效指标，也可以把企业的战略分解为一系列的“战略性衡量目标”，即战略地图中的内容。每个战略衡量项目可以用一个或数个绩效指标来衡量。二是可以提炼企业层面的KPI，即根据地图对战略的分解，把战略化为年度的战略目标项目，再根据目标项目的实际情况，通过KPI来追踪目标的完成情况。

2.任务分工矩阵

任务分工矩阵就是为了完成任务分工而设计的工具。根据企业各部门的职责分工和业务流程，把战略地图中的战略性衡量项目落实到各部门，见表7-1。

表7-1 任务分工矩阵分解工作任务

部门 工作任务	企管部	人事部	生产部	市场部	财务部	…	销售部
利润增加			√	√	√		√
顾客满意				√			√
安全管理			√				√
⋮							
企业文化	√	√					

任务分工矩阵的另一个作用是分解企业的KPI，使企业的KPI落实到部门层面来完成，见表7-2。

表7-2 任务分工矩阵分解企业KPI

部门 企业KPI	企管部	人事部	生产部	市场部	财务部	…	销售部
年销售收入增加10%				20%			80%
员工年流动率≤7%		80%	20%				
⋮							

3.目标分解鱼骨图

鱼骨图是质量管理中常用的方法，最早是由日本质量管理大师石川博士提出的，所以也叫作“石川图”。

在绩效管理中，运用鱼骨图分解目标并提炼KPI，可以帮助企业在实际工作中抓住主要问题，解决主要矛盾。鱼骨图分析的主要步骤如下：

第一，确定部门（班组、岗位）战略性工作任务：确定哪些因素与企业战略目标有关。

第二，确定业务标准：定义关键成功要素，确定满足业务重点所需的策略手段。

第三，确定关键绩效指标。

这样，通过“企业—部门—班组—岗位”层层分解、互为支持的方法，确定各级单位的KPI，并用定量或定性的指标确定下来。

4.关键绩效指标体系的内容和原则

（1）关键绩效指标体系的主要内容

完整的KPI包括指标的编号、名称、定义、设定目的、责任人、数据来源、计算方法、计分方式、考评周期等内容。

（2）设计关键绩效指标的原则

设计关键绩效指标时，必须符合SMART原则，即：明确性原则、可测性原则、可达成原则、相关性原则、时限性原则。

5.关键绩效指标的分解

为了更好地跟踪年度指标的完成情况，保证其顺利完成，有必要在时间的维度上对指标进一步分解，如图7-2所示。

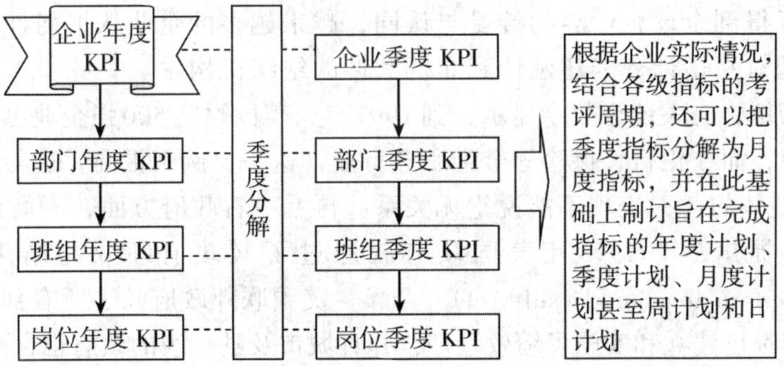

图7-2 企业KPI分解图

7.4 平衡计分卡

7.4.1 平衡计分卡概述

1.平衡计分卡的提出

1992年初，卡普兰与诺顿在《哈佛商业评论》上发表了第一篇关于平衡计分卡的论文——《平衡计分卡——驱动绩效指标》。在论文中卡普兰与诺顿详细地阐述了1990年参加最初研究项目采用平衡计分卡进行公司绩效考核所获得的益处。该论文发表后，卡普兰与诺顿很快就受到了几家公司的邀请，平衡计分卡开始得到企业界的关注。

2.平衡计分卡的含义

平衡计分卡（Balanced Score Card，BSC）以企业战略为导向，通过财务、客户、内部经营流程和学习与成长四个方面及其业绩指标的因果关系，全面管理和评价企业综合业绩，是企业愿景和战略的具体体现，既是一个绩效评价系统，也是一个有效的战略管理系统。对平衡计分卡有以下理解：

（1）平衡计分卡是战略管理与执行的工具

平衡计分卡是在企业总体发展战略的基础上，通过科学的设计，将其四个维度的目标、指标及实施步骤有效地结合在一起的一个战略管理与实施体系。它的主要目的是将企业的战略转化为具体的行动，为企业的战略搭建执行平台，以提升企业的战略执行力。

（2）平衡计分卡是绩效管理的工具

平衡计分卡从四个维度设计适量的绩效指标有效运作企业的战略。平衡计分卡为企业提供的绩效指标具有可量化、可测度、可评估的特点，有利于全面、系统地监控企业战略的执行，促进企业战略与远景目标的实现。

（3）平衡计分卡是企业各级管理者进行有效沟通的重要方式

为了战略的执行，各级组织包括各管理层乃至每个员工必须就企业的远景规划进行沟通，使企业所有员工都能够理解战略与远景规划，并及时给予有效的反馈。

3.平衡计分卡的应用

1993年，卡普兰与诺顿将平衡计分卡延伸到企业的战略管理系统之后，平衡计分卡开始广泛得到全球企业界的接受与认同，越来越多的企业从平衡计分卡的实践项目中受益，同时平衡计分卡还延伸到非营利性的组织机构中。

以美国为例，有关统计数字显示，到1997年，美国财富500强企业已有60%左右实施了绩效管理，而在银行、保险等金融服务行业，这一比例则更高，这与美国企业在20世纪90年代整体的优秀表现不能说毫无关系。再看一看政府方面，平衡计分卡在20世纪90年代初提出后，1993年美国政府就通过了《政府绩效与结果法案》（The Government Performance and Result Act）。今天，美国联邦政府几乎所有部门、各兵种及大部分州政府都已建立和实施了绩效管理，并且城市及县一级的政府也在推行绩效管理。

平衡计分卡几乎涉足各个行业，全球各个行业的企业（甚至包括一些非营利性机构）对平衡计分卡的需求每年也以成倍的速度增长。2003年，Balanced Scorecard Collaborative Pty Ltd的调查统计显示：在全世界范围内有73%的受访企业正在或计划在不久的将来实施平衡计分卡；有21%的企业对平衡计分卡保持观望态度；只有6%的企业不打算实施平衡计分卡。

在平衡计分卡推广与应用的过程中，其理论体系也在不断地丰富与完善。1996年，卡普兰与诺顿继续在《哈佛商业评论》上发表第三篇关于平衡计分卡的论文，他们一方面重申了平衡计分卡作为战略管理工具对于企业战略实践的重要性；另一方面从管理大师彼得·德鲁克的《目标管理》中吸取精髓，在论文中解释了平衡计分卡作为战略与绩效管理工具的框架。该框架包括设定目标、编制行动计划、分配预算资金、绩效的指导与反馈及连接薪酬激励机制等内容。同年，他们还出版了第一本关于平衡计分卡的专著《平衡计分卡》，更加详尽地阐述了平衡计分卡的上述两个方面。

2000年，随着平衡计分卡在全球风靡，卡普兰与诺顿在总结众多企业实践成功经验的基础上，又出版了他们的第二部关于平衡计分卡的专著《战略中心组织》。在该著作中，卡普兰与诺顿指出，企业可以通过平衡计分卡，依据企业的战略来建立企业内部的组织管理模式，让企业的核心流程聚焦于企业的战略实践。该著作的出版标志着平衡计分卡开始成为组织管理的重要工具。

2004年，卡普兰与诺顿又出版了一本关于平衡计分卡的新书《战略地图》。其实质是阐述如何将组织的战略可视化，通过战略地图来描述组织的无形资产转化为有形成果的路径，并且在无形资产的衡量和管理上提出了“战略准备度”这一新的概念。

7.4.2 平衡计分卡的内容

1.平衡计分卡的主要内容

平衡计分卡中的目标和评估指标来源于组织战略，它把组织的使命和战略转化为有形的目标和衡量指标。为吸引和留住目标市场上的客户，满足股东对财务回报的要求，管理者需要关注对顾客满意度和实现财务目标影响最大的内部过程，并为此设立衡量指标。从这个方面来看，平衡计分卡重视的不是单纯的现有经营过程的改善，而是以确认客户和股东的要求为起点、满足客户和股东要求为终点的全新的内部经营过程。平衡计分卡中的学习与成长层面确认了组织为实现长期的业绩而必须进行的对未来的投资，包括对员工的能力、组织的信息等方面的衡量。组织在上述各方面的成功必须转化为财务上的最终成功。产品的质量、完成订单的时间、生产率、新产品开发和客户满意度方面的改进只有转化为销售额的增加、经营费用的减少和资产周转率的提高，才能给组织带来利益。因此，平衡计分卡的财务层面列出了组织财务目标，衡量战略的实施和执行是否在为最终的经营成果的改进做贡献。平衡计分卡中的目标和衡量指标是互相联系的，这种联系不仅包括因果关系，还包括结果的衡量和引起结果的过程，最终反映组织的战略。

平衡计分卡的核心内容有以下四个维度，见图7-3。

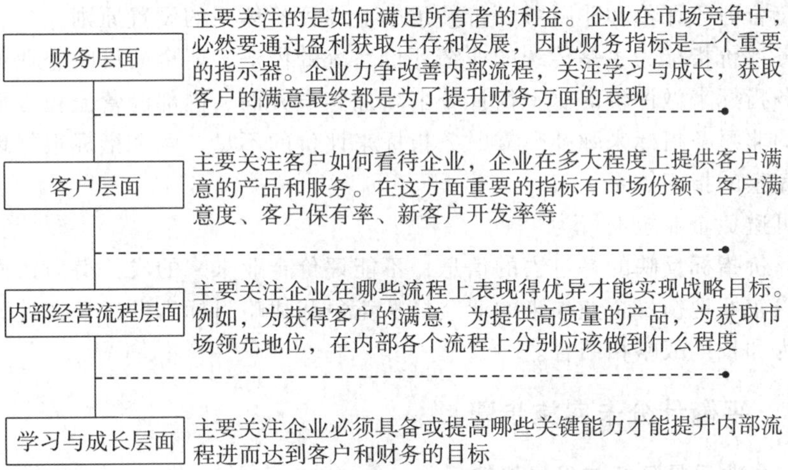

图7-3 平衡计分卡的四个维度

(1) 财务层面

财务业绩指标可以显示企业的战略及其实施与执行是否对改善企业盈利能力做出贡献。各个公司的财务目标是和其获利能力相关的，营业收入、资本报酬率、经济增加值、现金流量的创造或者销售额等都是其衡量指标。

(2) 客户层面

在平衡计分卡的客户层面，管理者确立了其业务单位将竞争的客户和市场，以及业务单位在这些目标客户和市场中的衡量指标。客户层面指标通常包括客户满意度、客户获得率、客户盈利率、客户保持率，以及在目标市场中所占的份额。客户层面使得业务单位的管理者能够阐明客户和市场战略，从而创造出较高的财务回报。

（3）内部经营流程层面

在这一层面上，管理者要确认组织擅长的关键内部流程，这些流程帮助业务单位提供价值主张，以吸引和留住目标细分市场的客户，并满足股东对财务回报的期望。

（4）学习与成长层面

学习与成长确立了企业要实现的长期的成长和改善所必须建立的基础框架，确立了未来成功的关键因素。因为企业的实际能力和要突破业绩所需的能力是有差距的，平衡计分卡的前三个方面也反映了这个问题，所以要对公司员工的能力进行提升。这是平衡计分卡学习与成长层面追求的目标。

由此可见，平衡计分卡的四个维度是相互关联的，是以信息化作为基础来考虑企业业绩的驱动因素，它是多个维度相平衡进行评价的一种新的评判业绩的体系。管理者从平衡计分卡中了解到员工需要什么样的知识、技能，建立合适的战略能力又需要怎样的系统，才能有合适的效率，创造出更高的企业价值。

2.平衡计分卡的优势

（1）强调绩效管理与企业战略之间的关系

平衡计分卡提出了具体的指标和框架体系，将部门的绩效与企业和组织的整体绩效很好地联系起来，使各部门的总方向与企业的战略目标联系起来。

（2）符合财务评价和非财务评价并重的业绩评价体系的设置原则

以财务评价指标为主是传统的业绩评价系统的做法。要全面反映企业的实力是不能单靠财务指标来做评价的。平衡计分卡增加客户方面、内部经营流程方面、学习与成长方面的非财务指标来弥补只靠财务指标来评价的不足，两个指标很好地结合起来形成一套完整的指标体系。

（3）可避免企业短期行为

财务评价指标反映的是过去的信息，不能评价企业未来的成长潜力，而非财务评价指标可以较好地衡量企业未来的业绩。从竞争和战略目标出发，平衡计分卡实现企业短期行为和长期战略相结合。

7.4.3 平衡计分卡实施步骤

1.制定企业远景目标与发展战略

平衡计分卡贯穿于企业战略管理的全过程。应用平衡计分卡时，要把组织经营战略转化为一系列的目标和衡量指标。因此，平衡计分卡对企业战略有较高的要求，企业应在符合和保证实现企业使命的条件下，在充分利用环境中存在的各种机会和创造机会的基础上，确定企业同环境的关系，规定企业的经营范围、成长方向和竞争对策，合理地调整企业结构和分配企业的全部资源，从而使企业获得竞争优势，制定出适合本企业成长与发展的企业远景目标与发展战略。企业战略要力求满足适合性、可衡量性、合意性、易懂性、激励性和灵活性等要求。

2.把组织经营战略转化为一系列的衡量指标

平衡计分卡是一个战略实施机制，它把组织的战略和一整套衡量指标相联系，弥补制定战略和实施战略间的差距，使企业战略得到有效的实施。为了使企业战略有效实施，我们可逐步把组织战略转化为财务、客户、内部业务流程、学习与成长四个方面的衡量指标。

（1）定性数据

对指标体系中的定性数据需要设计调研问卷。为避免主观判断所引起的失误，可以将定性指标分成7个档次（很好，好，较好，一般，较差，差，很差），分别对应7～1分。7～1表示不同的等级，表示对指标看法的程度不同。由于在赋值判断过程中已内含标准，因此可以直接计算评价值。用加权平均的方法对调查结果进行计算。

（2）定量数据

定量指标的数据值按照指标的释义和公司的具体情况进行收集，数据的收集需要不同部门配合。由于各项定量指标的内容、量纲各不相同，直接综合在一起十分困难。因此，必须将这些指标进行无量纲处理，将定量指标原值转化为评价值。

（3）确定平衡计分卡的评价指标的权重

确定权重的一个较为简便和合理的方法就是专家打分。专家的组成结构要合理，要有本企业的中高层管理人员、技术人员，也要有基层的技术人员和管理人员，还要有企业外对本企业或本行业熟悉的专家，如行业协会的成员、大学或研究机构的成员。

同时，应根据不同行业、不同企业的特点进行打分。如高科技企业，技术更新快，因而学习与成长指标所占的权重就较大；对大型企业而言，如美国通用公司，运作流程的顺畅就显得很重要，因而该指标所占权重相对较大；对银行等金融企业而言，财务指标事关重大，该指标的权重自然也较大。

3.将战略与企业、部门、个人的短期目标挂钩

为了避免出现企业战略目标、部门计划目标、个人绩效考核目标的纵向矛盾，以及各部门间计划的横向不和谐，要进行战略目标分解。战略目标分解可以按图7-4中的流程来实施，将战略与部门、个人的目标挂钩。

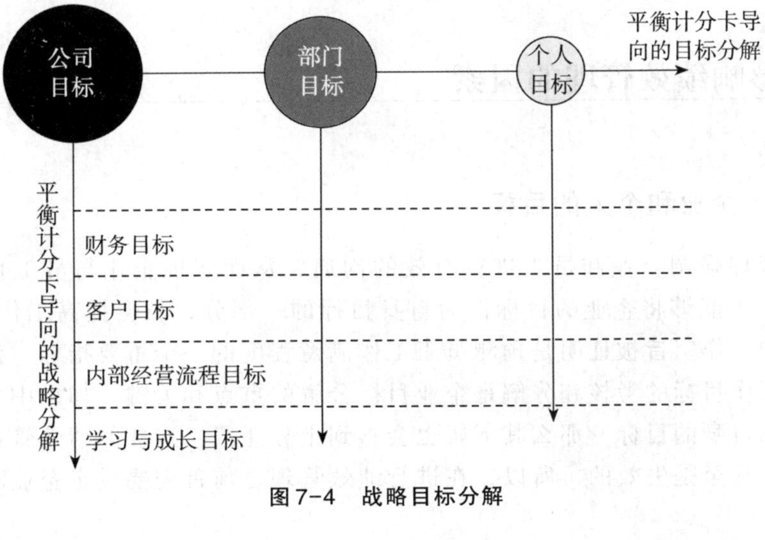

图7-4 战略目标分解

企业应该将战略目标的分解看成整个管理体系的一个组成部分，而不单单是上级工作的附加部分。上级必须将制定目标的权力下放给员工，给员工自行决断的自由（但要求员工对工作结果负责）。

在实际操作过程中，应注意以下几点：

第一，上级和员工必须愿意一起制定目标。数据显示，这种目标的制定过程能使员工的工作绩效提高10%～25%。这一过程之所以起作用，是因为它帮助员工将精力集中在重要工作上，并促使员工对自己完成的工作负责。

第二，目标应该是长期和短期并存，且可量化和可测量。而且，在制定目标时还必须说明实现目标的步骤。

第三，预期的结果必须在员工的控制之中，因为可能会有指标被“污染”的情况。

第四，目标必须在每一个层次上保持一致。

第五，上级和员工必须留出特定的时间来对目标进行回顾和评估。

4.战略的具体实施、反馈和中期调整、修正

确定绩效考核指标和目标之后，系统科学的绩效考核内容体系便形成了。很有必要制定“绩效考核工作计划表”，将员工绩效考核的内容书面记录下来，作为绩效评价的依据。

5.建立健全考核体系，根据平衡计分卡的完成情况进行奖惩

建立健全考核体系，将员工的奖金、晋升、教育培训等与员工所完成平衡计分卡的情况直接挂钩，形成有效的管理回路。在薪酬结构方面，应建立绩效考核和年终奖金挂钩制度，对平衡计分卡完成好的员工进行奖励，对完成不佳的员工进行惩罚；在教育培训方面，让优秀员工进行提高性深造，对绩效不佳者安排强制性学习；在晋升方面，建立优胜劣汰、能上能下的机制，实行能者上、庸者让、平者下。这样，使平衡计分卡充分评价员工的业绩和能力，激发员工的热情和潜力，最大限度地开发和利用企业的人力资源，从而提高整个企业的绩效水平。

7.5 影响绩效管理的因素

7.5.1 企业和个人的目标

绩效管理强调企业和员工进行有效的沟通，从而实现企业与员工目标的一致性。如果员工能够将企业的目标作为自身目标的一部分，就会提高工作的满意度。企业目标和工作宗旨被证明是预测员工工作满意程度的一个重要指标。做好中高层管理者的工作目标的考核和分解是企业目标分解的重点和关键。如果中高层管理者都没有明确自身的目标，那么其下属也会感到十分迷茫。这样的绩效管理是不会达到效果的，甚至是失效的，所以，在进行绩效管理之前首先要设定企业和员工个人的目标。

7.5.2 绩效评价和反馈

绩效管理本身是一个反馈的过程，需要对绩效及目标完成的情况进行衡量。许多学者认为，有效的绩效管理要基于员工对于接受公平绩效衡量的感知。但是，不管是在工作行为还是结果方面，员工对绩效衡量的感觉只是暂时的。绩效考核的过程是公开的，其关注点在于员工潜能的发挥和技能的提升。但我国许多企业中的员工并不明确自身的发展方向，绩效考核只是流于形式，没有得到有用的考核结果，所以被考核者并不了解自身工作的不足，怎样才能消除不足。高层领导必须明白提高管理下属绩效的能力是企业成败的关键。这就要求企业的管理者不仅要有效地完成自身的任务和工作，还要对下属负责，了解和关心他们获得的成果，更要注重对下属进行工作目标的分析和沟通，指导、评价和反馈，达到激励和促进的目的。一个高素质的团队是需要进行有效沟通的，团队的组织者和执行者要通过与下属及时有效的沟通，排除其工作上遇到的困难和障碍，最大限度地提高绩效。沟通应该贯穿于绩效考核的整个过程。在制订绩效计划之前，企业的管理者就要与员工进行交谈，共同协商，达成一致，制定出一个目标。然后在整个绩效考评的过程中，考评者与被考评者要保持联系，这有助于考核结果的及时反馈，考评者也可以及时指出被考评者存在的不足以及针对这些不足提出改进意见。在此过程中，被考核者可以陈述意见，提出自己的困难以及需要上司解决的问题。

绩效沟通的方法可分为正式沟通与非正式沟通两类。正式沟通是经过事先计划和安排的，如定期的书面报告、面谈、有经理参加的定期的小组或团队会等。非正式沟通的形式也多种多样，如闲聊、走动式交谈等。在实际应用时最好同时灵活运用多种沟通方式。

7.5.3 人力资源的充分利用

绩效管理的过程也包括员工和管理者的培训过程，培训是为了能够提高员工和管理者的工作绩效。员工培训和职业发展与工作满意度和绩效是紧密相连的。企业可以通过培训改善其经营状况，增强企业的实力，并通过绩效反馈发现企业存在的问题和不足，及时调整企业的文化和人员结构、知识结构，以便适应不断变化的市场环境。同时，培训还可以使员工进入规范的工作程序，并在自己的工作标准流程里找到乐趣和规律，不断进步、创新，从而获得满足感和奋发向上的动力。

7.5.4 企业文化的影响

企业文化是在企业长期运作中逐渐形成的群体意识，以及由此产生的群体行为规范。每个组织都有它独特的文化，这种文化往往通过组织运作形式和大多数员工的行为体现出来。企业文化从价值观角度可以分为以下几类：服务社会型企业文化、以人为本型企业文化、利润导向型企业文化。不同的企业文化应该给予不同的绩效管理。

1.服务社会型企业的绩效管理

绩效管理不只考虑企业的利润、员工的发展，还注重企业上下游联盟和服务对象的整体利益，所以还应从顾客角度、供应商角度、债权人角度及国家角度等多个角度进行考虑。

2.以人为本型企业的绩效管理

绩效管理可以使员工参与到绩效计划的制订中来。在计划的制订过程中，员工可以提出自身的意见，同时被赋予相应的权限和充分的信任。企业要重视与员工的沟通，及时反馈员工的工作绩效，还要使绩效与员工的薪酬相关联，与晋升和培训机会挂钩，这样才能够提升员工的工作热情和工作效率，也有利于企业战略目标的实现。以人为本的绩效管理不单是对以往的绩效进行考核，更是为了员工和企业将来更好地发展，使员工的职业生涯规划和企业的长期战略规划一致。

3.利润导向型企业的绩效管理

绩效管理不仅观察和了解员工的能力与行为表现，也要以绩效产出来衡量员工的绩效水平。其有效的方法为目标管理。

7.5.5 企业组织结构是否完善

各部门、各岗位个人绩效指标的设计前提为清晰的企业内部组织结构、明确的职责分工。如果上述要求不能得到满足，就不能做到指标分解客观化、合理化和流程化。经营层、管理层与执行层的职责不清或时常越位，权力难以制衡，就会出现员工难以适从环境和管理者的指示，相互推诿，责任不清甚至丧失责任感的现象。这与建立绩效管理体系和进行绩效考核的目的是完全相悖的。所以，只有在组织结构清晰、分工明确的前提下，关键绩效指标才能真正落实到人，考核结果才能真正应用到绩效管理上。

7.6 战略绩效管理体系的设计

绩效管理不仅是为了评定员工的绩效、确定员工的收入，也是为了更加了解员工的优点与不足，为更好地发挥员工的作用做准备，更是为了提高组织的管理能力，影响员工行为和提高组织绩效。

7.6.1 战略绩效管理体系的设计概述

1.绩效指标概述

（1）定义

在绩效考评中，用来衡量员工绩效的依据，我们称之为考评指标。考评指标通常划分为定量指标和定性指标两类。

①定量指标指的是事先确定了客观的标准，对员工的行为进行研究和分析，主要包括工作的质量、数量、安全性、时效性、成本等内容。

②定性指标指的是不用具体的数值来表现的指标，其评判的标准为考评者的生活经验、自身的知识结构等。

（2）特点

①敏感性。敏感性指的是利用绩效考评体系将工作效率高和工作效率低的员工的能力进行区分。如果出现不公正的局面，企业就无法再进行人事抉择。若具有敏感性的考评体系没有正面意义的话，就会使员工有挫折感，也会降低员工的工作热情。

②实用性。实用性指的是绩效考评系统容易被企业的主管人员和员工接受。如果绩效考评体系没有实用性的话，就会导致员工的抵制和不满。

③可控性。可控性指的是被考评者能够控制用来考评绩效的指标，被考评者可以通过自身的努力改变用来表示绩效的指标的分值。绩效指标的可控性十分重要，因为影响员工自身的不可控的因素越多，对被考评者不好的影响就越大。

④可接受性。可接受性指的是绩效指标要得到有关人员的支持，不然将会受到很大的阻力。所以，在制定目标的时候，要事先了解员工的意愿，以获得员工的支持。

⑤符合实际。符合实际指的是制定的目标要与企业的目标相一致，对考评指标、工作评估系统、工作分析划分一定的界限，也要对这些内容进行周期性的调整，使得企业内的绩效指标达到一致，并适时检查绩效指标的适用性和有效性。

（3）种类

按照绩效指标的考查内容来划分，绩效指标可分为三种类型，分别为特征导向绩效指标、行为导向绩效指标、工作结果导向绩效指标。

①特征导向绩效指标。这种绩效指标主要衡量员工的个人特征，包括对企业的忠诚度、工作的主动性、决策能力、人际沟通能力等。这种指标的优点是简单易行，缺点为有效性较差、缺乏一定的稳定性，所以无法给员工提供比较有益的反馈信息。

②行为导向绩效指标。行为导向绩效指标对于企业目标的实现具有很大的作用。这种指标能够提供给员工改进的反馈信息，但是无法涵盖所有员工的工作绩效的全部范围。

③工作结果导向绩效指标。工作结果导向绩效指标的适用范围是，以员工的实际表现为员工制定一个最低的工作成绩标准，然后将员工的实际绩效与这个标准进行比较。这种绩效指标有一定的缺点：影响员工工作绩效的行为有很多，所以很难利用工作结果导向绩效指标来评价员工的工作行为；有可能会造成员工的不择手段，形成不良竞争的关系等。

2.绩效管理体系的设计原则

为了建立科学有效的绩效管理体系，在设计绩效管理体系时应遵循以下原则：

（1）公开原则

绩效管理所有标准及流程以制度的形式明文规定，在企业内部形成确定的组织、时间、方法和标准，便于考核人与被考核人按照规范化的程序进行操作，以保证程序公平。

（2）差异性原则

对不同部门、不同岗位进行绩效考核时，要根据不同的工作内容制定适合的衡量标准，评估的结果要适当拉开差距，不搞平均主义。

（3）全员参与原则

绩效管理要科学、有效地开展，必须依靠全体员工的共同参与和努力。在制定绩效目标时，管理人员只有和员工进行充分沟通，目标才会得到员工的认同。在绩效实施过程中，员工是主体，而在绩效考核过程中，员工的参与将提高绩效考核的公正性。绩效考核结果的运用和绩效的改善都离不开全体员工的共同参与。

（4）常规性原则

各级管理者要将绩效管理作为自己的日常工作职责，对下属做出正确的评估是管理者重要的工作内容。绩效管理必须成为企业每一位管理者的常规性的工作。

（5）持续沟通原则

持续沟通是现代绩效管理体系区别于传统绩效考核的重要标志，也是绩效管理得以实施的前提。从绩效目标的制定、绩效计划的形成、绩效实施过程中的绩效目标调整，到绩效考核、绩效改进计划的制订以及员工培训等，都需要管理者和员工通过反复的沟通来完成。①

（6）关联性原则

绩效管理体系必须与员工薪酬和职业发展并行，让员工切实感受到职业发展的前景和薪资变化。

7.6.2　战略绩效管理体系的设计流程

1.确定绩效考核标准

绩效考核标准与组织的目标相一致、与工作本身相关、明确、合理，是保证一个绩效考核体系有效的基本要求。绩效考核的标准不明确常常是导致一个绩效考核体系失败的主要原因之一。首先，绩效考核标准应与组织的目标相一致，只有满足组织需要的绩效考核才是具有实际意义的。在建立绩效考核标准之前，首先应明确组织的目标是什么，按照组织的目标来确定部门和小组甚至个人应该达到的绩效状况，然后围绕绩效状况去制定考核员工的标准，使标准真正反映员工应该达到的绩效要求。用与组织目标不一致的标准来衡量绩效就不能达到绩效考核的基本目标。其次，绩效考核的标准应该与工作本身密切相关。绩效考核是考核员工的绩效状况的，建立绩效考核标准的信息应该主要来自工作职责，即关于工作职责本身的具体要求，并将它们加以界定和计量，形成绩效考核可以依据的标准。最后，对于绩效考核的每个项目应该执行单一标准的原则，即一个考核项目只能有一个标准，而且这个标准必须明确，这样才能使考核具有意义。

2.正确选择绩效考核方法

要在明确组织目标和绩效考核标准的前提下，根据不同绩效考核方法的优缺点，选择适合组织的绩效考核方法。每一种方法均有其一定的适用情况，在选择绩效考核方法时，要尽力和组织的实际情况相符。

---

① 陈波升. 论绩效管理体系设计［J］. 吉林工程技术师范学院学报，2007（9）.

正确选择员工绩效考核的方法能够减少考核中的错漏、误解和混乱，还可以降低考核的难度，缩短考核的时间，提高员工工作的效率。从企业的管理实践看，企业日益关注建立合理的绩效考评体系、使用可持续的考评方法。

（1）选择绩效考核方法时需要考虑的问题

①员工的工作特征。员工的工作程序、工作环境、工作独立性的综合是员工的工作因素，所以评价员工的工作绩效也要从不同的角度进行。

②企业的目标。企业的绩效管理目标的类型决定了绩效考核的方法。有些企业过分追求企业绩效目标的实现，很看重员工的实际工作绩效，而并不在意员工的提薪或留用，也不在意员工的频繁流动，这种运营情况就适用于目标考核的方法。然而，有些企业追求的是建立一支高素质的队伍，不过分看重短期绩效目标的完成，这种企业多采用强制分布法进行淘汰，从而提升员工的整体素质。

③企业承担考核费用的能力。绩效考核的收益大于绩效考核的成本是绩效考核体系要考虑的重要方面。一些企业在做预算时，也会对绩效考核的成本进行合理的考虑，所以选择绩效考核的重要影响因素也包含企业能够负担的绩效考核的费用。一些复杂的绩效考核会花费大量的精力和时间，成本比较高，而一些企业出于降低绩效考核成本的考虑，会选择一些简单易行、便于操作的绩效考核方法，从而能够减少考核的精力、时间和费用。

④考核结果的用途。考核的结果可以用于很多方面，而在选择绩效考核的方法时也要考虑考核结果的用途。企业在进行重要决策时，要依据绩效管理的目的和结果的用途对员工进行比较。但是，由于不同的岗位和部门的性质和设立目标不同，在进行员工之间的比较时，要注意其可比性。

⑤绩效考核方法的特征。强调绩效考核的战略导向的方法主要有平衡计分卡和关键绩效指标法等。这些方法都使得企业的员工能够将企业的战略目标融入自身的目标和行动之中。在应用绩效考核方法的过程中，大型企业要不断激励员工，使他们能够释放活力，有一定的灵活性，这时可以采用强制分布法或等级排序法，但对于一些中小型企业，这种做法则没有明显的效果。

⑥企业内部人际关系和企业文化。有效进行绩效考核的前提是建立融洽、和谐的工作氛围，绩效考核要体现公平、公正和客观的精神。一些“老好人”等现象或阻碍绩效考核公正性的事情的发生，会使绩效考核流于形式，甚至使企业失去活力，抑制企业的发展。

（2）绩效考核的方法

①等级排序法，也称为排序法、分级法。这种方法按照不同的分级程序，将企业内的所有员工总体的工作绩效进行比较来确定这些员工相应的名次和等级，即按照最好、一般、差的次序排列下来，将工作绩效结果最好的员工排在最前面，将绩效结果最差的员工排在最后面。等级排序法的关键是如何对员工的考评进行排序，按照排序的具体方法的不同，等级排序法可以分为以下几种：

A.配对比较法，又称为配对比较排序法及对偶比较法。这种方法就是把员工的绩效逐一进行比较，并按照员工胜出的总次数来确定名次和等级，具体做法就是将员工两两分为一组，然后轮流比较考评的要素，考评者需要在每个组中选择较优者以及较差者进行赋分，最后将这些分数加起来，并进行排序。这种方法适用于考评整体的情况，不能测评出具体的行为，等级的确定也只是相对的，且不能够运用于人数较多的情况。

B.交替分级法，又称为交替排序法。排序的具体形式是从所有被评价的员工中选择出最优的员工，然后找出表现最劣的员工，榜首为表现最优者，榜尾为表现最劣者，将这两个员工挑选出来之后，再从剩下的员工中按照这个方法进行评价和排列，以此类推，直到将所有的员工评价完毕。

C.强制分配排序法，又称为强制分布法。这种方法要符合一定的正态分布规律，即按照“两头大、中间小”的规律确定好被考评者所在的各个等级所占总数的比例，然后依据比例强制地使员工的绩效表现对应于相应的优劣程度。

D.简单分级法，又称为简单排序法。这种方法是在全体被考评者之间选出表现最优秀的人员，将其排列在序首，然后按照这个方法依次挑选，直到选择出最后一名。

E.范例对比法，又称为范例对比排序法。这种方法将一些关键性的因素作为考评的维度，每个考评维度又分为优、良、中、次、劣五个等级，并在每个等级、每个维度中选择一名优秀的员工，然后在最终的绩效考评中，将挑选出来的员工进行逐一对照，并给他们评出一定的等级，最后将每个维度的总和相加，作为这个被考评者的绩效等级的分类依据。

②量表考评法。量表考评法又称为标尺评价法，其优点是简单实用，可以将考评进行量化。考评者只需要对考评表中的选项进行勾选。表7-3是一张工作绩效的考评表。

表7-3　**工作绩效的考评表**

一般性工作绩效评价要求	等级	评价尺度	评价事实或依据
1.质量	O V G I U	90～100 80～90 70～80 60～70 60以下	分数：
2.生产率	O V G I U	90～100 80～90 70～80 60～70 60以下	分数：
3.工作知识	O V G I U	90～100 80～90 70～80 60～70 60以下	分数：

续表

一般性工作绩效评价要求	等级	评价尺度	评价事实或依据
4.可信度	O V G I U	90~100 80~90 70~80 60~70 60以下	分数：
5.勤勉性	O V G I U	90~100 80~90 70~80 60~70 60以下	分数：
6.独立性	O V G I U	90~100 80~90 70~80 60~70 60以下	分数：

注：O指的是杰出；V指的是很好；G指的是好；I指的是需要改进；U指的是不令人满意。

③目标管理法。目标管理法的特点在于要求企业内的上级与下属之间进行互动。在建立企业的目标时，企业内的上级和员工要进行讨论，并各自建立一个目标，然后双方就不同的目标进行讨论和沟通，找出两个目标之间的差距，并提出解决的办法。这些步骤和环节完成之后，就要重新确定目标，然后再进行沟通和讨论。这个循环往复的过程一直要持续到双方达成一致。在具体执行目标管理时，要注意以下几个方面：

A.目标的确定。企业要根据企业的实际运营情况以及员工的工作技能、专业素质和以往的工作业绩制定目标。一般而言，目标不宜过多，要有针对性、符合相关的人数要求、有一定的结果导向、可以衡量。下面列举销售部门的目标，见表7-4。

表7-4 **销售部门的目标**

经营成果的目标	经营效率目标	长期经营的目标
销售收入	销售收入增长率	市场竞争地位
销售成本及费用	日均销售收入	新市场占有率
资金回笼率	资金回笼期限	与客户的关系
销售利润	资金利润率	人才队伍的建设

B.目标管理法的实施。实施者要有充分的自主权。企业的领导者要对目标管理的实施进行有效的控制，要及时与下级沟通，并对目标进行适时的调整和修改，这样就能激发员工的积极性，使得企业的目标尽早实现。

C.考核目标。通过目标的落实情况可以评价企业内员工的工作绩效结果，通过结果找出成功或失败的原因，并总结经验，为下一次制定目标做准备。在目标管理的工作中，需要借助一些操作工具，表7-5为目标责任书。

表7-5 目标责任书

被考评者	姓名		面谈日期	考评者	姓名	
	职务				职务	
	部门			部门		
	工作时间			评价时间		
1.下个阶段的主要业务指标						
2.下个阶段需要改进的方面						
3.为完成任务需要的条件						
4.被考评者承担的责任				（签名）		
直接主管意见				（签名）		

（3）关键事件法

关键事件法是通过列举一些具体的事例来考评员工的工作绩效的方法。这种方法评价的不是员工的品质，而是员工具体的工作行为。在考评的过程中，将特殊事件记录下来当作被考评者工作绩效的关键因素。

关键事件法的优点有很多，如可以为考评者提供客观准确的信息。其缺点是在记录关键事件时费时费力，在使用时要和其他方法结合使用，对于员工的奖惩以及晋升方面的用途不大。

（4）行为锚定等级法

行为锚定等级法也可称为行为定位法，它是将一种职务可能发生的各种典型的工作行为进行评分，根据具体的得分建立一个职业锚评分表，然后根据实际的行为进行评分的考评方法。行为锚定等级法的具体步骤为：

①分析岗位，获取关键行为，以此制定“职业锚”，并描述和分析关键事件；

②建立5～9级的评价等级，然后将关键行为事件归为绩效指标，并给出确定的定义；

③对关键的事件进行记录，既包括优良绩效的事件，也包括低劣绩效的事件；

④规范地整理和表述相关事件；

⑤最终建立职业锚评分表。

行为锚定等级法具有很多的优点：绩效考核比较明确和客观，且具有良好的沟通效果以及员工的反馈效果，减少了员工的申诉。但是，这种方法也有一定的缺陷，因为设计行为锚定比较复杂，所以考核起来比较困难和繁杂。

（5）关键业绩指标法

关键业绩指标法也称为KPI法。在建立关键业绩指标体系时，要遵守以下几个原则：

①目标导向。要依据岗位的目标、企业的目标、部门的目标以及职务的目标制定绩效考核目标。

②注重工作质量。这是一个非常重要和关键的方面。工作质量是企业竞争力的核心要素，虽然工作质量很难进行衡量，但有着非常重要的作用。

③注重可操作性。可操作性是指绩效指标实施起来要有一定的实际价值，还要简单易行。要取得这样的效果，就要在技术层面上保障关键指标的明确性和可操作性。

④要考虑设计流程的输入和输出的状况，还要将输出和输入这两个部分视为一个整体，控制其端点。

（6）360度评价法

360度评价法，又称为全视角考核法，是指由直接上级、其他部门上级、下级、同事和客户对个人进行多层次、多维度的评价。360度评价法的优点主要表现在以下方面：

①不同的评价者从各自的工作角度来评价被考核者，因而考核的结果能够反映被考核者在不同场景、不同方面的行为特征和业绩，综合这些评价能够得到比较全面和客观的考核结果；

②评估方法较简单，可操作性强；

③多方评价者的参与使得评价更为民主；

④提供的信息量比较大，管理者可从中获取较多的第一手资料。

但是，360度评价法也存在以下缺点：

①参与面大，组织较困难，考核过程费力费时；

②不同评价者的评价也从一定程度上反映其利益取向和性格特征，受主观因素影响较大；

③有时会出现小团体主义倾向，使考核失之公允。

3.绩效考核体系的保障

（1）绩效培训

①树立绩效管理的理念。企业进行绩效管理的关键就是要树立绩效管理的理念。企业领导者和员工都要意识到以下几点：

第一，绩效管理可以使企业防患于未然，给企业带来长远的效益；

第二，企业领导者与员工之间的真诚相待和合作是绩效管理的目的，这样能够帮助员工提升绩效，也有利于企业实现战略目标；

第三，绩效管理可以促进员工和企业的共同发展，明确员工的发展方向。

②建设高绩效的企业文化。高绩效会推动企业的发展，能够带动员工的工作积极性和主动性，使得企业的目标与员工的目标相一致。对于企业和员工来说都有很大的益处：

第一，在企业方面，能够形成一个主动沟通的环境，创造公平考核和竞争的氛围，为高素质的人才提供具有吸引力的工作环境，能够满足股东的利益。

第二，在员工方面，加强责任感，主动积极地学习，不断提高自身综合素质，工作内容更加丰富等。

（2）确定考核周期

①业务或营销人员。考核营销人员的绩效指标主要有销售额、市场占有率、客户满意度等。这些指标都可以进行量化，所以企业可以根据需要调整营销人员的考核周期，具体周期为一个季度或一个月。

②研发人员。在研发系统中，会出现指标的周期与员工考核的周期不匹配的情况，且研发人员的评价指标通常为项目评估结果和任务完成率。这就需要将研发工作的节点作为考核的周期，然后在每一年的年底再将所有考评综合起来。

③中高层管理人员。对于企业的整体评估就是对中高层管理人员的评估，所以考核的周期可以适当延长，基本上为半年或者是一年。

④售后服务人员或技术人员。售后服务人员和技术人员的评价指标是销售绩效，所以可以缩短考评周期，一般为一个月或一个季度。

⑤生产人员。生产人员比较偏好短期的激励，所以其考核周期比较短，一般为一天或一周。

（3）及时提供反馈

及时反馈绩效考核结果是实现绩效考核目标即促进员工改进绩效、提高效率的重要手段之一。绩效考核结束后应首先使员工充分地了解绩效考核的结果，然后听取他们的意见和建议，进行公开的交流，将员工有关考核结果的接受情况和改进等方面的信息反馈给管理者，使得管理者能够及时处理有关情况和吸取经验、教训，便于迅速对绩效管理中发现的相关问题进行调整，了解员工状态，为企业发展提供相关信息，也可以进一步修改和完善绩效管理体系。

（4）全方位及时评价

为保证绩效考核结果的公正、客观，在绩效考核的实践中，常常采用同时从多方收集信息，即同时通过被考核人的上级、下级、同事等多种渠道进行考核，最后综合考核结果的方法。此外，还要保证绩效考核工作定期进行，通过考核纠正错误，发现机会，促进企业发展。[①]

4.绩效管理体系设计应注意的问题

（1）绩效管理体系与薪酬管理体系的关系

大部分员工都认为绩效管理体系与薪酬管理体系是紧密联系在一起的，这就说明了绩效与薪酬之间的关系是互动的关系。当薪酬体系出现问题的时候，就会影响到绩效管理体系的实施。就算绩效管理体系的运作很顺利，也不能保证员工的满意度就高。单纯利用绩效管理体系激励员工是远远不够的，还要与薪酬管理体系相关联，同时促进员工的工作效率。

（2）下属员工的工作成果之和为管理人员的工作成果

管理人员的工作要与小组和团队工作同步进行，管理者领导团队完成工作，其团队成员的所有工作成果就是管理者的工作成果。管理者的工作主要包括为团队做出决

---

① 杨清，刘再烜. 人力资源战略［M］. 北京：对外经济贸易大学出版社，2003.

策、对团队提供指导、对下属进行管理等。

(3) 制定绩效指标和绩效标准

绩效指标和绩效标准要结合员工的实际工作制定，不能使用绝对化的标准，否则不能区分绩效优秀者和绩效低劣者。

(4) 确保绩效管理体系的连贯性和一致性

经常改变绩效管理体系会使员工心生抱怨，并出现抵触的情绪。企业管理者要依照实际情况制定绩效标准，多与员工进行沟通，使员工信服，因为员工会视管理者为榜样，这种上行下效的方式有利于确保绩效管理体系的一致性和连贯性。

(5) 绩效管理体系与员工的职业生涯规划直接相连

一个好的绩效管理体系要结合员工的职业生涯规划而实施，因为绩效管理体系要使员工明确自身的发展方向、工作的具体做法等。

案例链接7-2

GE公司的绩效管理体系

绩效评估在GE公司（通用电气公司）被称作Session C，在每年4月份，GE公司都要对所有员工进行绩效考核和评估。C阶段是一个相对的概念，GE公司将其发展分为4个阶段。阶段A、阶段B主要指公司的发展目标，阶段A指公司3年的业务前景规划，阶段B指公司第二年要完成的目标规划。完成前两个阶段评估后，就开始第三阶段，也就是针对公司人力资源工作进行的评估，即C阶段人力资源评估，从人力资源的角度去看怎么去实现公司的一系列目标与计划。阶段D是对遵纪守法与诚信的评估。

每年都必须采取书面化、非常正式的方式进行C阶段人力资源评估，实际上这种工作每天都在进行，不论是GE公司的哪个业务部门，都采取这种相同的管理方式。C阶段人力资源评估是从下到上，对每一名员工进行评估。每年的年末GE公司的每一名员工都要对他（她）本年度的工作做详细的总结，对自己的表现与业绩做自我评估，包括参加了什么样的培训，担任何种职务，工作经历怎样，本年度完成了哪些业绩，分析自己的优点、劣势，以及未来职业生涯的谋划是什么，设定什么样的目标……并以此为依据写出自己今后的发展目标及要求。同时，部门经理也要对部门每位员工写出发展希望与评估报告。

一、活力曲线

评估系统将20%的员工定位最好（A Player），10%的员工定位最差（C Player），另外70%的员工按照表现给予相应的定级，而GE公司将依据对每个人的考核结果进行工资调整、晋升及采取各种奖惩措施。以业绩为横轴，以组织内达到这种业绩的员工的数量为纵轴，你将得到一张正态分布图。利用这张正态分布图，你将很容易地划分业绩排在前面的20%的员工、业绩排在后面的10%的员工以及中间的70%的员工。这种评估组织内人力资源的方法，韦尔奇称之为“活力曲线”。“活力曲线”当然不仅仅是一个划分的工具，其产生的作用，更重要的是体现在划分之后的严格区别对待：

首先是工资提升、职务晋升和股票期权等奖励上的区别对待：A类员工得到的奖励往往是B类员工的两到三倍；B类员工也会得到奖励，通常他们中间的60%~70%会得到工资提升和股票期权；C类员工不会得到任何的奖励。

除了奖励以外，三类员工在GE公司里的地位也有非常大的差别：A类员工将被视为GE公司最重要的财富，每一个A类员工的流失都被视为GE公司的重大损失，都必须事后开会检讨；B类员工是GE公司的主体，也是GE公司最主要的培训对象；C类员工会被GE公司"处理掉"和"清除出去"。

二、又"红"又"专"

通用电气（中国）有限公司（以下简称通用）的考核内容包括"红"和"专"，"专"是工作业绩，硬性的东西；"红"是考核软性的东西，主要是考核价值观。这两个方面综合的结果就是考核的最终结果，可以用二维坐标来表示。

通用的年终考核共有四张表格。前三张是自我鉴定，其中第一张是个人学历记录。第二张是个人工作记录（包括在以前的公司的工作情况）。第三张是对照年初设立的目标自评任务的完成情况，根据一年中的表现、取得的成绩，对照通用公司的价值观、技能要求等，确定自己哪方面是强项，哪些方面不足，哪些方面需要通过哪些方式来提高，需要得到公司的哪些帮助，在未来的一年或更远的将来有哪些展望等。总裁韦尔奇在当年刚加入通用公司时就在他的个人展望中表达了他要成为通用公司全球总裁的愿望。第四张是经理评价，经理在员工个人自评的基础上，参考前三张员工的自评，填写第四张表格，经理填写的鉴定必须与员工沟通，取得一致的意见。如果经理和员工有不同的意见，必须有足够的理由来说服对方；如果员工对经理的评价有不同的意见，员工可以与经理沟通但必须用事实来说话；如果员工能够说服经理，经理可以修正其以前的评价意见；如果双方不能取得一致，将由上一级经理来处理。在相互沟通、交流时必须用事实来证明自己的观点，不能用任何想象的理由。

考核结果的应用：考核的目的是发现员工的优点与不足，激励与提高员工，有效地提高组织的效率；考核的结果与员工第二年的薪酬、培训、晋升、换岗等利益联系；员工的综合考核结果在二维表中的不同区域时的处理：（1）当员工的综合考核结果是在第四区域时，即价值观和工作业绩都不好时，处理非常简单，这种员工只有走人。（2）综合考核结果在第三区域即业绩一般但价值观考核良好时，公司会保护员工，给员工第二次机会，包括换岗、培训等，根据考核结果制订一个提高完善的计划，在三个月后再根据提高计划考核一次，在这三个月内员工必须提高完善自己、达到目标计划的要求。如果三个月后的考核不合格，员工必须走人。当然这种情况比较少，因为人力资源部在招聘时已经对员工做过测评，对员工有相当的把握与了解，能够加入通用公司的都是比较优秀的。（3）如果员工的综合考核结果在第二区域即业绩好但价值观考核一般时，员工不再受到公司的保护，公司会请他走。（4）如果员工的综合考核结果是在第四区域，即业绩考核与价值观考核都优秀，那他（她）就是公司的优秀员工，将会有晋升、加薪等发展的机会。

资料来源 佚名．GE公司的绩效管理体系［EB/OL］．［2020-01-19］．https：//wenku.baidu.com/view/6bd45d232dc58bd63186bceb19e8b8f67d1ceff5?fr=uc.

7.7 绩效管理体系的实施

绩效管理体系的实施需要很多方面的参与，相关人员要清楚地理解这个体系，企业的领导人也要重视和支持这个体系。在实施绩效管理体系之前，要根据企业的实际情况和员工的工作绩效制订一个合乎情理的沟通计划，并获得人员的广泛支持和认同。然后还要培训相关的评价者，教会他们怎样观察和评价绩效，以及怎样提供绩效的反馈。在进行绩效管理体系试点的时候，要根据绩效管理体系出现的具体问题及时进行修正。在正式实施绩效管理体系的过程中，为了判断绩效管理体系的运作是否正常，是否能够达到企业的战略要求，就需要对绩效管理体系进行不断的、持续的监督和评价，及时发现问题并运用正确的方法加以改正，以使绩效管理体系发挥其作用。

7.7.1 沟通计划

1.绩效沟通计划要回答的问题

一般来说，企业内的员工如果能够清楚地了解绩效管理体系，就更容易接受绩效管理体系或提高对绩效管理系统的满意度。很多企业或组织都会为了广泛传播绩效管理体系而制订绩效沟通计划。一个好的绩效沟通计划需要回答以下几个问题：

（1）绩效管理是什么

在回答这个问题之前，要先了解有关绩效管理的总体信息，以及总的目标。此外，还要对绩效管理在组织内的运营方式进行说明。

（2）绩效管理体系如何匹配企业的战略目标

针对这个问题的回答，要详细地说明实施绩效管理体系与企业战略目标之间的关系，还要说明绩效管理体系对于企业战略目标的作用是什么。

（3）绩效管理体系对企业有哪些好处

要详细说明绩效管理体系对于企业的益处是什么，实施绩效管理会给参与者带来什么好处。

（4）绩效管理体系是怎样运行的

要阐述整个绩效管理体系实施的过程，以及实施绩效管理体系有哪些方面的限制等。举例来说，一份好的会议策划书要明确说明会议召开的时间、地点、目的、内容以及会议会做出哪些决策等。

（5）各个角色的责任是什么

在绩效管理体系的实施过程中，会产生很多角色，而且这些角色是不断变化的。在沟通计划中，要说明每一个阶段不同的参与者都扮演什么角色，这些角色的责任是什么。

（6）绩效管理体系与企业的其他部门有什么联系

回答这个问题就需要沟通计划指明企业内员工的晋升、选拔和培训等管理体系与绩效管理体系的具体关系是什么。

2.沟通的三种偏差

值得一提的是，绩效沟通计划虽然会回答很多的问题，但是并不意味着会得到很多人的认可，因为每个人对信息的理解和处理都会产生一定的偏差。无论沟通计划的实施效果如何，都会存在影响沟通计划效果的三种偏差，即选择性接触、选择性认知和选择性保留。

（1）选择性接触

选择性接触指的是这样一种倾向：我们只能听得进去自身认可的观点。一些认为绩效管理体系能够促进企业战略目标实现的员工会积极地参与到绩效沟通计划中来，具体做法主要包括：阅读有关绩效管理体系的文章和相关文件，参加有关绩效管理体系如何运行的会议。相反，没有认识到绩效管理体系的重要性或对于绩效管理体系的实施没有想法的员工则不会阅读与绩效管理有关的文件和文章，也不会去参加与绩效管理体系有关的会议。

（2）选择性认知

选择性认知指的是这样一种倾向：我们会按照自身的感悟和理解来感知获得的信息，或者说，我们在理解信息的时候会掺杂我们对它的期望。但是，掺杂了主观因素和想法的信息传递者可能会传递内容相反的信息。例如，有些人可能认为绩效管理的内容仅仅是员工的奖惩问题，所以这些人就会错误地认为每个年度和季度得到的正式的绩效反馈就是奖金。

（3）选择性保留

选择性保留指的是我们会认同我们记忆中的信息的倾向。例如，如果有的员工认为自己的老板是存心报复自己，那么这个员工就不会记住怎样运用申诉程序方面的信息，也不会记住与绩效管理体系的公正性有关的信息。

3.纠正偏差的方法

选择性接触、选择性认知和选择性保留所造成的沟通计划的偏差是普遍存在的，如果这三种偏差的程度较大，则会使得沟通计划失去效果。针对这种现象，有几种方法可以降低这三种偏差带来的影响，从而使得绩效管理体系获得大家的支持和认可。具体的方法如下：

（1）多渠道沟通

沟通的方式有很多种，如文件沟通、会议沟通和电子邮件沟通等。沟通时，要运用多种方式，换句话说，就是通过不同的沟通方式使员工重复地接收到同样的信息。但这有一个前提，就是必须确保所有沟通方式传达的信息是一致的。

（2）理解员工需求

先理解员工的需求才能弄清楚怎样使用绩效管理体系使员工的需求得到满足。

（3）提供事实和结果方面的信息

如果员工对某一方面有意见的话，就不会认识到一些事实的存在。在阐述与绩效管理体系有关的内容时，要呈现能够支撑这些观点的证据。

(4) 吸引员工参与

每个人都会珍惜和支持自己亲手创建的事物，所以企业要想方设法吸引员工积极地参与到绩效管理体系的建设当中，那么员工对于绩效管理体系的支持程度也会更高。

(5) 利用可信的沟通者

如果对绩效管理体系进行沟通的时候，有公认的关键人物和值得信赖的人参与，那么大部分人都会很愿意接受绩效管理体系。

(6) 付诸文字

书面上的沟通比口头沟通更加有力，也更值得信任，因为书面信息能够进行检查，还能质疑其准确性。

(7) 抢先出手

新的绩效管理体系在实施之前都会遭到一些质疑，所以在一些流言蜚语产生之前，管理者要抢先亮出积极的态度，不要对他人和外界承诺做不到的事情，同时还要积攒一些证据来反驳质疑绩效管理体系的观点。

(8) 反复不断地讲

对于一些重要的内容，要反复不断地重申，因为有时候员工一次只能接受整体信息的一部分。经过企业反复不断地讲，员工可以了解到更多的信息。

7.7.2 申诉程序

在绩效管理体系中建立一个员工的申诉程序对于得到员工的认可是十分重要的。有了申诉程序，员工在不接受绩效评价结果的时候就能够投诉相关部门。除此之外，在绩效管理体系中建立申诉程序可以帮助员工更好地认识到绩效管理体系的公平性和公正性。建立申诉程序后，员工会对两个方面提出异议：企业的管理性问题和判断性问题。管理性问题的具体内容包括企业管理者和员工是否自觉遵守企业的规章制度和相关的政策。判断性问题集中于绩效评价的效度方面。当员工提出申诉后，人力资源部门的相关人员要进行调解。提交给人力资源部门的申诉通常称为A级申诉或一级申诉。人力资源部门在收集员工的实际绩效水平、各个职位的基本情况等相关资料之后，要将了解到的事实告知投诉者，或提醒投诉者关注这些事实。与投诉者谈话时，要拿出有力的证据，让投诉者信服，而不是空谈。如果投诉者并不认可这些证据的话，申诉的过程就会继续进行。这时就需要请来外部人员客观地解决问题，这时的申诉称为B级申诉或二级申诉。二级申诉需要一个解决问题的仲裁小组进行统一的讨论，制定解决问题的措施，再通过投票的方式决定最佳解决方案。

7.7.3 开设绩效培训课程

开设绩效培训课程的目的是使员工获得必要的技能，提高工作效率，更好地完成工作，提高对绩效管理体系的满意度和认可度。培训评价者也是实施绩效管理体系之前的重要步骤。一般绩效培训课程的内容如表7-6所示。

表 7-6　在绩效培训课程中可以包括的主要内容

1. 实施绩效管理体系的原因
2. 关于绩效评价表格以及绩效管理体系运行机制的信息
3. 如何确认工作活动并加以排序
4. 如何观察、记录以及衡量绩效
5. 如何使评价误差最小化
6. 如何进行绩效评价面谈
7. 如何提供培训、咨询和教练式辅导

资料来源　阿吉斯. 绩效管理［M］. 刘昕，柴茂昌，孙瑶，译. 北京：中国人民大学出版社，2005.

表 7-6 中的第 1～2 条并不是针对评价者的课程培训，而是面向参与绩效管理体系的全部成员统一进行的培训内容；第 3～5 条涉及工作任务和活动的确认、记录和观察等；第 6～7 条涉及与获得绩效信息的员工开展互动和沟通的问题。

1. 评价者误差培训

评价者误差培训就是分析、评价误差和造成误差的原因，培训的内容基本是让学员观看相关的案例，考核者通过员工写出的案例分析内容对他们的观点进行判断，然后找出问题及其原因，并及时进行修正。评价者在进行绩效评价时可能会出现的一些误差见表 7-7。

表 7-7　评价者在进行绩效评价时可能会出现的一些误差

无意的误差	晕轮误差
相似性误差	负面误差
归因误差	前因误差
首因误差	有意的误差
对比误差	严格误差
溢出误差	居中趋势误差
近因误差	宽大误差
刻板印象误差	

2. 参照框架培训

参照框架培训指的是通过评价者熟悉的各种绩效的评价维度来提高评价的准确性。参照框架培训主要有以下几个步骤：

①通知评价者在进行评价的时候要依据各个绩效维度分别对员工进行评价；

②指导评价者阅读评价表格上面的内容，并明确和掌握每个绩效维度的定义和评价的内容；

③针对评价表上的内容，让评价者指出被评者在各个绩效水平中的相应行为；

④组织所有受训者观看模拟现实的录像，观看完毕后，由培训者对受训者进行绩效评价；

⑤针对每个受训者的成绩进行小组讨论，找出不同的绩效评价之间的差距；

⑥培训者要将绩效评价的结果提供给受训者。

3.行为观察培训

行为观察培训是使无意的误差最小化而进行的一种培训。行为观察培训有利于评价者提高观察绩效，因为这种方法关注的是评价者怎样观察、记录和存储有关绩效的信息。

4.自我领导力培训

自我领导力培训的目标是强化评价者对自身进行绩效管理的信心。自我领导力培训主要包括三个方面的内容，即积极的思维和信念、自我言语、心理意向。自我领导力培训强调的是实现自身的内在价值，它具体包括以下步骤：

①观察和记录现有的假设、意向和自我言语的模式；

②对通过步骤①获得的内容进行具体而详细的分析；

③利用更加具体而形象的假设、信念取代功能紊乱的假设和信念的意向模式；

④用更符合实际和更能发挥功能的思维模式来代替在实际实施中功能紊乱的思维模式；

⑤在今后的实施过程中，要持续进行监控和监督，维持较好的方面，修正错误的方面。

7.7.4 试点测试

在正式实施绩效管理体系之前，要先进行试点测试。通过测试，了解绩效管理体系的运行状况、在运行中遇到的困难和障碍、优势和不足等，并及时调整。绩效管理体系的测试环节主要包括上级间的商谈环节、收集数据的环节、开发计划的设计环节、向员工提供反馈的环节等。在这些环节的实施过程中，每个参与者都要及时记录面临的困难和感受，这样可以在正式实施绩效管理体系之前，修正其不足。

在进行试点测试时，重要的一点是选择什么样的员工进行测试。这些员工首先要愿意参与绩效管理体系的实施过程，还要具备一定的知识、技能、灵活性。在测试之前，可以让他们进行一次真实的预演。对于试点小组的选择也有一定的要求，小组的规模一定要大，而且要具有一定的代表性。

7.7.5 持续监控和评价

在对绩效管理体系进行测试时，要持续进行监控和评价。这个阶段主要是测试绩效管理体系的有效性，评价数据要包含员工的绩效行为，还要评价实施绩效管理体系的一些技术和运营方面的要求。绩效管理体系的实施结果和效率可以通过对员工的绩效考核体现出来。在监控和评价绩效管理体系时，需要使用的评价指标具体如下：

1.绩效信息的质量

信息记录和收集是绩效管理的一项基础工作。很多绩效管理失败的原因就在于绩效信息的不准确以及考核评价的随意性。准确、及时的绩效信息对绩效考核的顺利实施具有重要意义。绩效信息包括来自绩效记录的信息，如工作目标或工作任务完成情况，管理者观察到的信息，如工作绩效优异或低下的突出行为表现，来自其他人的评价信息，如客户反馈的积极（消极）信息，还包括通过绩效评价表格中的开放式问题收集的信息。

2.总成本-收益比率

这个比率可以反映企业层面、部门层面和员工个人层面的效率和收益。

3.被评价的人数

这是对绩效管理体系进行评价的最基本的指标。如果有一些员工没有参与绩效评价，那么主管人员要找到这些员工，并问清原因。

4.绩效讨论会议的质量

绩效讨论会上的信息可以通过匿名的问卷调查或问答形式进行收集。

5.后续活动的质量

这个指标可以说明在进行绩效管理体系的评价或制订绩效管理计划的过程中，是否采取了后续活动以及后续活动的效果如何。

6.部门层面和企业层面的绩效

这个指标主要可以体现绩效管理体系能否顺利运转。但是，将员工的个人绩效转换为部门或企业层面上的绩效要花费很长时间，不能马上看到结果。

7.绩效评价的等级分布

这个指标取决于不同程度的绩效评价结果的分布情况。通过分析组织确定的评价等级的状况可以了解是否有人故意歪曲评价结果等。

8.对绩效管理体系的满意度

满意度通过对被考评者、考评者进行匿名调查获得。调查的问题要有一定的公正性和合理性，据此分析出考评者和被考评者对绩效管理体系是否满意、满意的程度如何等。

7.7.6　互联网+绩效管理体系

前面已经讲过，绩效管理计划的沟通可以通过电子杂志、电子邮件等形式进行。此外，为了及时获取最新的绩效管理相关信息，可以建立一个专门的绩效管理网站，除了沟通绩效管理的相关事宜外，还要设立员工申诉程序。利用网络实施绩效管理体系具有很多优势，最重要的一点就是可以使绩效管理体系连接到人力资源管理的各个模块。举例而言，在企业进行招聘和甄选的时候，如果员工在沟通环节得到的分数较低，那么绩效管理体系就可以为员工提供相应的资源，帮助他们提高沟通技能。除此之外，绩效管理的线上实施还有利于实现绩效管理的自动化，便于监督和控制部门和企业的变化趋势，促进企业更好地发展。

网络虽然能够提高效率，但它只是一种工具。一方面，利用网络可以使绩效管理体系的运行更加有效；另一方面，也要认识到，只有合理地运用网络才能促进绩效管理体系的实施。

本章小结

战略绩效管理是企业战略管理的重要环节，也是企业人力资源管理的核心内容。本章首先总结了不同领域学者对绩效管理的理解，科学地定义了绩效管理的概念、特点及核心理念，详细讲述了目标绩效管理的模式，并介绍了影响绩效管理体系的九大因素。本章还具体阐述了绩效管理的设计以及如何更有效地实施绩效管理。一个有效的绩效管理体系在企业发展中有举足轻重的地位，有利于将组织的战略和员工的目标紧密结合起来，促使员工更好地为组织战略而努力，也有利于提高利益分配的公平性。

复习思考题

1.什么是绩效管理？你如何看待绩效管理的核心理念？

2.如何认识“绩效管理是企业人力资源管理的核心内容”？

3.绩效管理对于员工和企业有哪些功能？

4.在目前的市场经济环境下，企业应该如何设计绩效管理体系？

5.如何推动实施绩效管理体系？

6.实施绩效管理体系需要注意什么？

7.绩效管理体系的实施步骤有哪些？

案例分析题

某石化企业工会基于员工岗位职责的绩效管理体系

绩效管理是企业管理的永恒话题，人们越来越认识到，企业竞争的背后实际是人员绩效的竞争。一个有效的绩效管理体系，不仅能为企业人力资源管理提供决定性的评估资料，而且能增强员工的成就感，激发员工的自我管理能力，从而提高员工的工作绩效，增强企业凝聚力和竞争力。在21世纪，面对新一轮的发展机遇和挑战，如何提高企业的绩效是人力资源管理体系中最重要也是最富有挑战性的课题。

中国石化集团某石化公司，成立于1970年，目前年原油加工能力在1 000万吨以上，乙烯生产能力超过80万吨，是我国最大的合成橡胶、合成树脂、苯酚丙酮和高品质成品油生产基地之一，有职工4.78万人。该公司工会下设5个部门：综合管理部、工程项目部、办公室、文体中心、艺术团。其中，综合管理部的职责为：组织制定与实施公司经营发展战略及各阶段发展规划、财务管理、固定资产管理、组织工程项目招投标、对外租赁及租金收缴、仓储管理、制订物资采购计划。工程项目部的职责为：负责工会及文体中心各场馆的设备设施维护维修、工程项目招标实施、大型活动方案制订与实施等。办公室的职责为：负责人力资源、行政后勤、物资采购、安全管理等。文体中心的职责为：负责公司工会文体场馆管理、配合做好各种比赛及体育活动的组织和实施。艺术团的职责为：负责企业及工会的各项对内和对外文艺演出活动。

一、人力资源管理存在的问题

为了厘清权、责、利之间的关系，设计一套行之有效的绩效考评体系，该公司工会邀请韬睿明仕管理咨询集团为其设计绩效管理体系。韬睿明仕咨询团队进入该公司后，经过深入调研摸底，找出了以下问题：

第一，部门之间的职责权限界定模糊。在工会最初的《组织机构设置及实施方案》中，仅对部门进行了简单设置，各部门的工作范围及职能也只进行了大概的划分和描述，对于每个部门应履行的具体职责并未进行清晰、明确的界定，每个部门所承担的实际工作内容也有很大差异。

第二，组织标准化程度不高，还没有建立一套科学高效的决策程序，没有规范、明确的工作流程和工作标准。

第三，组织的专业化程度不高。缺乏工作分析，对每个岗位职责的界定不清晰，岗位任职资格没有明确界定，人员编制不合理，工作分配不合理；现有员工的综合素质不能满足业务和管理的需要；存在因人设岗现象，忽略了岗位本身对人员素质和技能的要求，也因此造成部分岗位工作人员文化水平、岗位技能、综合素质水平偏低的现状；有的岗位工作强度较大，一个班次24小时运转，有的岗位工作强度很低，工作时间仅6～7小时。

第四，员工对现行工资收入满意度偏低。70%左右的员工为劳务派遣工（临时工），不论岗位、工种，一律拿1 500元的最低工资。

第五，没有建立科学有效的绩效考评管理体系。对部门和岗位均没有实施绩效考核，对员工缺乏科学有效的激励和约束机制，员工每月的奖金与绩效没有相关性，奖金收入的内部公平性不高，拿多拿少都不满意，造成基层员工服务不规范、不着工装、服务标准不统一、不遵守公司制度、不按时出勤、积极性不高等问题，也直接影响到企业的公众形象。

二、解决方案

基于上述问题，韬睿明仕咨询团队提出了解决方法：

第一，调整部门组织结构，编制部门职责说明书，清晰确定各部门管理范围和职能，明确部门职责。

第二，梳理各部门关键的管理和业务流程，在内部建立一套规范、清晰的工作标准和程序，提高组织标准化程度。

第三，编制标准的岗位职责说明书，明确岗位职责和任职资格标准，根据工作量和工作内容，最大限度地实现劳动用工的科学配置，规范绩效管理依据，最终提升效率。

第四，建立科学、规范的绩效管理体系，提炼出各部门和岗位的KPI，制定绩效管理办法，对部门和岗位实施月度绩效考核，考核结果应用于部门和岗位的奖金分配，激发员工积极性，提高工作质量和效率。

第五，对管理类岗位开展竞聘上岗，对基层服务类员工开展岗位技能培训，实行岗位认证体系，加大各岗位的培训力度，对部门增加“员工持证上岗达标率”考核指标，加强部门和员工的绩效考核，建立“优胜劣汰”的内部激励和淘汰机制，实现人员的合理流动。

三、具体措施

关于该石化企业工会的绩效管理体系，韬睿明仕咨询团队提出了构建与实施的具体措施：

1.制定绩效考核的指标库

绩效考核指标库分为部门绩效指标库和岗位绩效指标库。月度部门绩效指标根据部门年度工作计划和部门职责说明书提炼而成，并与工会领导进行充分沟通达成共识后确定。月度岗位绩效指标根据其岗位说明书的职责提炼而成。个人月度绩效指标由职工与上级主管人员充分沟通达成共识后确立。

2.绩效考核的具体实施

(1) 对所有在岗人员每月进行一次绩效考核，主要考核职工个人月度绩效指标完成情况。

(2) 月度绩效考核实行单向考核，由上一级对下一级逐级考核。各部门负责人由工会领导负责考核，部门副职以下管理人员由部门负责人考核。月度绩效考核的具体内容和评分标准由各部门按照公司下发的考核表标准格式制定。部门负责人的月度绩效考核以部门关键绩效指标完成情况为主要内容。各部门制定的各工种岗位的考核评分表需统一报公司绩效管理工作办公室备案。

(3) 月度绩效考核实行等级评定。职工月度绩效考核结果分为A、B、C、D四个等级，其中，评为A级的人数比例不超过参评人数的20%，按部门进行控制，部门人数计算出现小数的取整数计算，评为B、C级的人数比例不作限定。等级的评定按照实际考核评分结果确定：A级（90分及以上）、B级（70分至89分）、C级（60分至69分）、D级（60分以下）。

职工有下列行为之一者，其月度绩效考核结果直接评定为C级：①请事假累计超过3天、不足5天的；②工作出现较大差错或失误，受到公司通报批评的；③参加公司及以上层次培训考核成绩不合格的；④发生严重违规、违纪行为，受到公司及以上层次通报批评的；⑤其他经公司绩效管理工作领导小组认定的行为。

职工有下列行为之一者，其月度绩效考核结果直接评定为D级：①当月待岗的；②旷工2天及以上者；③连续事假超过7天或累计10天及以上的；④累计病假15天及以上者；⑤受到行政、党团处分的；⑥对服务对象粗暴刁难，造成严重不良影响和后果，受到公司及以上层次处分的；⑦不能正确履行岗位职责，泄露公司机密，造成严重经济损失，并经公司绩效管理工作领导小组认定的；⑧应当向领导请示报告而不及时请示报告造成严重后果，并经公司绩效管理工作领导小组认定的；⑨不服从工作安排，无理取闹，经批评教育仍不改正，造成不良影响和后果的；⑩参加非法组织，已经查实的；⑪营私舞弊、损害公司形象，对公司造成较严重不良影响和后果，经公司绩效管理工作领导小组认定的；⑫违反国家法律法规，被公安机关拘留或受刑事处分的；⑬发生恶性违章、恶性未遂事件或重大安全隐患，受到公司及以上层次通报批评的；⑭其他经公司绩效管理工作领导小组认定的行为。

职工有以下情况者，其当月绩效考核结果不能评定为A级：①当月累计请假在5天及以上的；②当月重点工作计划或任务不能按时按质完成的；③当月受到公司点名通报批评的。

(4) 发生安全责任事故和其他影响较大的事件时，相关责任人的月度绩效考核结果由相关职能部门提出考核建议，并由公司绩效管理工作领导小组认定。

(5) 职工月度绩效考核的具体考评内容及评分标准由绩效管理工作办公室每年初根据各岗位绩效合同签订情况、企业工作重点和实际情况组织各部门制定并发布执行。职工月度绩效考核的考评内容和标准实行动态管理，如出现岗位变动或工作性质发生改变，各部门或职工个人可提出对考核内容及考核标准进行修订，由职工所在部门组织修订并确认后报绩效管理工作办公室核准下发执行。

①基层职工月度绩效考核程序。各部门负责人每月3日（遇节假日顺延，下同）前填写上月《月度绩效考核计量表》，各级管理人员按照管理权限对所管辖的职工的绩效考核情况进行初评；各部门负责人每月5日前组织对本部门所有人员上月绩效考核结果进行总体平衡及最终评定；配备两名及以上中层领导（副科级以上）的部门，月度绩效考核结果应由部门中层领导（副科级以上）共同讨论确定；各部门在每月5日下午下班前，将经过本部门负责人签字的部门月度绩效考核结果汇总表提交公司绩效管理工作办公室。

②中层干部（副科级以上）月度绩效考核程序。公司绩效管理工作办公室在每月3日前将各部门副科级以上中层干部的《月度绩效考核计量表》初评情况及各部门提交的考核意见汇总，分别提交给工会领导进行评定；工会领导于每月5日前对绩效考核评定结果进行审核签字并提交。

③公司绩效管理工作办公室每月8日前要将全公司人员的月度绩效考核最终结果提交给公司主要领导签字确认。

④每月10日前，绩效管理工作办公室将全公司月度绩效考核的最终结果在全公司范围内进行公示。

⑤每月12日前，绩效管理工作办公室将经公示后确定的最终月度绩效考核结果报送给公司人力资源主管计算绩效奖金。

(6) 对绩效考核结果实行积分制管理。

①绩效考核积分与职工薪酬管理挂钩。考核积分依据年度绩效考核结果计算，由公司办公室根据职工岗位统一建立考核积分账户，并记入职工个人绩效档案，积分账户实行台账式管理。

②职工的绩效考核积分从2012年起开始累积。

③职工绩效考核积分账户中的积分，由办公室统一核算和管理。

其他单项绩效考核则要根据公司经营管理工作的实际特点和不同时期的工作重点进行。为有效促进各项工作任务和目标的完成，可根据实际需要制定相应的单项绩效考核办法。单项绩效考核办法的制定、实施和监督由具体工作的归口管理部门负责，考核办法须经公司绩效管理工作领导小组审核通过方能发布实施。

(7) 绩效结果应用。

职工绩效考核结果用于绩效奖金的分配。

①月度绩效奖金的分配。各部门依据职工月度绩效考核结果及考核系数，按月分配月度绩效奖金。月度绩效奖金的考核系数根据职工个人的月度考核结果直接确定，具体如表7-8所示。

表7-8 个人考核结果与月度考核系数对应表

个人考核结果（等级比例）	A级（不超过20%）	B级	C级	D级
		等级比例不作限定		
月度考核系数	1.1	1.0	0.5	0

②年度绩效奖金的分配。各部门对职工进行年度绩效考核，依据年度绩效考核结果分配年度绩效奖金额度，具体如表7-9所示。

表7-9 个人考核结果与年度考核系数对应表

个人考核结果（等级比例）	A级（不超过20%）	B级	C级	D级
		等级比例不作限定		
年度考核系数	1.25	1.1	0.5	0

职工绩效考核结果与职工享受福利待遇、教育培训、人才评价等挂钩，并纳入个人档案管理。

（8）绩效辅导与面谈。

①全公司各层级管理人员应根据管理幅度、工作运行周期和不同考核指标的特点，对部门绩效计划和职工绩效计划确定相应的绩效辅导周期，以人为本，多渠道、多方式开展绩效辅导。

②管理人员应了解职工工作困难和工作进度，纠正偏差，有针对性地为职工提供指导、培训和资源支持，及时发现和解决问题，辅导职工提升工作能力，确保职工达成或者超越既定的绩效指标和工作计划。

③对于月度绩效考核结果为C级的职工，部门负责人要在考核结束后5日内与其进行绩效面谈，并将绩效面谈结果报公司绩效管理工作办公室备案。

④月度绩效考核为C级的中层干部由工会领导进行面谈。月度绩效考核结果为D级的职工，由工会领导进行面谈。

⑤绩效面谈的内容主要是向职工通报考核结果，了解职工需要得到的帮助与支持，帮助职工查找、分析工作短板，提出改进方向和措施，并在下一个绩效考核周期内认真落实。绩效面谈应遵循对事不对人的原则，注意正面反馈和负面反馈相结合，通过双向交流确保取得良好的反馈效果。

讨论题：

1.该石化企业工会在绩效管理中存在的问题有哪些？

2.韬睿明仕咨询团队是如何帮助该企业工会解决上述问题的？

第7章案例分析提示

第8章　战略薪酬福利管理

学习目标

- ✓了解薪酬的相关概念
- ✓了解薪酬的功能
- ✓了解薪酬管理的相关知识
- ✓熟练掌握薪酬战略的制定
- ✓熟练掌握薪酬设计的步骤
- ✓了解股权激励和员工持股计划的内涵及作用
- ✓熟悉制订战略福利计划时应注意的问题

引例

联想的薪酬福利计划

为了应对不断变化的经营需求和外部市场因素，更好地吸引、保留、激励优秀人才，联想（Lenovo）建立了一套比较完善和有竞争力的薪酬体系，保证了内部薪酬福利的公平、合理，同时保证了公司员工收入在中国IT产业中的竞争力。

联想薪酬体系由四部分组成：月薪、年底红包、福利和认股权。其中月薪包括工资、表彰奖和津贴，福利包括社会福利和公司福利。

以岗定薪

联想员工的月薪计算是按标准评估确定的定级工资，乘以部门业绩系数，再乘以个人绩效考核系数，最后加减其他应得奖和应扣款。其原则是以岗定薪，同时参考部门和个人绩效。

定级包括岗位定级和个人定级。岗位定级是对岗位而非具体人员。根据岗位描述，利用IPE评估工具从五个方面对某个岗位进行评估，从而确定级别。个人定级是指在某个岗位工作的员工本人的工资定级。

部门考核业绩系数是根据满意度指标、财务指标、市场指标等，同时考虑各类部门的不同特点，确定不同权重，以最后确定其相应的考核系数。整个评价由公司专门机构负责，能确保考评的相对公正、合理。

个人季度绩效考评系数是根据各级干部和员工各季度工作业绩和工作表现，在每季度末由直接上级和考核小组对其进行确定。

表彰奖包括公司表彰奖和部门表彰奖两类，公司表彰奖主要对公司内重大贡献进行表彰，部门表彰奖主要是对部门内表现非常突出的个人或团队进行表彰。

津贴是指因为公司业务发展需要对于异地派遣人员给予的外派津贴，以及对于生产线上特殊工种的工人给予的津贴。

年底红包的确定原则是在个人定级工资基础上，与年度公司业绩系数和年度个人绩效考核成绩以及个人该年实际到岗时间有关。年度公司业绩系数是根据当年公司利润的完成百分比确定，而年度个人绩效考核成绩是根据四个季度绩效平均分和年度评估重点项目得分的加权平均的结果确定。

贴心福利

公司福利主要包括免费午餐、实物发放、带薪休假及出国旅游等。公司为从外地来到联想工作的新员工配备宿舍。在带薪休假方面，除国家规定的法定休假外，根据在联想的工龄，员工每年可享受12～18天的有薪休假：每人每年能享受500元的春游或秋游费；工作满四年的员工还可以出国休假。

认股权是公司为激励员工，使员工的个人利益与公司的整体利益有机结合起来，给予满足一定条件的员工认购一定数量公司股票的权利。其目的是吸引优秀人才，有效地激励员工参与公司的发展；同时通过对股权的分期兑现激励骨干员工长期稳定地在公司发展，将对过去业绩的奖励变为对未来盈利和收益能力的预期——长期激励。

联想有时也会给员工意想不到的惊喜。随着公司业务的连创佳绩，联想在自身高速发展并实现了高度办公自动化的同时，更开始关注如何给员工带来全方位的信息化生活空间，创造更好的家庭办公和娱乐环境。基于这种思考，联想曾为全球员工共计配备了5 000多台“同禧”家用电脑，并一一送到员工家中。

为员工免费配备家庭电脑的举措在联想内部引起了很大反响。一位员工通过公司内部网络的“进步信箱”这样说道：“为中国的用户带来一个全方位的网上新生活已经成为中国的IT企业共同的愿望。”在实现梦想的道路上，让自己的员工成为“先IT起来”的部分，应该是一条必经之路。

资料来源　佚名. 联想、惠普、贝尔员工福利案例［EB/OL］.［2020-01-19］. https: //www.doc88.com/p-6731250319358.html.

8.1 薪酬与薪酬管理

8.1.1 薪酬的概念

薪酬是员工因向其所在组织提供劳务而获得的各种形式的酬劳。其实质是一种公平的交易或交换关系，是员工向组织让渡其劳务使用权后获得的报偿。在这个交换关系中，组织承担的是劳务购买者的角色，员工承担的是劳务出卖者的角色，薪酬是劳动或劳务的价格表现。

薪酬包括工资、福利和社会保险、企业补充保险等各种直接或者间接的报酬。薪酬有不同的表现形式，如精神的、物质的，有形的、无形的，货币的、非货币的，以及内在的与外在的。

货币薪酬可以分为直接薪酬和间接薪酬。直接薪酬包括基本工资、绩效工资、奖金、津贴等，一般以现金形式支付；间接薪酬则包括社会保险、员工福利、股票期权等，一般以非现金形式支付。非货币薪酬则指由工作本身、工作环境、身份标志和组织特征带来的满足感，主要是一种心理效应。可见，薪酬的外在表现是十分广泛的，如果将薪酬狭义地理解为货币，势必影响薪酬管理激励作用的充分发挥。

8.1.2 薪酬的功能

薪酬的功能分为三个方面：

1.薪酬对企业的功能

（1）增值功能

薪酬是能够为企业和投资者带来预期收益的资本。

（2）控制企业成本

由于企业所支付的薪酬水平的高低会直接影响到企业在劳动力市场上的竞争力，企业保持相对较高的薪酬水平对吸引和留住员工无疑是有利的。但是，较高的薪酬水平又会对企业成本产生压力，从而对企业的市场竞争力产生不利的影响。因此，有效地控制薪酬成本支出对于大多数企业来说具有重要的意义。

（3）改善经营绩效

薪酬实际上是企业向员工传递的一种特别强烈的信息，即什么样的行为和态度受到鼓励，什么业绩是对企业有贡献的，从而引导员工的工作行为和态度以及最终的绩效朝着企业期望的方向发展。

（4）塑造企业文化

合理和富有激励性的薪酬制度有助于企业塑造良好的企业文化，或者对已存在的企业文化起到积极的强化作用。

（5）支持企业改革

薪酬可以通过作用于员工个人、工作团队和企业整体来创造出与变革相适应的内部和外部环境，从而有效推动企业变革。

（6）配置功能

薪酬是企业合理配置劳动力并提高企业效率的杠杆。

（7）导向功能

企业可以通过薪酬战略和薪酬计划将战略目标表达出来。薪酬不仅是企业当前管理的有效工具，也是未来管理的导向器。

2.薪酬对员工的功能

（1）保障功能

在市场经济条件下，薪酬仍是企业员工获得本人及其家庭生活费用、满足物质生活需要的主要来源。

（2）激励功能

所谓激励功能，是指企业用来激励员工按其意志行事而又能加以控制的功能。现实中，员工一方面要追求自身的价值，获得归属感和认同感；另一方面更重视追求实在的利益，而劳动则是员工获得收入以提高自己生活水平的基本手段。

（3）社会信号功能

薪酬作为流动社会中的一种市场信号，说明了一个人在社会上所处的位置。员工对这种信号的关注实际上反映了对自身在社会以及企业内部的价值的关注。从这方面说，薪酬的社会信号功能也是不可忽视的。

3.薪酬对社会的功能

薪酬作为劳动力价格的信号，调节着劳动力的供求关系与劳动力的流向。

8.1.3 薪酬管理的含义和意义

薪酬管理是指根据企业总体发展战略的要求，通过管理制度的设计与完善、薪酬激励计划的编制与实施，最大限度地发挥各种薪酬形式如工资、奖金和福利等的激励作用，为企业创造更大的价值。

薪酬管理对企业有重要的意义，现通过以下三个方面来说明薪酬管理的意义：

1.薪酬管理有助于人力资源的合理分配和使用

薪酬是合理分配人力资源的基本手段之一。在企业管理中，人力资源是当之无愧的稀缺资源，因此，企业通过薪酬这个最重要的参数的应用，可以对企业人力资源的流动产生很大的影响。另外，借助市场竞争力和劳动力流动，薪酬管理可以指引人力资源的合理分配，能够充分利用其功效，使其发挥最大的效益。

2.薪酬管理对劳动效率起着直接决定作用

传统的薪酬管理只是合理分配物质报酬，管理者很少会关注被管理者的行为特征。现代薪酬管理中，激励员工，除了注重物质奖励，还特别重视精神报酬。例如，企业通过对劳动者的自我实现给予肯定或认可，使他们获得成就感。这使得薪酬以一种激励杠杆形式存在，达到一种从薪酬的管理过程到劳动者的激励过程的转换。对于劳动者来说，通过自身的高效劳动，除了提高薪酬水平外，还使得名誉、个人在组织中的声誉和地位得到很大的提升，劳动者的团队奉献和合作精神也得到加强。

3.薪酬管理与社会的稳定有直接关系

薪酬是劳动者自身生活和消费需要的主要经济来源。在薪酬管理中，如果制定的薪酬水平过低，就会对劳动者的基本生活造成直接影响，使得劳动力的耗费不能完全得到补偿；如果薪酬水平定得过高，势必在一定程度上影响产品成本，从而造成劳动力的市场需求不足和失业者队伍逐渐扩大，有时还可能会形成由于成本推动而导致的通货膨胀，对人们的日常生活产生严重的影响。

在现代薪酬管理中，要注意以下三个方面：第一，在确定薪酬时，尤其要注意把劳动力扩大再生产的要求考虑在内，以防引起一系列的社会问题；第二，由于“工资-物价”的螺旋式上升，会影响到人们的社会生活，所以我们要对社会动荡的产生有所防备；第三，薪酬水平还必须兼顾社会就业水平，一定要做一个有社会责任感的企业，防止过度扩大失业队伍，影响社会的稳定。

8.1.4 薪酬管理的发展历程

国内外学者对薪酬管理的发展历程进行了研究和阐述，总体来说，薪酬管理的发展呈现出四个阶段。

1.早期工厂制度阶段

在前工业革命时期，工人们不习惯工厂工作的束缚，喜欢自给自足、工作时间比较随意的家庭生活或者农耕生活，因此摆在工厂面前急需解决的问题是：培养工人们的“工业习惯”。在这个特定时期下，重商主义经济学派得出以下结论：“工人拥有的收入与工作的时间之间是负相关的。当工资上升时，工人选择花掉他们的钱，等钱花光以后再去工作。”在这个时期，工厂采用的是简单的家族制计件付酬方式。在那些属于劳动密集型的工厂里，工资激励被广泛地使用，在总成本中，劳动力成本所占的比例最大，劳动报酬紧密地联系着个人表现。

为使工资的激励作用得到充分发挥，少数管理学者提出了利润分享计划，以期补充固定工资的局限性。比如，巴比奇提出，利润分享计划通过两个方面来进行：①工人的部分工资要依据工厂的自身利润；②工人提出任何有利于工厂的改进建议，可以获得额外的奖金。除了分享利润外，按照所承担的任务的性质，工人们还可以取得固定工资。这样，工厂主就要行动，让那些使他们利润减少的工人惨遭淘汰。可以说，伴随着工厂制度的逐步成熟，薪酬在管理中的地位和作用也随之被工厂主认可。

2.科学管理阶段

该阶段的主要观点是通过高工资来使生产效率提高，进而让产品单位成本降低。这个观点认为，薪酬要与劳动表现紧密相连。我们知道，收益分享能够使员工获得更多分红，原因之一它能促进员工不计成本地发挥最大工作效率。泰勒提出的利益分享计划[①]不利于个人成就的实现，该计划使得员工不论其个人成就有多大，都能得到好处，不能体现个人成就。后来他改进了原来的观点，提出了差别计件工资制。这个工资制包括三个方面：第一，工资标准依据对员工工作的研究来制定；第二，依据个人的能力支付薪酬，而不是单凭其所处的职位；第三，针对不同产品采用不同的计件标准。这种工资制可以达到两个效果：一方面，对确实达到工作标准的员工给予较高的薪酬，体现个人成就；另一方面，对没有达到工作标准的员工，只能给予较低的报酬。

此外，甘特在差别计件工资制的带动下，获得灵感，提出了奖金制，极大地提高了员工的积极性。他指出，只要员工能够完成指定的工作任务，就可以获得一定的奖金作为奖励。在1916年，他的观点有了更大的创新，那些能够在规定时间内或提前完成任务的员工，不仅可以获得正常的报酬，还可以获得相应的奖金，这无疑对员工有较大激励作用。不仅如此，他还提出，如果员工完成工作任务，他的工头也可以获得相应的奖金。如果是全部员工都完成任务，工头还可以获得额外的奖励。在他看来，这样可以让工头帮助那些工作能力差的员工，使他们能够完成工作任务。这种观

---

① 泰勒. 科学管理原理［M］. 马风才，译. 北京：机械工业出版社，2014:28-37.

点是经理人薪酬激励的雏形。随之而来的是利益分享计划的改进和创新。约瑟夫·F.斯坎伦提出团队激励计划。一旦个人提出的建议让整个团队受益，就会对整个团队给予奖励。同时，其主旨是建立一个联合委员会，讨论和制定节约劳动的方法。斯坎伦的团队激励计划强调的是节约下来的成本，而不是增加的收益。不难看出，这个计划有三个要点：第一，对团体实行奖励，不再仅对个人成果给予奖励；第二，需要建立一个以节省成本为己任的生产委员会，寻求从节约生产成本中得到利润；第三，工人从节省的成本中获得好处，不同于之前的从增加的利润中分享报酬的做法。

以上我们可以得出，这个时期发生了高工资低成本理念的大逆袭。通俗一点来说，就是工厂主给员工较高的薪酬，更有利于员工节约成本，提高产量；相反，如果不能给员工高工资，就不能调动员工工作的积极性，导致生产成本耗费很大，产量自然就提高不上来。这个结论在当时得到了舍恩霍夫的证实。他发现，那些支付较高工资的企业，生产成本反而很低。因此，高工资带来的低成本得到了大家的认同。

3.行为科学阶段

行为科学理论认为员工的个人需求应受到重视。员工不仅是经济人，还是社会人，他们需要得到一些除了金钱以外的回报。他们不仅在生活中需要得到别人的认可，而且在工作时也需要得到肯定。员工关心他们的高工资，但这不再是最重要的关注点，员工更希望大家对他工作的重要性给予认同。此时，企业开始寻求满足员工个人精神层次的需求。

1951年，詹姆斯·F.林肯提出，员工对个人工作重要性的关注在逐渐消失，需要通过技能认可来激励员工。他试验通过发挥员工的最大能力给企业带来利益。企业会因为他们高超的工作能力给予奖励。此时，激励员工的不再是金钱、工作的安全感，而是对员工技能的奖励。在这种环境下，员工的生产率得到了很大的提高，工作能力得到认可，从而更加忠诚于企业，尽最大的努力来得到这种精神上的满足，无形中企业产量急骤上升，个人报酬也就随之增长。林肯电气公司实施这种激励政策后，取得了更好的发展，也使员工的工资始终保持在高水准上。在当时，该企业个人生产率是其他地区企业平均生产率的5倍，员工离职率下降，企业的股票市值稳定上升，产品价格在市场上自然有很大的竞争力和吸引力。这些观点至今仍得到许多美国企业家的认可。

随后，在1963年，怀特·威廉斯提出公平激励理论。这种理论认为，员工对工资的满足感不仅来自他得到的企业给予的绝对工资，还在于他与其他员工的比较，即相对工资。后来，这种理论再一次得到扩展：员工对自己薪酬的公平感通过两个角度来评判。他们除了将自己的工资同其他人的工资进行比较外，还要将自己的付出或者投入与自己所得的报酬进行比较。这种对薪酬公平性的关注，反映了当时人们已开始从社会人的全新角度去思考薪酬，较之前有了突破性的进展。这是最早期的薪酬水平调查，是对薪酬决策的最早表述。

4.现代薪酬管理阶段

传统的薪酬管理关注的是员工的工作效率，付酬的目的是减少员工的偷懒行为。到了20世纪中后期，美国员工持股运动已经持续了约10个年头，“员工可以拥有公司所有权”的思想逐渐被很大一部分企业认可。尤其是委托代理理论开始被经济和管理学界所接受，并应用于经理人报酬问题，要求经理人的薪酬与企业的业绩紧密相连，并分担企业的一部分业绩风险，从而使企业的业绩得到改善，进而使经理人的目标趋同于企业所有者的目标。

于是，经理人的薪酬越来越注重长期激励因素。此外，这个时期，薪酬与管理变革也联系起来，使得薪酬与团队文化价值建设、管理流程再造、柔性化人文关怀等新型管理理念并轨。这样经理人报酬中员工股票期权等长期薪酬所占的比重越来越大。除此以外，薪酬有了更加广泛的范畴，更加具有弹性。薪酬的目的已经不再是传统意义上的减少员工的偷懒行为，而是强调在更大程度上提升员工的团队协作能力、使命感和创造性。这个时期对薪酬的认识已经不再仅仅是对员工的付出和投入的回报，而是上升到了一定的高度，需要从企业战略目标和社会责任感来考虑，是支持员工实施具体行动方案的管理流程。员工对薪酬的认识已经由原来的注重工资、收入、奖金等，转移到注重工作环境和发展空间上来。为了迎合员工的这种改变，企业也开始尝试通过灵活多变、富有弹性的精神报酬来激励员工。薪酬已经走出唯物质论的范围，进入了另外一种境界，注重一些无法用金钱来衡量的领域，如间接报酬或非经济报酬。员工的观念也有了进步，认为自己也是企业的主人，企业的荣辱兴衰关系着每一个员工的生存与发展。所以，这时涌现了一些新的薪酬制度。

在这个阶段，企业对薪酬的理解，不仅仅关注物质层面，而是转向非经济报酬。依据企业业绩和企业竞争力，企业会给予员工一些精神激励。出现这种转变的原因是，员工对薪酬的认识观念改变了。员工除了注重物质激励外，更加看重一些间接薪酬。此时，薪酬制度在利润分享计划的基础上有了一些创新。

（1）宽带薪酬制度

宽带薪酬制度是先对各岗位分类，然后给每个岗位的薪酬设置多个职位等级，允许不同岗位的员工拥有相同的薪酬水平。如果在绩效考核中表现足够优秀，处于下一级岗位的员工，也有可能获得与上一级岗位的员工等级相同的薪酬；如果在绩效考核中表现较差，处于上一级岗位的员工，也可能得到与下一级岗位的员工相比较低的薪酬水平。这使得员工不一定必须通过晋升来获得更高的薪酬水平，只要在本职位表现优秀，一样可以得到自己追求的薪酬标准。这种薪酬体系中，每个岗位的薪酬幅度较大，有利于更好地激励员工，使得员工能够在一种工作领域中做得更精更好，不会因为没有晋升而产生失落感。它比较适合组织结构扁平化的企业。

（2）以技能与业绩为基础的薪酬体系

到了20世纪末期，技能薪酬体系和利润分享体系在西方国家迅速崛起。技能薪酬体系以员工技能为衡量标准来确定薪酬，以此激励员工更多地提高自身工作能力、知识技能。同时，为了进一步地充分激励优秀员工，许多企业还给员工设定了奖金和员工持股计划，优秀的员工可以分享企业的红利。这种以业绩为基础的利润分享体系，不仅给企业节省了劳动支出，还提高了员工忠诚度和贡献度。这样，员工可以真正感受到自己在企业神圣而不可替代的地位。

(3) 泛化的薪酬政策

约翰·特鲁普曼(John E. Tropman)提出了整体薪酬体系，它具有多样性和整合性。他提出把非经济薪酬成分和物质薪酬成分都集合起来，以整体薪酬体系来思考。此外，这种计划是基于“业绩为主”的薪酬理念，使得投入和奖励得到全面平衡，以便通过非经济薪酬成分让员工满意。

8.2 薪酬战略及其模式

8.2.1 薪酬战略模式概述

1.马克思主义经济学的薪酬决定理论

传统的马克思主义薪酬理论可以分为两大部分：第一部分是资本主义薪酬理论，主要是分析和揭露资本主义薪酬的剥削实质和运动规律；第二部分是全面阐述社会主义个人消费品分配应实行按劳分配的思想，创立了按劳分配学说，但严格来说并未形成社会主义薪酬理论。而有关社会主义薪酬的理论是在社会主义社会诞生以后才在实践中创立起来的。该理论的核心始终贯彻按劳分配的基本原则，明确社会主义薪酬实施国家统一的管理制度和标准，强调政府集权管理，国家是薪酬的唯一分配主体。每个劳动者所提供的劳动具有直接的社会性，在社会做了必要的扣除之后，以全社会为分配单位，按照等量劳动领取等量报酬的原则，由社会制定统一的按劳分配制度，根据每个劳动者所提供的劳动质量与数量进行分配，多劳多得，少劳少得。

从20世纪50年代起，一些学者和实际工作者从社会主义社会现实的客观条件出发，吸收了资本主义社会的一些薪酬理论和管理技术，对社会主义薪酬理论做了进一步的研究和发展。其主要内容如下：

第一，社会主义薪酬仍以按劳分配为基本原则，但要借助于商品、货币、价值和市场等范畴来运行。

第二，企业是独立的经济实体，所以薪酬分配应以企业为单位，企业有薪酬决定与分配的自主权。

第三，决定劳动者个人薪酬水平的因素不再是单纯的个人劳动量，而是由企业的有效劳动量与个人劳动贡献双重因素决定。

第四，薪酬水平取决于劳动力市场劳动供求状况与经济效益。

第五，建立薪酬谈判机制，薪酬水平及其增长以及薪酬构成等由劳动力市场主体双方谈判决定。

目前，我国正致力于建设社会主义市场经济，确立劳动、资本、技术和管理等生产要素按贡献参与分配的薪酬分配和管理方式，社会主义薪酬理论对研究和设计我国企业的薪酬体系仍具有重要的指导意义。

2.**薪酬战略的西方古典理论**

（1）亚当·斯密的薪酬理论

亚当·斯密是最早对薪酬进行分析的学者之一。他认为，薪酬是在财产所有者与劳动相分离的情况下，作为非财产所有者的劳动者的报酬。因此，薪酬水平的高低取决于财产所有者即雇主与劳动者的力量对比。对于影响薪酬增长的因素，斯密认为主要是由于每年增加的就业机会，即对劳动者的需求大于劳动者的供给，导致雇主们竞相出高价雇用劳动者。斯密进一步分析了决定劳动需求的因素。按照他的看法，对劳动者的需求，必定随着预定用来支付劳动薪酬的资金的增加而成比例地增加，资金增加的原因是生产扩大和国民财富的增加。

此外，斯密对薪酬差别进行了解释，认为造成不同职业和雇员之间薪酬差别的原因主要有两大类：一是职业性质，由于各种不同职业的劳动者的心理、学习成本、安全程度、责任大小和职业风险等五个方面的差异造成不同性质的职业的薪酬差别；二是薪酬政策，政府的薪酬政策影响了劳动力市场的供求关系，导致薪酬差别。

斯密的薪酬理论是以后众多薪酬理论研究的基础，其对薪酬差别的理论解释，对现代企业的薪酬设计具有一定的借鉴意义。例如，职业性质是现代职位和职务薪酬制的基础；而政府不适当的薪酬政策则会扭曲劳动力市场的供求关系，从而使作为劳动力价格的薪酬反映不合理的差别。

（2）维持生存理论

这一理论最初由古典经济学创始人威廉·配第提出。该理论的主要观点是，产业社会中工人的薪酬应该等同或略高于能维持生存的水平。工人应获得必需数量的生活用品，以维持自己及其家属的生活，从而为社会的未来扩大再生产提供足够数量的劳动力。如果出于某种原因薪酬暂时提高到维持生存的水平以上，那么，由于工人阶级的人口增长率上升而使劳动力供应增加，薪酬最终仍会降到维持生存的水平。如果将薪酬降低到维持生存的水平以下，它不会持续多久，因为劳动力供应将会因疾病、营养不良、出生率下降而减少，薪酬最终会提高到维持生存的水平。维持生存理论是政府宏观薪酬调节和企业微观薪酬管理的主要理论依据之一。迄今为止，包括中国在内的许多国家制定和保留有最低薪酬保障法律。

3.**薪酬战略的西方现代理论**

（1）边际生产率薪酬理论

被誉为现代薪酬理论鼻祖的克拉克利用边际分析方法，创立了边际生产率薪酬理论。该理论认为，按照边际生产率概念，薪酬取决于劳动边际生产率。这就是说，雇主雇用的最后那个工人所增加的产量的价值等于该工人的薪酬。如果工人所增加的产量小于付给他的薪酬，雇主就不会雇用他；相反，如果工人所增加的产量大于付给他的薪酬，雇主就会增雇工人。只有在工人所增加的产量的价值等于付给他的薪酬时，雇主才既不增雇也不减少工人。因此，工人的薪酬水平由最后雇用的工人的产量决定。

该理论以劳动力市场完全竞争和劳动力自由流动的理想假设为前提。但现实情况并非如此，企业中各种复杂的因素使得边际生产率难以计算。薪酬并不决定于劳动者的边际生产率，而是在一个较长的时间内围绕边际生产率摆动。尽管存在上述不足，但边际生产率薪酬理论是迄今对长期薪酬水平的基本要素做出的最好的一种解释，它致力于企业和厂商层次的微观分析，建立起薪酬和生产率之间的本质联系，开创了薪酬问题研究的新时代。

边际生产率薪酬理论的前提是一个充满竞争的静态社会，主要有以下特征：

①在整个经济社会中，价格和工资不由政府和串通的协议操纵。

②年年都是用相同的方法生产出同等数量的相同产品。

③假定资本、设备的数量是固定不变的，但设备的形式可以改变。

④完全没有分工，对同行业的工人只有单一的工资率。

劳动边际生产力递减是指，随着工人的人数不断增加，刚开始产量会增加，但人数增加到一定数量后，每增加一个人，工人所分摊到的设备数量减少，从而每一单位劳动力的产品数量减少，追加的新工人的边际生产力递减，最后增加的工人的边际生产力最低，如图8-1所示。

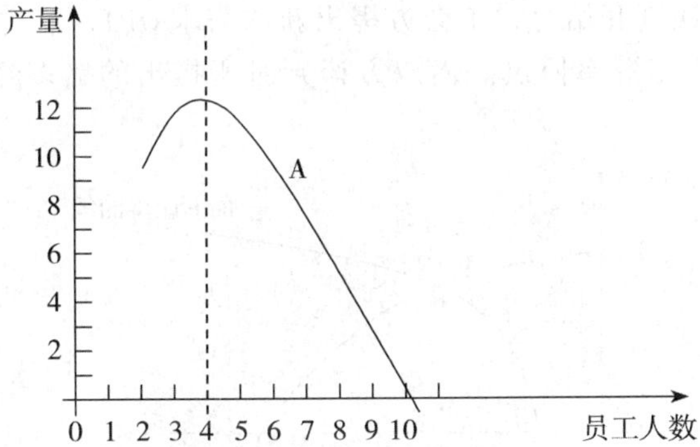

图8-1 边际生产力曲线

（2）均衡价格薪酬理论

边际生产率薪酬理论只是从劳动力的需求方面揭示了工资水平的决定，而没有考虑劳动力的供给方面对工资的影响作用。

英国经济学家阿弗里德·马歇尔从劳动力供给和需求两个方面研究了工资水平的决定，他是均衡价格工资理论的创始人。

他认为工资是劳动力供给和需求均衡时的价格。如图8-2所示，E是均衡点，OP是均衡工资率，OQ是均衡条件下雇用劳动力的数量。

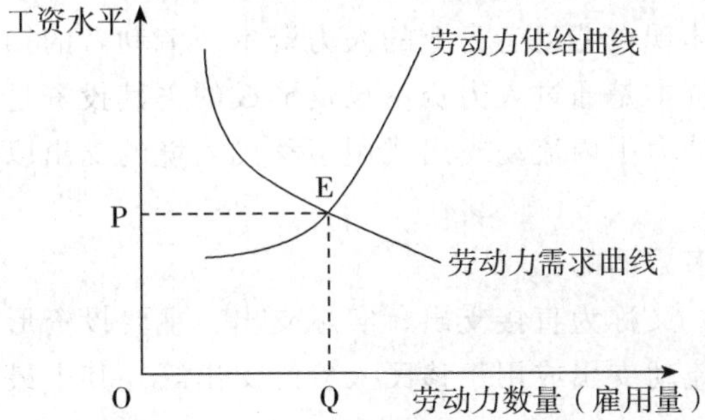

图8-2 劳动力的供给与需求

从劳动力的需求看，工资取决于劳动的边际生产力。从劳动力的供给看，工资取决于两个因素：一是劳动者及其家属的生活费用以及接受培训和教育的经费；二是劳动的负效用。

（3）集体谈判薪酬理论

集体谈判薪酬理论由美国的约翰·克拉克、英国的庇古和约翰·希克斯等经济学家创立。该理论认为，薪酬决定于劳动力市场上劳资双方的力量的对比，是劳资双方在薪酬谈判中的交涉力量抗衡的结果，最终确定的薪酬率取决于双方的谈判技巧和实力。集体谈判薪酬理论就如何确定短期货币薪酬而言，是迄今做出的最好的一种理论解释。在一定程度上来讲，它是集体谈判制度以及工会作用的理论基石和实践总结，是现代企业薪酬理论的一个较重要的理论学说，主要适用于企业的高层技术人员和管理人员。

希克斯提出了集体谈判过程的模式，比较准确地描述了劳动力供求双方的行为轨迹，如图8-3所示。谈判开始时，工会方提出新的需求OP1，雇主只同意OP，最终在OP与OP1区间内达成工资率协议。而双方谈判时所提出的诸多经济因素是最终决定工资水平的因素。

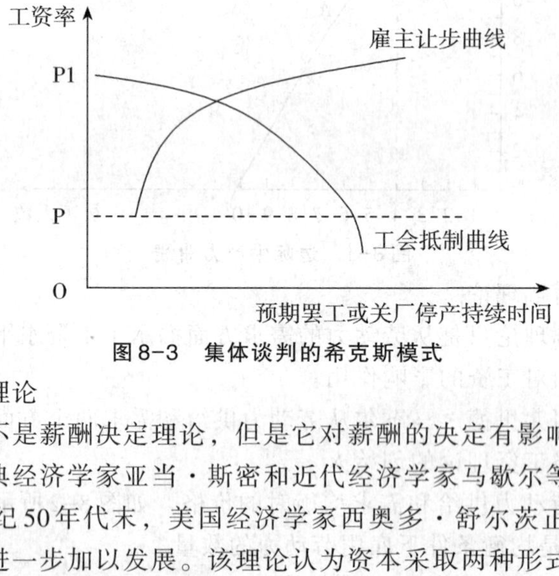

图8-3　集体谈判的希克斯模式

（4）人力资本理论

人力资本理论不是薪酬决定理论，但是它对薪酬的决定有影响。人力资本理论的渊源可以追溯到古典经济学家亚当·斯密和近代经济学家马歇尔等人。但是他们都未做深入研究。20世纪50年代末，美国经济学家西奥多·舒尔茨正式提出人力资本理论，加里·贝克尔进一步加以发展。该理论认为资本采取两种形式，即体现在物质形式方面的物质资本和体现在劳动者身上的人力资本。劳动者的知识、技能、体力等构成了人力资本。人力资本是通过人力资本投资形成的，其投资是多方面的，包括教育支出、保健支出、劳动力国内流动支出或用于移民入境的支出以及收集价格与收入信息的支出等多种形式。

人力资本投资是多方面的：

第一，有形支出，又称为直接支出、实际支出，主要投资形式包括教育支出、保健支出、劳动力国内流动支出或用于移民入境的支出等，其中最主要的投资形式是教育支出。

第二，无形支出，又称为机会成本，是指因为投资期间不可能工作，至少不能从事全日制工作而放弃的收入。

第三，心理损失，又称为精神成本、心理成本，如学习困难、令人厌烦；寻找职业令人乏味、劳神；迁移，要远离朋友等。

工资是人力资本投入的经济产出，所以，劳动能力强的劳动者在接受教育培训后从事工作的收入应该比劳动能力弱的劳动者获得的工资收入多，这可以看作两种不同的人力资本投资所形成的工资差别，如图8-4所示。

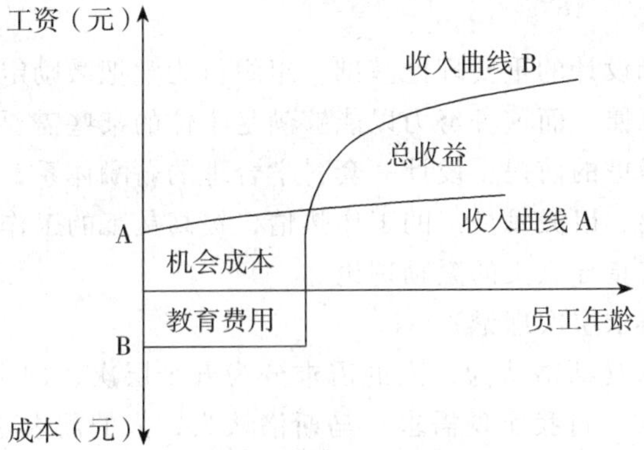

图8-4 两种不同的人力资本投资所形成的工资差别

在劳动力市场上，一个人的人力资本含量越高，其劳动生产率就越高，边际产品价值也越大，因而得到的报酬也越高。而人力资本投资的目的是获取收益，只有当预期收益的现值不低于投资支出的现值时，政府、企业和个人才愿意投资。也就是说，人力资本投资必须得到补偿。人力资本投资理论不仅关系到雇员的收入差异，还关系到企业人力资源的开发和利用，因此在企业管理中日益受到重视。

（5）利润分享理论

威茨曼于1984年提出了该理论，认为薪酬不再具有刚性，而是随利润增减而变动，使作为雇员薪酬来源的“分享基金”与雇主的利润或收入直接相关，即工人薪酬与企业利润挂钩。这种分享制度既包括“单纯”的模式，也包括“混合”的模式，即有保障的薪酬加上利润或收入分享基金。使员工的个人收入与企业的利润直接挂钩，必然会使员工关心企业的盈利状况，因此这种制度一般要求有一套公开、完善的财务制度，以便衡量和监督。这种制度比“员工持股制”更能激发劳动者长期的工作热情。在实际生活中，企业销售人员的薪酬制度多采用这种类型：没有基薪，仅靠佣金获得收入的薪酬制度，属于“单纯”的分享模式；有固定的基薪，另外再依据个人的销售利润提成的薪酬制度，属于洛克模式（一种混合模式）；有固定的基薪，另外再依据个人的销售收入提成的薪酬制度，则属于斯凯林模式（也是一种混合模式）。目前，国内外许多企业广泛实行的利润分红制和利润提成制等薪酬分配形式，被认为是一种比较成功的方式，充分说明了该理论的现实意义。

（6）效率薪酬理论

效率薪酬理论的基本观点是工人的生产率取决于薪酬率。该理论认为，在一定程度上，薪酬通过刺激效应、逆向选择效应、劳动力流通效应和社会伦理效应影响生产率，薪酬越高，劳动效率就越高，企业产出就越大。高于劳动率产出水平的薪酬，被称为“效率薪酬”。薪酬率的提高将导致工人生产率的提高，故有效劳动的单位成本反而可能下降。因此，企业降低薪酬不一定会增加利润，提高薪酬也不一定会减少利润。

此外，比较具有代表性的薪酬理论还有劳动力市场歧视理论、知识资本理论和购买力理论等。各种理论或多或少存在不足之处，但对现代企业薪酬体系的制定仍具有不可低估的指导意义。

4. 激励理论

激励理论是薪酬设计的重要理论基础。组织行为学把激励定义为通过高水平的努力实现组织目标的意愿，而这种努力以能够满足个体的某些需要为条件。人的需要是对人实施激励必须考虑的前提，设计一套科学合理的薪酬体系，必须充分考虑并尽量满足不同员工的需要，以激发员工的工作热情，提高员工的工作绩效。下面重点讨论四个对薪酬设计具有指导意义的激励理论。

（1）马斯洛的需求层次理论

美国行为科学家马斯洛认为，人的需求分为五个层次，即生理需求、安全需求、社交需求、尊重需求、自我实现需求。马斯洛认为，人的需求是多样和逐层上升的，但在某个时段，总有一种需求占主导地位。在主导需求被满足后，人的需求就会向更高的层次发展。人的低级需求被满足之后，曾经为满足这些需求所提出的措施就不再具有激励作用。人的高级需求越是得到满足，越能产生令人满意的激励效果。根据该理论，我们可以发现，员工对于薪酬的需求在五个层次上都有所表现：第一，员工期望所获得的薪酬能够满足自己的基本生活需要；第二，员工期望自己的薪酬收入更加稳定或者是薪酬的稳定部分有所增加；第三，员工期望自己获得的薪酬与同事之间具有可比性，得到公平对待；第四，员工期望自己所获得的薪酬能够比其他人高，以作为对个人能力和从事工作的价值的肯定；第五，员工期望自己能够获得过上更为富裕、质量更高的生活所需要的薪酬，进入更为自由的生存状态，充分实现个人的价值。一般情况下，员工低层次的薪酬需求得到满足后，会产生更高层次的薪酬需求，并且员工的薪酬需求往往是多层次并存的，设计薪酬时要注意满足员工的不同层次的薪酬需求。

案例链接 8-1

腾讯公司的人力资源激励

腾讯是IT界的知名企业，许多IT从业者希望进入这家企业，而且腾讯的离职率一直属于行业里比较低的。那么腾讯是如何激发广大员工的热情和积极性，为企业自身发展提供澎湃的动力和竞争的活力的？下面用马斯洛的理论对腾讯公司福利政策对员工的激励情况进行分析。

按照按马斯洛的理论，个体成长发展的内在力量是动机。而动机是由多种不同性质的需求所组成的，各种需求之间，有先后顺序与高低层次之分；每一层次的需求与满足，将决定个体人格发展的境界或程度。马斯洛认为，人类的需求是分层次的，由低到高依次是：生理需求、安全需求、社交需求、尊重需求、自我实现需求。

第一，生理需求，如吃饭、住房、医疗等，是最强烈的、不可避免的最底层需求，也是推动人们行动的强大动力。

一是吃饭问题。在腾讯公司员工根本不需要为了吃饭喝水这样的事情操心。每天食堂会解决一日三餐甚至夜宵的问题。节假日的水果、粽子、月饼更是经过长达4个月的精心挑选，并且可以提供邮寄。不用为所有上班族都在发愁的“吃什么”“上哪儿吃”的问题发愁，腾讯的员工放在工作上的心思就会更多一些。

二是住房问题。为了帮助员工尽快解决住房问题，腾讯公司针对基层员工的“10亿元无息购房贷款”政策绝对是给予员工极大的激励。根据所在城市不同设置了不同的贷款金额，开设了放款通道，确保借款最快时间到达员工账户，并且申请贷款不需要任何担保。这对于年轻的员工来说解决了住房首付问题；“一年只是在年终奖之后还款一次”更是减轻了员工的还款压力。这一举措对买房困难的员工无疑是一个巨大的激励，会使得希望拿到贷款资格的员工更加努力地工作。得到贷款的员工更是主动戴上了“金手铐”，更加长久地服务于公司。

三是行车问题。生活在一线城市的上班族，每天的漫漫上班路上肯定有许多可以“吐槽”的事情——地铁拥挤不堪，公交没有保障，开车拥堵烦躁——但是这些问题在腾讯公司的员工那里都是不复存在的问题。在上下班时间，腾讯的班车一辆接着一辆，在深圳市区，腾讯班车有260条线路，比一个中小城市的公交系统还完善，从早8点半到晚11点。腾讯的班车服务可以让员工在上下班路上变得更加轻松，宽敞舒适的车厢或小憩，或看书，或交谈，上下班的路途变得美好而幸福。

四是医疗问题。看病贵、看病难是很多人遇到过的问题。但是对于腾讯员工来说，看病贵，有公司提供的商业医疗保险来解决，延展到家庭的保险保障更是解决了家庭看病问题；看病难，有坐诊于公司的知名中医来解决，30天的全薪病假更是让员工养病更加安心。

第二，安全需求。为了让员工坐得舒服，“马化腾要求行政部和采购部挑几款座椅让他试坐，最后订了最贵的一款”。为了让员工提高安全意识，“年底，马化腾担心治安问题，亲自写邮件要求加强安保”。在各种细枝末节之处体现公司的关心和用心，这种对员工的关爱，在员工那里一定会转换成工作动力回报给企业的。

第三，社交需求。腾讯内部有许多非正式组织形式的各种协会，这些协会是根据员工的兴趣爱好组成的兴趣小组。只要积极健康，活动形式不限，公司定期提供一定的活动经费。很多员工不仅是一家协会的会员，通常是多个协会会员。这样就打破了只有工作交流才会交流的沟通渠道的单一性，可以更好地满足员工交流沟通的社交需求。腾讯内部丰富多彩的活动本身就是一个充满爱的交流过程，通过活动增加员工之间的了解和沟通，使得员工在工作中的配合就更加自然流畅和友好默契，这种激励对提高工作效率的益处就不用多言了。

第四，尊重需求。在国内，上至爷爷奶奶下至幼儿园的孩子，很少有人不知道QQ、微信这些腾讯公司的明星产品的，“腾讯员工”的标签足以让工作在其中的员工有着莫大的自豪感。在开放的企业文化的倡导下，员工只要有好的想法，主管就会鼓励他们去尝试，并且在执行过程中充满协作、分享和鼓励，员工不会感觉到自己是一个人在战斗，而是深感自己身处精英团队之中。这样的环境中，不管是自尊、他尊还是权力欲都充分得到了满足，而得到满足的员工又怎能不产生强大的推动力呢？

第五，自我实现需求是最高等级的需求。满足这种需求就要求完成与自己能力相称的工作，最充分地发挥自己的潜在能力，成为所期望的人物。这是一种创造的需求。有自我实现需求的人，似乎在竭尽所能，使自己趋于完美。自我实现意味着充分地、活跃地、忘我地、集中全力全神贯注地体验生活。在腾讯众多的业内顶尖高手面前，也许刚进入的员工会觉得自己十分渺小，然而很快他们会相信，他们会超越这些高手，因为这些牛人会让他们站在“巨人”的肩膀上看世界。

资料来源　刘焱. 从马斯洛需求理论看腾讯激励［J］. 消费电子，2014（18）.

（2）双因素理论

双因素理论是20世纪50年代后期由英国著名心理学家弗雷德里克·赫兹伯格提出的。赫兹伯格认为，可以对员工产生影响的主要有两种因素：保健因素和激励因素。激励因素是指促使员工产生满足感的因素，它往往与工作本身相联系，包括工作的成就感、工作本身的挑战性、个人晋升机会等；保健因素是指会使员工产生不满足感的因素，这类因素通常同工作环境或条件相联系，包括公司政策和管理监督方式、人际关系、薪金、工作条件等。激励因素只有满意和没有满意之分，保健因素只有不满意和没有不满意之分。不满意因素被消除之后，不一定会带来满意即激励作用。只有激励因素得以充分发挥，才能够给员工带来满意感，并产生有效的激励作用。尽管赫兹伯格认为保健因素不具有激励作用，但后继者研究认为保健因素对蓝领工人产生积极作用，保健因素与激励因素在一定条件下可以相互转化。

双因素理论对薪酬设计的指导意义具体表现为：工作本身的挑战性、工作的成就感等激励因素不直接涉及薪酬，但可在薪酬设计中与员工从事的工作性质结合，由薪酬的数额来表现。因而，以工作分析、职位评价为基础的薪酬设计是有道理的。另外，薪酬设计要分清薪酬结构中哪些属于保健因素、哪些属于激励因素。要根据不同的职位来设计体现保健作用的基本工资与体现激励作用的效率工资和奖金。基本工资属于保健因素，要保障员工基本的生活与工作需要，奖金不应按时固定发放，防止激励因素向保健因素转化。

（3）公平理论

公平理论侧重研究报酬大小与努力水平的关系，探讨报酬的合理性对员工工作积极性的影响。该理论指出，人们总是习惯将自己所得的报酬进行比较：一是将现在的报酬与其现在的投入进行比较；二是将现在的报酬与投入之比和自己过去的情况相比；三是将自己的报酬与投入之比和其他可比较对象的情况相比。如果员工认为自己的这个比例与他人的比例以及自己现在和过去的比例相当时，就会产生公平感；如果员工认为自己的这个比例与他人的比例以及自己现在和过去的比例不相当时，就不会产生公平感，因为人们往往高估自己的付出或他人的所得，低估自己的所得或他人的付出；如果认为自己的这个比例低于他人的比例或者自己现在的比例低于过去的比例时，就会产生不公平感，并采取带来负面工作绩效的纠正行为。

根据公平理论，在进行薪酬设计时，需要注意员工可能会对薪酬进行三种类型的社会比较。一是薪酬比较的外部公平性，主要集中在对其他企业中从事同样工作的员工获得的薪酬水平的考察；二是薪酬比较的内部公平性，关注的是企业内部的不同职位之间的薪酬对比问题；三是薪酬比较的个人公平性，涉及企业内部同一职位的人获得薪酬的比较。要通过薪酬的市场调查获得市场薪酬水平的信息，制定不低于市场平均价格的薪酬水平来保证薪酬的外部公平；要通过客观的职位评价，确定不同职位的相对价值，以实现薪酬的内部公平；要通过对员工的个人努力、能力、业绩等进行考核，确定不同员工的薪酬等级，以体现薪酬的个人公平。

（4）期望理论

美国行为科学家维克多·弗鲁姆提出的期望理论认为，一个人从事某种活动的动力取决于两种因素：该项活动所产生的效价和期望。效价是指人们在获得成功后能够得到的满足感，这取决于他们个人的主观感受，而且同种成果对于不同的人可能具有不同的吸引力。比如，圆满完成某项工作就可以获得提升的期望结果对于想要提升的人无疑具有很大的激励作用，但对贪恋安逸、不愿承担责任的人来说，则没有多少吸引力。期望是指根据经验判断一定行为能够导致某种结果和满足需要的概率，这取决于个人的信心、能力以及外界条件。如果某个人把目标实现后得到的报酬看得越重，估计实现的概率越高，那么激励的作用就越强。

根据弗鲁姆的以上理论，薪酬设计首先要根据员工的需求设计薪酬结构和薪酬项目，以发挥充分的激励作用；其次要处理好薪酬和绩效的关系，员工在达到一定的绩效后，能够得到与之相应的薪酬，包括奖金和职位晋升等；最后要注意设定适当的绩效指标，使员工通过努力能够达到相应的标准。薪酬设计必须处理好上述关系，才能有效激励员工，提高企业的工作效率。

8.2.2 薪酬战略的内涵及特点

1.薪酬战略的内涵

薪酬战略通过薪酬管理达到提升组织绩效的目的，一般从薪酬决策、薪酬技术与薪酬目标三个方面来理解。薪酬决策是在薪酬管理过程中，企业对环境中的机会与威胁做出适当的反应，并且配合或支持组织全盘的、长期的发展方向和目标。它是薪酬战略要素与薪酬政策类型的组合。薪酬战略要素包括薪酬分配的原则、薪酬水平、薪酬结构、薪酬等级构成、奖励的重点及薪酬管理与控制等。薪酬政策是各企业按照各自人力资源的不同特点自行拟定的，是薪酬战略要素所要遵循的纲领和法则。薪酬技术是在薪酬战略的框架下达到薪酬目标所采取的程序与方法，属于执行层面的薪酬管理。薪酬目标是薪酬管理所要达到的最终目的，主要包括效率、公正与合法。

薪酬战略是组织根据外部环境存在的机会与威胁及自身的条件所做出的具有总体性、长期性、关键性的薪酬决策。凡是具有战略性的薪酬决策都属于薪酬战略，但不能简单地认为薪酬战略等于薪酬决策。其一，薪酬战略不仅指薪酬决策，也包含薪酬管理。其二，并非所有的薪酬决策都是薪酬战略，薪酬技术与业务管理方面的决策不属于薪酬战略，只有对组织绩效与发展具有重大影响的战略性薪酬决策才属于薪酬战略。

2. 薪酬战略的特点

薪酬战略的特点主要体现在以下三个方面：

（1）薪酬战略是与组织总体发展战略相匹配的薪酬决策

薪酬战略作为组织总体战略系统的一个子战略，它必须与组织总体发展战略的方向、目标相一致，必须体现和反映组织发展模式与趋势，贯穿并凝聚组织文化和经营理念，反映和体现组织发展不同阶段的特征。薪酬战略应依据组织总体发展战略来制定，根据组织总体战略来确定薪酬的水平与结构、薪酬的文化理念、薪酬的管理与政策。这样，薪酬战略与组织总体发展战略才能形成一种整体协调、相互促进的互动关系。例如，某公司总体发展战略是一种多元化经营战略，那么，相应地在薪酬方面应采取富有弹性、以绩效薪酬为主、分权式管理的薪酬战略。

（2）薪酬战略是一种具有总体性、长期性的薪酬决策与薪酬管理

总体性指薪酬战略是对整个组织的薪酬从总体上构建一个系统性的决策与管理模式，而不是针对某个部门、某些人员的薪酬决策与管理。长期性是指这种薪酬决策与管理模式的构建不能仅考虑组织目前的状态，还要考虑组织长远发展的趋势，适应组织长期发展的需要。所以，一个组织的薪酬战略要特别重视两个原则：一是系统性原则，把一个组织的薪酬基础、薪酬结构、薪酬水平、薪酬管理及组织内各部门、各种人员的薪酬关系作为一个系统综合考虑；二是动态发展原则，一个组织的薪酬战略不是静态的，而是一个不断改革、不断完善的过程。

（3）薪酬战略对组织绩效与组织变革具有关键性作用

并非任何薪酬决策都属于薪酬战略，只有那些对组织绩效与组织变革具有重大影响的薪酬决策才属于薪酬战略的内容。如薪酬技术层次的具体计量和薪酬执行层次的日常管理对组织绩效与组织变革虽有影响，但并非重大影响，所以并不属于薪酬战略的范围。而诸如薪酬的基础是年资、技能还是绩效，薪酬的设计是倾向内部公平性还是外部竞争性，薪酬管理是集权式还是分权式，对高层管理人员是否实行年薪制、延期支付或股票期权等，这些决策对组织绩效与组织变革具有重大影响，起关键性作用，属于薪酬战略的主要内容。薪酬战略对组织绩效与组织发展的关键作用主要体现为，强化对员工的激励，激发员工的积极性与创造力，增强组织的外部竞争力，强化组织的团队精神与凝聚力，提高薪酬成本的有效性。

8.2.3 影响薪酬战略的因素

薪酬战略的内容包含两个方面：一是薪酬战略要素。并不是所有与薪酬决策相关的要素都是薪酬战略要素，最核心的薪酬战略要素包括五个方面：薪酬基础、薪酬水平、薪酬结构、薪酬文化及薪酬管理。二是薪酬政策。它是薪酬决策中所要遵循的基本规则与原则。薪酬政策具有多样性，在同一薪酬要素中，不同组织的特点不一，管理的模式不同，领导者的风格各异，其薪酬政策的选择既有共性，也会有较大的

差异。

1.薪酬基础及政策

薪酬基础指确定薪酬的依据与条件，即员工的薪酬由什么来确定。显然，这是确定员工薪酬的基础，对薪酬战略至关重要，它影响整个组织薪酬分配的格局，对所有员工的薪酬都有重大影响。在薪酬战略中，薪酬基础与相应政策主要考虑两个方面：一是薪酬的确定主要依据哪些要素，是员工的年资还是技能，是员工的职务还是绩效；与其相应的薪酬政策，是选择年资薪酬模式还是技能薪酬模式，是职务薪酬模式还是绩效薪酬模式。二是年资、技能、职务、绩效等各种要素在整个薪酬构成中的地位与作用程度。它决定着薪酬构成中各种要素的报酬率，即各种要素在整个薪酬中所占的比重。

2.薪酬水平及政策

薪酬水平指组织对自身总体薪酬量的定位。在薪酬战略中，薪酬水平的决策主要考虑三个要素。其一，市场薪酬水平与竞争对手的薪酬水平。在市场竞争及人才流动条件下，组织必须参照市场与竞争对手的薪酬水平来给自己的薪酬水平定位。其二，组织自身的绩效与财务状况。一般而言，组织自身的绩效、财务状况与薪酬水平是正相关的。其三，组织自身所处的发展阶段。在不同的发展阶段，薪酬水平的定位不同。与薪酬水平相应的薪酬政策有领先型、跟随型和滞后型三种类型。领先型即高于市场与竞争对手的薪酬水平；跟随型即与市场和竞争对手的薪酬水平大致相当；滞后型即低于市场和竞争对手的薪酬水平。薪酬水平的定位是个两难抉择。较高薪酬有利于吸纳人才，激励员工的积极性，但必然使薪酬成本增加；较低薪酬有利于降低薪酬成本，但不利于员工的稳定和积极性的发挥。较高薪酬能吸纳高素质的员工，激发员工的积极性，所产生的绩效可能大于高薪酬增加的成本；反之，较低薪酬不利于员工稳定，带来的损失可能远大于低薪酬所节省的薪酬成本。

3.薪酬结构及政策

薪酬结构主要指薪酬的具体形式及构成。不同形式的薪酬，其特征与功能不同，对员工的行为及组织发展具有不同的影响。因此，研究薪酬结构及政策最重要的是分析各种薪酬的特征与功能作用，选择能充分体现各类员工的贡献并有利于激励员工和组织发展的薪酬形式。薪酬的具体形式与政策主要包括：

（1）基本薪酬与可变薪酬

基本薪酬是相对稳定的，保障员工的基本需要，使员工产生安全感，但基本薪酬过高会削弱薪酬的激励功能。可变薪酬是变动的，具有较强的激励作用，但可变薪酬过高、基本薪酬过低，又会使员工缺乏安全感及保障。

（2）经济性薪酬与非经济性薪酬

前者属于外在性薪酬，包括工资、奖金、津贴、福利、保险等，主要用来满足员工的物质生活与安全方面的需要；后者属于内在性薪酬，包括晋升机会、荣誉、工作环境等，主要用来满足员工心理与精神方面的需要。

（3）短期薪酬与长期薪酬

短期薪酬主要包括员工的基本工资、津贴、短期奖金等；长期薪酬主要包括股票期权、延期支付等。显然，前者主要满足员工的现实需要，而后者的主要功能是长期激励。

（4）工资与福利

工资主要体现员工的劳动贡献与绩效，而福利更有利于组织的团队精神与凝聚力，但福利带有平均主义色彩，过高的福利不利于组织效率的提高。

4. 薪酬文化及政策

薪酬文化指组织的薪酬战略所贯穿的思想理念，对组织的薪酬战略起引导作用。薪酬文化与组织文化相互联系、相互依存，一方面，薪酬文化受组织文化的指导，同时又可促进组织文化的发展；另一方面，薪酬文化也是组织文化在薪酬战略中的一种体现，有它具体的内容与表现形式。薪酬文化及政策所讨论的问题主要是薪酬决策与管理的目标导向与思想理念，包括：把薪酬看成“人力成本”还是“人力资本”；薪酬模式的设计是以人为基础还是以岗位为基础；薪酬理念是“物质报酬”还是“全面报酬”；薪酬的目标是倾向成本控制还是重在激励；薪酬决策是侧重公平还是效率，强调外部竞争性还是内部公平性。

5. 薪酬管理及政策

薪酬管理可分为战略性的薪酬管理与技术性的业务管理。战略性的薪酬管理研究的是整个组织薪酬管理的总体模式、核心制度与主体方式。薪酬管理及政策要讨论的内容主要有三个方面。其一，薪酬信息的公开透明程度，其核心问题是实行保密薪酬制度还是公开薪酬制度。其二，薪酬管理权限的划分，即薪酬的管理是集权式还是分权式。其三，员工参与薪酬决策的状况，即薪酬的决策模式是集权型还是民主型。对这几个方面的不同选择，决定着薪酬管理的模式是封闭式还是开放式。显然，保密薪酬制度、集权式的管理属于封闭式管理模式，而公开薪酬制度、分权式管理、民主型决策属于开放式管理模式。

8.3 战略薪酬体系设计

8.3.1 战略薪酬体系概述

1. 战略薪酬体系的概念

战略薪酬体系的概念有狭义与广义之分。狭义的战略薪酬体系是指薪酬中相互联系、相互制约、相互补充的各个构成要素形成的有机统一体，其基本模式包括基本工资、津贴、奖金、福利、保险等形式。其主要任务是确定企业的基本薪酬以什么为基础。

本教材所提到的战略薪酬体系，是极其宽泛的概念，涉及企业薪酬战略、薪酬制度、薪酬管理的方方面面。薪酬战略是人力资源部门根据企业最高管理层的方针拟定的，它强调的是相对于同规模的竞争性企业来讲其薪酬支付的标准和差异。薪酬制度是企业薪酬体系的制度化、文本化，也是薪酬战略的集中体现。薪酬管理是指一个组织针对所有员工所提供的服务来确定他们应当得到的薪酬总额以及薪酬结构、薪酬形式的过程。

2.战略薪酬体系的类型

(1) 岗位薪酬体系

岗位薪酬体系是应用最为广泛同时也是最为稳定的薪酬体系类型。所谓岗位薪酬体系，就是指根据员工在组织中的不同岗位特征来确定其薪酬等级与薪酬水平。岗位薪酬体系以岗位为核心要素，建立在对岗位的客观评价基础之上，对事不对人，能充分体现公平性，操作相对简单。

(2) 技能薪酬体系

技能薪酬又可分为技术薪酬和能力薪酬两种类型。技术薪酬体系是指组织根据员工所掌握的与工作有关的技术或知识的广度和深度来确定员工的薪酬等级和水平。对于科技型企业或专业技术要求较高的部门和岗位，这种薪酬体系具有较强的适用性。能力薪酬体系是以员工个人能力状况为依据来确定薪酬等级与薪酬水平的。这种制度适用于企业中的中高层管理者和某些专家。与岗位薪酬体系相比，技术薪酬或能力薪酬体系的最大特征体现在薪酬决定的依据上。

(3) 绩效薪酬体系

绩效薪酬体系是将员工个人或者团体的工作绩效与薪酬联系起来，根据绩效水平的高低确定薪酬结构和薪酬水平。员工工作绩效主要体现为完成工作的数量、质量，所产生的收益，以及对企业的其他可以测评的贡献。这种薪酬体系主要适用于工作程序性、规则性较强，绩效容易量化的岗位或团队，以便能够清楚地将绩效与薪酬挂钩。

上述三种类型的薪酬体系各有利弊。在进行薪酬体系的选择与设计时，主要看这种薪酬体系能否与企业的内外环境相适应，是否有利于激发员工的工作热情，能否提高企业竞争力，是否有助于企业战略目标的实现。

3.薪酬体系设计的基本要求

(1) 薪酬体系设计要体现薪酬的基本职能

薪酬职能是指薪酬在运用过程中的具体功能的体现，是薪酬管理的核心，包括补偿职能、激励职能、调节职能、效益职能和统计监督职能。

(2) 薪酬体系设计要体现劳动的基本形态

薪酬体系设计首先要体现劳动的基本形态。劳动的基本形态包括：

①潜在劳动：可能的贡献。潜在劳动是指蕴涵在个体身上的劳动能力。它是企业在人力资源招聘和配置时对个体价值进行预测的基本依据，也是区分不同人力资源对企业未来贡献大小的重要指标。

②流动劳动：现实的付出。流动劳动是指人力资源个体在工作岗位上的活动是已经付出的劳动。企业用它作为发放劳动报酬的依据。

③凝固劳动：实现的价值。凝固劳动是指劳动付出后的成果，如产量是多少、销售额有多少等。这是劳动创造价值的具体体现，因而应当是劳动价值衡量的最好方式。

以上三种劳动形态各有特点，也各有优势和不足。按潜在劳动计量薪酬，有利于鼓励员工进行人力资本投资，也能够在一定程度上增强组织对人才的吸引力；按流动劳动计量报酬，适用于那些难以计算或者不必计算工作定额、不存在竞争关系而只要求按时出勤的工种或岗位；按凝固劳动计量薪酬，能够比较准确地表明劳动价值的大小，也便于发挥薪酬管理的激励功能，但其适用的范围有限。因此，企业组织在考虑薪酬分配依据和制定薪酬制度时，应该综合考虑，取长补短，配合使用。

4.薪酬体系设计的前期准备工作

（1）明确企业的价值观和经营理念

企业价值观和经营理念统帅着企业的全局，指导着企业经营管理的诸多方面，对企业薪酬管理及其策略的确定具有重大的影响。

（2）明确企业总体发展战略规划的目标和要求

企业战略规划的内容：

①企业的战略目标。

②企业实现战略目标应具备的和已具备的关键成功因素。

③具体实现战略的计划和措施。

④对企业实现战略有重要驱动力的资源（人、财、物），明确实现企业战略时需要的核心竞争力。

⑤根据企业战略，确定激励员工具备企业需要的核心竞争力的方法论；确定员工实现战略、激励员工产生最大绩效的方法论。

（3）掌握企业生产经营特点和员工特点

企业生产经营特点和员工特点也影响企业薪酬管理。

（4）掌握企业的财务状况

根据企业战略目标、企业价值观等方面的总方针和总要求，从企业的财务实力和状况出发，切实合理地确定企业员工的薪酬水平。

（5）明确掌握企业劳动力供给与需求关系

了解企业所需要的人才在劳动力市场上的稀缺性，如果供大于求，薪酬水平可以低一些；如果供小于求，薪酬水平可以高一些。

（6）明确掌握竞争对手的人工成本状况

为了保持企业产品的市场竞争力，应进行成本与收益的比较，通过了解竞争对手的人工成本状况，决定本企业的薪酬水平。

5.岗位薪酬体系设计

岗位薪酬体系是根据每个岗位的相对价值来确定薪酬等级，通过市场薪酬水平调查来确定每个等级的薪酬幅度。这种薪酬体系的基本思想是：不同岗位有不同的相对价值，相对价值越高的岗位对企业的贡献就越大，因而就应该获得更高的报酬。

岗位薪酬体系以岗位评价为基础。岗位薪酬与组织结构、岗位设置、岗位特征密切相连，实质上是一种等级薪酬。

一般来说，岗位薪酬体系的设计包括以下八个步骤：

（1）环境分析

通过调查分析，了解企业所处的内外环境的现状和发展趋势。环境分析是薪酬体系设计的首要步骤，为后面几个步骤提供了重要的基础性材料。所以，环境分析的质量直接影响到薪酬战略的选择、工作分析以及岗位评价等重要过程的工作质量。

（2）确定薪酬战略

在对组织环境进行系统分析的基础上，通过对薪酬体系设计的必要性和可行性、激励重点和设计目标的分析论证，得出怎样的薪酬战略才符合企业的实际情况和企业战略的要求。

（3）岗位分析

一般通过问卷调查法、参与法、观察法、访谈法、关键事件法、工作日志法等获取相关岗位信息，并据此编制包含该岗位基本信息、工作环境、任职资格等内容的岗位说明书，从而为确定每个岗位的相对价值提供重要的依据。

（4）岗位评价

在薪酬体系设计中，岗位评价可使特定岗位的相对价值得以公示，为薪酬等级的划分建立基础，体现薪酬分配的公平性原则。常用的岗位评价方法有排序法、归类法、因素比较法、计点法、海氏评估法等。

（5）岗位等级划分

一般来说，等级数目少，薪酬宽度大，员工晋升慢，激励效果差；等级数目多，岗位层次多，管理成本就会增加。可见，薪酬等级与组织结构密切相关。

（6）市场薪酬调查

市场薪酬调查主要就是通过收集、分析市场薪酬信息和员工关于薪酬分配的意见、建议，来确定或者调整企业的整体薪酬水平、薪酬结构、各具体岗位的薪酬水平的过程。

（7）确定薪酬结构与水平

狭义的薪酬结构是指同一组织内部不同岗位薪酬水平的对比关系；广义的薪酬结构还包括不同薪酬形式在薪酬总额中的比例关系，如基本薪酬与可变薪酬、福利薪酬之间的不同组合。薪酬水平是指组织整体平均薪酬水平，包括各部门、各岗位薪酬在市场薪酬中的位置。

（8）实施与反馈

薪酬体系设计完成之后，必须制度化、标准化为企业薪酬管理制度，通过实施才能实现薪酬的战略及目标。

6.技能薪酬体系设计

技能薪酬体系以员工所掌握的与职位相关的知识和技术的深度与广度的不同为依据来确定薪酬等级和薪酬水平。

技能分析的基本内容包括技能单元、技能模块和技能种类。

（1）技能单元

技能单元是技能分析的基本元素，是最小的分析单元，是对特定工作的具体说明。

（2）技能模块

技能模块是指从事某项具体工作任务所需要的技术或者知识。技能模块是技能薪酬设计的基础，是技能薪酬区别于岗位薪酬的显著特征。技能模块的形式决定了技能薪酬的不同类型，它包括技能等级模块和技能组合模块两种。

（3）技能种类

技能种类反映了一个工作群所有活动或者一个过程中各步骤的有关技能模块的集合，本质上是对技能模块进行的分组。

7.绩效薪酬体系设计

绩效薪酬属于高激励薪酬，薪酬数额会随着既定绩效目标的完成而变化。绩效薪酬体系的核心内容在于绩效评估。

绩效薪酬在现实运作中也有不少缺点：

第一，对员工行为和成果难以进行准确的衡量，在绩效考核体系指标设置不合理的情况下，容易使绩效薪酬流于形式，可能导致更大的不公平；

第二，如果绩效薪酬设计不合理，就会演变为一种固定薪酬，人人有份；

第三，绩效薪酬制度多以个人绩效为基础，这种以个人为中心来获得奖励薪酬的制度不利于团队合作，而与团队绩效挂钩的薪酬制度也只适用于人数较少、强调合作的组织。

8.3.2 战略薪酬体系设计的原则和程序

1.战略薪酬体系设计的原则

（1）公平性原则

根据亚当斯的公平理论，一种比较称为横向比较，即员工将自己所获得的报酬与自己的投入的比值跟组织内其他人的这一比值做比较。另一种比较称为纵向比较，就是员工将自己目前所获得的报酬与目前的投入的比值，同自己过去的这一比值进行比较。只有前者大于或等于后者时，他才感觉到是公平的。企业薪酬的公平性可以分为三种：内部公平性、外部公平性、个人公平性。

（2）激励性原则

激励性就是差别性，即根据工作的差别确定报酬的差别，体现薪酬分配的导向作用及多劳多得原则。这要求在企业内部各类各级岗位上的薪酬水平要适当地拉开差距，真正体现按照贡献大小分配的原则。

（3）竞争性原则

在一般情况下，企业员工的薪酬水平应该比行业的平均水平高15%，这样既不会使企业的负担过重，又可以达到吸引、激励和保留员工的目的。

（4）经济性原则

提高企业的薪酬标准，固然可以提高其激励性，但同时也不可避免地会导致人工成本的上升，所以薪酬制度还要受经济条件的制约。

（5）合法性原则

企业的薪酬制度必须符合党和国家的政策与法律，如国家对最低薪酬标准、工作时间、经济补偿金、加班加点付薪的有关规定等。

2.战略薪酬体系设计的程序

战略薪酬体系设计的要点在于“对内具有公平性，对外具有竞争力”。建立这样一套薪酬体系，是企业人力资源管理的当务之急。要设计出科学合理的薪酬体系和薪酬制度，一般要经历以下几个步骤：

（1）岗位评估

①岗位评估内容。岗位评估的内容包括每一职位的名称、职位设置的目的、职位职责、任职者基本素质要求等。目前国内的职位体系比较混乱，在进行薪酬调查时一定要注意所调查职位的职位描述，而且应将调查所获得的职位描述与公司相应的职位进行比较，只有当两者的重叠度大于70%时，才能根据所调查职位的结果来确定公司相应职位的薪酬水平。

②岗位评估原则。岗位评估的对象是岗位而不是岗位中的员工，要让员工积极地参与到岗位评估中去，让他们认可岗位评估的结果，同时应公开岗位评估的结果。

③岗位评估方法。常用的岗位评估方法有岗位参照法、分类法、排序法、评分法和因素比较法。其中分类法、排序法属于定性评估，岗位参照法、评分法和因素比较法属于定量评估。

（2）薪酬调查

①薪酬调查的含义。薪酬调查就是通过各种正常的手段获取相关企业各职务的工资水平及相关信息。对薪酬调查的结果进行统计分析，就能为企业的薪酬管理决策提供有效依据。

②企业什么时候需要进行薪酬调查。薪酬调查是一个不小的项目，从涉及的人员和占用的时间来看都是一笔不小的投入。从实践看，建议只在调薪、企业结构重组、遇到特定的问题时才考虑薪酬调查工作。

③薪酬调查应掌握的原则。一是在被调查企业不知情的情况下获取薪酬信息。由于薪酬管理政策及数据在许多企业属于商业机密，不愿意让其他企业了解，所以在进行薪酬调查时要由企业人力资源部门通过某种关系与对方对应部门或总经理直接联系，利用某种特殊关系获取真实信息。二是调查的资料要准确。由于很多企业对薪酬情况守口如瓶，所以有些信息很可能是道听途说得来的，这样肯定不全面，准确率也低。三是调查资料要随时更新。随着市场经济的发展和人力资源市场的完善，企业的薪酬情况经常变化，要调查及时更新的资料才有参考价值。

④薪酬调查的渠道。一是企业之间的相互调查。薪酬调查的对象，最好是选择与自己有竞争关系的企业或同行业的类似企业，重点考虑员工的流失去向和招聘源。只有采用相同的标准进行职位评估，并各自提供真实的薪酬数据，才能保证薪酬调查的准确性。二是委托专业机构进行调查。薪酬调查重在解决薪酬的对外竞争力问题。企业在确定工资水平时，需要参考劳动力市场的工资水平，可以委托比较专业的咨询公司进行这方面的调查。三是从公开的信息中了解。

（3）薪酬定位

在分析同行业的薪酬数据后，需要做的是根据企业状况选用不同的薪酬水平。同产品定位相似的是，在薪酬定位上企业可以选择领先策略和跟随策略。薪酬上的领头羊未必是品牌最响的企业，因为这类企业可以依靠其综合优势，不必花费最高的工资也可能找到最好的人才。往往是那些财大气粗的后起之秀最宜采用高薪策略，它们多处在企业初期或快速上升期，投资者愿意用金钱买时间，希望通过挖到一流人才来快速拉近与行业巨头的差距。因此，薪酬定位必须充分考虑企业的实际情况和薪酬影响力。

（4）薪酬结构设计

许多企业在确定人员工资时，一般都要综合考虑三个方面的因素：一是职位等级；二是个人的技能和资历；三是个人绩效。在工资结构上与其相对应的，分别是职位工资、技能工资、绩效工资。

①职位工资由职位等级确定，它是一个人工资高低的主要决定因素。职位工资是一个区间，而不是一个点。企业可以从薪酬调查中选择一个数据作为这个区间的中点，然后根据这个中点确定每一职位等级的上限和下限。

②相同职位上不同的任职者由于在技能、经验、资源占有、工作效率、历史贡献等方面存在差异，导致他们对公司的贡献并不相同（由于绩效考核存在局限性，这种贡献不可能被完全量化并体现出来），因此技能工资有差异。所以，同一等级内的任职者，基本工资未必相同，这就增加了工资变动的灵活性，使员工在不变动职位的情况下，随着技能的提升、经验的增加而在同一职位等级内逐步提升工资等级。

③绩效工资是对员工完成业务目标而进行的奖励，即薪酬必须与员工为企业创造的经济价值相联系。绩效工资可以是短期性的，如销售奖励、项目浮动奖金、年度奖励，也可以是长期性的，如股票期权等。薪酬的确定与企业的绩效评估制度密切相关。

（5）薪酬的实施和修正

在确定薪酬调整比例时，要对总体薪酬水平做出准确的预算。目前大多数企业都是由财务或计划部门进行测算，为准确起见，最好由人力资源部做测算。人力资源部需要建好工资台账，并设计一套比较合理的测算方法。在制定和实施薪酬体系过程中，即时的沟通、必要的宣传或培训是保证薪酬改革成功的因素之一。从本质意义上讲，劳动报酬是对人力资源成本与员工需求之间进行权衡的结果。世界上不存在绝对公平的薪酬方式，只存在员工是否满意的薪酬制度。人力资源部可以利用薪酬制度问答、员工座谈会、满意度调查、内部刊物甚至BBS论坛等形式，充分介绍企业的薪酬制度和管理思想。为保证薪酬制度的适用性，规范化运作的企业都对薪酬的定期调整做了规定。

依照上述原则和步骤设计薪酬体系，虽然显得有些麻烦，但可以收到良好的效果。员工对薪酬向来是既患寡又患不均。尽管有些企业的薪酬水平较高，但如果缺少合理的分配制度，效果也一定不会好。

8.3.3 战略薪酬管理制度

1.薪酬制度

薪酬制度是一个比较宽泛的概念，它涉及企业的薪酬战略、薪酬体系、薪酬结构、薪酬政策、薪酬水平以及薪酬管理等方方面面的内容。

（1）薪酬战略

薪酬战略是企业管理人员根据具体的经营环境选择的支付方式，这些支付方式对企业绩效和有效使用人力资源产生很大的影响。它包括：①薪酬的决定标准；②薪酬的支付结构；③薪酬的管理机制。

形成一个薪酬战略需要：①评价企业文化、价值观、全球化竞争、员工需求和组织战略对薪酬的影响；②使薪酬决策与组织战略、环境相适应；③设计一个使薪酬战略具体化的体系；④重新评估薪酬战略与组织战略、环境之间的适应性。

（2）薪酬体系

薪酬体系是指员工从企业获取的薪酬组合，一般包括基本薪酬、绩效薪酬、加班薪酬、长期薪酬、福利、各类津贴等。

（3）薪酬结构

薪酬结构是指薪酬的各个构成部分及其比例，通常指固定薪酬和变动薪酬、短期薪酬和长期薪酬、非经济薪酬和经济薪酬两两之间的比例。

（4）薪酬政策

薪酬政策是指企业为了把握员工的薪酬总额、薪酬结构和薪酬形式，所确立的薪酬管理导向和基本思路的文字说明或者统一意向。

（5）薪酬水平

薪酬水平是指企业如何根据竞争对手或劳动力市场的薪酬水平给自身的薪酬水平定位，从而与之抗衡。

（6）薪酬管理

薪酬管理是指对薪酬体系运行状况进行控制和监督，以减少运行过程中的偏差。薪酬管理涉及两个方面·：一是薪酬设计的科学化和薪酬决策的透明度；二是员工参与度。

2.设计单项薪酬制度的基本程序

第一，准确标明制度的名称。

第二，明确界定单项工资制度的作用对象和范围。

第三，明确工资支付与计算标准。

第四，涵盖该项工资管理的所有工作内容，如支付原则、等级划分、过渡办法等。

3.岗位工资或能力工资的制定程序

第一，根据员工工资结构中岗位工资或能力工资所占比例和工资总额，确定岗位工资总额或能力工资总额。

第二，根据企业战略等确定岗位工资或能力工资的分配原则。

第三，进行岗位分析与评价或对员工进行能力评价。

第四，根据岗位（能力）评价结果确定工资等级数量以及划分等级。

第五，进行工资调查与结果分析。

第六，了解企业财务支付能力。

第七，根据企业工资策略确定各工资等级的中点。

第八，确定每个工资等级之间的工资差距。

第九，确定每个工资等级的工资幅度。

第十，确定工资等级之间的重叠部分的大小。

第十一，确定具体计算办法。

4.奖金制度的制定程序

第一，按照企业经营计划的实际完成情况确定奖金总额。

第二，根据企业战略、企业文化等确定奖金分配原则。

第三，确定奖金发放对象及范围。

第四，确定个人奖金计算办法。

5.奖金的设计方法

（1）佣金的设计

在设计佣金时要注意以下事项：比例要适当；不要轻易改变比例；兑付要及时。

（2）绩效奖的设计

绩效奖指由于员工达到某一绩效，企业为了激励员工这种行为而支付的奖金。在设计绩效奖时要注意以下事项：①绩效标准要明确、合理；②达到某一绩效标准后的奖金要一致；③以递增方法设立奖金，鼓励员工不断提高绩效。

（3）超时奖的设计

超时奖指由于员工在规定时间之外工作，企业为了鼓励员工这种行为而支付的奖金。在设计超时奖时要注意以下事项：①尽量鼓励员工在规定时间内完成任务；②明确规定何时算超时，何时不算超时；③明确规定哪一类岗位有超时奖，哪一类岗位没有超时奖；④允许在某一段时间内，由于完成特殊任务而支付超时奖，如果员工劳动一直超时，则应考虑增加员工。

（4）特殊贡献奖的设计

特殊贡献奖指员工为企业做出了特殊贡献，企业为了鼓励员工这种行为而支付的奖金。在设计特殊贡献奖时要注意以下事项：①制定标准时要有可操作性，即内容可以测量；②为企业做出的贡献（如增加的收益或减少的损失）要大；③要明确规定只有在他人或平时无法完成的情况下该员工却完成时才能获奖；④受奖人数较少，金额较大；⑤颁奖时要大力宣传，使受奖人和其他人均受到鼓励。

（5）超利润奖的设计

超利润奖指员工全面超额完成利润指标后，企业给有关员工的奖金，有时又称为红利。在设计超利润奖时要注意以下事项：①只奖励与超额完成利润指标有关的人员；②根据每个员工对超额完成利润指标的贡献大小发放奖金，切忌平均主义；③明确规定超出部分的多大百分比作为奖金，一旦决定后，不要轻易改变，否则易挫伤员工的积极性。

（6）合理化建议奖的设计

合理化建议奖指由于员工提出合理化建议，企业为了鼓励员工多提建议而支付的奖金。在设计合理化建议奖时要注意以下事项：①只要是出于达到组织目标的动机，都应该获奖；②奖金的金额应该较低，而获奖的面要宽；③如果建议重复，原则上只奖励第一个提此建议者；④如果建议被采纳，除合理化建议奖外，还可以给予其他奖金。

8.3.4 岗位评价

作为人力资源管理的一项专业技术，岗位评价有广义和狭义之分。狭义的岗位评价是指通过系统地设计评价指标、评价标准，应用特定的评价方法对组织中所需的岗位数量进行设计，进而运用特定的方法逐一对岗位进行分析，最终确定岗位价值量的高低的一系列方法和技术的总称。岗位评价的结果直接应用于薪酬体系设计、员工的招募和培训等。广义的岗位评价是以狭义的岗位评价工作为核心，以组织设计、岗位等级体系设计、绩效考核、薪酬体系设计、人员管理、岗位说明书的编写、岗位手册的编制为依托，全面分析各项要素和评价过程中收集到的信息，系统地分析岗位内含价值，最终实现岗位配置合理、人岗匹配程度较高、薪酬分配公平、员工发展有序、岗位规范明晰、员工权责明确的综合目标任务的一项系统工程。

1.岗位评价的基本理论

岗位评价，也称为职务评价或者工作评价，是指在岗位分析的基础上，采用一定的方法对企业所设岗位需承担的责任大小、工作强度、难易程度、所需资格条件等进行评价，并利用评价结果对企业中各种岗位的相对价值做出评定，以此作为薪酬管理的重要依据。

（1）岗位评价的特点

①岗位评价以岗位为评价对象。

②岗位评价是对企业各类具体劳动的抽象化、定量化过程。

③岗位评价需要运用多种技术和方法。

（2）岗位评价的原则

①系统原则。

②实用性原则。

③标准化原则。

④能级对应原则。

（3）岗位评价的基本功能

①为实现薪酬管理的内部公平、公正提供依据。员工的劳动报酬是否能够体现效率优先、兼顾公平的原则，是影响员工士气及生产积极性、主动性的一个很重要的因素。因此，在企事业单位中，要使员工的薪酬更好地体现内部公平、公正的原则，就应当实现“以事定岗、以岗定人、以职定责、以职责定权限、以岗位定基薪、以绩效定薪酬”。

②量化岗位的综合特征。对岗位工作任务的繁简难易程度、责任权限大小、所需资格条件等因素，在定性分析的基础上进行定量测评，从而以量化数值表现出工作岗位的综合特征。

③横向比较岗位的价值。使单位内各个岗位之间能够在客观衡量自身价值的基础上进行横向、纵向比较，并具体说明其在单位中所处的地位和作用。

④为企事业单位岗位归级列等奠定基础。

2.岗位评价的信息来源

进行岗位评价所需的信息可通过两个渠道获得：

①直接的信息来源，即直接通过组织现场岗位调查，采集有关数据资料。这种方法所获得的岗位信息真实可靠、详细全面，但需要投入大量的人力、物力和时间。

②间接的信息来源，即通过现有的人力资源管理文件，如工作说明书、岗位规范、规章制度等，对岗位进行评价。这样虽节省时间和费用，但所获取的信息过于笼统、简单，有可能影响评价的质量。

3.岗位评价与薪酬等级的关系

岗位评价的结果可以是分值形式，也可以是等级形式，还可以是排序形式，但最重要的是岗位与薪酬的对应关系。这种对应关系可以是线性关系。如图8-5所示，直线A、直线B反映了不同的薪酬差距，直线A岗位之间的薪酬差距比直线B的大，激励作用也更大。

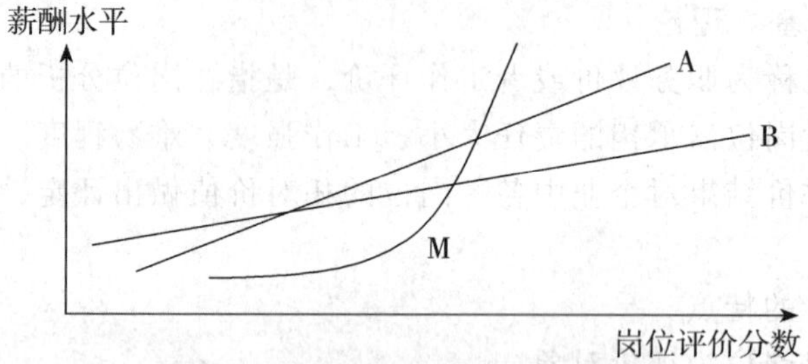

图8-5 岗位评价与薪酬水平的关系

岗位与薪酬的对应关系也可以是非线性关系的，图8-5中的曲线M反映了岗位等级低的薪酬的增长速度慢于岗位等级高的。

4.岗位评价的程序

第一步，组建岗位评价委员会。

第二步，制定、讨论、通过“岗位评价体系”。

第三步，制定“岗位评价表”，评价委员人手一份。

第四步，评委会集体讨论岗位清单，并充分交流岗位信息。

第五步，集体讨论：按照评价要素及其分级定义，逐一确定每个岗位的等级（要求每个要素讨论一轮）。

第六步，代表性岗位试评，交流试评信息。

第七步，评委打点：每一个评委根据“岗位说明书”和日常观察掌握的岗位信息，按照岗位评价标准体系，逐一按要素对岗位进行评价，并得出每个岗位的评价总点数。

第八步，制定岗位评价汇总表，汇总各位评委的评价结果，求出每一岗位的算术平均数。

第九步，根据汇总计算的平均岗位点数，按升值顺序排列。

第十步，根据评价点数情况，确定岗位等级数目，并确定岗位等级划分点数幅度表。

第十一步，根据岗位等级点数幅度表，划岗归级，作为初评岗位等级序列表。

第十二步，将初评岗位等级序列表反馈给评委，对有争议的岗位进行复评。

第十三步，将复评结果汇总，形成岗位等级序列表，岗位评价委员会结束工作。

第十四步，将岗位等级序列表提交工资改革决策委员会讨论，通过后形成最终的岗位等级序列表。

5.岗位评价系统设计

岗位评价是一项系统工程，包括评价指标、评价标准、评价方法、数据处理四个子系统。这四个子系统相互联系、相互衔接、相互制约，构成具有特定功能的有机整体。

（1）评价指标

评价指标就是评价因子或评价项目，是在评价过程中，对被评价对象的各个方面或各个要素进行可测定和评估的描述。只有借助评价指标，评价工作才具有可操作性。只有正确选择合适的指标，才能达到科学、全面评价的目的。选择的评价指标必须满足几个基本要求：

①内涵明确、定义清晰。每个评价指标都应有明确、清晰的定义，以便评价人员把握各评价指标，准确无误地明了该指标的含义，而没有一种模棱两可的感觉。

②系统、全面。评价指标必须系统、全面反映要评价岗位的特性，不能忽视岗位要素中重要的内容。

③独立性。作为一个评价指标系统，各指标之间必然会存在一定的联系，有相互影响、相互交叉的内容。因此，在确定评价指标时，要注意尽量避免指标重叠。各指标要有独立的内容、内涵和界定。

（2）评价标准

任何事物在进行相互比较时，都必须建立一个统一的标准，否则，比较就缺乏依据，不能体现公正性，也没有任何可比性。岗位评价是对企业内所有岗位进行比较，以确定各个岗位在整个组织的岗位系统中的序列及相对价值，因此岗位评价也需要一个统一的评价标准。评价标准由有关部门或企业对评价指标进行定义，包括确定评价指标的含义，明确各级别的评价标准。评价标准是岗位评价人员进行岗位评价的依据，要明确、详细，概念的界定要清晰，不能模糊。另外，评价标准不能过于简单或笼统，否则评价人员无法做出正确的评价和估计。

（3）评价方法

工作岗位评价的方法主要有四种：排列法、分类法、评分法和要素比较法，前两种一般称为“非解析法”，后两种称为“解析法”。两者的主要区别是：前两种不把工作岗位划分成要素来分析，而后两种则是岗位内各要素之间的比较。

排列法是较早使用的方法，也是最简单、快捷，最容易被员工理解的方法。该评价方法费用最低，它从整体上将一种岗位与另一岗位就重要性和必要性进行比较。常用的排列法又分为交替排序法和配对比较法。

分类法类似于排列法，通过制定一套岗位级别标准并与岗位进行比较，将各个岗位归到各个级别中去。

评分法是目前应用最广泛的岗位评价方法。大量的调查表明，美国50%～85%的岗位评价方案采用评分法。评分法就是选择一组评价要素并为每个要素定义若干个评价指标，然后对这些指标的不同水平进行界定，同时给各个水平赋予一定的分值，最后依据评价指标给每个岗位打分，汇总分数就可以得出该岗位的价值，以此可以确定薪酬水平。

要素比较法起初只是评分法的一个分支。该方法把岗位划分成许多评价项目等级，然后由评价委员会以关键岗位应得报酬为基础，与其进行比较，得出各评价岗位应得的货币价值。

四种评价方法中，只有要素比较法能直接确定岗位工资。四种方法各有优缺点，不同的组织可以根据其规模、经济情况以及管理者的偏好选择不同的评价方法。

(4) 数据处理

数据处理是岗位评价的重要子系统。数据处理主要包括方案的设计、评价指标权重的确定以及评价结果的处理。数据的处理过程是一个揭示被掩盖的各岗位间的相互关系，并通过整理将这种岗位间固有的内在关系以明显的数量化的形式表现出来的过程。这种关系反映了各岗位在整个组织内的相对价值排列。

数据处理过程是整个岗位评价工作的重要环节，关系到整个岗位评价能否成功。没有经过正确的数据处理过程，岗位评价的方法再成熟，评价指标设计得再合理，评价的过程再公正、客观，都不能保证岗位评价的完整性和有效性。

6. 岗位评价指标的构成与分级

(1) 岗位评价指标的构成

岗位评价指标是指标名称和指标数值的统一。

一般来说，影响岗位员工工作的数量和质量的要素，可以概括为劳动责任、劳动技能、劳动强度、劳动环境以及社会心理等几个方面。

①劳动责任。劳动责任是指岗位在生产过程中的责任大小，主要反映岗位劳动者智力的付出和心理状态，主要包括质量责任、产量责任、看管责任、安全责任、消耗责任、管理责任。

②劳动技能。劳动技能是指岗位在生产过程中对劳动者技术素质方面的要求，主要反映岗位对劳动者智能要求的程度，主要包括技术知识要求、操作复杂程度、看管设备复杂程度、品种质量难易程度、处理预防事故复杂程度。

③劳动强度。劳动强度是指岗位在生产过程中对劳动者身体的影响，主要反映岗位劳动者的体力消耗和生理、心理紧张程度，主要包括体力劳动强度、工时利用率、劳动姿势、劳动紧张程度、工作轮班制。

④劳动环境。劳动环境是指岗位的劳动卫生状况，主要反映岗位劳动环境中的有害因素对劳动者健康的影响程度，主要包括粉尘危害程度、高温危害程度、辐射热危害程度、噪声危害程度、其他有害因素危害程度。

⑤社会心理。社会心理是指某类岗位的各种社会舆论对该类岗位人员在心理上所产生的影响，主要采用人员流向指标来衡量。

按指标的性质和评价方法的不同，岗位评价指标可分为两类：一类为评定指标，即劳动技能和劳动责任及社会心理要素等12个岗位评价指标；另一类为测评指标，即涉及劳动强度和劳动环境要素的10个岗位评价指标。

(2) 确定岗位评价要素和指标的基本原则

①少而精原则。岗位评价要素及指标的设计和选择应当尽量简化。

②界限清晰，便于测量的原则。对每个要素以及所包含的具体的评价指标都要给出明确的定义，使其内涵明确、外延清晰、范围合理。

③综合性原则。要素及其所属评价指标的设计，一定要符合“用尽量少的指标反映尽可能多的内容”的要求，将若干相近、相似的项目归结为同一个具有代表性的项目指标。

④可比性原则。可比性应当体现在：不同岗位之间可以在时间上或空间上进行对比，各个不同岗位的任务可以在数量或质量上进行对比，各个不同岗位的评价指标可以从绝对数或相对数上进行对比等。

(3) 岗位评价要素权重系数的确定

权重即权数，就是加权的数目值，也称权值、权重值。对权数的理解：一是在加权算术平均数的计算中，由于各变量值出现的次数多少对其平均数的大小起着权衡轻重的作用，因此通常将各变量值出现的频数（次数）称为权数。权数可以用绝对数来表示，也可以用比重来表示。二是权数也是同度量因素，即将不能相加的总体过渡到能够相加的总体的因素。如质量指标指数计算中的产量、销售量等数量指标，数量指标指数计算中的成本、价格等质量指标，都属于同度量因素。

①权重系数的类型。从权数的一般形态来看，有自重权数（绝对权数）与加重权数（相对权数）之分。自重权数，是以权数作为评价要素及指标的分值（分数）；加重权数，是在各要素已知分值（自重权数）之前增设的权数，它是双重权数，采用权上加权的方法，能够适当地反映岗位之间的各种差异，因此也被称为相对权数。从权数的数字特点来看，它可以采用小数、百分数和整数。小数是常用形态，能细致反映岗位的差别；百分数是小数的变形；整数实际上是加倍数，虽便于计算，但反映岗位差别比较粗略，一般不采用。从权数使用的范围来看，可将权数分为三大类：第一，总体加权。主要作用是对计量误差进行调整，分为按测评次数加权和按测评角度加权。第二，局部加权。它是对评价要素结构的加权，也称结构加权。第三，要素指标（项目）加权。它是对各个评价要素的各个具体标准（项目）的加权，权数大小取决于各个指标的地位和作用对各要素的影响程度。

②权重系数的作用。第一，反映岗位的性质和特点，突出不同类别岗位的主要特征；第二，便于评价结果的汇总；第三，使同类岗位的不同要素的得分可以进行比较；第四，使不同类岗位的同一要素的得分可以进行比较；第五，使不同类岗位的不同要素的得分可以进行比较。

(4) 岗位评价指标的分级标准设定

①劳动责任、劳动技能要素所属岗位评价指标的分级标准。它包括质量责任指标分级标准、产量责任指标分级标准、看管责任指标分级标准、安全责任指标分级标

准、消耗责任指标分级标准、管理责任指标分级标准、知识经验要求分级标准、操作复杂程度分级标准、看管设备复杂程度分级标准、产品质量难易程度分级标准、处理预防事故复杂程度分级标准。

在确定岗位评价指标分级标准时，分级的数目一般应控制在5~9个为宜，过少或过多都不利于岗位评价结果的区分度。

②劳动强度、劳动环境和社会心理要素所属岗位评价指标的分级标准。它包括体力劳动强度分级标准、工时利用率分级标准、劳动姿势分级标准、劳动紧张程度分级标准、工作轮班制分级标准、粉尘危害程度分级标准、高温作业危害程度分级标准、噪声危害程度分级标准、辐射热危害程度分级标准、其他有害因素危害程度分级标准、社会心理评价指标。

7.岗位评价指标量化标准的制定

评价指标的量化标准通常由计分、权重和误差调整等三项基础标准组成。在岗位评价中，评价指标的计分标准可以采用单一指标计分和多种要素综合计分两类。

（1）单一指标计分标准的制定

单一指标计分标准可以采用自然数法和系数法制定。

自然数法计分可以是每个评定等级只设定一个自然数，也可以是每个评定等级有多个自然数可供选择。多个自然数的选择可以采用百分制，也可以采用非百分数的组距式的分组法。

系数法可分为函数法和常数法两种。函数法是借用模糊数学中隶属度函数的概念，按评价指标分级标准进行计分。常数法是在评价要素分值（x）之前设定常数(a)，将其乘积作为评定的结果（ax)。

系数法与自然数法的根本区别在于：自然数法是一次性获得测评的绝对数值，而系数法获得的只是相对数值，还需要与指派给该要素指标的分值相乘，才能得到绝对数值。

（2）多种要素综合计分标准的制定

①简单相加法。它是将单一要素指标的自然数分值相加计分的方法。

$$E=\sum_{i=1}^{n}x_i$$

其中：E为各要素评定总分；x_i为第i个要素的得分，i=1，2，3，…，n。

②系数相乘法。它是将单一要素指标的系数与指派的分值相乘，然后合计出总分的方法。

$$E=\sum_{i=1}^{n}p_ix_i$$

其中：p_i为第i个要素指标的函数（系数）；x_i为第i个要素指标的分值（得分），i=1，2，3，…，n。

③连乘积法。它是在单一要素指标计分的基础上，将各个要素指标分值相乘之后，得出总分。

$E = x_1 \cdot x_2 \cdot x_3 \cdot \cdots \cdot x_i$

其中：E为各要素评定总分；x_i为第i个要素的得分，i=1，2，3，…，n。

④百分比系数法。在计分时，先将构成各个要素的指标得分与对应的百分比系数相乘，合计出本要素项目的得分，再将各个要素的得分与总体的结构百分比系数相乘，累计得出评价总分数。

$$E = \sum_{i=1}^{n} p_i x_i$$

$$\sum_{i=1}^{n} p_i = 100\%$$

其中：E为各要素评定总分；p_i为第i个要素的百分比系数；x_i为第i个要素的得分，i=1，2，3，…，n。

各要素的得分的计算公式是：

$$x_i = \sum_{i=1}^{n_i} p_{ij} x_{ij}$$

$$\sum p_{ij} = 100\%$$

其中：x_i为第i个要素的得分；p_{ij}为第i个要素的第j个指标的百分比系数；x_{ij}为第i个要素的第j个指标的得分；n_i为第i个要素的指标数。

8.评价指标权重的设定

概率加权法：

第一步，先对各项指标的等级系数（相对权数）的概率（a_{ij}）进行推断，求出评价指标在各个等级的概率。

第二步，将各等级的相对权数（A_j）与对应的概率值相乘，汇总出概率权数（w_i），其计算公式为：

$$w_i = \sum_{j=1}^{n_i} A_j a_{ij}$$

第三步，用各测定指标分值（绝对权数p_i）乘以各自概率权数（w_i），即可求出要素总分。

$$E_i = \sum_{i=1}^{n_i} p_i w_i$$

9.岗位评价方法的应用

（1）排列法

第一，简单排列法。评定人员凭借自己的工作经验主观地进行判断，根据岗位的相对价值按高低次序进行排列。

具体步骤：

①由有关人员组成评定小组，并做好各项准备工作。

②了解情况，收集有关岗位方面的资料、数据。

③评定人员事先确定评判标准，对本单位同类岗位的重要性逐一做出评判，最重要的排在第一位，再将较重要的、一般性的岗位逐级往下排列。

④将经过所有评定人员评定的每个岗位的结果加以汇总，得到序号和。

第二，选择排列法，也称交替排列法，它是简单排列法的进一步推广。

具体步骤：

①按照岗位相对价值的衡量指标，如岗位责任程度，从10个岗位中选择出最突出的岗位，将其代码填写在排序表第一的位置上；同时选出程度最低或最差的岗位，并将其代码填写在排序表最后的位置上。

②由于10个岗位中相对价值最高和最低的岗位已经被列入排序表第一和最后的位置，故从余下的8个岗位中挑选出相对价值最高和最低者，依次填入第二和倒数第二的位置。

③从余下的6个岗位中挑出相对价值最高和最低的，依次填入第三和倒数第三的位置。

④依次类推，最后完成所有岗位的排序工作。

（2）分类法

分类法是排列法的改进，其特点是，各个级别及其结构是在岗位被排列之前就建立起来的，对所有岗位的评价只需参照级别的定义套入合适的级别里。

具体步骤：

①由单位内部人员组成评定小组，收集有关资料。

②按照生产经营过程中各类岗位的作用和特征，将全部岗位分成几个大的系统。每个系统按其内部结构、特点再划分为若干子系统。

③将各个子系统中的各岗位分成若干层次，最少分为5~7档，最多分为11~17档。

④明确规定各档次岗位的工作内容、责任和权限。

⑤明确各系统各档次（等级）岗位的资格要求。

⑥评定出不同系统不同岗位之间的相对价值和关系。

分类法可用于多种岗位的评价，但对不同系统（类型）的岗位评价存在较大的主观性，准确度较差。

（3）评分法

评分法也称点数法。首先选定岗位的主要影响因素，并采用一定的点数（分值）表示每一因素，然后按预先规定的衡量标准对现有岗位的各个因素逐一评比、估价，求得点数，经过加权求和，最后得到各个岗位的总点数。

具体步骤：

①确定岗位评价的主要影响因素，包括岗位的复杂程度，岗位的责任，劳动强度与环境条件，岗位作业紧张、困难程度等。

②根据岗位的性质和特征，确定各类岗位评价的具体项目，包括：第一，各生产岗位的评价项目（体力劳动熟练程度，脑力劳动熟练程度，体力和脑力劳动的劳动强度、紧张程度，劳动环境和条件对劳动者的影响程度，工作危险性，对人、财、物以及上下级的责任等）；第二，职能科室各管理岗位的评价项目（受教育程度，工作经验、阅历，工作复杂程度，工作责任，组织、协调、创新能力，工作条件，所受的监督和所给予的监督等）；第三，确定评价要素时，无论何种性质的岗位，比较普遍采

用的评价项目（劳动负荷量，工作危险性，劳动环境，脑力劳动紧张疲劳程度，工作繁简程度，知识水平，业务知识熟练程度，工作责任，监督责任）。

③对各评价因素区分出不同级别，并赋予一定的点数（分值），以提高评价的准确度。

④将全部评价项目合并成一个总体，根据各个项目在总体中的地位和重要性，分别给定权数。

⑤为了将相同性质的岗位归入一定等级，可将岗位评价的总点数分为若干级别。

（4）要素比较法

要素比较法从排序法衍化而来，它和评分法的主要区别在于，各要素的权重不是事先确定的。该方法先选定岗位的主要影响因素，然后将工资额合理分解，使之与各个影响因素相匹配，最后再根据工资数额的多寡决定岗位等级的高低。

具体步骤：

①从全部岗位中选出15～20个主要岗位，其所得到的劳动报酬（薪酬总额）应是公平合理的（必须是大多数人公认的）。

②选定各岗位共有的影响因素，作为岗位评价的基础。一般包括智力条件、技能条件、责任条件、身体条件、劳动环境条件。

③将每一个主要岗位的每个影响因素分别加以比较，按程度高低进行排序。

④经过认真协调，岗位评定小组应对每一岗位的工资总额，按照上述五种影响因素进行分解，找出对应的工资份额。

⑤找出尚未进行评定的其他岗位，与现有的已评定完毕的重要岗位进行对比，某岗位的某要素与哪一主要岗位的某要素相近，就按相近条件的岗位工资分配计算工资，累计后就是本岗位的工资。

⑥最后将各项结果相加，得到相对价值量，计算所有岗位的相对价值量，并按其相对价值归级列等，编制岗位系列等级表。

（5）成对比较法

成对比较法也称配对比较法、两两比较法。其基本程序是：首先将每个岗位按照所有的评价要素与其他所有岗位一一进行对比；然后将各个评价要素的考评结果整理汇总，求得最后的综合考评结果。

成对比较法在同一时间内仅在两个岗位之间进行比较，如果涉及的岗位不多，则简便易行，能快速及时完成岗位评价的任务，当一个部门的岗位数目很多时，成对比较次数会明显增加。

10.岗位评价结果误差的调整

（1）测评信度的概念和检查

信度是指测评结果的前后一致性，即测评得分可信赖程度的高低。

对信度的检查，是通过信度系数即两次测评得分的相关系数来完成的。

（2）测评效度的概念和检查

效度是指测评本身达到期望目标的程度，也就是测评结果反映被评价对象的真实情况的程度大小，包括内容效度和统计效度。

内容效度是指评价要素和评价标准体系反映岗位特征的有效程度。

统计效度也称经验效度，简称校标。它是通过建立一定的指标来检查测评结果的效度。校标须通过以下途径来建立：①岗位的生产工作记录；②担任上级岗位的人员对本岗位的评估；③其他有关岗位的信息。

对效度的检查，通常以效度系数为基础进行鉴定，效度系数也是以相关系数来表示。

案例链接 8-2

某国有金融公司薪酬激励的作用

金融业是我国经济持续发展的支柱，也是经济发展的重要杠杆。作为生力军的青年人才，在国有金融机构的供给侧结构性改革中起着举足轻重的作用，搞好青年人才队伍的稳定与发展，将对国有金融机构应对风险、提升效率和深化改革具有重要的积极作用。青年人才稳定主要体现在归属感强，人员流失率低，跳槽人员少。公平合理的薪酬激励体系能够让青年人才感受到付出与回报的公平感，激发其工作积极性，帮助稳定青年人才队伍。

某国有大型金融公司，属于中央直管金融企业。2017年，集团公司合并营业收入达 8 125.48 亿元，实现高位上的稳定增长；合并保费收入 6 434 亿元，同比增长 14.80%；合并总资产达到 3.6 万亿元。公司已连续 16 年入选《财富》世界 500 强企业，连续 12 年入选世界品牌 500 强。该公司目前拥有保险、投资、银行三大金融业态，共有职工 189 610 人。

为了解薪酬体系对青年人才稳定的作用，研究者选取该集团公司北京地区作为抽样调查的重点研究地域，企业的高层管理者、中层管理者、基层管理者和普通员工作为问卷发放对象，采用简单随机抽样，共发放调查样本 2 184 份，其中向集团公司机关发放了 900 份问卷，向北京分公司发放 1 284 份问卷，共回收问卷 2 067 份，其中无效问卷（包括信息不全、无效回答）共计 167 份，有效问卷 1 900 份。在建立了此调查数据库基础上，根据青年人才的相关界定，将年龄段为 14～35 岁、学历为本科及以上的青年人才作为样本识别标准，通过数据抓取，得到该公司青年人才样本数据库，样本量为 1 100 份。访谈则采取了“滚雪球式”访谈，同时考虑信息饱和度原则，对青年人才队伍均选取了一定数量的访谈对象进行访谈。

由于青年人才稳定主要体现在归属感强、跳槽人员少等方面，研究者通过操作化为“是否有过跳槽的想法”进行测量，采用二分 Logistic 回归进行跳槽想法的影响因素分析，其中，是否有过跳槽的想法为因变量（1=没有；0=有过），薪酬激励因素为自变量（原始问卷中分值为 1～5 分，得分越高代表越不满意；对数据进行反向计分，1=非常不满意，2=比较不满意，3=一般，4=比较满意，5=非常满意）。

运用 SPSS 22.0 进行数据分析，得到的具体的回归结果见表 8-1。

表8-1 Logistic回归分析结果

变量	B	S.E.	Wall	显著性	Exp(B)
薪酬激励	0.398**	0.132	9.157	0.002	1.489

注：①跳槽想法的参照组为“有过”。

②**表示p<0.01时差异显著。

可以看出，自变量通过显著性检验，与logit P之间的线性关系显著，说明采用该模型是合理的。

通过实证检验，研究者得出以下结论：对薪酬越满意，越不容易产生跳槽想法，薪酬激励因素对青年人才稳定有显著的正向影响。作为人力资源管理的一项主要职能活动，有效的薪酬管理有助于吸引和保留优秀的员工，实现对员工的激励，进而改善企业的绩效。依据薪酬管理的公平性和竞争性原则，以岗定薪、按绩付酬能够起到最大化的人才激励作用。只有设计合理的薪酬体系与制度，拟定合理的薪酬水平，让员工感受到付出与回报的公平感，才能稳定人才队伍，提高员工的工作积极性。

研究者发现，重视薪酬激励，有利于提升青年人才绩效，进而促进青年人才队伍稳定。科学合理的、符合市场规律的薪酬体系是青年人才稳定的“定海神针”。因此，公司应建立市场化的薪酬体系。在金融供给侧改革的背景下，国有金融机构可以建立市场化的薪酬体系。将薪酬与绩效、薪酬与岗位、薪酬与市场联系起来，具体体现在实现企业薪酬绩效化模式，规范用工管理，优化岗位设计，减少不必要的岗位，以效益决定薪酬，达到劳动用工、薪酬分配、工作执行与市场接轨。以能力定职位、以贡献定薪酬的管理体制，可形成良好的人才激励效应。在符合市场规律的薪酬体系建立起来之后，还应以薪酬为核心，在薪酬与培训、薪酬与上岗竞聘等人力资源各模块之间建立动态联动，合理有效地开展系统性、针对性的培训工作，以满足国有金融机构不同阶段、不同部门、不同青年人才的需求，建立起系统的分层次培训体系，结合国有金融机构发展战略来开展培训工作。

资料来源　徐明，等. 国有金融机构青年人才稳定与发展的影响因素实证研究［J］. 中国青年社会科学，2019（5）.

8.4 战略福利体系设计

8.4.1 福利概述

1.福利的概念

在企业员工的薪酬体系中，除了基本工资、绩效工资和激励工资外，还有比较重要的一部分内容就是福利。所谓福利，就是企业向所有员工提供的、用来创造良好工作环境和方便员工生活的间接薪酬。

福利的发展历史可以追溯到19世纪初甚至更早时期的欧洲和北美。19世纪80年代，德国政府相继颁布了一系列社会保险法令，这标志着世界上第一个社会保险体系的建立。

20世纪40年代，员工福利在工业化国家得到迅速发展。20世纪中叶以来，随着企业员工福利项目的增加和水平的提高，企业员工的福利支出不断增加。

1949年以来，我国员工福利的发展受计划经济与市场经济体制改革的影响，人们将其划分为统包阶段、过渡阶段和创新阶段。

与基本工资、绩效工资和奖金相比，福利具有明显的特点：稳定性、潜在性、延迟性。

2. 福利的作用

（1）福利对企业的作用

①员工福利可以为企业合理避税。

②员工福利可以为企业减少成本支出。

③员工福利成为企业吸引和保留人才的有效工具。

④员工福利可以起到提高员工工作效率的作用。

⑤福利设计可以起到激励员工的作用。

（2）福利对员工的作用

①增加员工的收入。

②解除员工的后顾之忧。

③保障员工的身心健康和家庭和睦。

④增强员工对企业的认同感，提高员工对企业的忠诚度，从而激励员工充分发挥自己的潜能，为企业的发展做贡献。

3. 福利的种类

根据福利项目的提供是否具有法律的强制性，福利可以分为法定福利和自愿性福利；根据福利项目的实施范围，福利可以分为全员性福利、特种福利和特困补助；根据福利的接受者对福利项目是否具有可选择权，福利可以分为固定性福利和弹性福利。

福利的构成一般包括以下几个部分：

（1）法定保险福利

这部分是由国家相关法律和法规规定的福利内容，包括基本养老保险、基本医疗保险、失业保险、工伤保险、生育保险和住房公积金。

（2）非工作日福利

①公休假日和法定假日。目前我国施行每周休息两天的公休日制度。国务院于2013年12月公布了《关于修改〈全国年节及纪念日放假办法〉的决定》，并于2014年1月1日起施行。

②带薪休假。

③病假。

(3) 员工补充保险福利

①企业年金。企业年金也叫企业补充养老保险、私人养老金、职业年金计划等，是企业及其职工在依法参加国家基本养老保险的基础上，在国家的相关法律法规框架内，根据本企业特点自愿建立的补充养老保险计划，是员工福利制度的重要组成部分。我国企业年金计划属于缴费确定型，实行完全积累，采用个人账户方式进行管理，职工达到退休年龄后才能一次性或按月领取年金。

②团体人寿保险。团体人寿保险是由企业为员工提供的集体保险福利项目，是市场经济国家比较常见的一种企业福利形式。

③补充医疗保险计划。

A.补充医疗保险计划的意义。

第一，补充基本医疗保险的不足，负担封顶线以上的医疗费用开支。

第二，保证企业职工队伍稳定，增强企业的凝聚力和竞争力。

第三，适应不同群体的需求，建立多层次医疗保障制度。

B.我国补充医疗保险的模式。

目前我国的补充医疗保险主要有三种模式：第一，社会保险机构经办的职工补充医疗保险；第二，商业保险公司经办的职工补充医疗保险；第三，工会组织开展的职工补充医疗保险。

(4) 员工服务福利和其他福利

除了以货币形式提供的福利，企业还会为员工或员工家庭提供旨在帮助员工克服生活困难和支持员工事业发展的服务形式的福利，主要包括为员工提供心理咨询、家庭援助等福利安排。

企业通常还会为员工提供定期健康检查福利计划。

常见的其他福利项目包括员工个人发展福利、住房补助福利等。

此外，集体文化活动、交通费补贴、午餐补贴等都是比较常见的企业福利项目。随着社会的发展，有些企业还为员工提供事件福利、Hop Day（发泄日）等比较有特色的福利项目。

8.4.2 战略福利计划的设计

1.战略福利计划的设计原则

(1) 成本控制原则

在现代企业的财务支出中，福利在薪酬分配中占有很大比重，企业既要满足员工的多元福利需求，也要合理控制福利成本。所以企业要制定切实可行的成本预算，在企业经济状况允许的范围内，尽可能为员工提供符合其需要的福利项目。

(2) 组织战略导向原则

企业传统的福利项目具有普惠性，基本上属于保健因素，只能在一定程度上消除员工的不满，收不到很好的激励效果。科学的福利设计，在很大程度上能够增强福利对员工的激励作用，更能调动员工的积极性。企业福利的设计要与组织的战略发展目标相吻合，这样才能确保企业发展目标的实现。

（3）系统设计原则

在企业薪酬管理制度的制约下，福利设计不是盲目进行的，而是要进行系统的设计，不仅要考虑不同福利项目之间的匹配性，还要实现报酬激励与福利导向的一致性。系统的福利设计，能够实现企业整体绩效与福利总额的结合，付出有限的成本获得最大的效益。

（4）动态调整原则

随着企业内部结构的调整和外部环境的变化，员工的需求在不同的时期有很多不同之处，福利设计也应该随之做出适当的调整。福利内容和结构的调整，要把企业的现实状况和员工的实际需要作为出发点，在维持福利体系平衡的基础上，保持一定的弹性。同时，还要进行动态跟踪和调查，及时调整不合适之处，更好地满足员工需求。

2.战略福利计划的作用

战略福利计划对企业的发展具有重要的作用，主要体现在保障员工利益方面，只有确保了员工的利益，才能有效吸引并留住优秀的人才。

（1）有利于增强企业对人才的吸引力和凝聚力，从而提高企业的竞争力

在企业发展的初期，福利项目主要由企业领导者主观决定，员工服从。随着企业对人才价值的认知不断深化，人力资源成为企业的核心资源和关键竞争优势。随着资本市场的不断成熟和科学技术的不断推广，资金和技术对于大多数企业而言已存在趋同性，而人才的决定性作用在企业竞争中日益凸显。福利设计的多样化和结构的多元化其实就是重视人才价值的一种体现，可以大大提高企业对人才的吸引力和凝聚力，从而有效提高企业的竞争力。

（2）有利于实现企业发展与员工成长的双重目标

福利将职业生涯设计、培训、工作与生活平衡等诸多内容视为薪酬的一部分支付给员工。员工在为企业承担责任、创造价值、促进企业绩效目标实现的同时，也强调企业要创造机会来促进员工的能力提升和职业发展。换言之，企业与员工进行交换的载体不仅仅是现金报酬，更多的是一种相互的支持和发展，这反映了人力资源管理的一个最重要的新趋势，即实现企业发展与员工成长的双重使命，达到企业绩效和员工满意的双赢目标。有效的福利设计，正是实现企业人力资源管理使命与目标的核心手段。

（3）有利于构筑凝聚人才的内在系统

福利作为企业维系员工的方式，包含了广泛的内涵和多样化的形式。员工成长、工作变化和组织环境等诸多内容相互关联，构筑起一个人才维系的内部系统。以一系列的福利设计作为吸引和凝聚员工的措施，构建完善的福利策略，成为企业人才战略的重要组成部分。通过福利设计中相互关联的不同项目，构筑符合员工需求的福利体系，才有助于培养敬业的员工，进而创造满意的客户，达到企业的经营目标。

3.战略福利计划的类别

为了实现福利对员工的有效激励，必须杜绝“大锅饭福利”和“整齐划一的福利”，按员工的需要层次对福利项目进行划分，以利于实现企业的激励目标。

(1) 企业员工法定福利

这部分福利也称为基本福利，是根据国家的政策、法律和法规，企业必须为员工提供的各项福利，以维持员工在遇到各种困难和风险时的基本生活，主要包括养老保险、失业保险、医疗保险、工伤保险、生育保险五大险种以及住房公积金。这个层次的企业员工福利主要体现了国家的政策安排，体现了人权平等的原则，激励作用不明显。

(2) 企业员工普通福利

这部分福利也称为企业自主福利，是根据企业自身的管理特色、财务状况和员工的内在需求，向员工提供的各种补充保障计划，如企业年金、补充医疗计划以及向员工提供的各种服务、实物和带薪休假等，它是为了最大限度地满足员工对企业福利的迫切需要而建立的。这个层次介于基本福利和企业员工高层次福利之间，企业通过采用合理的分配方式可以实现较好的激励效果。

(3) 企业员工高层次福利

这部分福利是指与企业的组织管理目标更为接近的、具有高层次激励意义的企业员工福利。这个层次的员工福利目前在我国的许多企业并未得到相应的重视。但随着生产力的不断发展和知识经济时代的到来，它必将成为企业员工福利发展的主流。这种福利主要包括给员工提供高层次的教育福利、以促进工作为直接目的的休假制度和出国旅游，以及让员工参加有利于建立企业文化的员工俱乐部等。这个层次的企业员工福利将随着企业的发展、员工需求的提升而不断向纵深发展，有着广阔的发展前景。

4.企业制订战略福利计划时应该注意的几个问题

我国企业传统的福利政策没有从员工个性化、多样化需求的角度出发，对所有员工提供几乎相同的福利待遇，不但使企业不堪重负，而且没有激发和调动员工的工作积极性。为此，要充分发挥员工福利的激励功能。企业在制订福利计划时，应注意以下几个问题：

(1) 正确处理公平与效率的关系，福利尽可能体现与绩效挂钩的原则

虽然绝大多数的福利计划具有人人都能享受的特点，但是福利项目本身也是员工广义薪酬的一部分。从公平理论看，员工的公平感有一方面是源于自己的投入与所得和他人的投入与所得的比较，如果福利计划完全脱离了员工的工作业绩，而且福利水平又高的话，必然会使员工之间的收入差距变小，这有可能导致业绩高的员工产生不公平感，从而降低工作积极性，而业绩低的员工则会产生满足心理，不思进取。所以，不仅应适当控制福利水平，而且应将法定福利以外的员工福利的享受标准适当与员工的工作业绩挂钩。从另一个角度看，这也有助于增强员工的成就感，因为这种与他人不同的待遇，会使员工感到受到赏识、得到认可，产生一种成就感，从而获得激励。所以，企业在根据其战略目标和经营策略制定福利政策时，必须使福利政策能激励员工提高绩效，否则，福利就会演变成平均主义，不但起不到激励作用，反而会助长不思进取、坐享其成的工作作风。

(2) 实行弹性福利制，满足员工个性化和多样化的需求

由于员工需求的复杂性和多样性，福利计划必须考虑到不同员工的需求差异，增

强员工福利计划的针对性和灵活性，使福利计划更好地发挥积极作用。为此，企业可以实行弹性福利制。弹性福利制也称为自助餐式的福利，是指组织提供一份福利菜单，菜单的内容由每一位员工参与选择，在一定的金额限制内，员工可以依照自己的需求和偏好自由选择、组合福利项目。在实际的操作过程中，弹性福利制逐渐演化成五种类型，包括附加型弹性福利计划、核心加选择型弹性福利计划、弹性支用账户、福利套餐和选高择低型福利计划。企业可根据自身的情况选择合适的类型。弹性福利制为员工提供了不同种类的福利项目，允许员工根据自身需求自主选择，真正体现了企业以人为本的宗旨，满足了员工的不同需求，有利于凝聚人心，增强员工的归属感，激发员工的工作动力和活力。在实际工作中，企业在设计福利项目时一定要深入调查，所选项目要符合员工的实际需要，切忌华而不实。由于员工的需求是不断变化的，所以应采取员工参与机制，及时与员工沟通，了解员工需求，有针对性地调整原有的福利项目和设置新的福利项目，以维持较长时间的激励效果。

（3）重视员工高层次的福利需求，将培训作为福利的一种形式

对于企业来说，通过培训能够提高员工的工作绩效、传递企业的经营理念，最终提高企业的凝聚力。作为员工，通过培训可以不断更新知识和技能，使自己的人力资本价值不断增值。给员工提供较多的培训机会是现代企业激励员工的一项重要举措，企业可以将培训纳入整个福利架构中，形成一套较为完善的员工培训体系，对不同层次的员工提供不同内容的培训，以体现员工培训的全员性、全程性和针对性。一些国外知名企业积极激励员工接受继续教育，如MBA教育和博士、硕士学位教育，并为员工负担学习费用，这样为企业的可持续发展和市场竞争力的不断提高提供了人才保证。另外，企业在设计员工福利计划时应重视员工精神上的福利需求，如丰田公司为了消除员工“精神上的孤立感”并进行灵活的非正式教育，成立了“丰田俱乐部”，通过这种寓教于乐的形式，使公司员工加强了沟通，提高了工作效率。面对现代企业以人为中心的柔性管理的发展趋势，现代企业员工福利管理可以大有作为。

（4）正确认识员工福利支出与企业效益的关系，寻求二者的最佳平衡点

员工福利支出是企业雇佣成本的一个重要组成部分，福利水平的高低直接影响企业的生产成本，进而影响企业的市场竞争力。企业设计员工福利计划的目的在于激励员工，进而实现企业的发展目标。但员工的福利具有刚性，而企业面临的市场竞争具有很大的不确定性，当企业经济效益下滑时，员工的福利待遇却不容易往下降，这样企业就会面临两难的选择：如果降低福利水平会导致员工激励不足，不利于企业走出困境；如果保持福利水平不变，企业的成本会进一步加大，也不利于企业增强市场竞争力。企业在设计福利计划时，一定要以自身的经济实力为依托，不可不切实际地追求高福利、全福利，否则即使利用高福利政策吸引到高素质人才，由于企业的高效运营需要各种资源的有效整合和良好的市场环境，一旦某个环节出现问题，将不利于企业及时灵活地调整政策，所以一定要站到战略高度权衡员工福利水平与企业效益的关系，找到二者的最佳平衡点。

总之，制订良好的员工福利计划是当前企业改革发展的必要措施，注意以上问题有助于企业更好地发挥员工的积极性，构造长效激励机制。

5.企业员工福利计划模式的选择

员工福利计划模式在分类上也有多种角度，通常可以从福利提供的水平、福利项目的内容以及福利提供的灵活性这几个角度来划分。

（1）确定员工福利的水平

按照企业所提供的员工福利水平的不同，可以将员工福利计划划分为市场领先型、市场匹配型和市场落后型三种模式。经济效益好的企业有能力选择市场领先型福利计划，反之，就要在市场匹配型和市场落后型中做抉择。在快速发展阶段，企业更愿意采用市场领先型福利计划；在成熟期，企业更多地采取市场匹配型福利计划。

（2）确定员工福利项目的内容

按照企业提供福利项目的内容，可以将企业的福利计划划分为经济型福利模式和非经济型福利模式。经济性福利通常以金钱或实物为其形式，包括住房性福利、交通性福利、饮食性福利、教育培训性福利、医疗保健性福利、有薪节假日、文化旅游性福利、金融性福利、其他生活性福利、企业补充保险与商业保险等。非经济性福利是指采用服务或改善环境等形式所带来的福利，不涉及金钱与实物，其基本目的在于全面改善员工的“工作生活质量”，包括咨询性服务、保护性服务、工作环境保护等。

（3）确定员工福利计划的灵活性

依据福利提供的灵活性，可以将企业的福利计划划分为固定福利模式和弹性福利模式。弹性福利不同于传统的固定式福利，员工可以从企业所提供的一份列有各种福利项目的“菜单”中自由选择其所需要的福利。弹性福利的出现在很大程度上解决了企业成本管理和员工满意度的矛盾。

6.员工福利计划的制订

（1）福利总量的选择

福利总量的选择常常牵涉到它与整体薪酬中其他部分的比例，也就是它和基本薪酬、奖励薪酬的比例。

（2）福利构成的确定

当要确定整套福利方案中应包括哪些项目时，应该至少考虑如下三个问题：

①总体薪酬战略。

②企业发展目标。

③员工队伍的特点。

7.弹性福利计划的制订与实施

（1）弹性福利计划的制订

弹性福利计划的制订过程如下：

首先，应了解员工的需求。一般采用问卷调查的方式对员工进行调查，从而掌握员工的具体需要。

其次，对所有的福利项目进行明码标价。

最后，除了政府规定的必须设立的福利项目（如养老保险、医疗保险等）是人人都有的之外，其他福利项目并非无限度供给，而应依员工的职等制定个人福利费用的预算，职等越高福利越高。

弹性福利计划的基本思想是让员工对自己的福利组合计划进行选择，但这种选择受到两个方面的制约：一是企业必须制定总成本约束线；二是每一种福利组合中都必须包括一些非选择项目，如社会保险、工伤保险以及失业保险等法定福利项目。

因此，在制订企业的福利计划时，不仅要考虑现在市场上流行什么样的福利计划，更要对自己的组织进行深入的分析。

①提供什么样的福利？在考虑设立什么样的福利计划时，企业应着重从以下几个方面入手：一是了解国家立法；二是开展福利调查；三是做好企业的福利规划与分析；四是对企业的财务状况进行分析；五是了解集体谈判对员工福利的影响。

②为谁提供福利？大多数企业至少都有两种以上的福利组合，一种适用于管理人员，另一种适用于其他普通员工。

（2）弹性福利计划的实施

①福利沟通。定期向员工公布有关福利的信息，包括福利计划的适用范围、福利水平，以及这些福利计划对每个员工的价值是什么和组织提供这些福利的成本。建立网络化的福利管理系统，在企业组建的内部局域网上发布福利信息，可以开辟专门的福利板块，与员工进行有关福利问题的双向交流，减少因沟通不畅导致的福利纠纷。

②福利监控。首先，组织需要关注有关福利的法律规定的变化，检查自己是否必须遵守某些法律规定。其次，员工的需要和偏好也会随员工队伍构成的不断变化以及员工自身职业生涯的不同发展阶段而处于不断变化中。再次，与外部市场的直接薪酬状况的变化类似，了解其他企业的福利实践也是企业在劳动力市场上竞争的一种重要手段。最后，最复杂的问题莫过于外部组织提供的福利成本所发生的变化。

案例链接8-3

京东公布员工内部福利：中国好老板

2019年11月，网易“暴力裁减绝症员工”事件引发关注。随后，刘强东宣布，未来京东员工只要是在任职期间遭遇任何不幸，京东都将负责其所有孩子一直到22岁的学习和生活费用。此前京东已经有一项很切实的员工关怀政策，即凡是在京东工作满五年以上的员工，如果遭遇重大疾病，公司都将承担其全部医疗费用。

当然，京东的福利还不仅于此。2020年1月8日，京东黑板报官方公众号公布了京东一系列员工福利，看完让人羡慕。

首先就是上面提到的：工作满五年以上员工看病报销无上限，身故员工子女，公司养大成人。

2012年，京东便推出了“安居计划”福利项目，设立专项基金4.5亿元，向符合条件的员工提供最高100万元的无抵押、无担保、无利息的购房借款，用于支付可支持地区范围内的员工家庭首套房首付款。官方表示，截至目前，“安居计划”提供借款的金额累计将近7亿元，帮助近1 500名员工实现安居乐业。除此之外，京东为一线物流及客服员工提供免费宿舍近1.2万间，年度为住宿员工节省租房成本近2.3亿元，年度住房补贴发放金额累计超过1亿元。

在京东，符合一定条件的女性员工怀孕生子将享有额外给予的福利产假30天（法定+福利产假的上限是180天）。截至目前，已经有超过3 000名女员工享受了该福利。除此之外，京东总部1号楼内还设有儿童乐园和托幼中心。

值得一提的是，京东还是全国班车体量最大的私营企业，班车线路和通勤次数均最多，年度通勤次数超过8万趟，通勤里程超过400万千米。除了北京总部，成都、宿迁、深圳等地也都设有班车，方便员工上下班通勤。

资料来源　佚名．京东公布员工内部福利：中国好老板［EB/OL］．［2020-01-19］．http://www.downza.cn/xy/71865.html.

8.5 股权激励与员工持股计划

8.5.1 股权激励

1.股权激励的概念

股权激励是指激励的主体授予激励对象以股份形式的现实权益或是潜在权益，目的在于激励经营者或是员工的工作，实现企业的价值最大化和股东利益最大化。

激励的对象通常是上市公司董事、监事、高级管理人员以及核心的员工等。其方式是将经营者薪酬中的一部分以股权收益的形式体现，将其收入的实现和增加与公司经营业绩和市场价值挂钩，将经营者个人利益和公司利益挂钩，激励经营者勤勉尽责地为公司的长期发展服务。换言之，就是运用股权激励的方式，把股东的利益和风险与经营者的利益和风险有机统一，把经营者的利益纳入公司的目标中，使得经营者能够从自身利益出发，去关心公司的长期价值和长远发展，形成持续性、高激励、低成本、利益与约束共存的激励机制。作为资本市场和企业制度中对于上市公司经营者及重要员工进行激励和约束的重要工具，股权激励也是公司员工全面薪酬体系中的重要组成部分，良好的股权激励机制有助于公司所有者与经营者形成利益共同体，目标趋于一致。

2.股权激励的模式

（1）股票期权

股票期权是公司授予激励对象的一种权利，激励对象可以在规定的时期内以事先确定的价格买进一定数量的本公司流通股票，也可以放弃这种权利。股票期权的行权有时间上和数量上的限制，且需要激励对象自行为行权支付现金。股票期权实际上可以看作一种看涨期权，持有者在股票价格低于行权价时可以放弃这种权利。实施股票期权的假定前提是公司股票的内在价值在证券市场能够得到真实的反映。在有效的市场中，由于股票价格是公司长期盈利和成长能力的反映，而股票期权至少要在一年后才能实现，所以被授予者为了使股票升值而获得价差收入，会尽力保持公司业绩的长期而稳定的增长，使公司股票的价值不断上升，这样就使得股票期权具有长期激励的功能。同时，股票期权还要求公司必须是公众上市公司，有合理合法的、可实施股票期权的股票来源。

（2）限制性股票

限制性股票是指事先授予激励对象一定数量的公司股票，但对股票的来源、抛售等有一些特殊的限制。一般只有当激励对象完成特定目标后，才可以抛售限制性股票并从中获益，否则公司有权将免费赠与的限制性股票收回或以激励对象购买时的价格回购限制性股票。也就是说，公司将一定数量的限制性股票无偿赠与或以较低价格售与公司高级管理人员，但对其出售这种股票的权利进行一定的限制。

（3）虚拟股票

虚拟股票是指公司授予激励对象一种虚拟的股票，激励对象可以依据被授予“股票”的数量参与公司的分红并享受股价升值收益，但对于这些股票没有所有权、表决权，不能转让和出售，在离开企业时自动失效。虚拟股票的好处是不会影响公司的总资本和所有权结构，不足之处在于兑现激励时现金支出压力较大，特别是在公司股票升值幅度较大时。

（4）股票增值权

股票增值权是指公司授予激励对象的一种权利，激励对象可以在规定时间内获得规定数量及一定比例的股价上升所带来的收益，但不拥有这些股票的所有权，自然也不拥有表决权和配股权。激励对象不用为行权付出现金，行权后获得现金或等值的公司股票。它与虚拟股票相类似，不同之处在于拥有股票增值权者不参与公司的分红。它的设计原理与股票期权也很近似，但差别在于：在行权时，经营者并不需要像期权形式那样购入股票，而是直接对股票的升值部分要求兑现。另外，股票期权的利益来源是证券市场，而股票增值权的利益来源则是上市公司。实施股票增值权的企业需要为股票增值权计划设立专门的基金。

和股权激励不同的是，股票增值权并不以公司股票为标的资产，因此不影响公司股权结构，其实质就是在不改变所有权的情况下股东在剩余价值分配上的让步。这种激励方式对于管理者来说激励性不及股票期权，但是对于股东来说只是牺牲小部分收益，并不影响其对公司的实际控制权，且实施过程也更为简便。

（5）员工持股计划

员工持股计划是指由员工个人出资认购本公司部分股份，并委托公司进行集中管理的产权组织形式。员工持股计划为企业员工参与企业所有权分配提供了制度条件，持有者真正体现了劳动者和所有者的双重身份，其核心在于通过员工持股运营，将员工利益与企业前途紧紧联系在一起，形成一种按劳分配与按资分配相结合的新型利益制衡机制。同时，员工持股后便承担了一定的投资风险，这有助于唤起员工的风险意识，激发员工的长期投资行为。员工持股计划不仅使员工对企业运营有了充分的发言权和监督权，而且使员工更关注企业的长期发展，这就为建立完善、科学的决策、经营、管理、监督和分配机制奠定了良好的基础。

（6）业绩股票

业绩股票的实质是在年初确定一个较为合理的业绩目标，如果激励对象到年末时达到预定的目标，则公司授予其一定数量的股票或提取一定的激励基金供其购买公司股票。业绩股票主要用于激励经营者和工作业绩有明确的数量指标的具体业务的负责人。业绩股票与限制性股票不同的是，业绩股票的兑现不完全以服务期作为限制条件，被授予者能否真实得到被授予的业绩股票主要取决于其业绩指标的完成情况，在有的计划中业绩股票兑现的速度还与业绩指标完成的具体情况直接挂钩：达到规定的指标才能得到相应的股票；业绩指标完成情况越好，则业绩股票兑现速度越快。

3.股权激励的作用机制

无论公司最终选择了哪种激励方式，对于管理者来说只有公司股价上涨才能够获益，因此我们以股价的上升为切入点，对股权激励的作用机制进行分析。图8-6直观地展示了股权激励的效应传导过程。股价的上升要求投资者对公司前景做出正面预期，投资者的预期对于公司业绩反应敏感，所以良好的业绩表现有助于公司股价的提升。影响公司业绩的因素主要有宏观和微观两方面。宏观因素由经济环境、政策走向、市场结构等构成，决定了上市公司生存的大环境，非管理者一己之力可以改变。微观因素中最重要的则是企业的管理，作为股东利益的实现者、公司经营管理的责任人，为企业提供科学有效的管理是每一位管理者的责任和使命，然而由于代理问题的存在，只有适当的激励和约束机制才能保证管理者对企业认真尽责。

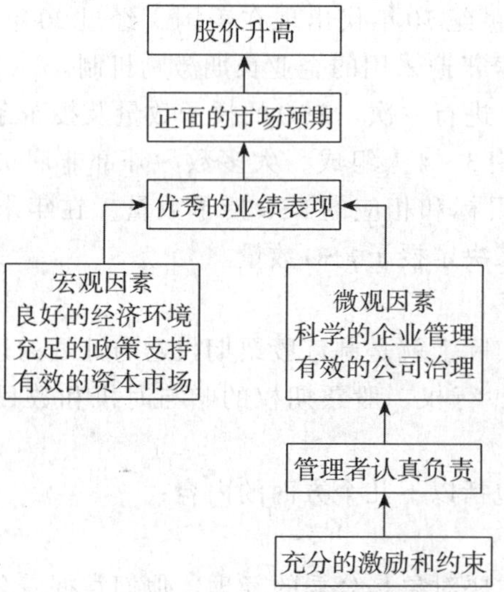

图8-6　股权激励的效应传导过程

因此，有效的激励机制能够对上市公司的微观治理产生积极的影响，助力公司取得良好业绩，进而对公司股价产生正面刺激，最终实现股东自身利益水平和管理者收入水平的共同提高，有效地缓解因股东和管理者目标不一致造成的代理问题。

8.5.2 股票期权设计

1.股票期权的概念

股票期权，又称购股权计划或购股选择权，即企业赋予某类人员购进本公司一定股份的权利，是指买卖双方按事先约定的价格，在特定的时间内买进或卖出一定数量的某种股票的权利。经理股票期权（Executive Stock Option，ESO）特指公司赠与经理的一种权利，持有这种权利的经理可以在规定时间内以行权价格购买本公司股票。

2.股票期权的特点

第一，股票期权是权利而非义务，即经营者买与不买完全享有自由，公司无权干涉。

第二，这种权利是公司无偿“赠送”的，实质上是赠送股票期权的“行权价”。

第三，股票不能免费得到，必须支付“行权价”。

第四，期权是经营者一种不确定的预期收入，有利于降低企业激励成本。

第五，股票期权的最大特点在于，它将企业的资产质量变成经营者收入函数中的一个重要变量，从而实现经营者与投资者利益的高度一致。

3.股票期权的产生和发展情况

国外公司经理的薪酬计划一般包括三个组成部分：一是基本工资；二是年度津贴或奖金；三是授予经理股票期权、业绩股等。前两种形式一般以现金形式发放，起短期激励作用；第三种形式是长期激励，它使管理人员的利益与股东的长远利益结合起来。

期权计划最初于20世纪70年代出现在美国，经过20年左右的探索，在20世纪90年代发展成为西方国家普遍采用的企业长期激励机制。

ESO的授予一般每年进行一次。ESO的授予数量及授予条件由董事会薪酬委员会决定。薪酬委员会通常由3~4人组成，大多数为外部非雇员董事。在年初，薪酬委员会制定出经理的年度目标和相应的ESO授予数量。在年末，薪酬委员会根据经理班子是否实现经营目标来决定授予ESO数量。

4.股票期权设计程序

股票期权的设计，实际上就是制订股票期权赠与计划的过程。赠与计划的内容一般包括股票期权的授予、行权、股票期权的赠与时机和数目、股票期权行权价的确定等。

股票期权赠与计划包括以下几个方面的内容：

（1）参与范围

一般来说，ESO的主要对象是公司的经理。他们掌握着公司的日常决策和经营权力，因此是激励的重点。

获受人的具体范围由董事会选择。董事会有权在有效期内任一时间以任何方式向其选择的雇员授予期权，期权的授予数量和行使价格由董事会决定。

（2）股票期权的行权价

股票期权的行权价，也称期权的执行价格，它是期权方案设计中的关键。行权价格的确定一般有以下三种方式：

①低于现值，也称现值有利法。

②高于现值，也称现值不利法。

③等于现值，也称现值等利法。

激励型期权的执行价格，不能低于股票期权授予日的公平市场价格，这是构成激励型期权的一个重要条件。

（3）股票期权行使期限

期权的行使期限一般不超过10年，强制持有期为3～5年不等。通常情况下，股票期权在授予后并不能立即行使，而要等待一定时间。

在执行时间上的安排，主要是为了使期权在较长的时间内保持约束力，并防范一些短期行为。因此，公司授予期权时间因获受人的身份不同而不同。

（4）赠与时机与授予数量

关于赠与时机，经理一般在受聘、升职和每年一次的业绩评定等情况下获赠股票期权。在受聘与升职时获赠股票期权的数量通常较多。

授予期权的数量有以下三种确定方法：

第一，利用Black-Scholes模型，根据期权的价值推算出期权的份数。

第二，根据要达到的目标决定期权的数量。

第三，利用经验公式，并通过计算期权价值倒推出期权数量。

（5）股票期权行权所需股票来源

股票期权行权所需的股票有两个来源：一是公司发行新股票；二是通过留存股票账户回购股票。

留存股票是指一个公司将自己发行的股票从市场购回的部分，这些股票不再由股东持有，其性质为已发行但不在外流通的股票。

（6）股票期权的行使

股票期权的行使一般有三种方法：

①现金行权。个人向公司指定的证券商支付行权费用以及相应的税金和费用，证券商收到付款凭证后，以行权价格执行股票期权。

②无现金行权。个人无须以现金或支票支付行权费用，证券商以出售部分股票获得的收益来支付行权费用，并将余下股票存入个人蓝图账户。

③无现金行权并出售。个人决定对部分或全部可行权的股票期权行权前，须以书面形式通知公司表示期权行使及行使的股份数量，通知单必须附有按行权价计算的相应股份认购汇款单。

（7）对股票期权计划的管理

对股票期权计划实行两级管理。首先，公司通过董事会实施股票期权计划。董事会有权决定每年的股票期权赠与额度、授予时间表及在出现突发事件时对股票期权计划进行解释，并重新做出安排。其次，在宏观上必须建立比较规范的监督管理制度，对期权计划设立与行使人的权利、获受人条件、赠与条件和数量、期权变更和丧失等条款做出明确规定，力求计划合理公正。

案例链接8-4

通用汽车公司高管的薪酬计划

作为一个全球性的大公司，为了有利于人才的全球性调动与合理配置，通用汽车公司（GM）对其3 300名高级管理人员采取比较统一的分配办法和政策，按照其级别分成3级：66名副总裁以上的人员；500名中层正职人员，包括地区的负责人；其余为中层副职。该公司薪酬激励政策制定的基本理念主要体现在：经营者收入与经营业绩挂钩、基本收入与风险收入相结合、近期收入与中长期收入相结合、激励与约束相结合。

（一）高管薪酬激励的理念

（1）该理念适用于全球范围内的GM高管人员。

（2）薪酬支付以业绩为导向。其目的在于激励公司高管人员提高公司的绩效和获利能力，使高管人员的利益与股东利益保持一致，其中最主要的一点在于能够在公司业绩走强的年份提供给员工具有较强竞争力的薪酬。

（3）所有薪酬要素应与所在国家或地区的实际相联系。

（4）GM确定其开展业务的所有国家当地市场的经理薪酬标准，并具体到每一个组成要素、基薪与激励的组合，所有相关数据由GM通过组织调查取得。

（5）把GM在每一个国家开展业务的可比较公司薪酬水准的第75百分位作为目标(即排在前25位)。

（二）薪酬结构

职级体现了不同的责任等级，并且有利于使管理人员在全球范围内替换或发展的流动性最大化，且方便相应支薪标准的制定，也为职工升迁提供了标准和框架。

（三）薪酬总额构成

1.基薪

（1）固定薪酬部分是根据职责范围、个人业绩以及市场情况制定的。

（2）在个别国家根据市场情况、当地习惯和经营业绩设立奖励基金。

2.激励

激励包括两部分：

（1）短期激励：奖励年度或“过去”的业绩，如年终奖。

（2）长期激励：重点在于未来公司的成功和股东财富的创造，如股票期权、PAP(绩效完成计划)。

3.年度激励计划

（1）年度激励计划的特点

- 年度激励服务于加强实现短期或年度目标；
- 为强化经营目标，衡量尺度和计划特征每年都可以调整；
- 当前的设计是基于地区和公司两方面的业绩。

（2）补偿的指导原则

- 确保GM全球业务的良好发展。

● 给GM股东以价值回报，加速消除竞争性差距的绩效预期。

● 将个人报酬与完成经营计划目标联系起来，增强个人的责任心。

● 奖金=个人目标报酬之和×支付系数。支付系数基于公司的财务业绩：50%净收入，50%净资产报酬率。

（3）地区/单位补偿

● 根据地区的业绩，有20%的用于分配的奖金将不是根据如50%的支付限度、100%的支付目标或150%的扩展支付等财务方法来分配，而是根据其他非财务方法来补偿。

● 由地区或单位领导小组确定并由高管人员同意的计量尺度——10%基于市场份额，10%基于质量。

（4）年度奖励支付的案例假设

● GM全球经理的业绩目标为5万美元。

● 表现较好的全球小组的业绩赋予一个200%的支付系数。

● 地区有两种质量测定方法和一种市场份额衡量方法。

● 地区业绩产生的支付系数为：在一种质量衡量方法上应支付100%（目标）；在另一种质量衡量方法上应支付50%（限度）；在市场份额衡量方法上应支付150%（扩展）。

平均获得的奖金：200%全球业绩×50 000=100 000（美元）

个人分配：$\frac{\text{根据通用的全球业绩}}{\text{分配可得到80\%}}$×100 000=80 000（美元）（20%将用非财务手段支付）

5%的第一种质量尺度（5%×100%×80 000）+2.5%的第二种质量尺度（5%×50%×80 000）+10%的市场份额尺度（15%×150%×80 000）=23 000（美元）

个人总奖金：103 000+3 500（基于上级高管人员的建议）=106 500（美元）

（四）股票期权

北美各大公司使用最普遍的长期激励方法，提高了经理对增加股票价值的关注，推动了经理人员的股票所有权：通过正确评价GM普通股票的价格而获得获利机会；运作股票期权；获得行政上的补偿。

根据绩效水平调整目标期权——在双方同意的范围内，期权的规模可以调整以反映贡献和业绩。

GM准许行权的日期同总体的补偿计划周期相联系，在每年的1月份签字——准许的价格按照同意日股票的最高和最低市场价格的平均价格确定。

股票期权的执行方法：

● 非现金交易——个人无须以现金或支票来支付行权费用，证券商以出售部分股票获得的收益来收取行权费用，并将余下股票存入经理个人的蓝图账户。

● 现金交易——购买并拥有部分股票份额的所有权。

● 股票置换——用当前拥有的GM普通股支付。

（五）长期绩效计划

1.绩效实现计划

（1）激励高级经理共同完成关键的长期战略目标

● 置身于经营计划过程中；

- 占用3年的时间（3年一次）；
- 衡量公司业绩。

（2）对象的选择基于各人当前的责任、业绩、发展潜力和参与程度——GM公司最高层的前500名和休斯公司前50名高管人员

（3）由现金控制的目标——完全由股票传递的奖励

2.股票激励计划

（1）类似于PAP

- 重点放在长期战略目标上；
- 3年一次；
- 衡量公司业绩。

（2）区别

- 绩效衡量强调外部因素。
- 股东总回报（TSR）作为评价标准，依赖于纽约工业500种股票指数。
- TSR=股票价格+股利。
- 由股票控制和传递的目标补偿。
- 股利等于最后奖励的股票在3年业绩期间的收益，并以额外股票份额的方式传递。
- 高管的最后奖励反映了TSR和股票的价值。

资料来源 佚名. 通用汽车公司的薪酬计划［EB/OL］.［2020-01-19］. http://www.doc88.com/p-0844649525326.html.

8.5.3 员工持股计划

1.员工持股计划的含义

员工持股计划（Employee Stock Ownership Plan，ESOP），又称员工持股制度、职工股份制、职工股份所有制等，其含义十分广泛，同时由于各国的经济环境、法律环境和人文环境等方面的不同，以及运用该制度的目的与意义上的区别，这种员工持股制度没有一个统一的概念。按照美国员工持股协会的定义，员工持股计划是一种使员工投资于雇主企业而获得长远受益的员工受益计划，或者说它是一种使员工成为本企业的股票所有者的员工受益机制。有人认为员工持股计划是指企业员工利用现金或通过贷款等其他方式获得融资购买企业的股票，并通过某一机构委托管理，代表员工的股东身份参与公司经营决策和监督或由员工自己行使股东权利，员工按所持股份份额分享企业利润，从而使得员工能够以劳动者和所有者的双重身份参与企业经营活动的一种产权制度或激励制度。

结合员工持股计划的基本含义以及在我国实施的具体情况，本书认为员工持股计划可以界定为：企业员工依据相关的法规和程序，在一定条件下通过某种方式的出资而认购本企业的全部或部分股份，并委托具有独立法人资格的专门机构长期持有、集中管理，员工依据其拥有的股份享有有限的自益权和共益权。这个定义的要点在于：

①强调员工持有的股权是依据一定的法律法规和程序取得的，有法可依，有据可循。

②某种方式的出资意味着员工不仅可以运用现金或贷款等金融方式获得股权，而且还能通过劳动力产权的界定和科学技术、管理技术、专利技术等非物资投入获得股权。

③将员工持股管理机构宽泛地定义为“专门机构”的用意在于，在现有法律法规的框架内，员工持股管理机构的形式有很多，随着我国相关法律法规的建立和完善，员工持股管理机构必将会有一个统一的界定和说明，而“具有独立法人资格”应当是其必备的条件之一。

④强调员工持股必须遵循长期持有、集中管理的基本原则，否则会导致员工持股失去其基本效用并影响员工参与企业经营管理、完善公司治理结构的目标的实现。

⑤强调持股员工享有的是有限的自益权和共益权，这种有限性体现在员工所持股份的获取资格、持股时间、股票流通性等方面，与普通股的“同股同权”是有区别的。

2.员工持股计划的基本内容和实施形式

员工持股计划起源于美国，其在探索和实施的过程中相关制度和法律法规也日臻完善，并成为西方发达国家实施员工持股制度的典型代表，因此，本书将以美国的员工持股计划为例，介绍典型的员工持股计划的基本内容和实施形式。

①设立员工持股信托基金或员工持股会。该机构是集中管理员工所持股份的独立合法的实体，代表员工掌握并控制员工持股计划的所有资产。

②设置悬置账户。员工持股信托基金由企业担保，以所控制的员工持股计划的所有资产为抵押，向银行贷款购买公司股票。购得的股票不直接发放给员工，而是放入一个悬置账户中，并随着贷款的逐渐偿还再按确定的比例逐次转入员工的个人账户中。

③员工的广泛参与。美国的相关法律规定，至少应该有70%的非高薪阶层员工参与员工持股计划，而且非高薪阶层员工所得的平均收益不能低于高薪阶层员工平均收益的70%。

④投票权利的限制。已经分配到员工个人账户上的股份，员工可以以个人名义行使相应表决权，尚未分配到员工个人账户上的股份由持股基金会或受托人行使相应表决权。

⑤员工股份的价值评估。对于非上市公司的员工持股，信托基金或员工持股会必须请独立的资产评估机构依据美国劳工部的规定，对企业价值和股份价值进行评估，且每年评估一次，这样有利于员工购股和员工回售股票时的股票定价。

3.员工持股计划的程序

（1）员工持股计划可行性研究

在推行员工持股计划前，必须明确其实施目的，并从企业内外部的环境和条件出发，对员工持股计划在本企业内推行的可行性进行系统而全面的研究。

（2）对企业进行全面价值评估

合理、公正的价值评估对于参与持股计划的员工和企业双方来说都是十分必要的。企业价值被高估，员工不会购买；企业价值被低估，则会有损企业所有者的权益，在我国主要表现为国有资产的流失。

（3）聘请专业咨询机构参与计划的制订

在制订持股计划时，对于涉及综合技术、多个部门和复杂关系界定的工程，聘请富有专业经验和人才优势的咨询机构参与是必要的。

（4）确定员工持股的份额和分配比例

在确定员工持股的比例时，既要考虑对员工激励的需要，也要考虑员工的劳动贡献所应得的报酬股份。另外，员工持股的比例也要与持股计划的制订动机相一致。

（5）明确员工持股的管理机构

员工持股的管理机构应是企业的工会组织。对大型企业来说，由外部的信托机构、基金管理机构来管理员工持股也是可行的。

（6）解决实施计划的资金筹集问题

我国实施员工持股计划的资金，主要以员工自有资金为主，企业只提供部分低息借款。对于金融机构如何介入员工持股计划，目前我国还没有先例。

（7）制定详细的计划实施程序

详细的员工持股计划实施程序和步骤主要体现在员工持股的章程上。章程应对计划的原则、参加者的资格、管理机构、财务政策等一系列问题做出明确的规定。

（8）制作审批材料，履行审批程序

我国各地的企业要想使员工持股计划得以实施，一般应当通过必要的审批程序。

4.完善我国员工持股计划的措施与建议

员工持股计划在西方发达市场经济国家已经被证明是一种对企业发展非常有益的制度安排，而我国企业广泛地引入员工持股计划的目的，也就是希望该计划能够为推动国有企业改革起到积极的作用。但是，建立一个新的制度之前，我们应该对它的基本特征、历史沿革、设立条件和配套措施进行研究，然后才能够有序、规范地展开。在未达到实行员工持股计划的基本条件的时候，就一哄而上盲目地推行，结果只能是适得其反。事实上，目前我国在员工持股计划推行过程中出现的许多问题和不足，从根本上来讲，都是由于这些条件的缺乏而造成的。结合国外的实践经验和我国的实际情况，现阶段在推行员工持股计划之前，这些问题都是应该解决的。具体来讲，需要解决的主要问题有：

①认真完善相关法规与制度，营造适宜的政策环境、完善法律制度是实行企业员工持股计划的直接动力和外部条件，对实行企业员工持股计划有决定性的作用。

②从共同管理的层面上界定企业员工持股计划，并配套建立员工参与管理的计划。为了充分发挥企业员工持股计划的激励作用，增强企业凝聚力，应从共同管理的意义上来界定员工持股制度并形成员工参与决策的规范制度，给予企业员工一定的经济权利，使他们能够以合法的身份参与决策，从而对企业产生认同感。收益权与控制权相匹配，才能产生有效率的管理结构，才能体现员工持股制度的完整意义。

③适当的时候，鼓励金融机构积极介入，利用信贷杠杆解决购股资金问题。我国目前实行的一直是低工资制度，仅靠员工个人出资购股很难行得通，广大的工薪族承担不起巨额的资金需求。

④建立一套员工业绩评价指标体系，将股权量化到个人，这是实现企业员工持股

计划效果的有力保障。实行企业员工持股计划的重要目的是激励员工，而在实施过程中将股份具体量化到个人是使激励效果达到最优的有力保障，因为量化的程度直接关系到员工个人的利益，量化越具体，员工受利益驱动就越明显。因此，确定一个包括员工的工龄、岗位、职务、贡献在内的客观的多元量化业绩评价指标体系特别重要。

⑤设立专门的员工股票托管机构，规范员工持股运作，这是实现员工股东权利的重要保证。企业应设立一个由专门人才组成的法人托管机构——员工持股会，由其代为行使员工股东的各种权利，将员工行使其经营管理权的众多意见加以汇总，以便充分地行使权利，避免引起组织的混乱。

本章小结

随着科技的飞速发展和国内外竞争的加剧，员工成为企业成功的关键资源。薪酬体系作为有效激励员工的主要手段，通过提高生产力和劳动技术水平来增强企业的竞争优势。薪酬体系的构建和管理应该以企业的经营战略为导向，做到在激发员工积极工作、实现企业目标的同时，提高员工的薪酬满意度，使企业与员工共同发展进步。然而，我国企业薪酬实践却只重视操作和流程，缺乏战略规划和全面系统的管理。因此，企业战略性薪酬的构建势在必行。

复习思考题

1.简要阐述薪酬的概念及功能。
2.简要阐述薪酬管理的内涵及发展历程。
3.简要阐述薪酬战略的内涵及特点。
4.影响薪酬战略选择的因素有哪些？
5.说说你所理解的岗位评价。
6.战略薪酬设计的原则及步骤是什么？
7.简要阐述设计战略福利计划的原则及应注意的问题。
8.说说你所理解的股权激励和员工持股计划。

案例分析题

锦鹏元公司战略薪酬体系设计

锦鹏元公司是总部位于北京丰台区的锦鹏集团的全资子公司，是从事房地产开发的专业化公司，共有员工300余人，2011年薪酬支出总额为54 967 755元，2012年预算薪酬总额为58 730 000元。2012年预算薪酬较2011年增长幅度为7%，考虑到通货膨胀因素以及薪酬倍增计划，2013年预算薪酬增长幅度控制在10%。

一、薪酬体系存在的问题

员工薪酬由岗位工资、福利、年度服务奖、绩效奖金及总经理即时奖励五大部分组成，营销部非管理人员采用底薪加提成的制度。公司为员工提供了较为完备的福利保障计划，包括国家法定的养老保险、医疗保险、工伤保险、失业保险、生育保险及根据政府政策缴纳的住房公积金。总的来说，公司的薪酬体系较好地适应了公司现阶段发展的要求，对于公司保持稳定和发展起到了基础性作用，但还存在一些问题，具体表现在：

1.薪酬结构设置不够科学

目前员工的薪酬由岗位工资、福利、年度服务奖、绩效奖金及总经理即时奖励五大部分组成，其中岗位工资缺乏科学的岗位评价基础，且没有充分体现学历和技能；福利项目中除了法定项目外，缺乏灵活多样的针对性项目。

2.薪酬水平与业绩的相关性不足

公司虽然设有绩效奖金，但由于绩效考核的科学性不足，绩效工资存在着普遍高于基数的情况，没有体现绩效工资奖优罚劣、奖勤罚懒的激励效果。薪酬支付尚未有效体现不同岗位的贡献，内部平均主义现象仍然存在。

3.薪酬管理的制度、政策仍不完善

公司目前建立的薪酬制度基本适应日常运营和管理的需要。若着眼于公司未来3～5年的发展目标和长远发展战略的需要，薪酬体系的科学化水平还有待提高，薪酬制度、政策也需要进一步完善。

4.薪酬水平与外部相比缺乏竞争力

对公司中层及基层岗位薪资与市场人工成本进行比较，锦鹏元公司的平均薪酬水平接近50分位，以总经理为例：现在总经理年薪28万元，2011年北京市劳动力市场50分位值为18万元，即目前总经理薪酬位于市场55分位，如图8-7所示。剔除数据样本、公司特点等因素，锦鹏元公司的薪酬水平缺乏竞争力。

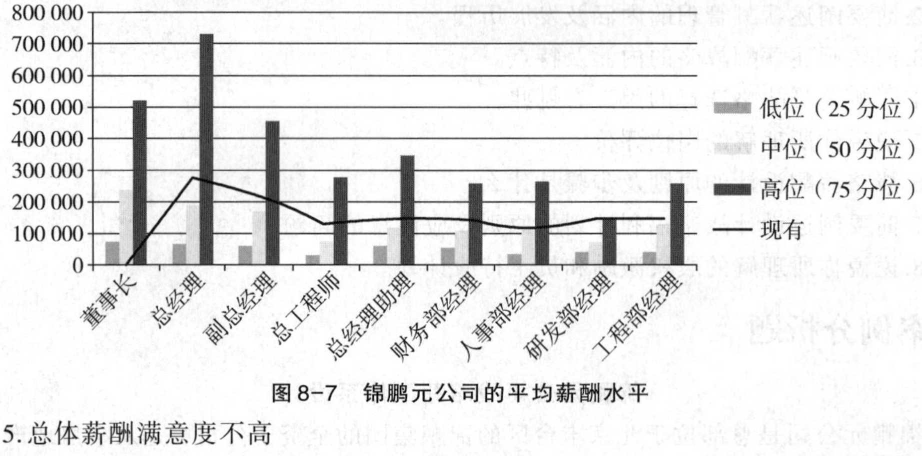

图8-7　锦鹏元公司的平均薪酬水平

5.总体薪酬满意度不高

由于公司的薪酬水平没有足够的市场竞争力且存在内部公平问题，造成薪酬满意度较低。

二、战略薪酬体系设计

基于以上问题，锦鹏元公司邀请韬睿明仕管理咨询集团为其设计基于战略导向的薪酬体系，韬睿明仕管理咨询集团的专家顾问通过对该公司薪酬体系进行深刻而清晰的调研，为该公司量身定制了一套行之有效的战略薪酬体系。

（一）总体思路

薪酬体系不但体现公司的人力资源管理水平与导向，也是公司文化的反映与延伸。韬睿明仕专家团队通过内部访谈、查阅资料等多种方式，对公司现行薪酬体系进行分析与诊断，同时将公司薪酬水平与北京市同行业薪酬水平进行对比，考察公司薪酬体系的外部竞争性。专家团队在公司总体薪酬水平确定的基础上，利用科学的薪酬设计工具，优化公司的薪酬模块，采用要素计点法确定岗位相对价值，进而确定岗位工资水平，并按照各薪酬模块的比例分别确定岗位工资、基本工资、技能工资、绩效工资和福利津贴，以期更好地体现公司人才的市场价值和行业特点，并适应公司未来3～5年业务发展和战略变革的需要。薪酬体系改革的总体思路如图8-8所示。

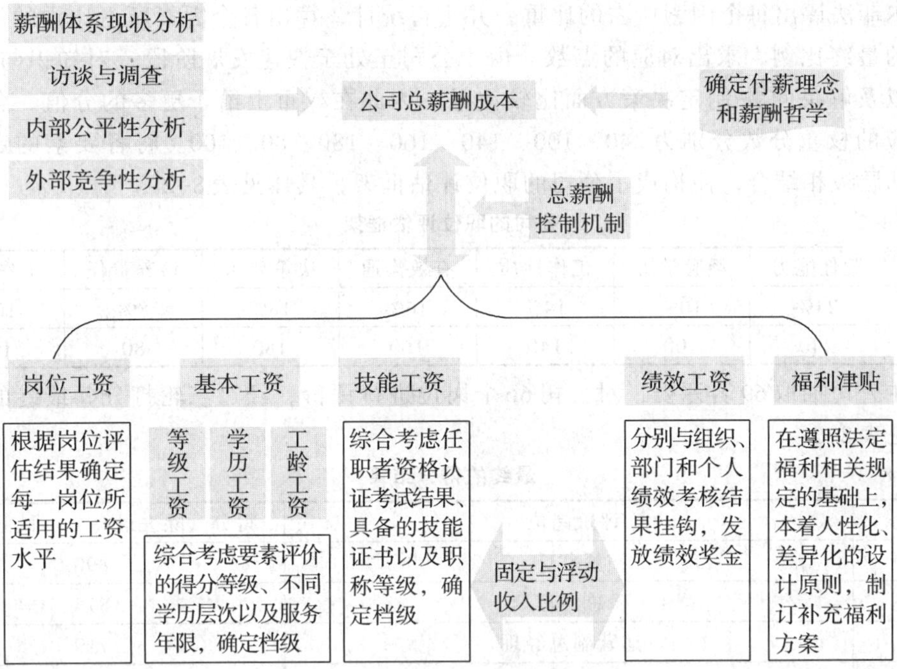

图8-8　薪酬体系改革的总体思路

（二）基本目标

薪酬设计的目的是协助锦鹏元公司建立与岗位匹配、与业绩挂钩、与市场接轨的具有竞争力的薪酬激励机制，支持公司向市场化企业转型的战略目标的实现。

◆转变观念：建立以岗位价值付薪、以能力付薪、以绩效付薪的薪酬理念，充分认识到薪酬不仅是成本，更是投资。

◆按岗付薪：在岗位分析和评价的基础上，建立与业务更加密切的薪酬结构，更好地体现岗位贡献差别。

◆按绩效付薪：在公司总薪酬成本控制和实施科学绩效考核的前提下，实现绩效奖金与绩效的紧密挂钩。

◆与市场接轨：为提高薪酬体系竞争力，更好地保留和吸引人才，公司平均薪酬水平应逐步向市场平均水平靠拢。考虑到公司的实际发展情况，建议以当前市场50分位水平作为目标，每年总薪酬水平提高约10%。

（三）岗位评价

项目组在前期工作分析与岗位设计准备工作的基础上，决定利用要素计点法对锦鹏元公司进行岗位评价，主要是基于以下原因考虑：①要素计点法是一种量化程度较高的岗位评价方法；②对评分人员的要求不高，其操作过程简单，经过简单培训便可执行岗位评分工作；③评分结果应用范围广泛，如薪酬设计、职业生涯规划、构建岗位胜任模型等。考虑到公司目前和未来一段时间组织构架相对稳定，且涉及岗位相对较少，项目组采取了全岗位评价法，即对涉及的46个岗位全部进行统一评价，同时着眼于公司未来发展的需要，将预设的20个岗位纳入评价范围。

为便于统计，将岗位价值评估的总点数定为1 000分，同时请选定的评估委员会用德尔菲法评出每个因素所占的比重，并进行统计，算出各个因素所占比重的均值即所占的最终比例，求出对应的点数。由于公司正处于快速发展阶段，对知识与技能、责任以及解决问题/制定决策方面比较注重，因此在权重上给予更多的分值，各因素所对应的权重分数分别为240、100、140、160、180、80、100。将各要素的定义及其内部层级相结合，便构成了公司的职位评估框架，具体见表8-2。

表8-2 **公司的职位评估框架**

因素	胜任能力	经验学历	工作性质	有效沟通	决策要求	培养责任	工作条件
权重	24%	10%	14%	16%	18%	8%	10%
分数	240	100	140	160	180	80	100

在公司抽取69名评委，对公司66个岗位进行评价，经过三轮打分，最终的得分结果见表8-3。

表8-3 **最终的得分结果**

序号	评价岗位	得分（除去最高分、最低分）
1	董事长	890
2	总经理	873
3	运营副总经理	719
4	工程副总经理	712
5	营销副总经理	700
6	工程部经理	663
7	总工程师	661
8	前期部经理	650
9	总经理助理	650
10	研发部经理	650
11	预算部经理	649
12	人事行政部经理	648
13	财务部经理	646
⋮	⋮	⋮
	总分合计	33 079

（四）薪酬结构

专家团队为公司设计的薪酬体系由三部分组成：一是固定工资，包括岗位工资和补充工资（技能工资、学历工资、加班工资、工龄工资）；二是浮动工资，包括绩效工资和总经理即时奖励；三是津贴福利。每年年初确定公司年度经营计划、员工编制和工资总额，并报总公司审批通过后予以正式确定。营销部非管理人员采用岗位工资、技能工资、学历工资、工龄工资加提成的制度，不适用上述薪酬结构，具体管理制度由人力资源部协同营销部根据管理需要制定，并报总公司董事会审批。

1.岗位工资

根据岗位评价结果，参照同行业工资标准及消费水平等条件，确定员工的岗位工资级别和水平。

2.基本工资

基本工资分为等级工资、薪酬福利两部分。等级工资是针对不同的要素评价得分，按等级分配的工资，约占总薪酬规模的10%，用于基本生活保障。

3.技能工资

技能工资根据岗位资格认证考试结果，按初、中、高三个层次分别确定发放，同时考虑职称和国家认证的其他资格证书。

4.绩效工资

通过规范、有效的考核评价手段，每季度或半年进行一次绩效考核，根据公司目标完成情况、个人工作目标完成情况及态度、能力进行综合考评，考评结果作为奖金的发放依据。销售人员的绩效工资仍按提成方式执行。

（五）锦鹏元公司薪资水平的确定

1.确定岗位工资水平

（1）确定单位要素得分对应的月岗位工资水平

方法一：根据单位要素计点分值测算单位分值对应的月岗位工资基数，方法如下：

月岗位工资基数=薪酬计算基数×岗位工资比例÷12（月）÷要素计点总分

方法二：根据高层、中层和基层市场薪酬状况，采用加权平均的方式综合算出。

方法三：根据高层、中层和基层2012年实际工资数×110%推算出每个岗位的岗位薪资标准，除以高层、中层和基层岗位评估总分，得出单位要素计点分值。

（2）确定各岗位对应的月岗位工资基数

由各岗位得分乘以单位要素得分对应的月岗位工资水平，即得到各岗位对应的月岗位工资基数，见表8-4。

表8-4 **各岗位对应的月岗位工资基数**

序号	评价岗位	得分	岗位工资基数（元）
1	董事长	890	7 849
2	总经理	873	7 700
3	运营副总经理	719	6 050
4	工程副总经理	712	5 500
5	营销副总经理	700	5 500
6	工程部经理	663	4 139
⋮	⋮	⋮	⋮

注：岗位工资基数四舍五入取整数。

（3）确定岗位工资等差

为了适应岗位工资的变动调整，更好地体现岗位工资的激励性和灵活性，项目组借鉴了宽带薪酬的理念，以岗位工资基数为依据，每个岗位薪等设5个浮动薪级，如图8-9所示。首次调整工资时，建议公司选择岗位工资基数（即薪级中位数）作为套改标准，也可以视情况选择其他档次作为套改标准。

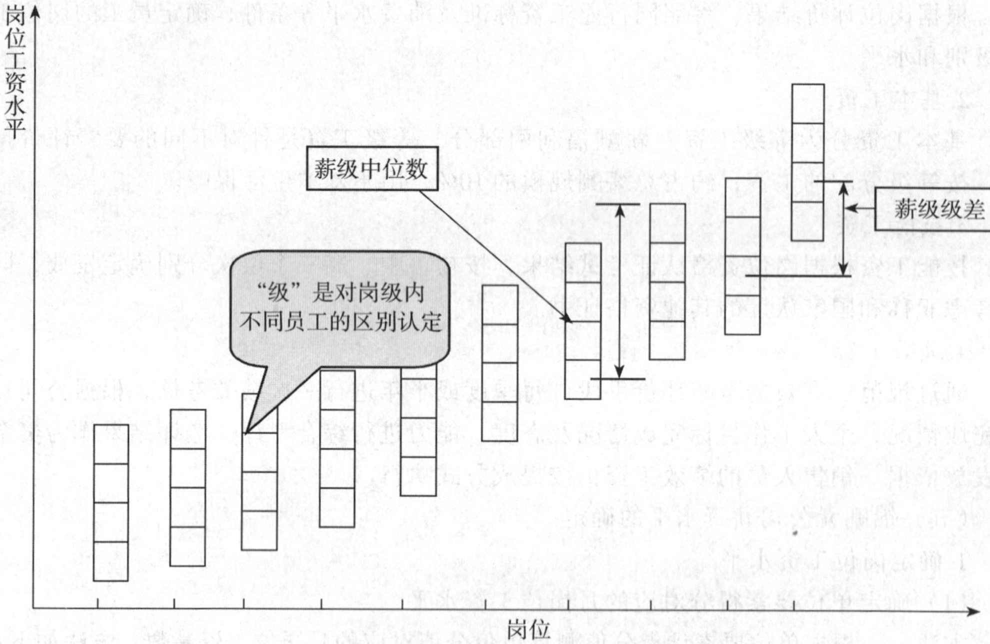

图8-9　确定岗位工资等差

注：岗级：依据岗位评价结果确定的岗位职级。薪级中位数：与岗级对应的标准基准工资水平。薪级级差：相邻两个薪级之间的工资水平差距。

为了体现不同岗位的激励效果，根据要素计点法得分结果，将200～900分分为七个薪等，每个薪等对应四个薪级，且每个薪等内设不同的薪级级差，得到表8-5。

表8-5　薪等与薪级级差对应表

职等	得分范围	薪等	薪级级差（元）
一等	200～300	一等	50
二等	301～400	二等	100
三等	401～500	三等	150
四等	501～600	四等	200
五等	601～700	五等	250
六等	701～800	六等	300
七等	801～900	七等	350

2.确定等级工资水平

如前所述，等级工资占薪酬总额的10%，则该部分单位要素得分对应的月基本工资水平为：

单位要素得分对应的月岗位工资水平×等级工资与岗位工资模块比

3.确定技能工资水平

按照薪酬模块构成中的工资比例，技能工资占工资总额（3 955 000元，不包含年终奖）的10%，即395 500元，则月人均技能工资水平基数为：395 500÷66÷12＝499（元）。

综合考虑任职者资格认证考试结果、具备的技能证书以及职称等级来确定档级，具体为：

①拥有国家或省市认定的高级职称，或获得公司认证的特优级证书，按1.0的系数发放技能工资，即月技能工资水平为499×100%＝499（元）；

②拥有国家或省市认定的中级职称，或获得公司认证的优级证书，按0.8的系数发放技能工资，即月技能工资水平为499×80%＝399（元）；

③拥有国家或省市认定的初级职称，或获得公司认证的良级证书，按0.6的系数发放技能工资，即月技能工资水平为499×60%＝299（元）；

④获得公司认证的合格级证书，或拥有国家和省市认定的其他专业技能证书，按0.4的系数发放技能工资，即月技能工资水平为499×40%＝199（元）；

⑤其他情况不予发放技能工资。

4.确定绩效工资水平

按照薪酬模块构成比例，每个岗位的绩效工资将根据岗位工资基数和绩效工资系数确定。具体计算方法为绩效工资基数=岗位工资基数÷30%×40%。举例来说，董事长的岗位工资基数为7 849元（见表8-6），那么绩效工资基数=岗位工资基数÷30%×40%=7 849÷30%×40%=10 465（元）。

表8-6　**最终结果**

序号	评价岗位	得分	岗位工资基数（元）	绩效工资基数（元）
1	董事长	890	7 849	10 465
2	总经理	873	7 700	10 267
3	运营副总经理	719	6 050	8 067
4	工程副总经理	712	5 500	7 333
5	营销副总经理	700	5 500	7 333
⋮	⋮	⋮	⋮	⋮

实际计算绩效工资时，需要以绩效考核为基础进行换算，方法为：

绩效工资=绩效工资基数×绩效工资系数

其中，考核为优秀者绩效工资系数为1.2，良好者为1.1，合格者为1，不合格者为0.9。

此外，基本工资=岗位工资基数×30%，如董事长的基本工资=7 849×30%=2 354.7（元）。

5.总经理即时奖励

（1）适用对象

除管理层以外的公司职员或者管理团队有以下情形者，都将获得公司总经理即时奖励，每年预算额度为100万元：

- 提前完成阶段性工作目标或圆满完成重要计划节点；
- 解决100万元以上遗留问题；
- 在不增加公司成本的情况下，为客户创造重大价值；
- 在不损害客户利益的情况下，为公司降低成本支出或挽回重大经济损失；
- 妥善处理突发事件、事故，平息重大客户投诉事件；
- 培养人才方面绩效显著；
- 满足公司设立的其他奖励条件。

（2）总经理即时奖励的奖项设置

- 突出贡献奖：表彰在阶段性工作中满足上述即时奖励条件的团队或个人。
- 重要经营计划节点庆祝奖：公司根据经营计划执行情况，对表现优秀的团队或个人发放的特别奖励。
- 其他总经理即时奖。

（3）总经理即时奖励的发放方式

- 通报表扬：由总经理签发，通报范围视具体奖励行为而定。
- 总经理即时奖励金：金额100～10 000元不等。
- 假期奖励：除“职员手册”中规定职员可以享受的假期外，还可以额外得到1～5天不等的奖励性假期。
- 国内旅游奖励：旅游花费不超过5 000元。
- 课程奖励：奖励金额1 500～5 000元的外部培训课程。
- 出国考察。

以上第二至六项即时性奖励的金额、天数及旅游目的地视具体奖励对象的贡献而定，具体参见即时奖励发放参考标准。

总经理即时奖励可由职员、职员所在部门提出申请，由人力资源部审核，经总经理批准，予以奖励。

6.薪酬制度的实施与控制

（1）薪酬总额的确定与控制

总公司的年度薪酬总额计划由总公司根据主要经济指标完成情况实施总量管理。薪酬总额及经济效益指标的核定分别由公司财务部负责，由财务部汇总后于执行年度前两个月内报总经理、董事长审定后发布实施。

（2）工资的核算及发放

每月10日之前，由人力资源部薪酬专员负责收集核算工资需要的相关考勤报表、月度员工绩效考核报表、奖惩报表、请假单和加班单等，对员工的工资实行封闭式核算，制作“员工工资表”，经人力资源部经理审核后，报副总经理、总经理和董事长批准，由财务部核算后，在下个月20～28日发放。

员工工资从其报到之日起计算，当月新进人员、离职人员的工资按实际工作天数支付。

试用期员工的工资级别，参考其聘用岗位的相应岗位工资级别，由人力资源部提出建议，经其隔级上级审核同意，由财务部执行。试用期员工要接受绩效考核，但不发放绩效工资。试用期员工转为正式员工时，根据其绩效考核成绩由人力资源部提出工资级别的建议，上报总经理批准，由财务部执行。

（3）薪酬的调整

- 人力资源部根据绩效考核结果以及考勤、奖惩状况的汇总，对调整建议提出审核意见。
- 员工工资级别的调整建议，由人力资源部经理汇总后，上报总经理批准。
- 若确需对工资级别进行调整，只能在下月执行；已经发放的工资，不再进行补发。

（4）薪酬争议的处理

- 当员工对薪酬产生异议时，可以在收到工资明细清单后的5日内向人力资源部咨询并说明理由，由薪酬管理员进行调查。
- 人力资源部经理根据调查结果做出处理方案，经争议人及其上级协商同意后，上报总经理批准。

讨论题：

1.评价锦鹏元公司的战略薪酬体系的设计。新的薪酬体系有什么优点？

2.结合本案例及本章所学的知识谈谈你对战略薪酬体系的理解。

第8章案例分析提示

第9章　战略员工关系管理

学习目标

- ✓ 了解员工关系管理的发展状况
- ✓ 重点掌握员工关系管理的职能
- ✓ 掌握员工关系管理的内部沟通
- ✓ 掌握员工关系管理的纪律管理
- ✓ 掌握员工关系管理的出口管理
- ✓ 掌握员工关系管理的留人管理
- ✓ 重点掌握员工关系管理的评估审核及员工满意度调查

引例

沃尔玛：员工是“合伙人”

沃尔玛的成功是值得管理者学习的，其最值得学习的部分就是沃尔玛对员工的平等原则。虽然双方表面上是管理和被管理的关系，但实质上是事业合伙人的关系，双方在地位上是平等的。在这样的基础上，沃尔玛其实已经掌握了管理的主动权，在管理沟通上能够更为轻松和顺畅。

沃尔玛一直以来都非常重视倾听基层员工的意见和建议。沃尔玛在公司内部实行鼓励谏言政策，无论何时何地，每一位员工都有发言的机会，可以通过口头或书面形式与管理人员甚至总裁进行直接沟通，比如投诉受到不公平的待遇等。公司保证提供机会讨论员工的意见，对于可行的建议，会积极采纳并用于管理公司。在这样平等开放的沟通制度下，沃尔玛时常有一些各地的基层员工来到总部和董事长见面。董事长沃尔顿总是耐心地接待他们，并认真听取他们的意见。如果员工是正确的，他就会解决相关问题。沃尔顿要求公司每个经理都要认真贯彻这一思想，而不是只做表面文章。

沃尔玛经常给予员工精神上的鼓励，在总部和各个商店的橱窗中，都悬挂着先进员工的照片。对特别优秀的管理人员，公司会授予其“山姆·沃尔顿企业家”的称号。沃尔玛在阿肯色州罗杰斯机场的飞机库里停有12架飞机，是专门为地区经理准备的，目的是让他们能够及时听到最基层的声音。每个星期一的早晨，地区经理都要乘坐飞机前往自己分管的地区视察，视察一般进行到周四。在视察过程中，经理会大量接触基层员工，了解他们的信息和对公司的建议，以及他们对商品销售走势的看法，对提出有价值建议的员工进行奖励。在下情上达方面，沃尔玛做得也非常出色。沃尔顿认为，公司领导是员工的公仆，领导和员工之间是一个“倒金字塔”形的关系。领导在最基层，员工是中间的基石，顾客永远是第一位的。领导为员工服务，员工为顾客服务。管理者的工作就是指导、支持、关心、服务于员工。员工心情舒畅，有了自豪感，自然会更好地服务于顾客。

沃尔玛的每一位员工都戴有工牌，上面除了名字，没有标明职务，包括总裁。公司所有成员都不存在上下级之分，见面直呼其名。这种规定使员工放下了思想包袱，感受到了平等分工的快乐，营造了上下平等的工作氛围。沃尔顿还认为，员工是“合伙人”。沃尔玛拥有全美最大的股东大会，每次开会，沃尔玛都要求有尽可能多的部门经理和员工参加，让更多的员工了解公司的经营理念、制度、成绩和问题，做到心中有数。会后，沃尔顿还会邀请大会成员约2 500人到自己家中参加野餐会。沃尔顿与这些不同层次的员工聊天，大家畅所欲言。股东大会结束后，所有员工都会看到会议录像，公司刊物《沃尔玛世界》也会对会议进行翔实的报道。对此，沃尔顿强调：“我想以这种方式增进我们的团结，大家亲如一家，为共同的目标而努力奋斗！”这种把员工当成合伙人的平等精神，使沃尔玛员工产生了对企业的强烈认同和主人翁意识。虽然在同业中，沃尔玛的工资不是最高的，但其员工却工作得非常快乐顺心。

资料来源 王宇. 沃尔玛：员工是“合伙人”[N]. 经理日报，2011-12-28（05）.

9.1 现代员工关系管理的发展状况

员工关系管理是人力资源管理的一个重要组成部分，人力资源管理归根结底是对人的管理，而员工关系则是指与员工这一群体有关的各种复杂关系的总和，对员工关系的管理即是从理论层面探讨规范化的员工管理制度，其贯穿于招聘配置、培训开发、绩效考核、薪酬管理以及劳动关系等方方面面，员工关系管理起始于员工入职企业时。

9.1.1 员工关系管理的发展历程

员工关系管理源于传统的“劳动关系管理”，即早期资本主义工业化时代的劳动关系管理。此后随着科学管理理念、行为管理理念、人本主义管理理念等的发展，员工关系管理逐步取代了传统的“劳动关系管理”成为时代的主流。

1.传统“劳动关系管理”

18世纪中期，西方资本主义国家开始进入工业化时代。随着生产工具、工作方式等的变化，资本主义经济制度发生了本质改变，机器生产取代了原始的手工作业，传统的农业社会过渡到工业社会。在这个时代，工厂生产规模逐渐扩大，企业需要雇用越来越多的劳动力进行生产，同时，由于社会的剧烈变革，大量劳动者失去赖以生存的土地，为了谋生，他们纷纷进入工厂工作，随着工厂员工的不断增加，催生了新型的雇佣关系，即资本与劳动相结合的劳动关系，上升到理论层面，即为劳动关系管理。

传统“劳动关系管理”的代表人物有亚当·斯密、马克思、恩格斯等。斯密在《国富论》中提出“经济人”假设，认为劳动创造的价值是利润的源泉，主张对经济实施“自由放任”的政策，由市场这只“看不见的手”来调节私人经济，主张国家充当“守夜人”的角色，反对政府对经济的干涉。在斯密管理思想的影响下，企业以追求利润为经营目标，员工成为工厂工作的“机器”，为了获得更大的效益，工厂主通常延长工时、增加劳动强度、压低工人工资，导致员工的酬劳无法满足其生活需要，员工工作环境恶劣，缺乏相应的安全保障，加之国家的“无作为”使得18世纪末19世纪初各国纷纷爆发了工人运动，社会矛盾空前尖锐，严重影响了正常的生产生活秩序。到了19世纪中期，马克思和恩格斯在对英国、法国和德国等西方主要资本主义国家劳资冲突的现状进行概括和抽象的基础上，提出了劳资关系理论。劳资关系理论解释了资本主义原始积累的过程，研究了资本主义社会的经济基础，从而发现了剩余价值，提出了资产阶级和无产阶级，并且从无产阶级的角度，指出无产阶级同资产阶级的阶级斗争必然导致无产阶级专政。

此后，随着科学技术的进步、生产力发展水平的迅速提高以及社会结构的深刻变化，劳资关系呈现出了新的时代特征，仅仅用马克思的劳资关系理论难以概括新的劳资冲突与协调的实践。伴随着管理思想的不断发展，员工关系管理逐渐取代传统的“劳资关系管理”。

2. 员工关系管理

19世纪中期到20世纪初期是资本主义自由经济向垄断经济过渡的时期，科学技术不断进步，新技术革命带来了流水线作业的发展，企业规模越来越大，资本渐趋集中，同时，各国经过经济危机的打击逐步认识到政府干预的重要性，政府开始介入企业管理，保障员工的适当利益，稳定社会秩序。20世纪初，西方学者从人力资源管理角度提出了员工关系管理的概念，取代了劳动关系的概念，随后，员工关系管理获得了长足的发展。

员工关系管理的代表理论有科学管理理论、员工关系管理理论、行为科学管理理论、人力资源管理理论、企业文化理论以及心理契约理论。泰罗的科学管理理论第一次将企业的员工关系管理纳入一整套制度框架之中，多次强调科学管理的实质是劳资合作，强调科学挑选和训练工人，制定科学合理的报酬制度，同时认为惩罚依然是最为有力的控制和激励手段；康芒斯第一次提出了战略性人力资源管理和参与式管理的观点，并且认为“友善是一种竞争优势”，他提出员工是组织内一种价值极高的资源，即“人力资源”的理念，制定了一种战略选择框架，并且探讨了参与式管理以及其与组织绩效和人力资源管理模式的配合性；行为科学管理理论从企业这一微观层面来探讨造成工人劳动效率低下的原因，埃尔顿·梅奥和弗里茨·罗特利斯伯格提出了“社会人”的假设，开始研究心理和社会因素对工人劳动过程的影响，马斯洛的“需求层次理论”、麦格雷戈的“X理论-Y理论”、赫茨伯格的“双因素理论”以及利克特的“领导方式”理论等从挖掘人的潜能、激发人的动机、重视人的多层次需要、强调“内在激励”和“外在激励”、公平的激励作用以及士气和凝聚力的调动等方面出发探讨协调员工关系、调动员工积极性的方法与措施，开辟了员工关系管理的新领域；人力资源管理理论摒弃了传统人事管理中“以工作为中心”的局限，强调“以人为中心”，在管理员工关系中根据人的特点和特长来组织工作，从而使得人力资源的能量得到最大限度的发挥，20世纪80年代，战略人力资源管理开始兴起，战略人力资源管理包含一整套相互补充并且具有内部一致性的人力资源管理实践，包括工作分析与工作设计、招聘与配置、雇员培训与开发、绩效管理、薪资结构、奖金与福利、劳工关系与员工关系等，并且有利于组织总体经营战略的实现；企业文化理论始于日本的企业管理，其认为文化是企业管理中不可忽视的重要因素，对于企业的成功与否具有深刻的影响，企业文化理论认为企业管理不仅要强调理性的科学管理，而且还要重视全体职工共有的价值观念，注重强化职工对本企业的向心力，注重企业中的人际关系；心理契约理论是伴随着新经济而产生的企业管理理论，强调在组织和员工的相互关系中，除了正式的经济契约规定的内容外，还存在隐含的、非正式的相互理解和预期，这对组织提出了更高的要求，由于组织都希望员工对组织忠诚并有强烈的归属感，长期为组织服务并创造价值，所以组织必须提供明确而具体的雇佣条件，这些条件对员工必须具有足够的吸引力，并有长期的雇佣期限。

现代企业更加重视“以人为本”的员工关系管理理念，这是经济发展和社会变迁对企业管理提出的新的挑战，是员工关系管理的必然选择。在历史上，人本管理思想的发展经历了X理论、“社会人”理论、Y理论、Z理论、“复杂人”理论以及职工持股等若干演变过程。现代人本管理倡导人既是管理的主体又是管理的客体，认为组织不仅要关心成员的物质利益，更要关心其自我价值的实现。现代人本管理以尊重人、关心人和热爱人为出发点，强调弘扬人性，给人以尊严，提倡开发人的潜能、体现人的价值，最终达到自我实现的目的。

9.1.2 我国企业员工关系管理的现状

我国企业员工关系的管理与企业性质和经济政策环境密切相关。

1.我国企业员工关系管理的发展

改革开放之前，在计划经济体制下，为了集中力量提高生产力，国家对企业实施严格的控制，企业作为国家机器的附属存在，企业生产的产品品种、数量、技术、产品的使用方式以及企业职工的劳动报酬都是由国家计划部门统一规定的，企业没有任何的自主权。劳动者去哪一家企业工作，劳动者在企业中所得到的一切利益包括各种待遇都是由国家分配与决定的，企业只不过扮演了一个“中介”的角色。

在计划经济体制下，企业的党组织、共青团、工会和妇联等社团组织主要通过政治动员、政治压力、精神鼓励、思想教育、政治与行政处罚等超经济手段来协调各种矛盾、鼓舞职工干劲，没有任何与员工自身利益挂钩的激励方式，职工个人的努力程度与收入之间几乎没有联系；同时，人才的流动受到了严格的政策限制，人力资源的优势完全被忽略，企业用人看年功，竞争选拔凭资历，工资分配搞平均，员工的积极性、主动性完全没有发挥出来。企业员工关系管理的内容主要体现在员工人事档案管理、招工录用、劳动纪律、考勤、职称评定、离职退休、计发工资等方面。这个时期的人事部门基本上是一个象征，完全服务于国家的政策，配合有关国家政策完成工作。

20世纪90年代以来，随着改革开放进程的加快，经济和社会政策的转变，我国在企业发展方面也打破了制度的藩篱，积极推动各种所有制企业的发展。国有企业逐渐认识到企业经营管理制度缺乏灵活性和激励性会造成企业效率的低下，企业内部管理积极性不高，员工得过且过，在这种背景下国有企业适时进行了股份制改革，将企业所有权和经营权分离，企业自主经营权与自主分配权以及用人权扩大，企业开始考虑如何提高生产效率，把企业的绩效管理纳入企业的发展规划，实行按劳分配、多劳多得制度，通过奖金等经济手段来激励员工；同时，国家积极鼓励私营企业、中外合资企业等的发展，各种企业形式齐头并进，共同为社会主义现代化建设贡献力量。

在市场经济背景下，企业管理者越来越重视员工在提高企业生产力中的中流砥柱作用，人力资源管理的理念得到认同；同时，企业人才流动的限制被打破，企业间人才流动加快，企业开始关注人才的流动趋势，管理者开始探讨人才流动的规律，通过系统学习和研究，初步形成了相对完善的理论体系，对人力资源的观念也有了深刻的认识，并在企业中初步建立了以招聘管理、培训管理、薪酬体系管理等为框架的员工关系管理构架；企业的人事管理部门向人力资源管理部门转变，企业管理从以前以人事档案管理为主开始向以关注人才为重心转变，人力资源经理逐渐将工作重心转移到员工的绩效管理，开始建立现代化的薪酬体系，逐步开始考虑整合企业人力资源，通过岗位分析和人才盘点，更加合理地配置企业人力资源；通过加大培训力度，提高员工的工作技能和绩效能力；通过改革薪酬管理体系，优化薪酬的分配作用，使之更加具有激励性。随着经济全球化的发展，我国企业面临着越来越多的跨国公司进入我国市场抢占国内市场份额的局面，此时国有企业、外资企业等都希望自己能够拥有一支知识水平高、稳定程度高、工作努力的队伍，并用一种积极合作的姿态来适时地调整自己的员工关系管理政策和实践，让企业的员工确信企业很愿意并努力和员工之间建立比较和谐与稳定的雇佣关系，从而调动员工的工作积极性，提高生产率。为了达成这一目标，只注重物质激励的举措显然不能满足员工越来越复杂的需求，因而我国企业更重视员工的归属感、受尊重感以及自我价值的实现，更重视工作场所中的人际关系与工作氛围，将物质激励和非物质激励充分融合。

改革开放以来，我国企业员工关系管理经历了最初强烈的物质利益需要后，随着市场经济的深入发展，人们生活水平的提高，以及企业员工素质的不断提升，我国企业的员工对于工作环境、员工福利和工作氛围等非物质的需求变得更为看重，我国企业管理实践树立起了“以人为本”的管理理念。随着社会主义市场经济、知识经济、信息经济的快速发展，在当代“以人为本”的管理工作过程中，正在逐步形成一种崭新的管理思想和管理思路，这就是以知识、智力、技能和能力为核心内容的“能本管理”。“以人为本”是现代管理的一个基本原则和理念，它强调的是人在组织中的主体地位和主导作用，进而强调要围绕人的积极性、主动性和创造性实行管理活动；“能本管理”的理念是以人的能力为本，是人本管理发展的新阶段，是更高层次和意义上的“以人为本”。

2. 我国企业员工关系管理的特点

在我国企业的员工关系管理中，国家颁布了一系列法律法规保护员工的合法权益，稳定企业的生产秩序。2007年6月29日通过，并于2008年1月1日起施行的《中华人民共和国劳动合同法》，在保护劳动者就业的稳定性、增强职工工会和职代会在劳动关系中的民主决策和民主监督作用、加强对劳动者报酬支付的保护、明确对用人单位违法行为的处罚、保护用人单位的合法权益、全面规范劳动合同等方面，相对以前的劳动法来说，进行了更为明确的规定；我国在2001年由中国标准研究中心、中国合格评定国家认可中心和中国国家进出口企业认证机构认可委员会参照OHSAS（Occupational Health and Safety Assessment Series，职业健康安全管理体系）18001和OHSAS 18002，共同制定了GB/T28001《职业健康安全管理体系——规范》和GB/T28002《职业健康安全管理体系——指南》。这些规范和指南在强化企业职业健康安全管理，提高管理水平，推动我国职业健康安全法律、法规的贯彻落实，帮助企业树立良好社会形象，增强市场竞争力等方面起到了重大的作用。我国企业文化建设也取得了一定的成果，对企业文化的理论研究方法已经开始从定性分析转向定量研究（如文化贡献率、实证模型等），研究范围从国有独资及国有控股企业扩展到非公有制经济实体甚至虚拟企业，研究对象从单纯的研究企业形象开始深入到研究企业审美文化和“知识资本”的人才要素等方面，同时，许多大企业集团已经把企业文化建设作为企业工作的重要内容积极推进，而且设立了企业文化部，有的企业集团将其列入企业发展规划。我国企业“员工援助计划”，即EAP，也获得了一定的发展。2001年3月，国内诞生了第一个完整的EAP项目——联想客户服务部的员工援助计划，该项目由北京师范大学心理系博士张西超主持，其首先对员工进行心理状况调查、研究和诊断，对员工心理进行全面和深入了解，并提出了相应的组织管理建议，随后开展大量宣传活动、咨询式管理者培训、各种专题小组咨询，同时还开通了心理咨询热线电话，心理咨询师接受了几十人次的个人面对面咨询。该项目有良好的反馈机制，定期将培训、咨询中发现的与组织管理相关的问题反馈给企业，以帮助其改进管理，此后，EAP在企业中越来越受到管理者的重视。

自改革开放以来，我国企业员工关系管理获得了一定的发展，取得了许多成果，然而与西方发达国家相比，仍然存在许多不足，这与我国的经济发展水平、企业管理水平以及组织内外环境的变化是紧密相关的。经济环境包括宏观经济状况（全球化、跨国公司和失业率等）和微观经济状况（特定市场上特定产品和特定企业的经济要素）两个方面，经济环境的变化会影响劳动力市场和要素市场的变化，经济动荡会影响企业内部的劳动关系调整机制，影响员工劳动关系；在企业内部，工作任务的变化、绩效管理体系、参与式管理和工作环境都会影响企业的员工关系，一般认为，提升工作任务难度、严格控制体力劳动者、松散控制非体力劳动者、提高决策时员工的参与程度、保持安全的工作氛围有利于形成良好的员工关系。除此之外，社会文化环境的不同会促使企业形成不同的企业文化，影响企业员工关系，如随着越来越多的妇女加入就业大军，企业在处理员工关系时需要更多考虑女性的需求，维护女职工的合理利益。我国企业员工关系管理的不足之处体现在员工关系管理缺乏系统的指导理念；企业文化得到重视，但企业缺乏文化建设的具体举措；重视员工精神需求，但缺乏精神激励手段等方面。在市场经济和一切与效益挂钩的形势下，国有企业的领导任免、业绩考核、监督制约等方面的机制都在一定程度上受到追逐眼前经济利益的制约，这样就使员工关系受到不同程度的损害，而占大多数的中小型合资企业、私营企业，目前仍然是以营利为目的，员工关系建设未引起足够的重视。

9.2 员工关系管理的职能

员工关系是指组织中由于雇佣行为而产生的关系，员工关系管理则是针对管理者、员工和团体之间产生的，由双方利益引起的并受经济、技术、政策、法律制度和社会文化背景影响的对合作、冲突、力量和权利等关系的管理。员工关系贯穿于企业管理的方方面面，探讨员工关系管理的职能首先要明晰员工关系管理的内容。

对员工关系管理进行分析，管理内容可以细分为劳动关系管理、人员流动管理、员工奖惩管理、内外情报管理、冲突管理、危机管理、沟通管理、社团管理、健康管理、员工申诉管理、企业文化建设、员工激励管理等。从管理职责来看，员工关系管理可以分成九个方面：劳动关系管理、员工纪律管理、员工人际关系管理、企业沟通管理、员工绩效管理、员工心理管理、企业文化建设、员工关系管理培训、服务与支持。

9.2.1 劳动关系管理

劳动关系是指劳动力所有者（劳动者）与劳动力使用者（用人单位）之间，为实现劳动过程而发生的一方有偿提供劳动力，由另一方用于同其生产资料相结合的社会经济关系。这种雇佣关系的正常运转需要一定的外在保障力量，否则，恶劣的劳动关系会造成企业和社会的损失。企业劳动关系管理包括员工上岗、离岗面谈及手续的办理、定额定员的管理等日常管理以及劳动争议、人事纠纷和意外事件的处理等。

9.2.2 员工纪律管理

俗话说："没有规矩不成方圆"，企业的正常运作也离不开企业的规章制度、劳动纪律等。员工纪律管理是指引导员工遵守组织的各项规章制度和劳动纪律，维持组织内部良好的秩序，并且凭借奖励和惩罚等措施纠正、塑造员工的工作行为，提高员工的组织纪律性，同时员工可以以书面或者口头的形式对组织或者企业的有关规定提出建议。员工纪律管理在某种程度上对员工行为规范起约束作用，同时也有利于不断完善企业管理方针，使其在动态发展中渐趋成熟有效。

9.2.3 员工人际关系管理

员工人际关系管理是指引导员工建立良好的工作关系，创建有利于员工建立良好人际关系的环境。在市场经济体制下，社会环境的不断变化与不确定性增强，管理者和员工都面临着更多的工作压力、更大的工作量、更长的工作时间，员工与企业之间的雇佣关系变得越来越不稳定，企业员工流动性增强，社会的快速发展与全球化使员工与管理者个性及其思想观念更具多样化，因此，员工之间的沟通与冲突管理难度更大，企业员工人际关系的处理比以前更复杂，在复杂多变的管理环境中进行有效的员工人际关系管理尤为重要。

9.2.4　企业沟通管理

保证企业沟通渠道的畅通，引导企业上下及时进行双向沟通，有利于消除管理者和员工之间的误会和分歧，有利于形成良好的工作氛围。企业沟通管理以心理契约理论为指导，包含员工的参与管理。心理契约是员工关系管理的核心内容，是组织承诺的基础，以员工满意度为目标，影响着员工的组织行为，基于心理契约的员工参与是实现企业沟通的良好途径，员工参与使其角色发生改变，员工的主人翁意识和积极性不断增强，在某些政策的制定中员工参与使其更能理解制度的作用和管理者的工作，从而有利于实现企业的和谐发展。

9.2.5　员工绩效管理

绩效管理是指各级管理者和员工为了达到组织目标共同参与的绩效计划制订、绩效辅导沟通、绩效考核评价、绩效结果应用、绩效目标提升的持续循环过程，绩效管理的目的是持续提升个人、部门和组织的绩效。绩效考核是员工关系管理的重要内容之一，其与薪酬、晋升等相联系，是影响员工关系的敏感因素。制定科学的考评标准和体系，执行合理的考评程序，既能真实反映员工的工作成绩，又能促进员工工作积极性的发挥。在员工绩效管理中，保持和谐的员工关系需要注意引导员工正确认识绩效考核，消除其恐惧感和抵触感；在制定考核指标时应尽可能量化，保持公平、公正、公开；注重考评过程的公正性和客观性；畅通考评反馈机制，及时处理考评中出现的各种问题。

9.2.6　员工心理管理

随着我国经济社会的不断发展和行业改革的不断深入，企业员工面临着更多的物质和精神上的考验，员工心理也随之发生诸多变化。逆反、抵触、失衡、随便和狭隘思想是当前存在于员工中的比较普遍的问题，员工心理问题是员工关系一个重要的影响因素。员工关系管理需要时刻掌握员工心态的变化，在企业内进行满意度调查，预防并处理各种谣言和员工怠工现象，解决员工关心的问题。

9.2.7　企业文化建设

企业文化是伴随企业发展形成的企业氛围，是企业发展的“软实力”，也是企业竞争力的重要表现。企业文化建设是指与企业文化相关的理念的形成、塑造、传播等过程，是企业一个重要的组成部分。企业文化如同社会道德一样对企业员工具有内在约束作用，良好的企业文化能够增强企业的凝聚力、向心力，激励员工树立开拓创新、建功立业的斗志，促进企业经济效益的提升。企业管理者需要重视企业文化的建设，塑造积极有效、健康向上的企业文化，引导员工树立正确的价值观，维护企业的良好形象。

9.2.8 员工关系管理培训

员工关系管理培训是指组织员工进行人际交往、沟通技巧等方面的系统培训。在企业培训中，一方面，培训机制仍不健全，培训的随意性大，缺乏明确的培训目标，缺少专业的培训指导教材、培训讲师，对培训教师的授课内容缺乏必要的监督和检查，培训方式简单粗暴，培训成果转化不明显；另一方面，培训的作用没有得到企业管理者的高度认可，有时只是应对上级检查，同时人才流动的频繁性使得管理者担心培训成本得不到合理的回报。建立健全完善的培训机制对于员工关系管理是具有重要作用的。

9.2.9 服务与支持

员工关系管理还包括为员工提供服务和支持，即为员工提供有关国家法律、法规、公司政策、个人身心健康等方面的咨询服务，协助员工平衡工作与生活。为员工提供相关的服务和支持，帮助员工解决工作和生活中的难题，有助于发展和谐的员工关系，传递互帮互助的正能量，形成良好的企业工作氛围，留住企业优秀的人才。

总之，良好的企业员工关系是企业留住优秀人才的有力保障。2007年，北京埃森哲咨询有限公司对200多家世界500强企业在华员工的管理进行了实践调查，调研企业员工关系管理的5个目标分别为：提高员工满意度，增强员工凝聚力和归属感，加强与员工的沟通，加强企业文化的贯彻和渗透，提高人才保留率。综上所述，良好的员工关系有助于提高员工满意度和忠诚度；有助于企业沟通和企业文化建设；有助于提高企业优秀人才保留率；有助于和谐企业、和谐社会的建设。

案例链接9-1

海底捞独特的员工管理方式

海底捞已经在全国多个城市开设了分店，并且规模越来越大。人们不禁要问："海底捞是凭借什么优势做到了不断开设分店的呢？"对此，海底捞的员工最有发言权。他们认为，是海底捞独特的员工管理体系使其出现了快速增长的情况，并使分店得到了不断发展。那么，海底捞具有哪些独特的员工管理方式呢？

把员工当作家人

海底捞公司给所有海底捞的员工租赁离店最近的高级公寓，从宿舍步行到店里只需要20分钟，保证了海底捞员工充足的睡眠。宿舍有空调、电视并且还有专人打扫房间、换洗被单，宿舍里面还可以免费上网，让员工的幸福感油然而生，并引以为傲。

因为海底捞的员工大多数来自大山深处，多数都是困难家庭的孩子，一年四季的温饱问题成为首要解决的问题。来到了海底捞有这么好的生活条件，并且跟自己的出身相同的同乡在普通餐饮餐厅打工待遇非常一般，所以海底捞的员工生活品质有了质的飞跃，怀着感恩的心为海底捞付出。海底捞还请来服装设计师和优质服务厂家，为所有员工量身定做质量较好的工服，并且每人配备了质量上等的运动鞋。老板在细节上不断地关怀着员工，让员工觉得海底捞是他们的家，他们愿意长期为海底捞服务，愿意为店里来的客人热情用心地服务。

信任与授权管理

所有员工都是管理者，在自己的岗位上行使着自己的权力，每天运用自己的智慧赢来更多的顾客，并不需要向上级报告。

每一个员工都是决策者。一个员工是不是管理者不取决于他是不是在管理别人，而是坚持着自己的标准，在这其中进行了决策，所以在海底捞里每一位基层员工都是管理者，这对服务的品质起到了决定性的作用，对整个企业的提升都打好了至关重要的基础。

海底捞信任员工。对于所有的基层员工，海底捞都采取授权和信任的态度，不管是基层服务员还是采购员，采购的数量全凭自觉上报，正是因为所有员工把海底捞当成自己的家来付出，问题解决不用领导层浪费更多的管理时间。

海底捞授权管理模式中最重要的一个例子就是总经理张勇并不参与副总经理关于新店的选址工作，要知道一个新店从选址到装修到配备人员至少需要800万元，可是数额这么大的经费张勇依旧采用信任的态度，海底捞认为如果选址失败，失败者一定会总结经验，下次海底捞则不会失败，而事实证明，失败的选址现在不复存在，选一家火一家，这也是授权管理的最终效果。

资料来源 崔梦萦. 基于人性化理念的海底捞餐饮企业管理模式分析［D］. 北京：中国地质大学，2016.

9.3 员工关系管理的内部沟通

员工关系管理的内部沟通是指在企业中，管理者和员工之间就企业信息所进行的传递和反馈的过程。沟通是为了更好地实现组织目标，良好的内部沟通能够使企业内信息畅通，有助于消除管理者和员工之间的矛盾，提高企业管理的效率，构建和谐的企业文化。

9.3.1 心理契约

1.心理契约概述

（1）心理契约的内涵

心理契约和劳动合同是员工关系的两种基本契约。关于心理契约的发展，美国著名的组织行为学家阿吉里斯（Argyris）在其《理解组织行为》一书中使用“心理的工作契约”来描述一个工厂中雇员和雇主之间的关系，书中强调了在组织和员工的相互关系中，除了正式的经济契约规定的内容外，还存在着隐含的、非正式的相互理解和预期[①]。莱文森（Levinson）等人在一个公共事业单位的案例中，将心理契约描述为

① ARGYRIS C.Understanding organizational behavior［M］. London：Tavistock Publications，1960.

“未书面化的契约”（Unwritten Contract），是组织与雇员之间相互期望的总和，它被用来描述产生于雇佣双方关系中的一种内在的、未曾表述的期望[①]。科特（Kotter）认为心理契约是存在于雇员与组织之间的一个内隐契约（Implicit Contract），它表示在双方关系中一方希望付出及期待另一方的回报的具体化[②]。施恩（Schein）将心理契约定义为始终存在于组织与雇员之间的一系列未书面化的期望（Expectation），他将心理契约划分为个体水平和组织水平两类，并强调虽然心理契约是组织中不明确的非书面化契约，但却是员工行为的重要决定因素[③]。

20世纪80年代后期，随着对这个概念主体认识的深化，学术界产生了以美国学者卢梭（Rousseau）等人为代表的“Rousseau学派”和以英国学者盖斯特（Guest）、康维（Conway）、赫瑞特（Herriot）、彭伯顿（Pemberton）等人为代表的“古典学派”。前者认为心理契约是雇员个体对双方交换关系中彼此义务的主观理解，是一个雇员对其自身与组织之间相互义务的一系列信念，这些信念是建立在其自身对内隐承诺的主观理解的基础上的，但并不一定被组织或其直接领导者所意识到，心理契约研究从传统的雇佣双方研究转移到雇员个体单一水平的研究。后者强调要遵循心理契约提出的意愿，心理契约所要表示的是雇佣双方的关系，将心理契约界定为组织和雇员双方对交换关系中彼此义务的主观理解，认为“Rousseau学派”把心理契约看成雇员心中的契约，很少涉及契约化过程，并没有真正反映心理契约所提出的初衷。

综上所述，关于心理契约的概念从广义上来讲，本书采取“古典学派”对心理契约的阐述，认为心理契约是指雇佣双方基于各种形式的（书面的、口头的、组织制度和组织惯例约定的）承诺对交换关系中彼此责任和义务的主观理解，侧重于对“心理”成分的关注。从狭义上来讲，采取“Rousseau学派”的观点，认为心理契约是指雇员一方基于对组织政策、实践和文化的理解和各级代理人做出的各种形式承诺的主观感知和理解，在组织中，员工的感知并不一定被各级代理人所意识到，从而更侧重于实证研究。从本质上说，无论主体是谁，心理契约都是建立在雇佣双方承诺的基础上对相互责任和义务的主观感知，两种定义都体现了这一本质。

（2）心理契约的结构

心理契约的结构包括的内容相当丰富，归纳起来，比较有代表性的有二维结构和三维结构两种观点。

二维结构说的代表学者有卢梭、凯斯勒（Kissler）和米尔沃德（Millward）等人，这些学者将心理契约的结构分为交易型责任和关系型责任两种，其中交易型心理契约是组织与员工之间的基本联系，也是员工生存的前提与基础，只有在满足员工交易型心理契约的基础上才能确保员工充分履行自身的责任；关系型心理契约一般满足的是员工更高层次的个人需求，关注的是一种长期的关系培养。罗宾逊（Robinson）、克拉茨（Kraatz）和卢梭把心理契约双方的责任分为组织责任和员工责任两类，分别发

① LEVINSON H, PRICE C R, MUNDEN K J, et al.Men, management and mental health [M]. Cambridge: Harvard University Press, 1962.
② KOTTER J P. The psychological contract: managing the joining-up process [J]. California Management Review, 1973, 15 (3): 91-99.
③ SCHEIN E H. Organizational psychology [M]. New Jersey: Prentice Hall, 1980.

现两个因子：交易因子和关系因子，通过对组织的责任和员工的责任的探索性因子分析发现，员工认为组织的责任包括提供丰富化的工作、公平的报酬、成长的机会、晋升、充分的工具和资源、支持性的工作环境、有吸引力的福利七个方面；员工认为雇员的责任包括对组织忠诚、加班工作、自愿做分外的工作、接受工作调动、拒绝支持竞争对手、为组织保密、离职前提前告知、至少在组织工作两年这八个方面[①]。

三维结构说的代表学者是卢梭和Tijorimala，他们通过实证研究的方式提出心理契约应由交易维度、关系维度和团队成员维度三方面构成，其中对于交易维度和关系维度的内涵与二维结构说的定义相同，而团队成员维度主要是指组织与员工之间应注意团队关系的建立与维护。在达波斯（Dabos）、卢梭[②]和惠（Hui）、李（Lee）、卢梭[③]的两篇论文中均通过探索性因素分析和验证性因素分析证明了心理契约包括三个维度：交易维度、关系维度和平衡维度。其中交易维度和关系维度的界定与前面的界定相同，而第三种维度——平衡维度则具有两层含义，其一表示契约双方之间是一种长期的承诺关系，其二表示契约双方之间是一种相互交换的关系，员工需要对具体的工作业绩负责，组织要对员工的发展负责。

2.心理契约是员工关系管理的核心

与劳动合同这一经济契约不同，心理契约是员工和企业对雇佣关系中彼此的权利义务关系的一种主观心理契约，是非书面化的约束企业和员工的规范，心理契约的破裂会产生许多负面影响。心理契约因人而异，是员工关系管理的核心，是影响企业和员工态度和行为的重要因素。

（1）心理契约与员工行为

心理契约影响企业员工的行为，员工行为包括角色内行为和角色外行为（组织公民行为）。国内外学者经过研究，认为根据社会交换理论，心理契约的履行会提升员工绩效，反之，则会降低员工绩效。角色内行为是指在角色概念、角色期望的基础上，实现自己所扮演的角色的行为，即角色实现。当员工感知到心理契约履行时，就会在与企业的互惠关系中更加努力地工作，创造相应的产品，提升企业生产力，从而对员工的绩效产生正面的影响；反之，如果员工感知到心理契约被违背时，就会对企业产生消极的情感反应，降低对企业的信任，工作满意度下降，责任感和忠诚感降低，出现消极怠工等行为，减少对企业的义务和努力，甚至离职，进而降低了员工的工作绩效。组织公民行为是指除去雇佣契约中规定员工必须去做的角色内行为的一类行为，其有利于提高组织绩效，但是在组织的奖励机制中不一定能得到明确的体现和认可。心理契约的破裂或违背会给员工造成不公平的感知，员工为了平衡这种感知首先会采取减少组织公民行为来恢复平衡感。

（2）心理契约与组织承诺

组织承诺（Organizational Commitment）是员工对组织的一种肯定性的态度或心理倾向[④]，组织承诺的形成，意味着员工在心理上与组织形成了一种固定的联结。对于

① ROBINSON S L，KRAATZ M S，ROUSSEAU D M.Changing obligations and the psychological contract：a longitudinal study［J］. Academy of Management Journal，1994，37（1）：137-152.

② DABOS G E，ROUSSEAU D M. Mutuality and reciprocity in the psychological contracts of employees and employers［J］. Journal of Applied Psychology，2004，89（1）：52-72.

③ HUI C，LEE C，ROUSSEAU D M.Psychological contract and organizational citizenship behavior in China：investigating generalizability and instrumentality［J］. Journal of Applied Psychology，2004，89（2）：311-321.

④ MOWDAY R T，PORTER L W，STEERS R M. Employee - organization linkage：the psychology of commitment absenteeism and turnover［M］. New York：Academic Press，1982：20-56.

组织承诺的内涵，目前大家比较认同的是梅耶（Meyer）和艾伦（Allen）提出的三因素模型，即组织承诺实际上包含三个维度：①情感承诺，指员工对组织的心理依附，员工对组织忠诚是因为他们愿意这样做；②持续承诺，指由于离职会带来损失，员工对组织忠诚是他们不得不这样做；③规范承诺，指员工有一种义务感和责任感，员工对组织忠诚使他们感到应该这样做[①]。由此可见，情感承诺是组织承诺的重要组成部分。心理契约属于组织承诺的范畴，影响组织承诺的因素有很多，大致可分为个体因素、组织因素和工作因素三类。个体因素包括个体的年龄、工龄、婚姻状况、受教育程度及工作经历等；组织因素包括组织支持、组织可依赖性、公正感以及管理层对新观点、新思想的接纳程度和集体工作精神等；工作因素包括工作的挑战性、职位的明确程度及目标难度等。心理契约主要通过个体因素、组织因素和工作因素发挥作用，员工对企业存在一种无形的预期，企业需要明晰这种预期，并且满足员工的需求，与员工建立信任关系，实现企业和员工的双赢，促进企业和员工的共同发展。

9.3.2 有效沟通管理

企业内部的沟通即指企业内部信息的传递过程，企业内部沟通影响企业的各个部门和各个环节，具有重要意义。建立完善的企业内部沟通体系，可以有效体现员工参与，有利于提高员工士气和组织决策的正确性，减少组织冲突，实现组织的目标，从而为企业创造良好的内部工作环境，更好地实现企业的战略目标。

1.企业内部沟通的形式

内部沟通是一个由信息发送者、编码过程、信息与通道、解码过程、信息接收者、噪声、反馈七个要素构成的循环系统，如图9-1所示，信息发送者通过对沟通信息进行编码，选择适当的沟通渠道将编码结果向信息接收者发送，接收者在对信息进行解码后，形成自己的理解，再将信息接收后的结果反馈给信息发送者。

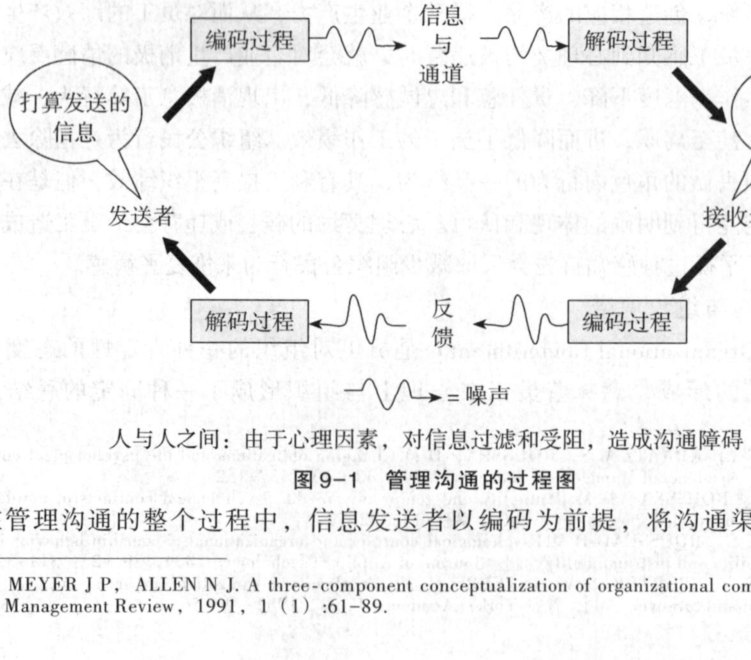

人与人之间：由于心理因素，对信息过滤和受阻，造成沟通障碍

图9-1 管理沟通的过程图

在管理沟通的整个过程中，信息发送者以编码为前提，将沟通渠道的选择作为关

① MEYER J P, ALLEN N J. A three-component conceptualization of organizational commitment [J]. Human Resource Management Review, 1991, 1 (1) :61-89.

组织承诺的内涵，目前大家比较认同的是梅耶（Meyer）和艾伦（Allen）提出的三因素模型，即组织承诺实际上包含三个维度：①情感承诺，指员工对组织的心理依附，员工对组织忠诚是因为他们愿意这样做；②持续承诺，指由于离职会带来损失，员工对组织忠诚是他们不得不这样做；③规范承诺，指员工有一种义务感和责任感，员工对组织忠诚使他们感到应该这样做[①]。由此可见，情感承诺是组织承诺的重要组成部分。心理契约属于组织承诺的范畴，影响组织承诺的因素有很多，大致可分为个体因素、组织因素和工作因素三类。个体因素包括个体的年龄、工龄、婚姻状况、受教育程度及工作经历等；组织因素包括组织支持、组织可依赖性、公正感以及管理层对新观点、新思想的接纳程度和集体工作精神等；工作因素包括工作的挑战性、职位的明确程度及目标难度等。心理契约主要通过个体因素、组织因素和工作因素发挥作用，员工对企业存在一种无形的预期，企业需要明晰这种预期，并且满足员工的需求，与员工建立信任关系，实现企业和员工的双赢，促进企业和员工的共同发展。

9.3.2 有效沟通管理

企业内部的沟通即指企业内部信息的传递过程，企业内部沟通影响企业的各个部门和各个环节，具有重要意义。建立完善的企业内部沟通体系，可以有效体现员工参与，有利于提高员工士气和组织决策的正确性，减少组织冲突，实现组织的目标，从而为企业创造良好的内部工作环境，更好地实现企业的战略目标。

1.企业内部沟通的形式

内部沟通是一个由信息发送者、编码过程、信息与通道、解码过程、信息接收者、噪声、反馈七个要素构成的循环系统，如图9-1所示，信息发送者通过对沟通信息进行编码，选择适当的沟通渠道将编码结果向信息接收者发送，接收者在对信息进行解码后，形成自己的理解，再将信息接收后的结果反馈给信息发送者。

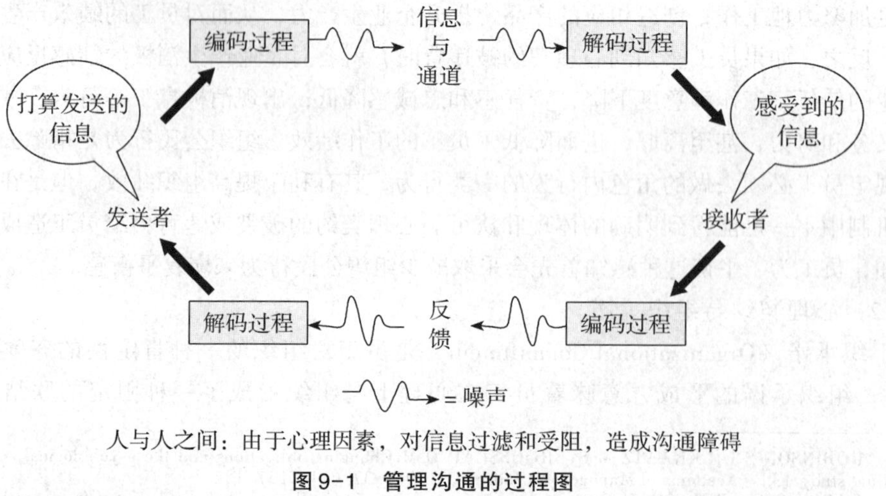

图9-1 管理沟通的过程图

在管理沟通的整个过程中，信息发送者以编码为前提，将沟通渠道的选择作为关

① MEYER J P，ALLEN N J. A three-component conceptualization of organizational commitment [J]. Human Resource Management Review，1991，1（1）:61-89.

键条件和必要条件，向信息接收者发送信息。在此过程中，解码直接影响管理沟通的质量，是管理沟通的核心，接收者对信息的理解和反应，由反馈传递给发送者，只有通过反馈来检验信息接收者的理解是否达到了信息发送者的期望，才能判断出本次管理沟通是否成功。

根据管理沟通的要素和过程，结合企业管理沟通实践，管理沟通具有多种形式。按照信息的传递方向，沟通可分为纵向沟通、平行沟通和跨部门沟通；按照沟通渠道的不同，沟通可分为正式沟通和非正式沟通；按照沟通表现形式，沟通可划分为书面沟通、口头沟通、电子媒介沟通和非语言沟通。

（1）按照信息的传递方向，沟通可分为纵向沟通、平行沟通和跨部门沟通

信息的纵向沟通是指沿着组织结构等级进行的信息传递，包括自上而下沟通和自下而上沟通。自上而下沟通是组织最常使用的一种沟通方式，即上级领导根据职权向下级进行的领导、控制、授权、激励等活动，包括通知、声明、公告、信函、管理办法、报告等书面文件；口头沟通、面谈、电话指示、会议、小组讨论、演示等面对面交流；电邮、传真、电视电话会议、网络聊天工具、短信发送平台等电子沟通。自下而上沟通是指下属主动向上级发起信息传递的沟通过程，其目的是便于管理者听取意见、获取反馈以及建议，同时为员工提供参与管理的机会，包括工作汇报、意见反馈系统、员工座谈会、巡视员制度、意见箱等。信息的平行沟通是指组织内部同级别成员间的信息传递，其既可以发生在同部门同层级人员之间，也可以发生在跨部门同层级人员之间。跨部门沟通也可称为交叉沟通，是指组织内部在不同层级跨部门的沟通活动。相对而言，跨部门沟通更加难以操作，障碍更多，如对其他部门的不了解，缺乏一定的沟通技巧等，这样会导致沟通过程中信息传递的曲解和贻误。

（2）按照沟通渠道的不同，沟通可分为正式沟通和非正式沟通

正式沟通是组织内部按照规章制度开展的、明确的、正式化的沟通活动，信息传递过程均按照组织正式结构进行。正式沟通一般包括书面沟通、会议沟通、正式面谈等，按照沟通的渠道或者沟通的网络图形，正式沟通主要有链形、Y形、轮形、环形、全通道形五种模式。非正式沟通是指正式沟通之外的、灵活的、非正式化的信息传递活动。非正式沟通的沟通对象、时间及内容等都未经计划且难以确定，沟通途径有很大的灵活性，一般以口头沟通方式传递信息。同正式沟通一样，非正式沟通包括单串型、饶舌型、集合型和随机型四种模式。非正式沟通是企业内信息沟通的一种必不可少的方式，信息传递快并且直接，能够及时了解正式沟通难以了解的信息，有助于形成良好的人际关系，但是非正式沟通也存在缺陷，如沟通信息难以控制，容易失真；谣言等会借助这个平台传播；甚至会导致企业内拉帮结派，影响组织内部的团结稳定。

（3）按照沟通表现形式，沟通可划分为口头沟通、书面沟通、电子媒介沟通和非语言沟通

口头沟通是最易操作的沟通形式，其通过会议、面谈、讨论、电话和演讲等完成信息的传递。口头沟通信息传达快、能够承载的双向沟通信息量大、反馈及时、弹性大，但是口头沟通层次较多，会产生信息失真的现象。书面沟通是将文字作为信息传

递媒介来进行沟通的方式，包括报告、呈批材料、内部刊物、管理规定、通知布告等。书面沟通成本低，不受沟通场地的限制，信息在传递过程中不会失真，权威性强，保存时间长，但是也存在沟通不灵活、缺乏反馈和情感交流等不足。电子媒介沟通是以传真、电子邮件、电视电话会议、聊天工具、OA（办公自动化）、门户网站、论坛等电子媒介来进行沟通的活动。电子媒介沟通能够承载大量信息，传递速度快且容易实现信息资源共享，但容易受到硬件水平的限制。非语言沟通是指通过表情、动作、肢体语言、语调以及对物体的操纵等进行信息传递的活动。在面对面沟通交流时，有声语言仅占35%，而动作表情语言则占65%之多。但是非语言沟通的辨识度和精确性不高。

2.有效沟通管理的策略

影响信息有效沟通的因素多种多样，根据管理沟通的过程描述，这些因素体现在影响信息发送、传递、接收等环节。具体来说，影响信息有效发送的因素包括组织语言能力不足，掌握知识的水平和内容不匹配，生活背景的差异导致沟通符号的差异，沟通主体的可信度不高等；影响信息有效传递的因素包括信息传递时间过长，信息传递渠道不畅通，外界存在干扰等；影响信息有效接收的因素包括信息接收者的解码存在偏差，信息过滤和梳理能力差，选择性知觉低等。

有效的管理沟通就是对信息传递过程的管理，排除外在影响因素，确保信息传达的完整性、精确性和可靠性。有效沟通策略包括信息发送者策略、信息接收者策略、信息策略、沟通渠道策略和文化背景策略。

（1）信息发送者策略

信息发送者策略主要分析沟通者自身如何明确沟通目标，在目标的指引下，结合自身的社会地位、职业、知识与技能、文化素养、价值取向、意愿要求、外表形象，选择相应的沟通策略①。沟通的形式有很多种，一般而言，企业内部常用链形、环形、Y形、轮形和全通路形五种较为普遍的沟通网络形式。信息发送者策略首先要明确的三个问题为：我是谁？我在什么地方？我能给接收者什么？只有发送者客观地认知自身，在沟通中对自己有了正确的定位，才能保证最终达到沟通目的，取得预期的沟通效果。

（2）信息接收者策略

信息发送者策略是“自我认知”和“自我控制”的问题，信息接收者策略则是“了解对方”和“激发兴趣”的问题。信息接收者要从信息发送者的角度明确四个问题：接收者是谁？他们了解什么？他们感觉如何？如何激发他们？当沟通过程真正考虑了信息接收者的需求，并实现了换位思考，使得信息发送者和信息接受者对信息的理解结合为一体，才能确保沟通达到预期的效果。

（3）信息策略

管理沟通过程中，信息发送者和接收者之间的信息编码和解码直接影响到信息传递的完整性和准确性，沟通过程中对称的信息才能确保信息的有效性。根据对记忆曲

① 曾萍，刘映籍，吴东. 管理沟通［M］. 北京：高等教育出版社，2012.

线的研究，人们在信息传递的开始和结尾记忆力最强，因而信息发送者应该将关键信息和重点信息放在开头或者结尾进行讲解和阐述，甚至可以首尾呼应，起到再次强调的作用，加强对信息的记忆。不同的信息沟通过程具有不同的目标，根据不同目标、沟通主体对沟通内容的控制程度和沟通客体的参与程度选择不同的沟通策略，将有利于促进沟通的有效性。在具体明确的目标下选择指导性策略，让信息接收者接受发送者的观点或产生预期的沟通效果，在指导性目标下选择咨询性策略，通过向信息接收者征询意见、寻找对策、获取信息等方式，兼顾沟通的刚性与弹性，这样就可以实现预期的沟通效果。

（4）沟通渠道策略

沟通渠道的选择对信息传递也至关重要，渠道的选择即为信息传播媒介的选择，应从自我沟通以及换位思考的角度考虑，将沟通渠道的选择作为保证沟通目标实现的手段。信息沟通渠道可分为纵向沟通、平行沟通和跨部门沟通，正式沟通和非正式沟通，书面沟通、口头沟通、电子媒介沟通和非语言沟通三个类属。在沟通过程中，可以根据组织发展结构、信息发送者和接收者的情况以及信息的特点，选择单一的沟通渠道或者几种沟通渠道结合的方式，最终选择最能够保证沟通效果的渠道，保证沟通目标的实现。

（5）文化背景策略

文化背景是指一个人的知识水平情况，以及沟通主客体双方之间的经历、地位、技能和经验等，是影响沟通效果的不容忽视的重要因素，同时也与信息发送者策略、信息接收者策略、信息策略以及沟通渠道策略密切相关。从信息发送者和接收者策略来看，两个主体文化背景的差异会影响到沟通者的沟通目标、沟通渠道等；由于信息接收者的文化背景中对地位、权威和组织形象的期望不同，接收者的选择也会不同；从信息策略的角度来看，文化差异将影响到信息强调的方式和信息结构的选择；沟通渠道的选择也会因为文化不同而产生差异。

案例链接9-2

小米的管理沟通

专注低级需求提高沟通效率

从小米公司的组织结构来看，其结构仅为三个层级：联合创始人—部门主管—员工。为了驱动员工与小米社群用户深入互动，公司通过扁平化的组织结构，形成了“以用户驱动员工，以用户考核员工”的独特管理制度，此时用户需求的实现才是员工低级需求的保障，员工为了实现低需求，拉近与用户的距离，提高彼此之间的决策和反馈速度，带给公司与用户高水平的沟通开放性。同时，扁平式的组织结构有利于应对不同员工的需求，消除了官僚管理模式，使员工专注于涨薪这一低级需求，不受职位晋升等更高级需求的干扰，由此营造人性化的沟通氛围。人性化的组织模式意味着团队大大缩短了知识共享的时间，增强了团队间的协作互助。团队成员间的信息共享和知识交流使得公司内部不同个体的想法、视角和思维在整个团队内得到充分的理解和思考，员工在这样轻松的工作氛围中能够形成头脑风暴，提高整个团队的协作水平和默契水平，成就团队内部过程的沟通畅通，从而产生高效率的信息沟通路径。

实现员工尊重创新沟通机制

从小米公司的管理制度来看，小米强调适度管理，即根据管理目的，尽量简化管理流程，降低管理成本。公司没有考勤制度、没有KPI考核制度，一切以客户满意度为标准，把顾客放在首位，做到了轻管理的“适度”。这种管理制度为小米的经营提供了有效的管理支撑。无KPI的薪酬考核制度主观上强调员工的自我驱动，客观上信奉用户驱动，在工作中给予员工更多的尊重和自主权。

小米管理制度的创新带给员工尊重需求的满足，这种需求的实现促使企业与员工之间的双向沟通。在沟通过程中，信息的发送者与接收者不断变换位置，且发送者是用协商讨论、寻求意见和建议的方式面对接收者，员工的信息发出以后能够及时被公司内部听取并反馈意见，传递准确的信息，使员工有机会反馈意见，产生平等感和归属感，增强自信和责任感，有助于建立公司与员工的和谐关系。在工作团队中，来自组织的尊重使他们个性得到尽可能的发挥，每一个人都成为愿意沟通的人，使专业技能得到最大的展现，他们不仅成为沟通中的主动者，而且也表现出领导力。从沟通渠道来看，去KPI的管理制度，建立了互相信任的沟通机制。员工尊重的实现，提高了表达自己想法的积极愿望，有利于企业收集到有关未来发展的建议，加强公司结构平行、上下多方面的沟通交流，促进建立相互尊重和信任的沟通文化。

资料来源　陈奕君. 基于马斯洛需求层次理论分析小米公司管理沟通案例研究［J］. 商场现代化，2018（18）：116-117.

9.4 员工关系管理的纪律管理

俗话说：“没有规矩，不成方圆”。企业中的各种规章制度、纪律规定是为了约束企业管理者和员工的行为，实现流程化、制度化管理，以提高企业效益。员工关系管理的纪律管理是维持组织内部良好秩序的过程，也是利用奖惩措施来纠正、塑造和强化员工行为的过程。

9.4.1 纪律管理的概念

什么是纪律？《辞海》中对纪律一词的解释是：“政党、机关、部队、团体、企业等为了维护集体的利益并保证工作的正常进行而制定的要求每个成员遵守的规章、条文。”同时，《辞海》也对劳动纪律进行了界定：“劳动纪律是劳动者在劳动过程中必须遵守的纪律。我国宪法有遵守劳动纪律的规定。维护劳动纪律主要靠思想教育和劳动者的自觉性，同时也要采取适当的奖惩办法。”所谓纪律管理，就是在一切共同协作的社会生产过程中，运用奖惩手段约束员工的行为，使劳动保持秩序的过程。“约束员工行为”包括两个层面：预防性纪律管理和矫正性纪律管理。前者聚焦于员工潜能的发挥，运用激励手段鼓励员工遵守企业的规章制度和行为准则，预防不良行为的产生；后者聚焦于呈现既定事实的最小代价，运用惩戒手段，如警告、降职、停职察看、劝退等，促使员工以后不再出现违纪甚至违法行为。

企业经营活动由生产到销售或服务一系列环节组成，各个环节都离不开企业的纪律管理，纪律管理对于员工提升和企业发展均具有重要意义。首先，纪律管理有利于约束企业管理者和普通员工的行为，提升管理者和普通员工的素质。对于企业管理者来说，通过纪律管理对管理者的行为进行约束，同时也使管理者具备了较强的决策能力、领导能力。如管理者在参与项目的过程中，制订计划需要征求所有员工的意见，然后再根据组织的实际能力来确定具体的目标；项目实施需要对项目进行跟进，以确保负责执行计划的员工能依照原定进度完成企业的经营目标，排除由于缺乏纪律导致的各种问题，同时也能理清各项具体细节，让企业各运作单位的步伐协调。对于普通员工来说，通过纪律管理约束了基层员工的行为，如纪律管理不让员工随便脱岗，有事请假等；通过纪律管理提高了基层员工的工作积极性，如无故旷工会被扣发工资等；同时，通过纪律管理也使基层员工具备了职业化与专业能力、标准化与应变能力、专注化与细节能力，由于纪律方面的限制也使他们更加注重细节，提高了他们的忠诚度与创造能力。其次，纪律管理有利于形成良好的企业文化，促进企业发展。纪律管理通过各项规章制度的规定和企业“软文化”来影响员工的价值观。稳定的企业文化使企业员工对某些问题达成共识，对企业员工的日常行为和价值观产生强烈的影响，从而有利于企业各项决策的贯彻执行，提高企业生产效率，促进企业长远发展。

9.4.2 纪律管理的理论基础

纪律管理的基本理念源于管理者对人性的基本假设，纪律管理的理论基础包括X-Y理论、激励理论、强化理论以及控制点理论。

1.X-Y理论

X-Y理论是探讨人性与员工行为的理论，1957年由美国管理学家麦格雷戈（Douglas McGregor）提出，麦格雷戈把传统管理学称为“X理论”，他自己的管理学说称为“Y理论”。X-Y理论的基本观点是管理者根据一些人性假设来决定对员工的管理方式。

X理论是一种消极的学说，其基本观点为多数人天生懒惰，尽一切可能逃避工作；多数人没有抱负，宁愿被领导批评，怕负责任，视个人安全高于一切；对多数人必须采取强迫命令、软硬兼施的管理措施。通过X理论对员工的管理与上述矫正性纪律管理方式类似。Y理论与X理论不同，是一种积极的学说，其基本观点是一般人并不天生厌恶工作，多数人愿意对工作负责，并有相当程度的想象力和创造才能；控制和惩罚不是使人实现企业目标的唯一办法，还可以通过满足职工爱的需要、尊重的需要和自我实现的需要，使个人和组织目标融合一致，达到提高生产效率的目的。麦格雷戈强调，必须充分肯定作为企业生产主体的人，企业职工的积极性是处于主导地位的，他们乐于工作、勇于承担责任，并且多数人都具有解决问题的想象力、独创性和创造力，关键在于从管理方面如何将职工的这种潜能和积极性充分发挥出来，这也是“以人为本”管理思想的体现。通过Y理论对员工的管理与上述预防性纪律管理方式类似。

2.激励理论

激励理论是关于如何满足人的各种需要、调动人的积极性的原则和方法的概括总结。激励的目的在于激发人的正确行为动机，调动人的积极性和创造性，以充分发挥人的智力效应，使其做出最大成绩。激励是指组织通过设计适当的外部奖酬形式和工作环境，以一定的行为规范和惩罚性措施，借助信息沟通来激发、引导、保持和规范组织成员的行为，以有效地实现组织及其成员个人目标的系统性活动。激励理论被认为是最伟大的管理原理。

在员工关系管理中，企业可以通过内容激励以及过程激励等使员工遵守企业规章制度，提高忠诚度和归属感。内容激励的理论基础包括马斯洛的“需要层次理论”、赫茨伯格的“双因素论”和麦克利兰的“成就需要激励理论”，企业可以从生理和心理、物质和非物质等方面对员工进行激励；过程激励的理论基础包括弗鲁姆的“期望理论”和亚当斯的“公平理论”等。期望理论认为，人们之所以采取某种行为，是因为人们觉得这种行为可以有效地达到某种结果，并且这种结果对人们有足够的价值；公平理论认为员工感受到的公平程度越高，就越愿意投入企业工作中，企业管理者在企业日常生产经营活动中需要关注期望和公平这两种心理期待对员工行为的影响。

3.强化理论

强化理论是美国心理学家和行为科学家斯金纳等人提出的一种理论，也叫操作条件反射理论、行为修正理论，实际上也是一种行为后果的激励理论。

所谓强化，是指增强某人前面的某种行为重复出现次数的一种权变措施。斯金纳强化理论认为在操作条件作用的模式下，如果一种反应之后伴随一种强化，那么在类似环境里发生这种反应的概率就增加，而且，强化与实施强化的环境都是一种刺激，人们可以以此来控制反应。因此，管理人员就可以通过强化的手段，营造一种有利于组织目标实现的环境和氛围，以促使组织成员的行为符合组织的目标。

斯金纳区分了两种强化类型：正强化（Positive Reinforcement，又称积极强化）和负强化（Negative Reinforcement，又称消极强化）。当在环境中增加某种刺激，有机体反应概率增加，这种刺激就是正强化，这类似于预防性纪律管理；当某种刺激在有机体环境中消失时，反应概率增加，这种刺激便是负强化，是有机体力图避开的那种刺激，这类似于矫正性纪律管理。

4.控制点理论

1954年，美国社会学习理论家朱利安·罗特（Julian Bernard Rotter）提出控制点（Locus of Control）这一概念，旨在对个体的归因差异进行说明和测量。罗特还区分了内控者和外控者两个概念。

内控者认为个人生活中多数事情的结果取决于个体在做这些事情时的努力程度，所以这种人相信自己能够对事情的发展与结果进行控制；外控者认为个体生活中多数事情的结果是个人不能控制的各种外部力量作用造成的，他们相信社会的安排，相信命运和机遇等因素决定了自己的状况，认为个人的努力无济于事。内控者和外控者对待事物的态度与行为方式是不同的。内控者相信自己能发挥作用，面对可能的失败也不怀疑未来会有所改善，面对困难情境，能付出更大努力，加大工作投入；外控者看不到个人努力与行为结果的积极关系，面对失败与困难，往往把责任推卸于外部原因，不去寻找解决问题的办法，而是企图寻求救援或是赌博式地碰运气。在企业中员工也是各种不同的内控者和外控者，面对不同的情况，管理者需要采用不同的管理手段，如对内控者倾向于采用积极性的纪律管理，对外控者倾向于采用矫正性的纪律管理。

9.4.3 纪律管理的策略

奖励和惩罚是管理者对员工进行纪律管理的主要手段，奖励是一种积极性的激励因素，会使员工感到满足，得到肯定；惩罚是一种消极性的负面因素，会使员工感到恐惧和挫折。申诉是员工面对不合理的组织管理表达意见和建议的一种方式，是员工应该行使的权利，申诉会促使管理者反思管理行为，提升管理效果。

1.奖惩

奖惩是管理者根据已发生的员工行为，依据企业的职工奖惩有关规定所进行的处理。对员工的奖励和惩罚必须有理有据，这样才能发挥奖惩在规范员工行为方面的作用。

（1）奖惩的措施

企业奖励的实施包括物质激励和非物质激励。物质激励是奖金、加薪、旅游等与金钱相关的激励方式，而非物质激励包括晋升、培训深造、表彰等。奖励措施体现的是企业对员工忠诚度、工作态度、工作表现和工作绩效的认可。奖金、加薪、旅游等可以提高员工的生活消费水平，使员工获得及时的满足，对于员工的短期激励十分有效；晋升是指员工在组织中由低级岗位向更高级岗位变动的过程；培训深造是指优先选送获奖者在国内或者出国深造进修；表彰是指利用公开的场合对获奖者给予表扬，或者将获奖者事迹通过媒体进行赞美，这些非物质激励是企业对员工进行长期激励的有效手段，可以满足员工更高级别的需求，同时也是对企业的一种长期投资。

企业对员工实施处罚通常是在出现了以下几种情况下进行的：不能按时上下班，不服从上级领导，严重干扰其他员工或管理者正常工作，偷盗行为，在工作中违反安全操作规程，其他违反企业规章制度的行为等。企业对员工的惩罚措施按照处罚程度由轻到重分为谈话（批评）、警告、惩戒性调动和降职、暂时停职以及追究刑事责任。管理者找员工谈话是最常用到的管理手段；警告是书面的文件，说明员工违反了什么，再次违反会产生什么后果，在限定日期内不加改正会受到什么处罚，有发送日期和接受者签字；惩戒性调动和降职与晋升恰好相反，既包括员工从原有序列调到另外序列，也包括员工在同一系列中的职务降级，两者的共同点体现在职务等级降低；暂时停职是指在一段时间内停止受惩罚者的职务，并且停止发放薪酬和津贴；追究刑事责任是指将触犯刑法者移交司法机关，由司法机关进行处理。

（2）实施奖惩的注意事项

实施奖惩关系到企业和员工的切身利益，在具体操作过程中企业管理者需要倍加关注，以免造成员工的不满情绪，甚至提出申诉。实施奖惩的注意事项包括：①以事实为依据，注意调查取证。奖惩应该建立在事实清晰、证据确凿的基础之上，并且实施奖惩应当有明确的、可呈现的依据。在企业中，可以建立员工的工作档案，记录员工的工作表现、工作业绩、违规行为等，时刻更新员工的工作状态，使之成为员工奖惩的一种依据，管理者要避免草率行事，切忌在惩罚之后搜集证据。②在实施处罚时注意由轻到重，掌握好处罚力度。管理者对员工进行处罚应该循序渐进，确保对员工所犯错误进行最轻的处罚，当然对于严重的违纪违法行为，如盗窃、打架等可以采取最直接的处罚，总之，对员工的惩处应该与其所犯错误的严重程度相匹配，做到公平公正。③奖惩结果须向员工公示，遵循民主程序。依据企业《职工奖惩条例》进行的奖惩应该公平公正，得到企业员工的认可和赞同，同时也需要企业在制定规章制度时征求员工的意见和建议，遵循民主程序，如职工代表大会通过、集体谈判确认通过等。

2. 申诉

当员工对企业某些决策不满时，员工可以通过口头或者书面的形式提出申诉。组织或者企业一般都设有员工申诉制度，当员工对雇佣条件不满，产生不公平感时，会影响员工的工作情绪，降低工作效率，申诉制度的建立为解决此类事件提供了一种正式化的、被认可的途径。

（1）申诉的种类

组织内的申诉包括个人申诉和集体申诉两种。个人申诉是指员工个人对管理方给出的奖励（物质奖励和非物质奖励）和惩罚（批评、警告、惩戒性调动和降职、暂时停职、解雇以及追究刑事责任等）的决定存在异议，由个人或者工会代表向管理方提出。集体申诉是指由组织双方（工会和管理方）针对对方违反协议条款的行为提出政策性申诉，例如管理方把协议中规定的本应由企业完成的工作任务外包给其他公司，造成公司内部工作岗位的减少，损害了员工的利益。

申诉的内容一般限于与工作相关的争议，员工的私人问题、家庭问题则被排除在外，其不能通过申诉的方法解决。一般而言，在组织内可以通过员工申诉制度解决的事情包括工资水平、员工福利、工作环境、安全卫生条件、管理规章制度、工作分配与调动、绩效考核、员工关系等。另外，对按照管理方针对员工表现进行的奖惩举措也可以通过员工申诉制度提出异议。组织内的员工申诉制度，为员工提供了维护其合法权益的途径，有利于及时疏解组织内的矛盾，避免发生大规模的群体事件；通过员工申诉对管理方的用权授权形成一种监督机制，防止管理方权力的不当使用；员工申诉制度的实施有利于营造公平公正的工作氛围，提高员工对组织的忠诚度。

（2）申诉的程序

由于企业内部设置的不同以及申诉事件的不同，员工申诉的程序也存在差别。在没有正式工会的企业中，员工申诉多由当事人与主管直接协商，若是得不到解决，则向上一级提出进行再次协商，以此类推直到最高主管来解决。在工会组织健全的大企业中，员工申诉一般经过三个步骤：第一步，由员工及其工会代表与直接管理人员通过非正式方式进行协商，如果失败，再向其他管理者提出书面申诉；第二步，由工会领导与部门经理或者工会负责人直接协商；第三步，由工会同当地工会主席或者人力资源管理部门负责人进行协商，如果对于申诉内容仍然不能解决，则结束申诉，进入仲裁阶段。

总之，不管组织内有无工会，员工申诉的程序都可分为五个阶段：

①员工或者工会代表提出申诉。员工或者工会代表面对需要申诉的事项时，切忌鲁莽冲动，应该以平和的心态，通过法定程序提出申诉。

②管理方受理员工申诉。不管出于什么原因提出申诉，管理方都要客气有礼地接纳申诉人的申诉，耐心听取事件的过程，与申诉者、监督者进行协商。

③调查取证。管理者要本着公开严谨的态度及时查明引起争议的事实，不得偏袒，如借助员工工作档案、访谈事件的参与人等，同时注意证据的搜集、整理和保存。

④处理申诉问题。管理者在了解了员工申诉的事件之后，要与员工进行协商，提出让双方都满意的解决方案，还原事实的本来面目，消除双方的误会，扮演好“和事佬”的角色，当然，对于情节恶劣的事件，管理方在查明真相的基础上应秉公办理。

⑤申请仲裁或者提起诉讼。如果员工申诉不能在组织内部获得圆满解决，那么双方可以申请第三方机构介入。在我国，组织外部的司法机构有劳动争议仲裁委员会和人民法院，双方可以申请仲裁，如果对仲裁结果不满意可以进一步向人民法院提起诉讼。

9.5 员工关系管理的出口管理

离职是员工关系管理的重要组成部分，是员工从企业中撤出的现象，员工关系管理的出口管理即为员工的离职管理，做好员工的离职管理对于企业的发展具有重要意义，企业既要肯定离职的积极意义，同时也要对员工的离职进行有效管理。

9.5.1 员工离职概述

1.离职的界定

离职的含义可以从广义和狭义两个方面进行界定。从广义方面来讲，员工离职即为“个体作为组织成员状态的改变”[①]。从这个定义中可知，只要员工的状态发生了改变即被称作离职，除了员工的流出之外，诸如员工的晋升、降级、流入以及调动等也都被纳入这个概念的范畴，即我们通常所说的“员工流动”。从狭义方面来讲，员工离职是“一个从企业领取货币性报酬的人中断作为企业成员关系的过程”[②]。员工离职的狭义概念与企业内部的晋升、降级、转岗应区别开来，因为其强调了离职是员

① PRICE J L. Reflections on the determinants of voluntary turnover［J］. International Journal of Manpower, 2001, 22（7）: 115-141.

② MOBLEY W H. Employee turnover, cause, consequences, and control［M］. New Jersey: Addition-Wesley Publishing Company, 1982: 68-72.

工与组织雇佣关系的中断。

2.离职的分类

根据不同的分类标准，企业员工的离职可以分成不同的类型。按照员工离开组织的不同意愿，可以将其分成自愿离职、非自愿离职和自然离职；按照离职员工绩效，可以将其分为功能性离职与功能失调性离职；按照员工与企业契约关系的状态，可以将其分为显性离职和隐性离职。

（1）自愿离职、非自愿离职和自然离职

有的学者按员工离开组织的不同意愿，将员工离职划分为自愿离职、非自愿离职和自然离职三种。自愿离职是指员工在没有任何压力的情况下自愿离开组织，如跳槽等；非自愿离职是指员工在企业的要求下不得不离开组织，如解雇、开除和结构性裁员等；自然离职是指纯属自然或意外因素所致的员工离职，对企业人力资源管理的影响不大，如退休、伤残、死亡等导致的员工离职。

大量关于员工离职的研究是在自愿离职、非自愿离职分类的基础上展开的，但有的学者仍对这种分类方法的应用性表示了怀疑并持谨慎的态度，他们认为在大多数的研究中，自愿离职和非自愿离职的界限是不清楚的，如有的组织劝员工辞职或给出让其辞职的信号，员工可能因为非自愿的因素而表现为自愿离职；有的员工在提出辞职时组织正想解雇他，这种分类方法无法界定被组织所暗示的离职行为。

（2）功能性离职与功能失调性离职

为解决按雇员离开组织意愿划分员工离职中存在的问题，依据离职员工的绩效高低、组织继续雇用的意愿和取代该员工的容易程度，可以进一步将离职划分为功能性离职与功能失调性离职，组织所要避免的是功能失调性离职，即组织愿意雇用而个人不愿意留下的情况[①]。

对于这种划分方式，也有学者提出了自己的看法。他们认为从效用理论的观点出发，组织只有将流失员工的生产率和替代成本，以及新员工的成本和生产率考虑清楚以后，才能真正对员工流失对组织生产率的影响进行准确判断[②]。也有学者认为，如果用绩效去度量员工流失对组织是否有利，必须对员工流失进行连续的量度，这是由于对绩效的量度本身是连续的，仅在流失的时点判断流失员工的绩效水平是不够的。

（3）显性离职和隐性离职

与西方发达国家的市场经济相比，我国实行的是社会主义市场经济体制，具有自身的经济发展特色，考虑到两者存在的经济差异，可以将我国企业离职分为显性离职和隐性离职两种。显性离职是指员工事实上已经中断了与企业的契约关系，包括自愿离职和非自愿离职中已经与企业中断的契约关系；隐性离职则是指员工有离职意向且又在从事着与本职工作无关的一类工作，但仍与企业保持着契约关系的状态。员工隐性离职行为在我国尤其是国有企业相当普遍，这是我国在经济转型时期国有企业人力资源管理体制相对落后的情况下，员工与企业博弈的结果。

---

① DALTON D R，TODOR W D. Turnover turned over：an expanded and positive perspective［J］. Academy of Management Review，1979，4（2）：223-235.

② BOUDREAU J W，BERGER C J. Decision-theoretic utility analysis applied to employee separations and acquisitions［J］. Journal of Applied Psychology，1985，70（3）：581-612.

3.员工离职理论模型

经过对离职的多年研究，学术界形成了许多具有影响力的员工离职模型，其中比较典型的是马奇和西蒙（March & Simon）模型、普莱斯（Price）模型、莫布雷（Mobley）中介链模型及其扩展模型、斯蒂尔斯和莫德（Steers & Mowday）模型、谢里丹和艾贝尔森（Sheridan & Abelson）模型、李和米切尔（Lee & Mitchell）的展开模型及修正后的模型和Price-Mueller模型。

（1）马奇和西蒙模型

20世纪50年代，美国学者马奇和西蒙在《组织》一书中提出了“参与者决策”雇员离职总体模型，这是离职理论中最早的系统模型，为后来的离职问题研究奠定了理论基础。此模型由两部分内容共同构成，一是员工感觉到的从企业中离职的合理性，二是员工感觉到的从企业中离职的可能性[①]。

马奇和西蒙通过分析认为：员工对工作的满意程度及其对企业间流动的可能性是影响员工离职的最重要的因素。工作满意度与员工在工作中自我价值的实现、对工作中各种关系的把握及对工作角色或其他角色的胜任程度等直接相关。工作中自我价值的实现取决于主管的工作作风、所得报酬的多少、员工对工作安排的参与程度、受教育情况与升迁及加薪等。员工个人的职业能力、工作搜寻机会、员工可以看到的企业数量、参与者个人的性格、个人的视野等因素决定着员工离职的难易程度。如果员工的职业能力较差，外部工作机会偏少，员工主动离职的行为就会减少。该模型最早把个体行为和劳动力市场结合起来分析和描述员工的主动离职行为和离职过程。但是他们对研究指标没有进行充分的实证调查研究，因而研究结果缺乏实证研究的检验。

（2）普莱斯模型

美国学者普莱斯是对员工离职问题的研究有卓越成就的专家学者，1977年普莱斯建立了员工离职模型，对有关员工离职的前因变量和中介变量进行了研究[②]。

普莱斯认为员工离职的前因变量包括工资水平、融合性（员工在首属关系和次属关系中的参与程度）、基础交流（直接影响员工所担当的角色）、正规交流（通过正规办公渠道传递信息），以及企业的集权化（权力集中程度），其中，前四种变量与员工离职呈正相关关系，而第五种变量——企业的集权化与员工离职呈负相关关系；中介变量包括工作满意度和选择工作的机会，工作满意度可以用来反映企业内员工对企业持有好感的程度，选择工作的机会显示出员工在外部环境中角色转换的可行性。

普莱斯模型的积极贡献在于它尝试将企业变量和个人变量结合起来探讨员工的离职问题。但是，普莱斯模型没有给出员工个人感知及进行决策的过程，也没有评估离职的主要影响因素。

（3）莫布雷中介链模型及其扩展模型

1977年，莫布雷在马奇和西蒙模型的研究基础上，将一些可能的中介变量加入

① MARCH J G, SIMON H. Organization［M］. New York：Wiley，1958.
② PRICE J L.The study of turnover［M］. Ames：Iowa State University Press，1997：45-60.

工作满意度与离职之间，并形成循环反馈机制，这就是所谓的莫布雷中介链模型[①]。该模型强调将离职作为一个选择过程，对把工作满意度与离职的关系直接作为员工离职预兆的论点提出了质疑，认为员工打算离职不仅仅是因为对工作不满意，而打算离职的意图这一变量是会立刻导致员工离职的因素。

莫布雷中介链模型存在一定的缺陷，首先员工一旦考虑离职，则寻找新职位和离职的意图就会变得坚决和持久，但是现实中还是有一定数量的员工会留下来；其次没有讨论员工对现有职位和新职位进行评估的依据。1979年，莫布雷在进一步研究的基础上，利用图表法将影响员工离职的企业、个体、经济及劳动力市场等变量结合起来，形成一个相对完善的员工离职模型[②]。这一模型指出，员工离职主要由四个基本因素决定：工作满足与否，即员工在比较了现有工作的综合价值及对可能获得的工作进行综合价值评判后，对现有工作的定位积极与否；对在企业内改变工作角色收益的预期，即员工对企业内能寻找到有吸引力的工作机会的预期；对在企业外部改变工作角色收益的预期，即员工对能在企业外寻找到有吸引力的工作机会的预期；非工作价值观及偶然因素，如员工对家庭的定位、生活方式及地理偏好、宗教信仰、文化的偏好及其他社会价值观等。

（4）斯蒂尔斯和莫德模型

1981年，斯蒂尔斯和莫德在吸收普莱斯和莫布雷模型优点的基础上发展了自己的员工离职理论——斯蒂尔斯和莫德模型。该模型在寻找影响员工离职的主要因素的同时强调了导致雇员进行离职的决策过程中变量的变化顺序[③]。

斯蒂尔斯和莫德模型认为影响员工离职的因素包括工作满意度、组织承诺度和工作参与度等多个主观态度变量。同时，该模型认为工作绩效水平、工作期望和工作价值、组织特征和组织经验的交互作用直接影响主观态度。这些主观态度可能会使员工努力改变自己目前的状况，反过来，这些状况又影响着雇员的主观态度。个体特征、经济和市场状况影响员工可供选择的工作机会。斯蒂尔斯和莫德模型的独特之处在于该模型指出了从员工的主观态度出发有多条路径通到离职意图，而且比以前的模型更注重非工作因素对员工离职意图的影响。但是，斯蒂尔斯和莫德模型同样缺乏实证方面的研究。

（5）谢里丹和艾贝尔森模型

1983年，谢里丹和艾贝尔森建立了以非线性的突变理论作为理论基础的员工离职“尖峰突变”模型[④]。

该模型用突变论来解释员工从保留到主动离职的变化过程。工作紧张度和组织承诺度是这个模型中的两个控制变量。工作紧张度提高会给员工带来工作压力，工作压力过大会影响员工的情绪从而影响员工的工作绩效。组织承诺度下降会造成员工对工

---

① MOBLEY W H. Intermediate linkages in the relationship between job satisfaction and employee turnover［J］. Journal of Applied Psychology，1977，62（2）：237-240.

② MOBLEY W H，GRIFFETH R W，HAND H H，et al. Review and conceptual analysis of the employee turnover process［J］. Psychological Bulletin，1979，86（3）：493-522.

③ STEERS R M，MOWDAY R T.Employee turnover and post-decision accommodation process［M］//CUMMINGS L L，STAW B M.（Eds.）Research in Organizational Behavior. Greenwich，Conn：JAI Press，1981：235-281.

④ SHERIDAN J E，ABELSON M A. Cusp-catastrophe model of employee turnover［J］. Academy of Management Journal，1983，26（3）：418-436.

作的不满。当组织承诺度的连续下降或工作紧张度的持续提高到一定极限时，雇员将会因为组织承诺度太低或工作压力过大而产生离职行为。这个员工由保留跳转到离职的行为过程便是突变的过程。该模型的主要贡献是把员工主动离职过程看成预测变量的非连续过程。但是模型只选择两个预测变量，其根据不是很充分，而且该模型没有考虑到非工作因素对离职的影响，这是该模型的不足之处。

（6）李和米切尔的展开模型及修正后的模型

1994年，李和米切尔在Beach的映像理论的基础上建立了“展开模型”，该模型认为影响员工离职的因素主要包括“系统震撼”和“在离职决策和离职行为之前的心理分析量”两个部分[①]。

“震撼”是指“对一个人的工作产生意义的外部事件，会引起对当前雇佣状态有意识的判断”。“震撼”由无数的事件构成，比如怀孕、家庭成员生病、降职、晋升等，“震撼”对员工的影响可以是负的、零或正的。该模型提出，导致员工离职的路径可能存在多条，它突破了传统的离职研究视角，指出雇员离职的决策不完全是因为对当前工作不满意，也可能是一些与工作满意度无关的因素，即可能是由“系统震撼”引起的。但是这个模型并没有完全考虑到组织承诺度等主观态度变量对离职的影响，也没有明确模型中“震撼”所包括的内容，缺乏实践意义。

（7）Price-Mueller模型

2000年的Price-Mueller模型是以普莱斯模型为基础，经过多次重要的修正形成的最新的Price-Mueller模型。该模型引入了一些经过实证研究发现的新的离职决定变量[②]。

这一模型是建立在一系列假设基础之上的，这些假设包括员工是带着一定的期望进入企业的；员工和企业之间存在收益交换关系；员工追求净收益的最大化。该模型认为存在四类变量对员工离职产生影响，分别是个体变量、环境变量、过程变量和结构变量。其中，个体变量主要包括情感因素、一般培训和工作参与度，个体变量对工作满意度和组织承诺度有重要的影响；环境变量主要指亲属责任和外部工作机会，亲属责任一般会减少离职，外部工作机会和劳动力市场状况有关，更多的外部工作机会会增加员工的离职；过程变量包括工作满意度、组织承诺度、工作寻找行为和离职意图，该模型认为工作满意度和组织承诺度没有直接的关系；结构变量包括自主性、结果公平性、工作压力、薪酬、晋升机会、工作常规性和社会支持七个变量。该模型融合了经济学、社会学、心理学等多个学术领域的研究成果，很好地解释了雇员离职的心理变化过程，并且表现出了很好的预测能力，但是该模型包含较多的变量，在实践中难以操作。

9.5.2 员工离职管理

员工离职会产生一定的离职成本，对于企业来说是一种损失，因而做好企业员工

---

① LEE T W，MITCHELL T R. An alternative approach：the unfolding model of voluntary employee turnover［J］. Academy of Management Review，1994，19（1）：51-89.

② PRICE J L. Reflection on the determinants of voluntary turnover［J］. Journal of International Manpower，2001，22（7）：600-624.

的离职管理尤为重要，对于员工的自愿离职，企业需要运用留人的策略；对于员工的非自愿离职，企业需要谨慎进行决定，切忌草率。

1.员工离职的成本测量

对于员工离职费用的测算，目前国内还无法进行精确的量化。离职费用的测算比较复杂，对于许多变量，如新员工训练费用、生产力低下等，是否应纳入员工离职成本的测算还有待商榷，即员工离职测算的口径不能完全统一。

目前，企业可以根据实际情况将与员工离职相关的所有变量整合为一个标准化的形式，并运用于离职管理中，将离职费用管理的责任进行分配，明确界定各部门的责任，将离职整体的预算具体分配到各个部门中，并置于总预算的控制之下，促进各部门共同谋求降低离职预算的方法；对各部门的离职费用进行监督，比较预算和实际花费，将离职费用控制在适当的水平。

那么，如何整合离职费用呢？

（1）定义企业离职率

在企业中，界定离职率的方式有多种，具体包括：①离职人数/平均员工数×100%；②任用人数/平均员工数×100%；③（离职人数+任用人数）÷2/平均员工数×100%；④（离职人数-临时员工离职人数）/平均员工数×100%；⑤（该月离职人数-不可避免的离职人数）/月中员工总数×100%。其中，运用最后一个公式计算的离职率是衡量一个企业中人力资源管理计划是否有效的重要依据，它既指出了可以避免的离职，同时也为管理者更好地进行甄选、培训人才提供了一定的依据，有利于企业留住人才。

为了计算员工离职成本，企业首先需要根据自身的实际情况选取本企业的员工离职率计算方式，并且一经选定不能随意更改，这样可以进行纵向的趋势分析，但是在实际运用时应该排除季节性和其他企业变动因素的影响。

（2）确定离职费用的统计口径

离职费用的统计口径通常难以统一。首先，员工离职对企业造成的影响包括积极和消极两方面，有些费用，如广告费以及体检费等，可以很明确地纳入员工离职费用，但还有一些是不可测定的、模糊的费用，如招聘筛选人才的时间等，很难量化并且纳入离职费用；其次，有些员工离职是无法控制的，如因退休、疾病或者意外死亡等引起的离职；有些员工离职是可以控制的，如因工作性质、工作环境以及工资水平引起的离职。总之，离职费用大致可分为以下几类：员工离职时产生的费用、职位空缺进行招聘时产生的广告费用、新进员工的适应和培训费用；因员工离职产生的设备闲置费用、因更换职务导致的不良生产性费用以及因训练不足导致的低生产性费用[①]。此外，一些学者还提出，离职费用包括行政费用、增补人才的费用、训练费用、设备闲置费用、更换职务产生的不良性生产费用以及已支付离职员工的津贴和失业税等。各个企业在计算离职成本时需要统筹考虑这些因素，确定一套适合自身实际的费用统计口径。

---

① 程延园. 员工关系管理［M］. 2版. 上海：复旦大学出版社，2008.

(3) 计算实际的离职费用

离职费用的统计口径一经确定，企业便可按照统计口径将每次离职产生的费用转换为可测定的形态，然后在确定的离职费用和标准费用下，计算企业实际的员工离职成本，为企业离职管理提供可靠的依据。

2.员工离职的管理策略

在员工离职模型的讨论中，我们可以看到各位学者对影响员工离职的因素进行了不同层面的研究，迄今为止，Price-Mueller模型提出的影响员工离职的因素——个体变量（情感因素、一般培训和工作参与度）、环境变量（亲属责任和外部工作机会）、过程变量（工作满意度、组织承诺度、工作寻找行为和离职意图）和结构变量（自主性、结果公平性、工作压力、薪酬、晋升机会、工作常规性和社会支持）被广为使用。员工离职的影响因素是离职管理的出发点。

本书采用按照员工离开组织的不同意愿所划分的离职类别——自愿离职、非自愿离职和自然离职探讨离职管理的策略。自然离职是员工离职的常态，管理者对企业员工离职的管理主要体现在自愿离职和非自愿离职这两个方面。

非自愿离职的典型代表是解雇，解雇对于企业和员工都会造成一定的影响。企业处理非自愿离职应该从甄选员工开始，企业在招募员工时应当慎重，避免解雇给双方造成伤害；企业解雇员工的依据通常是员工的绩效考核成绩、矫正员工过失的档案记录、书面警告、企业规章制度以及法律法规的规定，企业解雇员工时需要处理好员工的心理情绪问题，通常员工关注的是企业解雇自己的依据是什么，具体到被解雇员工为此需要承担的责任以及企业对解雇员工的补偿是什么，企业遇到心存怨怼的员工时，不要着急进行决定，可给予员工辩解申诉的机会，让员工心服口服地接受被解雇的决定；企业解雇员工时应当迅速，避免员工的不安、疑虑，一般而言，管理者尽量避免使用解雇的手段对员工进行处理，有时可以采用减少薪酬或者降低职务等替代性的方式对员工进行惩罚。

自愿离职的典型代表是员工的“跳槽”，从自愿离职的发生机制来看，自愿离职是可以避免的离职，企业应该尽可能抑制自愿离职，完善组织的人力资源管理。一般而言，影响员工自愿离职的因素有很多，主要是员工满意度，而组织的工资水平、工作环境、人际关系、工作压力等都是影响员工满意度的变量，企业应该从这些因素和变量着手，提高员工对企业的忠诚度和归属感，具体的策略见本章第6节。

在员工离职之后，企业还应维持员工离职后的管理，尽可能与离职员工保持联系，这对于企业的外在形象和员工凝聚力的培育具有重要作用。第一，企业人力资源部可以建立离职员工的个人档案，并及时更新，为企业与离职员工之间建立联系的纽带；第二，对于某些员工来说，离职是在不可抗力的情况下进行的暂时决定，企业必须与曾工作优异的离职员工保持密切联系，在必要的时候，寻找合适的机会重新聘请其回归岗位；第三，对于企业退休人员，企业应该在生活和情感上多加照顾，及时了解退休人员的现状，人力资源部在条件允许的情况下可以继续为其提供各种服务，若是某些退休人员精力旺盛，企业存在某些岗位空缺，可以对这些人员进行返聘，让其继续为企业发展做出贡献；第四，对于离职人员，不论是自愿离职还是非自愿离职，企业都可以通过座谈会（由离职人员与在职员工进行沟通，互相传授经验和知识）、恳谈会（让离职员工重回企业分享企业的喜悦，增强员工的情感）和演讲会（邀请离职员工参加，启发员工的工作理念）等活动，让其为企业的发展继续出谋划策，激励员工士气。

知识链接 9-1

离职员工管理：分手亦是朋友

无论是从人力资源管理六大模块的理论角度，还是从企业人力资源管理的实践与操作视角，离职员工管理都处于边缘化甚至被忽略的状态。在人力资源流动速率不断加快的市场经济时代，企业应把离职员工作为自身的人力资产，积极开拓人力资源管理的新方向，有效利用离职员工的剩余价值，为企业的发展夯实基础。

一、离职员工管理，从改变企业管理者的思想开始

（一）放下“敌对”心态，提倡“终身交往”理念

很多企业管理者面对主动离职的员工时，往往会产生“敌对”心态，以看待“叛徒”的眼光为员工的离职设置障碍，如克扣工资、索要赔偿金等，更有甚者会与员工对簿公堂。但是从理性的角度分析，企业管理者这样做不但于事无补，反而激化了与离职员工的矛盾，最终的结果是两败俱伤。最好的解决办法是企业管理者用宽容的态度对待离职员工，树立与离职员工“终身交往”的意识，既然挽留不住，那就愉快地为其送行，希望以后能与他们保持良好的交往与合作。

（二）摒弃离职员工是企业“负债”的思想，树立全新的企业“资源”观念

不少企业管理者将员工的离职行为看作企业的“负债”，即这种行为会给企业带来经营、管理等方面的损失，在这种心态的影响下，企业对离职员工采取的措施就会有失偏颇。其实，企业管理者应该理性看待员工流动问题，意识到人才的合理流动可以保持企业的活力与创新力；充分发挥离职员工的剩余价值，并将其看作企业的一种有效资源而加以利用。比如，可通过离职员工了解到企业管理之中的不足之处并加以改进，从而避免同类离职事件的发生；与离职员工保持良好的互动关系，以期在今后获得良好的收益等。

二、做好离职员工的离职过程管理

（一）离职面谈工作是离职过程管理最重要的一个环节

员工主动离职绝大多数是深思熟虑的结果，其背后肯定有深层次的原因。员工所在部门领导及人力资源部劳动关系管理人员在收到员工的离职申请时，一定要做好离职员工的面谈工作，深入了解员工离职的动机，有针对性地采取策略，最大限度地维护企业利益。企业应该通过离职面谈，向离职员工发出友善的信号，提高他们对企业的认同度，为以后离职员工延续管理的顺利开展奠定基础。

（二）离职时的配合更能彰显企业人文关怀，塑造良好的外部形象

中国有句古语叫“天下无不散的筵席”，如果员工去意已决，企业应该理解并尊

重员工的选择，及时快速地为离职员工办理工作交接手续并出具解除证明，如有必要还可为员工出具一份与其工作能力相匹配的评价报告，以利于离职员工在新公司站稳脚跟。通过员工离职时的人性化关怀，彰显企业的魅力，使员工拥有良好的离职体验，从而为今后良好的关系奠定基础。

（三）做好员工离职后的分析评价工作，改善企业内部环境

马云曾分析过员工离职的两点真实原因：一是钱没给到位；二是心委屈了。这些归根到底就一条：干得不爽。员工主动离职，肯定是企业内部机制出现了问题。企业人力资源管理者应在离职面谈的基础上，深入分析员工离职的原因，找出企业自身存在的问题并加以改进，改善企业的内部环境，提高员工的工作满意度，进而降低企业员工的离职率，增强企业内部凝聚力和战斗力。

三、构建离职员工的延续管理制度

（一）建立离职员工信息库，强化与离职员工的沟通互动

员工离职后，企业人力资源部应妥善处理他们的信息，将他们的简历信息、专业特长、工作业绩及联系方式等整理汇总成离职员工信息库，并指定人事专员关注员工离职后的工作动向，强化与离职员工的沟通互动，这有可能为企业带来长远收益。

（二）为离职员工回流开辟绿色通道

一方面，离职员工熟悉企业内部环境和工作流程，能够迅速上手工作，节省员工培训的时间与金钱成本。而且企业给离职员工“吃回头草”的机会，更能有效地提高他们对企业的忠诚度，成为企业发展的中坚力量。另一方面，离职员工的回流还可以对企业内部不稳定员工起到警醒作用。外面的世界看似很精彩，但也有很多心酸和无奈，企业在很多方面要比其他企业更具有优势。舍近求远，舍本逐末，得不偿失，踏踏实实地做好本职工作，享受与企业共同成长的“红利”方为上策。

资料来源　王庆臣．人力资源管理探索的新方向：离职员工管理［J］．经营者，2018（4）：97.

9.6 员工关系管理的留人管理

组织与员工之间存在着契约关系，约束着双方的权利和义务。随着社会流动的加剧，员工的工作认知和工作状态也随之发生了变化，他们并不认为始终服务于一家企业是工作的常态，他们需要不断尝试新的工作以增加阅历，寻求突破，离职现象频繁发生；同时，人才，特别是老员工，对于企业的发展具有重要的作用，如何避免员工的自动离职，留住企业优秀的人才是当今企业发展的挑战。本节针对企业留人管理的策略进行探讨。

9.6.1 工资管理

1.工资确定

《中华人民共和国劳动法》规定，工资是雇主依据国家有关规定及劳动合同约

定，以货币形式直接支付给劳动者的劳动报酬。那么员工的工资通常是如何确定的呢？

工会组织与企业雇主双方通过集体协商，决定短期货币工资及其他劳动条件，已经成为现代市场体制普遍接受的工资决定方式。运用集体协商决定短期货币工资是基于集体谈判的范围论和效率合约理论。

英国经济学家庇古于20世纪初在其《福利经济学》一书中建立了一种短期工资决定模型，这一模型讨论了劳动关系双方关于工资的集体谈判范围。集体谈判双方坚持点的确定，主要取决于以下因素：其一，劳动力市场的供求状况。若劳动力市场供大于求，将增强雇主的交涉力量；反之，将增强工会的交涉力量。其二，宏观经济状况。经济处于繁荣时期，有利于提高工会的坚持点，同时，市场的景气与繁荣，也存在着提高雇主坚持点的倾向。经济处于停滞时期，有增强雇主的交涉力量和降低其坚持点的倾向。此时，工会的坚持点也可能下降。其三，企业货币工资的支付能力。这主要取决于企业的劳动生产率和企业的经营效益。其四，其他工会组织的集体谈判结果的影响效应。此外，双方交涉范围还要受到双方代表谈判技巧，工会的组织程度、团结程度，以及道德因素与社会舆论倾向等诸多影响。

集体谈判的范围论只是简单地描述短期货币工资的决定，这种描述是极为概括性的、粗线条的。实际上，利益协调性劳动关系的运行和实践还有更为深刻的原因，即通过集体协商谈判决定一般劳动条件符合经济效率的原则。在集体谈判过程中，工会组织当然希望达成对自身极为有利的条款，但这个目标的实现受诸多因素的制约，包括政府、市场、雇主。现实生活中，劳动条件并不是由单方决定的，而是由工会和雇主协会两大组织共同协商工资率、就业量等问题。由于是双方竞争共同决定工资率和就业量，那么双方的福利从理论上说能够得到改善，因此就存在一系列至少可以使其中一方获益而不使另一方受损的工资率和就业量组合，这些组合被称为“效率合约”。“效率合约”确定的工资水平是双方协商的结果，符合企业和员工的利益。

2. 工资支付

工资是雇员生活的主要来源，支付工资是雇主对雇员履行的一项重要义务。工资支付符合企业内部规章制度，并且获得外在的法律支持，可以使员工获得安全感和满足感。

工资支付必须遵守企业工资支付的原则，包括：①集体协商原则，即工资的给付标准和数额由当事人双方协商确定。②公平公正原则，即不因职业、产业、种族、性别、年龄和受教育程度的不同，给予差距较大的工资水平。《中华人民共和国劳动法》第46条规定：“工资分配应当遵循按劳分配原则，实行同工同酬。工资水平在经济发展的基础上逐步提高。国家对工资总量实行宏观调控。”第100号国际劳工公约也规定：“对男女工人同等价值的工作给予同等报酬。”③紧急支付原则，即当劳动者遇到生育、疾病、灾难等非常情况急需用钱时，雇主应当提前支付劳动者应得的工资，体现企业的人文关怀，塑造团结的企业文化。④依法支付原则，即按照法律法规或者合同约定的标准、时间、地点、形式和方式发放工资，根据《中华人民共和国劳动法》、《中华人民共和国劳动合同法》和《工资支付暂行规定》的要求，我国工资支付应当以法定货币支付，不得以实物以及有价证券替代货币支付，同时应当按时支付给本人或者委托人，按照企业规定的每月发放工资的日期支付给劳动者本人，因故不能直接领取工资的可由其委托人代领。

除了上述工资支付原则外，我国法律法规对工资的支付的特殊情况也进行了详细的规定，以保证员工享受权利，企业履行义务：第一，关于履行国家和社会义务期间的工资支付。我国法律规定，劳动者在法定工作时间内依法参加社会活动期间，用人单位应视其提供了正常劳动而支付工资。第二，年休假、探亲假、婚假和丧假的工资支付。《中华人民共和国劳动法》及相关法律规定，劳动者依法享受年休假、探亲假、婚丧假期间，用人单位应当按照劳动合同规定的标准支付工资。第三，延长工作时间的工资支付。《中华人民共和国劳动法》规定，安排劳动者延长工作时间的，支付不低于工资的150%的工资报酬；休息日安排劳动者工作但又不能安排补休的，支付不低于工资的200%的工资报酬；法定休假日安排劳动者工作的，支付不低于工资的300%的工资报酬。第四，停工期间的工资支付。我国《工资支付暂行规定》对此进行了明确说明："非因劳动者原因造成单位停工、停产在一个工资支付周期内的，用人单位应当按劳动合同规定的标准支付劳动者工资。超过一个工资支付周期的，若劳动者提供了正常劳动，则支付给劳动者的劳动报酬不得低于当地最低工资标准；若劳动者没有提供正常劳动，应按照国家有关规定处理。"

9.6.2 职业生涯管理

1.职业生涯规划与职业生涯发展

职业生涯规划是个人规划自己的职业生涯，设置不同时期的目标，并采取计划有步骤地达成这些目标的过程。在规划职业生涯时，不能脱离现实环境，要与现实中可利用的机会相结合。例如，一个人渴望成为一名公务员，但是在我国成为公务员的概率是几十分之一到几千分之一不等。生涯规划对个人成长和发展具有重要意义，当一个人沿着生涯规划路径实现各个阶段的里程碑式的目标时，个人会感到强烈的满足感，更容易获得成功。

职业生涯发展是组织关注于员工和组织两者的需要，来发展及改进组织人力资源的持续且正式规范化的努力。随着市场经济的发展，在多样化、复杂化的经济环境中，职业生涯发展显得尤为重要。就组织观点来看，职业生涯发展主要有三个目标：

①及时满足组织人力资源需求，包括现在和未来的需求。

②明晰组织内的职业生涯路径。

③通过整合组织的人力资源计划和个人生涯，充分利用组织现有的人力资源计划。

总之，职业生涯发展是从组织的角度来看职业生涯，而职业生涯规划则是从个体的角度来看职业生涯。

2.职业生涯管理的含义

关于职业生涯管理，不同学者持有不同的观点，有学者认为职业生涯管理是个人的事情，也有学者认为职业生涯管理是组织和个人共同的事情。本书认为职业生涯管理包括职业生涯规划和职业生涯发展。个体职业生涯规划的实现，必定是以组织为依托的；组织为吸引人才，对帮助个人实现职业生涯规划也应该承担一定的责任。成功的职业生涯管理需要三方面的行动：组织、个人和组织中的管理者。

（1）组织

组织是个人实现职业生涯规划的场所，是发起并确保个人职业生涯发展存在的主体。组织的责任是在组织内关注个人发展，并且与个人沟通职业生涯选择。组织需要对个人的职业生涯规划提出建设性的意见，确保其职业生涯规划实现的可行性。在组织中，一般是人力资源的管理者准确掌握着职位流动的信息，人力资源的专家应该紧密与个人合作，提供讯息，并了解不同职业生涯路径之间的相互关系，组织应该致力于创造有助于个人实现职业生涯规划的环境。

（2）个人

个人负责制定具体的职业生涯规划。只有个人知道自己真正想要从职业生涯中得到什么，职业生涯规划必须自己制定，无法由其他人负责。制定出完善的职业生涯规划只是实现了职业生涯管理的第一步，个人还必须花费时间和精力去发展职业生涯规划，职业生涯发展需要个人有意识的努力，以实现职业生涯规划中的各个目标。经验显示，个人职业生涯规划的实现需要一些鼓励与指导才能较好完成，所以组织可以提供受过训练的人力资源专家来引导，个人要积极主动地进行配合，使自己的职业生涯规划得到完善和发展。

（3）管理者

组织的管理者在协助下属的职业生涯发展方面扮演主要角色。管理者应该根据组织的发展要求，结合下属的自身实际情况，引导他们的职业生涯发展，并且在关键时刻协助个人做出重大决定。

在这里，管理者既包括个人的直属上级，也包括组织的人力资源专家。职业生涯咨询由两者共同执行，多数情况下，由直属上级配合人力资源专家来进行，直属上级拥有实际经验，了解组织，对组织内的机会可以进行实际评估。在组织中，许多管理者并不认同职业生涯咨询是管理职责的一部分，他们并不反对这个角色，只是不认为这是自己的任务，为了克服这个障碍，许多组织会设计训练计划来协助管理者发展这个领域的必要技能。

3.职业生涯管理的实施

成功实施职业生涯发展计划涉及组织及个人层面的许多工作，包括：

（1）个人自我评估

个人对自我能力、兴趣和职业生涯目标的评估，是职业生涯发展重要的基础工作。在现实生活中，许多人并不热衷于剖析自我，抱着“得过且过”的工作态度，对自己未来发展没有明确的规划。个人自我评估不一定局限于目前的资源和能力，还包括额外取得的训练和技能，得出自己的愿景说明。目前有各种不同的自我评估资料，还有一些组织制定了个人发展的表格、训练计划书，同时进行心理测验等。

（2）组织评估

组织对于个人的评估是传统上重要的信息来源，主要形式是绩效考核。其他潜在的还包括人事档案，它能反映诸如个人的受教育程度及先前工作经验。组织进行评估时需要人力资源管理人员和员工的直属上级共同进行，综合各种因素对个人做出尽可能公正的评价。

（3）沟通职业生涯选择

在制定职业生涯规划时，个人需要知道组织现有的选择和机会，组织需要配合个人的职业生涯发展，及时公布职位空缺等有用的信息。除此之外，个人还需要了解组织内明晰的职业生涯路径，即正式与非正式的教育、训练和工作经验，以有助于使个人了解未来拥有怎样的能力才能获得更高阶工作，这是一项重要的资源。总之，在职业生涯管理上，组织与个人需要互相协助并及时沟通。

（4）职业生涯自我管理

职业生涯管理是一个动态而非静态的过程，切忌在职业生涯发展中产生自满情绪。职业生涯自我管理强调个人应保持学习的状态，根据组织内外的环境变化，诸如组织内职业生涯路径的变化、组织外经济环境的变化等，及时检视职业生涯计划的发展，必要时进行修正。职业生涯自我管理能够培养出更具弹性的个人特质，为组织的发展积累人才。

9.6.3 企业文化建设

除了上述工资管理和职业生涯管理两方面之外，企业文化也是影响企业留人的重要因素。

1.企业文化的内涵

20世纪80年代，企业文化作为一种全新的管理理论，诞生于经济高度发达的美国。但实际上，企业文化在美国的提出，最直接的原因则是日本经济的发展。20世纪50年代，第二次世界大战后的日本经济发展迅速，到了70年代，美国的企业日益受到来自日本企业的挑战，美国的国际市场逐渐被日本企业所蚕食，这使得美国人感到非常恐慌和惊诧，他们急于了解究竟是什么原因造成了日本的“奇迹”，也渴望把成功的秘诀学习过来，于是在70年代末80年代初掀起了一场日美管理学习热潮。1980年，美国《商业周报》首先提出了企业文化（Corporate Culture）的概念。20世纪80年代中期，企业文化被引进到中国。

对于“企业文化”的概念，国内外学者有许多不同的认识和表达。本书认为企业文化可以这样定义：企业文化是企业在其日常运作的实践过程中所形成的专属于该企业的一套文化体系，既囊括了物质内容，又囊括了精神内容。企业文化理论是在管理科学和行为科学的基础上逐渐演变产生的一种现代行为理论，是科学技术迅速发展、生产社会化水平不断提高的产物。

2.企业文化的功能

（1）企业价值导向功能

一般来说，任何文化都是一种价值取向，规定着人们所追求的目标，具有导向的功能。如果把经济比喻为“列车”，那么文化就可以比喻为“轨道”。没有轨道，列车将不能正常运行。回顾历史，同样是火药，西方用它来炸山开矿，旧中国却用它来做爆竹敬神；同样是罗盘针，西方用它航海，旧中国却用它来看风水，这是不同文化价值观下不同文化各自发挥其导向功能的结果。特别值得一提的是，企业文化是一个企业的价值取向，规定着企业所追求的目的。

企业文化的所有内容都是在价值观的基础上产生的，都是价值观在不同层次、不同角度、不同方面和不同时期的体现和具体化。价值观在企业文化中的地位，使它不仅决定着企业的发展方向，而且决定着企业的特征，是企业生存和发展之本。价值观的核心作用远远大于技术和组织结构的作用，因而许多企业家都十分重视企业价值观的建设。美国麦肯锡管理咨询公司的研究人员在对多个企业进行考察和研究后得出结论，任何一种明智的管理都涉及七个变量：结构、战略、体制、人员、作风、技巧和共有价值观，并把共有价值观居于七个变量的核心地位。企业价值观对企业的发展具有重要的意义，尤其是在知识经济这种文化经济时代，企业价值观作为企业和全体员工的价值目标和行为取向，在企业文化和企业发展中具有重要的导向作用。

每个成功的企业都有自己独特的价值观，这是企业形成自身核心竞争力的重要“支点”。如美国杜邦公司将“通过化学，用更好的产品来提高生活水平”作为自己的企业价值观，这种通过在化学工程中不断实现产品创新，以提高消费者生活水平的独特的价值理念，使杜邦公司在长期的经营中成就斐然。日本索尼公司以“做开拓者，不模仿别人，努力做看似不可能的事情”作为企业宗旨，使其成为世界上最具竞争力的消费电子产品企业之一。微软公司的“您的潜能，我们的动力”，使员工与企业共同进步，谱写了微软神话。又如我国知名企业北京同仁堂的“济世养生”“炮制虽繁必不敢省人工，品味虽贵必不减物力”的企业宗旨，杭州胡庆余堂“戒欺”的价值信条，也都体现了这两家医药企业自身独特的价值取向，这也是这两家企业之所以赢得广大顾客信赖，并长期保持独具魅力和兴盛不衰的重要原因。

（2）企业文化的凝聚功能

企业文化像一根纽带，把员工个人的追求和企业的追求紧紧联系在一起，像磁石一般，将分散的员工个体力量聚合成团队的整体力量。企业文化比企业外在的硬性管理办法更具内在凝聚力和感召力，使每个员工产生浓厚的归属感、荣誉感和目标服从感。企业文化的这种凝聚功能尤其在企业的危难之际和创业之时更显示出其巨大的力量。首先，从物质利益方面考虑，企业文化使个人与企业利益紧密结合。优秀的企业文化使得员工认同企业价值观，个人的理想、目标追求与企业发展宗旨、目标紧密结合起来，员工个人的利益和前途也就和企业的发展紧密结合起来。这样，员工以企业为中心对企业产生一种强烈的向心力，可以将分散的个人力量凝聚成为整体的力量。除此之外，企业文化也是员工的精神寄托。良好的企业文化提倡培养人才、尊重人才、充分利用人才，员工在企业中有家的温暖和归属感。员工的精神寄托于企业、在感情上依赖于企业、在行动上忠实于企业，把自己的命运与企业的命运紧密结合起来，从而产生强大的凝聚力。企业文化支撑机制的引导和凝聚作用，把员工的个人行为紧紧地同企业发展联系到了一起，让员工明白自己与企业息息相关，从而为企业文化的进一步贯彻实施打下坚实基础，同时也让企业内部凝成一股力量，促使员工为加快企业发展而努力奋斗。

(3) 企业文化的激励功能

管理的核心是人，管理的目的是要把蕴藏在人体内的聪明才智充分挖掘出来。企业文化能够最大限度地激发员工的积极性和首创精神，使他们以主人翁的姿态，关心企业的发展，贡献自己的聪明才智。在企业文化的激励下，员工积极工作，将自己的劳动投入到集体事业中去，共同创造、分享企业的荣誉和成果，本身又会得到自我实现及其他高层次精神需要的满足，从中受到激励。所以，一种积极的企业文化具有良好的激励功能，能够使员工士气步入良性循环轨道，并长期处于最佳状态。

激励机制是指激励主体运用激励杠杆调动客体积极性的相关制度和工作方式。现代人力资源管理理论认为，科学的激励机制应建立在以人为本的基础上，即建立在尊重人，满足人的需要的基础上。在组织内部制定和执行某些政策、规章以及采取某些措施，能够激发组织和个人的工作干劲并起到规范行为、引导方向等作用，同时也是调节组织运行、调动人的积极性的重要手段。有效的激励机制能启动人的积极性、主动性，发挥人的创造精神和潜能使之充满内在的活力和动力，朝着组织所期望的目标而努力。

领导者可以设计某种特定的外部和内部刺激来启动和激发员工的动力运行机制，鼓励员工完成管理者交给的任务。因而激励机制在企业文化中起着驱动作用，在进行企业文化建设过程当中，要着重注意激励机制的构建。人既有物质需求又有精神需求，根据激励对员工个体的作用方式，可以把激励分成物质激励和精神激励。物质激励是最常用的激励措施，但物质激励不足会影响员工积极性，物质激励过度又会让员工不思进取，而且物质激励容易出现边际递减现象。

优秀的企业文化把人看成最重要的资源，以人为中心，致力于人的不断完善和全面发展，使员工看到企业存在对自己的重要意义，看到自己在企业中的重要价值，从而产生一种崇高的使命感，以高昂的士气自觉地为企业发展、为实现自己的人生价值而努力工作。在以人为本的企业文化气氛下，员工对企业的贡献能够及时得到肯定、赞赏和奖励，能使员工产生极大的荣誉感和满足感，从而激发其以极大的热情不断进取、创造性地工作，在为企业创造价值中实现自身价值。同时，由于企业的价值观是被全体员工所认同和提倡的，员工之间会形成相互信任的融洽氛围，产生信任激励。

(4) 企业文化的约束功能

企业文化对员工行为具有无形的约束力。它虽然不是明文规定的硬性要求，但它以潜移默化的方式，形成一种群体道德和行为准则以后，某种违背企业文化的言行一经出现，就会受到群体舆论和感情压力的无形约束，同时使员工产生自控意识，实现内在的自我约束。

企业文化不仅包括制度文化层面的企业规章制度，而且包括精神文化层面的企业思想作风、企业伦理道德、企业价值观念以及行为文化中的企业行为方式。这就决定了企业文化的约束功能既体现为规章制度上的硬性约束，也体现为道德规范上的软性约束。硬性约束上，企业领导和企业员工在企业的规章制度及内部纪律面前人人平等，必须严格遵守执行；软性约束上，企业文化的内涵和核心价值理念约束着企业员工，要求其必须严格执行纪律，以企业的利益为最高利益。

（5）企业文化的品牌功能

品牌是企业为使自己的商品区别于其他企业商品所设计的特殊标志，是企业形象特征最明显的外在表现。品牌不仅最能体现企业文化和企业价值，还是维系企业员工利益的重要纽带之一。将企业精神注入企业品牌之中，可使企业员工意识到自己的工作对企业的意义，更自觉地关注企业共同利益市场的开拓与维护。企业的品牌，是一个企业最大的无形资产，是企业增加收入的核心要素，是市场竞争优势的代表。企业竞争从产品的竞争演化为文化的竞争，特别表现在品牌文化的竞争，这已被当代的商业竞争的实例所证实。产品的市场竞争优势来源于产品的差异性，品牌文化可以带给产品独特的个性。当产品的功能和质量成为一种普遍的进入市场的基本要求后，品牌文化便成为产品创造独特价值的主要手段，市场竞争进而演化成品牌文化的竞争。如何使品牌个性化、如何创造差异性，是企业赢得竞争优势的关键之一。品牌个性化可以使品牌变得富有情趣，也可以使品牌充满活力和朝气。品牌个性化使品牌文化可以适应细分市场表达社会角色和满足情感的需要，充分创造品牌的差异性，从而给所依附的产品带来差异化，为企业带来利润和竞争优势。

3.企业文化建设

（1）企业文化建设的原则

企业文化建设的原则包括：

①与企业战略相结合长期渐进的原则。从战略的高度来考虑企业文化的建设，推行企业文化本质上是为了提高企业的竞争力，为企业的长远目标和战略服务，企业应树立长期渐进的观点，并且要有克服各种阻力和困难的心理准备，有计划、分阶段地完成企业文化的再造。

②领导主导原则。企业文化作为一种上层建筑的表现形式，应该从上到下贯彻实施，首先要达成领导层对这一问题的共识，要充分发挥企业高级、中级管理层对企业文化的推动与示范作用，领导的亲自参与推行至关重要。

③动态完善原则。在企业发展的不同阶段，受外界环境和内部条件的约束与影响，企业的文化也将表现出不同的内涵与外延，这是一个动态完善和调整的过程。设计流程必须是开放的。

④人本主义全员参与的原则。员工在企业文化建设中扮演着双重角色：他们既是企业文化建设的主体，是推动者和参与者；也是企业文化建设的客体，是接受者和被改变者，因此，必须要与员工进行充分沟通，得到员工的理解与支持，激发员工的主动性与积极性，由“要我改”变成“我要改”，真正发挥主体作用，使其成为企业文化变革的支持者与实践者。

⑤注重实效的原则。在设计企业文化的过程中，要认认真真去做，不做表面文章，并且要在实施执行的过程中及时收集反馈信息，发现问题、解决问题，修改设计方案，保证企业文化建设体系具有可操作性和可行性，以保证建设效果。

（2）企业文化建设的步骤

企业文化建设是一项复杂的系统工程，也是一个循环往复和不断发展的动态过程。企业文化建设的基本程序，主要有启动、调研、设计、实施、完善等，在对企业现有文化的变革中，企业文化的设计与实施两个环节尤为重要。

企业文化建设的启动，标志着企业致力于构建新的企业文化的开始。其主要任务有两项：一是落实企业文化建设前期工作的人、财、物保障；二是宣传发动，如召开企业文化建设启动大会，在企业中营造有利于深入开展工作的氛围。

企业文化调研，是以企业发展、企业生产经营为中心，对企业的文化因素以及企业文化生成与发展的内外环境进行考察，为以后对既有文化的梳理和新文化要素的提出提供依据。企业的内部环境是企业文化的“土壤”，任何企业文化的生成和发展，都与企业自身的文化历史、经济状况、行业特点、企业素质等内在因素密切相关。企业外部环境是企业文化生长的“气候”，要设计和实施新的企业文化，必须全面深入了解企业文化的内外环境，把握企业员工对本企业文化的认识和态度。企业文化的调研，应当坚持目标性原则、全员参与性原则、系统性原则和动态性原则，保证调研工作的科学合理组织。企业文化调研的方法，有文案调查法、观察法、专题研讨法、访谈法、问卷调查法等，根据调研工作的实际情况可以综合采用多种调研方法。调研工作完成后，应进行总结，为企业文化建设的下一步工作打好基础。

企业文化的设计，是企业文化的规划者在企业文化调研的基础上，对将要建设的新文化的有关内容进行设想、描述、选择、筹划，为未来的企业文化规划蓝图。企业文化的设计，对企业的变革和发展有重大影响，涉及大量复杂细致的工作，不仅是企业文化建设者的工作重点，也是企业决策层的关注焦点。

企业文化设计完成后，就要创造条件付诸实践，即把企业文化所确定的内容全面体现在企业经济活动、员工行为和一定的物质形态上，同时采取必要的手段，强化新理念，使新型的企业文化要素逐步得到普遍认同。企业文化的实施要做好以下工作：一是积极创造适应新的企业文化运行的条件，如推进企业改革，开展员工培训等。二是加强精神灌输和舆论宣传，使企业形成浓厚的舆论氛围，让员工潜移默化地接受新的价值观，并用以指导自身的行为。三是发挥企业领导者的带头作用，为员工进行示范表率。四是利用制度、规范、礼仪、活动等进行强化，使员工在实践中感受到企业文化的引导和控制作用。五是对正确的行为进行激励，对不正确的行为进行纠正或处罚，使员工在持续的影响中逐步形成新的行为习惯。

企业文化需要在实践中不断得到巩固，并且随着企业经营管理实践的发展、内外环境的改变，企业文化还需要不断充实、完善和发展。企业文化的完善提高，既是企业文化建设一个过程的结束，又是下一个过程的开始，是一个承上启下的阶段。

(3) 企业文化实施的方法和形式

要使企业员工真正认同企业文化，在思想和行动上与企业文化保持一致，需要较长的过程，并且在这一过程中，需要采用多种形式来灌输和强化，采用多种方法来推动和控制。

第一，进行系统的企业文化教育培训。对员工进行系统培训，是灌输企业文化的主要方法，培训应从上到下分层次进行；编制培训手册，包括企业文化主要理念内容(企业价值观、企业最高目标、企业哲学、企业宗旨等)、员工行为规范、企业重要制度等，这是培训和自学的主要教材；采取多种培训方式，比如教师授课、干部宣讲、员工自学、小组讨论以及到优秀企业参观访问等，使大家心领神会，内化为个人的思想，外显为预期的行为。

第二，宣传和沟通理解。在实施企业文化时，要做好宣传工作，取得沟通理解，不仅在企业内部是这样，对外也要做好这方面的工作，创造一种利于企业文化建设的舆论环境。

第三，发挥领导示范带头作用。在企业文化建设中，管理层的领导示范作用至关重要。领导的一举一动都会引导员工的行为取向，领导的行为如果符合企业文化的内涵，那么员工将自觉向企业文化靠拢。在企业文化自上而下的贯彻实施过程中，要充分发挥管理层，尤其是中层干部的模范带头作用。

第四，深入讨论制定相应的整改措施。在实施企业文化的过程中，企业的各项政策和制度要与企业文化相适应，其中没有体现企业文化的地方要补充，与企业文化建设不相符的地方要改正，制定出整改措施，实现理念和制度的更新。

第五，创建特色活动情景强化。创造多种企业风俗及活动，形式多样地强化企业文化建设，使企业文化深入人心，比如演讲比赛、自编自演身边事的新年晚会、拓展训练、生日活动等。

第六，企业文化人格化。身边的优秀事迹更有教育意义，它所起到的作用是一般的号召所不能比拟的。企业文化在实施过程中，应该将抽象的概念变成实实在在的、栩栩如生的事例。将公司内的优秀员工、典型事例概括升华，形成文字，使企业文化的内容人格化，这样更易于员工理解和接受。

第七，实行相应的奖惩措施。每年有一个固定时间作为企业文化活动周，进行企业文化建设，比如进行先进个人和先进集体的评比和表彰；对企业文化建设活动中没有达标的机关科室、车间进行批评；对违反规定，严重违背企业文化的员工进行相应的处罚。通过奖励和惩罚，使企业文化建设这个软管理的环节变成硬指标，使各个团体和个人高度重视并身体力行。

案例链接9-3

谷歌独一无二的企业文化

毫无疑问，谷歌（Google）公司是世界上最难通过面试的公司之一，同时谷歌公司也有着最酷、最让人向往的公司声誉，难道这是巧合吗？当然不是。众多求职者想去谷歌公司工作的原因之一是它有着独一无二的企业文化。它令人敬畏的公司文化吸引了顶尖人才，并带来了快乐的员工。快乐的员工会转化为更高的生产率和更多的营业额。这最终会带来更高的利润和更大的成功。

以下是每个公司都可以从谷歌公司的企业文化中学习到的一些东西：

1.工作定义核心价值观

在谷歌公司的网页上，谷歌公司列出了它长期以来坚守的十大价值观——在公司成立仅仅几年之后，它就被写了出来。据此可以推测，谷歌公司已经雇用并继续雇用那些有着相同价值观的人。把公司的核心价值观告诉所有员工，确保每个人都在同一个页面上，可以帮助设置一些参数来衡量个人和公司的成功。然后，在招聘时，与候选人讨论公司的核心价值观，并提出问题，以确定候选人是否有相同的价值观。

谷歌公司定期讨论其核心价值观，鼓励团队成员在小组讨论或聊天中提出核心价值观。谷歌公司确保一直成长的一种方式是通过所谓的“有意学习”，每个团队成员必须每周花一个小时学习新的东西。然后，每个星期四，谷歌公司有一个所谓的“口渴的星期四”，每个人都可以分享一些有价值的东西，和团队的其他成员一起学习。

2.根据角色，而不是技能雇用

据报道，谷歌公司平均每年接收约300万份求职申请，只有约7 000名申请者被录用。那么，谷歌公司在候选人中会寻找什么呢?在《工作规则》一书中，拉兹洛·博克（谷歌公司人力运营高级副总裁）解释说，他们寻找那些有趣、聪明、认真、乐于处理未知事物的人。在他们所寻找的许多特质中，比起智商，谷歌公司更看重职业道德。记住，技能是可以传授的，性格一般来说不可传授，因此，要找到那些体现了你和你公司最重要的特征和价值观的员工。

3.只有超越，从不模仿

谷歌公司允许员工带狗上班。在这样一个庞大的组织，这是正常的吗?当然不是。但这并不意味着不应该这样做。超前思维、创新的心态对企业成长和长寿至关重要。所以不要只模仿其他公司的做法，要尝试新的东西，确定什么最适合你的企业，哪种文化会让你的员工最快乐。

4.拥抱有足够透明度的价值观

在谷歌公司，员工被鼓励问问题，说出他们的想法。一位谷歌员工说：“我的导师在我第一天工作时告诉我‘不要害怕问问题——你不必给我留下深刻印象’时，为我创造了心理安全感。”你已经提供了我雇用你的原因。努力建立和保持一种开放、诚实的沟通文化。定期提供并寻求有建设性的反馈。不要去猜测，如果你对某事不确定，就问问题。对同事或情况不满意?说出来。犯了很严重的错误?与其隐瞒证据或推卸责任，不如坦白承认。从顶部到底部的透明度是任何成功企业的关键。

首席执行官或领导者不应该害怕承认错误，或者他们不知道答案。作为一个伟大的领导者，在很大程度上应该是诚实和谦逊的。领导者越诚实，员工对于领导者和公司的信任度和忠诚度就越高。涓滴效应也非常强大。如果一个公司的领导者是透明的，那么他们的下属也会更有可能是透明的。

5.允许一些有趣的事物存在

在谷歌的排球场、篮球场和保龄球场之间，员工在办公室以外的活动从来不缺少。但不要太过努力——有很多方法可以创造出一个伟大的公司文化，而不必花费大量的金钱或提供大量的酷产品。如果你是基于位置的，这可以指定一个房间为“游戏室”，里面有舒适的椅子、书籍、棋类游戏等。你也可以举办月度办公室竞赛。时不时地让你的团队走出办公室，然后去徒步旅行，或者在市中心举办一个寻宝游戏。

如果你是一个以远程为基础的团队，你显然必须找到更多的无形的方式来度过美好的时光。这可能就像从视频会议中抽出时间来讨论每个人最喜欢的电视节目或书籍一样简单。在成功的机构中，即时通信软件Slack为我们提供了虚拟办公室，我们偶尔会在这里分享我们日常生活的照片和有趣的礼物。另一个以远程为基础的团队——WAYGO，在周中"快乐的时刻"，员工们可以通过视频聊天，讨论与工作无关的事情——而且，通常是边喝饮料边讨论。

关键不在于你做了什么，或者你在哪里做——重要的是团队成员在办公室以外的地方相互了解。团队成员相处得越好，当他们工作时，他们就会更快乐、更有效率。

6.创建共享和扁平化的领导环境

谷歌还以其创业思维和扁平化的组织结构而闻名，这意味着几乎没有中层管理人员。换句话说，尽管规模庞大，但所有员工都有机会成为领导者：通过让每个团队成员主动行动，成为一个领导者，即使只是一个月一次，在公司里创造共同的领导。在会议上，高层管理人员不应该是唯一会说话的人。确保每个人都有贡献的机会。

在成功的机构，我们通过我们所说的"价值增值"来确保共享的领导地位。通过一个月一次的展示，一个指定的团队成员与团队的其他成员分享价值观。谷歌著名的扁平化组织结构鼓励所有员工畅所欲言，表达自己的观点。这意味着，如果一名低层员工对某件事有意见，他或她可以绕过中层管理，直接向首席执行官提出。当然，并不是每家公司都必须采用相同的组织结构，重要的是要保持开放的心态去改变，不管这可能是什么。一旦一个公司以它的方式被设定，就很难做出修改并沿着这条线发展。

7.让你的客户体验简单

毫无疑问，从一开始，易用性就一直是谷歌的绝对驱动力。一个干净整洁的屏幕，有一个明显的用途：一个搜索栏，并在告诉你搜索后点击使用它。结果也很整洁。这一切都非常有用。问问你自己（还有许多其他类似的问题）：你网站上的所有页面都是杂乱无章的，这有利于访问者做出购买决定吗？

8.让数据驱动项目

据说，谷歌的所有决定都是数据驱动的。目前任职雅虎（Yahoo）的玛丽莎·梅耶尔（Marissa Mayer），曾在谷歌（谷歌）做过著名的测试，测试了41种蓝色的谷歌标志，以达到最好的效果。问问你自己：你有多依赖于"经验"和"直觉"，或是你的高层领导，而不是分析和测试来驱动成功，致力于持续改进，做正确的事。谷歌永远都在尝试改进——无论是设计和展示他们的涂鸦，还是Gmail的调整，或者是在使用大数据方法的网页机器翻译中实现的突破。改进是一种哲学，只能通过对现状的不满来维持。

最后的话，就像拉里·佩奇自己在每天结束时说的那样，"重要的是，公司要成为一个家庭，人们觉得他们是公司的一部分，公司就像他们的家人一样"。当你这样对待你的员工的时候，你会得到更好的生产力和成功。

资料来源　佚名．朋友公司都在学习的8个Google公司企业文化［EB/OL］．［2020-01-19］．http：//mini.eastday.com/bdmip/171214205930774.html.

9.7 员工关系管理的评估审核及员工满意度调查

员工关系与企业人力资源和业务操作等许多环节息息相关，员工关系管理是战略人力资源管理的重要组成部分，员工关系管理的好坏关系到企业的发展，对员工关系管理进行评估审核是鉴定员工关系管理质量的重要途径，而员工满意度调查是这一过程的核心方式。

9.7.1 员工关系管理的评估审核

1.员工关系

企业有很多流程，例如基础设施、技术、企业文化、人力资源、业务扩展、公关、融资、市场销售、客服等，不论是人力资源部分还是业务操作部分，都是与人挂钩、与员工关系挂钩的。

以下因素在业务链的各个环节都与员工关系相关：人力资源（是否有吸引优秀人才的举措、人力资源综合素质、学历、员工年龄和经验如何）、技术水平（是否拥有一批高水平人才，形成强有力的团队）、企业文化（有无意识、定位）、广告宣传（每位员工是否主动参与）、公共关系（与同行业相比差别在哪儿、员工是否主动参与）、成本控制（有无强烈的主人翁意识）、市场销售（能否可以做得更好、市场反应速度快慢、销售手段是否单一、市场渗透力程度）、客户服务（顾客服务的意识强弱、改进是否明显）和组织结构（是否合理有效）。

总而言之，只要有企业、只要企业里有流程，那么任何一个流程层面的成功的关键都会是积极的、健康的员工关系管理，这也是战略人力资源管理中最起作用的一部分。

2.员工关系管理评估要素

员工关系诊断的指导思想是：提高效益、勤练内功，推动企业内在要素优化组合，使企业实现发展思路更清晰、运行机制更灵活、人员配置更优化、内部权责更精细、工作流程更有序。

员工关系管理评估审核的内容即为员工关系的评估要素，员工关系体现在企业生产运营的各个环节，概括来讲，评估员工关系的要素主要包括以下八个方面：

（1）员工关系战略和指导思想

员工关系战略和指导思想指企业员工关系管理的策略和指导方针，是员工关系管理的“火车头”。随着中国市场经济改革进程的加快和愈加融入国际经济的大循环，我国企业面临的内外环境发生了重大变化，外部竞争日趋激烈化，内部人力资源日趋多样化。在这种情况下，仅仅靠复制其他公司的所谓最优的员工管理实践，是不可能取得持续发展的，企业必须将员工关系管理视为资源、能力的内部整合以及与企业经营环境的外部契合，不同企业应该有与多样化的人力资源和日趋激烈化的外部经营环境相适应的战略员工关系管理模式。

（2）员工关系结构、框架

战略员工关系管理包括劳动关系管理、员工纪律管理、员工人际关系管理、企业沟通管理、员工绩效管理、员工心理管理、企业文化建设、员工关系管理培训、服务与支持九个方面的内容。评估员工关系的结构和框架即要评估企业员工关系管理的内容是否全面，框架和结构是否完整，存在哪些方面的欠缺，对企业发展造成了什么影响等。

（3）员工关系系统、体系、机制

员工关系管理是一个系统化、体系化、制度化的过程。员工关系管理不仅包括上述九个方面的内容，从纵向上来看，员工关系管理的各个模块之间存在各种各样的联系，如劳动关系管理、员工纪律管理、员工人际关系管理、企业沟通管理、员工心理管理、企业文化建设、员工关系管理培训、服务与支持等都会影响到员工的满意度，进而影响到员工绩效管理。评估员工关系系统、体系、机制就是要评估员工关系管理的系统化及其发挥的作用。

（4）员工关系实践技巧

随着社会流动的增强和员工需求的多样化发展，企业人力资本已不是传统的无差异性发展，人力资本的异质性越加凸显。企业员工关系管理也应与时俱进，大胆创新，突破传统的无差异性的内部正式员工关系模式，开发员工关系管理模式与不同员工的动态匹配，对员工实行差异化管理，员工关系管理面临更多挑战。评估员工关系实践技巧即评估企业在进行员工关系管理实践过程中实际用到的技巧，如员工关系沟通管理中沟通的技巧、劳动争议处理中的技巧等。

（5）员工关系管理的人员素质

从广义上讲，员工关系管理就是在企业人力资源体系中，各级管理人员和人力资源职能管理人员，通过拟定和实施各项人力资源政策和管理行为，以及其他的管理沟通手段调节企业和员工、员工与员工之间的相互联系和影响，从而实现组织的目标并确保为员工、社会增值。由此可以看出，员工关系管理的主体是企业特定的管理人员，管理人员自身素质对于员工关系管理的实施至关重要，员工关系管理人员的不良素质会使员工关系管理彻底失去原有的意义，甚至沦为企业内斗的工具。

（6）员工关系工作作风

员工关系工作作风即指企业员工关系的整体状态，和谐的员工关系有利于企业的良好运行。和谐的员工关系是员工与企业、员工与工作、员工与管理者以及员工与员工之间四方面的全面和谐，全面和谐员工关系管理是全员参与的，企业自下而上所有员工都参与其中的，企业的员工管理是针对所有员工，而不仅仅是企业管理层、高层或核心员工。评估企业员工关系工作作风是评估企业员工关系管理的整体氛围，根据各个指标的衡量结果综合评价企业的员工关系。

（7）员工关系检查和监督

企业的人力资源部一般设有员工关系督导专员，负责员工关系的管理工作。员工关系主管负责每日督导员工关系专员根据服务规范开展工作。员工关系主管负责审查员工关系专员是否根据服务规范进行操作；人力资源部副经理负责员工关系专员抽查审计；人力资源部总监负责更高一层的抽查审计，人力资源部必须第一时间用邮件或电话告知相关人员及其上级领导，抄报副总经理办公室和员工关系中心主管。评估员工关系的检查和监督即为评估企业员工关系的督导工作是否全面有效。

（8）员工关系的价值观和最终目标

员工关系的价值观和最终目标是企业的共同愿景，是企业利益相关者的共同追求。目前，在我国企业的员工关系管理中主要存在两大问题：一是企业缺乏共同的愿景，员工关系管理的起点是让员工认同企业的愿景，没有共同的愿景，缺乏共同的信念，会导致员工关系管理的起点不清楚；二是对短期利益的过度追逐，冲淡了企业内部员工关系管理的是非标准。企业的价值观规定了员工的基本思维模式和行为模式，是企业的伦理基准以及员工对事物共同的判定标准和行为准则，企业核心理念必须通过制度去体现，价值观只有反复强化才会得到员工认同。评估员工关系的价值观和最终目标就是评估企业的文化和企业的愿景。

9.7.2 员工满意度调查

1.员工满意度的概念

员工满意度是指员工在企业的实际感受与其期望值比较的程度（员工满意度=实际感受/期望值），也就是员工感觉到工作本身可以满足或者有助于满足自己的工作价值观需要而产生的一种愉悦感的程度。它是人力资源管理的一个相当重要的指标，反映了员工对企业人力资源管理的满意程度，同时也反映了公司人力资源管理的成效。现在很多企业开始重视员工满意度管理，因为只有有了满意的员工，才会有满意的顾客。企业提供的任何产品和服务都是通过员工界面去实现的，所以说对企业而言，实现财务回报是目标，保证顾客满意是手段，而员工满意则是基础。从员工与顾客之间的辩证关系看，企业只有面向顾客满意提高员工满意度或基于员工满意提高顾客满意度才能使企业健康发展，因此与员工满意相关的研究就有十分重要的意义。

2.员工满意度模型

早期的一些行为科学家如马斯洛以及赫兹伯格等提出了诸如人的需求层次理论以及激励因素、保健因素的双因素理论等理论。然而在应用这些理论度量人的满意度时遇到了计量的标准及基准确定的难题。为了有效测量企业员工的满意度指数，现代一些管理学家和心理学家建立了多种测量员工满意度指数的员工满意度模型。

按照效用值理论，人们的满意度是建立在自己所获得的效用基础之上的，效用值大则满意度就高。而人们对于效用大小的判断则是建立在以某一参照点为基准对自身需求满足状态的评价基础上的。一个很简单的例子是薪金待遇高的企业的员工和薪金待遇低的企业的员工相比，前者在薪金待遇方面比后者的满意度高。而且人们在评价自己的需求满足状态时是基于多指标的，例如一个企业的员工可能会以本企业相对其所选参照企业在以下几方面的满意状况进行评价：机会与自我价值的实现、个人的培训、企业形象、老板的好坏以及工资待遇等。正是基于以上原因，相关学者提出了衡量员工满意度的一般模型。以下是几类员工满意度的模型：

（1）KANO模型

KANO模型，又称“狩野模式”（KANO Model），如图9-2所示。受行为科学家赫兹伯格的双因素理论的启发，东京理工大学教授狩野纪昭和他的同事Fumio Takahashi于1979年10月发表了《质量的保健因素和激励因素》（Motivator and Hygiene Factor in Quality）一文，首次将满意与不满意标准引入质量管理领域，并于1982年日本质量管理大会第12届年会上宣读了《魅力质量与必备质量》（Attractive Quality and Must-be Quality）这一研究报告。该研究报告于1984年1月18日正式发表在日本质量管理学会（JSQC）的杂志《质量》总第14期上，标志着狩野模式的确立和魅力质量理论的成熟。

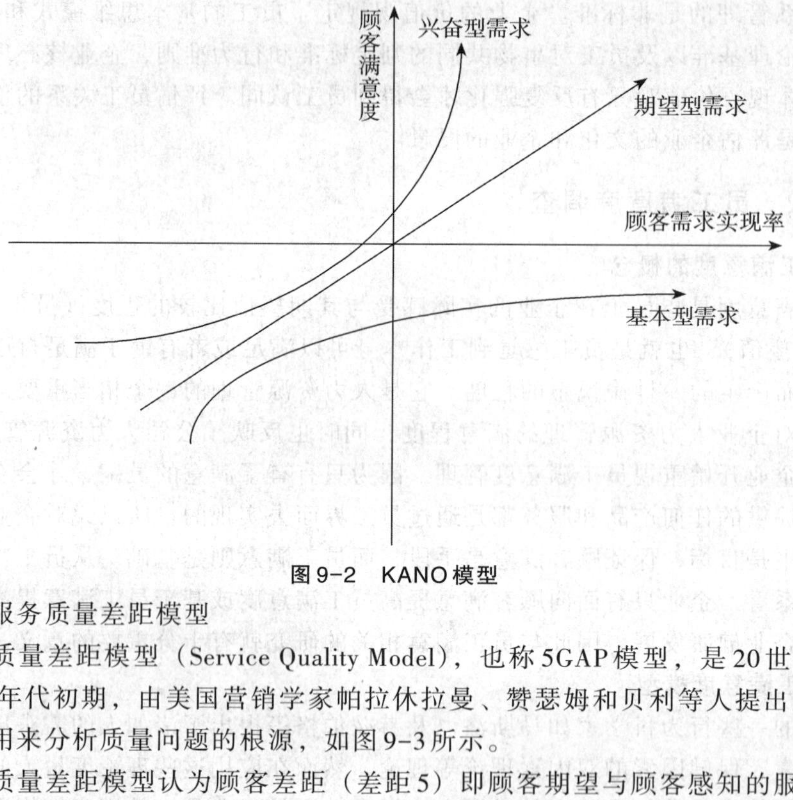

图9-2 KANO模型

（2）服务质量差距模型

服务质量差距模型（Service Quality Model），也称5GAP模型，是20世纪80年代中期到90年代初期，由美国营销学家帕拉休拉曼、赞瑟姆和贝利等人提出的。5GAP模型专门用来分析质量问题的根源，如图9-3所示。

服务质量差距模型认为顾客差距（差距5）即顾客期望与顾客感知的服务之间的差距——这是差距模型的核心。要弥合这一差距，就要对以下四个差距进行弥合：

差距1——不了解顾客的期望；

差距2——未选择正确的服务设计和标准；

差距3——未按标准提供服务；

差距4——服务传递与对外承诺不相匹配。

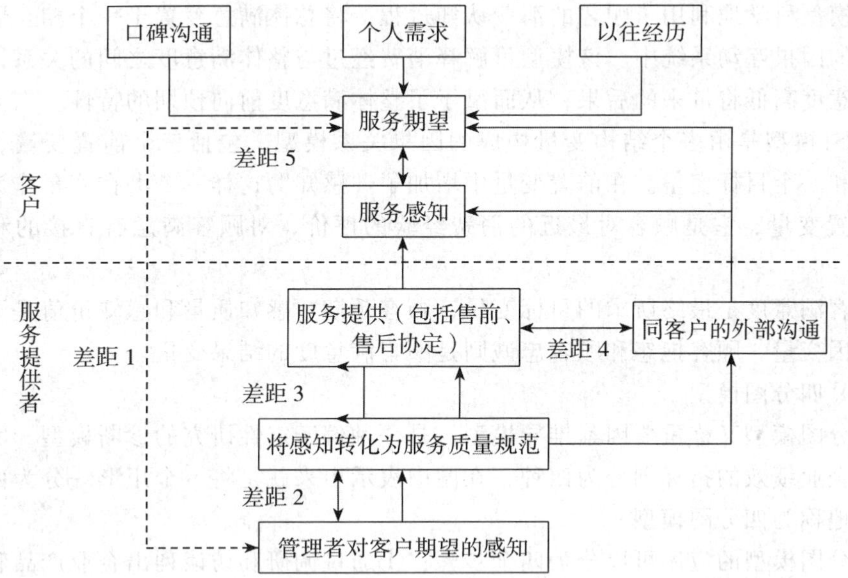

图9-3 服务质量差距模型

该模型说明了服务质量是如何形成的。模型的上半部涉及与顾客有关的现象。期望的服务是顾客的实际经历、个人需求以及口碑沟通的函数。另外，期望的服务也受到企业营销沟通活动的影响。

实际经历的服务，在模型中被称为感知的服务，它是一系列内部决策和内部活动的结果。在服务发生时，管理者对顾客期望的认识、对确定组织所遵循的服务质量标准起到指导作用。

当然，顾客亲身经历的服务和生产过程是作为一个与服务生产过程有关的质量因素，生产过程实施的技术措施是一个与服务生产的产出有关的质量因素。

分析和设计服务质量时，这个基本框架说明了必须考虑哪些步骤，然后查出问题的根源。要素之间有质量差距。质量差距是由质量管理前后不一致造成的。最主要的差距是期望服务和感知（实际经历）服务差距（差距5）。

（3）美国顾客满意度指数模型

美国顾客满意度指数（American Customer Satisfaction Index，ACSI）模型是由科罗斯·费耐尔教授与美国密歇根大学的国家质量研究中心的同事在借鉴瑞典和德国用户满意度指数的基础上，进行若干改进后所研发的。1994年，ACSI模型正式被提出，如图9-4所示。

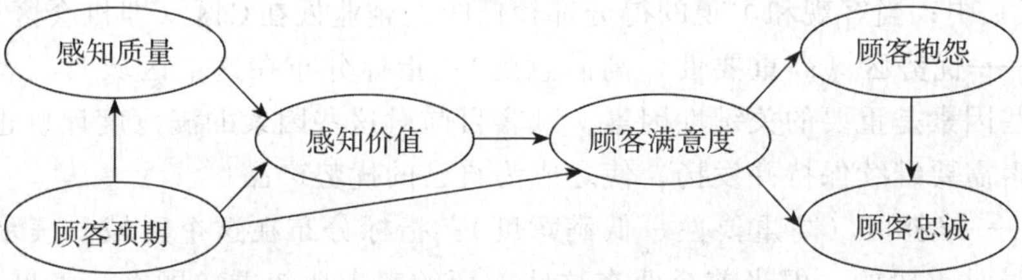

图9-4 ACSI模型

该模型科学地利用了顾客的消费认知过程，将总体满意度置于一个相互影响、相互关联的因果互动系统中。该模型可解释消费经过与整体满意度之间的关系，并能指示出满意度高低将带来的后果，从而赋予了整体满意度前向预期的特性。

ACSI模型是由多个结构变量构成的因果关系模型，包括三个前置变量、两个结果变量和一个目标变量。在前置变量中增加了“感知”这样一个潜在变量作为顾客满意的前置变量，它是顾客对最近的消费经验的评价，对顾客满意有直接的和正向的影响。

顾客满意度是最终所求的目标变量，顾客预期、感知质量和感知价值是顾客满意度的原因变量，顾客抱怨和顾客忠诚则是顾客满意度的结果变量。

（4）四分图模型

四分图模型又称重要因素推导模型，是一种偏于定性研究的诊断模型。因为模型将影响企业绩效的指标划分为四种，在图中表示出来就是将一个矩形一分为四，所以被形象地称为四分图模型。

四分图模型的应用可以分为四个步骤：①通过调研和访谈列出企业产品和服务的所有绩效指标；②对每个绩效指标设重要度和满意度两个属性，根据顾客对该绩效指标的重要程度及满意程度打分；③根据打分，将影响企业满意度的各因素归进四个象限内；④按归类结果对这些因素分别处理，如果需要，可以汇总得到一个企业整体的顾客满意度值。该模型如图9-5所示。

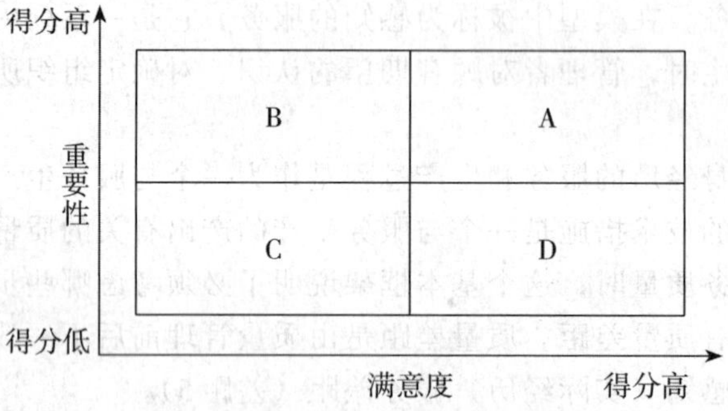

图9-5　四分图模型

该模型的横轴表示企业的顾客满意度得分高低情况，纵轴表示企业评价顾客满意度重要性的得分高低情况。对企业而言，横轴表示客观情况，纵轴表示主观判断。当客观和主观的得分都很高时，企业处在A区（即优势区）中；当客观得分较低、主观得分高时，企业处在B区（修补区）中；如果主观得分高，客观得分低，则处在D区（即维持区）中；当客观和主观的得分都较低时，企业处在C区（即机会区）中。

A区——优势区（高重要性、高满意度）：指标分布在这个区域时，表示对顾客来说，这些因素是重要的关键性因素，顾客目前对这些因素的满意度评价也较高，这些优势因素需要继续保持并发扬，使之成为自己的优势产品。

B区——修补区（高重要性、低满意度）：指标分布在这个区域，表示这些因素对顾客来说是重要的，但当前企业在这些方面的表现比较差，顾客满意度评价较低，需要重点修补、改进。

C区——机会区（低重要性、低满意度）：指标分布在这个区域时，代表着这部分因素对顾客不是最重要的，而满意度评价也较低，但对企业的影响并不很大，因此不是现在最急需解决的问题，没有必要投入大量的精力，可以暂时将其忽略。

D区——维持区（低重要性、高满意度）：满意度评价较高，但对顾客来说不是最重要的因素，属于次要优势（又称锦上添花因素），对于这些因素，一方面企业可以注意发挥这些因素的优势，使之向维持区变化；另一方面由于其对企业当前的实际作用不大，如果从企业资源的有效分配考虑，可以先从该部分做起。

在对所有的绩效指标归类整理后，可从三个方面着手对企业的产品和服务进行改进：

①消费者期望：消费者最为关注的，认为影响他们对企业满意度的最为重要的一些因素。

②企业的优势指标：企业在这些因素上做得到位，消费者满意度高。

③企业的弱点：企业在这些因素上工作不足，或是没有意识到这些因素对满意度的影响。

3.员工满意度调查评价

影响员工满意度的因素构成了满意度调查评价的内容。近年来各国学者对员工满意度进行了大量研究，提出了多个理论来解释员工满意度的影响因素。影响员工满意度的相关因素非常多，并且各因素相互之间关联性复杂。在不同的人员组织情境下，各因素对员工满意度的影响强弱也会不同，至今尚未有一个模式能将所有可能与员工满意度相关的因素包括在内，并且充分解释员工满意度与各因素之间的关联性。

一般而言，影响员工满意度的因素可以分为个人属性变量和内因变量，个人属性变量就是员工的人口统计变量，而内因变量很大部分就是员工满意度的工作相关因素，包括工作本身、工作上的回报、管理公平、工作环境、职业发展空间、人际关系等。根据这些影响因素，员工满意度调查大致分为五个部分：工作本身满意度、工作回报满意度、工作环境满意度、工作群体满意度和企业满意度。

企业在进行满意度调查时通常有两种途径：一是自己设计调查问卷实施调查；二是委托专业的调查公司进行调查。企业员工满意度调查一般分为四个步骤：

（1）明确调查目的，制订调查计划

随着更多的中国企业面向全球化竞争，员工满意度调查成为人力资源管理中极为重要的环节，那么在什么样的情况下需要在企业开展员工满意度调查评价呢？有学者从组织发展的迅速膨胀、员工流失率高、企业中产生谣言、组织领导的变化、行业的竞争、薪资福利的变化六个方面诠释如何开展满意度调查评价。

当企业面临以上问题时，可以通过员工满意度调查得到相关信息，为问题的顺利解决奠定基础。进行员工满意度调查，首先要明确调查目的，调查目的决定了调查的范围、内容、技术方法、调查承担者等。一般来讲，员工满意度调查的主要目的包括：

①诊断已引起管理层注意的问题（员工的高流动率、怠工现象等）。

②发掘因组织结构等级等因素导致的员工不满情绪的潜在问题。

③了解可加强对员工进行激励的员工需求。

④用认真严谨的态度进行员工满意度调查，使员工感受到企业的关怀和重视。

在进行调查之前，企业的管理者需要根据企业的突出问题确定员工满意度的调查目标，针对此目标提出几个可行方案。调查的范围越明确，问题越细，调查的内容与结果就越有价值，也便于后面的问卷设计和交叉分析，便于呈报量化信息。

（2）选择调查方法，实施满意度调查

目前国际上为企业普遍接受和采纳的员工满意度调查的方法主要有两种：单一整体评估法和工作要素总和评分法。单一整体评估法只要求被调查者回答对工作的总体感受，华中科技大学的袁声莉和马士华2002年在《员工满意度实证研究》一文中采取单一整体评估法，对22家企业进行了问卷调查和个别访谈，对与员工满意度相关的个人因素、工作因素、企业因素进行了分类研究，研究认为：年龄、企龄是与员工满意度关系最密切的个体因素；工作岗位、工作压力程度、员工知识、技术与工作的匹配程度、员工对工作学习机会、自主性、挑战、领导作风与同事关系、社会意义等的认知是与员工满意度密切相关的工作因素；企业发展前景则是影响员工满意度的重要企业因素[①]。工作要素总和评分法将员工满意度划分为多个维度进行调查，通常是通过员工对薪酬、晋升、管理、工作本身和公司群体的满意度的等级评定，得出企业员工满意度的结果。它比单一整体评估法操作起来复杂一些，但能获得更精确的评价和诊断结果，有利于企业管理者根据存在的问题制定相应的对策，提高员工的满意度。

由于国情及文化背景不同，国外的员工满意度量表大多不适合直接用于我国企业，目前问卷调查法（工作描述法、满意度等级法、开放式问答法）是我国企业在进行员工满意度调查时采取的主要方法。工作描述法提前对调查问题给出各种可能的描述，然后由被调查者根据自己的真实感受进行填写，如史密斯设计的最有名又最普遍使用的“员工描述指数法”，把工作划分为5个基本维度：薪酬、晋升、管理、工作本身和公司群体。答案分为较差、差、一般、好、较好这5个等级，通过填表人的回答，可以统计出员工对工作环境、工作群体等方面的满意程度。满意度等级法是将每项调查内容设置5个满意度等级，然后由被调查者选择，如“明尼苏达工作满意度量表（Minnesota Satisfaction Questionnaire，MSQ）”，是目前应用最广泛的员工满意度调查量表，分为长式量表（21个分量表）和短式量表（3个分量表），量表中包括“内在满意（Intrinsic Satisfaction）”及“外在满意（Extrinsic Satisfaction）”两个层面。开放式问答法类似于非结构访谈，是让被调查者针对几个核心问题展开论述，便于获得更多相关信息，如“彼得需求满意调查表（Porter Need Satisfaction Questionnaire，NSQ）”，提问集中在管理工作的具体问题，每个问题都有两项，一项是“应该是”，另一项是“现在是”。两个问题的得分相比较，差别越大，满意度越低；差别越小，满意度越高。总的满意度可用各项得分的全部加总来衡量。

（3）分析调查结果，撰写调查报告

在员工满意度调查中，需要对调查结果进行分析，即借助统计软件分析处理，再

① 袁声莉，马士华．员工满意度实证研究［J］．技术经济与管理研究，2002（3）．

经整理，配以图、表和数字解释，获得有用的工作满意度信息。一般较常用的分析方法有以下几种：

①平均值分析：把问卷中相同维度的题目归为一组，然后把一组中每一问题回答的比例加总平均，计算出组的平均值。用计算机将结果生成柱状图，可以清楚地看到员工对公司管理各方面的满意程度，还可以运用平均值的分析方法进行市场数据的对比。

②主因子分析：使用少数几个随机变量来描述多个变量所体现的内容。通过主因子分析，能够鉴别具体变量对最终结果的作用大小。

③矩阵分析：结合平均值与相关系数对员工满意度进行最有效率的分析。对企业来说，可以通过这种方法找出关键因素，它可以让企业利用有限的资源去解决公司整体和部门最需要解决的问题，从而提高解决问题的效率，这种方法又叫“杠杆分析”。

分析结果经过全面、科学、专业的整理、归类和判断分析，撰写成详尽的调查报告，能够向企业提供有价值的意见和建议。员工满意度的调查报告可分为以下几个部分：总体满意度分析；部门满意度分析；部门满意度排名；列出所有问题的平均值、主要得分范围；相关问题的交叉分析；开放式问题分类和汇总；意见和建议。通过对资料的分析，管理者可以发现问题的症结所在。在衡量企业战略、企业发展等目标的基础上，管理者需要提出有效的解决措施，在平衡企业人、财、物的基础上制订最优方案，发挥满意度调查的作用。

（4）调查结果的反馈

满意度调查中最重要也是最关键的环节是调查结束后反馈与改进的环节，即把调查的结果传递给企业的每个员工，因为对于企业来说，如果想通过员工满意度调查来全面提高企业的生产力，就必须让每个人知道企业的总体情况和个人对组织机构的影响力，同时员工也能够感受到他们花费在填写问卷上的时间是非常有价值的。如果企业只是为了拿个数据看看，了解一下员工对企业的感受，而不准备采取任何行动，那么员工满意度调查的意义就不是很大，员工会把满意度调查看成“形式主义”，今后调查的效果也会大大削弱，甚至会适得其反。

本章小结

21世纪，随着经济的发展和社会的进步，战略人力资源管理越来越凸显其重要地位，战略员工关系管理作为战略人力资源管理的重要组成部分是值得我们探讨的主题。本章首先简单介绍了现代员工关系管理的发展状况和职能，进而探讨了员工关系管理的内部沟通管理、纪律管理、出口管理、留人管理和评估审核，重点介绍了员工满意度调查。

复习思考题

1.员工关系管理的发展经历了哪几个阶段？

2.员工关系管理有哪些职能？

3.什么是心理契约？

4.如何进行有效的沟通管理？

5.纪律管理的理论基础是什么？

6.纪律管理的策略有哪些？

7.离职的概念、分类和理论模型是什么？

8.如何进行离职成本测量？

9.员工离职管理的策略有哪些？

10.如何进行员工关系管理的留人管理？

11.员工关系管理的评估要素有哪些？

12.如何进行员工满意度调查？

案例分析题

某城建设计发展集团股份有限公司满意度调查

某城建设计发展集团股份有限公司是由北京多家大型国企共同发起成立的，以为城市轨道交通建设提供专业化、高质量、全过程综合服务为核心技术和领先优势的科技型工程公司，是1958年为新中国第一条地铁线建设而专门成立的。经过几十年的发展，公司业务范围已涵盖城市轨道交通、综合交通枢纽、地下空间开发、工业与民用建筑、市政、桥梁、道路等多个领域，能为城市建设提供工程前期咨询、规划、投融资、勘察测绘、设计、项目管理、工程总承包、系统集成、项目评价、经济分析等一体化综合服务。

自1990年以来，公司已先后获得50多项发明与实用新型专利授权，300多项各级优秀设计奖和科技进步奖，其中包括国家和省部级奖100多项，国家级科技进步奖4项。2014年12月，公司为了加强机关作风建设与协作服务，以企业上市为契机，提升内控管理水平；配合公司新业务发展，加强部门职能建设；建设具有向心力的企业文化，公司委托韬睿明仕管理咨询集团开展了2014年度职能部门满意度调查。

韬睿明仕管理咨询集团的专家进入公司后，快速找准问题，并为该公司设计了定制化的职能部门满意度调查和分析模型，通过大数据的调查问卷及访谈，以及四分图分析模型，为该公司的各职能部门找出存在的问题并给出改进建议。此项目最终获得该公司的高度评价。

一、设计定制化的职能部门满意度评价模型

（一）设计职能部门满意度指标体系

由于每一个公司的管理制度、企业文化以及战略目标均有差异，因此在满意度评价的过程中，需要根据公司的实际情况进行重新设计。韬睿明仕管理咨询集团专家团队对于该公司的中高层团队进行了深入访谈，了解了公司的战略发展方向，并对公司职能部门的部门职责进行了科学分析，最终为该公司量身定制了一套符合企业实际情况的职能部门满意度评价模型。

职能部门满意度指数是根据员工对企业职能部门服务态度和服务质量的评价，通过建立模型计算而获得的一个指数，是一个测量职能部门满意程度的指标。以此模型得到的指数，就是职能部门满意度指数（Department Satisfaction Index，DSI）。根据某城建设计发展集团股份有限公司的部门职责以及公司未来战略发展目标，韬睿明仕管理咨询集团的专家为该公司量身定制了职能部门满意度评价模型，如图9-6所示。

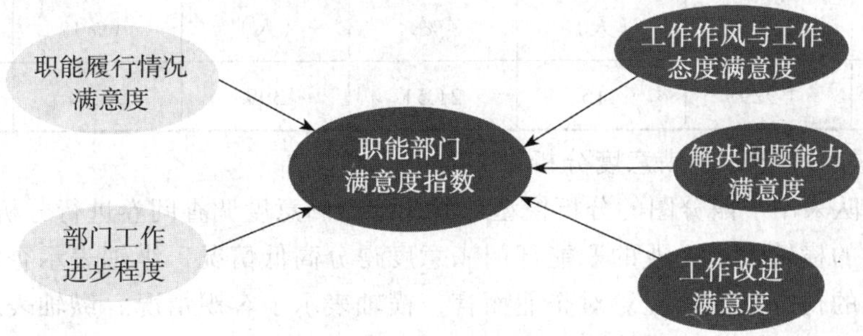

图9-6 职能部门满意度评价模型

其中职能部门职能履行情况指标是此次满意度调查中非常重要的部分，也是满意度调查的核心所在，因为20多个部门共有78项职能，因此权重为40%；部门工作进步程度指标是相对于上一年度，员工对于职能部门的相关工作的改进与进步程度的反馈，旨在鼓励改进，建立不断改进的文化，所占权重为10%；工作作风与工作态度指标是考量职能部门在工作中的积极性、主动性、纪律性以及责任心和原则性，所占权重为20%；解决问题的能力指标是公司在香港上市以后，面对新的内外环境对于职能部门所提出的更高的要求，包括专业知识和技能、沟通协调、工作效率、工作流程有序性、开拓创新等方面，所占权重为30%。另外，对于公司近3年着重强调的工作改进满意度，包括管理水平改进、服务态度改进也特设了10%的权重作为附加指标进行满意度评价。

（二）调查问卷设计

根据满意度评价模型，采用李克特量表，即分别对5级态度“非常满意、满意、一般、不满意、非常不满意”赋予“5，4，3，2，1”的值。让被访者直接在相应位置打“√”。每项指标在测评体系中的重要性不同，需要赋予不同的权数，即加权。

（三）评价对象的选择

根据具体情况，采用量表分析法，建立具有针对性的评价模型。评价对象的性质和类型见表9-1。

表9-1 评价对象的性质和类型

评价对象的性质	评价对象的类型
上级领导	公司领导
平行职能部门	职能部门和事业部
下属单位	专业院、区域院、外埠分院、九所

二、开展职能部门满意度调查与分析

（一）调查问卷发放与回收

在整个调查期间，专家团队共发放调查问卷415份，回收有效问卷399份，取样比例达到21.51%，抽样比例达到20.68%，具体情况见表9-2。

表9-2 问卷调查具体比例

项目	人员总数（人）	取样人数（人）	取样比例（%）	被调查人数（人）	答题率（%）	抽样比例（%）
总计	1 929	415	21.51	399	96.14	20.68

（二）进行职能部门满意度分析

专家团队采用了四分图的分析模型对职能部门满意度调查问卷进行分析，如图9-7所示。模型的横轴表示企业的职能部门满意度得分高低情况，纵轴表示企业评价职能部门关注度的得分高低情况。对企业而言，横轴表示了客观情况，纵轴表示了主观判断。当客观和主观的得分都很高时，企业处在A区（即优势区）中；当客观得分较低、主观得分高时，企业处在B区（修补区）中；如果主观得分高、客观得分低，则处在D区（即维持区）中；当客观和主观的得分都较低时，企业处在C区（即机会区）中。

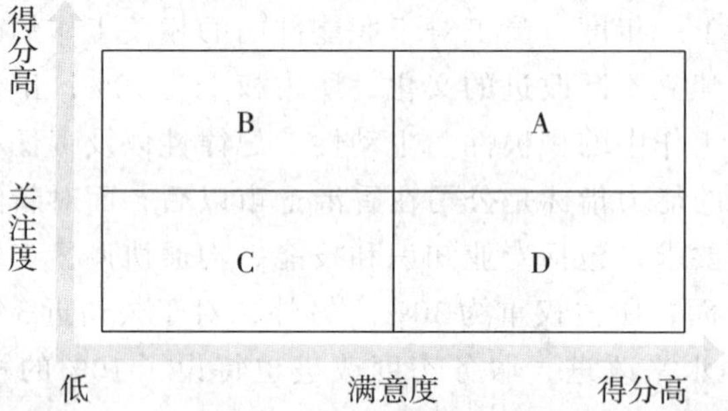

图9-7 四分图分析模型

A区——优势区（高关注度、高满意度）：指标分布在这些区域时，表示对评价者来说，这些因素是关注的关键性因素，评价者目前对这些因素的满意度评价也较高，这些优势因素需要继续保持并发扬，使之成为自己的优势。

B区——修补区（高关注度、低满意度）：指标分布在这些区域，表示这些因素对评价者来说是比较关注的，但当前企业在这些方面的表现比较差，满意度评价较低，需要重点修补、改进。

C区——机会区（低关注度、低满意度）：指标分布在这些区域时，表示这部分因素评价者不是最关注的，而满意度评价也较低，但对企业的影响并不很大，因此不是现在最急需解决的问题，没有必要投入大量的精力，可以暂时将其忽略。

D区——维持区（低关注度、高满意度）：满意度评价较高，但对评价者来说不是最关注的因素，属于次要优势（又称锦上添花因素），对于这些因素，一方面企业可以注意发挥这些因素的优势，使之向维持区变化，另一方面由于其对企业当前的实际作用不大，如果从企业资源的有效分配考虑，可以先从该部分做起。

三、员工满意度调查结果分析

（一）职能部门整体存在的问题

1.应对企业上市，内部管控有待加强

部分制度缺失，有待更新；部分流程缺失，有待更新；各专业板块发展战略不清晰，组织结构设置不尽合理。

2.应对发展战略，内部沟通机制及经济秩序有待完善

职能部门之间沟通成本较高；各专业院之间的内部交易成本较高；缺乏具有“向心力”的企业文化。

3.应对新的业务，综合管理能力有待提升

沿袭以往设计咨询管理模式，对于新业务管理没有经验；缺乏系统管理能力。

4.工作作风与服务态度需持续改进

对下属单位服务意识有待加强，存在 “诉求得不到及时反馈、不了了之”现象；一线部门与二线部门的沟通成本较高，存在“只认领导不认员工”现象。

（二）职能部门满意度存在的问题与改进建议

1.总经理办公室

问题：用印管理，流程有待优化……

改进建议：规范用印管理流程，完善用印监控体系……

2.财务部

问题：税务管理职能有待加强……

改进建议：强化企业税务管理职能，完善相应管理制度与流程……

3.企业管理部

问题：各单位绩效考核管理、绩效考核指标制定缺乏对各单位的针对性，没有根据实际情况进行调整……

改进建议：根据内外部变化情况，对组织绩效考核指标进行动态调整；资质备案方面，把各地备案资料整理成知识库，作为今后备案参考……

4.人力资源部

问题：针对不同业务板块的薪酬激励机制不明确……

改进建议：完善《岗位职责说明书》，规范岗位职责、权利、任职资格标准……

此次职能部门满意度调查，使公司上下对于部门的职责与职能的履行高度重视，职能部门认为存在问题找出较准，改进建议中肯，公司高层也给予了此次满意度咨询项目高度的评价，认为达到了公司开展职能部门满意度调查的目的，符合公司发展战略。

讨论题：

1.员工满意度调查的模型有哪些？

2.请描述某城建设计发展集团股份有限公司职能部门满意度调查方案的设计程序。

第9章案例分析提示

第10章 战略国际人力资源管理

学习目标

- 掌握战略国际人力资源管理的含义及内容
- 了解战略国际人力资源管理的特点和发展
- 了解跨文化视角下的人力资源管理
- 了解战略国际人力资源管理的内容

引例 Intergraph的人力资源本土化之路

鹰图公司（Intergraph Corporation）于1969年在美国成立，总部位于阿拉巴马州汉茨威尔市，是全球领先的工程和地理空间软件供应商，随着业务范围和市场需求的扩大，20世纪80年代鹰图已在全球范围拥有大量的客户。和其他大型跨国企业一样，在中国也建立了办事处。下面让我们来看看该公司在人力资源本土化道路上做出了哪些成功措施：

缩小文化差距

作为一家有着50多年悠久历史的美国IT公司，鹰图公司秉承着很多独特良好的企业文化。在鹰图的理念中非常重视员工和公司间的交流：CEO设置了机密信箱，任何员工对公司的规章制度有什么意见想法甚至抱怨，都可以直接发邮件给CEO。公司鼓励这种主人翁精神，希望通过零距离沟通得到第一手员工的反馈。但在中国CEO发现员工几乎不用这个机密信箱，是他们没有不满意或意见建议吗？显然不是，中国文化比较含蓄，大家不太愿意把自己的想法直接表现出来。针对这种情况有一个叫小黄条的政策（不记名），就是任何员工对公司的规章制度和所有行为都可以发表自己的看法，鼓励员工将自己的想法随意记在小黄条便签纸上，放在人事部专门准备的盒子里，定期有专门的人收集起来，交给总裁。这在中国分公司很奏效，起到了非常好的沟通作用。

校园培训，组建本地技术队伍

自2002年起，鹰图公司就开始着重在中国培养顶尖技术人员。以前客户遇到软件上的困难都是由总部派来工程师去现场解决问题，这样做一来成本高，跨国出差成本、总部工程师人工费都要加在客户身上，有很多客户吃不消，因此丧失了不少客户资源；二来总部工程师和中国客户语言不通，沟通不便，必须配备翻译，有时翻译技术水平不够高会造成误解，耽误问题的处理；三来由于地理原因，和总部有时差，客户反映的问题不能很快得到回复，工程师也不可能很快就来到客户现场，造成了客户的不满。因此，为了顺应大量中国客户和市场的需要，也为了降低运营成本和更好地为客户服务，公司决定在中国本地培养大量的顶尖技术人才。

自2002年开始，鹰图公司在全球几个重点国家包括中国启用“实验室”项目，免费为对口的高等院校（如武汉测绘学院、清华大学、大连海事大学等）提供鹰图专业软件培训机会，并颁发证书。这些同学在出校园大门前就了解了鹰图的软件和鹰图公司的企业文化，在实习中他们也会应客户的需要而进行有针对性的研究，在将来他们找工作时就很自然地想到鹰图公司。这为鹰图公司成就了大量的本地软件人才。

在沪建立研发中心

2004年，跨国企业掀起在华建立研发中心的风潮，鹰图公司经过细致的成本分析和系统的战略研究后于2009年投资1 000万美元筹备上海研发中心，并组建了300人的研发团队。这不仅仅是招聘几百名技术人员的事情，有人这样说“人脉在哪里，研发就在哪里”，上海是中国经济中心，也是高等院校最密集的城市之一。在这里建立研发中心将让鹰图公司更好地把握中国市场的脉搏。

高级管理人才本土化

鹰图在中国内地分公司的高管最初由总部（美国）外派，后由亚太区（英语国家）人员担任，其后由香港特别行政区人员或“海归”人才管理，最后走向本土化，由内地人员担任高级管理职位。这种模式是有其必然原因的，所谓的“海归”和香港特别行政区人才代表了东西方文化的交集，拥有东西两大文化的共同特点，对不同的文化和思维方式也有更多的理解和包容性，他们在高级人才本土化的过程中起着重要的纽带和过渡作用。1988年，鹰图设立鹰图大中华公司，总部在香港特别行政区，由香港人担任业务和财务高层管理人员。大中华区涵盖中国大陆、香港特别行政区和台湾地区。在以往22年，中国内地的业务账目一直都由大中华公司管理。他们既充分了解美国总部的财务制度管理方式，也十分熟悉中国内地的业务特征，和内地员工没有思维习惯上的沟通障碍。直到2010年，才由内地分公司接管账目，真正实现了本土化。

资料来源 佚名. 跨国企业如何做好人力资源本土化［EB/OL］.［2020-01-19］. http: //www.sohu.com/a/253106715_661857.

10.1 战略国际人力资源管理概述

10.1.1 战略国际人力资源管理的内涵

1. 什么是国际人力资源管理

关于国际人力资源管理的内涵，很多学者都在不断探寻，却始终没有一个统一的定义。

P.摩根（1986）认为，国际人力资源管理是处在人力资源活动、员工类型和企业经常所在类型3个维度之中的互动组合。

美国学者约翰·伊凡瑟维奇（1999）认为，国际人力资源是国际化组织中人员管理的原则和实践。

约翰·B.库切（2000）认为，当将人力资源管理的功能应用于国际环境时，就变成了国际人力资源管理。

赵曙明（2001）认为，区分国内人力资源管理和国际人力资源管理的关键变量是后者在若干不同国家的经营并招募不同国家员工的复杂性。

综上所述，我们可以将国际人力资源管理总结为：在全球范围内的经营环境下，考虑不同文化背景及不同国家人力资源管理理论与实践，将国际化与本土化人力资源实践相结合，对跨国的子公司中人力资源实施的管理。它主要包括对海外经理人员的国别选择，对海外派遣人员的选拔、培训、评估与薪酬管理，对东道国员工的招聘、培训以及报酬管理等综合性的管理活动。

2.什么是战略国际人力资源管理

战略国际人力资源管理的主要议题就是将人力资源策略与国际经营复杂环境相协调。

战略国际人力资源管理是跨国公司为了实现国际战略目标，对国际人力资源进行有效开发、合理配置、充分利用和科学管理的制度、程序和方法的总和。它贯穿于跨国公司国际人力资源管理的整个过程，以保证跨国公司获得竞争优势和实现最优绩效。

企业国际化和跨国公司是两个相互联系但又有明显区别的概念。前者是指企业走向世界的发展过程，而跨国公司是企业国际化的结果。跨国公司指的是在多个国家设立子公司，并在整个世界范围内获取和分配资金、原材料、技术和管理资源以实现企业整体目标的公司。

随着国际直接投资的迅速增长，经济全球化与一体化不断深化，各国之间及跨国企业之间彼此学习与借鉴的愿望越来越强烈，尤其是在人力资源管理领域。由于人力资源管理具有强烈的文化特征，所以任何一个国家的人力资源管理制度或方法都不能直接在另一个国家生搬硬套，这就需要相互借鉴，从而取长补短，去其糟粕，取其精华。

纵观当今世界上各大国际企业或跨国公司，能跻身于国际市场且立于不败之地的，无一不重视其自身人员的素质。国际企业的管理人员，除必须解决一般国内企业所面临的问题外，还必须从事更复杂的、全球范围内的组织和协调工作。在国外任职的管理人员一般不能依靠国内总部的指导来协调自身的工作，更多情况下需要根据当地的实际情况独立进行分析和决策。

3.国际人力资源管理的特点

美国学者约翰·丹尼尔斯归纳了跨国企业人力资源管理与国内人力资源管理相区别的五点因素，如图10-1所示。

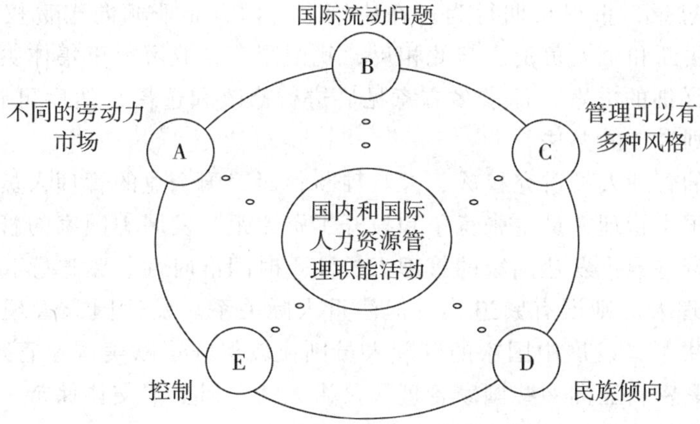

图10-1 跨国企业人力资源管理与国内人力资源管理相区别的五点因素

跨国企业人力资源管理相对于国内企业人力资源管理，主要表现出以下三大特征：

（1）人力资源管理的跨文化性

在跨国企业中，由于来自不同国家的成员所处的文化背景不同，那么在行为方式上、价值观念上和管理理想上都会存在很大的差异，而这些差异的存在常常会使得企业中的管理者之间、管理者与员工之间以及员工与员工之间发生矛盾和冲突，从而使得工作效率下降。因此，跨国企业在人力资源管理中更加关注员工之间的跨文化沟通问题。而对于跨国企业人力资源管理者来说，明晰企业中的文化差异所在，是做好人力资源管理工作的必要条件。跨国企业内部的文化差异主要表现在以下几个方面：

①语言和行为方式上的差异。不同文化背景的人对相同的象征符号所表达的意义可能大相径庭。就打招呼而言，中国人习惯用“您上哪儿去?”“您吃了吗?”“去上班?”等话语来打招呼。“您上哪儿去?”这样的问候，美国人会认为侵犯了他们的个人隐私。“您吃了吗?”对他们来说好像是一种邀请对方吃饭的暗示。中国人的打招呼语言喜欢用与个人十分相关的语言，在中国文化中，这是表现对对方关心的一种方式。而西方人喜欢用与个人无关、不会引起麻烦的话语来打招呼，如“Hello!”“How are you?”等用语。

②价值观的差异。价值观是指人们对事物的看法与评价。以美日两国对待个人价值上的差异为例，在美国，人们认为个人是最重要的，个人幸福比群体幸福更有价值；在日本，人们认为个人应该服从集体和组织，强调集体和组织的重要性。再以不同国家对待权力认识上的差异为例，墨西哥、法国、印度、菲律宾等国家，有严格的等级观念，在企业中表现为管理者与下属之间感情差距很大，上司有较大的权威，不易接近；相反，在奥地利、以色列、丹麦，人们认为人彼此是平等的，等级制度只不过是所任职务不同而已，在企业中上下级感情差距小，下属很容易亲近并敢于反驳上司。

③经营管理思想的差异。不同的文化产生不同的经营管理思想，而经营管理思想的不同则让员工难以接受对方的政策与管理模式。西方大多数企业讲求互利、效率、

市场和应变的思想，重视长期行为。在决策上，西方企业倾向于责权明确的分散决策，实行独立决断和个人负责。与此相反，我国国有企业习惯于集体决策，在决策时常常拟订十分详细的方案，征求多方意见后进行修改和选择，然后再制定实施程序、细节安排和计划考核的办法。

日本企业的管理人员讲究权威，喜欢独断；而美国企业的管理人员提倡民主，鼓励参与。发达国家管理人员主张竞争和拉开工资差距；发展中国家的管理人员则强调稳定和缩小工资差异。发达国家的管理人员注重时间准时性、紧迫感和利益关系；亚洲许多国家管理人员则没有紧迫感，但注重人际关系。发达国家管理人员偏爱高风险、高收益的决策；发展中国家的管理人员则比较保守。欧美国家管理人员讲原则，但上下级联系紧密；亚洲一些国家管理人员讲人情，但上下交往保持一定距离。

（2）管理人员选拔途径的多样性

对于国内企业来说，管理人员选聘的途径主要有两个，即企业内部提升和企业外部招聘。跨国企业管理人员选聘的途径要更加广泛、更加复杂。跨国企业选聘管理人员通常是跨国界的，管理人员来源主要有三种途径：从本国外派、从东道国公民中选拔和从第三国中聘用国际化专职经理人。从本国外派是指具有跨国公司母国国籍外派到海外工作的管理人员，也称为外派人员。例如，德国西门子公司雇用德国管理人员派往在中国的子公司。从东道国员工中选拔是指跨国公司在东道国中选聘当地人为海外公司的管理人员。例如，美国福特汽车公司在英国的子公司聘用的英籍经理。从第三国中聘用国际化的专职经理人是指跨国公司选聘的具有第三国国籍的专门从事跨国企业经理工作的管理人员。例如，德国汉莎集团在北京的凯宾斯基国际饭店聘用的是奥地利籍经理。由于跨国企业选择管理人员途径的多样性，跨国企业人力资源的管理者要对跨国企业管理人员选择途径进行正确决策。为了决策的正确性，必须对跨国企业管理人员选拔的各种途径的利弊有明确的认识。只有掌握了各种选拔途径的利弊所在，才能对跨国企业管理人员的选择途径做出正确的决策。以下是对三种途径的利弊分析：

①从本国外派管理人员的利与弊。

有利的一面：由母国外派管理人员，有利于母公司与海外子公司的沟通与控制；有利于保守商业秘密，保护企业的专有技术；维护母公司的利益，降低经营风险；本国派出的管理人员熟悉母公司的情况，熟悉母公司的政策、习惯做法及人事状况；母公司人员一般更能理解整个公司的全球战略。

不利的一面：母公司的管理人员不熟悉东道国的环境，与东道国有文化、宗教、观念上的差异，与员工的沟通受到影响；母公司的管理方式可能不适应东道国企业，易产生矛盾，需要较长时间的磨合。另外，由本国外派管理人员，会使企业增加很大的管理成本。因为外派一名管理者携带家属去国外，每年所花费的费用大约是他基本工资的3倍。如果外派人员在任期未结束前就回国，那么不仅会增加公司的费用，还会产生重新安置的花费，这样会对其他雇员造成很大的打击。除此之外，由于派给驻外人员的任务没有完成，还会对企业造成很大的经济损失，并且贻误商机。

②从东道国中选拔管理人员的利与弊。

有利的一面：当地人员对本国商业结构、法律、人们的习惯很熟悉，因此可避免因文化差异造成的经营管理方面的问题和人际沟通障碍；有利于与东道国政府、商业、银行、税务等部门沟通；熟悉当地的经营环境，减少决策失误；符合东道国政府雇员本地化的政策；可以大大降低费用，一方面可以降低或免除了外派人员培训和驻外津贴等费用，另一方面可使公司利用一些东道国较低工资水平的优势，用高于当地工资标准的办法吸引到高质量的人才。

不利的一面：东道国的管理人员会对母公司的全球战略缺乏了解和认识，对公司全球一体化的战略实施造成困难；不利于与母子公司的沟通及母公司对于子公司的控制；不利于公司总部的年轻经理人员到国外工作以获得跨国经营所必需的工作经验和知识，一旦当地管理人员在子公司被提拔到最高职位时，他们就不可能再提升了，这种情况往往会影响他们的士气。另外，一些东道国人员把在外国公司工作当成一种培训，一旦获得经验就另谋他职。

③从第三国中聘用国际化专职经理人的利与弊。

有利的一面：国际职业化的经理人一般都具有良好的专业技术素质和国际化经营管理经验；比较中立，不易卷入东道国的民族、宗教矛盾之中。

不利的一面：母公司招聘的第三国经理人选，在一定程度上降低了海外子公司人事管理的自主权；若东道国有本地雇员，则易引起排斥态度。另外，选用第三国的管理人员，他们的工资都很高，这会使本国与东道国的管理人员产生不满。再有，管理人员及其家属在不同国家间的调动也造成了费用的增加。

以上三种选择跨国企业海外子公司管理人员的途径各有利弊，因此，跨国企业人力资源管理面临着对选拔途径如何决策的问题。西方国家的学者认为，跨国企业选聘海外子公司的管理人员应根据企业国际化经营的不同发展阶段来制定人事政策：

第一，跨国企业国内生产国外销售阶段。这时企业以产品出口为主，了解和掌握东道国的市场信息、营销方式极为重要。聘用东道国公民担任子公司的管理人员有利于市场营销。

第二，国外生产就地销售阶段。这时国际企业开始把生产转向海外，由于东道国企业缺乏专门的管理人才与经验，一般会选聘母公司人员或第三国公民担任子公司的管理人员。

（3）人力资源管理模式的综合性

人力资源管理模式的差异导致了跨国企业在人员招聘、工资待遇、业绩评估方法方面的不同。而这些差异涉及跨国企业员工是否能接受的问题。比如：美国人力资源管理模式的特点是人力资源的市场化配置和人力资源工资价格水平决定机制的市场化。也就是说，企业要用人只要到劳动力市场公布一下需求信息就会有相应的人员供你挑选，员工的工资是通过劳资双方的谈判来确定的。在美国，员工可以接受被解雇的现实，但不能接受工资下调。因为，下调工资意味着能力的下降，再到新的工作单位会被人家误解。而在日本则不然，经常更换工作者会被人歧视。因此，在日本，即使企业处于非常时期，员工也很少有提出辞职的，而作为企业，也很少辞退员工。又如，在员工薪酬福利方面，按小时获得工资的概念在墨西哥很淡薄，墨西哥人按全年365天领取薪酬；而在奥地利和巴西，员工工作满一年就会自动进行30天的带薪休假。

10.1.2 战略国际人力资源管理的模式

1.舒乐战略国际人力资源管理模型

舒乐（Schuler）等人提出的战略国际人力资源管理模型如图10-2所示①。他们认为，战略国际人力资源管理（SIHRM）主要受到单位间连接与内部运作的影响。另外，战略国际人力资源管理除与跨国公司战略性要素相关以外，还受到许多外部因素与内部因素的影响。

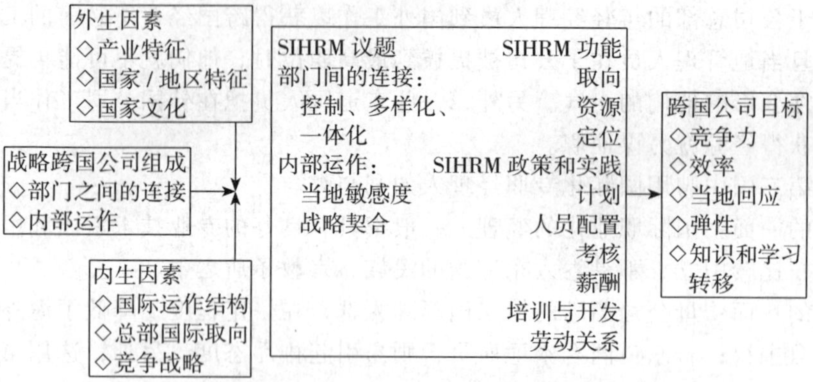

图10-2 舒乐等人提出的战略国际人力资源管理模型

（1）单位间连接

成功的跨国公司往往在多个国家经营，必须考虑如何管理不同的经营单位，特别是这些单位不同的经营状况以及如何进行整合。

（2）内部运作

除了单位间连接，跨国公司也关心组织内单位的内部运作，每个单位必须在东道国当地的法律、政治、文化、经济与社会环境下运作，跨国公司应关注其内部单位的竞争战略运作是否有效。

（3）SIHRM议题

其主要是跨国公司为了应对其单位间与单位内部需要与挑战而产生的。

（4）SIHRM功能

其明确了跨国公司的人力资源导向，安排跨国公司投入到总部和各子公司运营人力资源上的时间、精力和财务资源，决定人力资源组织和资源在跨国公司总部和各子公司的配置。

（5）SIHRM政策和实践

其包括任用、评估、薪酬、培训和开发等方面，在配合SIHRM上，每个子公司的人力资源管理在多大程度上反映当地社会文化环境。

（6）跨国公司利害关系和目标

其包括竞争、效率、当地回应、灵活性、学习和迁移。

① 张明．国际人力资源管理的差异性及其战略［J］．当代经济管理，2012（11）：73-77.

2.道林[①]等人修正的战略国际人力资源模型

道林（Dowling）等人修正的战略国际人力资源模型在舒乐等人提出的模型基础上前进了一步，如图10-3所示。

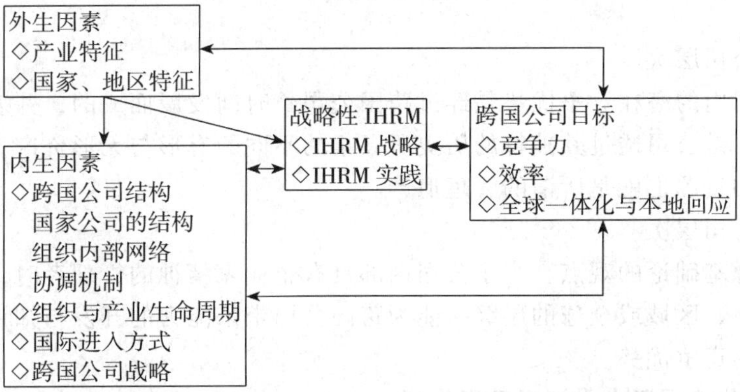

图10-3 道林等人修正的战略国际人力资源模型

二者主要差别体现在三个方面：

（1）与舒乐等人将子公司间的关系连接及内部运作单独作为跨国公司的战略因素不同，道林等人则将其列为影响战略国际人力资源的外生和内生变量。

（2）对模型中各组成部分的相互影响关系认识不同，战略人力资源管理与跨国公司经营目标之间相互影响而不是因果关系。

（3）模型补充了组织和产业生命周期因素。

3.泰勒[②]战略国际人力资源管理模型

建立在资源基础理论上，泰勒（Taylor）、比奇勒（Beechlor）和纳皮尔（Napior）认为，人力资源系统是维持公司持久竞争力的来源，是企业有形与无形的资源。他们在此基础上将战略国际人力资源管理模型分成国家、母公司与子公司三个层次，如图10-4所示。

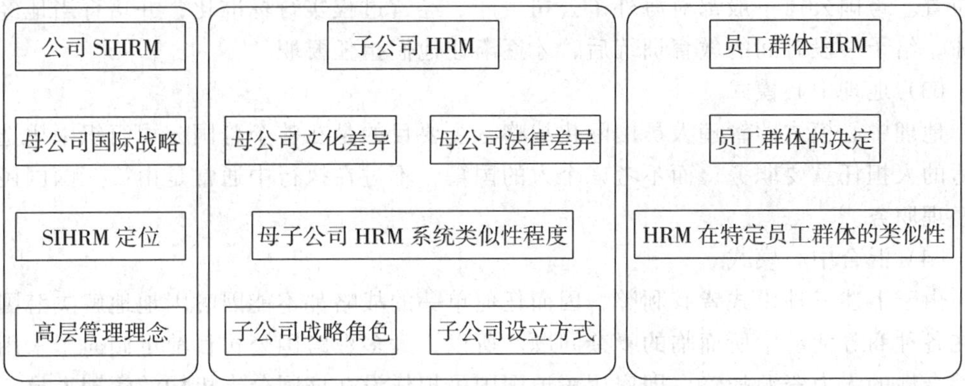

图10-4 泰勒战略国际人力资源管理模型

---

① DE CIERI H, DOWLING P J. Strategic human resource management in multinational enterprises [J]. Theorical and Empirical Development, 1999 (4): 305-327.

② TAYLOR S, BEECHLER S, NAPIER N. Toward an integrative model of strategic international human resource management [J]. Academy of Management Review, 1996, 21 (4): 959-985.

（1）国家层次

国家层次是指在一个特定国家的经济、文化、社会环境下所产生的母公司资源，这样的资源无法在国内公司区分出来，但当竞争来自母国之外时，它们能给予跨国公司竞争优势。

（2）母公司层次

在母公司内的潜在竞争优势是经过跨国公司长时间发展而成的，并表现出独特的资产和能力，是公司透过其独特的历史所聚集的不同的有形与无形资产。在国家层面和公司层面的资源也就是所谓的管理遗产。

（3）子公司层次

基于资源基础论的观点，当子公司内部具有企业家精神的管理者时，跨国公司子公司通过当地、区域或全球的层级，能为跨国公司带来能力的开发与知识的共享，并创造出整体的竞争优势。

4.EPRG 战略国际人力资源管理模型[①]

珀尔马特（Perlmutter）等学者将国际人力资源管理的一般模式分为四种最具有代表性的模式：民族中心模式、多元中心模式、地理中心模式及混合中心模式，即EPRG模型。

（1）民族中心模式

跨国公司国际经营发展初期，适合采用民族中心模式，即管理人员母国化战略，由本国提供管理人员、技术，控制权高度集中于国内，经营出发点以赚取利润为首位。民族中心模式一般采用总部或来自母国的人担任海外分支机构的经理或主要职务。

美国、日本以及西欧许多发达国家的跨国公司大多采取这种模式。

（2）多元中心模式

多元中心模式是招募东道国成员管理子公司，由母公司所在国执掌公司总部的重要位置。跨国公司一般都对海外子公司生产、经营过程实行标准化，并培育当地经理人才，给予一段时间的教育训练后，才逐渐让他们担任要职。

（3）地理中心模式

地理中心模式即管理人员国际化战略，主要目的是在整个跨国公司组织中挑选最合适的人担任重要职务，而不考虑个人的国籍，不过在执行中通常是由第三国国民担任经理职务。

（4）混合中心模式

由于上述三种模式皆有利弊，因而任何单一的战略都不能因时因地地解决跨国公司在各种商务活动中所面临的复杂问题。所以，大多数跨国公司目前更倾向于采用一种综合性的人力资源战略，即雇用东道国国民担任设在该国分支机构的管理人员，而在总部则雇用母国人。

① 张明. 国际人力资源管理的差异性及其战略［J］. 当代经济管理，2012（11）：73-77.

10.2 战略国际人力资源管理的跨文化视角

10.2.1 跨文化人力资源管理协调

1.相关概念的界定

(1) 文化的界定

“文化”这一术语起源于社会人类学。在学术界有许多专家和学者都从各自不同的研究领域对“文化”这一术语下过不同的定义或做过这样或那样的解释。文化是知识、信仰、艺术、道德、法律、风土人情、价值观以及人体内因素的和后天获取的所有能力的总和。李宗桂先生在其所著的《中国文化概论》一书中是这样给文化下定义的：文化是代表一定民族特点的，反映其理论思维水平的精神风貌、心理状态、思维方式和价值取向等精神成果的总和。

(2) 跨文化的界定

跨文化（Inter-cultural）又叫交叉文化（Cross-culture），是指具有两种不同文化背景的群体之间的交互作用和影响。当一种文化跨越了在价值观、宗教信仰、思维方式、语言、风俗习惯以及心理状态等方面与之不同的另一种文化时，我们就称之为跨文化。通常，跨文化企业是由来自不同文化背景的、存在跨文化差异的员工所组成的，并往往跨越了地域、民族、政体、国体的跨文化经营管理的经济实体。

(3) 跨文化人力资源协调的概念

所谓跨文化人力资源协调，就是指与企业有关的不同文化群体在交互作用过程中出现矛盾和冲突时，加入对应的文化整合措施，有效地解决这种矛盾和冲突，从而极大提高人力资源的整体协作水平，实现人力资源的最优配置。

(4) 跨文化人力资源协调的构成要素

①跨文化人力资源协调的主体是企业，可以是跨国企业，也可以是跨地区的企业；

②跨文化人力资源协调的对象，是具有不同文化背景的群体，这些群体有可能来自企业外部，如东道国政府部门、人才中介机构、社区等；

③企业内部也有跨文化的协调，如管理者、员工之间的协调等；

④跨文化人力资源协调实质上是一种管理活动，研究在交叉文化条件下出现文化冲突时，如何提高人力资源的整体协作水平，实现人力资源的最优配置；

⑤跨文化人力资源协调的目的，就是不同文化差异群体在相互作用、影响过程中出现矛盾和冲突时，从矛盾解决和文化协调中找到最有效的人力资源管理模式，实现人力资源的最优配置。

2.文化差异的主要体现

文化差异的主要体现如下：

①价值观的差异。价值观是人们对客观事物的意义和重要性的总体评价。这种评

价使个人行为带有稳定的倾向性，每一种文化都有其特定的价值观，支配着人们的行为，影响着人们对事物的看法。不同国家的人们在价值观上的差异往往会使跨国公司的管理人员感到困惑和不解。另外，来自不同国家或不同民族的跨国公司管理人员价值观的不同也使得其个人在经营管理、决策方式上存在着很大的差异。

②传统文化的差异。不同国家、不同民族的历史、文化传统是造成文化差异的重要因素。一般来说，具有悠久历史的国家的人们在思想上会比较保守，在行动上害怕冒险，寻求稳定。这种性格特征的职员不愿意变换工作、改换新环境，他们寻求比较有安全感和稳定的职业。相反，历史较短的国家，尤其是由各国移民所组成的国家，受背井离乡的移民文化的影响，人们富有冒险精神，有着强烈的创业致富的追求。这种性格特征的职员不安于现状，不断开拓新的领域，为了寻求更好的工作、更多的机会而流动。

③宗教信仰的差异。每一种文化中的人群似乎都受到一种特定的超自然力量的影响，这可以从他们不同的宗教活动中得到验证。世界上大多数的人都有某种宗教的信仰，尊重不同的人所具有的不同的宗教信仰，有助于培养相互间的信任和理解。

④种族差异。各国经济发达程度的不同和各个民族历史时间的差异，使得一些人认定一个种族优越于其他种族，认为自己民族的文化价值体系比其他民族的文化价值体系优越，这是形成跨文化差异的重要主观因素。带有这种种族优越感的跨国公司的管理人员，由于对自己的生活方式、思维方式和管理方式过分自信，在行动上就会显得较主观和霸道，很难跟其他文化背景的人进行沟通，他的行为必然就会遭到对方的对抗和抵制。

⑤语言和沟通障碍。语言及语言所代表的文化价值是一个民族精神的体现。不同语言及其表达方式的不同，也同样是跨文化差异形成的原因。对对方语言的不了解造成了沟通上的障碍，很容易导致沟通上的误会。

10.2.2 跨文化

1.跨文化差异的三个层次

（1）跨文化企业所在国家（民族或地区）的文化背景差异

这是跨文化差异的宏观层面。此层面的研究通常是以国家为单位，因而具有典型性和分明性。这一层次的跨文化差异还应包括双方母地区、母城市的文化背景差异。最典型的如港资企业、台资企业、大陆企业，这些企业中的员工都来自中华民族，可是由于历史的原因，香港、台湾、大陆之间的文化内涵已大有不同。此外，即使同是大陆的员工，由于我国的多民族性和地域广阔性，汉族与少数民族的员工、东西部员工之间均存在程度不等的文化差异，从而成为跨文化人力资源协调不得不面对的挑战。

（2）跨文化企业自身特有的企业文化差异

这是跨文化差异的中观层次。跨文化企业是各种组织文化的聚集。例如，通过收购和合并，企业发展出多种多样的海外子企业，尽管企业总部的运作对其子企业的组织文化会产生重大影响，但是海外的分企业也向总部输入文化，也影响着总部的文化。

(3) 跨文化企业内部的个体文化差异

它是跨文化差异的微观层次。任何不同的两个个体身上都可能存在跨文化差异，这主要是由于不同的个体有着不同年龄、性别、工作态度、教育背景、宗教信仰、工作方法、技巧和经验。如年长者和年轻者、男性和女性、上级和下级、不同部门的员工之间就存在着文化差异。

2.跨文化差异的诊断模型

目前，理解跨文化差异的两个最为流行的模型是克鲁克霍姆（Kluckhohm）和斯查德彼克（Strodtbeck）的价值取向模型以及霍夫斯泰德（Geert Hofstede）的文化分维模型。

(1) 克鲁克霍姆和斯查德彼克的价值取向模型①

该模型从文化必须通过形成适当的价值观系统而要加以解决的五个基本问题入手，也就是，每种文化都通过形成价值观来解决每个问题。这五个基本问题是：

①人的本性。文化价值观将人们分成本质善和本质恶的，可以改变的还是不可以改变的。在一个认为人性本恶的社会，社会团体（教育、宗教、政府、企业）的责任是控制这些恶的繁衍。

②人与自然的关系。文化形成人们对自然环境的价值取向。在此方面的价值取向可能包括主宰自然、与自然协调以及屈服于自然三种。大多数的西方文化假定人可以主宰自然，例如在美国，科学家能够在不同气候和不同环境下培植遗传工程植物，以此来满足消费者的需要。他们的假定是“如果自然做不到，我们能够做到”。相比之下，日本人更喜欢吃应季的蔬菜和水果，在他们的饮食偏好中，他们更倾向于寻求与自然生长季节相和谐。

③时间的观念。文化对于时间可以有过去、现在和将来三种取向。过去取向文化强调传统、炫耀过去；现在取向文化倾向于只争朝夕地生活，几乎不做明天的打算，有些社会甚至没有词汇来描述哪怕只是将来一小段时间之后要发生的情况或事件；在未来取向文化的社会中，人们相信他们今天所做的一切将来会得到回报。

④做事方式。在人们的做事方式上，文化可以分为“存在型”和“实干型”。人们对于当前的情况做出自然的富有感情的反应是“存在型”文化的特征；而在“实干型”文化中，人们强调行动和通过努力把事情做完。

⑤人际关系。文化必须以可预期的方式建构人与人之间的关系，这包括三个方面：个人、群体和等级关系。前两个方面强调的是个人还是群体主导社会关系。美国文化可能是个人主义色彩最浓厚的文化，相比之下，多数亚洲社会更强调群体，你的家庭、毕业的学校、所在企业以及所属工作团队都会决定你的特征以及社会地位。人际关系的第三个方面强调对等级关系的文化考虑，或强调人们之间与群体之间的地位差别。英国的个人主义的价值观几乎与美国一样，法国是中等程度的个人主义，日本是三者中最具群体取向的国家。

---

① 廖泉文. 人力资源管理［M］. 2版. 北京：高等教育出版社，2011：321-329.

（2）霍夫斯泰德的文化分维模型[①]

霍夫斯泰德是著名的荷兰跨文化研究专家，他是基于工作目的上存在的价值观和信念差异来建立其模型的。他主要通过美国 IBM 公司的综合性问卷调查，总结出了在不同的国家和民族文化中差别最大的五个维度：

①权力距离（高/低）。权力距离是指社会对权力在社会或组织中不平等分配的接受程度。研究表明，美国、澳大利亚是低权力距离的国家，员工能够比较平等地参与对上级和同事的绩效评价，而不必受到权力和权威的干扰；而中国文化具有高权力距离的特征，员工对上级和权威表示尊敬，甚至带有畏惧感。

②不确定性回避（强/弱）。不确定性回避是指一个民族对所生存的社会感到无把握的、不确定的或模糊的情景威胁时，试图以技术的、法律的、宗教的方式来避免不确定局面的发生。每个民族对不确定性的回避程度，都有显著的强弱差异。美国、加拿大等是不确定性回避程度低的国家，表现为敢冒风险，鼓励创新；而中国则是不确定性回避程度高的国家，表现为因循守旧、惧怕竞争、墨守成规、害怕变革。

③个人导向性（个人/集体）。这个文化维度主要是指人们对待集体和个人的态度，即注重集体还是注重个人。与欧美文化的个人主义特征相对应的是，欧美企业不大赞成在工作单位结成人与人之间的亲密关系；而中国文化强调群体至上，重视“人和”，注重人与人之间的关系，尽力避免冲突。

④阳刚性（刚/柔）。阳刚性表明一个国家、民族在自信、工作、绩效、成就、竞争、金钱、物质等方面占优势的价值观。阴柔性则是指在生活质量、保持良好的人际关系、服务、施善和团结等方面占优势的价值观。

⑤利益导向性（长期/短期）。这个维度表明一个国家/民族持有的对待长期利益或近期利益的价值观。具有长期导向的国家/民族较注重对未来的考虑，以动态的观点来观察事物，注重节俭和储备，做任何事都留有余地；而短期导向的国家/民族注重眼前利益，注重对传统的尊重和对社会责任的承担。

文化分维系统作为跨文化企业管理的重要工具，可以为企业提供分析不同文化背景员工、客户和其他与企业有关的个人或群体文化取向的方法，使企业能够掌握不同群体的文化特点，从而在企业管理中尽量避免文化冲突和矛盾。

10.2.3 跨文化管理模式

1.跨文化差异所带来的冲突及其处理模式

（1）跨文化差异所带来的冲突

①从企业内部看，企业从事跨国经营活动时，往往为了实现其本土化的目标而招聘来自东道国的人员进入企业，特别是一些全球性扩张的跨国企业，其内部成员往往来自多个国家和地区，这些人员由于各自所处的文化环境的不同，从而导致了他们拥有各自不同的文化背景，这就必然在企业内部造成文化冲突，这种文化冲突包括企业成员之间的文化冲突和来自企业成员的文化与企业原先文化之间的冲突。冲突可能来

① 廖泉文. 人力资源管理［M］. 2版. 北京：高等教育出版社，2011：327-336.

自价值取向不同、宗教信仰的不同、风俗习惯的差异、语意翻译及表达上的误解等。

②从企业外部看，企业从事跨国经营活动进入东道国后，会受到来自东道国外在文化环境的影响，这种文化环境（包括有关政府机构、政府所颁布的有关法律和法规、中介组织、有关团体等）会在某些方面与企业原有的企业文化产生冲突。文化冲突的结果往往是导致跨国企业遭到来自企业内部和外部两方面的打击。

（2）跨文化差异的处理模式

解决跨文化差异所带来的冲突和矛盾，一般有以下四种模式可供选择：

①凌越模式。所谓凌越，是指组织内一种文化凌驾于其他文化之上而扮演着统治者的角色，组织内的决策及行为均受这种文化支配，而其他文化则被压制。该种方式的好处是能够在短时期内形成一种“统一”的组织文化；其缺点是不利于博采众长，而且其他文化因遭到压抑而极易使其成员产生强烈的反感，最终加剧冲突。

②折中模式。所谓折中，是指不同文化间采取妥协与退让的方式，有意忽略、回避文化差异，从而做到求同存异，以实现组织内的和谐与稳定，但这种和谐与稳定的背后往往潜伏着危机，只有当彼此之间文化差异很小时，才适合采用此法。

③融合模式。所谓融合，是指不同文化间在承认、重视彼此间差异的基础上，相互尊重、相互学习、相互协调，将各方自身先进、优秀的文化融入吸收进来，从而形成一种你我合一的、全新的文化，这种统一的文化不仅具有较强的稳定性，而且极具“杂交”优势。

④移植模式。所谓移植，是指简单的文化移植，土地不同了，但文化的“树”仍在，这种移植容易产生“水土不服”和文化的排斥。

2.协调跨文化冲突的重要性

（1）文化冲突产生“非理性反应”

文化冲突影响了跨国管理者与当地员工之间的和谐关系，可能会使得管理者只能按照呆板的规章制度来控制企业的运行而对员工更加疏远。与此同时，员工则会对工作变得更加不思进取，管理者的行动计划实施起来也会更加艰难，结果是双方都不可能有所作为，他们之间的社会距离也会进一步加大，必然也将影响彼此间的沟通。当这个距离大到一定的程度时，自上而下的沟通就会中断。结果是管理者无法了解真实的下情，企业的管理将变得更加困难，双方的误会也会越来越深。管理者如果不能正确理解不同的文化存在差异，就可能会对来自不同的文化背景的员工采取情绪化或非理性的态度。这种非理性的态度很容易招致员工的非理性报复，结果是误会越来越多，矛盾也越来越深，对立与冲突更趋剧烈，后果不堪设想。

（2）文化冲突导致市场机会的损失

人们的不同价值取向，必然导致不同文化背景的人采取不同的行为方式，而同一企业内部便会产生文化冲突。随着跨国企业经营区位和员工国籍的多元化，这种日益激化的文化冲突就会表现在企业的内部管理上和外部经营中。

（3）文化冲突导致工作低效率

在内部管理上，来自不同国度的员工有着不同的价值观、不同的生活目标和行为规范，这必然会导致管理费用的增大，增加组织协调的难度，甚至造成组织机构低效率运转；在外部经营中，由于文化冲突的存在，跨国企业不能以积极和高效的组织形象去迎接市场竞争，往往在竞争中处于被动地位，甚至丧失许多大好的市场机会。

（4）文化冲突导致全球战略的实施陷入困境

从一般的市场战略、资源战略向全球战略的转变，是跨国企业在世界范围内提高经济效益、增强全球竞争力的重要步骤。全球战略是国际企业发展到高级阶段的产物，它对跨国企业的经营管理提出了更高的要求。为保证全球战略的实施，跨国企业必须具有相当的规模，以全球性的组织结构和科学的管理体系作为载体。但是，目前大多数跨国企业普遍采取矩阵式的组织结构，由于文化冲突和缺乏集体意识，导致一系列问题，如组织程序紊乱、信息阻塞、各部门职责不分、相互争夺地盘、海外子公司与母公司的离心力加大，使得母公司对子公司的控制难上加难，从而造成跨国企业结构复杂、运转不灵、反应迟钝，不利于全球战略的实施。

3.有效的跨文化人力资源协调方法

（1）识别和理解文化差异

由于文化冲突是文化差异造成的，必须对文化差异进行分析识别。根据美国人类学家爱德华·赫尔的观点，文化可以分为三个范畴：正式规范、非正式规范和技术规范。正式规范是人的基本价值观，判别是非的标准，它能抵抗来自外部企图改变它的强制力量，因此正式规范引起的冲突往往不易改变。非正式规范是人们的生活习惯和习俗等，由此引起的文化冲突可以通过较长时间的文化交流克服。技术规范是指人们的知识、技术、经验等，它可以通过人们技术知识的学习而获得，很容易改变。由此看来不同规范的文化冲突所造成的文化差异和文化冲突的程度和类型是不同的。

跨国经营的企业，不仅要摆脱本国文化的约束，尽可能地消除本国文化的优越感，从另一个不同的参照系反观原来的文化，而且要对他国文化采取一种超然独立、平等的立场，通过对他国文化的理解、参与和尊重，在两种文化的结合点上，寻求和创立一种双方都能认同和接纳的文化，发挥两种文化的优势，巩固和强化自己的竞争地位，确保企业战略目标的最终实现。跨国公司管理者首先要识别和区分文化差异，这样才能采取有针对性的措施。

（2）进行跨文化培训

跨文化培训是为了加强人们对不同文化传统的反应和适应能力，促进不同文化背景的人之间的沟通和理解。它是解决跨文化冲突，搞好跨文化人力资源协调最基本、最为有效的手段。

①跨文化培训的内容。

- 对对方民族文化及原公司文化的认识和了解；
- 文化的敏感性、适应性的培训；
- 语言培训；
- 跨文化沟通及冲突处理能力的培训；
- 地区环境模拟等。

②跨文化培训的目的。

- 减轻驻外经理可能遇到的文化冲突，使之迅速适应当地环境并发挥正常作用；

- 促进当地员工对公司经营理念及习惯做法的理解；
- 维持组织内良好稳定的人际关系；
- 保持跨国企业内信息流的畅通及决策过程的效率；
- 加强团队协作精神，提高公司的凝聚力。

不仅如此，跨文化培训与其他培训一样，都被越来越多地用于留住企业所需要的人力资源。这是因为公司花钱或提供培训，不仅是对业绩出色的员工的激励，而且也显示了公司对促进员工长期发展的诚意。

4.跨国企业的跨文化适应和变革

企业的管理者不仅要对东道国的文化进行学习和适应，还应提高对不同文化的鉴别驾驭能力。因为各国文化的某些方面是动态变化的，跨国企业在很多不同情况下为达到自己的商业目的而不得不对东道国的某些方面加以变革。比如在民族性极强的日本，青年一代受欧美文化的影响很深，他们在一边嚼着麦当劳，一边听着美国摇滚音乐的同时，文化观已发生潜移默化的变化了。但是，海外企业的经营者必须面对如下难题：企业应该去适应还是去变革当地的文化？适应或变革到什么程度？

（1）面对多元文化并存的情况，经营者首先考虑的是如何适应当地文化的问题

这是双方能够顺利合作的前提。通过对文化差异的识别和跨文化培训，组织提高了对文化的鉴别和适应能力。在文化共性认识的基础上，根据环境的要求和公司战略的需求建立起公司的共同经营观和强有力的公司文化，从而使得每个员工能够把自己的思想与行为同公司的经营业务和宗旨结合起来，在国际市场上建立起良好的声誉，增强跨国企业的文化变迁能力，形成以公司价值观为核心的优秀企业文化。

（2）要考虑到东道国对文化变革的容忍程度或抗拒程度

不同文化或多或少地存在排外情绪，经营者对于不同文化的介入，必须采取一种谨慎的态度。经营者对可能产生较大抵触情绪的一些东道国文化，如语言、风俗习惯、宗教信仰等，应采取学习和适应的态度；而对可能产生较小抵触情绪的东道国文化，如消费者购买方式和员工工作方式的变革，应通过渗透和引导，逐步使之朝有利于本企业经营的方向变革。如肯德基、麦当劳在全球卖出食品的同时，也输出了本国的文化，都或多或少地影响了东道国的饮食习惯。

（3）适当考虑推进“本土化”人力资源战略

“本土化”的实质是跨国公司将生产、营销、管理等经营诸方面全方位融入东道国经济中的过程，也是着实承担在东道国的公民责任，并将企业文化融入和植根于当地文化。“本土化”人力资源战略有利于跨国公司降低海外派遣人员和跨国经营的高昂费用，有利于与当地社会文化融合，有利于缓解当地社会对外来资本的危机情绪，有利于东道国经济安全、增加就业机会、管理变革、加速与国际接轨等。

（4）应对东道国文化变化的方向、过程与速度有清晰、明智的认识

只有这样，才能适应东道国的文化，降低文化差异对企业经营的影响程度，进而有的放矢地对东道国的文化施加影响。进行跨文化管理，是利用跨文化优势，消除跨文化冲突，使企业成功跨国运营的战略选择。一个跨国经营的企业，必须不断进行文化的适应和变革，巩固和强化自己的竞争地位，从而确保跨国战略目标的最终实现。

案例链接10-1

肯德基（中国）的跨文化管理模式

肯德基（KFC）作为美国品牌，进驻中国多年，坚持“立足中国、融入生活”的理念，打造新快餐，提供早餐、午餐、下午茶、晚餐、夜宵和甜品站等丰富选择。如今，肯德基在中国的发展进程虽已趋于缓和，但其影响力仍极高，其地位仍是大多数品牌难以望其项背的，个中缘由与其本土化经营战略息息相关。

产品本土化

中国地域辽阔，南北、东西跨度均极大，人们对食物的取舍差异也极大。其原因纷繁复杂，包括气候、土壤、宗教、种族、文化等方面的差异。肯德基经过市场调研发现：偏好牛羊肉的人口约占全国总人口的1/5，偏好禽肉的人口约占全国总人口的3/4，每年全国消耗的禽肉量是牛羊肉量的数倍。

肯德基经营产品主要以鸡肉制品为主，在这一点上是与中国民情相吻合的。

不过，肯德基（中国）仍然做出了相应的改变以迎合中国人的口味。比如在美国，肯德基以原味炸鸡为特色，而从中国推出的菜单中可以看见香辣鸡腿堡、新奥尔良烤鸡腿堡、香辣鸡翅、新奥尔良烤鸡翅、老北京鸡肉卷等，口味明显偏重。

肯德基还根据地区饮食习惯做出更细致的调整，比如在川渝地区提供川辣口味的食品和蘸酱。比起正餐，肯德基的早餐更加推崇中国本土的食品，如提供粥类（如皮蛋瘦肉粥、冬菇滑鸡粥等）以及油条、豆浆等食品。

文化本土化

在美国，肯德基的店面偏小，因为少有人会选择堂食，以外带居多。而在中国发展的初期，外卖还未兴起，外带情况也并不多，顾客多以家庭为单位前往肯德基点餐，所以便需要较大的场所供顾客吃饭。如今，中国外卖盛起，肯德基宅急送不断发展，与多种外卖手机软件合作，以满足当代中国人对外卖丰富、便利、快捷的需求。

同时，肯德基也很注重对中国传统文化的把握。在装修风格上贴近当地本土文化氛围，如天津肯德基门店摆上京韵大鼓、挂着扇子，放着天津时调，与曲艺之都紧密联系起来；在荡口古镇，门店沿水而建，装修整体营造江南水乡的氛围，古色古香的窗棂、红红的大灯笼、手绘的壁画、实木的长桌……在特定的传统节日时，肯德基也从未落下，无论是国人熟悉的春节、中秋、端午、七夕，还是国人关注较少的惊蛰、二月二、腊八，其都能找到独特的商机，比如“肯德基邀您喝腊八粥，万人拼团一元”“免费咖啡送上门，新年开运第一杯”“春暖花开，春分半价桶”。当然，儿童市场同样生机勃勃。肯德基既满足孩子玩乐的需求，推出KFC快乐儿童餐，也贴心地考虑到家长对孩子成长学习的关心，推出“博物馆奇妙之旅”的活动、赠送《儿童历史百科绘本》等。

管理本土化

为了实现有效的产品本土化和文化本土化，释放持续更新、不断发展的品牌活力，肯德基选择从最初就启动管理本土化经营战略。20世纪，肯德基（中国）管理层大多数来自中国台湾，被称为“台湾帮”，其原因一是大陆地区缺少高素质管理人才，相较而言台湾历经发展，人才的英语水平较高，具有国际化视野；二是“台湾帮”了解中国文化，理解和支持中国发展事业，对大陆有一定的感情投入。而大陆经过改革开放，在21世纪已经培养了高质量人才，所以“台湾帮”逐步被取代，一批又一批新鲜血液不断涌入管理高层。

除了管理层，肯德基从门店服务人员到普通职员都有明确清晰的培养和晋升体系，并且十分重视在员工中发扬企业文化（在产品和服务上贴近客户，在制度上规范化经营）。肯德基在供应链方面的本土化发展同样走在前列，供应链本土化可以极大地降低生产运输成本并同时符合消费者口味：一是在1997年以前，采购部供应商的选择是“各自为政”，每一个肯德基市场会各自选定一群本土供应商，这样会导致各市场间价格竞争激烈，导致市场缺货、市价飙升。随后，肯德基迅速做出调整，用统一管理的模式取代独立运作模式，从而降低了成本和风险。二是为使产品迎合消费者口味，大部分原材料的供应均为本土供应商提供，如今尚未本土化的食品只有原味鸡拌料（基于商业机密问题），以及炸薯条和玉米棒（中国试种的土豆和玉米未达到肯德基预设的全球一致的产品规格）。

美国总部对于中国分部管理也十分重视，在人员方面实现了与美国总部的有效对接流通，相关业绩也无须再通过国际集团，而是直接向总公司报告。

资料来源 汪熠，巫念陈. 在华跨国公司本土化经营战略个案研究——以肯德基为例［J］. 中国市场，2019（29）：80-82.

10.3 战略国际人力资源管理的跨文化管理

10.3.1 跨文化人力资源管理

国际人力资源管理会产生文化冲突的主要原因，包括种族优越感、管理习惯的不适宜、认同差异、误会的沟通、对文化的态度等。对于人力资源管理者而言，要管理好多种文化，在文化尊重与认同的基础上，应依据环境的要求和公司策略的需求，解决文化冲击与差异问题。同时透过文化的微妙诱导，使个体与集体相互律动，如果一群人随着音乐起舞而不相互碰撞，这样能不断减少文化摩擦，可以使每个员工把自己的思想、行为与公司的经营使命和业务相结合，并增强多国籍企业的文化协调机制与变迁能力。

1. 文化的管理模式

在国际企业人力资源管理文化影响因素中，有效理解文化的不同管理模式是非常必要的。[①]

(1) 个人主义与集体主义

个人主义与集体主义描述了在特定社会中个人与其他社会成员之间的关联程度。在高度个人主义文化下，人们倾向于从个人而不是某个团体成员的角度去思考问题和采取行动，每个人都有强烈的自我意识，对群体和团队的依赖性低；而在集体主义文化下，人们将自己看成团体的成员，对团体归属感较强，并且非常相信和依赖组织。

(2) 权力距离

权力距离关心的是一种文化如何处理层级性权力关系，如何对待权力分配的不平等问题，以及如何界定可接受的权力不平等程度。在权力距离较大的国家，文化界定了较大的权力差异是可以接受的；在较小权力距离的国家，人们强调减少等级差异和不平等。

(3) 不确定性规避

不确定性规避表述了不同文化下人们对未来不可预测的情况的容忍程度。在高不确定性规避下，人们具有喜欢确定情况的强烈文化倾向，需要某种程度上的安全感和关于做事的明确指导规则；在低不确定性规避下，人们偏好更加灵活易变的不确定因素。

(4) 阳刚与阴柔

阳刚与阴柔揭示了不同文化下人们所追求的目标和所关注的焦点的不同。阳刚型文化下，人们具有在工作、绩效、成就、竞争、金钱、物质等方面占优势的价值观；而阴柔文化指引人们追求生活质量，保持良好的人际关系等。

(5) 长期导向与短期导向

长期导向与短期导向显示了不同文化价值观对过去、现在或是将来的倾向程度。长期导向下，人们强调长远利益，重视节约和坚持，倾向于在未来得到回报；短期导向推崇对过去传统的尊重，注重承担社会责任和履行现在的社会义务。

2.跨文化人力资源管理策略

跨国公司成功的跨文化管理是运用跨文化优势，消除文化差异的冲突，面对公司在跨国经营中所受到的多重文化挑战，降低由文化摩擦而带来的交易成本，将公司运营放在全球的视野，构建公司本身的跨文化管理策略，从而实现经营的成功。管理的策略大致如下：

(1) 多元文化的认同

多国籍企业中的文化冲突与困惑源于公司内的文化差异，尤其在多国籍公司发展全球经营策略时，务必使公司内部员工了解文化差异，尊重并认识到文化的差异，甚至将多元文化认同的理念列于公司宗旨中，时刻提醒员工注意。

(2) 跨文化理解

跨文化理解必须知己知彼，了解文化的自我意识与其他文化之间的相同与相异的地方，促使所谓文化关联态度的形成，然后以文化同理心理解其他文化。文化同理心

---

① 廖泉文. 人力资源管理［M］. 2版. 北京：高等教育出版社，2011：327-336.

要求人们必须在某种程度上摆脱自身的本土文化，克服心理投射的认知类同，以一种超然的立场检视文化间的差异，理解文化的差异。

（3）跨文化培训

跨国籍企业在东道国的环境跨国经营，需要面临适应东道国文化与建立母国文化的两种不同调整策略。其外派人员最重要的是一种学习过程，亦即对东道国文化的学习。由于能胜任跨文化环境的管理人才资源相当有限，因此，对于母国派遣的当地人员，需进行跨文化培训，使其能顺利适应当地的环境。

10.3.2 战略国际人力资源的招募甄选

一个企业从创立、发展壮大到走出国门发展成为一个跨国企业，是在一个复杂的国际环境下进行的，面临着更大的挑战，其对员工的选择越来越迫切，同时也面临着越来越多元化的选择。

1.人员招聘

（1）招聘的一般过程

首先，要确定有工作空缺，这种空缺或是来自企业拓展业务的需要，或是来自接替离开组织的人员空缺的需要。其次，管理者需要确定所需人员的类型和从事某项工作所需要的条件。再次，要实施招聘战略，确定招聘的方式，采用什么方式去吸引更多的应聘者。最后，管理者要接受求职申请。这种招聘方式和策略在各国是不同的。

（2）招聘中的国别差异

招聘在国别上的差异，主要体现在运用不同的招聘战略，国家文化、企业文化以及社会制度对招聘员工的方式都有影响。如美国是个人主义文化的代表，在美国，对所有类型工作，报纸广告是公认的最有效的招聘渠道之一；学院或大学招聘只对专业性或是技术性工作有效。而在韩国，其人力资源管理方式反映的是一种集体主义文化，其招聘是一种儒家价值观和西方实用主义结合的混合体系。

2.跨国公司人员选拔

实际上，跨国公司人员选拔与人员选拔的一般过程没多大的差异，关键是由于不同文化决定了选拔中测试的标准的不同。如美国强调工作求职者的特定技能要与工作要求匹配，公司选拔是注重个人成绩（教育、天赋、经验），而非某种群体关系；另外，美国法律规定为了避免歧视或是偏见，选拔过程中的信息必须是有效的，即测试中的要求及相关信息必须与空缺的工作有关。而在集体主义文化中，人们在选拔人员时更注重考虑关系，其标准是人员的可信度、可靠性和忠诚，如韩国、日本就非常注重通过某种关系来选拔人员。

（1）跨国公司选拔人员的一般标准

跨国公司中人员有很多类，而且来源也不同。我们以管理人员为例来说明选拔时的标准。对跨国公司而言，真正的管理人员应当有充分的适应性和灵活性，不论来自哪个国家，都需要能与公司的文化很好融合，而且，不管全世界的什么地方需要，都能很好地胜任。一般来说，跨国公司管理人员的选择标准为：

①业务能力。业务能力指国外管理人员的业务素质以及与业务相关的知识水平。

国外管理人员要有一定的专业背景，能够解决具体的专业问题，管理人员对所在国的经济、政治、法律的状况要了解，而且对其历史文化也要有一定的了解。在国外任职，业务能力可能更为重要，因为他们在远离总部的异国，较难随时就有关的技术、专业问题与其他权威人士和专家商讨。在这种情况下，为避免失去稍纵即逝的宝贵机会，国外管理人员需要根据当地的具体情况，独立进行决策，以便用最有利的方式为跨国公司服务。

②管理能力。企业所选择的国外管理人员需要有全面的管理能力，包括制订既经济又高效的计划能力、以合理成本组织所有生产要素的能力。

（2）跨国公司的人员培训

①经济全球化条件下国际人力资源培训与开发的跨文化特征。在全球化背景下，文化行为被描述为一种基本原型，人的行为有多种可能性，不管它的文化根源是什么，任何对一种文化的定义的企图都会使之格式化。

国际人力资源培训与开发需要适应整个社会背景已经发生变化的现实，它应该反映这一变化，识别新的行为，并将其整合到个人和组织的行为中。技术、交通、通信、网络为我们提供了创造新的文化沟通方式的可能性。国际人力资源培训与开发需要强化跨文化培训的内容，但不再仅仅局限于课堂，而是贯穿于跨国经营与管理的全过程。

②经济全球化条件下国际人力资源培训与开发的主要策略。企业跨国经营中，在东道国的文化环境中，要面临两种不同的适应策略。一种是“被人改变”，即追随文化策略（又称学习策略）；另一种是“改变人”，即创新文化策略，由被动适应转向能动改观。第一种方法比较友好。这样的结果是使企业的跨国经营成为东道国的“本地化经营”。在这一过程中，最重要的环节是学习过程，即对东道国文化的学习。对我国企业的跨国经营来说，因实力远不能与西方大公司相比拟，学习策略无疑是友好而且有效的方式。[①]

根据日本学者林吉郎的研究，跨国经营的过程一般要经过三个阶段：

第一阶段是单方面沟通与学习阶段，一般是在企业跨国经营的第一年和第二年，这时跨国企业总是以自己的资金、技术、价值观、习惯性行为作为后盾，在当地建立工厂，雇用当地员工，要求他们进行模仿性生产。对于本地的管理者和技术人员，把他们当成白纸，要求他们学习、学习、再学习，没有什么发言的余地。

第二阶段发生在第一阶段以后的两年和三年间，称为双向沟通的阶段。进入这个阶段，由于本地管理者与技术人员已经积累了两年左右的实际工作或生产经验，并且已经在一定程度上理解了跨国公司工作的特点，所以对于存在的问题、对于应该如何应对问题或改善工作，多少有了发言权，所以这个时候的沟通与培训，就要求必须是双向沟通式的。

第三阶段是在企业跨国经营四年或五年以后。这个阶段称为双方智慧结合在一起协力进行工作的阶段。其特点是跨国企业与本地员工共同制订计划，一起分析问题，

① 赵曙明，等. 跨国公司人力资源管理［M］. 北京：中国人民大学出版社，2001.

创造解决问题的对策，协力实施项目等。这个时候的沟通与培训就像人们的智慧可以实行多方向通行的十字路口一样，已经进入一种自由畅达的境地。

3.国际人力资源培训的主要内容

国际人力资源培训的主要内容为对文化的认识，比如敏感性训练、语言学习、跨文化沟通及冲突处理、地区环境模拟等。这样可以减少驻外经理人员可能遇到的文化冲突，迅速适应当地环境并发挥有效作用；维持良好的人际关系，保障有效沟通；实现当地员工对企业经营理念的理解与认同等。在具体培训过程中，企业可针对具体的情况提出不同的培训方案，如东道国与本国语言差异较大，就应该更加增强语言培训，如果文化差异较大就应该加深对国外文化的了解等。

除了跨文化培训外，当然还必须进行各方面实际业务的培训，比如管理培训、技术培训、制度培训、操作规程培训等。各个方面都应考虑到，不应该有偏废。只不过根据企业发展的阶段特点，可以有所侧重。

为此，国际人力资源培训与开发在实际操作中应该注意以下几点：

①应该意识到跨文化培训的重要性。只有当组织的经理人员意识到跨文化培训的重要性，才能使组织内的跨文化培训更有效率，而不是形同虚设。随着世界经济全球化的深入，企业需要更恰当地挑选、培训、管理和开发员工以便能在跨文化背景下生活和工作。这类培训应在以下三方面教会员工：如何理解来自不同文化、宗教和种族背景的人们，并与其一同进行有效的工作；如何管理不同文化的团队；如何理解全球市场、全球客户、全球供应商和全球竞争者。

②要认识到不仅驻外人员需要跨文化培训，而且组织内的其他成员也需要培养文化敏感性。即使是国内的经理和员工也会接触到来自国内外的不同文化的人，如国外客户、供应商等。当国内的经理和员工出差到国外时，也会遇到文化适应问题。

③要认识到文化培训不是一时一地的一次性的培训，而是一个过程。为此需要培养员工终生学习的观念。现在知识的更新越来越快，没有这种不断学习、不断汲取的精神，很难迎接新的挑战。因此，没有任何人可以抗拒学习培训，没有任何企业经营管理者可以不重视学习培训。

④要认识到培训的目的不仅在于改变员工的技术、态度、知识，开发员工的潜能，使其能力达到公司的需求，并且需要为员工提供职业安全，提升其就业能力。现在越来越多的公司意识到，培训不仅是为员工提供一种工作安全，而且可以促进企业与员工的共同成长和谋求企业更长远的可持续发展。

⑤培训的方式与过去不同，国际人力资源培训与开发不像以前那样注重训导式的灌输，大家坐在一起，一人讲大家听或大家讨论。现在要求更有效、更节约成本的培训，比如一个项目，由导师带领，通过工作提高员工的技术，还有工作轮换、代理职务、异地派遣、学校教育、外部培训以及内部培训等。

⑥录用、培训、选拔、管理实现一体化，统一由人力资源管理开发部门负责。从基层抓起，从员工的选拔抓起，调动员工主动参加培训的积极性。提供给员工良好的环境与训练计划，让员工了解公司的目标与管理，使员工有参与的使命感，为员工拟订一套系统化的专业训练计划。系统性的专业训练，促使个人不断接受新知识、新技

术，这是个人成长的动力，也是企业稳定员工的根本所在。

10.3.3 战略国际人力资源的绩效管理

跨国公司的人员绩效考评以及以评价为依据的工资待遇政策正确与否，在很大程度上决定着公司经营效益的好坏。跨国公司的经营特点要求其评价和制定工资待遇政策应以战略为导向，而管理者的国际化特点及管理人员的国际流动使得评价和工资待遇政策的制定更加复杂化。

1.业绩评价方法的比较

业绩评价受到文化和制度的影响，主要有两种文化影响业绩评价。一种是个人主义文化，另一种为集体主义文化。

（1）个人主义文化下的业绩评价

个人主义文化在西方占主要地位，在这种文化中，业绩考核体系为人力资源管理中的许多问题提供了公平和合理的解决办法。以美国为例，美国的绩效考核体系是典型的信奉个人的权利、义务与报酬紧密联系的文化价值观，强调法律和机会的平等。其业绩考核体系包括四个要素：业绩标准、业绩衡量、业绩反馈以及和报酬、晋升、终止等有关的人力资源决策。

业绩标准反映了管理者可以接受的工作产出的质量或是数量目标。

业绩衡量是按照业绩标准对员工进行客观的比较性评价，通常用的是评分法。

业绩反馈是一种上下级的沟通。这种沟通在美国有三种方式：一是讲述与销售的方式，由上级反馈信息并加以评估解释；二是讲述与倾听的方式，向上级反馈信息并听取下级反映；三是解决问题的方式，即上下级共同发现问题并找出解决问题的方法。

业绩考核的结果首先用于报酬决定，其次是业绩的改进、反馈、存档与晋升。

（2）集体主义文化下的业绩评价

在集体主义文化中，年龄和群体内成员身份是考核中重要的因素。考核更注重个人背景而不是个人成就。这并不意味着业绩信息不重要，由于重视的是群体利益，所以一般在奖惩方面都是比较间接或含蓄的，表明经理们更注重群体内的和谐。

2.外派经理的业绩评价

对外派经理的业绩进行考核，显然是比较困难的。它涉及国际经营与多国战略契合问题，不可靠数据、时间差别和地理分隔、当地文化等都会影响评价结果。有几个方面的因素使得对外派经理的绩效评价变得更复杂了：[①]一方面，应当由谁来负责对外派经理的工作进行评价是个问题。很显然，当地的管理层应当在外派经理的绩效评价中起一定作用，但是，不同国家之间的文化差异可能会对绩效评价产生扭曲。而另一方面，母国总部的管理人员与外派人员相隔甚远，无法对外派人员进行有效的绩效评价，因为他们无法充分了解外派人员的真实情况。公司对外派人员进行绩效评价时，可能会依据诸如利润和市场份额等这样一些客观标准。但是，当地发生的一些事

① 德斯勒．人力资源管理［M］．吴芳雯，等，译．北京：中国人民大学出版社，2005：661.

故可能会影响到外派工作人员的工作绩效。

为了克服评价中的困难，人力资源专家提出了一些方法：

①把握不同外派工作任务的难度。

②评价标准和战略结合。

③调整合适的评价标准。

④将多渠道评价与不同时期评价相结合（见表10-1）。

表10-1 海外雇员业绩考核的评价渠道、标准和时期

评价渠道	标准	时期
自我评估	达到目标 管理技能 项目成功	六个月和主要项目完成时
下属	领导技能 沟通技能 下属发展	在主要项目完成时
对外派经理和东道国经理的观察	团队建设 人际交往技能 跨文化沟通技能	六个月
现场监督	管理技能 领导技能 达到目标	在重大项目结束时
顾客和主顾	服务质量和及时性 谈判技能 跨文化沟通技能	每年

⑤确定评价结果时，在国外工作的管理人员对于外派人员的绩效评价应当被放在更为重要的位置上，母国的管理人员凭借在遥远距离之外对外派人员的感觉所进行的绩效评价应该放在次要的地位上。

10.3.4 战略国际人力资源薪酬与激励

1.国际人力资源薪酬和激励的特点

由于国际人力资源管理需要面对不同国家的社会文化与法律制度，因此薪酬激励不能照搬本国企业的做法，即使在本公司内部，也要面临文化的多样性，跨国公司需要开发特别的薪酬激励计划，以弥补外派人员及其家人为了国外工作所进行的个人牺牲。因此，国际人力资源薪酬与激励管理面临着相当的复杂性，表现出以下的特点：

①薪酬水平较高，其中很大的一部分主要体现在各种各样的福利和总部提供的各类服务上。由于各国的福利计划通常各不相同，驻外人员除了享受国内的福利以外，还可能要求继续享有母国的福利，以便为回国做好准备，驻外人员在两国之间的活动需要大额的额外补贴。通常，很多跨国公司在制定这些福利措施的时候会非常具体，

以使员工认识到组织的关心。

②标准较复杂。驻外人员薪酬有许多标准，包括以本国为基础、以所在国为基础、以总部为基础和以全球为基础四种确定方式。

③为激励外派人员并补偿海外工作带来的不便，公司常需支付额外薪酬和津贴，这些津贴包括：海外津贴，给予外派雇员相当于其基本薪酬一定百分比（通常10%）的补助，补贴由于在海外工作而带来的生活上的不便；住房补贴，为外派人员提供免费住房或只收取一部分房租；生活补助，提供生活上的补助，以弥补国外生活中可能遇到的额外支出，并保证与国内相近的生活水平；搬迁费用，往返工作地点的交通费及家居用品运输费用；此外还有子女教育费、探亲费、额外赋税补贴等。

对于第三国员工工资问题，在很大程度上应该和驻外人员的薪资一致，因为，第三国员工可能已经熟悉了如何与不同国籍同事交往的一些技巧或是总公司的战略和文化，所以他们可能会有更好的表现。

美国学者马尔托奇奥认为：①成功的国际薪酬计划应增加公司在国外的利益，应当鼓励员工到国外工作；②设计完善的薪酬计划应最大限度降低员工的经济风险，尽量改善员工及其家人的境遇；③国际薪酬计划在员工完成国外的任务时应为其提供回到国内生活的平稳过渡；④完善的国际薪酬计划可以促进美国企业在国外市场的最低成本和差别化战略的实现。[①]

2.制定薪酬标准应考虑的因素

海外子公司工人的薪酬会因企业不同、国家不同而有所不同，跨国公司制定劳工的薪酬标准时要考虑以下因素：

①东道国的法律。东道国是否制定了劳动法、工资法、所得税法等法律及其具体规定如何。

②根据当地工会的力量，适当调整海外子公司的薪酬水准。

③东道国同业的薪酬水平。海外子公司在确定东道国员工薪酬水平时，要充分调查当地其他企业员工的薪酬水平，尽量与其保持一致。

④东道国的生活成本。跨国公司制定薪酬水平的根本出发点是确保东道国员工及其家庭获得维持正常生活的费用，因此，跨国公司必须依据当地的物价指数确定薪酬水平。

⑤所需专业或技能在东道国的供给与需求情况。若劳动力供给过剩，可考虑薪酬水平低一些；若劳动力供给短缺，则可考虑薪酬水平高一些。

⑥劳工本人的技术水平。跨国公司还需根据员工不同的技能水平对工资进行相应调整。

3.海外任职人员报酬的支付

与企业对国内职员报酬的支付相比，企业对驻外任职人员报酬的支付要复杂一些，其复杂性主要体现在币种的选择和币种支付的比例上。

（1）币种的选择

外派海外任职人员的货币报酬，除了报酬的结构、内容和标准之外，币种的选择

① 马尔托奇奥. 战略薪酬管理［M］. 杨东涛，钱峰，译. 5版. 北京：中国人民大学出版社，2010：303-310.

也会直接影响到收入。通常在币种的选择上应考虑三个因素：一是货币汇率。选择币值坚挺的货币对海外任职人员有利。二是东道国的外汇管制。若外派人员到的是一个实行外汇管制的国家任职，则由于该国外汇不能自由汇出而给他们自由支配薪酬带来困难。三是东道国的个人收入所得税政策。有些东道国规定只对外籍人员从当地取得的收入征纳个人所得税，而有些国家则基本不征收个人所得税。

(2) 综合性的支付方式

最常见的支付方式，是将海外任职人员的报酬按一定比例用两种或两种以上货币分别支付，以减少汇率波动导致的收入损失，也可以规避在征税和外汇管制方面的不利影响。许多跨国公司把海外任职人员的工作报酬分为两部分：一部分以东道国货币支付，其数额大致等于员工在母国国内用于消费的收入加上其他各项津贴和员工应缴纳的税款；另一部分以母国货币支付，这部分通常按照员工底薪的一定比例来支付。

10.3.5 战略国际人力资源的劳动关系管理

1.国际人力资源管理者的劳资关系议题

跨国企业发现，其用以处理劳资关系的方法在不同国家具有很大的差异，在许多国家，劳资关系不仅受传统与法律的影响，而且也受到文化及社会政策的影响。

劳动关系对员工士气与生产力具有相当的影响力。良好的劳资关系能给公司生产带来稳定与和谐，对立的劳资关系则会导致罢工、停工等并导致公司失去竞争力，降低员工的进取心、创造性和效率。

一个具体国家的劳资关系体制对多国籍企业选择进入这个国家的决策策略起着至关重要的作用。国际人力资源管理者理顺劳资关系主要是为了回避破坏性功能冲突，降低劳动争议及保持员工的劳动生产力，这些是决定公司全球经营成功与否的关键性因素。显而易见，当一个公司在全球从事经营活动时，管理者必须清楚地认识到，不同国家处理劳资关系的方法和态度是不同的，法律与法规及环境压力也不一样。其必须考虑劳资关系的以下几个方面：第一，员工参与公司经营过程的程度，这直接影响员工士气与劳动生产率。第二，工会在员工与管理层关系中的角色和重要性。第三，具体的人力资源政策与实践，如聘用、报酬和培训等，必须符合当地劳动法规的规范，以适应当地文化。因此，国际人力资源管理者有必要了解多国籍企业各地子公司的劳资关系，并有效采取合宜的做法，以便因地制宜，求得最佳的解决方法。

在跨国经营的过程中，冲突是不可避免的，但是在不同的情况下，处理冲突的方式是不同的，解决冲突的方法也不一样。从劳资关系的角度来看，需要考虑的一个重要方面是，解决冲突与压制冲突之间的区别。解决冲突一般来说，包括识别冲突、降低或消除实际的冲突来源；压制冲突包括压制或回避症候群，或不让冲突表面化，许多公司在经营过程中，特别是处理劳资关系方面，经常使用压制冲突的方法。这是许多国家劳资关系非常不稳定的原因之一。

在解决与管理冲突的过程中，存在着大量的可使用的方法和技巧，其中五种基本类型的方法已经被确认：竞争、和解、妥协、回避、合作。

跨国公司的劳动关系比非跨国公司的劳动关系要复杂得多。国与国之间的员工与劳动关系的性质不尽相同，各国工会的性质也千差万别。所以，跨国公司准备在国外开展业务时，通常需要处理以下与劳动法律相关的问题：职业安全与健康、童工、流动员工、人力资源开发、劳动统计、工作利益、员工的社会计划、生产效率的提升、劳资关系、雇佣标准、工作场所的男女平等。跨国公司需要全面了解并遵守这些国家现行的劳动法律、规定和措施。要了解国际劳动关系的基本状况，应从以下方面入手：工会的性质和地位、集体谈判、国际劳工组织、员工参与管理的程度和政府的干预。

（1）工会的性质和地位

在跨国公司中，工会的影响程度常用工会会员密度来衡量。工会会员密度是指一个国家参加工会的工人所占的比例。从工会会员密度的高低看，工业化国家可以分为三个主要的类型：第一类是工会会员密度超高的国家，包括丹麦、芬兰、瑞典。这些国家除极个别年度外其工会会员密度均超过了70%。瑞典在1980年和1990年的数值高达80%。第二类是工会会员密度中等程度的国家，主要是欧洲大陆的国家，包括德国、比利时、荷兰、瑞士等。这些国家的工会会员密度从20%到56%不等。第三类是工会会员密度较低的国家，包括美国、法国等。①

同时，各国的历史和制度不同，工会的影响也不同。有的国家工会作用强一些，有的弱一些。如德国在劳动关系上更加有序一些，在19世纪80年代中期，政府就承认了工会运动的合法性，政府在工会和资方之间起重要作用。德国现在的状态是一种正式的、法律化的、低冲突的状态。法国工人缺乏法律保护并且工会组织运行困难，从而出现高度好斗的工会。欧洲国家普遍要求在董事会中有工会或员工代表，即使要面对全球性竞争，有些欧洲国家的工会也反对修改其法律和反对撤销政府保护。而在一些南美国家，如智利，纺织工人、矿工和木工的劳资谈判是被禁止的，只有私人公司才允许谈判，并且通常只有25人或人数更多的公司从一开始就倾向于关于“面包、黄油问题”，即工资、福利和工作条件。美国的工会由大多数员工选举产生，并且不与员工以外的其他机构谈判。在亚洲，如日本，人们描述，好斗的工会已被吸收到公司组织中并支持资方。韩国工会与政府的冲突性很大，最近劳动立法给予了公司解雇员工更大的自由。

（2）集体谈判

各国集体谈判的过程差异很大，尤其是政府在其中担当的角色。美国政府一般只有在劳资双方的谈判出现僵局，如出现可能会威胁国家或公众幸福的罢工时，才由联邦政府或州政府的官员出面运用权力迫使双方进行解决。而在英国和法国，由于行业的部分国有化，政府的干涉往往涉及集体谈判的所有方面。在国有化程度较高的国家，即使在非国有的公司中，政府卷入的可能性也较大。在发展中国家中，政府普遍派代表出席谈判过程，以保证受教育程度相对较低的员工领袖在面对经验丰富的管理代表时不至于处于不利地位。

---

① 李丽林，张维．工业化国家的工会与集体谈判制度的多样性及其对中国的启示［J］．东岳论丛，2013（3）：14-18.

(3) 国际劳工组织

世界上最为活跃的国际工会组织是国际自由工会联盟（ICFTU），其总部设在布鲁塞尔。与国际自由工会联盟开展合作的是20个国际贸易秘书处（ITS），它们实际上是各国相同及相关产业工会的联盟。从管理者的角度看，国际贸易秘书处的意义在于：本地工会能获得国际贸易秘书处的专家与资源的支持。另一个活跃并有影响力的组织是国际劳工组织（ILO）——联合国的一个特别机构。该组织对国际劳工状况进行了大量研究，并制定了各种工作条件标准——《国际劳动条例》。该条例随时随地有可能作为国际劳动标准被引用，以要求管理层遵循。

(4) 员工参与管理的程度

很多欧洲国家的内部都设有职工委员会，有相当详细的法律条款来规定职工委员会的职能。职工委员会提供了雇主和员工的基本沟通渠道，它通常负责处理员工不满、员工个人问题、内部规章以及影响员工福利的问题。如在德国，法律要求董事会中必须有职工代表，所有超过2 000人的公司，其监事会中的股东代表数与职工代表数必须相等。

(5) 政府的干预

政府关于劳资关系的干预程度，会影响到多国籍企业在当地人力资源管理运作的策略。第一，在劳动契约上明确雇佣关系的权利与义务，当政府立法在员工招聘、试用期，以及解雇条文中倾向于当地劳工，或者法律条文较为僵化时，会降低多国企业在用人方面的弹性；第二，对于员工最低薪资的制定，也是多国籍企业必须考量的因素，因为最低工资的增长，势必会增加多国籍企业成本的支出，进而影响到多国籍企业的投资意愿；第三，政府的干预影响了就业市场的弹性机制，而成为薪资僵化的主因，对于靠选举产生的政府，为讨好广大的劳动民众，可能提出较短视的竞选政见。

2.外派人员的劳资关系

外派人员虽然常常是母公司派驻到子公司担任管理者的人员，但是其性质上属于劳方。相对于国内的管理者而言，他所属的受雇国不一定在同一个国家，可能是母国、东道国或是第三国，而这些都会影响到外派人员发生劳资纠纷时处理最终裁决的地方，以及适用哪个国家的法律。

外派人员在母国与母公司有某种程度上的劳资关系，其所签订的劳资契约都是以符合母国法律为主，其中包括休假规定、福利措施与薪资规定的基础，但是这样的契约内容并不适合其所派驻的子公司环境。因此，有必要重新订立契约，但这会改变外派人员所属的劳资关系的法律归属国家。然而实际上，这种外派劳资契约并未引起很多公司与外派人员的重视，许多外派任务甚至没有任何的协议或合约。

外派人员所属的劳资关系的法律归属国家，有时是由母公司安排，有时是出于外派人员当事人的意愿，例如，外派人员希望在东道国退休。无论如何，对于母公司的人力资源管理部门或是外派人员而言，这要比单在一个国家内的劳资关系更为复杂。这样的问题关系到外派人员的权利与义务，因为当外派人员与公司发生劳资纠纷时，应该到哪个国家去申请仲裁，会因当地的劳动法而产生不同结果。

（1）母国的劳资关系

母公司所派驻的外派人员仍是属于母国的劳动者，当他发生劳资纠纷时，必须适用母国当地的法律法规，此种情况适合派驻后最终还是要归国的外派人员。例如，美国母公司派驻到日本的外派人员，仍属于美国的劳动者，一旦产生劳资纠纷，即必须到美国法院接受调解和仲裁。

（2）子公司东道国的劳资关系

虽然外派人员为母国的公司所派驻，但因为某些因素，外派人员属于子公司东道国的受雇劳动者，因此，其权利与义务适用于东道国的法律，当他与公司发生纠纷时，需要到子公司东道国接受调解与仲裁。通常而言，这样的外派人员多半有在当地长期居留的准备，而非短期派驻。例如，美国母公司派驻到日本的外派人员，在当地申请长期工作签证，或办理移民成为具有日本国籍的公民，此时，当劳资纠纷发生时，即必须到日本法院接受调解与仲裁。

（3）第三国的劳资关系

有些国家（地区）为争取跨国企业进入该国（地区），会提供许多关于关税与公司税额的优惠，例如维京群岛等。一般而言，公司在第三国的外派人员就可能适用该国的法律，一旦发生劳资纠纷，就需要到该地去进行调解与仲裁。

案例链接10-2

华晨宝马集团的战略国际人力资源管理

宝马集团（BMW集团）于2003年进入中国，与华晨汽车公司合资成立了华晨宝马公司。截至2016年，华晨宝马已发展成为拥有16 286名员工的大型汽车集团。近年来华晨宝马持续推进本土化战略，并将人力资源本土化作为本土化战略的核心，通过实施“英才发展计划”、成立宝马集团中国学院、依据能力模型考核绩效、构建劳资协商机制等推动了人力资源的本土化。

（一）实施“英才发展计划”

除线下招聘外，华晨宝马不仅在官方网站设置了招聘专区，还与大街网、领英、微信、微博等平台合作招聘本土人才。在校园招聘方面，华晨宝马实施了“英才发展计划”，包括生产管培生项目、精英硕士培训生项目、博士培训生项目、全新职业教育项目。其中，生产管培生项目面向中国高校工科应届本科毕业生招聘基层储备管理人才；精英硕士培训生项目培养优秀的高级专员，且仅对中国学生开放；博士培训生项目通过与国内院校联合培养博士，为企业提供青年技术与管理高端创新人才；职业教育项目则是与沈阳市装备制造工程学校共同培养合格的技术员工。2014年到2016年，华晨宝马新进员工数量累计达5 800余人。

（二）依据能力模型考核绩效

华晨宝马为本土员工提供与外派员工一致的晋升渠道。特别是2016年，华晨宝马推出了由结构化的员工能力板块和明确的评价标准组成的能力模型，并据此对员工进行绩效考核，从而帮助员工依据能力模型的反馈意见找到适合自己的发展路径。2014年至2016年，华晨宝马管理层中本土员工的占比由76.22%增至81.94%。且近十年来，华晨宝马的财务高级副总裁、人力资源高级副总裁、销售副总裁和市场高级副总裁均一直由中国员工担任。

（三）成立宝马中国学院

2014年，宝马集团将在华所有法人实体的培训部门进行整合，成立了宝马集团中国学院。宝马集团中国学院将员工培养为宝马认证的专业培训师，并由其为公司内部员工进行培训，内容涵盖技术类和非技术类的15门课程。区域经理培训主要包括提升业务绩效、推动可持续发展、促进宝马集团与经销商互利共赢，同时侧重对其领导能力的培训，并逐步深化华晨宝马的文化价值观。此外，华晨宝马公司还面向本土员工开设了英语和德语课程。

（四）构建劳资协商机制

华晨宝马人力资源高级副总裁一直由中国员工担任，且是公司管理委员会的成员。同时，2007年为确保劳资双方对话而成立的华晨宝马工会的主席也一直由中国员工担任。为了保障所有员工，也包括占企业员工大部分的中国员工在健康、安全、薪酬、福利等方面的权益，工会和管理委员会每年进行集体协商，并将协商结果在年度员工代表大会和工会会员代表大会上公布。2011年至2016年，劳资协商机制使得员工薪资累计增长超过50%。

资料来源　王延资，闫潇丽．华晨宝马人力资源本土化研究［J］．劳动保障世界，2018（24）：5.

本章小结

本章重点介绍了战略国际人力资源管理，包括什么是战略国际人力资源，战略国际人力资源管理包含的内容，战略国际人力资源管理体系的内容模块以及人力资源管理工作的重点难点，最后还介绍了战略国际人力资源管理在企业新的发展趋势以及人力资源部门对自身的定位。

复习思考题

1.什么是战略国际人力资源管理？

2.战略国际人力资源管理工作的难点是什么？

3.战略国际人力资源的跨文化视角是什么？

4.简要说明战略国际人力资源的内容。

5.战略国际人力资源自身有怎样的特点？

案例分析题

ABB的战略人力资源管理

提到IBM或是HP，你会立即说这是美国公司；提起西门子或奔驰，你马上会想到这是德国公司。而如果被问及ABB是哪国公司时，你可能会犹豫不决：它到底是哪个国家的呢?不必责备自己的孤陋寡闻，其实这正是ABB所追求的效果。

ABB集团是位列全球500强的企业，集团总部位于瑞士苏黎世。ABB由两个历史100多年的国际性企业瑞典的阿西亚公司（ASEA）和瑞士的布朗勃法瑞公司（BBC Brown Boveri）在1988年合并而成。两公司分别成立于1883年和1891年。ABB是全球电力和自动化技术领域的领导企业，致力于帮助电力、工业、交通和基础设施等领域客户提高业绩，同时降低对环境的影响。ABB集团业务遍布全球近100个国家，拥有14万名员工，2014年销售收入约400亿美元。目前，ABB在中国拥有39家企业，1.9万名员工，在126个城市设有销售与服务分公司及办事处，拥有研发、生产、工程、销售与服务全方位业务。2014年，ABB在华的销售收入超过58亿美元，保持ABB集团全球第二大市场的地位。ABB高度重视吸引、培养和保留人才，积极承担社会责任，是广受尊重的最佳雇主之一。

ABB一直致力于建立以下经营模式：没有地域中心、没有国界限制，一个具有全球性的协调中心，同时在经营与服务上，具有深厚地方根基的全球规模的组织。用ABB中国公司人力资源副总裁、挪威人博思达先生的话说，“ABB是一个地域轴心和国家属地的企业王国，是一家‘处处无家处处家’的无国界公司”。也可以说，ABB是一个立足本地市场，融合全球规模和世界一流技术为一体的“多国部队”。所以，人才本土化对于ABB来说比任何公司都有意义，ABB也因此更重视在它的业务发展到的每一个地方，不遗余力地推行人才本土化战略。也就是说，这支“多国部队”的军官和士兵都尽可能地由当地人担任。ABB的中方管理层团队中，成员分别来自澳大利亚、德国、瑞士、瑞典和中国。“每个人都在不同的国家或者地区有不同的经历，所以他们对各地文化的了解和感受非常深。”

ABB在中国的人才本土化战略已经取得了积极进展。ABB有一个十分重要的战略计划，即MLP（Manager Localization Plan）——经理人员本地化计划。ABB的业务发展到哪里，这一计划就会扩展到哪里，中国也不例外。ABB于1979年在北京设立第一个办事处，1992年在中国建立第一家合资企业，1994年ABB将中国总部从香港移至北京，1995年在北京注册成立ABB（中国）投资有限公司，负责其在华投资管理业务。博思达先生说：“短短20年的时间，ABB能在中国取得如此巨大的发展，我们必须承认这样一个事实，即优秀的中国本土人才在其中做出了巨大贡献。”ABB重视本土人才培养并积极为员工创造良好的发展空间。2003年，ABB在《财富》、雅虎等媒体联合进行的调查中被评为中国10佳“卓越雇主”。2006年年初，ABB在前程无忧网站组织的调查中，被大学生们评为最受欢迎的雇主之一。2009年，在由中华英才网发起的“第7届中国大学生最佳雇主调查”中，ABB当选“能源/电气/化工行业十大最佳雇主”，成为最受中国大学生欢迎的求职企业。2013年ABB入选全球最具商业道德企业榜单。ABB集团中国研究院的科研人员在2012年还获得了北京市总工会颁发的“首都劳动奖章”。

资料来源　佚名. ABB的“多国部队”与“当地官兵”[EB/OL]. [2020-01-19]. http://www.chnihc.com.cn/research-center/research-case/case-stationlist/1909.html.

讨论题：

1.人才本土化意味着什么？这对人力资源管理提出了哪些要求？

2.结合本案例试说明，怎样处理跨文化管理的问题，如何实现人才的本土化。

3.为什么跨文化人力资源管理如此重要？试说明原因。

第10章案例分析提示

主要参考文献

[1] 徐明. 企业社会工作：理论与实务 [M]. 大连：东北财经大学出版社，2015.

[2] 徐明. 集团化管控与企业文化建设 [M]. 北京：中国社会科学出版社，2016.

[3] 徐明. 青年社会保障问题研究 [M]. 北京：清华大学出版社，2018.

[4] 徐明. 国有企业青年人才胜任特征模型构建实务研究 [J]. 中国青年研究，2016（5）.

[5] 徐明. 新时期国有企业集团化管控模式优化与应用研究 [J]. 中国人力资源开发，2016（5）.

[6] 徐明. 国有企业工会干部学习地图体系研究 [J]. 中国人力资源开发，2016（2）.

[7] 徐明. 国有企业青年员工雇佣关系管理的问题与对策 [J]. 中国人力资源开发，2016（9）.

[8] 徐明. 国企工会干部胜任特征模型构建与应用研究 [J]. 中国人力资源开发，2016（8）.

[9] 徐明. 基于胜任特征模型的青年创新人才学习地图体系研究 [J]. 中国青年研究，2015（5）.

[10] 徐明. 国有企业工会干部胜任特征模型构建与应用研究 [J]. 中国劳动关系学院学报，2015（4）.

[11] 武立东. 组织理论与设计 [M]. 北京：机械工业出版社，2015.

[12] 李春波. 组织设计与发展 [M]. 北京：北京大学出版社，2014.

[13] 葛玉辉. 绩效管理 [M]. 北京：清华大学出版社，2014.

[14] 李志远. T集团科研人员职位序列与任职资格标准优化设计研究 [D]. 天津：河北工业大学，2014.

[15] 何筠，陈宏玮. 人力资源管理理论、方法与案例分析 [M]. 北京：科学出版社，2014.

[16] 邹艳春. 人力资源管理：理论与实务 [M]. 北京：中国人民大学出版社，2014.

[17] 中国就业培训技术指导中心. 企业人力资源管理师（一级）[M]. 3版. 北京：中国劳动社会保障出版社，2014.

[18] 中国就业培训技术指导中心. 企业人力资源管理师（二级）[M]. 3版. 北京：中国劳动社会保障出版社，2014.

[19] 中国就业培训技术指导中心. 企业人力资源管理师（三级）[M]. 3版. 北

京：中国劳动社会保障出版社，2014.

［20］中国就业培训技术指导中心．企业人力资源管理师（四级）［M］．3版．北京：中国劳动社会保障出版社，2014.

［21］颜世富．绩效管理［M］．北京：机械工业出版社，2014.

［22］刘敏．基于企业文化的员工关系管理研究［D］．北京：首都经济贸易大学，2014.

［23］黄璐懿．在华日资中小企业内部沟通管理策略研究［D］．上海：华东理工大学，2014.

［24］熊银解，王晓梅，朱永华．现代企业管理［M］．武汉：武汉理工大学出版社，2013.

［25］李丽林，张维．工业化国家的工会与集体谈判制度的多样性及其对中国的启示［J］．东岳论丛，2013（3）.

［26］唐璇子．企业社交网络在企业内部沟通中的应用研究［D］．昆明：昆明理工大学，2013.

［27］郭跃．浅析如何抓好企业的劳动纪律管理［J］．劳动保障世界：理论版，2013（6）.

［28］谈洋．ES公司内部有效沟通机制的研究［D］．昆明：云南大学，2013.

［29］张智光．基于解构-建构方法的情景强化理论的多维结构模型研究［J］．东南大学学报：哲学社会科学版，2013（6）.

［30］徐明．企业人力资源管理师公文筐测试通过必备（一级）［M］．2版．北京：机械工业出版社，2013.

［31］徐明．职业化之路七商修炼——工作是看得见的爱［M］．北京：机械工业出版社，2013.

［32］陈鑫．企业人力资源绩效管理体系构建浅析［J］．东方企业文化，2013（24）.

［33］中国通信业企业大学教学研究会论文集编委会．移动互联网时代的人才发展［M］．北京：人民邮电出版社，2013.

［34］张铁军．北京市房地产开发企业员工离职问题研究［D］．北京：北京交通大学，2012.

［35］王勃琳．理念型心理契约对员工行为的影响研究［D］．天津：南开大学，2012.

［36］余霞．我国企业实施绩效管理的障碍及应对策略分析［J］．湖北成人教育学院学报，2012（5）.

［37］刘昕．人力资源管理［M］．北京：中国人民大学出版社，2012.

［38］葛秋萍．现代人力资源管理与发展［M］．北京：北京大学出版社，2012.

［39］葛玉辉．人力资源管理［M］．北京：清华大学出版社，2012.

［40］叶丹．T公司任职资格管理体系设计与应用研究［D］．北京：北京邮电大学，2012.

［41］胡蓓，张文辉．职业胜任力测评［M］．武汉：华中科技大学出版社，2012.

［42］张明．国际人力资源管理的差异性及其战略［J］．当代经济管理，2012（11）．

［43］刘铭．CD烟草公司目标绩效管理模式的探索与实践［D］．成都：西南财经大学，2011.

［44］马燕．试论企业绩效管理中存在的问题及对策［J］．企业管理，2011（24）．

［45］徐明．企业人力资源管理师考试通过必备（一级）［M］．2版．北京：机械工业出版社，2011.

［46］崔文善．如何抓好企业的劳动纪律管理［J］．川化，2011（1）．

［47］张海涛．浅谈如何抓好劳动纪律管理［J］．企业家天地：理论版，2011（6）．

［48］达夫特．组织理论与设计［M］．王凤彬，等，译．9版．北京：清华大学出版社，2011.

［49］廖泉文．人力资源管理［M］．2版．北京：高等教育出版社，2011.

［50］马尔托奇奥．战略薪酬管理［M］．杨东涛，钱峰，译．5版．北京：中国人民大学出版社，2010.

［51］李田．80后知识型员工离职影响因素研究［D］．镇江：江苏大学，2010.

［52］威廉姆斯，罗森伯姆．学习路径图［M］．朱春雷，译．南京：南京大学出版社，2010.

［53］刘萍萍．员工关系管理的发展及其内容探析［J］．中国市场，2009（6）．

［54］范丹．心理契约理论研究、应用及测评方法述评［J］．科技管理研究，2009（9）．

［55］赵成方．弗鲁姆期望理论对80后员工管理的启示［J］．人力资源开发，2009（3）．

［56］罗婕．我国企业员工关系管理策略研究［D］．南宁：广西大学，2008.

［57］徐明．业绩评价视角下国企经营者行为问题研究［M］．北京：经济日报出版社，2008.

［58］徐世勇，陈伟娜．人力资源的招聘与甄选［M］．北京：清华大学出版社，2008.

［59］徐向真．现代企业绩效考核方法述评［J］．世界标准化与质量管理，2008（6）．

［60］邓革新．高科技企业员工绩效管理的研究［D］．天津：天津大学，2007.

［61］陈波升．论绩效管理体系设计［J］．吉林工程技术师范学院学报，2007（9）．

［62］谢芳．企业任职资格管理体系研究［D］．南京：河海大学，2007.

［63］徐明．基于声誉机制的国有企业经营者激励研究［J］．经济与管理研究

2007（2）.

［64］张俊生，徐明．全球竞争中的跨文化沟通管理研究［J］．经济与管理研究，2007（9）.

［65］徐明．国有企业知识型员工流动问题研究［J］．中国人力资源开发，2007（1）.

［66］李向民，任宇石．当代企业员工离职及影响因素探析［J］．中央财经大学学报，2007（4）.

［67］吴义林．H公司任职资格管理设计与应用研究［D］．成都：西南交通大学，2007.

［68］朴愚，顾卫俊．绩效管理体系的设计与实施［M］．北京：电子工业出版社，2006.

［69］岑明媛．企业大学——21世纪企业的关键战略［M］．北京：清华大学出版社，2006.

［70］彭四平，童恒庆．激励心理学——人类前进的推动器［M］．武汉：湖北人民出版社，2006.

［71］阿吉斯．绩效管理［M］．刘昕，柴茂昌，孙瑶，译．北京：中国人民大学出版社，2005.

［72］刘勇陟．工作压力、工作满意度和组织承诺关系研究［D］．杭州：浙江大学，2005.

［73］叶仁荪．国有企业员工离职动因分析［D］．成都：西南交通大学，2005.

［74］张创新．现代管理学概论［M］．北京：清华大学出版社，2005.

［75］德斯勒．人力资源管理［M］．吴雯芳，刘昕，译．9版．北京：中国人民大学出版社，2005.

［76］韦尔奇J，韦尔奇S.赢［M］．余江，玉书，译．北京：中信出版社，2005.

［77］诺伊，等．人力资源管理：赢得竞争优势［M］．刘昕，译．5版．北京：中国人民大学出版社，2005.

［78］郝忠胜，刘海英．人力资源管理与绩效评估［M］．北京：中国经济出版社，2005.

［79］吴彬，顾天辉．现代企业战略管理［M］．北京：首都经济贸易大学出版社，2004.

［80］盖勇，孙平．人力资源战略与组织结构设计（二）［M］．济南：山东人民出版社，2004.

［81］胡君．基于组织变革的员工关系管理研究［D］．南昌：江西财经大学，2004.

［82］李熙．公平理论新议［J］．求索，2003（4）.

［83］孙健敏．人力资源管理［M］．北京：北京大学出版社，2003.

［84］杨清，刘再恒．人力资源战略［M］．北京：对外经济贸易大学出版社，2003.

[85] 贝克，休斯理德，乌里奇. 人力资源计分卡 [M]. 郑晓明，译. 北京：机械工业出版社，2003.

[86] 赵曙明. 人力资源战略与规划 [M]. 北京：中国人民大学出版社，2002.

[87] 沃克. 人力资源战略 [M]. 吴雯芳，译. 北京：中国人民大学出版社，2001.

[88] 俞文钊，等. 我国管理与经济心理学的发展道路 [M]. 北京：人民教育出版社，2001.

[89] 袁勇志，奚国泉. 期望理论评述 [J]. 南京理工大学学报：社会科学版，2000 (3) .

[90] 王玉. 企业战略管理——理论与方法 [M]. 上海：上海财经大学出版社，2000.

[91] WALKER G, MACDONALD R J.Designing and implementing an HR scorecard [J]. Human Resources Management, 2001, 40 (4): 365-377.

[92] CHARAN R. Leaders at all levels: Deepening your talent pool to solve the succession crisis [M]. San Francisco, CA: Jossey Bass A Wiley Imprint, 2008.

[93] CHARAN R.The attacker's advantage: Turning uncertainty into breakthrough opportunities [M]. Philadelphia, PA: PublicAffairs Books, 2015.

[94] CHARAN R, DROTTER S, NOEL J. The leadership pipeline: How to build the leadership powered company [M]. San Francisco, CA: Jossey Bass A Wiley Imprint, 2011.

[95] CHARAN R. Know-how: The 8 skills that separate people who perform from those who don't [M]. NewYork, NY: Crown Bussiness, 2007.

[96] WALTON R E, MCKERSIE R B. A behavioral theory of labor negotiations: An analysis of a social interaction system [M]. NewYork, NY: McGraw-Hill, 1991.

[97] DIAMOND S.Getting more: How to negotiate to achieve your goals in the real world [M]. NewYork, NY: Three Rivers Press, 2010.

[98] SPARROW P, HIRD M, COOPER C L. Do we need HR? Repositioning people management for success [M]. Hampshire, RG: Palgrave Macmillan, 2015.

[99] DE CIERI H, DOWLING P J. Strategic human resource management in multinational enterprises [J]. Theorical and Empirical Development , 1999, (4): 305-327.

[100] TAYLOR S, BEECHLER S, NAPIER N. Toward an integrative model of strategic international human resource management [J]. Academy of Management Review, 1996, 21 (4): 959-985.

[101] TRUSS C, GRATTON L.Strategic human resource management: A conceptual approach [J]. International Journal of Human Resource Management, 1994, 5 (3): 663-686.